山东是革命老区，有着光荣传统，军民水乳交融、生死与共铸就的沂蒙精神，对我们今天抓党的建设仍然具有十分重要的启示作用。

沂蒙精神与延安精神、井冈山精神、西柏坡精神一样，是党和国家的宝贵精神财富，要不断结合新的时代精神发扬光大。

——习近平总书记视察山东讲话节选（2013年11月25日）

波澜壮阔　全景展现山东抗战历史画卷

荡气回肠　生动书写齐鲁儿女英雄气概

齐鲁烽火

遲浩田

山东抗战全纪录

孙志华　齐　鲁◎著

中国文史出版社

图书在版编目（CIP）数据

齐鲁烽火：山东抗战全纪录／孙志华，齐鲁著. —北京：中国文史出版社，2020.7

ISBN 978-7-5205-2058-4

Ⅰ. ①齐… Ⅱ. ①孙… ②齐… Ⅲ. ①抗日战争－史料－山东 Ⅳ. ①K265.06

中国版本图书馆 CIP 数据核字（2020）第 101572 号

责任编辑：王文运　　　　装帧设计：欧阳春晓　王　琳

出版发行：中国文史出版社

社　　址：北京市海淀区西八里庄路 69 号　　邮编：100142

电　　话：010－81136606　81136602　81136603（发行部）

传　　真：010－81136655

印　　装：北京温林源印刷有限公司　　邮编：102445

经　　销：全国新华书店

开　　本：787mm × 1092mm　1/16

印　　张：36.5　　插页：8

字　　数：565 千字

版　　次：2020 年 8 月北京第 1 版

印　　次：2020 年 8 月第 1 次印刷

定　　价：88.00 元

原中共中央政治局委员、中央军委副主席、国防部部长迟浩田题写书名

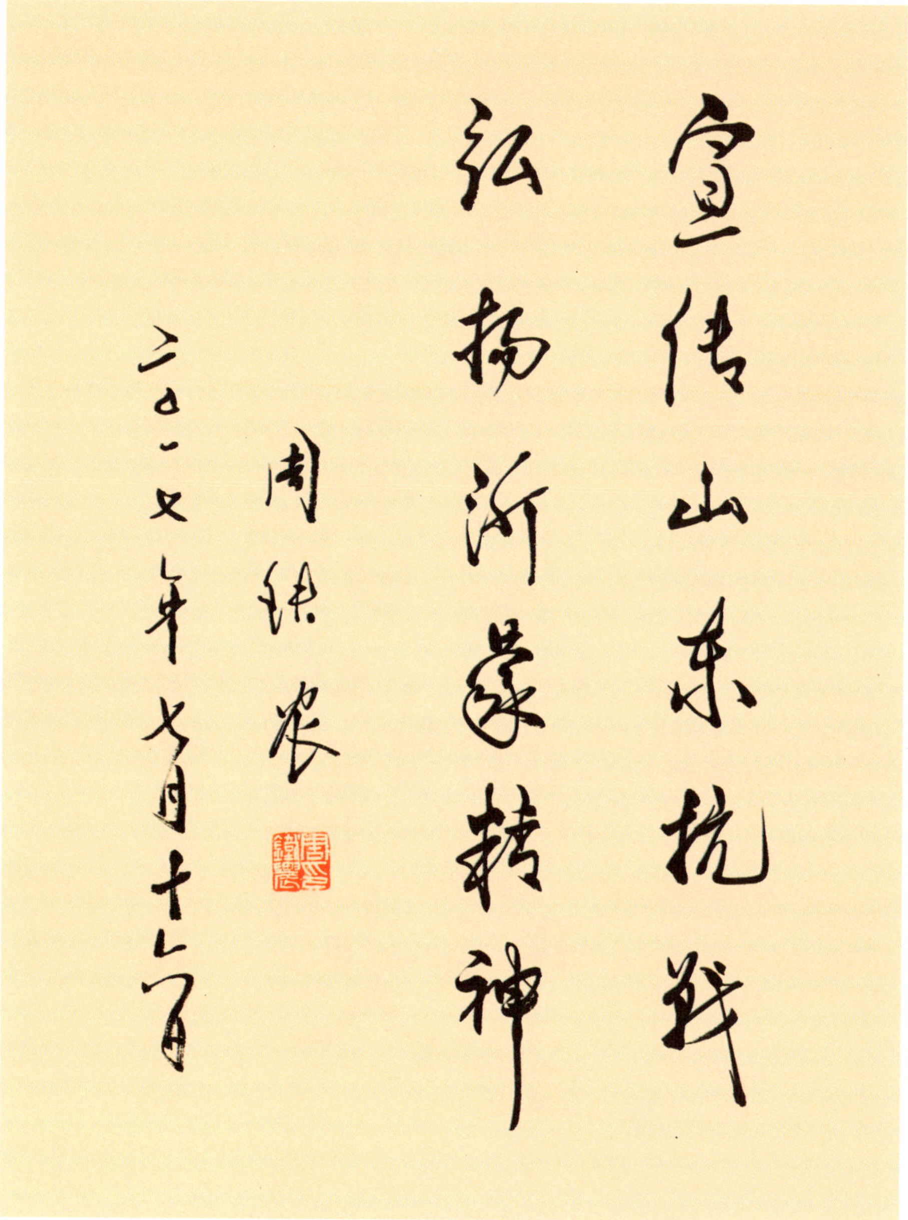

全国人大常委会原副委员长周铁农为本书题词

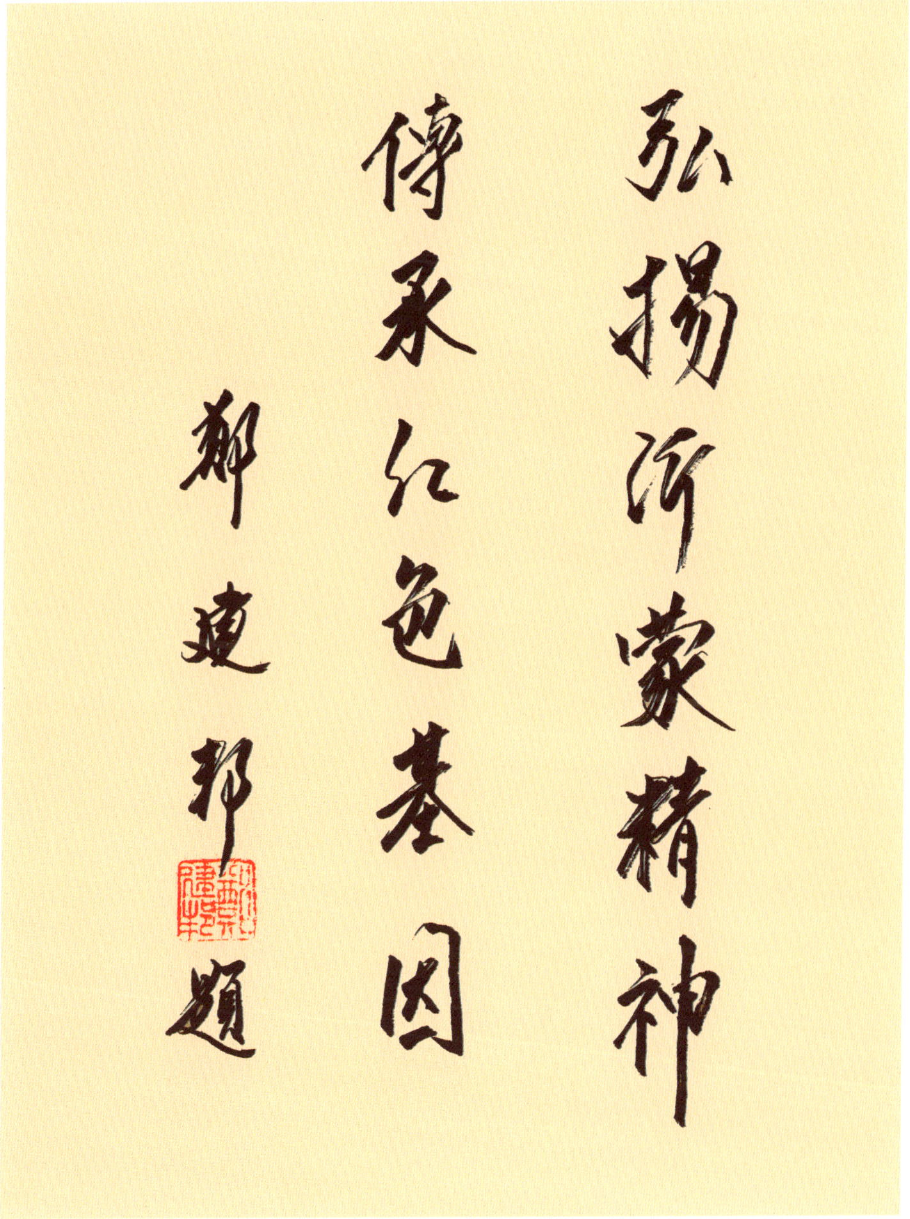

全国政协副主席郑建邦为本书题词

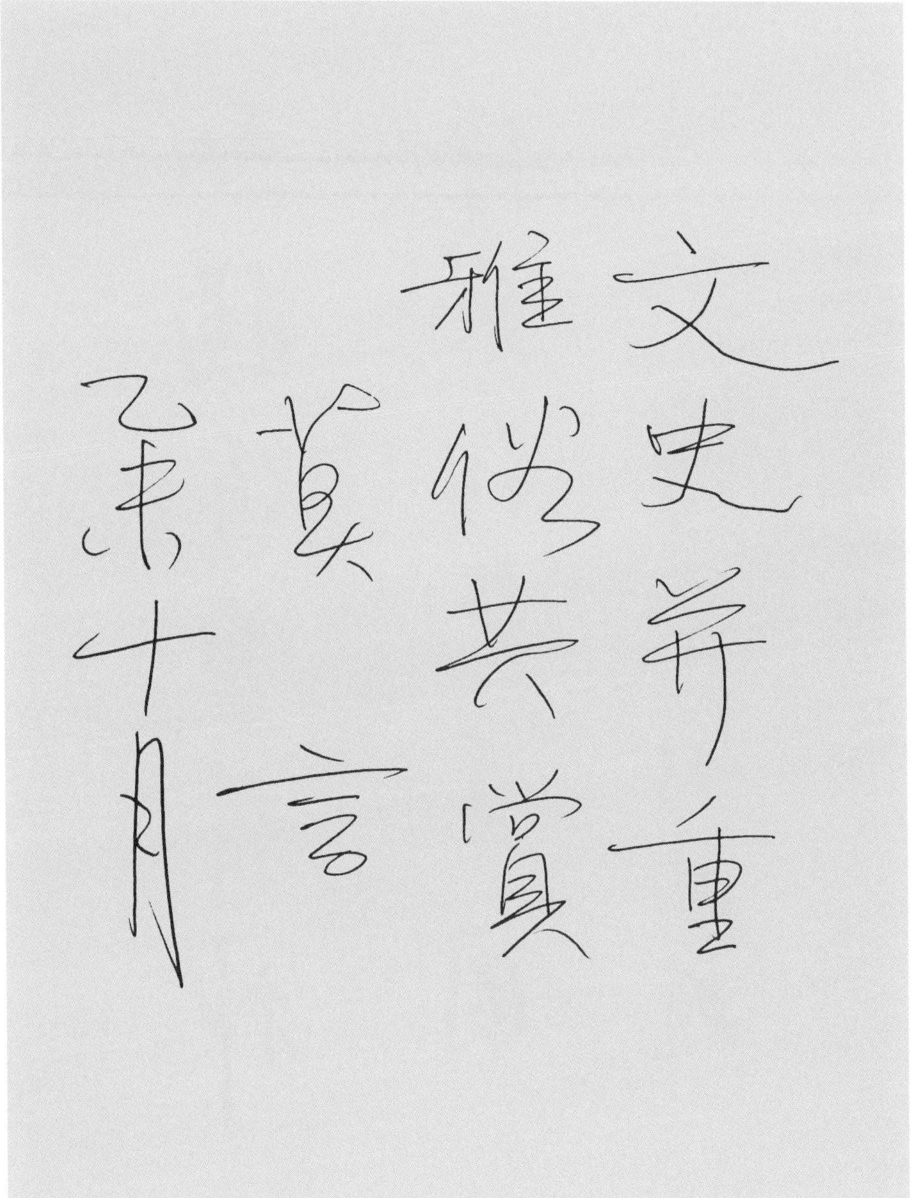

著名作家、诺贝尔文学奖获得者莫言题词

序

何鲁丽

今年是中国人民抗日战争全面爆发80周年，也是山东人民抗日武装起义80周年。《齐鲁烽火——山东抗战全纪录》一书的出版，是对中华民族全面抗战爆发80周年最好的纪念。

山东地处黄河下游，北接平津，南连苏皖，东濒黄海，西邻中原，是连接华北、华东与华中战场的纽带，战略地位极其重要。中共山东省委创造性地贯彻落实中共中央关于在敌后开展游击战争的指示，先后发动了十大抗日武装起义，建立了六大抗日根据地和冀鲁豫根据地，消灭日伪军53万余人，为抗日战争的胜利作出了巨大贡献。

中共中央山东分局认真贯彻执行党的抗日民族统一战线政策，广泛团结进步人士及鲁苏战区抗日爱国将领，建立了抗日民族统一战线。其中，鲁苏战区总司令于学忠、山东省政府主席兼五十七军军长牟中珩、国民党山东省党部主委范予遂、山东省政府主席何思源、山东省战工会副主任李澄之等许多民革老前辈都亲身参加了山东敌后战场抗战，为中华民族的解放事业作出了贡献。

家父何思源抗战时期曾在鲁北和沂蒙山区坚持敌后

抗战多年，当年我也在山东生活过，书中关于日军劫持我们全家的“人质事件”亲身经历过，许多历史人物亦曾相识，读来感到特别真切。

存史资政是政协的一项重要工作。作者曾任三届全国政协委员，长期担任民革地方组织领导工作，结识并采访过许多抗战将领，注意搜集第一手资料。书中选用了许多抗战将领们亲身经历和忆述的珍贵史料，凸显了特色和价值。

该书尊重历史，实事求是，语言生动，图文并茂，既是一部研究山东抗战史的重要科研成果，也是一部雅俗共赏、普及爱国主义教育的好教材。希望该书的出版，对于进一步加强山东抗战研究和爱国主义教育，对于弘扬沂蒙精神，能够起到一定的积极作用。

是为序。

2017年6月26日

目 录

第一章

发动起义

山东地处黄河下游，北接平津，南连苏皖，东濒黄海，西邻中原，胶济铁路横亘东西，津浦铁路纵贯南北，是连接华北、华东与华中战场的纽带，战略地位极其重要。且山东物产丰富，民风强悍，兵源充足，地利人和；境内有泰沂山脉、沂蒙山区、鲁南山区、昆嵛山区、大泽山区和鲁东南丘陵，群山连绵，是开展游击战争的好战场。

1937 年 10 月，日军侵入山东境内，中共山东省委根据中共中央关于在敌后开展游击战争的指示，积极发动抗日武装起义。从渤海之滨，到徂徕山下，在全省范围内，先后爆发了大小 50 余次抗日武装起义，抗日烽火燃遍齐鲁大地。

一、重建省委

山东省是中国共产党早期地方组织成立最早的地区之一。早在建党前，以王尽美、邓恩铭等为代表的先驱者，就在济南组织了“马克思学说研究会”，传播革命理论，为山东党组织的建立奠定了基础。1921 年 7 月 23 日至 8 月初，中国共产党第一次全国代表大会在上海和浙江嘉兴南湖召开，王尽美和邓恩铭作为山东代表出席了会议，成为中国共产党的创始人之一。

1921 年至 1933 年，山东党组织领导山东人民进行了艰苦卓绝的斗争，在 40 多个县建立了县委或支部，先后领导了博兴、益都、日照、沂水、苍

王尽美

邓恩铭

山、龙须崮等地区的暴动，在同北洋军阀和国民党反动派的斗争中，经受了严峻考验。由于几次“左”倾冒险主义的影响和一些叛徒的出卖，中共山东省委和地方组织遭到10次大破坏。中共山东省委领导人邓恩铭、刘谦初等11位省委书记先后被捕或遭杀害，使山东省党的工作失去了统一的领导核心。

1933年春夏，中共中央政治局委员、原中共山东省委书记卢福坦，中共山东临时省委组织部部长宋鸣时、团省委书记陈衡舟等重要领导人先后叛变投敌，致使临时省委、团省委及全省党组织遭受严重破坏，省委书记任作民、张北华等300多名党、团员被捕。从此，山东党组织与党中央及北方局失去联系达三年之久，各地党组织处于各自为政、独立斗争的分散状态。

在敌人的大破坏中，济南的党组织幸存下来的只有省立乡师和新城兵工厂两个支部，党员仅剩下赵健民、姚仲明、王文轩、陈太平等七八个人。在省立乡村第一师范求学的赵健民担任乡师党支部书记，积极在校内外发展党员，恢复组织。1934年5月，恢复成立中共济南市委，赵健民任市委书记。1935年11月，以济南和莱芜党组织为主体，组建了新的中共山东省工作委员会，中共莱芜县委书记刘仲莹任省工委书记，赵健民任组织部长。因刘仲莹在莱芜工作不便的实际情况，工委商定，由赵健民代理省工委书记，主持工委日常工作。

赵健民，1912年生于山东冠县一个农民家庭。1932年夏天，考入济南省立第一乡村师范学校（今济南明湖中学），同年冬加入中国共产党，并担

黎玉（1906—1986），原名李兴唐，山西崞县人。1926年加入中国共产党。历任中共北平市委职工部部长、中共天津市委代理书记、中共石家庄中心县委书记、中共唐山市委书记、中共直南特委书记和冀鲁豫边特委书记、中共山东省委书记

任该校党支部书记。从此开始革命生涯，历任中共济南市委北区巡视员、市委书记，23岁就担任了中共山东省工委代理书记。

赵健民上任后，曾派人两次去北平、三次去上海寻找上级党的关系，都没有找到。1935年冬，赵健民听说在老家附近的濮县（今山东鄄城）一带有党组织活动，就冒着严寒，骑着自行车来到濮县古云集徐庄，辗转找到了在此从事地下工作的中共河北省直南特委书记黎玉，二人在农家土炕上恳谈通宵。赵健民详细汇报了山东党组织遭敌破坏后的情况，请求北方局派人来领导山东省党组织工作。

黎玉对赵健民说："你把山东的情况写个报告，我向北方局汇报；留下通信地址和接头地点、姓名、暗号，我负责给你们接关系。"黎玉还给他谈了抗日救国形势，嘱咐他好好地巩固济南乡师支部和一些关系，赵健民便返回了济南。

黎玉把赵健民写的报告转交中共中央北方局。过了一个多月，北方局书记刘少奇派人来对黎玉说："经北方局研究，决定派你去山东工作，当省委书记。山东已无省委，几年来和中央失掉关系，要尽快恢复和重建山东省委。"

1936年春，黎玉只身一人，带着北方局拨付的100元活动经费，骑着一辆破旧的自行车，风尘仆仆地从河北磁县来到山东济南。按照预先约定的地点，找到了在济南北园乡师附小当教员的姚仲明同志，对上了"黄河鲤鱼（黎玉谐音）来"的暗号。接上关系后，黎玉就暂时住在姚仲明那里，化名为冯寄雨。不久，联系上了赵健民，共同研究着手恢复省委问题。

5月1日，在济南四里山北一块长满松柏的坟地里，召开了重建中共山东省委的第一次会议，决定恢复成立中共山东省委，黎玉任省委书记，赵健

民任省委组织部部长兼济南市委书记，林浩任省委宣传部部长，刘仲莹任省委巡视员。黎玉说："为方便工作，对外可不叫省委，还是叫工委，这样目标小些。"

黎玉住在姚仲明那里，有一天看到他宿舍有上海出版的"七君子"办的《救国日报》，发现邮政局寄来的地址上写着姚仲明的名字，便警惕地对他说："这家报纸是宣传抗日的，为反动当局所禁止。这很危险，怎么能用真名呢？应该用假名，赶快改变。"当时感到住在他那里不大方便，便立即转到北园沃家庄赵健民那里，那是个很僻静的地方。没过一个月，姚仲明就被捕了，就是因为订阅那份报纸引起了敌人的注意。姚仲明同志被捕后，只说是为了爱国才订阅《救国日报》的，表现得勇敢机智。虽遭严刑拷打，始终没有吐露任何真情。

省委成立后，在南圩子新建门附近的上新街甲 3 号设立了省委机关，配备了孙洪、徐宾两名交通员。还买了一架油印机，办了个秘密刊物《齐鲁文化》，宣传革命。

1936 年 7 月，济南开始进入雨季，连续几天下雨。在省委机关负责印刷工作的章士劳认为雨天不会有人来，就在白天刻蜡版印文件。没想到，偏偏遇上警察查户口，突然闯进屋内，章士劳来不及躲避就被捕了。省委交通员徐宾恰去找他，也一同被捕了。幸亏交通员孙洪及时发现了情况，跑到赵健民处报告。黎玉立刻采取措施，转移到五龙潭畔地下交通员、著名书法家武中奇家中暂住。

1936 年 9 月 27 日，赵健民在济南市联系工作，被叛徒房春荣指认，在小西门附近被捕，先后关押在省政府特务队、三路军军法处拘留所，遭到刑讯。尽管受到 7 次大审，有叛徒当堂作证，敌人严刑拷打，但他始终咬住牙坚持，没有供出任何情况，最后由韩复榘亲自审讯。

10 月中旬，山东省政府主席兼三路军总司令韩复榘听说逮住了中共山东省委的要员，决定亲自审讯赵健民，同时被审讯的还有几个人。韩复榘一向喜好亲自审案，常以"韩青天"自居。但他审讯，从不按法律条文，完全按自己的伦理观念、政治观念、喜怒哀乐。他还有自己的一套章法，不看案卷，只听军法官念案情，念得轻，判得就轻；念得重，判得就重；念到应枪毙，韩说声“毙”，拉出去就毙了。

这天下午3时，赵健民和部分犯人被押进珍珠泉边的省政府大堂。当军法官袁道田喊“赵健民”时，赵健民没等执法队员上来架，就走到了韩复榘的桌前。军法官开始念案情：“赵犯健民，系济南北园乡村师范的学生，是山东共产党的首要分子，历任共党济南市委书记、省工委书记，曾去莱芜进行共产党的活动。逮捕后，该犯拒不吐露真情……”军法官历数了赵健民的“罪行”后说：“捕共队宋鸣时队长呈请主席枪毙他。”

即刻有两个执法人员上来抓住赵健民的双臂，准备向外拉。赵健民镇静地看着韩复榘。韩复榘坐立中堂，瞪了赵健民片刻，然后发问：“你是个学生，不好好读书，为什么参加共产党？”

赵健民激昂慷慨地说：“参加共产党是为了抗日。主席明白，日本占领东北、热河并不满足，还要占领全中国，四亿五千万同胞被奴役的大祸就要临头了。共产党主张抗日救国，一致对外，符合我们的心愿，所以就参加了。”

赵健民越说越激动：“山东地处沿海，与日本最近，一旦日军大举入侵，山东必定首当其冲。韩主席当年北伐时，也是我们敬仰的常胜将军，作为山东的最高军政长官，也是我们的父母官，不但不应压制我们学生的抗日热情，而且应该支持我们的抗日救国活动。在国难当头的关键时刻，千万不能当民族的罪人！”

瞬息间，韩复榘的身体微微一颤，很快语调平静地说：“嘿?！年轻人，你倒对我做起宣传来了。”接着，他又问：“我问你，去莱芜干什么？莱芜是山区，你是不是去闹暴动啊？闹暴动，我可不答应。”

赵健民直言不讳地说：“我到莱芜去是旅游的，顺便考察一下泰莱山区。至于暴动，我们已经停止了。兄弟阋于墙，共御其侮。现在，我们把中国的一切军队都看成是抗日力量的一部分。打内战，不论谁胜谁负，都是国防力量的损失，死的都是中国人。中国人不应该打中国人，枪口要一致对外。”

这时，站在旁边的军法处处长史景洲赶忙插嘴说：“这个人顽固得很，捕共队抓他的时候，该犯把藏在身上的文件吃掉了。”

韩复榘瞅瞅赵健民，心有所动，稍停片刻，挥了挥手说道：“我看把他送法院，送法院！”

于是，赵健民被送到省高等法院审判，被判刑五年，关进济南监狱，直到抗战爆发后，才被释放出狱。

1937 年 4 月，黎玉接到北方局的通知，到延安参加中国共产党全国代表会议和白区工作会议。张闻天主持会议，毛泽东作了《中国共产党在抗日时期的任务》的报告，刘少奇作了《关于白区的党和群众工作》的报告，为迎接全国抗日战争的到来，在政治上、思想上、组织上作了重要的准备。

在延安期间，黎玉第一次见到毛泽东、张闻天、周恩来、朱德等党的主要领导人和许多著名的红军将领。毛泽东在到招待所看望冀鲁豫边特委和山东省委的代表时，对黎玉说：山东是有基础的，当前一定要搞好统战工作，为今后的发展创造条件。

7 月中旬，黎玉回到济南立即召开了省委会议，传达了中共苏区代表会议和白区代表会议精神，研究了贯彻落实意见。并传达了中共中央的决定，中共山东省工委正式称中共山东省委，黎玉任省委书记，张霖之任组织部部长，林浩任宣传部部长，景晓村任秘书长。

中共山东省委恢复成立后，积极开展了地方组织的恢复重建和抗日民族统一战线工作，先后建立了鲁西北特委、鲁北特委、胶东特委 3 个特委和济南市工委、鲁中工委、鲁东工委、鲁西南工委、淄博矿区工委 5 个工委，以及部分县委或县工委。到抗战全面爆发前，全省党员已发展至 2000 余人，各地的党组织大体重建和恢复起来。

二、韩复榘弃守济南

1937 年 7 月 7 日晚，驻丰台日军在卢沟桥附近进行军事演习，借口一名士兵失踪，提出进宛平城搜查的无理要求。在遭到中国驻军第二十九军的拒绝之后，悍然向宛平城发动进攻。中国军队奋起还击，打响了中华民族全面抗战的第一枪，震惊中外的“卢沟桥事变”爆发了。

卢沟桥的炮声，点燃了全国抗日的烽火，唤起了全国人民团结御侮的抗战精神，促进了中华民族抗日救国的觉醒。中国的各个政党、团体、各界爱国人士及各派武装力量，在外敌入侵的形势下，以民族大义为重，纷纷拥护抗日，达到了空前的团结与统一。

在卢沟桥事变的第二天，中国共产党就发表了抗日通电，指出："平津危急！华北危急！中华民族危急！只有全民族实行抗战，才是我们的出路。"

7 月 8 日下午，毛泽东、朱德、彭德怀、贺龙、林彪、徐向前等红军将领联名致电国民政府军事委员会委员长蒋介石："日寇进攻卢沟桥，实施其武装攫取华北之既定步骤，闻讯之下，悲愤莫名！平津为华北重镇，万不容再有疏失。敬恳严令二十九军，奋勇抵抗，并本三中全会御侮抗战之旨，实行全国总动员，保卫平津，保卫华北，收复失地。红军将士，咸愿在委员长领导之下，为国效命，与敌周旋，以达保土卫国之目的。迫切陈词，不胜屏营待命。"

7 月 15 日，中共代表团在庐山向蒋介石提交了《中共中央为公布国共合作宣言》，提出了迅速发动全民族抗战、实行民主政治和改善人民生活等三项基本要求，重申中共为实现国共合作停止武力推翻国民党政权等四项保证。

7 月 17 日，蒋介石在庐山发表谈话，指出：卢沟桥事变到了无可避免的最后关头，"再没有妥协的机会，如果放弃尺寸土地与主权，便是中华民族的千古罪人"，"如果战端一开，那就是地无分南北，年无分老幼，无论何人，皆有守土抗战之责任，皆应抱定牺牲一切之决心"。

7 月 17 日下午，中共代表周恩来、秦邦宪、林伯渠同蒋介石、邵力子、张冲等在庐山继续谈判。8 月 18 日，国共双方就陕甘宁边区人事、红军改编等问题达成协议。

9 月 22 日，国民党中央通讯社发表《中共中央为公布国共合作宣言》；23 日，蒋介石发表实际上承认共产党合法地位的谈话。中共中央的《宣言》和蒋介石谈话的发表，标志着以国共两党合作为基础的抗日民族统一战线正式形成。

8 月 12 日，国民政府国防会议决定成立大本营，以军事委员会委员长蒋介石为陆、海、空军大元帅，行使三军最高统帅权。

8 月 15 日，蒋介石下达了全国总动员令，建立战时体制，并正式组成大本营，将全国划分为 5 个战区：河北省和山东省北部为第一战区，蒋介石

韩复榘（1891—1938），字向方，河北霸州人。1910 年入陆军第二十镇，历任司书、连长、营长、团长、旅长，1925 年任国民军第一军第一师师长兼天津警备司令。1927 年任第二集团军第六军军长、第三方面军总指挥。1928 年任国民革命军第二集团军暂编第一师师长、第二十师师长，河南省政府主席。1930 年 9 月任山东省政府主席、第三路军总指挥

兼司令长官；山西省、察哈尔省、绥远省为第二战区，阎锡山任司令长官；江苏省长江以南和浙江省为第三战区，冯玉祥任司令长官；福建省、广东省为第四战区，何应钦兼司令长官；其中，江苏省长江以北和山东省南部为第五战区，蒋介石兼司令长官，韩复榘兼副司令长官。

华北日军占领平津地区后，兵分三路沿平绥、平汉、津浦路推进。津浦路北段保卫战，由山东省主席、第五战区副司令长官兼第三集团军总司令韩复榘指挥。

韩复榘幼读私塾，曾任县衙帖写。后弃笔从戎，投靠北洋新军冯玉祥部。冯玉祥发现他有文化，即叫韩当司书，不久提升其为排长。韩复榘跟随冯玉祥南征北战，因作战勇猛而不断升迁，由连长、营长、团长、旅长到第一师师长，直至第六路方面军总指挥，成为冯玉祥的“十三太保”之一。蒋、阎、冯大战爆发后，倒戈投蒋，被委任为山东省政府主席兼第三路军总司令。

韩复榘入主山东后，把原来的嫡系部队第二十师，扩编成 5 个正规师 1 个独立旅，还组织了 4 路民团，共 5 万余兵力。蒋介石为防止韩复榘形成尾大不掉之势，限发其军饷。韩复榘一怒之下，派人接收了国民党中央在山东的税务机关，扣留国税充军饷。冯玉祥反蒋下野后，也被韩复榘接来泰山隐居，并派兵保护。蒋介石对韩不放心，派了一批特务和政客来山东监视韩复榘。韩对此非常恼怒，曾多次在公开场合辱骂国民党山东省党部主任张苇村是无耻党棍，后来又用计杀了他，并下令解散了各县的国民党党部，引起蒋介石的极度不满。双方曾经调兵遣将，大有一触即发之势，在孔祥熙、冯玉祥等出面调解下，才逐渐缓和下来。西安事变发生后，韩复榘又站在张学

中央军委华北联络局书记彭雪枫（左三）与韩复榘的高级参议王致远（左四）、范筑先的秘书张维翰（左二）等在济南大明湖历下亭合影

良、杨虎城一边，公开发电支持他们，更加引起蒋介石的嫉恨，蒋韩矛盾进一步加深，为共产党对其开展统战工作提供了可能性。

早在 1936 年 8 月，中共中央军委主席毛泽东就致函冀察政务委员会委员长、第二十九军军长宋哲元："鲁韩（复榘）绥傅（作义）晋阎（锡山）三处，弟等甚愿与之发生关系，共组北方联合战线。" 1937 年 5 月，又派中共中央北方局华北联络局书记彭雪枫来山东，专程做韩复榘、范筑先等人的统战工作。

1937 年 7 月下旬，中共中央派红军将领、八路军代表张经武以中共军事联络官身份来到济南，开展对韩复榘的统战工作。在中共山东省委协助下，张经武等人迅速与韩复榘的高级参议余心清、刘熙众、王致远等见面。在他们的引荐下，张经武与韩复榘秘密会晤，向韩介绍了中国共产党关于建立抗日民族统一战线的主张，转达了中共中央领导人毛泽东的意见，希望韩能够以民族大义为重，一致抗日。经与韩复榘几次交谈，韩态度有所转变，表示同意共产党的抗日主张。

为加强对韩复榘的统战工作，1937 年 8 月，中共华北局又派张友渔、许德瑗、程希孟等由天津经烟台到了济南，成立了中央军委华北局山东联络局，张友渔任书记，直接受周恩来和李克农领导，主要任务是联络和团结韩复榘等国民党军政要员，推动其抗日。

8月中旬，在余心清的陪同下，张友渔和许德瑗、程希孟等往见韩复榘。韩复榘对来济南的北平左派教授表示欢迎，还征询关于对抗战的意见。张友渔根据中共抗日救国十大纲领精神并针对山东的具体情况提出，要坚持抗战必须动员民众，而发动群众必须开放党禁，吸收各党各派的人，特别是发动年轻人参加抗日救亡工作。韩表示同意他们的意见，表示希望他们和大批爱国青年留在山东，帮助他抗战。

随后，数以万计的平津流亡学生和爱国教师陆续到达济南，很快组织起平津流亡同学会，将济南高中、第一师范、育英中学等校辟为流亡同学免费食宿的场所。这些流亡爱国学生不久便奔赴延安和各抗日战场。郭同振、陈荒煤、荣高棠、张瑞芳、阮若珊等人还组织了流动剧团，在济南街头和战地城镇演出救亡话剧，鼓舞了山东民众的抗日斗志。

为了推动山东的抗战，余心清还陪同张经武和张友渔先后赴青岛，分别会见了第三集团军副总司令于学忠和青岛市长沈鸿烈。

经过张经武同韩复榘的几次谈判，以及张友渔等人的积极争取，对韩复榘的统战工作取得成效，基本达成了三项协议：一是释放在押的政治犯；二是成立第三路军政训处；三是开办第三路军政治工作人员训练班，吸收共产党员和民先队员参加，为抗日培养领导骨干。

这三项协议基本上都得到了很好的落实，从9月到11月间，在押的400多名共产党员陆续出狱，分头赶赴各地组织发动抗日救亡工作。成立了第三路军政训处，由余心清任主任，赵一萍、李续刚、蒲子正、刘及辰等地下党员趁机打入政训处，协助余心清工作。

8月下旬，第三路军政治工作人员训练班正式开班，韩复榘亲自兼任主任，余心清任副主任并主持训练班工作，黄松龄为教育长，齐燕铭为教务员，张友渔和许德瑗等共产党员和进步人士担任教官。政训班的政治教育完全由共产党教官负责，第三路军的军官只负责军事训练。山东省委和民先队先后输送了五六百名以中共党员、民先队员为骨干的进步青年和平津流亡学生进入政训班，先后培训学员1500余人，陆续被派往山东各地，成为发动抗日武装起义的骨干力量。

抗战全面爆发后，第三路军整编为第三集团军，韩复榘兼第三集团军上将总司令，辖第十二军、第五十五军、第五十六军和第五十一军，孙桐萱任第十二军军长兼第二十师师长，曹福林为第五十五军军长兼第二十九师师长，谷良民为第五十六军军长兼第二十二师师长，第五十一军军长于学忠和海军第三舰队司令沈鸿烈兼第三集团军副总司令。

1937 年 9 月，国民政府军事委员会决定，在津浦线北段设第六战区，以军事委员会副委员长冯玉祥为司令长官，统辖原西北军宋哲元部第一集团军和韩复榘部第三集团军，担负津浦线北段防御任务。

9 月 24 日，日军侵占河北沧县（今沧州），然后兵分两路向山东推进。一路是矶谷廉介的第十师团沿津浦铁路南犯，9 月 28 日攻占德县（今德州）桑园。蒋介石命令韩复榘调两个师兵力，由第六战区司令长官冯玉祥指挥。

第八十一师师长展书堂率部自禹城疾驰北上，组织 500 人的敢死队乘夜发动突袭，攻进桑园车站，使日军前锋受挫。10 月 3 日，日军在 13 架飞机、几十门大炮和数十辆战车的配合下，向德县发起进攻。第八十一师官兵拼死抵抗，苦战两昼夜，德县陷落。

日军第十师团兵分三路乘胜南下：一路向东南攻击陵县、临邑；一路向西南方向攻击恩县、高唐；一路沿津浦线南下攻击禹城。韩复榘令第二十九师防守临邑；第二十师一部固守平原，其他部队撤至徒骇河南岸的禹城附近沿河防御。

11 月 8 日，日军首先向临邑发起进攻，苦战一天，守军伤亡巨大，营长周继先阵亡。9 日拂晓，日军炮兵向守军阵地轰击长达 1 个小时，之后，在 3 架飞机轮番轰炸掩护下，再次向临邑发起猛烈进攻。第五十五军军长曹福林到临邑督战，激战三天，双方形成对峙。

13 日拂晓，第二十九师第八十五旅官兵向临邑以北地区发起反击，与敌人展开白刃战，10 时左右退到城东掩护守城部队。下午 1 时，临邑城墙多处被日军炮火轰塌，日军步兵在坦克掩护下由缺口突入城内，双方展开激烈巷战。守军伤亡 500 余人，被迫从东关撤出，临邑沦陷。日军飞机开始轰炸济南。

1937年11月13日，日军飞机轰炸济南

禹城方面，自13日起，日军集中炮火轰击守军阵地，向桥头堡、堤李桥发起进攻。战至下午，日军的四次进攻都被守军第二十师第六十旅击退，守军伤亡过半，第六十旅旅长孙学法和参谋长阵亡。14日，堤李桥被攻克，日军渡过徒骇河，与第一二〇团在安仁街激战，营长李支书等200余人牺牲。战至午后，第六十旅奉命撤退，禹城陷落。

另一路入鲁日军是第一〇九师团本川旅团，从河北盐山出发，接连攻占庆云、乐陵、惠民等地，然后分两路向济阳夹击。11月13日，韩复榘亲自率特务队到济阳督战。日军一面组织兵力从正面进攻吴化文的手枪旅，一面抽出50多辆汽车、装甲车绕道奔袭济阳县城。在此督战的韩复榘被日军快速装甲部队包围，战至傍晚，卫队几乎损失殆尽，卫队长牛耕林阵亡。在卫兵们拼死保护下，韩复榘骑着摩托车冲出重围，最后身边只剩下7个人。

冯玉祥率韩部第八十一师和第二十九师阻敌于津浦铁路正面，也伤亡惨重。20多天的战斗，第三集团军伤亡5400多人，徒骇河一线防御失守。11月16日，韩复榘下令第三集团军各部撤到黄河南岸设防，并炸毁了泺口黄河铁路大桥。

冯玉祥对韩复榘的消极避战非常气愤，从黄河北岸督战回来，用手绢捂着半个脸回到济南。韩复榘惊问其故，冯玉祥愤慨地说："我这半边脸已无颜见山东父老了！"

韩复榘却悄悄地对身边的人挖苦说："冯先生是光着屁股推磨——转圈丢人。"

日军沿津浦线长驱直入，逼近黄河北岸，并在鹊山上安放远程大炮，不断向济南火车站、天桥、大观园、商埠和珍珠泉边的省政府开炮。韩复榘将指挥部搬到了千佛山上的兴国禅寺。

韩复榘召开省政府紧急会议，决定将省府机关和人员先行撤到泰安、济宁等地。当何思源劝他坚守济南，蒋介石答应一切损失中央都会补充，不必顾虑时，韩哈哈大笑，说："你真是拿个棒槌当针认。蒋的话你也认以为真，我们就这几万人，这个家底牺牲完了，华北就没我们的份了。"

蒋介石下令撤销第六战区，任命韩复榘为第五战区副司令长官，负责黄河以南山东防务，并调走其重炮旅保卫南京。韩复榘非常恼火，开始将眷属、家私和军需物资运往豫西舞阳，准备后撤。李宗仁来电责问："豫西非第三集团军之后方，为何将物资运往该地？"韩复榘回电："现在是全面抗战，何分彼此！"

1937年12月18日，日军参谋本部下令第二军进攻济南。12月23日夜，华北方面军第二军司令官西尾寿造指挥第五、第十两个精锐师团，避开济南黄河天险，从齐东县门台子、清河镇等几个渡口强渡黄河，于25日分别占领龙山、周村。然后分东西两路进击，一路沿京沪线南下，一路沿胶济线东进。

西路日军第十师团又兵分两路，第一一八旅团向南绕博山、莱芜直插泰安，企图切断济南守军退路；第十师团主力则在矶谷廉介师团长的率领下沿胶济线西进，直逼济南。

济南是山东省会，北倚黄河天险，南靠泰山余脉，家家流水，户户垂杨，素有泉城之美誉，津浦铁路和胶济铁路在此交汇，是连接华北和华东地区的战略要地。蒋介石发来急电，令韩复榘死守黄河，保住济南。

韩复榘见日军兵临城下，遂不顾蒋介石的电令，于12月24日晚乘钢甲车撤往泰安，只留下孙桐萱的一个师防守济南，并下令放火烧掉省政府和日本领事馆等建筑物。

25日上午，日军开始向济南进攻，守军退入城内，日军从泺口渡过黄

日军通过泺口黄河浮桥

日军进入济南

河。26 日晚，日军向济南炮轰了一夜。27 日凌晨，孙桐萱请示韩复榘，韩回电："能打就打，不能打就撤。"于是孙桐萱率部撤走，济南沦陷。

12 月 27 日，日军占领济南，网罗了一些亲日分子组织维持会，以马良为会长，朱桂山为副会长。随后成立伪山东省公署，马良任省长，朱桂山任伪济南市市长。日军还在济南设立了司令部、宪兵队、特务机关及慰安所。

日军占领济南后，沿津浦路追击南下。李宗仁来电，令韩复榘“务必死守泰安”。韩复榘回电“南京既失，何守泰安?”又撒腿撤到济宁。

1938 年 1 月 1 日，日军攻占泰安，4 日占领兖州、曲阜，11 日进至济宁、邹县一线。韩复榘又率部退至曹县、成武一带，致使津浦路正面门户洞开。

东路日军是板垣征四郎的第五师团，太原会战后，乘火车赶至津浦线战场，然后沿胶济线东进。1938 年 1 月 10 日，占领胶济线中部重地潍县。19 日，与海军陆战队会师青岛，胶济铁路沿线城市全部沦陷。不到一月，日军占领大半个山东。

1938 年 1 月 11 日，蒋介石在开封召开第一、第五战区高级将领军事会议。为防止韩复榘拒不到会，蒋介石亲自给韩打电话说：“我决定召集师长以上军官在开封开个会，请向方兄带同孙军长等务必到开封见见面。”

当时，韩复榘的部下都劝韩不要亲去，主张派代表参加，而蒋介石派来暗中监视韩复榘的蒋伯诚却竭力怂恿，韩无法拒绝，于是率孙桐萱等师以上将领和一个手枪营的卫队乘铁甲车抵达开封。会议在开封南关袁家花园的礼堂内举行。韩复榘率随员来到会场，只见花园门前张贴着一张通知：“与会将领请在此下车。”

韩复榘只好下车步行入内。到了第二道门口，见左边的屋门上贴有一张“随从接待处”的纸条，于是韩复榘的三个卫士都被留在了接待处。再往里走，在“副官处”门口贴有一张通知，上书：“奉委座谕：今晚高级军事会议，为慎重起见，所有到会将领，不可携带武器进入会议厅，应将随身自卫武器，暂交副官长保管，候会议完毕后凭收据取回。”

韩复榘不得不将腰间的两支手枪掏出来，交给副官处，然后若无其事地步入会议厅，和李宗仁、白崇禧、程潜、刘峙、宋哲元、于学忠等老相识握手寒暄后落座。

蒋介石最后一个进入会场，全体将领肃然起立敬礼。蒋介石脱下军帽，露出光头，还了一个 60 度的鞠躬礼。大家坐下后，蒋介石摘下白手套，笑着说：“好，好，有的很久没见面了，有的还没见过面。今天在讲话之前先来点点名，见见面，认识认识。”

接着，他就拿起花名册逐一点名，然后就开始训话，从《党员守则》和

日本出版的《国际写真情报》登载日军在济南开设慰安所

《步兵操典》谈起，又接着讲了国际国内形势。他说："目前，我们在军事上虽然受了一定挫折，但国际形势很好，对我们很有利。我们是得道多助，而敌人是失道寡助。我们一定会抗战必胜，建国必成，而敌人则是多行不义必自毙。敌人并没有三头六臂，只要你们能够服从大本营和战区司令长官部的命令，只要你们能够奋勇作战，那我们就一定可以战胜敌人，最后胜利就一定属于我们。"

会场上立即响起了一片热烈的掌声。这时，蒋介石突然话锋一转，直奔主题："抗日救国，是我们每一个将领义不容辞的责任。可是，竟有一个高级将领，放弃黄河天险，违抗命令，连失数座城市，使日寇顺利进入山东，政治影响极坏！"

说到这里，蒋介石突然提高了嗓门："我问韩主席，你不放一枪，从山东黄河北岸一直往后退，继而放弃济南、泰安，使后方动摇，这个责任，由谁负担？"

蒋介石和韩复榘

韩复榘腾地一声站起来，毫不客气地顶撞说："山东丢失是我应负的责任，南京丢失该谁负责呢?"

蒋介石一拍桌子，声色俱厉地说："现在我问的是山东，不是南京。南京丢失，自有人负责。"

韩复榘还想争辩，被坐在身旁的刘峙劝说住了。会议休息时，侍卫长走过来，说是委座接见。刘峙拉着韩复榘的手走到门口，突然一左一右上来两个大汉，将他夹在中间，韩复榘认出这两人是特务头子戴笠和龚仙舫，但已来不及反抗，被当场逮捕。

经武汉军事法庭会审，以违抗军令、擅自撤退罪处决。同时还处分了第五集团军总司令香翰屏、晋军第六十一军军长李服膺等 43 名作战不力的军官，起到了杀一儆百的警示作用。

第三集团军总司令由于学忠兼任，第十二军军长孙桐萱升任副总司令。为防止北线日军继续南下，李宗仁采取以攻为守的战术，命令第三集团军、第二十二集团军和第三军团分别向济宁、邹县、蒙阴之敌发动攻势作战，收复了蒙阴县城，切断了日军第十师团和第五师团之间的联系点。

三、发动起义

1937年8月22日，国民政府军事委员会发布命令，正式宣布将红军改编为“国民革命军第八路军”，下辖第一一五师、第一二〇师、第一二九师，全军共4.5万人。9月11日，国民政府军事委员会统一整编，改第八路军为第十八集团军，朱德任总司令，彭德怀为副总司令。整编完毕后，八路军立即开赴华北抗日前线。

9月下旬，中共中央北方局在山西太原召开会议，刘少奇、杨尚昆、彭真等同志出席会议。根据中共中央指示精神，会议研究部署了广泛开展游击战争、建立敌后抗日游击根据地等项工作，号召“共产党员脱下长衫，到游击队去”。黎玉在会上向北方局报告了山东的情况，并要求派军政干部到山东工作。北方局领导同意了黎玉的要求，决定派军事干部到山东工作。

10月初，沿津浦铁路南下的日军侵入山东境内，10月3日攻占德州。军情紧急，不等会议结束，黎玉就赶回山东，在济南上新街一座四合院里，召开紧急会议，传达了中共中央北方局的会议精神，研究制定了《抗日武装起义十大纲领》。其主要内容是：要保卫山东，就要组织山东抗日游击队，共产党员应当模范地脱下长衫到游击队去，每个党员都要发动群众参加或组织队伍；以“抗日游击队”或“山东人民抗日救国军”的名义，号召广大群众来参加这个部队；团结一切不愿做亡国奴的人们起来参加部队，扩大抗日民族统一战线；部队组织发动的时间要适当掌握，不能过早，也不要过迟，最好是在韩复榘退却逃跑，日寇正要打进来的时候；接收溃兵的武器，同时也要用说服的方式来动员枪支，号召“有枪出枪”“有钱出钱”；部队组织起来后，必须积极地向敌人开展斗争，提高群众对部队的认识；部队组织发动后，必须建立政治工作，要建立党的组织，保证党的领导；部队给养，最初可以实行政治动员募集、没收汉奸财产来充实抗日经费，号召“有粮出粮”；部队要有严格的组织纪律，实行“三大纪律、八项注意”，必须做到秋毫无犯；部队组织起来后，必须帮助群众建立抗日民主政权。

会议还研究制定了在全省分区发动抗日武装起义的计划。针对敌人首先会沿铁路、公路干线设立据点，分割山东的军事行动计划，省委决定按东西南北中将山东划为10余个区，并计划在冀鲁边、鲁西北、鲁中、泰西、泰安、徂徕山、沂蒙山区、临朐一带、鲁东淄博矿区、长山、昌潍、寿（光）广（饶）博（兴）一带和胶东地区，分别建立10个军或10个支队。会议要求各地以党的组织为核心，中华民族解放先锋队、抗日救国会等成员为骨干，收集民间枪支，动员人民群众，配备干部，筹备给养，抓紧做好起义准备。

黎玉还特别强调，武装起义的时机最好选择在韩复榘溃逃，日军尚未全面占领山东及其立足未稳的时候，全省行动，揭竿而起。因为发动过早，可能引起国民党地方政权的阻挠反对；发动过晚，容易遭到日军的镇压。

会后，省委立即派人到各地去帮助发展党组织，加强对起义工作的领导。这时，韩复榘也履行诺言将在押的“政治犯”全部释放，张北华、赵健民、姚仲明、理琪、李林、宋澄、宋竹庭、邵德孚、程照轩等400多名领导

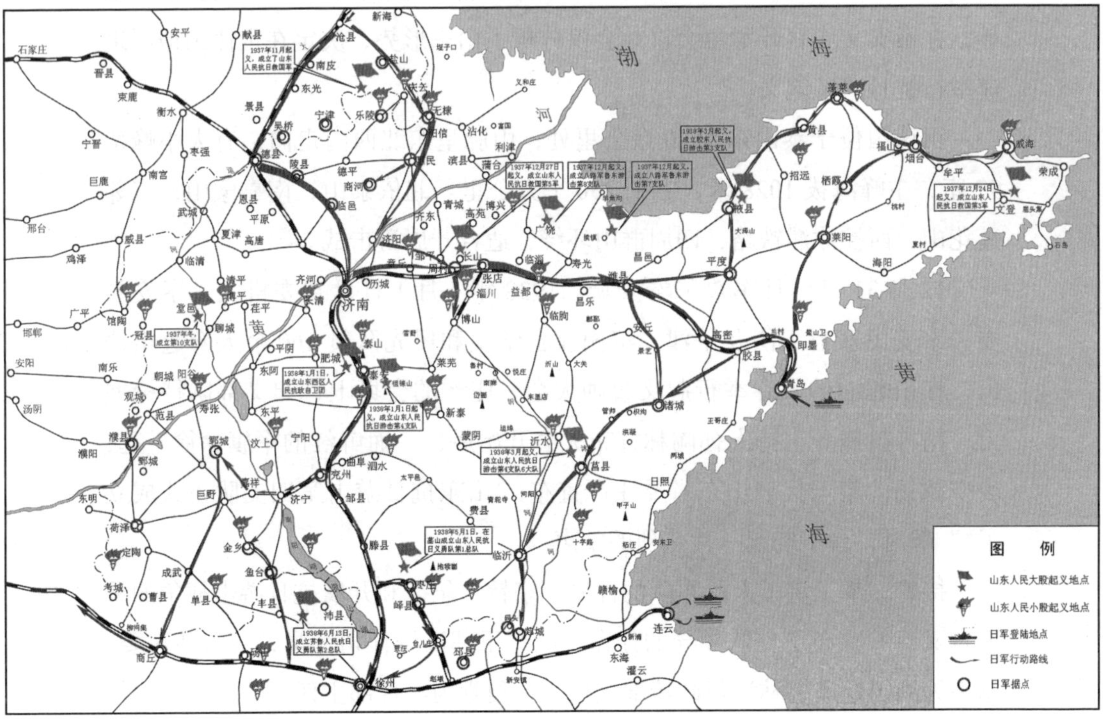

山东人民抗日武装起义示意图（1937年11月—1938年6月）

人和党员骨干陆续出狱。理琪被任命为胶东特委书记，鹿仲麟任鲁东特委书记，赵健民主动要求回到鲁西北家乡组织抗日武装，张北华、姚仲明、邵德孚、宋澄等分别被派往泰西、鲁中、鲁东南、烟台等地发动起义。

与此同时，中共中央和北方局应山东省委的请求，抽调洪涛、廖容标、韩明柱、赵杰、程绪润、周凯东、廖云山等8名红军干部和一批青年知识分子来到山东，立即奔赴各地，组织发动抗日武装起义。其中，徂徕山起义，是中共山东省委直接发动和领导的一次抗日武装起义。

四、徂徕山起义

1937年10月，日军侵入黄河以北的山东境内，中共山东省委从济南转移到泰安。12月23日晚，日军第五师团、第十师团渡过黄河，兵分两路进攻济南和泰安。24日，敌机开始轰炸泰安县城。省委书记黎玉、宣传部长林浩、秘书长景晓村和延安来的红军干部赵杰、程绪润，以及泰安县委的领导，在泰安文庙召开紧急会议。会议分析了山东形势，决定在徂徕山地区迅速举行抗日武装起义。

徂徕山位于泰山东南20余公里处，山脉呈东北西南走向，有大小峰峦97座，主峰海拔1028米，方圆250平方公里。北依泰山，南靠蒙山，东邻莲花山，西控津浦铁路，四周群山环绕，适合开展游击战。

12月31日，日军攻陷泰安城。1938年1月1日，省委机关、泰安县委、泰安民众自卫团及平津、济南流亡学生和民先队员160余人奔赴徂徕山，在山北面的大寺举行起义誓师大会。庄严的会场上，起义部队持枪握刀，精神抖擞。主持人孙陶林宣布大会开始后，一面鲜红的军旗徐徐升起，凌空飘扬。黎玉代表山东省委庄严宣布："山东抗日游击第四支队正式成立了。"顿时，台下响起一片热烈的掌声。

接着，黎玉讲了人民军队的性质、宗旨、纪律和开展抗日游击战争的重大意义，并宣布了支队领导的任命：红军干部洪涛任司令员，黎玉兼政委，赵杰为副司令员，林浩任政治部主任，马馥堂为经理部主任。

随后，将参加起义的人员暂编为两个中队：省委机关、泰安县人民抗日自卫团、泰安县委一部分和青年学生编为一中队；赵杰、程照轩、封振武等同志带来的队伍为二中队。任命李怀英为一中队队长，鲁宝琪为指导员；封振武为二中队队长，程照轩为指导员。同时，还任命了各排排长和政治战士。

中共山东省委书记黎玉在作动员讲话

誓师大会之后，莱芜县在莲花山发动的抗日武装由程绪润、刘居英同志带领到徂徕山会合，被编为三中队，程绪润为中队长，刘居英为指导员。新泰县在观山发动的抗日武装，分别由孙汉卿、董琰、单洪等同志带领，也先后来到徂徕山会合，编入一中队。第四支队迅速扩大，队伍发展到500余人。

起义队伍组织起来以后，吃饭、住宿一度成了问题。山上没有像样的房子，大寺院内仅有的几间破屋只能作为女同志和病号的住室。男同志们只能挤在各个山窝里，用干草当褥子，光滑石头做枕头。徂徕山区十分贫穷，乡亲们送来的粮食大部分是糠煎饼、生地瓜和“狗团子”。腊月天，“狗团子”送上山都冻成了冰疙瘩，战士们也毫无怨言。

一次开饭的时候，洪涛司令问一个小战士：“咱们的伙食怎么样？”那个小战士笑着答道：“行！只要填饱肚子就能打鬼子。”洪涛司令鼓励说：“等打败了鬼子，我们就能过上好生活了。”

四支队成立不久，经过短期突击军事训练，立刻投入了战斗。1月26日，有一股日军要经过大汶口，开往新泰县。支队便决定集中力量，在大汶口至新泰公路上的寺岭庄打一个伏击战。寺岭庄位于小汶河南岸，是敌人必经之地，地势很利于伏击。

25日晚，赵杰率领二中队和三中队组成的一支突击队，迅速赶到埋伏地点。从早上一直埋伏到下午3时，敌人终于进入了伏击圈。赵杰一声令下，伏击部队的马枪、步枪、土枪一齐开火，埋伏在制高点上的游击队战士将一捆捆集束手榴弹扔向敌群，打得敌人哇哇乱叫。战斗进行了两个多小时，击毁敌汽车10辆，毙伤日军10余人。部队下山首战告捷，极大地振奋了军心。

2月中旬，部队在新泰一带活动，发现泰新公路上的敌车辆频繁。原来是日军正在往台儿庄增兵。为配合第五战区台儿庄作战计划，支队决定派二中队前去打伏击。

2月17日黄昏，部队到达新泰城西北10多公里处的四槐树村。翌日拂晓前，二中队隐蔽地将部队埋伏在公路两旁，并在敌人要经过的公路桥上埋好了国民党友军提供的电发火地雷。7点多钟，10多辆满载日军的汽车由泰安方向驶来，很快就到了埋伏区。赵参谋让大家先放过四五辆，待后面的汽车过桥时，他及时按动发火器，一阵巨响，车上的日军被炸得血肉横飞，没有死的连忙滚下汽车，拼命往车底下钻。接着，埋伏在路旁的战士迅速冲上公路，向敌人猛烈射击。经过一阵激战，炸毁敌汽车4辆，毙伤日军40余人，其中有1名大佐。

第四支队在斗争中不断壮大，短短一个多月的时间，部队发展到近千人，迅速扩编为7个中队。2月底，省委在新泰刘杜召开扩大会议。会议由黎玉主持，林浩、景晓村、洪涛、李林、金明、刘居英、朱玉干、程照轩、董琰、夏辅仁、侯德才、孙陶林等参加会议。会议初步总结了武装起义以来的工作，分析了当时的斗争形势，研究了党、政、军的发展方针、政策及对敌斗争策略。

为了适应形势的发展，省委决定第四支队在刘杜兵分两路，实行南北扩展，开辟新的抗日活动区域。以省委机关和支队机关及一、三、四中队为北路（称一大队），由洪涛、林浩带领去莱芜、博山、淄川一带活动，开辟创建以莱芜为中心的抗日根据地；以二、五、七中队和直属队为南路（称二大队），由黎玉、赵杰带领，向新泰南、蒙阴、泗水、费县一带活动，扩大抗日武装，开展地方工作。

会议还决定，由省委书记黎玉等赴延安，向中共中央汇报山东的工作。

洪涛、黎玉、林浩（左起）在刘杜会议上

当时，山东武装力量发展较快，急需大批干部，因此决定请求中共中央派一批军、政方面的干部来山东，并申请一批电台等通信器材和中央有关文件等。会议决定黎玉走后，由林浩代理省委书记兼四支队政委，主持省委的全盘工作。

3 月 8 日，黎玉同志赴延安。林浩率领北路一大队到达新泰雁翎关地区。乘日军进攻徐州，莱芜城空虚之机，一举攻克莱芜城，解决了莱芜县维持会和部分伪军。

为防止日伪军报复，部队除留下少部分同志组成“八路军驻莱办事处”，在城里筹集给养、组建政权外，大部队则撤到附近农村。国民党顽固分子秦启荣趁机纠集莱芜的地方势力谭远村、景大麻子之流进驻莱芜城，解散抗日团体，抢掠物资，并扣押了在城内工作的马馥堂等同志。

秦启荣，山东邹城人，毕业于黄埔军校第六期，受蒋介石厚宠，于 1929 年被派回山东，先后任国民党山东省党部执行委员、组织科长、书记长、国民军训练处副主任。七七事变后，在鲁西、鲁北组织国民党地方武装，历任冀鲁边区游击司令、国民政府军事委员会别动总队游击第五纵队司令，山东省第 12 区行政特派员和保安司令，统辖邹县、滕县、曲阜、泗水、淄川、博山、益都、临沂、泰安、新泰、莱芜等 11 县的党政军务。他顽固执行限共、反共政策，不断制造摩擦事件，是有名的“摩擦专家”。

4 月 28 日，南路第二大队迅速北上，突袭莱芜城，俘获顽军 300 余人，活捉了国民党顽固县长谭远村，救出了被扣押的马馥堂等同志。莱芜城再度解放，南北两个大队部队胜利会师。此时，徂徕山起义的部队已发展到 4000 余人，编为 3 个团和 2 个直属分队。省委决定将第四支队改编为山东人民抗日联军独立第一师，将山东人民抗日救国第五军编为山东人民抗日联军独立第二师，统一组成南下指挥部，由洪涛任指挥，林浩任政委，廖容标任副指挥。

由于四支队的迅速发展壮大，引起了国民党顽固派头子秦启荣的恐惧和仇恨。1938 年 5 月初，秦启荣从四面八方调兵遣将，准备再度攻打莱芜城，企图消灭抗日游击队。为避免“摩擦”，第一师撤至鲁西镇，但敌仍尾随追击。洪涛司令员不顾身患重病，亲率三个团兵力进行反击，在莱芜方夏一带打了一仗。经过三昼夜的激烈战斗，顽军全线崩溃，迫使顽固派停火谈判。

洪涛，原名洪裕良，江西横峰人。1928 年春，参加中国工农红军第十军，历任排长、连长、营长、团长等职，参加了第五次反“围剿”和长征。在长征途中，担负了掩护红一方面军主力北上的任务，洪涛每战身先士卒，先后三次负伤。最后一次负伤，子弹穿进肺部，弹头残存体内无法取出。因连续行军作战，病情恶化，1938 年 5 月 25 日，不幸病故于徂徕山下的圈里村，部队举行了隆重的追悼会和安葬仪式。

中共中央对山东的抗日斗争非常重视。6 月 6 日，毛泽东与刘少奇联名电示：“山东的基干武装应组建支队，恢复和使用八路军游击支队的番号，目前可组成 4 至 5 个支队，县区武装则以支队领导下的游击队名义出现，用抗日联军名义不好。”

6 月 8 日，毛泽东再次电示：“凡属我党领导，已取得广大群众拥护，又邻近友党友军之游击队，以用八路军名义为宜。否则，各地国民党均将控制，如使用普遍名义，则不得不听其指挥，甚至通令解散，八路军亦无权过问，用八路军名义则无此弊。”

根据中央指示精神，省委决定撤销抗日联军“独立师”番号，又恢复“八路军山东人民抗日游击第四支队”，廖容标接任第四支队司令，成为山东抗日战场上的一支主力军。

第二章

齐鲁烽火

在中共山东省委直接领导徂徕山起义的同时，各地党组织也积极发动群众，组织抗日武装起义。从 1937 年底，到 1938 年上半年，全省先后爆发了大小 50 多次抗日武装起义，其中较有影响的有十大抗日武装起义。

一、冀鲁边起义

冀鲁边区，位于山东省北部、河北省东南部广大平原地区，东临渤海，西接津浦铁路，南枕胶济铁路，北至天津独流减河，是连接冀鲁津的重要通道，战略地位非常重要。日军占领平津后，沿津浦铁路大举南下，冀鲁边区首当其冲，因而成为发动抗日武装起义最早的地区。

七七事变爆发不久，中共津南工委立即召开会议，认真贯彻中央指示，决定所属各县普遍举行武装起义。津南工委负责人马振华和工委交通员邸玉栋分头部署各县党组织，发动武装起义。经过工作，初步掌握了崔吉章 60 余人武装，李子英 90 余人民团武装以及刘子芳 50 余人贩盐武装。

1937 年 7 月 14 日晚，马振华来到冀鲁交界的河北盐山，召集当地共产党员及进步人士邢仁甫、周砚波、傅炳翰、杨铮侯、王昭明等在盐山县李连家村小学开会。会议确定，以华北民众抗日救国会作为公开的组织名称，同时建立华北民众抗日救国军。盐山县立第三高等小学校长周砚波，当即献出几十亩地，作为购置枪械的资金。

7月15日，华北民众抗日救国会和华北民众抗日救国军在盐山县旧县镇北广场宣告成立。国民党盐山县长李天民作为统战代表也到会讲了话，并发给救国军小米一部，暂做军粮。大会推举进步人士周砚波为救国会会长，救国会下设政治委员会、军事委员会、粮秣委员会等。因邢仁甫曾在国民革命军第二十六军任参谋、副官等职，懂得一些军事，被推选为救国会军事委员会委员长。救国军设立指挥部、政治部、供给处和卫生队，崔吉章任总指挥。救国军下辖两个大队，崔吉章任第一大队大队长，李子英任第二大队大队长。

在津南工委的领导下，华北民众抗日救国军不断扩大，各县抗日武装在县委组织下迅速发展。1937年8月13日，山东乐陵县的杜步舟和延安派来的红军干部周凯东在乐陵黄夹镇北街举起抗日义旗，组织抗日队伍130人，活动在乐陵一带乡村。接着，宁津县的李广文、王见新等，组织了100余人的武装到盐山县旧县镇加入救国军，被编入二大队。

9月下旬，国民党山东省第五专署（驻惠民）专员兼保安司令赵明远的少校副官刘景良，带部分武装到旧县镇投奔救国会。刘景良曾当过土匪，绰号小白龙，后被国民党鲁东民团指挥赵明远招安，收为中尉副官。在解决震惊中外的英轮顺天轮劫持事件中独闯匪穴，为解救人质立了功，升任少校副官。因救国军缺少军事干部，经救国会、救国军领导研究，救国军总指挥部改为司令部，由刘景良任司令，仍受军事委员长邢仁甫统辖。

10月上旬，日军侵占盐山，随即兵分两路，向南进犯。一路经盐山、乐陵，一路经庆云、阳信，合围惠民。驻旧县镇的王昭明部和驻乐陵的王见新部被敌人冲散。日军过后，救国军侦知敌人在乐陵城内只留下一个伪县长和几十名伪军，遂派一大队攻打乐陵城。伪军一触即逃，乐陵城为救国军收复。刘景良率救国军司令部随即进驻，并将救国军一大队、二大队改为一团、二团。

10月中旬，鲁北各地组建的抗日武装分别向旧县镇、乐陵城集中。无棣石景芳、关星甫、丁润生等带领190余人到旧县镇编入二团。宁津张策平、郑之英等组织的第二批武装100余人也到旧县镇编入二团。乐陵杜步舟部200余人与盐山杨铁珊、王恩庆组织的武装合并，编为第六团，杜步舟、周凯东分任正副团长。10月18日，邢仁甫、崔岳南、路牟班等率新组建的特务团150余人到达乐陵城，路牟班任团长，马振华任政治主任。至此，救国军已发展成为一支拥有1500余人的武装。

1937年10月下旬，救国军在旧县镇、乐陵城一带集结后，内部发生了争夺领导权的斗争。投机革命的刘景良不愿受军事委员长邢仁甫统辖，企图夺取救国军的领导权。土匪出身的崔吉章怀着个人野心与刘景良互相勾结，企图架空邢仁甫。刘景良的行为，遭到救国军多数领导的抵制。邢仁甫以军事委员长名义召开干部大会，严厉批评了刘、崔二人的错误行为。

会后，刘景良带三团进驻阳信城，与国民党沾化县长梁建章勾结，恢复建立了国民党山东省第五区行政督察专员公署，刘景良任专员兼保安司令，从此脱离了革命队伍。

1937年10月，由于抗日斗争形势的需要，中共中央北方局决定，将河北省委领导的津南工委所属津浦路东盐山、沧县、宁津、庆云、乐陵、阳信、无棣、东光、南皮、惠民等县党的工作交给山东省委领导。中共山东省委派于文彬到冀鲁边区，任鲁北特委书记。

于文彬来到冀鲁边区后，建立了冀鲁边区统一的党组织——中共鲁北特委，于文彬任特委书记，马振华任组织部长，赵明新任宣传部长。鲁北特委的建立，统一了津南、鲁北地区党的领导，为冀鲁边区抗日根据地的创建和发展奠定了组织基础。

10月底，救国军在盐山县刘集村召开会议，围绕刘景良脱离救国军后的领导人选问题，开展了激烈的斗争。崔吉章妄图当救国军司令，独揽军队大权，但遭到多数人的反对。于文彬号召大家团结一致，警惕有人闹宗派、搞分裂。会议一致选举邢仁甫为救国军司令，崔岳南为救国军政治部主任，于文彬为政治部副主任，保证了党对这支队伍的领导。

救国会和救国军成立的同时，各县国民党地方武装、土匪、民团、会门武装也趁机蜂拥而起，伪军、伪组织纷纷建立。救国军被限制在以旧县镇为中心的狭小地区，部队的给养发生困难。为了摆脱困境，1937年11月，边区党组织在盐山县卢少刚村召开扩大会议，决定部队采取“大踏步前进，大踏步后退”的方针，运用灵活机动的战略战术，在运动中消灭敌人，保护

战士们在麦田里进行伏击战

自己，发展壮大抗日力量。会议之后，救国会进攻盐山，攻打庆云，奔袭无棣，围攻乐陵，转战宁津、南皮，消灭了大批伪军，壮大了自己，站稳了脚跟。

1937 年 12 月，国民党员王昭明在庐山为救国军领来了“国民革命军敌后别动总队第三十一游击支队”的番号。为此，中共鲁北特委和救国会、救国军领导人在盐山县杨小营村召开会议，为便于和国民党地方武装建立抗日民族统一战线，决定接受国民政府军事委员会的委任，将华北民众抗日救国军番号改为“国民革命军别动总队第三十一游击支队”，任命邢仁甫为支队司令，王昭明为副司令。三十一支队整编为一、二、三路和特务团，各路设政治主任。为加强党对军队的领导，会议决定，各路、大队、中队、小队都设政工干部，由共产党员担任。

1937 年 12 月下旬，三十一支队在盐山至庆云公路上的望树镇设伏，袭击日军吉普车，活捉日本顾问大盐谦治，缴获吉普车一辆，并在北芦村击退前来报复的日军，取得首次对日作战的胜利。

1938 年 1 月下旬，三十一支队又发动了对盐山城日伪军的围攻战，并采取了虚张声势、夜袭骚扰敌人的战术。白天，队伍分成若干小组，高举红旗，在盐山城周围村庄来回穿插，时隐时现，使敌人搞不清实际兵力；夜间，派出若干小分队，向城内打冷枪，投手榴弹，擂鼓呐喊，佯攻城池。几天下来，搞得敌人疲惫不堪。

31 日夜，三十一支队攻进盐山城，歼灭日军 20 余人，伪军 400 余人。中共鲁北特委书记于文彬不幸因手枪走火而牺牲。三十一支队进城后，开仓放粮，救济百姓，建立了盐山县抗日民主政府，委任周砚波为县长。当时正值春节，各村群众杀猪宰羊，进城劳军。数百名青年报名参军，部队士气空前高涨。

2 月 23 日，在中共无棣县委的配合下，三十一支队突袭无棣，占领县城，全歼伪警备队，俘伪县长，缴获长短枪 500 余支，并建立了无棣县抗日民主政府，委任邢朝兴为县长。

4 月 6 日，三十一支队进攻庆云。驻在庆云城的伪“华北自治联军”一个营，由于粮饷接济不上，靠抢粮度日。连长李栋臣派人和三十一支队联系，表示要立功赎罪，协助三十一支队解放庆云城。

4 月 6 日夜，三十一支队二路一营和特务团突击队赶到庆云，待城楼上打出信号后，即拉开护城铁栏，架起云梯，登上城墙，在 40 余名伪军配合下，首先控制了东南、北两个炮楼，然后包围了营长于之岩指挥部。于之岩见士兵哗变，大势已去，乖乖地缴枪当了俘虏。部队乘胜占领了庆云县政府，伪县长逃走。此战俘虏伪军 200 余人，缴枪 300 支，于之岩被公审处决。三十一支队第一路和新组建的九路、十路进驻庆云城，并建立了庆云县抗日民主政府。

5 月上旬，三十一支队一路一部和二路、特务团从董村出发，突袭乐陵城，歼灭伪军近百人，缴枪 200 支，弹药若干。邢仁甫、崔岳南、杨铮侯等率三十一支队司令部和一路一部、二部及特务团进驻乐陵，建立了乐陵县抗日民主政府，周砚波任县长。

自 1938 年 1 月至 5 月，三十一支队东征西讨，取得了收复盐山、攻打无棣、夺取庆云、光复乐陵的胜利，初步建立起西至南皮，东至庆云，包括盐山南部和乐陵大部的根据地，队伍扩大到近 2000 人，冀鲁边区抗日游击根据地初步形成。

二、鲁西北起义

鲁西北地区，位于冀鲁豫三省交界处，以黄河和津浦铁路、平汉铁路为三边的三角地带，包括当时的山东省第六区（驻地聊城）所辖的 12 个县和第四区（驻地临清）所辖的 10 个县，是连接冀鲁根据地的纽带。

早在 1937 年 5 月，中共中央北方局华北联络局书记彭雪枫就来到聊城，做范筑先的统战工作，介绍范筑先的秘书张维翰及赵伊坪、牛连文等人入了党。抗日战争爆发后，中共山东省委先后派鲁西北特委书记徐运北和省委组织部部长张霖之赴鲁西北特委工作，与国民党山东省第六区行政督察专员兼保安司令范筑先建立了较好的抗日民族统一战线。中共中央北方局和中共山东省委还先后派朱穆之、任仲夷等 70 余名党员和 200 多名民先队员到范部工作。共产党员张维翰、姚第鸿分别担任了范部政治部主任、副主任。

1937 年 11 月，在日军入侵鲁北的情况下，范筑先毅然通电全国，决心留在鲁西北守土抗战，并将其保安司令部改为“山东省第六区抗日游击司令部”，将收编的大批地方武装编为 35 个支队和三路民军约 6 万兵力，控制了鲁西黄河两岸，建立了 30 多个县抗日政权，其中委派 13 名共产党员和进步人士担任县长，开辟了鲁西北敌后根据地。

与此同时，中共山东省委也向鲁西北各县派出干部发动武装斗争。1937 年 10 月下旬，共产党员解彭年带领 15 名刚从第三集团军政治训练班毕业的政训队员到达堂邑县设立办事处，和堂邑县政府交涉后，争取到 10 支步枪，首先将政训队员武装起来，并和当地党组织一起，动员一部分共产党员、青年学生和农民，建立抗日武装。开明绅士赵荫庭也带着一支驳壳枪参加了抗日队伍。11 月 22 日，张霖之、徐运北、王幼平等鲁北特委领导人和红军团长洪涛到达堂邑，宣布了范筑先的命令，命名这支武装为“山东省第六区抗日游击第一大队”，洪涛任大队长，李福尧为指导员。

1938 年 1 月 31 日，经中共鲁西特委与范筑先商定，以第一大队为基础，吸收冠县、范县、博平、寿张等县党组织组建的武装，建立了山东省第六区游击司令部第十支队，由张维翰任司令员，张幼平任政治部主任。不久，又收编了馆陶、冠县的两支民团，队伍发展到 2000 余人。此后，又将临漳抗日武装编为第十支队西进梯队，将东平、汶上一带的抗日武装编为第十支队东进梯队，将长清抗日武装编为第十支队独立营。

1938 年 8 月，第十支队发展到 5000 余人，分三路进至长清、平阴、肥城县边界的大峰山区开展游击战，成为共产党直接领导的坚持鲁西北抗战的一支重要力量。

另外，鲁西特委和当地党组织，还积极协助范筑先建立抗日武装，先后

1937 年 5 月，彭雪枫（左二）与赵伊坪、牛连文、张维翰在聊城合影

在濮县创建了第二十七支队，在濮阳、濮县交界地区创建了第十三支队，在齐河创建了第十二支队，在长清创建了第三十一支队，在临清、高唐、禹城、恩县、平原、夏津等县也分别组建了一些游击队。到 1938 年秋，在鲁西北，由共产党领导的抗日武装已发展到一万余人。

三、天福山起义

1937 年 12 月底，日军沿胶济线东进，胶东地区形势紧张。中共胶东特委书记理琪立即在文登县召开特委扩大会议，决定发动抗日武装起义。

理琪，原名游建铎，1908 年出生于河南省太康县游建庄村一个地主家庭，1925 年加入中国共产党。1928 年，进入冯玉祥创办的西北军无线电学校学习，毕业后留任冯部报务员。1931 年随二十六路军参加宁都暴动，进入中央苏区参加红军。1934 年，去上海从事秘密工作，与党组织失掉联系。1936 年，经中共河南省委介绍来到胶东，任中共胶东临时特委书记。同年

12 月，由于叛徒出卖被捕，押往济南，多次受刑，始终坚贞不屈，被判刑 5 年。1937 年 11 月，获释出狱。被派往胶东，组织发动抗日武装起义。

其间，山东省委派林一山、宋澄、刘中华、张加洛、于眉、于克恭等先后到达胶东，分别联络各县的共产党员柳运光、于烺、于得水、曹漫之、李耀文等同志，恢复建立党组织，组建抗日群众团体，积极开展统战工作。先后在文登、荣成、牟平、蓬莱等地同国民党地方政府达成了合作抗日的协议，从而为抗日武装斗争创造了条件。

1937 年 12 月 15 日，理琪由济南来到胶东特委驻地——文登县沟于家村，并于当晚召开了特委扩大会议，传达了省委关于发动武装起义、组建“山东人民抗日救国军第三军”的指示，分析了当时的形势。经过认真讨论，特委决定以“一一·四”暴动后保存下来的昆嵛山红军游击队为基本力量，建立一支由共产党独立领导的胶东人民抗日武装，首先在文登县的天福山举行抗日武装起义。

天福山位于文（登）荣（成）威（海）三县交界处。这里地处偏僻，群山起伏，周围群众基础较好，是国民党统治的薄弱地带。

12 月 24 日，天还没亮，特委领导人理琪、吕志恒、林一山、张修己、宋澄、于烺、张修竹、刘中华等，便登上了天福山玉皇庙。天刚拂晓，于得水便率领着红军游击队 70 余人从 80 里外的昆嵛山赶来了。接着，其他同志也冒着凛冽的寒风来到玉皇庙，举行了“山东人民抗日救国军第三军”成立誓师大会。

理琪登上大庙的台阶，首先传达了北方局和山东省委的指示，代表特委作了讲话，庄严宣布“山东人民抗日救国军第三军第一大队”正式成立，于得水任大队长，宋澄任政委，下设 3 个中队；并将“山东人民抗日救国军第三军第一大队”的军旗郑重授给于得水大队长。顿时，“团结起来，武装抗日”“打倒日本帝国主义”的口号声响彻山谷。

天福山起义后，理琪又赴威海，发动和组织威海武装起义。威海卫是中国北方的一个重要军港。当时，国民党威海当局及驻军，正处于战降不定的混乱局面。理琪到威海后，积极开展统战工作，同国民党威海专员孙玺凤进行谈判，促使孙玺凤答应在保护他安全离开的条件下，可以给抗日武装枪械

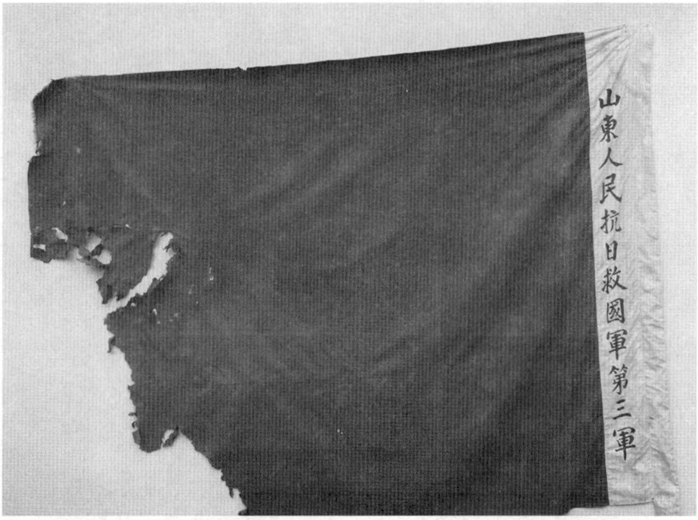

山东人民抗日救国军第三军军旗

支援；以“民先”队员孙端夫为首的威海专署政训处大部分人员愿意参加抗日；随后又做通了海军教导队保持中立的工作，发动武装起义的条件基本成熟。

1938 年 1 月 15 日，胶东特委部分领导人及天福山起义的干部战士陆续赶到威海，并于当天下午打开专员公署仓库，取出枪支弹药和大批军需物资。16 日上午，由天福山起义的部分武装及威海政训处成员组成的起义队伍，在专员公署大院集会，举行了升旗典礼，理琪宣布起义。全副武装的起义队伍高喊着“团结抗战”等口号，在城区举行了游行示威。起义部队在护送孙玺凤到码头离开威海后，满载着胜利品撤离了威海卫。

随着抗日队伍的扩大和形势的发展，特委决定成立胶东军政委员会，由理琪任主席，吕志恒任副主席，林一山任政治部主任。同时，还成立了“山东人民抗日救国军第三军司令部”，并对部队进行了整编，理琪任司令员兼政委，林一山任政治部主任，下辖 2 个大队、1 个特务队，共 300 余人。

1938 年 2 月 3 日，日军 3000 余人自青岛沿烟青公路北犯。侵占福山和烟台后，又兵分两路，一路东犯牟平，一路西犯蓬莱、黄县、招远。2 月 5 日，东路日军占领牟平县城，建立了伪政权。2 月 13 日，理琪率第三军第一大队及特务队近百人，长途奔袭牟平城，活捉了伪县长宋健吾，俘虏以商

胶东起义部队出征牟平

团为主的武装人员100余人，打响了胶东抗战第一枪。

战斗结束后，部队撤出牟平城。理琪等负责同志带领20多人，在城南三里路的雷神庙停下来休息和研究善后工作。牟平离烟台只有30多公里，驻守烟台的日军海军陆战队接到牟平被袭消息后，立即乘汽车赶来，迅速将雷神庙包围。

雷神庙是一座不大的四合院式的庙宇，有正殿、东西厢房和南大厅，庙门朝南，全是砖石墙。庙外东、南、西三面都是开阔地，北面即正殿，后面紧连着村庄，村后便是通向牟平城的大道，敌人就是从村后向雷神庙迂回包围过来的。

下午1点多钟，在庙前站岗的战士发现敌人已接近庙门，当即开枪，并大声向庙内报告。正在南大厅开会的理琪等人，听到报警后，随即拔出匣子枪冲到院子里。这时，庙四周的日军也开了枪，可以清楚地听到日军哷里哇啦的喊话声。在这危急时刻，理琪迅速地布置好每个人的战斗岗位，镇静地指挥作战。当日军的机枪架到庙门外向里扫射，并向庙门发起冲击时，理琪立即喊道："同志们，坚守庙门，沉着应敌，准备突围！"在他的指挥和鼓舞下，敌人连续几次冲锋都被打退了。

由于日军的兵力占了绝对优势，火力很强，有几个战士先后负伤和牺牲。理琪也中弹负伤，血流不止。但他仍然继续坚持指挥战斗，鼓励大家要坚持住，节省子弹，准备突围。他沉着地喊道："同志们，占住墙角，坚决抵抗！坚持到天黑，就能突围！"

他来回指挥着战斗，突然，又一颗子弹打中了他肚子，身上不停地流血。他一手捂着伤口，一手擎着枪，断断续续地说："同志们，坚持就是胜利……"几个同志赶来照顾他，他却咬紧牙关，忍着疼痛，摆摆手，要大家切莫声张，赶快去对付敌人。

战斗一直持续到黄昏，在赶来支援的原国民党牟平县保安大队大队长孙建勋部的策应下，被围困在雷神庙里的同志乘着黑夜胜利突围，但理琪同志却不幸壮烈牺牲。

3 月下旬，胶东特委和第三军总部在牟平县马石店召开会议，推举曹漫之代理胶东特委书记，吕志恒任副书记兼组织部长，林一山任胶东军政委员会主席兼第三军总指挥，宋澄任第三军政委；决定胶东特委和第三军总部西进蓬、黄、掖，开辟抗日根据地。

与此同时，胶东各县蓬莱、黄县、掖县、即墨、牟平、荣成、莱阳、招远、栖霞、福山等地也都建立了抗日武装，其中规模较大的是蓬莱、黄县和掖县的三支武装。

蓬莱于 1938 年 2 月 3 日成立第三军第三大队，于仲淑任大队长，于眉任政治部主任，不久改为第三军第二路，下辖 2 个大队，350 多人。3 月 18 日攻克蓬莱县城，俘伪县长、警察局长等 200 余人。部队很快扩大到 10 个大队，近 2500 人，建立了蓬莱县抗日民主政府。

黄县于 1938 年 1 月初建立第三军第三大队。2 月中旬，与国民党黄县县长王景宋部达成联合抗日协议，暂编为第五战区游击指挥部第九纵队第二支队。后因王部搞摩擦，配合八路军鲁东抗日游击第七、八支队，将该部近千人缴械改编。原第三大队 400 余人编为第三军第四路，李希孔任指挥，陈迈千任政委，仲曦东任政治处主任。5 月 17 日，成立了黄县抗日民主政府。

掖县在 1937 年冬组建了一批群众武装，并与该县国民党员赵森堂的一支武装联合成立"掖县民众抗敌动员委员会"。1938 年 1 月，县委又先后争

八路军山东人民抗日游击队第五支队成立

取了全县10个区的大部分区队。3月8日，各路部队汇聚于掖县城北的玉皇顶，在乔天华率领的平度游击队配合下，翌日攻克掖县城，俘伪县长刘子容及其保安队、警卫队200余人。“掖县民众抗敌动员委员会”改名“胶东抗日游击第三支队”，郑耀南任支队长，张加洛任政治部主任，赵森堂任参谋长。队伍很快发展到3700多人，并成立了掖县抗日民主政府。

1938年9月18日，根据省委指示，第三军与第三支队合编为八路军山东人民抗日游击队第五支队，高锦纯任司令员，宋澄任政委，赵锡纯任参谋长，于眉任政治部主任，下辖6个团，共7000余人。并先后成立了中共胶东区委和胶东北海区行政督察专员公署，辖黄县、蓬莱和掖县三个抗日民主政权，创办了北海银行，初步建立起蓬黄掖抗日根据地。

四、黑铁山起义

黑铁山坐落于长山县东部，海拔255米，位于长山、桓台、益都、临淄四县边界。黑铁山起义是以长山中学为基础组织发动起来的。

长山中学校长马耀南，在济南省立一中读书时，曾参加王尽美、邓恩铭组织的“马克思学说研究会”活动。1924年考入天津北洋大学，被选为北洋大学学生联合会和天津市学生联合会负责人，并参加了国民党，出席过国民党第三次全国代表大会。后因反蒋被开除党籍，回原籍当了长山中学校长，成为当地知名人士。

1937 年 9 月，林一山去胶东时路过长山，与长山中学校长马耀南会面，向他宣传了党的抗日主张，建议依靠“民先”组织发动抗日武装，马耀南欣然赞同。随后，省委派出狱不久的共产党员姚仲明以国文教员的身份到长山中学工作。11 月，省委又派从延安来的红军团长廖容标和原在鲁北地区工作的赵明新到达长山中学任教，廖容标任体育教员。在马耀南的密切配合下，他们向社会各界广泛宣传党的抗日救亡政策，联合各界人士，成立了长山县抗日后援会。还以民众夜校的名义，举办游击训练班，讲授抗日形势、游击战术和军事常识，培养起义骨干。

1937 年 12 月 23 日夜，日军由济阳南渡黄河，占领周村。24 日，日军飞机轰炸长山县城，引起群情激愤。姚仲明、廖容标认为起义时机已到，立即召集党小组会议，决定发动武装起义。

12 月 26 日晚，姚仲明、廖容标带领长山中学 60 多名师生，步行 30 公里，赶到黑铁山下的太平庄小学，与先期到达的部分起义人员会合，拿着仅有的三支步枪和八把拴着红布的大刀，正式举行了武装起义，宣布成立“山东人民抗日救国军第五军”，廖容标任司令员，姚仲明任政委，赵明新任政治部主任，马耀南任参谋长兼“临时行动委员会”主任。27 日，队伍开到黑铁山，第五军军旗插上了黑铁山之巅。不久，原国民党长山县保安大队 200 余人赶来投靠，队伍增加到 300 多人。

黑铁山起义部队

1938年1月8日，廖容标率部夜袭长山县城，摧毁伪维持会，俘伪公安局长等30余人，缴获枪支弹药一批，随后部队进入长白山区。1月19日夜，在小清河陶唐口附近伏击日军汽艇1艘，击毙日军联队长松井山村一行12人，缴获电台1部。

2月5日，第五军在白云山北麓的三官庙驻地，粉碎了来自周村、邹平等地400余名日伪军的报复性进攻，激战竟日，毙伤敌伪军近百名。4月初，为配合台儿庄战役，第五军对胶济铁路西段和张博铁路支线实行大破袭，炸毁日军军车7列，并攻入淄川县城，捣毁淄川县伪维持会。

第五军成立不久，三战三捷，迅速打出了军威，慕名参军的越来越多，短短几个月时间，起义部队就发展成一支上千人的队伍。

1938年7月，根据中央指示和省委决定，第五军改番号为“八路军山东人民抗日游击第三支队”，马耀南任司令员，杨国夫任副司令员，姚仲明任政委，辖第七、八、九3个团和1个营。廖容标调任山东纵队第四支队司令员。

1938年10月，八路军山东人民抗日游击第三、第八支队负责人合影。左起：韩明柱、姚仲明、霍士廉、廖容标、马耀南

8月13日，为配合武汉会战，第三支队一部联合石友三部第十军团向日伪军盘踞的济南发动进攻，在黄台、青龙桥、西关、南关等处与敌人展开激战，一度攻至普利门附近，毙伤日伪军近千人，受到国民政府军事委员会的通令嘉奖。

五、牛头镇起义

1937年10月，日军侵入山东境内。中共山东省委宣传部长林浩到博山召集会议，传达省委发动抗日武装起义计划，宣布成立中共鲁东工委，由鹿省三任书记，张文通任组织委员，杨涤生任宣传委员，领导潍县、益都、寿光、昌邑、临朐、昌乐、广饶、博兴、临淄、淄川、博山等县党的工作，全力发动抗日武装起义。

会后，张文通立即赶回寿光，向寿光县委传达了省委的决定及博山会议精神。11月中旬，寿光县委在牛头镇马保三家召开扩大会议，具体研究发动武装起义问题，决定以牛头镇为中心发动群众组建武装，筹备起义。

牛头镇位于寿光西北的巨淀湖边，芦苇遍地，易于隐蔽，周围群众基础较好。早期共产党员马保三以湖东乡乡长的合法身份，搜集枪支，举办抗日民众训练班，积极投入组建抗日武装的准备工作。

马保三，原名马鉴堂，1887年生于山东寿光牛头镇一个农民家庭。10岁入村塾读书，后因家庭困难，辍学务农。1924年8月，经山东省立第一师范毕业返乡的张玉山介绍，加入中国共产党，任中共寿光县委宣传委员。1926年8月，任中共寿光地执委委员，负责农运、宣传等工作。1926年10月，马保三任寿光县农民协会主席，经常到各村发动群众，组织农会，积极开展反对封建军阀和苛捐杂税的斗争。1927年，蒋介石叛变革命，他出走东北，转往朝鲜，在仁川与当地同志组织中华劳动组合会，开展抗日活动。1933年7月，返回家乡寿光，因叛徒出卖被捕。1934年春出狱时，寿光的党组织已遭到严重破坏，失去组织联系，他仍积极组织群众进行革命斗争。1935年，他掌握了国民党乡长马炳修贪污公款的事实，便据此揭发真相，发动群众清查账目，最后迫使县长宋宪章撤了这个恶霸地主的职，并答应群

马保三（1887—1964），山东寿光人。1924年加入共产党。1937年12月，发动牛头镇起义，任八路军鲁东游击队第八支队司令员。1940年7月，当选山东省临时参议会副议长。历任青岛市市长、山东省各界人民代表会议副主席、山东省政协副主席、中共山东省委统战部部长等职

众的要求，委任马保三任乡长。

1937年卢沟桥事变后，在中共寿光县委领导下，全县掀起了抗日救亡运动。马保三以湖东乡乡长的合法身份，积极投入组织抗日武装的准备工作。一个多月的时间，他跑了8个乡，串了几十个村庄，组织了七八十人的“抗敌后援队”，为后来的武装起义培养了骨干，打下了基础。

12月中旬，马保三率抗敌后援队乘机截获了国民党羊角沟警察局准备南逃而运往县城的1门炮和部分枪支弹药。为此县长宋宪章大为恼火，派兵包围牛头镇逼索枪支。马保三据理谈判，晓以民族大义；最后，来人仅带回少数旧枪支交差了事。起义前夕，他毁家纾难，不仅献出了全部粮食，而且全家老少一齐动员，成了起义部队的后勤部。

12月下旬，日军沿胶济铁路东侵，鲁中一带相继沦陷。12月29日，各地游击队员陆续到牛头镇集结，在乡公所门前竖起“国民革命军第八路军鲁东游击队第八支队”的大旗。马保三宣读了《八支队成立宣言》，张文通宣读了《告全国同胞书》，宣布“国民革命军第八路军鲁东抗日游击第八支队”正式成立，马保三任司令员，红军干部韩明柱任副司令，张文通任政委，杨涤生任政治部主任。誓师大会后，游击队员进行了编队，编为一、三、五、七中队以及特务队和骑兵队，共计700余人。

1938年1月9日，日军侵入寿光县城。2月5日凌晨，韩明柱率领起义部队在寿光城西南三里庄设伏。天刚蒙蒙亮，三辆日军汽车开了过来。开头是一辆卡车，中间是一辆吉普车，后面又是一辆卡车。韩明柱料定吉普车里坐的是敌人的指挥官。他命令放过第一辆，打第二辆。不一会儿，吉普车进入伏击圈内。“打！”随着他的一声令下，五名专打敌人司机的优秀射手一齐

朝驾驶室开火，司机应声毙命，汽车失去控制，歪倒在公路旁沟里。战士们猛虎似的冲了上去，阵地上杀声震天。后面那辆卡车上的日军见势不妙，掉转车头，仓皇逃窜。这次战斗，打死日军军官三名，士兵一名，缴获吉普车一辆，长短枪四支，指挥刀三把，还有一部分军用物资。

初战告捷，大大提高了人民群众的抗战信心，迅速扩大了八支队的影响。人民群众纷纷携带过春节的各种食品前来慰劳部队，报名参军的人也多了，八支队不断发展壮大，寿光、益都、广饶等地的小股抗日武装相继编入。至 3 月，队伍发展到 2000 余人，下辖 3 个大队和 3 个直属队。

在寿光县委组织发动牛头镇起义的同时，鲁东工委在鹿省三领导下，积极准备潍（县）北起义。1938 年 1 月 9 日，日军侵占潍县城，国民党地方政府撤到安丘西南山区。1 月 24 日，鹿省三等在潍北华疃召开会议，确定于 1 月 27 日在潍县蔡家栏子村举行武装起义。

1 月 27 日，参加起义的人员约 400 人先后赶到蔡家栏子村集结，正式建立了八路军鲁东游击队第七支队，王培汉任支队长，鹿省三任政治委员，王翼之任政治部主任，起义人员编为 3 个中队。2 月 14 日，鲁东工委和昌邑县委领导的 100 余人在昌北瓦城镇举行起义。次日，起义部队与第七支队会合，编为第七支队的两个中队。

2 月 16 日，张鸿礼率国民党第八区抗日别动队第三十四支队 200 余人，加入第七支队。张鸿礼曾任中共山东省委常委兼军委书记，领导博兴农民武装暴动失败被捕，抗战爆发后获释出狱。3 月 20 日，第七支队在昌邑永安村进行整编，改编为 3 个大队和 1 个特务中队，共 700 人，张鸿礼任支队长。

3 月 25 日，第七、八支队在昌邑瓦城会师。4 月 2 日，两支队联合袭击柳疃镇日伪军据点，由七支队担任主攻，八支队助攻。因日伪军火力较强，未能攻克，遂撤回瓦城。

4 月 5 日，鲁东工委为加强第七、八支队的统一领导，在昌邑龙池召开会议，决定成立八路军鲁东游击指挥部，马保三任指挥，鹿省三任政治委员，韩明柱任副指挥。第七支队由张鸿礼任支队长，鹿省三兼任政治委员；第八支队由王云生任支队长，李汉卿任政治委员。会议还研究决定部队东进胶东，但这个意见遭到张鸿礼的反对，其部下金焰在会场上无理取闹。

4月7日，鹿省三正在主持建立中共昌潍县委会议，金焰突然骑马而来，向鹿省三连开数枪，鹿省三当场牺牲。警卫人员将金焰抓获，经审讯，案涉张鸿礼，遂将张鸿礼逮捕枪毙。张文通继任鲁东游击指挥部政治委员，刘光汉接任第七支队支队长。

4月10日，第七、八支队在马保三、张文通、韩明柱率领下，由昌邑开往胶东。中旬，到达掖县与胶东抗日游击第三支队会合。5月上旬，到达黄县与山东人民抗日救国军第三军总部及部分基干部队会合，收编龙口警察局和水上保安队，队伍发展到4000余人，编为十个大队，包括一个机炮大队，还有一个骑兵连。

1938年7月下旬，第七、八支队奉苏鲁豫皖边区省委指示，从胶东回师西征，经昌邑、潍县、寿光返回小清河以南地区，与三支队并肩作战，巩固扩大清河地区抗日根据地。途中，部队奉命进行整编，撤销第七支队番号，统称为八路军鲁东抗日游击队第八支队，马保三任指挥，张文通任政治委员，韩明柱任副指挥。

八路军鲁东抗日游击第八支队在横渡潍河

11 月 8 日下午，周村日军宣抚班 40 多人、伪军 200 余人，到长山蒙家庄一带进行反动宣传和抢掠。韩明柱得知这一情报后，带领机炮大队一中队和野战队从李参店子出发，埋伏在蒙家庄西边的一片坟地里。不久，日伪军大摇大摆地开了过来。等到日伪军进入 50 多米的埋伏圈时，韩明柱喊了声"打！"八支队机炮大队的机枪和八二迫击炮一齐猛烈地朝敌射击，打得日伪军措手不及，40 多名日伪军被当场击毙，阵地前留下一大片尸体，伪军四下逃窜。

这时，韩明柱发现一名日军机枪射手腿被打伤，另一个日军正在架着那受伤的射手逃跑，他便带领警卫员吴荣德、马洪林和特务队王指导员前去夺取日军的机枪。正在这时，日军的另一挺机枪响了，马洪林当即中弹牺牲，王指导员也身负重伤。韩明柱被警卫员吴荣德一手推倒，两个人滚到一个坟堆后面。随即日军又一阵猛烈的机枪子弹扫射过来，韩明柱身中数弹，壮烈牺牲。

11 月中旬，廖容标率第四支队一个团抵达邹平，向第三、第八支队的领导传达苏鲁豫皖边区省委关于第八支队挺进鲁中沂蒙山区的指示。12 月，第八支队越过胶济铁路，到达鲁中沂水、临朐一带，参与创建沂蒙山区根据地。下旬，部队改编为八路军山东纵队第八支队，马保三任支队司令员，从此转战沂蒙山区。

六、泰西起义

泰西地区位于泰山以西，东靠津浦铁路，西临黄河，北至济南，南至大汶河，是党中央和北方局经过鲁西联系山东的重要通道。1937 年 12 月上旬，中共山东省委派刚出狱的党员干部张北华和程重远等到泰西地区开展抗日救亡活动，发动群众，准备武装起义。

1938 年 1 月 1 日，日军入侵肥城。当天，张北华、远静沧等 10 人携枪开出夏张镇，转移到夏张西北的响水寺，点燃了泰西抗日武装起义的烽火。与此同时，王仲范、李文甫、葛阳斋等人，也在泰安第九区和肥城第三区分别建立了两支抗日武装。

1月11日，三支抗日武装到达肥城县空杏寺会师，宣布成立“山东西区人民抗敌自卫团”，张北华任自卫团主席，葛阳斋任副主席，远静沧任自卫团政治部主任。下辖两个大队，泰安县组织的队伍编为一大队，肥城县组织的队伍编为二大队，共100余人、80余支枪。

自卫团成立后，决定首先攻打肥城。1月16日晚，部队从空杏寺出发，冒雪行军20余公里，翌日拂晓到达肥城县城。乘开城门之际，部队一拥而入，俘虏伪维持会武装20余人，缴获长短枪十几支，活捉了维持会长范维新。自卫团在南大寺召开公判大会，枪决了汉奸范维新，并在肥城驻扎，扩大了抗日队伍的影响，部队扩大到300余人。

1月28日夜，张北华、崔子明带领60多名精干队员，急行军赶到长清、泰安交界的界首车站附近。乘夜摸进界首村内日军营房，用大刀砍死八名酣睡的日军，并毙伤界首车站前来增援的日军10余人。自卫团两战两捷，声威大震。至3月底，部队迅猛发展到17个大队2700余人。

3月下旬，台儿庄战役打响，日军在津浦铁路和沿线公路上，加紧往南运输作战物资。为配合台儿庄战役，自卫团在津浦路大汶口附近的黑虎泉山峪炸翻敌军用列车一列，爆炸持续五六小时之久，毙伤押车日军20余人。继又炸毁泰安以北万德车站附近的铁路桥和土门公路桥，断敌交通十余日。

日军为了恢复和维持交通，令万德、泰安两地的驻军同时出动，对自卫团进行合击。第一大队突围后撤回肥城，数百名日军尾随而来。自卫团随即分两路撤出肥城，转移到泰肥山区和长清大峰山区活动。4月4日，自卫团在红枪会武装配合下，在泰安至肥城公路上的道朗镇阻击日军，激战一天，毙伤敌20余人，自卫团政治部主任远静沧中弹牺牲。

1938年5月，中共泰西特委建立，段君毅任特委书记，张北华任军事部长兼自卫团主席，孙光任组织部长，万里任宣传部长。并成立肥城县抗日民主政府，于会川任县长，兼县大队大队长。7月，在大峰山地区活动的自卫团一部，于平阴至长清公路上的下巴村山谷，伏击日军运输队一部，杀伤日军20余人。

1938年12月，根据八路军总部的命令，山东西区人民抗敌自卫团、山东第六区抗日游击司令部第十七支队、大峰山独立营等泰西抗日武装，聚集大峰山区，整编为八路军山东纵队第六支队，刘海涛任司令员，何光宇任副司令员，张北华任政治委员。辖4个团、1个独立营，继续在泰西一带活动。

七、鲁东南起义

鲁东南地区主要包括诸城、日照、莒县、沂水一带山区。这里属鲁东南丘陵地带，泰沂余脉自西向东蜿蜒入海，境内有五莲山、七莲山、九仙山、马耳山、障日山、摘月山、藏马山等500米以上的山峰数十座，便于开展游击战。大革命时期这一带就建立了地方党组织，在五莲山区组织过暴动，群众基础较好。

抗日战争爆发后，在北平做地下工作的共产党员赵志刚、董昆一、王辩等人，来到诸城从事抗日救亡工作，先后成立了中共诸城特别支部和中共诸城临时县委，积极发动群众，建立抗日武装。1937年10月，进步青年王国栋（鲁平）在诸城北部都吉台一带组织起一支200人的“抗日自卫队”。11月，在中共“一大”代表王尽美的故乡大北杏村，由王尽美的长子王乃征和进步青年王东年等人发起成立了北杏支部，与国民党地方武装莫正民部合作

莒南县十字路抗日游击队进行劈刀训练

成立了“第四游击区独立第一支队”，莫正民任司令，王东年任政训处主任，队伍发展到数百人。

1937 年 8 月，莒县十字路爱国进步人士谢辉利用其涝坡乡乡长的身份，与张子亮等人组织爱国青年学生、农民，建立“十字路抗日游击大队”，谢辉任大队长，张子亮任副大队长，这支队伍很快发展到 200 余人。同年 8 月上旬，共产党员赵昭和进步教师杨炽晨在临沂县兰陵北大寺组织起一支抗日武装“兰陵国民抗敌义勇军”，共 150 余人。

12 月，根据临沂地下党组织的指示，十字路抗日游击大队和兰陵国民抗敌义勇军，暂时接受国民党山东省第三区专员兼保安司令张里元部所属的游击大队番号，成立第三专署保安司令部独立营。共产党员张岗、汪洋、崔介、韩去非等参加该部，加强对独立营的争取工作。

3 月上旬，独立营离开临沂北上到达蒙阴县鲁村，迫使营长戴星三交出枪支、公款，礼送离营。张岗等召开军人大会，宣布加入八路军。随后，部队到达淄川与山东人民抗日游击第四支队会合，编为四支队第三团，汪洋、张岗分别任团长、政委，崔介任参谋长。

1938 年 1 月，中共沂水县委在爱国进步人士李贯一的支持下，组建了“沂水县抗日游击第一中队”和“沂水抗日志愿队”。与此同时，莒县“民先”队员郭有邻联络高房乡乡长刘克诚等，组建了高房乡民众抗日自卫团。2 月底，沂、莒两县游击队，在沂水县公家疃会合，合编为“八路军山东抗日游击队第四支队第六大队”，鲁滨任大队长，邵德孚任党代表，李仲林任政治部主任，下辖 5 个中队和 1 个特务中队，共 500 余人。

1938 年 2 月，日军先后占领诸城、日照、莒县三县县城。6 月，第四支队第六大队进驻莒南垛庄、岳家沟一带，改编为“八路军山东游击第二支队”，红军干部罗积伟任司令员，吴坤任副司令，杨昆（吴瑞林）任政委。

8 月，省委派景晓村、刘涌来鲁东南，在大店成立鲁东南特委，景晓村任书记。同时，第二支队也进行整编，刘涌任司令员，景晓村兼政委，李仲林任政治部主任。部队整编为 2 个营、1 个特务连，共 700 余人。稍后又成立了莒县独立营和诸城独立营。部队先后在莒县以南的十字路、良店、日照西南的碑廊，歼灭伪军刘桂堂部 200 余人。

10 月，鲁东南特委在大店召开党的活动分子会议。特委书记景晓村分析了鲁东南地区的形势，提出了党的任务，传达了关于建设抗日根据地政策的有关精神。会后，鲁东南特委积极发展党员，建立党的基层组织。到 1938 年底，莒县、诸城、日照建立了县委和基层党组织。

为开辟诸（城）胶（县）边区工作，1938 年 11 月，第二支队在刘涌率领下开赴诸城东南部山区，在诸城县独立营的配合下，拔掉了朱解、瓦店两个伪军据点。12 月底，第二支队进驻泊里镇，相继占领了陈家口等海口及王家滩以东的大场和小场，从而控制了泊里地区及出海口。

这一系列胜利，扩大了八路军在莒、日、诸、胶边区的影响，队伍也迅速扩大。到年底，第二支队发展到 1000 余人，开辟和建立了鲁东南抗日游击根据地。

八、鲁南起义

鲁南地区，包括滕县、邹县、峄县、临沂、郯城、费县和江苏沛县等地，地处陇海、津浦铁路交汇处，战略位置比较重要。抗战爆发后，鲁南各地党组织，在苏鲁豫皖边区特委书记郭子化领导下，采用各种方式积极进行抗日活动，组织抗日武装。

1937 年 10 月，李宗仁被任命为第五战区司令长官，中共中央派彭雪枫做李的统战工作。11 月，第五战区成立民众抗日动员委员会，李宗仁任主任，特邀郭子化以社会名流身份担任动委会委员，中共铜山县工委书记郭影秋担任动委会组织部总干事。他们利用这一合法身份积极开展统战工作，与国民党徐州专员兼第五战区游击总指挥李明扬和山东省第三专区专员兼保安司令张里元建立了较好的统战关系。

1937 年 9 月，峄县共产党员朱道南组织了“鲁南民众抗日自卫团”，1938 年 3 月转移到峄县北部山区，与“四川旅沪同乡会战地服务团”合并为“战地服务团义勇队”；同月底，又与郭致远等在峄县北部山区组织的一部分武装合并。与此同时，沛县县委书记张光中组织了“沛县人民抗日自卫队”；省委巡视员孙俊才与滕县共产党员李乐平等建立了“滕县人民抗日义勇队”；中共临郯中心县委组织了临郯青年抗日义勇队。这些部队创建后，积极寻机打击敌人，为配合台儿庄战役和徐州会战，先后夜袭临城日军兵营，火烧临城火车站，组织破袭津浦铁路，部队得到了锻炼和发展。

1938年3月初，郭子化、张光中通过统战关系，从国民党徐州专员兼第五战区游击总指挥李明扬处争取到第五战区游击总指挥部人民抗日义勇队的番号，并由李明扬委任张光中为队长。苏鲁豫皖边区特委利用这一合法名义，公开在沛县、滕县、峄县等地发展抗日武装。

5月19日，日军占领徐州。中共苏鲁豫皖边区特委调集沛县、滕县、临城、峄县等地的抗日武装，于5月21日在滕峄边的墓山会师，编为“第五战区游击总指挥部苏鲁人民抗日义勇总队”，张光中任总队长，何一萍任政委，韩文一任参谋长，王见新任政治部主任，辖3个大队，共600余人。

滕县东部地方武装第七游击司令申从周、刘广田等部对义勇队十分仇视，多次制造摩擦。6月下旬，义勇队联合临沂、郯城、费县、峄县四县边区联庄会武装，将申从周部2000余众击溃。

为防申部反扑，省委应义勇队的请求，由郭洪涛率第四支队一部，于月底进抵滕县东部支援义勇队。7月，第四支队与义勇队攻克申部老巢冯卯，毙伤顽军近400人，但在攻打刘广田老巢东江村时受挫，政委何一萍阵亡。滕、峄、费、邹、沛5县顽固势力，包围第四支队和义勇队。第四支队撤离北返，义勇队东进抱犊崮山区活动。

由于抱犊崮山区贫瘠，人民群众生活艰苦，部队的供给发生困难，苏鲁豫皖边区省委决定，义勇队接受国民党山东省第三专区专员兼保安司令张里元部番号，改称山东省第三区保安司令部直辖第四团。

9月上旬，第四团与张里元部配合，在临枣公路旁的胭脂山伏击日军，歼敌70余人。12月，又对日军新设的车辋据点进行了40余天的围困战，迫使日军撤退，稳定了以抱犊崮为中心的鲁南山区抗日游击根据地。

八路军第一一五师进入鲁南后，义勇队正式改编为八路军苏鲁支队。

九、湖西起义

湖西地区位于苏、鲁、豫、皖四省交界处，因其位于微山湖以西，故称湖西地区。1937 年 11 月，中共山东省委决定成立鲁西南工委，领导济宁、金乡、鱼台、单县、曹县、成武等县的党组织。工委成立后，即在鲁西南各县发动群众，组建抗日武装。

1938 年 2 月，中共金乡县工委组建了一支抗日游击队；3 月，鲁西南工委和单县县委以单县张寨抗日训练班为基础，成立了张寨抗日自卫团；4 月，鱼台县民主人士聂峨亭成立了第五战区鱼台抗日游击司令部；5 月，郓城中心县委组织了郓城抗日自卫团。同年春，苏鲁豫皖边区特委在沛县、丰县、砀山、萧山、铜山等县也组建了抗日武装。

6 月 11 日，丰、沛、砀等县和单县的抗日武装在丰县城南的渠楼汇集，成立“苏鲁人民抗日义勇队第二总队”，李贞乾任总队长，王文彬任政委，下辖 4 个大队。不久，金乡、萧县、宿县等县的部分武装也相继编入，部队扩大到 1000 余人。

战斗在微山湖上的游击队

第二总队建立后，多次寻找战机打击日军。7月，在单县、砀山县边，截击一股日军，击毙7人，缴获汽车两辆。8月5日，在丰县华山镇附近截击日军，毙日军小队长1名，士兵数名。8月23日，4名义勇队员化装成农民，以"送礼"为名，进入萧县西北的黄庙日军据点，里应外合，全歼日军一个小队21人，缴获轻机枪1挺、步枪17支及军用物资一批。同月，在讨伐丰县伪救国军第一军第一师王献臣部时受挫，苦战月余，部队减至数百人。

1938年7月，中共苏鲁豫皖边区省委决定将鲁西南特委与徐（州）西北区委合并，组成苏鲁豫边区特委（亦称湖西特委）。特委成立后，新建、调整和充实了党的县级领导机构。到1938年底，苏鲁豫特委领导4个中心县委、9个县委和3个工委，工作范围扩展到苏鲁豫边区20余县。新的特委成立后，积极开展扩充部队、建立抗日民主政权的工作。1938年12月，第二总队改编为"八路军山东纵队苏鲁挺进支队"，辖20多个大队，共5000余人，成为抗战初期坚持湖西抗日斗争的一支主要武装力量。

1938年12月27日，八路军第一一五师第三四三旅第六八五团到达湖西地区，根据八路军总部命令，改称苏鲁豫支队，彭明治任支队长，梁兴初任副支队长，吴法宪任政委。原苏鲁人民抗日义勇队第二总队改编为苏鲁豫支队的一部分，坚持在湖西、淮北和豫东一带战斗，共同创建了湖西抗日根据地。

第三章

台儿庄大战

徐州地处苏、鲁、豫、皖四省交界处，扼守津浦线和陇海线交叉口，战略位置非常重要，自古为兵家必争之地。日军侵占南京后，为打通津浦铁路，使南北战场连成一片，先后调集 8 个师团及 3 个旅团、2 个支队约 24 万人的兵力，分别由华中派遣军司令官畑俊六和华北方面军司令官寺内寿一指挥，实行南北对击，企图攻占战略要地徐州。

徐州为第五战区司令部所在地。第五战区的守备范围北至黄河南岸，南至长江北岸，战区司令长官是著名的桂军将领李宗仁，所属部队既有嫡系李品仙部第十一集团军、廖磊部第二十一集团军，也有中央军汤恩伯部第二十军团，还有东北军于学忠部第五十一军、西北军孙连仲部第二集团军和张自忠部第五十九军、川军孙振部第二十二集团军和韩复榘的第三集团军、韩德勤的第二十四集团军等杂牌部队，共 27 个师、30 余万人。李宗仁调兵遣将，以一部兵力部署于淮河沿岸，阻止南线日军北进；以主力集中于徐州以北鲁南地区，抗击北线日军南犯，伺机在鲁南一带与敌决战。

一、大战临淮关

在华北日军南下的同时，华中日军也积极配合北进。从 1937 年 12 月中旬开始，南路日军第九师团和第十三师团分别自镇江、南京、芜湖渡江，沿津浦路北上，先后占领滁县、来安、巢县、扬州等地。

1938年1月15日，荻洲立兵的第十三师团主力攻陷滁县后，顺着津浦路向北推进，在张八岭、三界、嘉山集、藕塘一带，接连遭遇守卫在津浦路两边山地的第十一集团军刘士毅部第三十一军的层层阻击。18日，日军先头部队进占明光县城。第三十一军主动撤出，隐蔽在明光城附近的马岗、魏岗之间。夜幕降临后，刘士毅军长突然率领部队杀了个回马枪，打得日军猝不及防。激战通宵，城内日军大部被歼，仅逃出100余人。守军迅速撤退，令赶来增援的日军主力部队扑空。

1月26日，日军华中派遣军司令官畑俊六下令第十三师团“歼灭凤阳、蚌埠附近之敌”，荻洲师团长遂分兵三路向安徽凤阳、蚌埠发起进攻。守军李品仙部第十一集团军按李宗仁的命令，将主力撤至蚌埠以西淮南铁路西侧山区，待命侧击北进之敌，以一部兵力在淮河、池河之间进行逐次抗击。至2月2日，日军先后攻占临淮关、蚌埠和凤阳。

李宗仁急电第五十一军前往阻敌。第五十一军军长于学忠率部奔赴淮河前线。第五十一军原系东北军张学良旧部，西安事变后分赴山东抗日前线，辖第一一三、一一四两个师约2.5万兵力。

2月3日，日军开始强渡淮河，被刚刚到达的第五十一军击退。8日，蚌埠日军在20余架飞机及炮兵火力急袭掩护下，再次强渡淮河。守军英勇抗击，两次击退日军渡河部队。于学忠军长也亲临前线督战，守军士气大振，血战终日，终将渡河的日军全歼，击毙落水日军300余人。当晚23时，日军又进行夜间强渡，攻占北岸小蚌埠。第一一三师师长周先烈令第三三七旅反击，激战至9日凌晨，恢复了阵地。10日拂晓，日军又一次发动进攻，第一一三师全力反击，两军反复争夺，小蚌埠终被日军占领。

中国军队阻击日军

2月10日，侵占临淮关的日军也发动强渡进攻，

日军第三师团从津浦铁路淮河铁桥越过淮河，向鲁南进犯

突破北岸守军第一一四师的阵地。第一一四师师长牟中珩脱掉上衣，赤裸臂膀，挥枪高呼："弟兄们，我们东北军绝不能忘记九一八国耻！此仇不报，更待何时?"遂率官兵，发起反击，用刺刀和手榴弹与日军展开白刃格斗。浴血肉搏终日，经过10多次拉锯式争夺战，夺回新庄、梅园子等部分阵地。激战至11日，第一一四师伤亡2000余人，沿岸阵地多处被日军突破，被迫撤至沫河口、年家庙之线。日军第十三师团主力大部进至淮河以北。

2月13日，李宗仁急调第五十九军军长张自忠率部驰援，进至固镇地区，接替第五十一军防务。同时，命令刘士毅部第三十一军由淮南铁路向凤阳之敌侧击，令刚从淞沪战线撤下来的廖磊部第二十一集团军第七军由合肥向明光、定远敌后侧击。日军被迫将淮河以北的主力撤到淮河以南回援。张自忠趁势令第一八〇师和第三十八师向小蚌埠日军发起反攻，15日，收复小蚌埠和淮河以北全部阵地。

日军腹背受敌，不敢随意北进，津浦路南端战事，一时形成两军隔河对峙局面。

二、临沂保卫战

为配合津浦路第十师团南下，东路日军板垣第五师团以第二十一旅团为基干组成坂本支队，辖3个步兵联队，1个炮兵联队，1个骑兵大队，辎重、

张自忠（1891—1940），山东临清人。1911 年考入天津法政学堂。1916 年入冯玉祥部当兵，从排长一直升至第二十八师师长兼潼关警备司令。1933 年率部参加长城抗战，1935 年任张家口警备司令兼察哈尔省主席。1936 年任天津市长兼第三十八师师长。全面抗战爆发后，历任第五十九军军长、第二十七军团军团长、第三十三集团军总司令，1939 年加上将衔。曾率部参加徐州会战、武汉会战、随枣会战和枣宜会战，1940 年 5 月壮烈牺牲

工兵各一部以及刘桂堂的伪军，共约 2 万人马，向徐州杀来。第二十一旅团是第五师团的主力部队，自进入中国战场半年多来，一路击溃 30 多个中国师，创下了板垣师团的“赫赫威名”，被称为“陆军之花”。

2 月 21 日，在坂本顺旅团长的率领下，坂本支队从潍县出发，沿台潍公路南下，连陷沂水、诸城、莒县，遭到沈鸿烈的海军陆战队和第五战区第一游击司令刘震东部的节节抗击。在莒县保卫战中，刘震东以下官兵壮烈牺牲。3 月 5 日，坂本支队到达临沂以北的汤头、白塔一带。

临沂是鲁南重地，位于群山连绵的沂蒙山区南部，风光秀丽的沂河从城东穿流而过，是东路日军南下徐州的必经之地。在此防守的是庞炳勋的第三军团。第三军团原是冯玉祥旧部，虽然名义上称军团，其实只辖第四十军第三十九师两个旅 13000 余兵力。

3 月 10 日，日军第五师团长板垣征四郎亲率田野旅团主力 7000 余人到达距离临沂 20 余公里的汤头，在 35 门大炮和 31 辆坦克的掩护下，集中兵力向临沂东北第四十军阵地发起进攻。守军虽然拼死抵抗，但阵地仍不断被敌人突破。沂河以东、汤头以南的白塔、沙岭、太平、亭子头等处先后失守，第四十军被压迫至临沂城郊地区。

庞炳勋连电告急，李宗仁命令张自忠的第五十九军紧急驰援。张自忠与庞炳勋同为冯玉祥旧部，在中原大战期间，庞炳勋被蒋介石重金收买，突然在阵前倒戈，令张自忠部大败，部队伤亡过半，张自忠本人也身负重伤。二人宿怨已久，但国难当前，张自忠捐弃前嫌，率部以昼夜 180 里的急行军从

峄县跑步出发，于 12 日夜抵达沂河西岸。

14 日凌晨，张自忠率领第五十九军各部强渡沂河，以迅雷不及掩耳之势向板垣师团侧背发起进攻，第四十军亦从正面开始反击。激战至 15 日，先后攻占亭子头、大太平、徐太平、沙子岭等六七个敌据点，日军被迫后退。

16 日拂晓，日援军到达，在 10 余架飞机的配合下，由沙岭渡过沂河，向黄纬纲的第三十八师后方崖头、刘家湖、苗家庄、钓鱼台之线猛攻，占领了船流、刘家湖。张自忠急令进至河东的部队全部撤回河西，双方展开激烈的肉搏战，反复争夺阵地，刘家湖相互易手四次，崖头失而复得三次，茶叶山得而复失。

战至 17 日，第五十九军已伤亡 6000 余人，一线营长伤亡三分之一，连排长全部易人。第五战区参谋长徐祖诒经请示李宗仁，令该军撤出战斗加以整补。此时，日军亦伤亡甚众，已无力进攻。张自忠请求允许第五十九军再打一天一夜，如不能击退敌人，即遵令后撤。

张自忠当即召集了师、团长会议，分析了敌情："现在我军伤亡很大，敌人伤亡也很大，敌我双方都在苦撑。战争的胜负，往往决定于谁能坚持最后 5 分钟。"要求各师连夜发起反击。

3 月 18 日黄昏，张自忠下令将所有山炮、野炮、迫击炮推进到第一线，将全部炮弹倾向敌阵，然后集中全力发起进攻。战场上杀声阵阵，枪炮隆

中国军队发起反攻

隆。防守临沂城的第四十军也趁机反攻，两军官兵士气大涨，高举大刀向日军杀去。激战竟夜，终将河西日军大部歼灭，击毙第十一联队联队长长野佐一郎大佐、第三大队大队长牟田中佐以下日军2000余人，残敌向莒县、汤头狼狈逃窜，张自忠率部发起追击，取得了临沂保卫战第一次胜利。

3月20日，第五十九军主力奉命向滕县一带增援。板垣征四郎指挥第五师团乘虚反扑。第四十军力战不支，节节后退，至22日，撤至临沂东郊阵地。

23日，蒋介石电令张自忠部再度驰援临沂。25日，第四十军桃园、三官庙阵地被突破，第五十九军第三十八师3个团暗渡沂河，夜袭日军，收复了桃园。26日，两军大战沂河两岸，双方展开激烈厮杀。战至黄昏，第三十八师伤亡2000余人，被迫退回河西。李宗仁急令第五十七军第一一一师副师长王肇治率部第三三三旅及第二十军团的骑兵团驰援。

27日拂晓，板垣征四郎出动所有部队和飞机、坦克，分三路向第五十九军发动疯狂进攻，企图与张自忠再决雌雄，以雪前耻。至28日夜，第五十九军已伤亡8000余人。守卫小岭的第三十八师一个团几乎全部战死，师长黄纬纲向军部告急，手下已无增援之兵。

张自忠怒吼："没有人吗？怎么还有人打电话？"

放下电话后，张自忠亲临前线督战，跃马挥刀，往来驰骋。五十九军士气大振，将士们拼死抵抗，终于守住了阵地。

3月29日，第五战区增援部队汤恩伯的骑兵团和第五十七军王肇治部第三三三旅赶到，守军官兵士气大振，凶猛地冲向日军阵地。日军抵挡不住两面夹击，纷纷向汤头方向溃退，中国军队取得了临沂保卫战的第二次胜利。

临沂保卫战历时一月，第五十九军及第四十军英勇作战，官兵伤亡15000余人，沉重打击了号称铁军的重机械化装备的第五师团，击毙日军5000余人，粉碎了日军会师台儿庄的企图，为台儿庄大捷奠定了基础。

三、滕县保卫战

3月13日，日军第二集团军司令官西尾寿造下达命令，令“第十师团击灭大运河以北之敌，第五师团以一部占领沂州后，进入峄县附近，配合第十师团作战”。14日拂晓，由第十师团第三十三旅团为基干组成的濑谷支队万余兵力向滕县外围阵地发起进攻。

滕县，距离徐州约100公里，是徐州北面的一个重要门户。驻守滕县一带的是孙震的第二十二集团军。这支部队原属刘湘的川军，曾以“双枪”闻名，一支是土枪，一支是大烟枪。抗日军兴，刘湘响应抗战，10万川军足蹬草鞋、身穿单衣奔赴朔风凛冽的北方战场。因装备落后，军纪松弛，第二战区的阎锡山和第一战区的程潜都坚决拒绝接受川军。第五战区司令长官李宗仁正急需用兵，主动接收了这支部队，并换发了部分武器装备。川军将领都心存感激，甘愿听候李宗仁调遣。

滕县外围打响之后，第二集团军的第一二五师、第一二七师和第一二四师在外围阵地遭受到猛烈炮火轰击，伤亡很大。激战两日，守军官兵不支后撤。第一二四师七四〇团在日军重炮打击下放弃了石墙村，退守于东深井村南高地一线。

第七四三团熊顺义营赶来支援，在池头集与日军展开激战，击毙第十师团中岛荣吉少将。第一二七师在微山湖以东地区交相掩护后撤，退守普阳山、龙山、界河、北沙河一线。滕县城逐渐暴露于日军的炮火和重兵包围之中。

16日拂晓，濑谷支队万余兵力在20余架飞机、70余门大炮和40多辆坦克的掩护下，向滕县城发起了猛烈进攻。滕县城内只剩下王铭章的第一二二师一部和第一二四师、一二七师的两个师部及地方武装3000余人，第一二二师第七二七团团长张宣武临危受命为滕县城防司令，统一指挥城关各战斗部队。

日军炮兵足足打了两个小时，城内东关和西关火车站共落下炮弹3000余发，东关外围城墙被轰开一个十余米宽的缺口。日军集中了数十挺轻重机枪猛烈射击，掩护两个小队的步兵向缺口处冲来。守军连长一声令下，几百

王铭章（1893—1938），四川成都人。历任国民革命军第二十九军第四师师长、第四十一军第一二二师师长。1938年初，率部出川，开赴徐州一带布防，代理第四十一军军长兼前方总指挥。1938年3月17日，在滕县战斗中牺牲，被追赠为陆军上将

颗手榴弹砸向豁口，日军倒下一大片，剩下的纷纷后退。

激战一天，日军对东关连续发起5次冲击，均被击退。黄昏时，日军又发起第6次冲锋，突击部队改为三梯队波浪式冲击。同时，延伸火力向城内炮击，以阻止城内增援。经激烈肉搏，黄昏时，日军冲入东关。当夜，张宣武团长组织反击，将突入日军大部歼灭，收复东关。

17日凌晨，日军又在飞机、炮火掩护下，再度向东关发起进攻，并用平射炮破甲弹猛轰城门，城楼炸塌起火，城墙形如锯齿，阵地工事全被摧毁。七四〇团团长王麟阵亡，但守军仍顽强抵抗，激战半日，日军毫无进展。

与此同时，东南城角处也展开了殊死搏斗。守军用手榴弹炸毁坦克两辆，消灭数十名日军。终因伤亡殆尽，60余名日军冲上了城墙。守军预备队一连立刻挥舞着大刀冲上去，同日军开展肉搏战。一阵刀光剑影之后，日军全部倒下，守军连长张荃馨以下100余人也壮烈牺牲。

下午，日军将主攻方向改在南城，先以二三十架飞机狂轰滥炸，再以12门榴弹炮集中轰击，城墙几乎被夷为平地，血肉与砖石交织在一起。守军第三七〇旅旅长吕康、副旅长汪朝廉身负重伤，其余官兵也所剩不多。日军步兵在10余辆坦克的引导下，由坍塌处突入城内，双方展开激烈肉搏。这时，东、西两面的日军也在坦克掩护下，冲进城来。

王铭章师长亲临城中心十字街口指挥作战，不幸中弹殉国。第一二二师少将参谋长赵渭滨及第一二四师参谋长邹慕陶同时阵亡。张宣武团长中弹负伤，城内陷入无人指挥的混乱状态。守军残部各自为战，逐屋抗击。

直至18日中午，日军才完全占领滕县城。守军除200余人突围外，其余官兵全部壮烈牺牲。

日军登上滕县城墙

四、台儿庄大捷

西路日军占领滕县后，濑谷支队乘胜南进，3 月 18 日，连陷临城（今薛城）、枣庄。然后，派出第六十三联队 1000 余人的前锋部队沿津浦铁路奔袭南下，企图抢占微山湖东岸的京杭大运河，进逼徐州。

3 月 19 日，正在从河南昼夜兼程赶往临城参战的第五十二军第二师，发现敌情变化后，师长郑洞国果断指挥部队火速开往运河南岸占领阵地。这时大批日军已进抵运河北岸的韩庄，正在准备渡河。就在这千钧一发之际，郑洞国率师部和第四旅主力赶到了运河南岸的利国驿车站，立即与敌人隔河交战。日军凭借强大炮火，在 10 余辆战车掩护下，向运河南岸的第六旅阵地发起猛烈进攻，企图强渡运河。危急之间，配属该师作战的重榴弹炮营及时赶到，郑洞国立即命令放列射击，12 门大炮齐声怒吼。一排排炮弹准确地落在敌人头上，将日军打得七零八落，溃不成军，不得不放弃渡河打算，改由沿台枣铁路转攻台儿庄。

台儿庄位于山东南部，地处苏鲁交界，横跨运河两岸，是徐州的重要门

李宗仁（1891—1969），广西桂林人。1913年毕业于广西陆军速成学校，曾参加护国战争和护法战争。历任广西省绥靖公署督办兼第一军军长，国民革命军第七军军长，武汉政治分会主席、第四集团军总司令。1935年4月，被授为一级上将。1936年7月，任广西绥靖公署主任。1937年9月，任第五战区司令长官兼安徽省主席

户。3月20日，濑谷支队不顾第五师团在临沂受阻，孤军深入，向台儿庄突进。

李宗仁抓住战机，立即调整部署，令刚从第一战区转来的孙连仲的第二集团军派3个师，沿运河布防，扼守台儿庄正面阵地；令汤恩伯的第二十军团让开津浦路正面，转入兰陵西北云谷山区，诱敌深入，待机拊敌背后，围歼南下日军。

3月24日，蒋介石亲至徐州视察，要求死守徐州，并将随行的副参谋总长白崇禧、军令部次长林蔚及作战厅长刘斐等人留下，协助李宗仁策划作战。

3月23日，日军由枣庄南下，在台儿庄北侧的康庄、泥沟地区与守军警戒部队接战。守军佯败，退入城内。狂妄的濑谷支队紧追不舍，黄昏时推进至台儿庄附近。

防守台儿庄的是孙连仲的第二集团军。该军原系冯玉祥的西北军，善于防守，下辖田镇南的第三十军和冯安邦的第四十二军。由于在娘子关战役中损失较大，两个军实有兵力三个师一个旅24000余人。孙连仲做了如下布防：第三十一师池峰城部防守台儿庄城厢一线，第三十师张金照部防守台儿庄城外左翼一带，第二十七师黄樵松部防守台儿庄城外右翼地区，独立第四十四旅吴鹏举部以一团的兵力占领运河上游桥头堡阵地，另一团为集团军预备队。集团军指挥所设在台儿庄南车辐山车站。

3月24日，濑谷支队第六十三联队在飞机、大炮、坦克掩护下，向台儿庄及其两侧的守军阵地发起进攻。台儿庄南靠运河北岸，周围有长约4公里的城墙，建有大小碉堡10多座，共有6个城门，城西南角的文昌阁为全城制高点。日军以猛烈的炮火，把台儿庄外围阵地工事基本摧毁，轰塌了东

北城墙，一度突入城内，被池峰城的第三十一师击退，遂在北郊构筑工事待援。

中国空军也升空出击，积极配合地面部队作战。25 日凌晨，中央空军第八队上尉副队长何信率机 14 架与日机 17 架，交战于临枣上空，一举击落敌机 6 架。当飞机返航时，埋伏在云端的 24 架日军驱逐机突然发动攻击，何信率队冲入敌机群，与日机展开空战，不幸胸部中弹。他强忍伤痛，射出最后一排子弹，将敌首机击落，然后迎头向另一敌机全力撞去，与敌机同归于尽。

25 日，濑谷支队长派两个中队前来增援，黄昏时分到达台儿庄，立即遭到第三十一师的反击。26 日，第六十三联队长福荣真平亲自率第三大队赴台儿庄增援。

为截断日军后路，26 日，第五十二军第二师师长郑洞国奉第二十军团长汤恩伯之令率部向枣庄之敌发起了攻击，激战两昼夜，将敌守军歼灭大半，一度占领了大部市区。临城日军千余人赶来增援，双方在市区内展开拉锯战，形成胶着状态。

27 日晨，日军再次向台儿庄发起猛攻，北城墙被炸塌，守卫小北门的

第二集团军司令孙连仲在台儿庄进行作战部署

第一八一团三营官兵牺牲殆尽。第二大队日军在 9 辆战车的掩护下突入城内，与第三十一师展开激烈巷战。

3 月 28 日，日军集中兵力，在 1 个野炮大队、2 个野战重炮大队、1 个 150 毫米榴弹炮小队以及 30 余辆战车掩护下，与突入城中的日军协同作战，对台儿庄发动第三次猛攻。第二集团军总司令孙连仲除以第三十一师据守台儿庄主阵地外，令第二十七师、第三十师及独立四十四旅从台儿庄东、西两侧向日军侧翼及后方反击。

中国空军也出动 9 架战斗机直接支援守军战斗，日军进攻受阻。但担任防守任务的第三十一师也损失极大，4 天激战，已伤亡 2800 余人。突入城中的日军乘机扩大战果。第三十一师将所有勤杂人员全部组织起来投入战斗，展开激烈的肉搏拉锯战，隔墙相击，逐屋争夺，阵地呈犬牙交错状态。

29 日，日军第二军司令官西尾寿造见第六十三联队攻击受阻，而中国军队第二十军团正向南进，第六十三联队有被围歼危险，遂令第五师团坂本支队暂停攻击临沂，急向台儿庄方面增援。同时，令第十师团濑谷支队主力增援台儿庄前线。

30 日晨，濑谷支队长亲率第十联队及战车部队从峄县南下，当晚赶到台儿庄附近。庄内日军得知濑谷支队主力南援的消息后，在航空兵及庄外日军的大力支援下，全力向外扩张，当晚推进至庄南头运河北岸。蒋介石于此

中国军队与日军在台儿庄进行巷战

国民革命军第二师师长郑洞国在峄县指挥作战

日下达了死守台儿庄的命令。孙连仲派第三十师的第一七六团入庄增援，与第三十一师部队据守西半部阵地，拼死抗击，遏止了日军的扩张势头。

李宗仁再次电令汤恩伯的第二十军团迅速南下，协助第二集团军歼灭台儿庄之敌。汤恩伯下令向峄城之敌发起攻击。郑洞国率第二师在峄县城东马山一带与敌鏖战，曾一度突入城内，但日军依托坚固城垣工事顽强死守。

郑洞国师长亲自到前线指挥攻城，由于望远镜不慎在阳光下反光，招来日军一阵猛烈炮火。有一发炮弹在不远处爆炸，郑洞国猝不及防，左胸被重重一击，几乎跌倒。过后发现衣袋内一枚银圆被弹片击弯，幸免于难。

31日，濑谷支队仍与第二集团军部队激战于台儿庄内外，没有进展。矶谷师团长又调驻守济宁的第三十九联队第一大队赶赴台儿庄增援。

4月1日，孙连仲命令城外部队向日军占领的街区实施夜袭。当日夜半前后，第二十七师组织敢死队250余人及第一五七团第二营从台儿庄东北角突入城中，夺回了东南门和部分街区，与敌展开巷战。同时，第一七六团第三营敢死队在大刀队长仵德厚营长率领下，向占领西北角的日军发起进攻，经激烈肉搏后，将敌人击退。

从4月1日开始，日军第十联队向城外第二十七师阵地连续发起攻击，遭到守军的顽强抗击。经连日苦战，日军占领了黄林庄附近第二十七师的部分主阵地，第二十七师退至石拉一线继续抗击。

中国军队重机枪手向敌人射击

日军第十联队在4月2日的《战斗详报》中记载："对中国军队第二十七师第八十旅昨日以来的战斗加以检讨，无愧于蒋介石对他们的极大信任。他们据守散兵壕，全部顽强抵抗直至最后。他们在狭窄的散兵壕内，重叠相枕，力战而死之状，虽为敌人，观其壮烈之态，亦为之感叹。战斗中曾使翻译劝其投降，但无一人应者。战至尸山血海的精神，并非独为我军所特有。无视他人，自我陶醉，为我军计，对此应有所慎戒。本日作战，我军伤亡将校以下66名，敌遗尸约250具。"

4月3日，台儿庄内日军得知其第十联队及坂本支队均已增援至台儿庄城外，遂里应外合，加强了城内攻势，由东部街区向南部及西部街区猛攻。双方展开激烈的拉锯战，在城寨内反复冲杀，逐屋争夺。苦战三日，庄内守军已伤亡百分之七十，全庄四分之三地盘为日军占据。日军一面在电台宣称已将台儿庄占领，一面调集重炮、坦克疯狂冲击，企图一鼓作气，完全夺下台儿庄。

第二集团军面临全军覆没的危险，孙连仲电话恳求李宗仁："报告长官，第二集团军已伤亡十分之七。敌人火力太强，攻势过猛，但是我们也把敌人消耗得差不多了。可否请长官答应暂时撤退到运河南岸，好让第二集团军留点种子，也是长官的大恩大德！"

李宗仁鼓励说："敌我在台儿庄已血战一周，胜负之数决定于最后5分钟。援军明日中午可到，我本人也将于明晨来台儿庄督战。你务必守至明天拂晓。这是我的命令！如违抗命令，当军法从事。"

孙连仲当即表示："绝对服从长官命令，直到整个集团军打完为止！"放下电话后，亲自来到台儿庄督战，对请求撤退的池峰城师长命令道："士兵打完了，你就自己上前填进去；你填过了，我就来填进去。有谁敢退过运河者，杀无赦！”

蒋介石也于5日12时电催汤恩伯：“台儿庄附近会战，我以十师之众对师半之敌，历时旬余未获战果。该军团居敌侧背，态势尤为有利，攻击竟不奏效，其将何以自解？应急严督所部于六、七两日奋勉图功，歼灭此敌，毋负厚望。”汤恩伯接电立即部署进攻，令主力迅速向台儿庄攻击前进。

中国统帅部得到临城、枣庄一带的日军均已调至峄县以南增援的情报，即令第三集团军前敌总司令曹福林“速向临、枣推进，限4月5日到达”，意图切断日军的前后联系、合围台儿庄附近日军于峄县以南地区；同时派出飞机27架，分批轰炸了濑谷支队和坂本支队。坂本支队与后方的联系已被第二十军团完全切断，弹药、粮秣均无法从临沂方面的第五师团补给，日军已陷于四面包围的困境。

5日午夜，孙连仲将台儿庄内残余部队组织起几支敢死队，分组向敌人发起反击。出发前，池峰城师长发给每人10块大洋。敢死队员们把钱扔到地上说：“我们连命都不要了，还要大洋干什么？我们只有一个请求，死后给我们立块碑，让后人知道我们是为抗日而死的就够了！”敢死队员们勇猛

第二集团军司令孙连仲赴台儿庄前线指挥作战

台儿庄巷战

异常，奋勇冲杀，一举夺回四分之三的失地。李宗仁率领随员，连夜赶到台儿庄郊外，亲自指挥对矶谷师团的歼灭战。

4 月 6 日，中国军队发起全线攻击。台儿庄内外数十里，顿时炮声隆隆，杀声震天。濑谷支队长发现陷于中国军队的合围之后，立即仓皇退逃。中国军队如风卷残云，乘胜追击，一举消灭濑谷支队大部、坂本支队一部，残敌向峄城、枣庄溃退。沿途日军遗尸遍野，被击毁的各种车辆、弹药、马匹遍地皆是。台儿庄内的日军来不及撤退，被守军以密集的火力封锁住退路，战至 7 日凌晨，被全部歼灭。

台儿庄战役，历时半月，中国军队伤亡 19500 人，歼灭日军 11984 人，取得了正面战场的第一次大捷，打击了日本侵略者的嚣张气焰，鼓舞了全国人民的抗战信心，赢得了世界各国人民对中国抗战的声援。

五、血战禹王山

台儿庄战役之后，恼羞成怒的日军誓报惨败之仇。4 月 10 日，日军第十师团长矶谷廉介由兖州进至枣庄前线亲自督战，命令以第三十三旅团为基干的濑谷支队在右翼，继续沿台枣铁路向台儿庄方向进攻；以第八旅团为基干的长濑支队在中间，向兰陵镇、甘露寺、禹王山一带进攻；由第五师团第二十一旅团为基干的坂本支队在左翼，向向城、四户方向进攻。3 个支队齐头并进，18 日开始转为攻势作战。

从 4 月中旬到 5 月上旬，在鲁南战场中日双方数十万大军展开了攻防战，其中禹王山战斗最为激烈和艰苦。

禹王山，位于苏鲁交界大运河东岸，海拔 125 米，是台儿庄东部的制高点，也是东路日军包抄徐州的必经之路，由卢汉的第六十军负责防守。

第六十军是滇军的主力部队，军长卢汉，辖第一八二师、一八三师、一八四师 3 个师，每师两个旅，共 12 个步兵团；另有直属部队山炮营、工兵营、警卫营、辎重营、通信营和卫生队等，全军 45000 余人。抗战爆发后，开赴徐州前线。

4 月 16 日，日军第五师团得到整补后，对徐州以东地区发起了进攻，19 日攻陷临沂，接着进军郯城，前锋直逼台儿庄。李宗仁急调六十军从徐州以西的兰封地区赶赴台儿庄以东的浦旺、陈瓦房、邢家楼、王圣堂等地集结，接防汤恩伯和于学忠的部队防地，阻止日军进攻。

4 月 22 日拂晓，第六十军在台枣支线车辐山车站下车后，各部立即向指定集结地点前进。第一八三师杨宏光旅在陈瓦房一带与濑谷支队的第六十三联队前锋迎头遭遇，先头部队尹国华营立即展开与日军交火。日军发动凶猛攻击，双方展开激烈厮杀。第一〇八团团长潘朔端率领一个营前来增援，与日军展开激战，团附黄云龙阵亡，团长潘朔端身负重伤。日军攻进陈瓦房，双方展开激烈的白刃战。全营上下奋不顾身，奋力拼杀，尹国华营长英勇牺牲。全营 500 多人最后仅剩下陈明亮一人生还。

与此同时，高荫槐的第一八三师第五四二旅在邢家楼、王圣堂地区与日军展开激战。日军先以炮火开路，后以步兵冲锋。守军顽强抵抗，先后打退了日军的两次进攻。下午 5 时，旅长陈钟书亲临火线，指挥部队发起反击，顿时，喊杀声震天动地，日军纷纷后退。此时，日军骑兵部队冲来援助，陈钟书旅长不幸中弹牺牲。

23 日，安恩溥的第一八二师在辛庄、蒲旺地区与日军展开激战，日军

蒋介石（中）在李宗仁（左）、白崇禧（右）陪同下到前线视察

的几次进攻都被打退。在反复冲杀中，团长杨炳麟及继任团长钟光汉先后负伤，营长辛朝显阵亡。在蒲旺阵地上有一个重机枪掩体，激战到傍晚，只剩下机枪手杨正发一人，仍然带伤坚守阵地。迫击炮排掩护步兵排炸毁日军坦克两辆之后，遭到日军坦克大队的围攻，两排官兵全部战死。

24日，日军向王圣堂、邢家楼、蒲旺、辛庄一线大举进攻。先是飞机轰炸，然后炮兵轰击，再以30余辆坦克掩护步兵冲锋，附近民房均遭炮火毁坏。待日军炮火一停，守军官兵用集束手榴弹炸毁坦克五辆，然后用轻重机枪猛扫日军的步兵；等到日军后退时，守军便发动逆袭，与日军开展肉搏战。如此反复10余次，日军始终未能攻占阵地。晚上，日军继续进攻。守军伤亡过半，便撤守王圣堂和邢家楼。接着，辛庄也被日军占领。团长龙云阶及各营长全部阵亡。

24日晚，蒋介石亲自到达车辐山车站前线视察，对卢汉军长说："台儿庄的得失，有关国际视听。只能坚守，不可后退，必须以一个师坚守。"

卢汉军长遂调张冲的一八四师防守台儿庄。当天夜晚，第五战区调给第六十军一个野炮营、一个重炮营、一个战防炮连，使守军力量得到了加强。

25 日凌晨，日军先以 10 余架飞机向东庄、火石埠、后堡等阵地逐点轰炸，接着又放出探测气球，指挥炮兵进行袭击。守军开炮还击，双方展开激烈的炮战，守军阵地遭到破坏。日军又以坦克掩护步兵冲锋，双方逐屋逐村展开争夺战。在一八二师王谦营的后堡阵地上，日军使用了燃烧弹，整个村子烧起大火，彻夜不熄。日军偷袭了几次，均被守军打退。全营只剩下 200 余人，阵亡了两个连长。至下午 1 时，日军百余人又冲过来，机枪手阵亡，王谦营长右腿被打断，仍坚持端着机枪与日军厮杀，最后只剩下七八个伤兵坚守阵地。

26 日上午，第五战区司令部命令台儿庄一线的守军全面出击，消灭进入台儿庄以东的袋形阵地的日军。汤恩伯军团向西，于学忠的五十一军向东，封锁袋口，卢汉部向北，围歼日军。

中午 12 时，中国军队全面出击。日军用野炮、山炮、迫击炮和轻重机枪猛烈反击，平坦的麦地里无隐蔽之处，出击部队伤亡很大，只好分别退回原阵地。日军却以坦克、战车掩护步兵向火石埠、东庄阵地发起攻击。一天之内，两军连续冲杀六次，阵地前尸体累累。傍晚，日军集中炮火向东庄、火石埠阵地猛轰，一个小时内，就向守军阵地倾泻 5000 发炮弹。阵地上弹片横飞，一片火海，东庄被夷为平地。团长严家训等数十名官兵在炮火中丧生。火石埠守军也给予日军沉重打击，团长莫肇衡在率领官兵冲杀时中弹倒地，以衣沾血在身边石头上写下“壮志未酬身先亡”之后牺牲。

在湖山、窝山阵地，扼守阵地的高枕鸿旅频繁告急，董文英团长率部支援。日军以炽烈火力阻拦，董团长高喊：“弟兄们，献身报国的时候到了，冲啊！杀啊！”率队冲到山顶与日军展开残酷的肉搏，一阵疯狂的砍杀之后，董团长在混战中阵亡。代理团长陈浩如又继续率部反击，也壮烈殉国。一天之内，第一〇七八团伤亡三分之二。

27 日午后，日军集中火力和兵力向台儿庄东面的火石埠、东庄阵地猛攻，企图采取中央突破的战术，一旦攻破这两个村庄的阵地，就会直取台儿庄。东庄是日军突击的重点，日军集中几十门大炮猛烈轰击东庄阵地，持续达一小时之久。扼守东庄的杨宏光旅长，先将部队隐蔽在阵地前的麦地里，等日军炮火一停，立即进入阵地。当日军冲到阵地前50米处时，守军突然开火，轻重机枪一齐猛射，手榴弹劈头盖脸地投向敌群，日军猝不及防，狼狈而逃。守军趁机冲过去，一阵砍杀，缴获轻重机枪20挺，步枪167支。

日军见从正面不能突破台儿庄以东的阵地，便将兵力转向禹王山方向，全力进攻禹王山。

禹王山在台儿庄东南3公里，是周围的制高点。第一八四师原驻防台儿庄，卢汉到台儿庄视察时，张冲请求移兵禹王山，他说："禹王山一旦为敌占据，六十军的防线将全部置于日军的火力之下。禹王山不保，台儿庄难守，徐州必失！"卢汉说："我正为此感到为难。一八四师防守台儿庄是蒋委员长亲自定的，现在要移师禹王山，只好硬着头皮请示李司令长官了！"

经李宗仁同意，第一八四师除留一个团防守台儿庄外，主力移师禹王山，以王开宇团守外围阵地李圩，曾泽生团守禹王山北西部，杨洪元团守禹王山东北部。张冲师长在战前动员说："我们彝族老祖宗三十七蛮部治军有个规矩：前面有刀箭者，奖；背后伤刀箭者，刀砍其背。我们一八四师决不能贪生怕死，做脊背挨子弹的逃兵。谁给老祖宗丢脸，军法不饶！"

4月28日，日军将主攻方向转移到禹王山。濑谷支队第六十三联队主力在炮火和坦克掩护下，首先向禹王山下的李家圩发起了进攻。李家圩无险可守，很快被日军占领，营长何起龙在激战中阵亡。随后日军从禹王山西北坡向山顶攻击。防守山顶的第五四四旅在王秉璋旅长的指挥下奋力反击，多次击溃进攻日军。山顶曾一度被日军攻占，张冲师长的外甥、一〇八五团营长向起龙牺牲。王秉璋旅长亲率士兵发起反冲锋，胸部为敌弹洞穿，仍负伤坚持战斗，终于将窜至山顶之敌大部歼灭，其余纷纷后退。王秉璋旅长硬撑着走到张冲师长面前说："请师长检验，子弹是不是从前面进去的？"

29日，日军先以飞机进行空中侦察，继而升起气球，指挥炮兵向禹王山顶轰击。然后，步兵在坦克的掩护下再次向山头发动猛攻。守军接受前一天作战教训，日军炮轰时，仅派出少数哨兵监视；当日军进攻时，部队迅速进入阵地，用集束手榴弹对付日军的坦克，以机枪、步枪打击其后的步兵，很快又将日军击溃。

30日清晨，日军对禹王山发动全面进攻，并采用迂回战术，突破第一道防线，选择防守薄弱处重点攻击，很快攻占了山头。守备部队多次反攻，均未成功。日军占领山顶后，加筑工事，给扼守山下的守军很大威胁。当夜，第一〇八三团团长杨洪元从一营三连挑选了几十名精干官兵，组成突袭队，乘夜接近山头，用手榴弹、机枪猛烈攻击日军。日军据险死守，一直战斗到黎明，山头仍然没有夺回，双方形成对峙局面。

5月4日，占据山头的日军，在掩体上插上太阳旗，并极力向外扩张。万保帮旅长调来第一八六团迫击炮连，事先将十几门炮隐蔽在距离日军不到百米的掩体内，命令炮兵瞄准山顶目标，十几门炮一起开炮，击中日军的掩体，炸得日军血肉横飞。步兵乘机冲上山头，终于将山顶日军全部消灭。

5月7日，日军调来十几门九二炮，集中火力对禹王山进行轰炸半个多小时，山顶上的掩体工事几乎全被摧毁，守军遭到重大伤亡。日军集中1000余兵力，向山顶猛攻。守军来不及抢修工事，只好以战友的尸体作依托，立即投入战斗，经过前仆后继的英勇拼杀，又将日军赶下山来。防守山顶的第三营第三连，坚守阵地八天八夜，全连多次补充，先后有286名官兵牺牲在禹王山上，三个排长全部牺牲，连长李佐也身负重伤，士兵仅剩30余名。

第六十军将士坚守禹王山一带阵地27天，日军始终未能越雷池一步。直到5月18日夜，第五战区司令部从徐州突围后，才奉命撤出战斗，突围

中国炮兵作战部队

到河南周家口休整。禹王山一役阻挡了日军围攻徐州的步伐，但六十军也作出了巨大牺牲，全军伤亡24000余人，其中阵亡13869人，牺牲旅长以下军官800余人，原12个团的兵力，减员缩编后仅剩下5个团。

六、徐州突围

台儿庄战役后，为消灭徐州周围的中国军队，4月7日，日军大本营下达了徐州作战的命令和《徐州附近作战指导要领案》，命令华北方面军以第十、第五、第十六、第一一四师团和独立混成第三、第五、第十三旅团及临时航空兵团约6个师团的兵力，沿陇海线南下进攻徐州；令华中派遣军以第九、第三、第十三师团及第一〇一、第六师团各一部和第三飞行团北上，企图南北夹击，一举消灭中国军队主力。并派遣大本营陆军参谋部作战部长桥本群少将，率领参谋部人员，在济南成立大本营派遣班，负责徐州会战的协调工作。4月17日，日军在济南召开了徐州作战会议，制订了兵分六路围攻徐州的具体作战计划。

4月30日，日军大本营认为台儿庄的败退“有损于陆军的传统”，撤销了第二军司令官西尾寿造和第十师团长矶谷廉介的职务，任命东久迩宫为第二军司令官。5月7日，东久迩宫到达兖州，立即对徐州发动全面进攻。

为“扩大台儿庄战果”，蒋介石打算在徐州附近与日军大战一场，并将各战区精锐部队大批调往徐州，其中有周碞的第七十五军、李仙洲的第九十二军、樊松甫的第四十六军、卢汉的第六十军、李延年的第二军、谭道源的第二十二军、石友三的第六十九军、冯治安的第七十七军、刘汝明的第六十八军、商震的一个师，共20余万人，加上徐州战场原有的部队，总兵力达到64个师约60万人。

李宗仁根据敌情重新调整了部署，将所属部队按作战地区分为鲁南兵团、鲁西兵团、淮南兵团、淮北兵团及战区总预备队，分路阻击日军。

北线方面，日军第十、第五师团分别从峄城和临沂南进，遭到第五战区第二集团军和第二十军团、第三军团及第二十七军团第五十九军顽强抗击，至4月底，将日军阻止在韩庄、邳县和郯城一线。日军遂改变主攻方向，以

日军战车部队向徐州进发

第十、第五师团在津浦路正面牵制守军主力。第十六师团向西迂回，由济宁渡过运河后，连陷金乡、鱼台、单县，向丰县、砀山推进。5月15日，其快速突击队已与“华中派遣军”第十三师团的挺进支队会合。第一集团军的第十四师团也从濮阳南渡黄河，连陷菏泽、曹县，然后快速南下，直插河南兰封，截断守军西退后路。

南线方面，“华中派遣军”的第九师团、第十三师团于5月5日分别从凤阳和蚌埠北进。9日，沿淮蒙公路北进的第十三师团攻占蒙城。13日，占领永城，然后不顾一切快速北上，直奔陇海铁路。14日，第十三师团的快速挺进队进至汪阁以东地区，攻陷了徐州西边的黄口车站，炸断了陇海铁路，包围并切断了徐州西南面的退路。日军第三师团也沿津浦铁路急速北进，逼近徐州。至15日，南北两路日军基本形成了对徐州的四面合围态势。

徐州面临的严重危机，使蒋介石因台儿庄胜利冲得有点兴奋的大脑一下冷静下来，立即叫来何应钦、白崇禧、陈诚等人研究对策。日军围歼中国军队主力的企图已经暴露，再死守徐州就有全军覆灭的危险。5月15日，国民政府军事委员会决定放弃徐州。蒋介石口授给李宗仁十万火急电令：“第五战区司令长官李宗仁：军委会着令你部力避决战，撤离徐州，火速突围。一、顾祝同第二十四集团军在苏北，第六十九军及海军陆战队在鲁中南原地坚持抗战。二、刘汝明第六十八军为全军后卫，掩护主力转移。三、第五战区其余各部，立即向豫皖边区突围……”

李宗仁接到命令后，于 16 日下令分路突围。数十万大军主动而有秩序地跳出了敌人的包围圈，分别向豫、皖边界山区成功突围，粉碎了日军在徐州地区围歼中国军队主力的企图。

5月18日黄昏，李宗仁率长官部人员乘夜撤离徐州。5月19日，徐州陷落。

在鲁南会战过程中，共产党领导的八路军、游击队和民兵，给予了有力配合。3 月 24 日，一二九师副师长徐向前，率一旅之师由南宫东进，迫近津浦线牵制日军。冀鲁边游击队破袭津浦路北段，攻克庆云、乐陵；清河部队破袭胶济路西段；泰（山）西武装在泰安南击毁日军弹药车一列，并炸毁万德车站附近铁路、公路桥梁，使津浦线中断行车七八天。中共苏鲁豫皖特委与第五战区联系，主动担负部分战勤任务，组织民工、群众抬担架、救伤员，运送给养、弹药，慰劳部队，有力地配合了正面战场的作战。

整个徐州会战，历时 4 个多月，中国军队伤亡 6.5 万余人，毙伤日军 2.6 万余人，打破了日军速战速决的战略企图，成为正面战场著名会战之一。

第四章

一一五师挺进山东

从抗日战争全面爆发到1938年底，抗日烽火燃遍了齐鲁大地，北起冀鲁边，南到苏鲁边，东达黄海之滨，西至鲁西平原，抗日武装起义风起云涌。八路军山东纵队很快发展到10个支队，2.45万人。但起义部队多数是农民武装，没有正规部队的经验，迫切需要主力部队的支持。毛泽东作出了“派兵去山东”的战略决策，一一五师挺进山东。

一、派兵去山东

第四支队分兵后，黎玉随南路部队辗转新泰、蒙阴、泗水，于3月上旬到达费县蒙山万寿宫，部队在此驻下休整。黎玉则与冯平、郅润清、高其贵等一行五人按照刘杜会议的决定，奔赴延安向中央汇报工作。经过火车、汽车的辗转颠簸，于4月2日到达延安。

黎玉向毛泽东汇报了山东党组织和抗日游击队的有关情况。毛泽东同志听后非常高兴，连声说：“好！好！你们能抓住时机，建立起自己的武装，这是一件很了不起的事。”

毛泽东同志还向从费县一同前来的高其贵询问鲁南那个地方是否能打游击和供养部队。高其贵激动地站起来报告：鲁南有座很大的蒙山，方圆八百里，沟壑纵横，森林茂密，进可攻，退可守，是个能藏千军万马打游击的好地方。黎玉向毛主席介绍了沂蒙山区的地理环境、群众基础和党组织活

1938 年，毛泽东在中国人民抗日军政大学讲演

动现状。

毛主席听罢汇报，高兴地大手一挥，操着浓重湖南口音大声地讲："好哇，大水养大鱼嘛！"

接着，他指着地图说："你们应当向鲁南山区发展，注意在这一带建立根据地。没有根据地，游击战争就不能长期生存和发展。这个根据地也就是你们开展游击战争的大后方。"

当黎玉提出派一个主力团到山东去的请求时，毛泽东当即表示："中央支持你们。一个团是不够的，看来还要多去一些！"

随后，中央决定先派郭洪涛、张经武等 50 余名军政干部到山东工作，由郭洪涛任苏鲁豫皖边区省委书记。临行前，毛泽东接见了全体人员，风趣地说："你们去山东开展游击战争，要学会孙悟空钻到牛魔王肚子里去的战术，要牵制敌人，持久作战。"

1938 年 5 月 26 日至 6 月 3 日，毛泽东在延安抗日战争研究会上作了《论持久战》的长篇演讲，科学分析了中日双方相互矛盾着的四个基本特点，准确预见了抗日战争将经历的战略防御、战略相持、战略反攻三个阶段，进一步坚定了全国人民持久抗战的胜利信心，为开展游击战争和夺取抗战胜利指明了正确方向。

5 月 19 日，毛泽东电示八路军总部及中共中央长江局，指出："山东方面已开展起游击战争，那边民枪极多，主要派干部去，派一两个营作基干更好。"

7 月，八路军第一一五师第五支队和第一二九师津浦支队先后从冀南开抵冀鲁边区。随后，一一五师政治部副主任萧华率八路军东进抗日挺进纵队抵达乐陵，揭开了挺进山东的序幕。

二、挺进山东

抗日战争全面爆发后，中国工农红军正式改编为国民革命军第八路军，朱德为总指挥，彭德怀为副总指挥，辖第一一五师、一二〇师、一二九师 3 个师，共 4.5 万人。其中，第一一五师以原红军第一方面军和第十五军团为主编成，师长林彪，副师长聂荣臻，参谋长周昆，政治部主任罗荣桓；下辖两个旅，第三四三旅旅长陈光、政委萧华，第三四四旅旅长徐海东、政委黄克诚。

9 月 11 日，国民政府军事委员会统一整编，改第八路军为第十八集团军，朱德任总司令，彭德怀为副总司令。整编完毕后，八路军立即开赴华北抗日前线。

一一五师整编后，立即东渡黄河奔赴抗日战场，在平型关首战告捷，一举歼灭号称“钢军”的板垣师团 1000 余人，击毁汽车百余辆、马车 200 辆，缴获大批武器及军用物资，取得了中国军队全面抗战以来的首次大捷。

太原失陷后，一一五师转移到吕梁山区，创建晋西南根据地。晋西南山区早晚多雾，当地流传着一首民谣：吕梁春多雾，闻声不辨物。

林彪率一一五师挺进敌后

1938年3月1日黎明，薄雾弥漫，一一五师直属队途经隰县以北千家庄晋绥军防区。一一五师师长林彪骑着缴获来的一匹洋马走在队伍前头，部分官兵也穿着平型关大捷缴获来的日军大衣。驻军第十九军哨兵王潞生隐约看到一支穿着日本黄呢军大衣的队伍过来时，误以为日军来袭，冲着前面骑马的军官开了一枪，林彪当即中弹落马。子弹从右肋进，由左侧背穿出，伤及肺部和脊椎骨，从此留下终生未愈的植物神经紊乱症。

一一五师政治部主任罗荣桓当即向毛泽东和八路军总部报告林彪受伤情况。由于一一五师副师长聂荣臻时任晋察冀军区司令员兼政委，一一五师参谋长周昆半个月前携巨款潜逃，导致一一五师主要领导一时空缺。战事频仍，军中不可一日无帅，罗荣桓请中央和集总尽快指定代理人。

罗荣桓是一位参加过秋收起义的著名将领，是红军中杰出的政治工作者。1902年生于湖南衡山，1924年至1926年曾在青岛大学学习。1927年转入武昌中山大学读书，其间加入中国共产党。1927年参加毛泽东领导的秋收起义。历任工农革命军第一师第一团特务连党代表、三营党代表，第二纵队政治委员。1930年任红四军政治委员、军委书记。1932年任红一军团政治部主任。长征到达陕北后，历任红军后方政治部主任、红一军团政治部主任。红军改编后，任八路军一一五师政治部主任。

罗荣桓，1902年生于湖南衡山，1927年入党。参加秋收起义，历任工农革命军第一师第一团特务连党代表、三营党代表，第二纵队政委，红四军政委、军委书记，红一军团政治部主任。红军改编后，任八路军一一五师政治部主任。1938年底，任一一五师政委

在山西前线的第十八集团军总司令朱德、副总司令彭德怀接到电报后，当晚8时致电在重庆的中共中央军委副主席兼国民政府军事委员会政治部副主任周恩来和八路军参谋长叶剑英，请他们转报蒋介石：第一一五师师长林彪负重伤，该师师长职以该师第三四三旅旅长陈光暂代；并向第二战区总司令长官阎锡山通报了有关情况。蒋介石很快批准了第十八集团军的

决定，第一一五师师长一职由陈光代理。

陈光，1906年出生于湖南宜章。1928年参加湘南暴动，历任红四军第十师连长、团长、师长、红十一师师长、红二师师长，红一军团代理军团长。红军改编后，任第一一五师三四三旅旅长。1938年3月，任一一五师代师长

陈光是久经沙场的一员虎将，1906年生于湖南宜章，1928年参加彭德怀领导的湘南暴动，历任红四军第十师连长、团长、师长、红十一师师长、红二师师长。长征中率部担任开路先锋，在血战湘江、强渡乌江、突破天险腊子口等战斗中抢关夺隘，屡立战功，1936年升任红一军团代理军团长。红军改编后，任第一一五师三四三旅旅长。参加平型关战斗的部队，主要就是第三四三旅的主力部队。

在延安的中央军委主席毛泽东看到电报稍晚了一点，听到林彪受伤的消息后大为震惊。当天夜里12时，毛泽东与军委参谋长滕代远致电一一五师政治部主任罗荣桓：指派妥当人员送林来延医伤，“林之职务暂时由你兼代”。

罗荣桓和陈光先后接到了两份不一致的电报，陈光为难地问罗荣桓怎么办。罗荣桓大度地说：“朱彭电报在先，按先到的命令执行，由你来代理师长，这事由我来宣布。”

罗荣桓派人将林彪转送延安之后，即与陈光率领主力部队迅速进至吕梁山区，连续取得了午城、井沟等战斗的胜利，创建了晋西南抗日根据地。到1938年底，罗荣桓任第一一五师政治委员。

1938年11月，罗荣桓作为第一一五师的代表，赴延安参加了中共扩大的第六届中央委员会第六次全体会议。毛泽东在会上作了《论新阶段》的政治报告和会议总结。会议要求全党同志认真地负起领导抗日战争的重大历史责任，批判了统一战线中“一切经过统一战线”的迁就主义的错误口号，重申了全党独立自主地放手组织人民抗日武装斗争的方针。毛泽东在为会议所作的结论中，说明了中共军事工作的发展和战略方针具体变化的道路，再次

强调了游击战争的“极其重要的战略地位”。

在中共六届六中全会上，毛泽东批评“一切经过统一战线”的口号时曾说：“在敌后，只有根据国民党已经许可的东西（例如《抗战建国纲领》），独立自主地去做，无法‘一切经过’。或者估计国民党可能许可的，先斩后奏。例如设置行政专员，派兵去山东之类，先‘经过’则行不通。”

11 月 25 日，毛泽东、王稼祥、滕代远致电彭德怀，指出：陈、罗率师部及陈旅主力（两主力团）全部去山东、淮北为适宜……陈罗东开时，拟分布于新老黄河间广大地区，包括津浦（路）东西、胶济（路）南北在内。尚昆、小平认为可行。

12 月间，朱德、彭德怀按照上述电报精神向陈光、罗荣桓下达了命令，要求已到达晋东南附近的三四三旅六八五团以苏鲁豫支队名义先行入鲁，师部及六八六团继而向山东进发。

12 月 27 日，八路军第一一五师先遣部队第三四三旅六八五团由晋东南进抵鲁西南，与湖西人民武装起义组成的山东抗日义勇队第二总队合编，改称苏鲁豫支队。首战崔庄、韩庄，一举歼灭伪军王献臣部 800 余人，并击退由丰县县城来援之日军，鼓舞了湖西人民的抗日斗争。

一一五师挺进山东

12月20日晚，一一五师师部和第六八六团在陈光、罗荣桓率领下，从晋西灵石县双池镇出发东进。部队冒着纷纷大雪，越过敌人封锁的汾河和同蒲路，翻越白雪皑皑的绵山，于1939年元旦到达晋东南八路军总部驻地屯留附近，与总司令朱德、副总司令彭德怀、副参谋长左权等会师。朱德特地到第一一五师驻地看望大家，给干部作了形势任务报告。

就在这时，国民政府军事委员会决定在山东、江苏、河北、察哈尔成立苏鲁战区和冀察战区两个敌后战区，并要求一一五师归还第二战区建制，八路军在山东的地方部队统一由苏鲁战区总司令于学忠指挥。

派一一五师到山东，属于"先斩后奏"，需要有一个名义。恰好彭德怀要去冀南找冀察战区总司令鹿钟麟谈判国民党顽固派袭击八路军一个支队并强令取消抗日政权——冀南行署的事件，一一五师便以东进支队的名义护送彭德怀，翻越太行山，穿过平汉路，然后直插山东。

三、首战告捷

1939年3月1日，东进支队经河北、河南交界地区，越过了黄河，进入山东境内的鲁西平原，当晚在郓城县张楼宿营。郓城县委书记梁仞千率领当地干部，到张楼迎接从平型关下来的老八路。

罗荣桓和陈光热情地接待了他们，并向他们了解了当地的敌情，得知驻在郓城城里的汉奸头子叫刘本功，他的本家刘玉胜带了一个保安团驻扎在郓城西北的樊坝。罗荣桓与陈光当即决定，打下樊坝，消灭刘玉胜的伪保安团，作为对山东老乡的见面礼。他们把这个战斗任务交给了六八六团。

3月3日晚上，六八六团团长兼政委杨勇率部队冒雨向樊坝急进。指战员的棉衣被雨水浸透，但个个斗志昂扬。经过激烈战斗，部队勇猛冲进敌人据守的围寨，战至下午，将守敌全歼，刘玉胜被生擒。驻在樊坝西南团柳村的刘玉胜的第四连，慑于八路军的威力，听从规劝，携带包括5挺机枪在内的全部武器反正。

首战告捷，一一五师在鲁西声威大震。老八路来了的喜讯迅速传遍了鲁西平原。

杨勇赶到张楼，向罗荣桓和陈光汇报战斗情况，请示如何处置刘玉胜。罗荣桓没有急于答复，他让杨把刘玉胜带到张楼，亲自审问。

刘玉胜是本县人，以前曾在宋哲元部队当过排长，在喜峰口参加过对日作战。后来在韩复榘部队当官的刘本功把他拉回来，让他当连长。山东沦陷以后，刘本功当了汉奸保安司令，刘玉胜也跟着当了伪军团长。

罗荣桓和刘玉胜谈了一个多小时，然后把杨勇找来问道："你看如何处理刘玉胜？"

杨勇说："在这次战斗中他的老丈人肺部中弹，我们的医务人员认真给他治了，刘玉胜很感动。看样子，有些悔罪表现。"

罗荣桓点点头，沉吟了一会儿说："我看刘玉胜这样的人是可以争取的，争取过来要比杀掉好。他在当地有一定影响，争取他一个，可以影响一大批人。"

按照罗荣桓的意见，杨勇回去以后，向刘玉胜申明大义，晓以利害，让刘在当地继续组织抗日武装，并派他的秘书吕鸿去刘玉胜部协助工作。刘非常感激，在吕鸿具体帮助下，他写了一份告同胞书：

"玉胜不才，身为中华民国之军人，乃受敌伪之迷诱，沦为卖国求荣之汉奸……樊坝之役，幸被生俘，得蒙不死，倍享优待，并晓以救国救民之大义，教诲良深……玉胜扪心自问，愧悔交集，今获开释，恩同再生。……誓当重整旗鼓，投效抗战，将功折罪，以雪吾耻，以报国人……"

刘玉胜的告同胞书，在郓城四乡广为张贴，影响很大。后来，他又拉起200多人的队伍，来找杨勇，投奔八路军，参加抗战。

樊坝战斗，打开鲁西的局面后，东进支队要继续东进。郓城县委和当地老百姓纷纷来找罗荣桓，恳求将杨勇留下。这时跟着师部行动的只有六八六团。为了创建鲁西抗日根据地，罗荣桓与陈光决定，从这个团抽出第三营和教导队，再加上师直两个连，由杨勇和何德全、张国华、欧阳文等率领留在运河西地区，开辟运西根据地。张仁初、刘西元接任六八六团团长和政委，率余下的两个营，随师部继续东进。

四、草桥阅兵

3 月 7 日，陈光、罗荣桓率一一五师师部东进。3 月 8 日，担任右翼警戒任务的师骑兵连，向汶上县城方向侦察敌情。骑兵连穿上日军的大衣，骑着缴获的大洋马，伪装日军来到距汶上城西北五里的伪军据点草桥。

伪军哨兵见到“皇军”到来慌忙敬礼，化装成日本军官的骑兵连长胡乱讲了一通谁也听不懂的“日语”，然后由“翻译”命令说：“联队长来阅兵，快把队伍集合起来。”

伪军大队长慌忙把队伍集合起来，毕恭毕敬地列队迎接，等待“皇军”检阅。骑兵连突然将其包围，全部缴械，被传为“草桥阅兵”佳话。

3 月 14 日，陈光、罗荣桓率一一五师师部过运河东进，进入泰（山）西地区，与中共泰西地委和由泰西人民抗日起义武装所编成的八路军山东纵队第六支队在东平县常庄会合，师部进驻东平湖里的土山岛。

罗荣桓来山东不久，即向鲁西区党委和泰西地委的负责干部传达了中共中央六届六中全会精神，并建议组织一次党的会议，以便尽快将六中全会精神贯彻到基层去。

3 月下旬，泰西地区抗日活动积极分子大会在常庄一所小学召开。罗荣桓在会上，根据六中全会关于独立自主地放手在敌后组织人民抗日武装斗争的方针，结合泰西地区的实际，提出了依托泰安肥城山区、大峰山区、平阴东阿山区和东平湖区，依山伴湖，向四周发展，使泰西与周围各抗日根据地连成一片的任务。他还指出，泰西以往对政权建设不够重视，仅仅依靠抗日动员委员会这种半政权性质的机构还不够，应该建立自己的抗日民主政权，使党、政、军、民共同发展，形成坚持敌后游击战争的巩固的根据地。

会后，一一五师派出工作队分赴汶上、东平、泰安、肥城、宁阳、平阴、长清等县发动群众，扩大抗日武装，建立抗日民主政权，初步开辟了泰（山）西根据地。并先后派两批人员越津浦铁路进入沂蒙山区，在泗水、新泰、蒙阴、费县一带活动。

3 月下旬的一天，罗荣桓带了一个骑兵排，去驻在津浦路东沂蒙山区的

1939 年 3 月，罗荣桓（二排左三）与参加统一战线会议人员合影

中共山东分局传达六届六中全会精神，穿越津浦铁路后，见到了前来迎接的山东纵队第四支队副司令员赵杰和泰山地委军事部长吴瑞林。在他们护送下，到达第四支队驻地。罗荣桓听取了司令员廖容标、政委林浩的汇报，并扼要地向他们传达了六中全会精神。

第二天，罗荣桓到达山东分局驻地沂水县王庄，会见了山东分局书记郭洪涛，山东纵队指挥张经武、政委黎玉、政治部主任江华。罗荣桓向分局主要领导干部传达了六中全会精神以后，又召开了一个规模较大的活动分子会议。会场设在王庄的天主教堂里。罗荣桓传达了六中全会精神，然后又作了报告，着重阐述了统一战线中的独立自主问题，给与会者留下了很深刻的印象。

五、陆房突围

从 1938 年底开始，日军增强驻山东的兵力，组建第十二军，下辖第五师团、第二十一师团、第三十二师团、第一一四师团及独立混成第五旅团、独立混成第六旅团、独立混成第七旅团等部。其中，第十二军司令部及第一一四师团驻济南，司令部设于济南商埠邮政大楼。第五师团驻青岛，第二十一师团驻徐州，第三十二师团驻兖州、济宁、邹县、滕县一带。独立混成第五旅团驻山东半岛，独立混成第六旅团驻莒县一带，独立混成第七旅团驻德州一带，共 10 万余兵力，占据着山东大部分城市和交通要道，并开始向乡村渗透。

1939 年 5 月 1 日，日军驻山东最高指挥官、第十二军司令官尾高龟藏纠集济南、泰安、兖州、肥城、平阴、东阿、宁阳、长清、汶上等 17 个城镇的日军 3000 余人和伪军一部，配备汽车、装甲车 100 余辆，大炮 100 余门，分九路"扫荡"泰西根据地，企图寻找一一五师主力决战。

从 5 月 2 日至 8 日，日伪军首先对大汶河南岸的东平、汶上地区进行"扫荡"，9 日开始以"步步为营、稳扎稳打"的战术向肥城以南、汶河以北推进，逐步形成合围。至 10 日，日伪控制山外各要口，形成封锁圈，逐步向内压缩。第一一五师师部、第六八六团、津浦支队、冀鲁边第七团、山东纵队第六支队等部，以及鲁西区党委、泰西地委等共 5000 余人，被包围于陆房周围纵横 10 公里的地域内。

陆房村地处大汶河北，三面环山，东边是狼山，西边是海拔 570 米的肥猪山，西南面是蛤蟆山，北边是凤凰山，只有东南面出口是开阔地，一一五师师部就驻在东陆房村。陈光代师长命令第六八六团两个营负责掩护，师机关、直属队、津浦支队向大峰山区转移，山东纵队第六支队向平阴、东阿转移。但除六支队因道路熟悉成功转移外，其余部队均遭敌机动部队阻击转移未成。陈光当即命令第六八六团迅速占领陆房西南的肥猪山和牙山，津浦支队和师特务营扼守陆房以东和东北的凤凰山，凭险据守，待机突围。

11 日拂晓，日伪军在炮火支援下发起全线进攻。第六八六团在张仁初团长指挥下沉着应战，用步枪、手榴弹打退了日伪军的轮番进攻。战至中午，日军改变战法，由轮番攻击改为集团冲锋。集中所有炮火，向肥猪山、牙山阵地猛烈轰击，直打得岩石开花、山崩地裂。第六八六团指战员们一直坚守着阵地，接连击退了敌人七八次冲锋。

坚持在陆房以北、以东的师特务营和津浦支队也击退了敌人的多次进攻。有 200 多名日军一度突破了一营与津浦支队的结合部，逼近一一五师师部驻地陆房村边。两支部队密切配合，发起了勇猛的反冲击，战士们从山上扑下来冲向敌人，与日军展开了激烈的肉搏战，终于把突入阵地的日军打退了。

当时，罗荣桓政委不在师部，到东汶宁支队传达党的六届六中全会精神去了。下午 3 时左右，接到罗荣桓发来的电报，说那个方向没有敌情，建议向他所在的方位突围。

战至黄昏，日军停止进攻，以重兵把守陆房周围各制高点与大小路口，并燃起了堆堆篝火，以防八路军夜间偷袭和突围。一一五师利用敌人不敢夜战的弱点，在当地农民的导领下，分三路乘夜隐蔽突围，跳出了敌人包围圈，拂晓前到达东平县无盐村集结休整。

12 日拂晓，日军继续对一一五师阵地发起一阵炮击，当冲进陆房村时，却见不到一个八路军的影子。日军最高指挥官尾高龟藏得到报告根本不信，亲自到陆房查看后恼羞成怒，对陆房一带的村民实行了疯狂报复，制造了骇人听闻的“狼山惨案”，杀害当地群众 126 人，烧毁民房 153 间，妄图找出八路军去向。当地人民冒着生命危险掩护了八路军伤员 78 人，许多妇女把八路军战士认作兄弟、丈夫，有 6 位老大娘把战士认作儿子，没有一个伤员

陆房突围参战部队

被敌人抓走，伤愈后全部归队。

陆房突围战，一一五师牺牲官兵200余人，毙伤日伪军1300余人，粉碎了日军围歼的企图，震动了全国。蒋介石也打电报给朱德、彭德怀，表示“殊堪嘉勉”。

六、梁山歼灭战

陆房突围后，一一五师师部率主力一部转向东平、汶上一带活动。8月1日，师部及直属部队在梁山县独山村东面的孟家林，召开庆祝“八一”建军节大会。8时许，得悉驻兖州、汶上日军第三十二师团千田联队的一个大队及伪军共300余人，由长田敏江少佐率领，从汶上县城出动，向梁山地区进犯，对鲁西进行“扫荡”。经侦察发现没有后续部队后，一一五师代师长陈光、政委罗荣桓决定歼灭该股孤军深入之敌，遂即将庆祝会改为战斗动员会，并部署部队做好战斗准备。

8月2日上午，日军到达梁山南麓前集庄附近。担负监视、袭扰任务的小分队突然袭击后，迅即撤出战斗。敌人见火力不强，认为是“土八路”袭扰，便继续西进。傍晚时分，进抵梁山南麓的马振杨村宿营。

时值大暑季节，天气炎热。日军连续行军，早已人困马乏、疲惫不堪，窜进马振杨村后，有的到老百姓家里抢鸡抓鸭，有的脱掉衣服在树荫下休息，有的跳进村头池塘里洗澡。绝大部分日军则在庄南面一座大院外的树林下露宿，3门炮放在院外，毫无戒备。三营指挥员遂决定利用敌人的骄横麻痹，歼灭该敌并夺取大炮。

黄昏后，第三营第十连迅速夺取独山高地，并依托有利地形，切断了敌军的退路。与此同时，第十一连自南侧突入独山庄，第十二连自东侧，特务营第二连、骑兵连自北侧向庄内突然发起进攻。各连相互配合，协同作战，与日伪军展开激烈争夺。日军指挥官长田敏江挥舞着战刀，亲率残部，企图突围未成，遂退据独山南坡的大车店院内进行顽抗。

次日拂晓，三营集中10余挺轻重机枪和掷弹筒于独山下，组成密集的火力网，居高临下，向龟缩在大车店院内的残敌猛烈射击，掩护由排长李炳祥率领的突击队，向敌发起猛攻。突击部队闪电般冲进大院，将日军逼退到几间房屋里，随即登上房顶，将一枚枚手榴弹投进屋里，直炸得日军血肉横飞，未被炸死的20余名日军破门而逃。骑兵连分头追杀，战士们挥动着闪闪发光的大刀片，像秋风扫落叶一样向敌人砍去。残敌除一人逃回汶上，一人被当地群众抓获外，其余全部被歼，日军少佐大队长长田敏江自杀身亡。

此次战斗，共歼灭日伪军400余人，俘日军13人，缴获野炮2门、九二式步兵炮1门、掷弹筒3具、轻重机枪17挺、战马50匹，创造了全歼日军一个大队的模范战例，受到八路军总部的表彰。蒋介石也来电嘉奖，并发给慰劳金3万元。蒋介石来电嘉奖的意义，等于默许了八路军一一五师先斩后奏进入山东战场的合法地位。

梁山歼灭战后，尾高龟藏气急败坏，纠集了5000重兵，调动了100多辆汽车，40多辆装甲车，开进梁山地区，轮番进行“扫荡”，寻找八路军主力决战。八路军将缴获的两门野炮拆开埋起来，最后又被日军找到挖走。

八路军化整为零，利用青纱帐与敌人周旋。罗荣桓带着一部电台和少数工作人员，白天进高粱地，晚上找个村子休息。有几次，他们离开驻地才五六里，敌人就包围了他们住过的村庄。有一天，敌人突然从西面闯进了村子，罗荣桓率领指战员从村东头安然脱险，就这样从容不迫地和日军“捉迷藏”，有时还派出小部队去袭击迷惑敌人，弄得敌人疲于奔命。

八路军指战员在梁山歼灭战中

后来，罗荣桓、陈光等住进东平湖里的土山岛休整。在梁山战斗中，俘虏日伪军13名，其中有6名日军士兵也下了湖，由保卫部看管。一天拂晓，他们乘看管人员不备逃跑，被捉回3人，淹死1人，失踪2人。罗荣桓当即决定马上撤离东平湖，等尾高龟藏率部赶来偷袭时又扑了个空。

9月4日，八路军总部给第一一五师发出指令，指出：肥城山区甚小，我一一五师主力应转移到泗水、费县、临沂地区；萧华所部驻区粮食困难，敌之封锁严密，应转入鲁西。

9月下旬，萧华奉命率东进抗日挺进纵队机关和主力一部由冀鲁边区转移到鲁西。罗荣桓则率师部、第六八六团及津浦支队由鲁西越津浦铁路去鲁南，于10月下旬，到达苍山大炉，建立了以抱犊崮山区为中心的鲁南抗日根据地。

七、湖西“肃托”

湖西地区位于微山湖以西的苏、鲁、豫、皖四省边界，紧靠津浦、陇海两条铁路干线，逼近战略要地徐州，是连接华北与华中两大战略区的纽带。

抗战一开始，湖西人民就在当地中共组织领导下，发动了多次武装起义。1938年5月，成立了人民抗日义勇队第二总队，总队长李贞乾，政委王文彬。当年12月，部队发展到20多个大队、5000多人，后改称八路军山东纵队挺进支队，为开创湖西抗日根据地作出很大贡献。

湖西抗日根据地包括苏、鲁、豫、皖四省边界的10余个县。1939年5月，中共山东分局决定在此成立苏鲁豫区委，党委书记白子明，下辖湖边、鲁西南两个地委以及肖宿永中心县委、沛铜中心县委和丰县、单县、砀山3个直属县委。全区有党员约万名，地方武装约15000人。

1938年12月，一一五师先遣队第六八五团改编为苏鲁支队，在团长彭明治和政委吴法宪的率领下到达湖西，和山东纵队挺进支队合编为苏鲁豫支队，接连打了几个胜仗，粉碎了4000多敌人对湖西的首次“扫荡”，受到湖西群众热情欢迎。与抗日义勇队第二总队合编后，部队迅速发展壮大，辖第一、二、三、四大队和游击七大队及独立大队，队伍发展到8000余人。

1939年5月，中共中央要求苏鲁豫支队向陇海路以南发展，支队长彭明治率支队部和第二、三大队及独立大队，支队政委吴法宪率第一大队和第七大队一部，分别进到陇海路以南的津浦路以西、以东地区活动。第四大队由副支队长兼大队长梁兴初和支队政治部主任兼大队政委王凤鸣率领，留在湖西地区活动。王凤鸣同时还兼任湖西军政委员会主席，独揽湖西根据地党、政、军大权，为“湖西肃托”事件的发生埋下了祸根。

这次事件，首先是从湖边地委干校开始的。1939 年 5 月，湖边地委为了培养干部，在鱼台县谷亭西北大田家村举办干部学校。干校负责人由地委宣传部长袁汝哲兼任，日常工作由教员魏定远负责，参加学习的都是湖西各地来的爱国知识青年。8 月临近分配之际，部分学员不愿留湖边工作，提出“哪里来要分配到哪里去”，又发现学员中有“同乡会”组织。中共湖边地委领导人发现这些情况后，怀疑是敌人的破坏活动造成的。当时地委书记李毅正患恶性疟疾，把这件事交给中共湖边地委组织部长王须仁处理。

王须仁是河北束鹿县人，在北平大学读书时入党。七七事变后，随平津流亡的学生南下到山东，先在韩复榘的第三路军政训处受训，后经中共鲁西南工委介绍到单县工作，加入了苏鲁人民抗日义勇队。政委王文彬没有让他带兵，叫他在政治部当锄奸干事。后任政委郭影秋见他搞刑讯逼供，就让他离开部队到地方上工作。他感到受到地方干部的排挤，企图利用“肃托”之机打击报复。

王须仁带着成见对该事件进行了“调查”，认为主持干校工作的教员魏定远嫌疑最大。他觉得魏定远对学员的错误言行抱同情态度，便武断地认定魏定远是这一潮流的背后组织者和煽动者，因而逮捕了魏，从大田家押回谷亭审讯。王须仁一上来就问魏是不是托匪，采用残酷手段，大搞逼供信。魏受刑不过，只得承认是“托派”，并供出了一些人和“托派组织”，从此揭开了“肃托”的序幕。

9 月 3 日，苏鲁豫边区军政委员会在中共湖边地委驻地谷亭开会。王须仁将逼供所得材料，向参加会议的区党委书记白子明、苏支四大队政委王凤鸣等人作了汇报。接着集体会审了遍体鳞伤的魏定远，魏按王须仁逼迫的口供重复了一遍。于是参加会审的领导人信以为真，一致认为中共湖边地委真的发现了“托匪”组织。从此，王须仁更加肆无忌惮，以至把“肃托”蔓延到地委机关。

王须仁接着从名单中挑出地委组织干部曹光善，如法炮制，又供出一批人员。尽管魏、曹两人口供不一致，而且曹光善受刑而死，但苏鲁豫区党委书记白子明并没有提出异议。于是，王须仁有恃无恐，派人把名单上的所谓“托派”统统抓起来，采用捆绑吊打、灌辣椒水、摇电话机过电等手段，大搞刑讯逼供。受刑者支持不住，便乱咬乱供，结果“托派”越“肃”越多，名单数目像雪球一样越滚越大。

王须仁没想到牵扯的人越来越多，这时也感到棘手了，便找第四大队政委王凤鸣寻求支持。他知道王凤鸣和湖西区党委有矛盾，便乘机从中挑拨离间，并说区党委内有许多重要的“托派分子”。王凤鸣因而全力支持“肃托”行动，随即把四大队从湖东转到湖西，靠近区党委机关。有了武力作为后盾，王须仁更加肆无忌惮起来。

9 月 15 日，在郭里集四大队队部的院子里召开的军队、地委、县委机关干部会议上，一次就逮捕了七八十人，并于当天晚上杀害了湖边地委宣传部长袁汝哲、军事部长尹易生、副大队长秦建奎、湖边地委警卫中队长孙立言、指导员权翌亭和连排干部刘运洪、刘庆余等 30 多人。随后又杀害了金乡县人民抗日武装的创始人、党的领导人翟子超、王鉴览、张宾如和鱼台县委委员、地委干校教员董少宰等 10 余人。

9 月 18 日，王凤鸣、王须仁率四大队由郭里集赶到湖西丰北，包围了区党委驻地于王庄。王凤鸣伪造中央电报，谎称中央为防止“托匪”暴动，特委派他来采取断然措施，迅速处理。以此为借口，下令逮捕了苏鲁豫皖区党委统战部长王文彬、组织部长郝中士、军事部长张如、社会部长赵万庆、青年部长孙衷文及湖边地委书记李毅，同时逮捕和软禁了鱼台县委书记史为功、湖边地委妇女部长常俊亭以及区党委各部门大批干部。第二天，他们带队押解着被捕、被软禁的同志转移到鱼台县谷亭镇。

面对这种严重危急的局面，身为区党委书记的白子明，不但不向上级请示报告，反而伙同“二王”主持和参与审讯被捕的同志。他们首先审讯了区党委统战部长王文彬和军事部长张如。

王文彬是苏鲁豫边区的创始人之一，张如原是人民抗日义勇队二总队的参谋长，对边区人民抗日武装力量的发展和建设作出了重要贡献。面对酷刑，王文彬和张如表现了顽强的意志和崇高的革命气节，绝不承认强加给自己的“托匪”罪名。

“二王”刑讯逼供不成，将王文彬、张如杀害，并谎称是“奉中共中央之命”。接着他们又杀害了湖边地委妇女部长常俊亭、鱼台县委书记史为功、湖边地委干校教员魏定远等 20 余人。

“二王”肆无忌惮地草菅人命，不仅不向山东分局和一一五师报告，而且还向冀鲁豫支队支队长杨得志发报，说该支队活动的鲁西南地区党委中也有不少“托派”，要杨将他们逮捕后送到湖西去交他们处理。杨得志一面向上级反映，一面回电严词拒绝。不久，杨得志率部队路过湖西，听说他们仍在杀人，又当面对王凤鸣说：“你们杀人有没有请示报告？这样搞不行。”

王凤鸣仍置若罔闻。当苏鲁豫支队副支队长兼第四大队队长梁兴初对“肃托”提出异议后，王非但不听，反而严刑逼迫一些人编造了梁是“托派”的口供，突然将其逮捕。四大队参谋长颜立荣、政治处主任罗荣生以及湖西抗日武装的创始人、山东纵队挺进支队支队长李贞乾和苏鲁豫支队独立大队政委郭影秋及一大批营连干部，也一个一个被投进监狱。

听说梁兴初被关起来后，苏鲁豫支队长彭明治立即赶到湖西。他见李贞乾、梁兴初被打得身负重伤，非常震惊，明确对王凤鸣搞的“肃托”表示反对，不同意逮捕梁兴初。王凤鸣不仅不听，反而又想抓彭。彭无力扭转王造成的险恶局面，只得发报向罗荣桓、陈光反映。

罗荣桓接到彭明治发来的电报后，立即发电报命令王凤鸣立刻停止捕人杀人，同时将杨得志等的电报转发给山东分局。这时，山东分局书记郭洪涛和山东纵队指挥张经武正要率领一批干部去延安，将要路过湖西。郭洪涛考虑到这事与一一五师有关，认为和罗荣桓一起去处理更好些，于是打电报与罗荣桓商量。罗荣桓决定亲自去处理。他打电报给原一一五师保卫部长、当时的鲁西军区政治部主任朱涤新，要他一起到湖西去。

罗荣桓制止乱抓乱杀的电报到湖西后，王凤鸣慌了手脚。他一面不得不派侦察科长到湖东侦察敌情，准备罗荣桓的到来；一面又伙同王须仁继续编造口供，抓人杀人，企图让罗荣桓承认他们造成的既成事实。

被关押的干部有的很快认识到这是一起大冤案。山东纵队挺进支队副支队长李发原是红二十五军干部，土地革命时期曾见识过“肃反”扩大化。他不愿坐以待毙，设法逃出了虎口，向山东分局作了报告。一些逃脱不掉的干部也千方百计向上级报告情况。

罗荣桓在山东

被关押的苏鲁豫区党委组织部长郝中士和孙衷文、李毅、耿荆山等被关在一起，他们共同研究，在一个烟盒的背面写了一个材料，报告了湖西“肃托”的情况，然后托一个即将释放的小商贩转交给沛县干部刘昭筹。刘昭筹又找到湖上游击队队长张运海，二人一起赶到鲁南山区，向罗荣桓政委呈交了材料，使罗荣桓对湖西“肃托”的情况有了进一步了解。

10 月 26 日，罗荣桓赶到大炉，与山东分局书记郭洪涛、八路军山东纵队指挥张经武、山东分局统战部部长郭子化等会合，随即再次打电报通知王凤鸣，所有被押人员一律不得处决，等他到达湖西后再作处理。然后，抽调了一支警卫部队，把师政治部保卫部的干部几乎全部带上，马不停蹄，星夜奔赴湖西。

罗荣桓一行渡过微山湖便直奔单县，到达第四大队驻地附近一个小村子里。随即派朱涤新去通知王凤鸣和区党委书记两人来汇报，并把所带的干部分为两组，立即深入下去，访问群众、干部和被害人员家属，调查事件真相。

按照事先的安排，郭洪涛与区党委书记谈，罗荣桓和王凤鸣谈。王凤鸣一跨进门槛，就看到罗荣桓紧皱双眉，从眼镜后面狠狠地盯着他。他敬了个军礼便赶紧低下脑袋，手里拿着一叠事先赶造出来的材料，漏洞百出地汇报起来。平时非常耐心的罗荣桓实在没有耐心再听下去了，便打断了他的话，单刀直入地问道：“你为什么把梁兴初抓起来？”

“他是托派，和徐州敌人有勾结。”王凤鸣回答。

“有什么证据？”罗荣桓追问。

王凤鸣一举手里的材料："有别人的口供。"

"这口供是怎样弄来的？"罗荣桓严肃起来，他根本不理那些材料，不等王凤鸣回答就进一步追问："打人了没有？有没有逼供？有没有用刑？"

这一连串的问题，使王凤鸣招架不住了，不得不吞吞吐吐地承认了用刑。

"用刑罚逼出来的口供，算什么根据！如果别人的历史你不了解，梁兴初的情况你还不知道吗？他爬过雪山、走过草地，身上负了十几次伤，怎么会成为反革命？！"

王凤鸣还想狡辩。罗荣桓拍案而起，厉声责问道："你抓了那么多人，杀了那么多领导干部，既不请示又不报告，无法无天到什么地步！"

在罗荣桓严厉的谴责声中，王凤鸣脸上直冒冷汗，再也不敢狡辩了。

党委书记白子明经过郭洪涛谈话，也悔恨自己铸成大错。罗荣桓同他谈话说："你们应当分析一下嘛！像王文彬同志，我听六支队的段君毅同志说，他是参加过'一二·九'运动的学生领袖，曾经当过北平学联的宣传部长，他和张如等同志在湖西拉起那么多武装，为党做了很多工作，如果他们是托派，能这样干吗？"

这时，住在牢房中的苏鲁豫支队独立大队政委郭影秋，并不知道罗荣桓的到来。前几天审讯时，审讯者拿着一张纸在他面前摇晃，说这是山东分局来的电报，电报里说，郭子化已经交代自己是托派了，而且供出你是托派。郭影秋只好说："我是由郭子化介绍入党的。既然他是托派，那我只好承认我也是。"郭影秋被押回来后，越想越不对头，又翻了供，于是被关进了单人牢房。就在罗荣桓到达湖西的这天上午，王须仁再次提审郭影秋，因取不到口供，当着郭的面把另一名"托派"民运干事陈景文打死，并气急败坏地威胁郭说："如果再不承认，就将和陈景文同样下场！"

过了几个小时，郭影秋被带到一个四合院的西屋内。他抬头一看，对面桌后坐着几个不认识的人。中间坐着的那人招呼他坐下后问道："你叫什么名字？"

"我叫郭影秋。"

"你认为'肃托'怎么样？"

“我认为‘肃托’是正确的，可我是被冤枉了。”他受到当时条件的限制，只能这样回答。

“是谁冤枉了你?”

“是郭子化。”

“郭子化怎么会冤枉你呢?”

“郭子化在山东分局自首，承认自己是托匪，而且还供出我也是托匪。可是，我不是……”

“郭子化自首，还供出了你，你是怎么知道的?”

“审讯我的人说是分局来了电报。”

“岂有此理!”中间那人气愤地拍了一下桌子，站起来说:“这完全是捏造、造谣！郭子化并没有自首，山东分局也没有发过那样的电报。郭影秋同志，你是被冤枉了。”

他走到郭影秋面前自我介绍说:“我是罗荣桓。”他又指指身旁的两位干部说:“这位是山东纵队指挥张经武同志，这位是苏鲁豫皖省委书记郭洪涛同志。郭子化同志也来了，过一会儿你就会看到他。”

罗荣桓命令立即释放郭影秋。郭影秋一听，泪落如雨，激动地说:“罗政委再晚来几小时，我和贞乾、兴初几位同志，就被拉出去枪毙了。”

经过同郭影秋这次谈话，罗荣桓和郭洪涛、张经武一致认为，已经没有必要逐一甄别了。罗荣桓决定快刀斩乱麻，无条件释放一切被关押的同志，让他们返回原岗位，恢复名誉和工作。

接着，罗荣桓等又去看望被囚禁的梁兴初、李贞乾。衣衫褴褛、累累伤痕的梁兴初，看到罗政委走进牢房，立即扑上前去，紧紧抓住罗荣桓的双手，泣不成声地说:“罗政委啊，您要是再晚来一步，我们就见不到您了!”

罗荣桓搀扶他坐下，仔细察看他的伤情，愤慨地说:“这简直是犯罪!”他向梁兴初问了一些情况，勉励他放心工作。

罗荣桓等又去看望李贞乾。他是受刑最重的一个，受刑后一直卧在地铺上。罗荣桓进去时，他挣扎着要坐起来，罗荣桓赶紧迎上前去，随行人员介绍说:“这就是罗政委!”李贞乾没有见过罗荣桓，目光中还有一丝疑虑。

罗荣桓立即安慰他说:“李贞乾同志，你受委屈了！你是一位好同志。

为了开辟湖西根据地，你和区党委的同志做了许多工作，党是知道的。”李贞乾听着暖人肺腑的话语，热泪夺眶而出。罗荣桓随即派人将李贞乾转送卫生队，并再三嘱咐，细心护理，精心治疗。

几百名“囚犯”一下子获得了自由，人们难以掩饰激动的心情。罗荣桓和郭洪涛召集被释放的同志开会。面对着一双双热泪盈眶的眼睛，罗荣桓亲切地说：“同志们，你们受苦了，受委屈了！我代表山东分局和一一五师向你们慰问！慰问受冤枉的同志，慰问无辜受害者的家属！”

人们再也抑制不住了，会场上响起了一片激动的哭声。罗荣桓的眼睛也湿润了，他激动地说：“这不仅是哪一个同志的不幸，这是由于逼供信而造成的又一次惨痛的教训。”他痛心地指出，由于湖西“肃托”的严重错误，破坏了党的威信，损害了我党我军和群众的鱼水关系。他号召全体同志，要加倍努力地工作，尽快挽回这一事件给党造成的严重损失。

罗荣桓指示保卫部对这次肃托冤案的始作俑者王须仁进行调查。原来王须仁是一个来历不明的人，他的入党经过说也说不清楚。罗荣桓决定解除王须仁的职务，交保卫部进一步审查。不久，王畏罪自杀。

至于王凤鸣，由于他还年轻，又参加过长征。罗荣桓认为他是受人利用，在政治上犯了错误，在对他进行严肃批评后，将其调离湖西。苏鲁豫区党委书记白子明给予撤销行政职务处分，另行分配工作。

罗荣桓以果断的措施，挽救了湖西的危局。区党委和湖西各县县委陆续恢复了工作，湖西抗日形势逐步好转。1942 年底，中共中央决定将湖西区划归冀鲁豫边区，使津浦铁路以西的鲁西、鲁西南、湖西三块根据地连成一片。

第五章

鲁中根据地

在中共中央山东分局领导下，山东各地抗日武装风起云涌，先后建立了鲁中、鲁南、冀鲁边、清河、胶东、滨海等六大抗日根据地和抗日游击区，建立了全省统一的抗日民主政权，成为全国唯一以省命名的抗日根据地。

一、八路军山东纵队成立

鲁中抗日根据地，位于山东省中部，津浦铁路以东、胶济铁路以南、沂河以西广大地区。境内山脉连绵，北有沂山，南有蒙山，中有七十二崮，形成方圆数万平方公里的沂蒙山区，适于开展游击战争。

中共中央对山东的抗日武装斗争和根据地建设极为重视。1938 年 1 月，中央在给中共山东省委的指示信中指出："省委工作的中心应当放在鲁中区，开始依靠新泰、莱芜、泰安、邹县的工作基础，努力向东发展，尤以莒县、蒙阴等广大地区为重心。"

1938 年 4 月，山东省委书记黎玉赴延安汇报工作，请求中央派主力部队和干部支援山东。毛泽东当即表示支持。随后，中央派郭洪涛、张经武等 50 余名军政干部到山东工作，由郭洪涛任苏鲁豫皖边区省委书记。

郭洪涛，陕西米脂人，1925 年加入中国共产党，历任榆林中学学生会会长、中共榆林地委组织部部长，陕北特委组织部部长。参与领导了创建陕北红军和陕北革命根据地的工作。1935 年 2 月，任中共西北工委组织部部长、秘书长，陕甘晋省委副书记。中央红军长征到达陕北后，郭洪涛先后担任中央军事委员会委员、陕北省委书记、中央组织部副部长、陕甘宁边区党委书记兼绥德地委书记，有丰富的根据地建设经验。

临行前，毛泽东先后两次接见了全体人员，并作了重要指示：我们党的方针，是在山东开展独立自主的游击战争，创建山东抗日根据地，要建立民主政权，使山东成为八路军的一个战略据点。还特别强调：要坚持党在统一战线中领导权和独立自主的原则，放手发动群众，开展游击战争。

刘少奇同志也作出指示，山东敌占区国民党已恢复政权，鲁西北的范筑先和我党建立了共同抗日根据地，这个形式很好，要坚持这个方向；并指示到山东再找第二个、第三个范筑先式的人物搞统一战线，建立共同抗日根据地。

5 月 20 日，郭洪涛等到达泰安县南上庄中共山东省委驻地。第二天，郭洪涛在省委召开的干部会上作了《为创建山东抗日根据地而奋斗》的报告。会议决定在山东各地创建抗日根据地。按照中央决定，重新组建中共山东省委，郭洪涛任书记兼军事部长，林浩任组织部长，景晓村任秘书长，张

郭洪涛率 50 余名干部从延安到达泰安县南上庄中共山东省委驻地

天民任职工部长，史秀云任宣传部长。

5月下旬，中共中央决定将山东省委扩大为苏鲁豫皖边区省委，郭洪涛任书记。撤销原属中共河南省委领导的苏鲁豫皖边区特委，该地区划归边区省委，特委书记郭子化调任边区省委统战部部长。

郭洪涛（前排中）与山东分局部分工作人员合影

6月30日，边区省委制定了《发展和坚持山东游击战争的战略计划》，主要内容有：在鲁中创立以沂蒙山区为中心的抗日根据地；向北以淄博山区为依托，开创清河地区抗日根据地；向南发展开创抱犊崮山区抗日根据地；向东发展开创鲁东南沿海地区抗日根据地；在津浦路西创立梁山和微山湖抗日根据地；在胶东创立以大泽山为中心的抗日根据地。计划上报中央后，毛泽东电复："这个战略计划很好，望照此去做。"

1938年7月下旬，苏鲁豫皖边区省委通过六十九军政治部部长、共产党员张友渔提议，由该军军长石友三主持，在新泰龙廷召开山东军政人员会议。参加会议的人员有国民党地方代表张里元、厉文礼、秦启荣等；中共代表有郭洪涛、廖容标、马保三等。会议达成两项协议和三项协定。两项协议是：成立联合参谋部、建立民运指挥部；三项协定是：彼此不搞摩擦、不互相瓦解部队、不许向友军防地扩展地盘。此次会议，团结了抗日力量，挫败了秦启荣等阻止抗日武装发展的阴谋，孤立了国民党顽固派，出现国共两党联合抗日的局面。

7月初，林浩率第四支队第一团、教导队和政治部到蒙阴县的坦埠，与廖容标、姚仲明带来的第三支队一个团会师。8月28日，郭洪涛率第四支队南下部队北返，到达沂水县岸堤，与林浩、廖容标所率部队会合。9月，边区省委在岸堤召开会议，研究开辟沂蒙山区抗日根据地问题，确定在沂蒙山区建立根据地的方针。

此前，这一带中共地方党组织比较薄弱，沂蒙山区没有组织较大规模的武装起义，没有建立起共产党领导的地方武装和根据地，沂蒙山区主要由石友三的第十军团及第三专区专员兼游击第一纵队司令张里元、第十二专区专员兼游击第三纵队司令秦启荣的地方武装控制。

为开辟鲁中抗日根据地，边区省委继调廖容标、姚仲明率领的第三支队一个团到沂蒙山区后，又调第三支队第八团来此。10月，第八团和廖容标、姚仲明部合编为第四支队第四团。11月，八路军鲁东抗日游击队第八支队全军4000多人，在马保三的率领下分批南下，陆续到达沂蒙山区。之后，又东进至沂水东北、安丘西南一带山区。

在边区省委的直接领导下，沂水、蒙阴等县先后成立了抗日群众团体。到1938年底，鲁中区先后建立健全了蒙阴、沂水、费县、新泰、莱芜、博山、淄川、临费、泗水、安丘、临朐等县党的组织，所辖地区的区委、村支部以及农救会、青救会、妇救会、自卫团、儿童团等群众抗日团体也相继建立。还创办了省委机关报《大众日报》。

1938年12月，第八支队骑兵大队挺进沂蒙山区

郭洪涛一行来山东时，黎玉并未随行。同年 6 月，他按照毛泽东的指示，从延安转赴武汉找周恩来，请求派罗炳辉来山东。但由于罗炳辉当时忙于统战工作，离不开，中央改派张经武来山东工作。8 月，中共中央抽调张经武、江华、吴克华、胡奇才等红军干部和长期在白区工作过的党员干部，以及抗大、陕北公学毕业的学员共 160 余人支援山东，并将这支队伍临时命名为八路军鲁东游击纵队指挥部，张经武、黎玉分任指挥和政委。8 月 21 日，黎玉、张经武率领这支队伍从延安出发，经西安、太行、冀南，于 11 月底到达边区省委驻地沂水岸堤。

张经武，1906 年生于湖南酃县。1919 年考入湖南省立第三师范学校，毕业后又进入军官学校学习，历任国民革命军排长、连长、副营长。1930 年加入中国共产党。1931 年参加红军，历任瑞金红军学校政治营营长，军委军事教导团团长，广昌基地司令员，中央军委五局副局长，会昌教导团团长，军委直辖教导师师长，军委第二野战纵队参谋长。长征到达陕北后，先后任陕甘支队第三纵队参谋长，军委二科科长。

抗战前夕，张经武作为毛泽东、周恩来派出的特殊联络官，先后到河北、山东做宋哲元、韩复榘的统战工作，使他们释放了大批被捕入狱的共产党员。抗战爆发后，张经武随周恩来到武汉，担任八路军驻汉口办事处高级参谋。1938 年 8 月，被派往山东任八路军山东纵队指挥。

张经武来到山东不久，便认识了沂水县妇女部长杨岗。12 月初的一天，中共山东省委在沂水王庄召开妇女工作会议，从山东抗日根据地来的妇女部长相聚一堂，郭洪涛、张经武作为中共山东分局领导也参加了这次会议。会议进行当中，张经武的目光被一位年轻的妇女部长吸引住了。她脸庞清秀，一头齐耳短发，显得格外精神。她的发言条理清楚，语言生动。刚到山东的张经武，对与会的同志认识不多，会后，他向郭洪涛打听，才知道发言的是沂水县妇女部长杨岗。

杨岗，出生于山东新泰的一个中医世家，从南京一所医科学校毕业后，在父亲开办的医院工作。七七事变后，弃医从戎，参加了八路军。一天，张经武突然患病，山东分局书记郭洪涛请杨岗来给他治疗。杨岗给张经武做了检查，为他抓药，并煎好送到他床边。张经武很快痊愈，对她很是感激。

张经武、杨岗夫妇在沂蒙山根据地合影

不久，郭洪涛将杨岗调入山东纵队指挥部，任张经武的秘书，协助张经武处理文书工作，并照顾张经武的生活。双方都产生了爱慕之情，然而，谁都不好意思首先向对方表白。

郭洪涛眼见张经武已经32岁，还是单身一人，便暗中帮助撮合。他找到张经武说："我是有心为你当红娘，可你也应该主动一点。"

一天，张经武终于壮起胆子对杨岗说："我们是同志，但我更想是伴侣，你能答应我的要求吗？"

杨岗满脸绯红，羞涩地低下了头，她说："我还想学习……"

几天之后，杨岗被郭洪涛叫去，郭洪涛笑着说："张经武很爱你，也很需要你，你俩可以说是天生的一对。你想晚点结婚，我也理解，但当前战事紧张，不能再拖，组织希望你们尽快结婚。"

不知是激动还是羞涩，杨岗一时什么都说不出来，只是对郭洪涛点了点头。在郭洪涛的主持下，张经武与杨岗举行了简单的结婚仪式，黎玉、王彬、江华等战友都前来祝贺，并笑着吵着要张经武请客。

张经武双手往口袋一拍，为难地说："我是个穷光蛋，拿什么请客？"

杨岗悄悄从口袋里拿出一块银圆塞到了张经武手中，这是参军前父亲给她的。张经武把钱交给了后勤部的同志，请他们办理，还叮嘱要"简单一点"。

中午，食堂办了一桌简单的饭菜，上了几样山东的地方菜，还按照当地风俗习惯，上了几盘花生栗子枣。张经武夫妇请大家吃了一顿"一元婚宴"。

1938年12月，中共中央根据形势的变化，决定将苏鲁豫皖边区省委改为中共中央山东分局，郭洪涛、张经武、黎玉为委员；郭洪涛任书记，程照轩任组织部长，孙陶林任宣传部长，郭子化任统战部长，刘居英任社会部长。山东分局由中共中央和中共中央北方局双重领导。

12 月 27 日，八路军山东纵队在沂水县王庄宣布成立，张经武任指挥，黎玉任政委，王彬任参谋长，江华任政治部主任，统一指挥除鲁西地区以外的党领导的山东各地抗日部队。山东纵队指挥部成立后，对所属部队进行了改编。

活动于鲁东南地区的山东人民抗日游击第二支队编为八路军山东纵队第二支队，刘涌任支队长，景晓村任政委，李仲林、徐斌洲先后任政治部主任，下辖第一、二营及特务连。

活动于清河区的山东人民抗日游击第三支队编为山东纵队第三支队，马耀南任支队长，霍士廉任政委，杨国夫任副支队长，鲍辉任政治部主任，下辖 5 个团。

活动于泰山区的山东人民抗日游击第四支队编为山东纵队第四支队，廖容标任支队长，林浩任政委，赵杰任副支队长，王彬任参谋长，周赤萍任政治部主任，下辖 3 个团和 2 个大队。

活动于胶东区的山东人民抗日游击第五支队编为山东纵队第五支队，高锦纯任支队长，宋澄任政委，吴克华任副支队长，赵锡纯任参谋长，于眉任

八路军山东纵队在鲁中大官庄召开党代会

政治部主任，下辖 3 个旅 6 个团。

活动于泰西地区的山东西区人民抗敌自卫团编为山东纵队第六支队。刘海涛任支队长，张北华任政委，何光宇任副支队长，李冠元任政治部主任，辖 4 个团、1 个特务营。

活动于沂鲁山区的八路军鲁东游击队第八支队编为山东纵队第八支队，马保三任支队长，张文通任政委，胡奇才任副支队长，赖萍任政治部主任，辖 3 个团。

活动于安（丘）莒（县）边区的山东人民抗日游击第九支队编为八路军山东纵队第九支队。民主人士、原国民党蒲台县长王林肯任支队长，傅骥任政委。

活动于临费边区的山东人民抗日游击第十二支队改编为山东纵队第十二支队，董慕仲任支队长，张岗任政委，钱钧任副支队长，董少白任政治部主任。

活动于湖西地区的苏鲁人民抗日义勇队第二总队编为山东纵队第十三支队，李贞乾任支队长，郭影秋任政委兼政治部主任。

活动于苏皖地区的邳（县）、睢（宁）、铜（山）等县的青年抗日救国团义勇队组建为山东纵队陇海游击支队，钟辉任支队长兼政委，张震寰任政治部主任。

八路军山东纵队经统一改编后，辖十个支队，共 25 个团，总兵力 2.45 万人。八路军山东纵队的成立，标志着共产党领导的山东人民起义武装力量，已由若干分散的游击队成为在战略上统一指挥的游击兵团。

1939 年 2 月，八路军总部发出整军计划的训令，规定分期整训部队，每期为 3 个月。八路军总司令朱德还专门电示黎玉："山东纵队按正规军编制，以节省干部，节约经费，充实人数与加强战斗力，便于整理训练和隐蔽我之力量。"八路军山东纵队奉命整编为七个支队两个团，成为一支正规化的地方武装部队。

随后，山东纵队又先后进行了四期整军，将所属部队整编为 5 个旅、4 个支队和 2 个直属的特务团，共 5.4 万余人。

第一旅由鲁中区第一支队和第四支队编成，辖第一、二、三团，山东纵

八路军山东纵队骑兵一部

队副指挥王建安兼任旅长，周赤萍任政治委员。第四支队第三团改为蒙南支队，属山东纵队直接指挥。

第二旅由鲁东南的第二支队、第九支队为主编成，辖第四、五、六团及独立团，孙继先任旅长，江华兼任政治委员。

第三旅由清河区的第三支队编成，辖第七、八、九团，许世友任旅长，刘其人任政治委员。

第四旅由第一支队第四团和第四支队第一团及大崮独立团编成，廖容标任旅长，汪洋任政治委员，辖第十、十一、十二团及大崮独立团。

第五旅由胶东区的第五支队编成，辖第十三、十四、十五团，吴克华任旅长，高锦纯任政治委员。

第一支队，由鲁中沂蒙区基干部队改编而成，辖第一、二团，胡奇才任司令员，王子文任政治委员。第四支队，由泰山区基干部队和地方武装编成，辖第一、二团，赵杰任司令员，王叙坤任政治委员。第五支队，由胶东的第三军区部队改成，王彬任司令员，王文任政治委员。

通过五期整军，山东纵队加强了部队建设，完成了中央军委和八路军总部规定的扩军和整训计划，实现了主力部队正规化、地方武装基干化、游击部队组织化的要求，使山东纵队由土生土长的地方武装游击兵团，逐步成长为正规化的八路军的一支主力部队。

同时，在五次整军过程中，山东纵队先后将湖西挺进支队、鲁南苏鲁支队、泰西第六支队、陇海南进支队及部分地方武装近4万人，分别划拨输送给新四军和八路军第一一五师，为发展壮大主力部队作出了重要贡献。

二、联合抗日

徐州失守后，山东全境沦为敌后。日军驻山东的兵力组建为华北方面军第十二军，尾高龟藏任司令官，下辖第五、第二十一、第一一四师团、独立混成第五旅团、独立混成第六旅团、独立混成第十六旅团等部，共4万余人，占据着山东大部分城市和主要交通要道。

日军在其占领区内建立伪军、伪组织，以稳固其统治。在所占各主要城镇，组织成立了治安维持会，由汉奸充任会长。1938年3月，日军成立了伪山东省公署，马良任省长。伪山东省公署下设道、县公署，设道尹、县知事。在占领区建立了保甲制度，十户一甲，十甲一保，实行连坐法，以限制人民的抗日行动。

韩复榘被处决后，沈鸿烈被委任为国民党山东省政府主席，兼全省保安司令。沈鸿烈毕业于日本海军学校，曾任东北海防舰队中将司令、青岛市长、第三集团军副总司令。上任伊始，先后恢复重建了107个县级地方政权和部分地方武装，把全省划分为鲁东、鲁北、鲁西3个省政府行署和14个行政专员督察公署。对地方部队进行了整编，专署编保安旅，县编保安团，到1938年夏季，全省地方抗日武装已编成30多个保安旅共15万人。

1938年春，按照蒋介石的命令，石友三率部挺进山东。石友三，原系西北军冯玉祥旧部，曾先后投靠蒋介石、阎锡山、张学良，反复无常，人称“倒戈将军”。抗战爆发后，石友三任第二十九军第一八一师师长，参加了卢沟桥抗战；1937年底，升任第六十九军军长。1938年4月，石友三率部参加徐州会战。但当石部抵达徐州时，第五战区的部队已撤往安徽、河南。石

第二十九军将领合影（前左起：张维藩、张自忠、宋哲元、刘汝明、石友三）

友三奉令率部进入鲁南沂蒙山区进行敌后游击战，将部队驻扎在沂水、蒙阴、莒县和泰安、莱芜、新泰等地，军部设在新泰县龙廷一带。

石友三部入鲁后，山东党组织非常重视对石友三的统战工作，在中共中央的领导下，积极开展了对石友三部的团结争取工作。石友三非蒋介石嫡系，蒋介石派他到山东，名为坚持敌后抗战，实是希望他在抗战中被削弱。石友三权衡利弊，决定与共产党合作抗日，以保存自己的实力。

早在抗战爆发前，中共中央军委华北联络局根据中共中央关于建立抗日民族统一战线的方针，即对争取华北地方实力派的工作作了部署，把争取石友三的工作，列为重要任务之一。从 1936 年冬开始，就先后派共产党员利用各种关系，争取石友三与共产党合作。石友三表示愿意与共产党合作，共同抗日，并要求派干部改造他的部队。1937 年 10 月，中共中央北方局派党员袁也烈、于心之、程静川等 7 人到石友三部，成立了中共第一八一师工作委员会。该师扩编为第六十九军后，袁也烈任中共第六十九军工作委员会书记。其间，毛泽东曾致石友三亲笔信，赞扬其留在敌后抗战，并表达了同他合作的真诚愿望。应石友三的要求，中央陆续派遣 13 名干部到石部工作。

1938年4月，周恩来介绍中央军委华北局山东联络局书记张友渔任第六十九军政治部部长。6月6日，毛泽东、刘少奇电示郭洪涛：石友三部队中有党的组织，并有许多“民先”队员在政治部工作，望你们即去发生关系。

中共苏鲁豫皖边区省委遂派匡亚明到六十九军，被石友三委任为该军政治部副部长，同时派去的还有张岗等人。不久，石友三部又扩编为第十军团，成为山东境内最大的一支正规部队。在山东人民抗日武装刚建立不久，八路军主力部队尚未入鲁之际，争取和联合石友三部共同抗战，直接关系着山东抗战的发展。

第六十九军扩编为第十军团后，张友渔、匡亚明分别任军团政治部部长和副部长，袁也烈任政治部教导总队政治主任。张友渔、袁也烈等常给石友三和他的高级军官宣讲国内外形势、共产党的统一战线政策，并同他们个别谈话，帮助教育。中共苏鲁豫皖边区省委书记郭洪涛也亲自与石友三会谈。石友三对共产党派去的干部也比较信任，往往委以重任。1938年7月，任命中共苏鲁豫皖边区省委派去的刘居英到第十军团第六师高树勋部任教导大队副大队长，主持教导大队的工作。共产党员张岗、许言分别任新六师政治部民运科长和宣传科长。

石友三还利用共产党组织和中共党员对所部官兵进行教育、训练和培训。教导总队自1937年9月建立后不断发展，到1938年7月，已达千余人。教导总队在政治上由共产党领导。各中队的政治指导员，都是由共产党提名，经石友三任命的中共秘密党员担任。教导总队的任务是：对学员进行经常性的政治教育和军事训练，为部队培养抗日的军政骨干。当时教导总队选用的教材，是参照八路军干部学校和延安中国抗日军政大学的教材，根据石友三部队的性质、特点加以编写的。张友渔等还抽调大批教导总队学员，分配到各团、营、连担任政治指导员，开展政治工作。

根据石友三到山东后的态度，中共中央决定继续争取石友三，并谋求与石友三共同创建山东抗日根据地。7月22日，毛泽东、刘少奇电示郭洪涛并朱德、彭德怀：对石友三应继续采取争取的方针，表示接受其指挥并援助他统一鲁南各游击队的指挥；同时要求他划出一定防地给八路军作为根据地与后方。

1938 年 7 月，鉴于一些国民党地方武装搞摩擦等情况，中共苏鲁豫皖边区省委通过张友渔建议石友三在新泰龙廷召开了山东军政人员会议。山东境内的各党派及其部队领导人或代表，如沈鸿烈、秦启荣、张里元、厉文礼，山东民主人士梁竹航、陈迈之、范筑先的代表成润，中共苏鲁豫皖边区省委统战部长郭子化，八路军代表廖容标、林浩等百余人出席了会议。

会前，张友渔、袁也烈等共同研究确定了会议所要讨论的内容，并制定了解决问题的方案。会议的主要议题是:（一）成立山东省联合政府，建立地方民主政权;（二）划分各方面的管辖区域;（三）成立联合司令部，负责协调山东境内的抗日行动并建立山东抗日根据地。会上，以秦启荣为首的国民党顽固派对此表示反对，提出，山东政治体制不变，沈鸿烈为山东省政府主席，原有各专区及所属保安队由主席统一领导；石友三可以以第十军团长的名义，指挥山东所有部队对日作战，但各部队的建制不变。为了破坏这次会议，秦启荣等中途退席。

会议虽未实现原定目标，但在共产党的努力下，共产党和石友三、地方实力派仍然达成了两项协议和三项君子协定。两项协议是：成立联合参谋部，由石友三部参谋长和八路军山东人民抗日游击第四支队司令员廖容标负责，以协调各部队的抗日行动；建立民运指挥部，隶属第十军团政治部，负责石友三管辖区的政权建设。三项君子协定是：彼此不搞摩擦；不能互相瓦解部队；不许向友军扩张地盘。在会议的整个过程中，石友三与共产党、八路军合作抗日的声势占主导地位，压倒了顽固派沈鸿烈、秦启荣等人的嚣张气焰，团结了一些国民党地方实力派和民主人士。

龙廷会议后，共产党组织以石友三第六十九军政治部的名义开办民运训练班，训练了一大批爱国青年为各县民运指导员，并向新泰、莱芜、沂水、蒙阴等县派遣了县长和县民运办事处主任。其中以六十九军政治部的名义先后任命中共党员张克威和民主人士梁竹航分别担任新泰县长和莱芜县长。

1938 年 8 月，为配合武汉保卫战，石友三、范筑先部和山东八路军部队相互配合，攻打日军占领的济南。石友三部攻南门，范筑先部攻西门，共产党领导的抗日游击队在外围打援。石友三、范筑先部一度攻至济南纬十一路和黄台车站一带，攻占济南张庄机场，烧毁敌机数架，受到蒋介石的通令嘉奖。

由于秦启荣反对石友三主政山东，与石友三抢占鲁南防地，加之秦启荣部军纪败坏，扰民甚烈，石友三遂以为民除害之名，全力发动讨秦战役，以消灭秦启荣部。但因走漏消息，只消灭秦启荣部部分力量，迫使秦启荣余部逃至滕县山区。

1938 年 9 月 7 日，中共中央以毛泽东、张闻天、刘少奇的名义致电苏鲁豫皖边区省委书记郭洪涛，指示要根据党的抗日救国十大纲领及敌后战区工作的基本原则，和石友三商定共同建立山东抗日根据地的纲领，逐渐恢复鲁中南的秩序。根据中共中央指示精神，边区省委进一步采取了积极步骤和措施，对石友三部的统战工作取得了成效，产生了积极作用。石友三在一段时间内在山东敌后坚持抗战，为遏制山东顽固派的力量，挫败顽固派的阴谋，发展抗日进步力量，创建鲁中抗日根据地，创造了有利条件。

石友三占据山东的战略要地鲁中山区，并同意中共山东省委和第四支队进驻沂蒙山区，使久有进驻鲁中山区之意的国民党山东省政府主席沈鸿烈大为不满，同时使占据鲁南山区的国民党军事委员会别动第五纵队司令秦启荣也感到严重威胁。于是两者联合起来，屡次向国民党中央告状，并极力反对石友三主持山东军政。石友三在山东与共产党合作抗日，使蒋介石大为恼火，于是采取调虎离山之计将其调离山东。

1938 年 11 月，国民政府军事委员会在南岳衡山召开军事会议，重新调整了八大战区，决定在敌后增设鲁苏、冀察两个游击战区，石友三被委任为冀察战区副总司令兼察哈尔省主席，于学忠任鲁苏战区总司令并率部入鲁接防。

1939 年 1 月，石友三率部离开山东，到河北省南宫、冀县一带驻防。从此，日趋反动，最终走上了反共反人民的顽固派道路。1940 年 2 月，石部在鲁西遭八路军沉重打击后密谋降日，同年 12 月被其部下第一军军长高树勋活埋。

三、徐向前征战沂蒙山

八路军一一五师入鲁后与山东纵队并肩作战，逐步巩固和扩大了山东的抗日根据地。为统一指挥在山东的一一五师主力部队、山东纵队地方武装和苏北地区的八路军部队，八路军总部、中共中央北方局决定派徐向前、朱瑞去山东，组建八路军第一纵队。

徐向前，原名象谦，1901 年生于山西五台永安村的一个书香家庭，其父是清末秀才。1919 年考入山西国民师范速成班，毕业后曾在阳曲县和五台县河边村任小学教员。1924 年 4 月考入黄埔军校第一期，毕业后留校任排长，随后被编入孙中山卫队前往韶关参加北伐誓师。1925 年春，参加第一次东征，后到国民革命军第二军第六混成旅任教官、参谋、团副等职。1926 年，任武汉军校政治大队第一队少校队长。

1927 年 3 月，徐向前加入中国共产党，历任工人赤卫队第六联队队长，中国工农革命军第四师第十团党代表，第四师参谋长、师长等职。1929 年 6 月，被中央军委派往鄂东北，先后任中国工农红军第三十一师副师长，鄂豫边革命委员会军事委员会主席，红军第一军副军长兼第一师师长，红军第四军参谋长、军长。

1931 年 11 月，年仅 30 岁的徐向前担任红四方面军总指挥兼第四军军长，组织指挥了黄安战役、商潢战役、苏家埠战役、潢光战役等一系列战役，歼敌近 40 个团，粉碎了国民党军队对鄂豫皖苏区的三次“围剿”，红四方面军发展到 4 万余人。

1932 年 10 月，蒋介石亲自出马，调集 24 个师 30 余万兵力，部署对鄂豫皖根据地第四次“围剿”。由于张国焘等人积极推行王明的“左”的路线，鄂豫皖红军未能打破第四次“围剿”。1932 年冬，徐向前率领红四方面军 2 万余人，渡汉水，越秦岭，战寒风，翻越人迹罕至的大巴山，直下通江县城，开辟川陕革命根据地。

1933 年 11 月至 1934 年 8 月，红四方面军连续发起了仪南战役、营渠战役、宣达战役等进攻战役，先后粉碎了川军 20 余万兵力的三路围攻和六路围攻，取得了歼敌8万余人的辉煌战绩。1935年6月，徐向前率部强渡嘉陵江，冲破“川陕会剿”的敌军拦截，在川西懋功与红一方面军胜利会师，担任红军前敌总指挥部总指挥。

1936年6月，红二、四方面军在甘孜地区会合后共同北上。10月9日，徐向前率部抵达甘肃会宁，与红一方面军胜利会师。不久，徐向前被任命为西路军军政委员会副主席兼西路军总指挥，奉命率红军第五军、第九军、第三十军组成的西路军强渡黄河，执行宁夏战役计划，在河西走廊遭到“马家军”重围。西路军孤军奋战四个月，终因弹尽粮绝，寡不敌众，兵败祁连山下。

抗日战争爆发后，徐向前任八路军第一二九师副师长。1938年3月底，徐向前指挥八路军在河北涉县至山西黎城之响堂铺附近公路设伏，伏击日军运输部队。经两小时激战，歼灭日军400余人，毁敌汽车180辆，缴获长短枪130余支、迫击炮4门，以及其他大批军用物资，取得了响堂铺大捷。

1938年4月，徐向前率第一二九师和第一一五师各一部进入河北省南部，创建了冀南抗日根据地。1939年6月，徐向前奉命到山东，任八路军第一纵队司令员，统一指挥山东和苏北、皖北八路军各部队，开展敌后游击战争。

6月初，徐向前带着一支警卫小分队、一匹马、一辆自行车，从冀南平原出发，踏上了新的征程。在山东馆陶，他与中共中央北方局组织部长朱瑞会合。朱瑞带着100多名从八路军总部、野战政治部和抗大一分校选调的优秀军事指挥员从山西来，其中有王建安、罗舜初、袁也烈、徐黎平等军事指挥人员，还有李竹如、刘子超、谢有法等政工干部。

行军途中，徐向前有时骑马，有时骑着那辆缴获的德国造自行车。自行车在当时还是挺稀罕的洋玩意儿。八路军干部会骑马，但会骑自行车的很少。同行的干部战士看着徐向前灵活自如地骑着车子跑，感到很新鲜，有的干部也想试试，不是上不去，就是连人带车摔倒路旁。徐向前笑笑说：“征服它并不难，只要你掌握了它的规律，你就自由了。”

6月12日，徐向前一行跨过黄河到达泰西，在泰西会见了刚从陆房突围出来的一一五师的领导干部，传达了党中央的指示精神。6月29日，到

朱德（左一）、杨尚昆（右一）欢送朱瑞（右三）、陈若克（右四）赴山东时留影

达沂蒙山区的代庄，与中共中央山东分局机关和山东纵队指挥部会合。

会合后的第二天，徐向前、朱瑞便召开了由山东分局和山东纵队领导参加的高级干部会议。会上，郭洪涛报告了抗日根据地的开创经过及反“扫荡”经验，张经武汇报了山东的军事问题，黎玉汇报了山东纵队的政治工作，徐向前、朱瑞传达了中共中央和中央军委的指示精神。会议研究了山东的抗战情况，安排了组建第一纵队司政机关的工作。

徐向前刚到山东，正赶上日军对鲁中地区发动第一次大“扫荡”。这次“扫荡”是从6月1日开始的。日军2万余人以津浦、胶济、陇海路东段及烟（台）潍（县）公路要点为出发地，分十路合击沂蒙山区。驻扎在莒县、沂水、蒙阴等地的国民党军队纷纷转移外线，苏鲁豫皖省委机关和山东纵队机关坚持在沂蒙山区同日军周旋，几乎是天天转移驻地。徐向前、朱瑞马上带领部队，全力投入反“扫荡”斗争。

这天会还没开完，通信员急匆匆地跑进来报告：“一大队日、伪军正向我领导机关驻地扑来。”不一会儿，就听到了敌人密集的枪炮声。当时，山

八路军第一纵队司令员徐向前战斗在沂蒙山区

纵主力部队已跳到外线打击敌人，只有山东纵队特务团和第五支队六十一团随分局和山纵领导机关行动。

徐向前非常沉着地询问了兵力情况和敌人进攻的路线，然后果断地说："不要走，打！虽然我们的兵力少，武器差，但是我们熟悉地形，又有广大人民群众的支持，我们可以凭借有利的险峻地势，送鬼子回老家。"

徐向前当即对战斗进行了部署：一部位于地势险要的黑头洼阻击敌人，一部迂回到敌后，发起突然袭击。耀武扬威的鬼子慢慢走进了八路军的包围圈，只听一声令下，密集的枪弹射向敌人。

日军在"扫荡"中从来没有遭到过伏击，万万没想到会遇到埋伏，立即乱作一团。这时，迂回到后面的部队也发起进攻，在两面夹击下，敌人被打得晕头转向，八路军则乘胜追击，敌军伤亡惨重。这一仗，打击了敌人的嚣张气焰，大大提高了八路军的威望，增强了指战员的信心，改变了以往遇敌"扫荡"常常被动转移的局面。

徐向前率领纵队机关在沂蒙山区巧妙地与敌人捉迷藏，几乎打一枪换一个地方，在一个村子一次住宿超过三天都很少。部队在沂蒙山区转来转去，游踪不定，令敌人到处扑空。徐向前经常活动在岸堤、马牧池、青驼寺、垛庄、岳庄、界湖、孙祖一带。他习惯找老房东，有的房东已很熟，有时一进村就被接去了。热情的老房东还请他喝酒，拉家常。徐向前不善饮酒，但山东老乡直率真挚的性格，往往使他不能谢绝，不喝反而要伤感情。热情好客的沂蒙老乡，给他留下了许多难忘的印象。

反"扫荡"一结束，徐向前即开始着手统一建制，健全领导机构。1939

年 8 月 1 日，八路军第一纵队在鲁中山区正式成立，徐向前任司令员，朱瑞任政治委员，统一指挥山东的一一五师和山东纵队及苏北的八路军各部队。8 月 10 日、18 日，《大众日报》两次刊登徐向前、朱瑞的就职通电。通电发表后，引起了山东及全国各界的重视，对于开展对敌斗争，发展抗日民族统一战线，都发生了重要的影响。

8 月 9 日，中共中央北方局复电山东分局批准成立山东军政委员会，朱瑞、徐向前、郭洪涛、罗荣桓、陈光、黎玉为委员，朱瑞任书记，山东军政委员会统一领导山东地区的党政军工作。同时，中共中央山东分局由郭洪涛、徐向前、朱瑞、罗荣桓、黎玉、张经武、陈光、彭雪枫组成，郭洪涛任书记。

10 月中旬，山东分局书记郭洪涛和山东纵队指挥张经武去延安开会，朱瑞接任中共中央山东分局书记。八路军第一纵队机关与山东纵队机关于 10 月 13 日正式合并，组成统一的指挥机关，徐向前、朱瑞、黎玉合署办公。徐向前、朱瑞以第一纵队名义直接指挥山东纵队各部队，保留山东纵队番号，所属部队仍称山东纵队。

徐向前（前排左二）、朱瑞（前排左三）和八路军第一纵队领导合影

政权问题是革命的根本问题，也是抗日民主根据地形成的主要标志。抗战初期，各地抗日武装建立后，未能迅速在抗日游击队控制的地区广泛建立抗日民主政权。多数部队都没有固定的正常的供给来源，只能走到哪里吃到哪里，由村长、保长向各户派收熟食。部队的吃饭、穿衣、医药、装备供给都很困难，有时竟到断粮的地步，只能以野菜、野果充饥。

1939 年 6 月初，中共山东分局接受过去忽视政权建设的教训，派出一批干部到各地组建县、乡抗日民主政权，但遭到了沈鸿烈、秦启荣等地方顽固派的阻挠。

1939 年 2 月，苏鲁战区副司令兼山东省主席沈鸿烈在鲁村召开全省军政会议，提出“统一划分防区”“统一指挥”“枪不离人，人不离乡，统一行动，军不干政”“给养粮秣，统筹统支”等规定，把共产党领导的抗日武装防区划定在津浦两侧的滕（州）泗（水）宁（阳）地区，企图限制共产党武装在山东的发展。

尤其是顽固反共的秦启荣，不断制造军事摩擦。1939 年 3 月，在博（山）益（都）边之太河镇，伏击山纵第三支队过路部队，政治部主任鲍辉以下 100 多人惨遭杀害，制造了骇人听闻的“太河惨案”。与此同时，日本侵略军加强了对其占领区的控制。沂蒙抗日根据地出现了敌、我、顽三角斗争的复杂局面。

1939 年 3 月，鲁苏战区总司令于学忠率原东北军第五十一军、五十七军进入鲁南沂蒙山区，战区总司令部驻沂水上高湖。于学忠将军是东北军著名将领，在西安事变前就与红军签订过停战协议，广大官兵也大多有抗日爱国思想，与八路军部队保持了较好的统战关系。

毛泽东曾给徐向前来电说：“重庆来电称，山东方面于学忠始终没一电来攻击和告发我们，顽方颇不满，最近似加强对于之压力，故有小摩擦云。于已成东北军之孤臣孽子，处境艰困。对于应极力争取，于我有利。”中共山东分局对于学忠、沈鸿烈和秦启荣采取了区别对待的原则，制定了“争取于学忠、孤立沈鸿烈、打击秦启荣”的方针。

八路军第一纵队指挥部和中共中央山东分局驻在沂水的王庄，离鲁苏战区司令部驻地上高湖仅十几里路。上任不久，徐向前亲自到鲁苏战区司令部驻地会见于学忠，商谈合作抗战和建立政权问题。于学忠以贵宾之礼热情地接待了徐向前，会谈气氛是友好的，但他不赞成八路军搞政权。

于学忠说：“你们抗日，就不要搞地方政权了。八路军是军队，不能搞政权。你们也搞政权，我这个省政府怎么搞哇！”

徐向前说：“我们是抗日的军队，要搞抗日根据地，就得建立政权，发动群众。有了政权，有了群众，才好打日本鬼子。”

于学忠说：“你们不搞政权，也可以抗战呀！”

徐向前说：“部队抗战得吃饭，没有政权，吃饭问题都解决不了。你们的政权，一不给我们粮款，二不给我们枪弹，连薪饷都不给，我们不搞政权怎么办?!”

于学忠说：“徐司令，我的处境也不好啊！鲁苏战区十九万地方武装，中央政府也是不发薪饷的，只能自己想办法解决。”

经徐向前反复解释，最后于学忠含含糊糊地说：“建立政权要合乎法律，各级政府要由省政府委任，不经过我们任命，不能算数。”

会谈进行了两个多小时，对合作抗战达成初步共识，双方同意互派代表，通过电台保持联系。对建立政权问题虽然未能达成一致意见，但实际上于学忠是睁一只眼闭一只眼，对八路军建立的地方政权采取了模棱两可的态度。

徐向前在会见沈鸿烈时，对他限定八路军在山东的人数、活动范围给予当场驳斥。徐向前反问他：“你们在山东的部队限额是多少？你们的防区划在什么地方？”令沈鸿烈无话可答。徐向前毫不客气地告诉他：“抗日需要多少游击队，我们就发展多少；抗日需要到哪里，我们就到哪里。在中国的土地上，总不能让日本人横行，而对抗日军民加以限制吧！”

而沈鸿烈、秦启荣一伙却依然我行我素，一而再、再而三地同八路军搞摩擦。1939 年 8 月 9 日，秦启荣率部在莱芜以北雪野地方，袭击了八路军山东纵队第四支队后方机关，打死打伤指战员 20 余人，制造了“雪野事件”；五天以后，又在淄河流域围攻山纵两个营达 10 天之久，制造了“淄河事件”。

针对这一情况，8 月下旬，徐向前亲自部署了山东纵队在鲁中淄河流域

第四支队司令员廖容标（右二）与政委林浩（左二）在沂蒙山区

的反顽战役。这次战役主要是一、三、四支队参加战斗，由山东纵队指挥张经武和参谋长王彬在前线指挥。经过连续几天的作战，一举拿下了淄川、博山以东的峨庄、太河、朱涯等地，把秦启荣的顽军全部击溃，其残部逃到张店、博山以西去了。缴枪2000余支，有力地打击了顽固派的嚣张气焰。

针对日军第一次沂蒙山区大“扫荡”、国民党地方政权纷纷垮台的有利时机，山东分局下达了《关于恢复县区乡政权之指示》，要求在原政权机构被破坏地区，均要创建共产党领导的政权机构；县界应以地形及战争需要重新划分，不受旧行政县界限制。

不久，鲁中区先后成立了淄川、莱芜、博山、沂水等县抗日民主政府。7月下旬，中共山东分局第一区党委在沂临边的青驼寺成立，同时成立了八路军山东第一军区，林浩任区党委书记兼第一军区政委，刘海涛任第一军区司令员，初步建立起了鲁中抗日游击区。

进入1940年，沂蒙抗日根据地政权建设进展加快。2月16日，费县抗日民主政府成立。3月，中共临费县委建立；沂（水）、蒙（阴）、临（朐）、益（都）四县宪政促进会和沂水县参议会成立。6月10日，中共费北县委和费北行署成立。7月11日，蒙阴县抗日民主政府成立。

1940年10月，中共鲁中区党委成立，霍士廉任鲁中区党委书记。次年2月，建立了沂蒙专署，辖沂水、蒙阴、沂南、沂临边、费东5县，标志着沂蒙抗日根据地正式形成。

四、五井歼灭战

1939年春，八路军鲁东游击第七支队和第八支队整编为八路军山东纵队第一支队，马保三任司令员，钱钧任副司令员。为了粉碎敌人对鲁中根据地的“扫荡”，一支队于8月间奉命经淄河流域进入沂山一带，把守沂蒙山区的北大门。

八路军山东纵队指挥张经武和政委黎玉在纵队干部会议上对反“扫荡”工作进行了动员部署。交给第一支队的任务是保卫沂山、鲁山根据地，面向胶济线，保持鲁中与胶东、渤海根据地的联系。黎玉又具体指示，一支队驻在临朐的西南山区，西与活动在淄川、博山、莱芜东地区的四支队为邻；南面靠近驻南麻的山东纵队指挥部；往东向安丘、昌乐地区发展，开展游击战争，消灭敌伪力量，扩大鲁中抗日根据地。同时，为粉碎敌人第二次大“扫荡”做好各项准备工作。

根据纵队首长指示精神，一支队从三岔店进入临朐县境，把一营二、四两个连队放在嵩山脚下的暖水河一带。马保三司令员率司令部进驻茹家庄。钱钧副司令员率一营营部和一、三两个连队在距司令部八华里的五井镇驻防；三营驻扎在平安峪一带。

五井镇坐落在临朐城西南30华里的山区。镇四周用石头垒砌的围墙有五六米高，四面各有一门，东门最高大。镇内人烟稠密，店铺较多。它不仅是鲁中一带的商人经常来往的大集镇，也是从临朐通往南麻、莱芜的必经之地，战略地位非常重要，钱钧副支队长常驻这里。

钱钧，原名钱运彬，1905年生于河南光山钱家湾。13岁入少林寺，学武五年，练就一手铁砂掌神功，能手劈石碎，和许世友同一年出山。1927年加入中国共产党，先后任乡农民协会主席，农民自卫队大队长。1929年参加红军，任鄂豫皖边特区手枪队队长，曾率手枪队缴获敌机一架，成为红

黎玉在八路军山东纵队干部会议上部署反“扫荡”工作

军的第一架“列宁号”飞机。历任中国工农红军第一军一师连长、副营长，红四军第十师营长，在双桥镇战斗中，活捉国民党军第三十四师师长岳维峻。后任红四方面军警卫团政委，第十一师团长、师参谋长，第四军司令部侦察科科长，参加了鄂豫皖和川陕苏区历次反“围剿”作战和长征。抗日战争爆发后，任八路军第一二九师教导团团长。1938 年 5 月，赴山东抗日根据地，先后任山东纵队第四支队二团团长、第八支队副支队长，参加了开辟泰山、鲁山抗日根据地的斗争。

10 月 26 日下半夜，月光如水，秋风萧瑟，镇子里一片寂静。除了围墙上的哨兵在值勤外，紧张工作了一天的部队和群众都在酣睡。突然，村外一阵激烈的枪声把钱钧副司令员惊醒。他凭清脆的三八步枪声断定，可能是日军来搞突然袭击。

钱钧急忙披衣向外走去，还没有出门，一颗迫击炮弹落在了院子里，房屋颤抖，尘土飞扬。敌人的炮弹继续向镇内发射，军号声和着沉重的爆炸声在镇子上空回荡。八路军指战员久经沙场，面对敌人的突然袭击临阵不慌。战士们迅速集合起来，根据命令奔向各自的战斗岗位。

枪声从东南传来，钱钧立即赶往东门。一营营长李福泽已在这里，指挥部队开始向敌人还击。这时设在莲花山上的班哨撤回来了。哨兵一跑到东门就气喘吁吁地问："钱副司令员和营长在这里吗？"

"在！怎么回事？"钱钧急促地问。

"莲花山被敌人占领了。"哨兵回答。

钱钧一听，不禁吃了一惊，方知情况严重。莲花山在镇子东面约300米的地方，山虽不高，但形势险要，东南与大埠山、小埠山相接，是控制五井镇的制高点。由于地形重要，一支队在山上设有一个班哨，另外还有一个游动哨。现在这个制高点已落入敌手，对镇内是个很大的威胁。

钱钧焦急地问："日军还是伪军？有多少？"

"鬼子伪军都有，人数多少，天黑看不清楚。"

"部队有伤亡吗？"

"三人挂彩。"

接着，哨兵向他报告了莲花山被敌占领的经过。原来，敌人采取偷袭的办法，悄悄运动到山下，乘游动哨兵转到其他地方时，突然占领了山头。刚才听到激烈枪声，就是双方在争夺制高点。班哨因寡不敌众，被迫撤回镇上。

一阵激烈的枪声过后，敌人突然停止了射击，周围又恢复了宁静。黎明前淡淡的月光，被雾气和硝烟笼罩着，灰蒙蒙的一片，除了莲花山顶上的庙宇和树木有点模糊的轮廓外，其他什么也看不清。

钱钧和李营长迅速研究了一下，决定先派几名侦察人员出镇，摸清情况；再把部队分为两大部分，一连守东门，监视南门；三连到北门，兼顾东北角的炮台处。待侦察人员回来后，再决定如何迎敌。

不一会儿，侦察员回来了。初步了解，来犯之敌包括日军三四十人、伪军二三百人。敌人大部集结在莲花山上，八二迫击炮、掷弹筒、轻重机枪是较重的武器。听完侦察员的报告，钱钧决定先给以牵制性的打击，拖住敌人，尔后待战机成熟，集中优势兵力，迅速出击，分而歼之。

这时，激烈的枪炮声打破了黎明的沉寂，敌人从东门、北门和炮台处同时发起了进攻。借着炮火的闪光，很快搞清了敌人进攻的阵势：东门是日军，北门和炮台处是伪军。钱钧当机立断，决定由他在东门，指挥部队坚守；李营长赶去北门，以灵活的战术，辅之以政治攻势，首先打掉伪军的嚣张气焰，挫伤敌人的进攻势头，然后待机各个歼灭敌人。

李福泽营长赶到北门时，进攻的伪军已接近到围子前面。李营长当即命令副连长鲍汉源带一个排出了北门，向敌侧翼运动，同时组织战士们在围墙上喊起来："中国人不打中国人！""中国人不给鬼子当炮灰！"本来士气低落的伪军，在政治攻势面前，就显得理亏气虚。但在伪军官的威逼和火力掩护下，仍继续向前逼近。战士们愤怒了，阵阵排枪射向敌人，手榴弹在敌群中纷纷爆炸，伪军被阻击在围墙下。双方正在僵持，敌人的侧后突然枪声大作，迂回部队从伪军的背后开火了。伪军受到夹击，一时乱了阵脚，接着抱头鼠窜了。原来伪军大队长被当场击毙，鲁南警备军副司令王德平也负了伤。"树倒猢狲散"，残余伪军抛下日军和 120 多具尸体，一哄而散，狼狈逃命而去。

在伪军进攻北门的同时，东门受到日军更猛烈的攻击，迫击炮、轻重机枪发疯似的向东门袭来。几十名日军哇哇叫着发起冲锋，有的已占了东门外的房屋，有的已接近围墙。"打！"钱钧一声令下，步枪、机枪一齐向敌人射击，手榴弹像冰雹似的向敌人投去，日军第一次冲锋很快被击退。

弥漫的硝烟，混合在潮冷的晨雾里，周围一片黑暗。日军受到第一次打击后，改变了战术。他们一面打枪，一面推出几个从附近村庄抓来的老乡，逼迫他们把高粱秸扛到东门下，企图放火烧毁大门。看到敌人这种卑鄙伎俩，战士们怒火满腔，等老乡们一退走，一排手榴弹扔去，随着一阵强烈的爆炸声，火熄灭了。日军的阴谋又破产了。

这时，攻击北门和炮台处的伪军已经溃逃。钱钧副司令立即调整了部署，加强了东门的防守力量。日军见伪军溃逃，东门又久攻不下，便像发了疯一样，气急败坏地又开始了从东门到炮台一线的进攻。机枪在吼叫，掷弹筒疯狂地发射着，迫击炮弹不停地爆炸，镇内和围墙上成了一片火网。

日军的进攻遭到守军猛烈反击，丢下了不少尸体，又一次败退了下去。但敌人不甘心失败，仍然没有撤退的迹象。钱钧立即派通信员到司令部驻地，向马保三司令员报告战况，并调机炮连火速前来参战，围歼敌人。

这时，太阳已经升起，日军布阵情况清晰可见。钱钧拿起望远镜观察，发现莲花山北麓一座石碑旁边，有一挺重机枪。东门外北边高大的坟堆后面和张家店南面的乱石堆里，各有一挺轻机枪，三挺机枪成品字形，组成交叉火力，喷射着火焰。为了迷惑敌人，一个战士用步枪挑着军帽贴着围墙往上一举，立即引来敌人的一阵子弹。军帽时隐时现，位置不断变换，招引敌人不停地向军帽射击。看到这个办法奏效，战士们流满汗水的脸上绽出了得意的笑容。有几个战士也学着用同样的办法吸引敌人的火力，其他战士则借机给敌人以杀伤。

钱钧来到战士身边，称赞他们勇敢机智。一个战士风趣地说："副司令员，这叫捉弄洋鬼子。"钱钧高兴地笑了，周围的战士也笑起来。

战士们的笑声刚落，忽然发现坟堆边的机枪不叫了，只见一个手持指挥刀的日军，伸头伸脑地向镇上张望，大概是发现受了嘲弄，在寻找着报复目标。钱钧顺手接过紧跟在他身边的警卫员手中的步枪，给了那日军一枪，随着枪声，那家伙粗笨的身躯，倒在了坟堆旁，再也不动了。

敌人经过一阵短暂的喘息，又在猛烈火力掩护下，连续向东门攻击，并数次企图爬越围墙，但都被击退。双方又陷入僵持中。突然，敌人机枪又猛烈地扫射过来，但好一会儿，不见敌人进攻。钱钧判断，敌人可能要逃跑。

果然，不一会儿敌人就退到了莲花山上。此时，马保三带着机炮连和援军赶到，并且在通往青州、临朐城方向都安排了阻援部队。于是，钱钧下了决心：立即出击，夺回莲花山。命令机炮连出南门，监视莲花山，防敌西进；并准备轰击山头，配合部队占领制高点。

李营长带领一个连从正面出击，三连迂回攻敌后背，使敌首尾不能相顾。为了确保全歼敌人，钱钧命令通信班长马体义前往平安峪传令三营五连赶来投入战斗。

攻击开始了，一连在李营长的带领下，像猛虎一样向山上冲锋。山上守敌，凭借有利地形和重武器火力，负隅顽抗。霎时间，枪声大作，硝烟滚滚，喊杀声响成一片，爆炸声震耳欲聋。

时间已近中午，连续激烈的战斗，战士们体力消耗太大，脸上的汗珠不停地流着，喉咙里干得像冒火。就在这个时候，镇内群众冒着枪林弹雨，把水送到阵地上来了。指战员怕群众遭受伤亡，连声喊着："危险！危险！快下去!”就在这时，敌人的子弹像疾风暴雨般地扫来，有几个战士为掩护群众倒了下来。

面对顽固的日军，一支队的迫击炮怒吼了，炮弹不停地落在敌人据守的山头上、大庙里。顿时，山顶上腾起股股烟柱，碎裂的石块像阵阵石雨，向四面八方散落着。在炮火支援下，李营长带领一连战士一跃而起，巧妙地利用地形地物，迅速接近山头。

日军为了挽救其覆灭的命运，端着刺刀，嚎叫着发起反扑。一场肉搏战在山头上展开了。八路军战士越战越勇，各自寻找着拼杀的目标。体魄魁伟的战士夏标，双手紧握步枪，咬着牙，一步步向敌人逼近，在震耳的“杀”“杀”“杀”的喊声中，一连三个敌人死于他的刺刀之下。战士李树明冒着枪林弹雨把敌人的重机枪夺了过来，自己也负了伤。营部通信员用手榴弹炸跑了敌人的炮手，夺来了迫击炮。

一支队指战员勇猛冲杀，不到一个小时，五井的制高点——莲花山重新夺了回来。日军丢盔弃甲，夺路逃窜。钱钧立即下达了穷追猛打、聚歼顽敌的命令。战士们奋勇争先，紧紧追赶，将敌人团团包围在莲花山东北山脚下四五百米处的一片坟地里。

日军突围不成，便凭借坟包、树木进行垂死挣扎。坟地周围平坦开阔，不易接近，八路军几次进攻，均未奏效。这时，押送黄金的胶东军区特务营正从这里经过，立即投入了战斗。三营五连也从南面山上压了下来，日军处于四面包围之中，已成瓮中之鳖。

全歼残敌的时机到了。钱钧命令一、三、五三个连队向残敌发起了全面进攻。立时，所有武器一齐开火，强大的火力压住了敌人火力。五连的战士们选择较为有利的攻击方向和地形，以排山倒海之势向敌人压过去，经过两次冲杀，攻占了外围坟包，迫使守敌退入坟地中心。不到 20 分钟，敌寇全部被歼，无一漏网，仅有一名因躲在枯井内没被击毙，也做了俘虏。

至此，五井战斗胜利结束，取得了全歼来犯之日军 40 余人和击毙伪军 120 多人的重大胜利，日军青州守备队长有田及小队长岩井和石日被击毙，缴获迫击炮 2 门、“九二”式重机枪 1 挺、轻机枪 4 挺、掷弹筒 2 具、步枪百余支等战利品。

战斗结束后，山纵一支队为从政治上打击日军，挫其士气，将全部日军尸体裹上白布，并附书信一封。书信内容如下：

临朐日本驻军部队长殿下：

贵军于25日在五井与我军激战终日，贵军官兵全部阵亡，尸体俱全。现放在莲花山庙前，希接函后酌情处理。如需帮者，愿尽力为之。查日军侵华以来遭中国人民之坚决抵抗，我军配合人民，持久抗战，誓死打败日军，收复失地，不达目的，决不休止，敬候明察。

第八路军驻五井部队首长启

中华民国二十八年十月二十九日

11月2日，日军数百人前往收尸，个个垂头丧气。收走尸体后，留下一信：

八路军驻五井部队长麾下：

贵军人道主义，本军钦佩，留下尸体完整无损，特此谢意。

大日本皇军部队长

昭和十四年十一月二日

日军每次受到严重打击，几乎都采取疯狂的报复行动，惨杀当地老百姓。这次日军虽遭惨败，但受到八路军文明之师的感化，竟然没有采取报复行动。

五井歼灭战，不但对“扫荡”鲁南根据地的敌人起到了牵制与打击的作用，更重要的是激励了广大军民的抗日斗志，坚定了抗战必胜的信心。1939年11月3日《大众日报》发表题为“庆祝临朐大胜利”的社论，誉此次战斗为“山东抗战两年来最模范的胜利战斗”。

五、孙祖伏击战

孙祖，是沂南县西南部的一个小镇，处于一西北东南走向的山峪中，北依荆山，南靠九子峰。九子峰海拔 236 米，有 9 个山头相连并峙。峪底地势平坦，孙祖河经村前东流。这一带地形隐蔽，成为山东党政军领导机关驻地。1940 年春，八路军第一纵队司令部驻孙祖南 4 里处的东高庄，大众日报社驻孙祖西南 5 里处的西高庄，山东分局党校驻孙祖西北的东铁峪。

1940 年 3 月 15 日，沂水、莒县、朱位、东里店、铜井等据点的日军 300 多人，伪军 200 多人，向孙祖一带根据地进犯，企图偷袭八路军纵队领导机关，捣毁抗日民主政权，掠夺群众财物，实行所谓“以战养战”。

八路军第一纵队司令员徐向前抓住战机，决定歼灭来犯之敌，亲自指挥作战部署。此次参战部队有山东纵队第二支队、纵队警卫团及地方武装等，还有到此护送黄金的于得水率领的胶东第五支队交通营，也参加了战斗。

徐向前司令员指出：“敌人这次的行动路线是过荆山，经孙祖，穿九子峰，继续向南。你们要把主力放在九子峰，给敌人以迎头痛击。敌人受挫后，必然强攻，你们要坚守阵地，给以狠狠打击。敌人的嚣张气焰被打下去之后，定会退守孙祖，你们要集中优势兵力，乘胜追击。这时，敌人就会顺着来路逃窜，埋伏在荆山的警卫团要断其后路。一定要在这里把它彻底消灭!”部署完毕，孙继先等率山东纵队第二支队飞速赶往孙祖，其他各部都迅速进入阵地。

3 月 16 日拂晓，敌人在抢劫了孙祖西北的代庄、大平一带后，经西铁峪向孙祖进犯。行进到九子峰下时，埋伏在九子峰上的第二支队九连战士迅速运动到山下，猛然给敌人以强烈袭击。敌人慌了，人马乱作一团，四处奔逃。

这时，埋伏在周围几个小岭上的战士，一齐开火，霎时，枪声大作，火光四起，手榴弹密集地投向敌群炸响。敌人迫不得已，只好就地组织进攻，他们兵分两部，一部在大路附近找到一块隐蔽地反抗；另一部冒险过河，占领河南岸一带山岭。

山东纵队机枪手在孙祖伏击战阵地严阵以待

双方展开了激烈的争夺战，在伏击部队的猛烈射击下，敌人血肉横飞，许多被打死的骡马也横倒在沙滩上。敌人不敢恋战，迅速收拢人马，妄图从西南方向冲开缺口逃脱。

见此情况，孙继先赶快命令一连即刻从南山脚下迂回到敌人后面，又命令二连迅速占领北面的小山，堵住敌人的退路。凶恶的敌人见无路可走，不得不掉转回头，再次抢夺九子峰，妄图冲破包围圈，在炮火掩护下，越过河床，向山坡冲来。

守卫在九子峰西头的九连指战员，沉着等待。当冲来的敌人离阵地只有30米左右时，曲连长紧握拳头喊了声："打！"随即，枪声、手榴弹爆炸声和战士们的怒吼声交织在一起，在烟雾弥漫中，敌人倒下一片尸体。

敌人不甘心失败，在激烈的炮火掩护下，接二连三地往上冲。当敌人将要冲上山头，九连战士枪上刺刀准备与敌肉搏时，敌人一颗炮弹打来，曲连长身负重伤倒在血泊中。几个战士赶忙要架他下火线，他坚决不肯，强忍剧痛，吃力地坐起来，指挥战士与敌人搏斗。先后打退了敌人的七次进攻，守住了阵地。

时近中午，纵队司令部参谋处长罗舜初来到前沿阵地，了解战斗情况，察看兵力部署，慰问指战员，并指出："今天下午还会有场恶战，你们只要能坚持到黄昏，就可以全线出击。"

下午1时，敌人集中了所有兵力，更加疯狂地反扑。密集的炮火，在阵地上爆炸，燃着了山上的野草、树木，烈焰蔓延，浓烟滚滚，熏得战士睁不开眼，透不过气。这时，敌人借着浓烟烈火，冲上山顶。战士纷纷端起刺刀，与敌人展开肉搏，敌人节节败退。指导员孙秀泉喊了声："同志们，杀啊！"带头冲下山去，追歼敌人，不幸被敌人的子弹穿透胸膛，壮烈牺牲。

黄昏时分，徐向前司令员下达了全歼敌人的命令，战士们如虎添翼，冲下山来。坚守在九子峰的三连一排排长李前仁带头冲进山坡下敌人占据的一间小屋。这时敌人已退守到这一带壕沟，李前仁迅速带领几个战士迂回到壕沟左侧，沿山坡摸下去，只见一伙敌人正在逃窜，他赶忙掏出手榴弹掷了过去，手榴弹一颗接一颗地爆炸，敌人发疯似的号叫着转回身来，机枪、步枪一齐扫来，李前仁冒着敌人的枪弹，端着刺刀扑上去，接连刺倒了几个日军。当他拔出刺刀正要继续往前冲时，不料身负重伤，倒在血泊中，壮烈牺牲。

入夜，八路军数次冲入敌人阵地，与敌展开白刃血战。日军死伤惨重，被迫退入孙祖固守待援，八路军又将孙祖团团围住。17日夜，八路军发起攻击，残敌支持不住，便大肆放火，烧民房20余间，将沿途抢劫的粮食、财物全部销毁，遂拼命向北逃窜。敌逃出不远，便遭到纵队警卫团和地方武装的伏击，敌大部被歼。八路军乘铜井敌伪据点空虚，又一举收复铜井。

战斗中，孙祖附近的抗日民众自动组织起担架队、运输队、情报队，送茶送饭，送情报，运送伤员。战斗打响后，西高庄的拥军模范胡大娘仍坐在门口纹丝不乱地烧着茶水。有人劝她赶快避开，她却坚定地说："我走了还行吗，前线的同志没有水喝，怎么能打胜仗呢！"她坚持把水烧开，冒着枪林弹雨，提着水壶给战士们送水。

此战，击毙日军指挥官小林及炮兵中尉队长以下120余人，击伤70余人，俘伪军11人，缴获小车60余辆、军马5匹、大盖枪20余支及其他军用物品一宗。八路军有110名指战员牺牲、负伤。

战后，中共山东分局和八路军第一纵队在孙祖召开祝捷大会，山东分局书记朱瑞、第一纵队司令员徐向前、山东纵队政委黎玉及群众团体代表在会上讲了话。各界人士及广大群众踊跃慰问参战部队，《大众日报》发表了庆祝孙祖战斗胜利的社论。

1940年6月，徐向前奉命回延安参加中共第七次代表大会的筹备工作。八路军山东纵队的名义随即恢复使用并指挥其所属部队。1941年1月，八路军第一纵队番号被撤销。

六、杨家横战斗

1940年5月中旬，八路军山东纵队第四支队与第一军分区主力部队，进入莱芜东北常庄、文字现一带，准备攻打博山城，以钳制济南和胶济路之敌，配合其他根据地部队的夏季反“扫荡”斗争。

5月18日，八路军山东纵队接到博山城地方情报站报告：日军由济南开出一个大队1000余人已进入博山城。几乎同时也接到莱芜城地方情报站的报告：由泰安城出动日军100余人已进入莱芜城。侦察小组带回来的情况与地方情报站报告基本一致。

四支队司令员廖容标、政委胡奇才、政治部主任汪洋等，立即在常庄召开紧急会议，并请地委书记刘莱夫及军分区负责同志共商对敌之策。大家一致认为：敌人出动博山、莱芜之兵力1000多人，目标是常庄、文字现一带的八路军。

最后，廖容标司令员决定：支队司令部率机关进驻徐家店子；军分区和地委、专署机关进驻马峪；二团团长吴瑞林和政委胡奇才率二团进驻杨家横及该庄的北山与东南山伏击来犯之敌；分区二、三营在敌出动时，首先阻止敌人前进，之后边打边撤，诱敌向东南进入杨家横；二团则以全力歼灭之。地方部队的任务是负责阻击博山、莱芜、泰安方向增援之敌。

19日凌晨2点左右，廖容标突然接到紧急报告：“博山城、莱芜城的日军已出动。”

“有多少？是否有‘三本’（即伪军）？”廖司令员问。

“日军有千余人，另有部分‘三本’。”侦察员回答。

“分几路？”廖容标又问。

“分三路，博山之敌分两路已进至苗山以东高坡地带。”

从敌人扑来的阵势看，是攻打驻常庄、文字现部队的。廖司令员立即命令：“迅速通知各部队，按原作战方案行动。”

5 月 19 日拂晓，枪声、炮声打破了黎明前的沉静。进至崮山前、常庄、古德范一带的日军遭到八路军山东纵队四支队阻击。顿时，机枪声、山炮声响成一片。常庄东南侧之敌，此时也遭到四支队主力部队和地方部队的阻击。

上午 10 时左右，日军“顺利”占领了常庄、文字现、古德范等庄，在伪军的引导下，黄压压的敌人又向杨家横方向运动过来。

杨家横是位于莱芜东北的一个小山村，地处齐鲁古道要冲，是进入根据地的必经之路。该村东、北、西三面为高山，牟汶河支流龙盘河由北向南从村前流过，形成纵深约 5 公里的峡谷。村庄就坐落于这条峡谷的南出口，东西两侧是山坡峭壁，是设伏歼敌的好地方。

下午 1 点左右，日军进入杨家横峡谷。只听“砰砰”两声枪响，吴瑞林团长发出了“开火”的命令。埋伏于庄内和山上的指战员一跃而起，向日军发起猛烈攻击，各种武器一齐开火，打得日军措手不及。

被打晕了的日军冷静下来后立即组织反扑，疯狂地冲进了村子，双方展开了巷战。每个院子、每间房子和每一个隐蔽物，都经过反复地争夺。有些日军固守在房屋里不出来，四支队战士们就向里扔手榴弹，把日军炸得血肉横飞，没有丧命的吓得鬼哭狼嚎。战斗打到最激烈的时候，与鬼子展开了白刃战。有的用刺刀捅，有的用枪托砸，有的甚至脱掉褂子抡起大刀猛劈日军。

日军继续顽强抵抗，几次集中兵力突围，但都被四支队官兵打了回去。日军集中火力在机枪、迫击炮的掩护下向村北冲锋，四支队的官兵越战越猛，与日军拼杀到了一块，又是一次惨烈的肉搏战，四支队指战员身上沾满了日军的鲜血，日军又败回到了村内固守。

战斗一直打到了下午。一架日本飞机出现在杨家横村的上空，一会儿时间就朝西北方向飞去了。廖容标司令员判断敌机是来侦察的，日军很快就会派出增援部队来杨家横解围，要争取增援日军到来以前结束战斗。

被包围之敌看到飞机后，顿时活跃起来，一个日军指挥官摇晃着手里的“膏药”旗和指挥刀，嘴里“哇啦哇啦”地叫喊着，重新组织反扑，并开始火化那些被打死的鬼子尸体，在做突围前的准备。

廖容标立即带着警卫班离开徐家店子指挥所，奔赴杨家横，亲自指挥作战，命令二团："组织所有力量，强攻被围之敌。"

正在组织对日军进行围歼的时候，侦察员领着一位老大娘前来报告"十万火急"的情况。老人急促地喘着粗气，说不出话来，只见她从衣服里掏出一封贴着三根鸡毛的"鸡毛信"。

廖司令员拆信一看："敌增援杨家横的先头部队已到常庄，兵力近 1500 人。"情况十分紧急。廖司令员立即命令担负打援任务的军分区部队迅速抢占有利地形，奋力阻击敌人。又命二团除留一营监视敌人外，另两个营撤出战斗，在庄外隐蔽，待机打击撤退之敌。

黄昏时分，日军增援部队与杨家横残敌会合后，随即撤出战场。日军慌忙败退，未烧完的尸体无法全部拉走，只好割下首级，草草包装起来，背回去火葬。

日军撤到村外的一座小山附近时，又遭到埋伏在这里的二团官兵的伏击，惊慌失措的日军不敢打夜战，留下了 20 多具尸体后，慌乱败退。日军一边逃跑一边还击，四支队官兵紧跟其后，穷追猛打。日军无心恋战，仓皇逃回博山。

杨家横围歼战，击毙日军 100 余人、伤敌 150 多人、俘 3 人；击毁日军步兵炮 2 门，缴获"九二式"重机枪 3 挺、歪把子机枪 5 挺、掷弹筒 3 具、步枪 100 余支、电台 1 部、望远镜 6 具、"洋马" 1 匹及其他物品等。杨家横战斗结束后，日军大队长秋山金牟田因部队伤亡过重引咎自杀。

七、《大众日报》创刊

中共中央山东分局成立后，为了发动群众，创建和巩固抗日根据地，扩大抗日宣传工作，决定创办一张能够宣传党的抗战主张和政策，动员和鼓舞全省人民进行抗日斗争的报纸。分局宣传部长孙陶林负责组织筹备工作，他找来北大校友刘导生任报社社长。

刘导生是江苏丰县人，1933 年以优异成绩考入北京大学历史系，1935

年由黄敬介绍加入中国共产党，曾任北大地下党支部书记，是“一二·九”运动的学生领袖之一。1936 年被选为全国学联主席，1937 年当选为中华民族解放先锋队总队秘书长。抗战爆发后，毅然脱下长衫到敌后打游击，长途跋涉两个多月到达沂蒙山区。

孙陶林和刘导生曾在“一二·九”运动中并肩战斗过。刘导生的到来，让孙陶林感到正逢其时，他高兴地对刘导生说：“你去办报吧！”

刘导生为难地说：“我从来没办过报纸，没有经验。”

孙陶林鼓励说：“你是根据地‘墨水’最多的干部，就不要推辞了。匡亚明有办报经验，让他来协助你。”

匡亚明是江苏丹阳人，先后就读于苏州第一师范学校和上海大学。1926 年加入中国共产党，曾任中共中央和江苏省委合办的报纸上海《日日新报》主笔，中共江苏省徐海蚌特委宣传部长，上海总工会秘书长兼宣传部长。先后四次被捕，受尽酷刑而坚贞不屈。抗战爆发出狱后，到国民党第六十九军石友三部做统战工作，先后任六十九军政治部副部长、第十军团顾问、山东省政府高级参议。六十九军奉调北上冀察战区时，匡亚明脱离该部留在山东根据地。

中共中央山东分局书记郭洪涛跟匡亚明交谈时，谈到办报的问题。匡亚明说：“我留在山东，党籍问题尚未恢复，在山东分局也不能干别的事情，我可以办一张报纸。”

郭洪涛说：“办一张报纸，很好！”

1938 年 10 月，郭洪涛、孙陶林和刘导生、匡亚明等人在王庄的一座天主教堂里，商讨办报事宜。经过讨论，郭洪涛概括了三条：“第一条，是党的报纸，代表山东分局的机关报；第二条，是统一战线的报纸，一切消息、言论等等，都要考虑到有利于统一战线；第三条，是群众性的报纸，要广泛发动群众。”

孙陶林说：“报纸叫什么名字好呢？”

刘导生建议说：“报纸要依靠群众，发动群众，叫《群众报》吧。”

匡亚明提议说：“办报的宗旨是立足于大众，大众办，大众看，我看报名叫《大众日报》好。”

有人担心地说:“目前条件‘日报’做不到，而报名又不能常改，有点名不副实嘛。”

匡亚明解释说:“我们可以登个《启事》说明一下，由于印刷条件所限，目前只能暂出三日刊……我们当以最大努力使它不久成为二日刊以至日刊。”

郭洪涛说“《大众日报》名字好，名副其实为大众服务。”

最后，大家一致赞同“大众日报”之名。经山东分局研究，决定成立《大众日报》编辑部，刘导生任报社社长，匡亚明任报社总编。

刘导生和匡亚明接受任务后，进行了简单分工，匡亚明负责办报，刘导生主持全面工作，开始了紧张的筹备工作。首先组建了工作班子，设置了编辑部、电务室、印刷厂、营业部等部门。最突出的困难是缺乏干部，编辑部中只有匡亚明一人有写作经验。从岸堤干校抽调的十几人中，大部分只有中等文化水平，没有办报经历和写作经验。

经孙陶林联络，分局书记郭洪涛亲自到沂水黄山岳庄村动员《青年报》编辑部的人员参加《大众日报》的办报工作。《青年报》是由当地进步青年李戴、马民等自费编印的一张民间小报。该报拥护中共抗日民族统一战线政策，积极宣传抗日救亡运动，深受群众欢迎。1938 年 11 月中旬，《青年报》的李戴、马民、刘惠吾、安然、张惠、刘力子等全体人员带着油印机、收音机、2 部电话机和 7 支步枪，用独轮小车推着纸张，高高兴兴地来到了王庄，集体加入大众日报社，为报社提供了必要的装备。

办报经费紧张，分局拨的北海币只能在根据地使用，无法到敌占区购买设备，匡亚明就到东里店拜访国民党山东省政府主席沈鸿烈。国民党山东省政府驻地东里店，离山东分局驻地王庄只有十几里路。匡亚明曾任省政府高级参议，他以个人名义到东里店拜访沈鸿烈。沈鸿烈刚由清河区八路军护送过胶济铁路，从鲁北来到沂蒙山区，也有意跟八路军搞一点关系。当匡亚明顺便提出办报经济上还有些困难，他就捐了 500 大洋，报纸出刊后还专门登了一个鸣谢启事。

报社通过城工部地下关系，派人冒险到敌占区采购印刷设备，分别从济南和泰安买来简陋的机器，又把此前设在蒙山天马场的印刷厂搬到了距编辑部所在地王庄 8 里路的云头峪。云头峪深藏于沂蒙山区群崮之中，便于隐蔽

《大众日报》总编辑匡亚明与记者在一起

和转移。编辑部设在王庄村农户家中，印刷厂设在云头峪村一户农家草屋里，厂房和工作间不足 50 平方米。这两间房子原本是刘茂菊夫妇的新房，刘茂菊和牛庆禄结婚刚三天，听说《大众日报》需要找一个印刷所，刘茂菊二话没说，立即主动将新房腾了出来，搬到堂屋和婆婆同住。

经过紧张的筹备，报社出版了两期名为《突击》的油印试刊，锻炼了一下编辑和印刷队伍，为《大众日报》顺利出刊做好了准备工作。

1938 年 12 月 31 日，寒风凛冽，天空飘着雪花。编辑部编好了创刊号的稿子，共四开四版，匡亚明撰写发刊词，马民题写报头，辛锐刻好版样，交通员冒雪送到印刷厂。印刷厂的干部、工人怀着激动的心情，紧张有序地开始工作。冰冷的寒风裹着雪花从墙缝里、门缝里灌进来，排版的工人冻得都拿不住铅字，摇滚子的工人手也冻麻了。为了不让严寒影响到印刷速度，同志们烧上木柴取暖，但燃烧产生的黑烟熏得大家泪流不止。油墨因天冷黏稠，容易糊字，每印百余份就不得不停下来刷版，刷完擦干晾干，再开印。当时只有一台破旧的手摇印刷机，摇起来很费力，滚子摇三圈才能印出一张报纸，一个人摇十几份报纸就要换人。于是印刷工人就两人一班，采用歇人不歇马的方法，分班轮流作业。

1939年1月1日晨，2000份《大众日报》创刊号全部印完。装订车间遂即剪裁、分发，交通员快速将报纸送到王庄营业部，营业部马上分发到分局和纵队领导及各部门。《大众日报》终于在新年第一天与读者见面了，大家都兴奋不已。当晚报社召开了庆祝元旦并庆祝创刊晚会，匡亚明兴致勃勃地用方言表演了一个节目《苏州人念诗》，引得大家欢笑不已。

《大众日报》的诞生，开创了山东新闻事业的新纪元，成为敌后抗日根据地少有的大报之一，是鼓舞山东人民团结战斗，夺取抗战胜利的战斗号角，受到社会各界的拥护和支持。开始发行仅2000份，第二期不得不增加到3000份。两个月后，订户竟发展到6000多个。发行范围不仅在山东各地区、江苏、河南、安徽和华北根据地，直至发行到延安和国民党统治下的重庆等地，在全国产生了一定的影响。

《大众日报》创刊一周年前夕，毛泽东同志从延安发来贺电：“动员报纸，刊物，学校，宣传团体，文化艺术团体，军队政治机关，民众团体及其他一切可能力量，以提高民族觉悟，发扬民族自信心与自尊心，反对任何投降妥协的企图，坚持抗战到底，不怕困难，不怕牺牲，我们一定要自由，我们一定要胜利。”

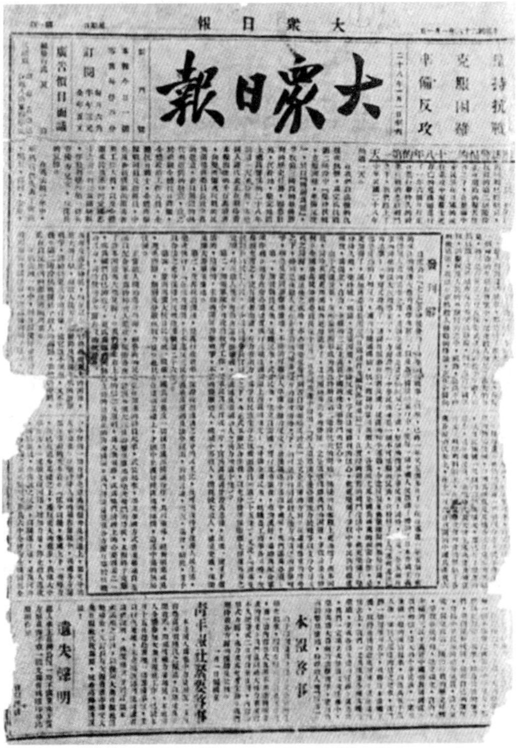
大眾日報
堅持抗戰
克服困難
準備反攻

《大众日报》创刊号

报社还创办了大众通讯社和山东战时邮局。不仅负责《大众日报》的征订、投送，还负责传送党内机要文件以及党政军民的信件等任务。全省日伪据点多达3000个以上，最密地区平均三五里一个。交通员们一手拿枪，一手拿报，日夜不停地奔波在8000多公里的各条邮路上，及时将报纸和信件送到订户手中。

《大众日报》不仅是党领导山东军民进行革命斗争的强大新闻阵地，也是兼营出版发行政治理论书籍和供应群众各种文化读物的综合性文化机构，是全省最大的文化出版印刷单位。先后创办了大众印书馆和山东新华书店，印刷出版发行各种图书480余种600万余册，形成了比较健全的图书出版发行网络，丰富了群众的文化生活。

由于日军推行所谓“强化治安运动”，加紧了对根据地的经济封锁，抗日战争进入艰难的岁月，根据地日用品极其缺乏。为解决印刷物资困难，报社自力更生，开展了大生产运动。职工们集思广益，从最紧迫的油墨、纸张开始研究，用马尾松烟灰加上豆油、松香、皂粉、蓖麻油制成土制油墨，印出报来字迹清晰。接着又研究土法造纸。工人们向当地人请教，用桑树皮做原料，成功地造出了新闻纸。在沂南县阎家庄正式建厂，开始大批生产纸张，缓解了报纸和大众印书馆的用纸需求。

为打破敌人的经济封锁，《大众日报》还开办了利聚永商号、利源永商号、柘汪商行、山东新华商店等，开展物资贸易和采购活动，开辟了济南、青岛、临沂等敌占区的贸易渠道，解决了报社以及根据地部分急需物资的供应。

大众日报社为宣传抗战和根据地的文化事业发展作出了重大贡献，但也作出了很大牺牲。为了掩护报社安全，先后有578位报社职工、160多位沂蒙乡亲壮烈牺牲，他们用生命和鲜血，谱写出《大众日报》最壮丽的篇章。

1939年夏季，驻鲁日军第一次“扫荡”沂蒙山区，山东分局驻地王庄失陷。大众日报社随分局和山东纵队机关转移离开了王庄和云头峪。报社全体人员做好了战斗准备，印刷工人和部分工作人员组成了一支80余人的游击队，其余人员分别组成宣传队、工作队、编印队，一手拿武器战斗，一手握笔办报，不间断地改用油印出报。在这次反“扫荡”战斗中，报社伤亡6人，消灭日伪军10余人。

1941年11月，日军华北方面军调集5万余兵力对沂蒙山区根据地进行

“铁壁合围”大“扫荡”。为了应对形势，报社分成三个战时新闻小组。11月30日拂晓，《大众日报》第一战时新闻小组随山东分局机关转移到大青山时，被5000余日军包围，新闻小组在战斗中被冲散，除个别同志突围外，18位同志壮烈牺牲。其中包括《大众日报》报头设计刻板者、抗日女英雄辛锐，在这次突围中壮烈牺牲。

1942年11月2日拂晓，日军在沂蒙山区发动了冬季大“扫荡”，山东军区、山东省战工会机关及报社1000余人在沂水西北对崮峪，突然遭到8000余日伪军包围。激战一天，中共山东分局宣传部部长、大众日报社管委会主任李竹如在突围中牺牲，成为山东根据地牺牲的最高级别领导干部。

《大众日报》在沂蒙山区与敌周旋，先后换过四任领导，转移过9个县30多个村庄，在战争环境中一直坚持出版，成为全国连续出版时间最长的党报，忠实记录了山东人民在党的领导下进行的可歌可泣的抗战历程，是山东革命史诗的一个重要组成部分。

八、沂蒙山小调诞生

沂蒙山不是一座山，而是一个人文地理概念，指的是以沂山、蒙山为地质坐标的地理区域。广义的沂蒙山区，包括山东临沂全部，日照大部，淄博的沂源县，潍坊的临朐县，济宁的泗水县，枣庄的山亭和滕州东北部，江苏的连云港以及徐州的邳州、新沂、赣榆、东海等县的部分地区。

狭义的沂蒙山区，特指地处崇山峻岭的蒙阴、平邑、费县、沂南、沂水、沂源、临朐和山亭等8个县区。这里是泰沂山脉的两个支系，群山连绵，百米以上的山峰有几百座，北有沂山、鲁山、大青山，南有抱犊崮、天宝山、四开山，中有蒙山、孟良崮。其中沂山、蒙山、鲁山都在海拔千米以上，山高坡陡，崮险岭峻，峰峦叠嶂，飞瀑流泉，沂河、沭河萦绕如带，七十二崮点缀其间，山高水长，风光无限，沂蒙山区根据地即指此地。

1940年春，抗日战争正处在最困难的时期，日军、汉奸、国民党顽固派联合对刚建立不久的沂蒙山区根据地进行蚕食、“扫荡”。在临蒙公路上的侍郎宅至徒山一线的土顽武装利用反动会道门黄沙会，不断散布谣言，用

“加入‘黄沙会’就能刀枪不入”等谎言蒙蔽群众，利用封建迷信骗取钱财，阻挠参军支前。费东工委和抗日民主政府对“黄沙会”会首和下层会众做了大量教育和争取工作，都未能奏效，最终不得不决定以武力解决。罗荣桓政委反复交代要把教头、教徒和老百姓严格区别开来，打击的重点务必放在少数顽固分子身上。

1940 年 6 月初，为打击反动武装“红枪会”及黄沙会的嚣张气焰，八路军山东纵队和抗大一分校第二、第五大队，以及沂南县地方武装发起了反黄沙会战役，经两昼夜激战，迫使反动武装和黄沙会退至石屋山以南。为了打通鲁中与鲁南的联系，一一五师一个团乘胜从蒙山南向北进攻国民党地方顽固武装张里元部，抗大一分校从北向南夹击，一鼓作气攻下石屋山，一分校乘胜追击 30 多里，把张里元部赶出了蒙山。至此，蒙山南北成为新开辟的根据地。

刚从太行山迁来山东不久的抗大一分校文工团进驻蒙山望海楼山下的白石屋村，团长袁成隆，副团长是著名作曲家王久鸣，团员有《铁道游击队》的作者刘知侠和李林、阮若珊、鲁岩、丁冬等 30 多人。山东分局交给抗大一分校文工团一个任务，就是配合武力行动，以文艺为武器，开展政治攻势，瓦解敌方斗志，教育广大群众。

当时正是沂蒙山抗日根据地最艰苦的岁月，大家吃的是用高粱和地瓜做成的酸煎饼，睡的是用山茅草铺的地铺。校部和各大队驻地的周围，不是日军的据点，就是“黄沙会”盘踞的山头和村庄，但文工团却是斗志昂扬地投入了工作。团员们深入到白石屋附近“黄沙会”盛行的马头崖、沙沟峪等村，采取召开群众座谈会、登门走访等方式，深入调查研究，一边向会众做耐心的说服教育工作，一边向群众搜集创作素材，进行文艺创作。文工团团长袁成隆安排文工团编审股长李林和女团员阮若珊负责创作一首歌曲。

李林，原名李森林，1917 年生于辽宁沈阳。1935 年在北平参加了震惊中外的“一二·九”学生运动。1937 年到山西加入“青年抗敌决死队”，参加革命。1938 年奔赴革命圣地延安，进入抗日军政大学学习。先后在八路军一一五师六八八团、晋东南抗大一分校任干事、文化教员、文工团创作股长，是一个很有才华的文艺青年。

阮若珊，1921年生于北京一个知识分子家庭，1934年保送北平师大女附中读书。1935年冬参加了“一二·九”学生救亡运动，1936年参加“抗日民族解放先锋队”。1937年毕业时正值“七七”卢沟桥事变，北平沦陷。阮若珊随北平流亡学生来到山东济南，与陈荒煤、荣高棠、张瑞芳等人一起参加了“北平学生流动剧团”，前往抗战前线进行战地巡回演出，济南沦陷后，奔赴晋东南抗日根据地参加了八路军。1939年春，到太行山抗大一分校第五期学习，毕业后留校任抗大文工团演员。

1939年冬，抗大一分校文工团随抗大一分校校部从太行山区迁至山东，1940年1月到达沂蒙山区，在山东分局及一一五师师部领导下从事抗战文艺宣传工作。阮若珊作为文工团的主要演员，参加了《李秀成之死》《阿Q正传》等多幕话剧的演出，特别是在小调剧《亲家母顶嘴》《抗属真光荣》《双喜临门》及动员参军的独幕话剧《过关》等剧中，她扮演的农村媳妇、妇救会长等角色获得观众的喜爱。在此期间，她还创作了话剧《一双鞋》《彭大娘》等文艺作品，成为颇受群众喜爱的女演员。

李林与阮若珊是一对恋人。是年初夏，随抗大一分校文工团进驻费县白石屋村。白石屋是个风光优美的小山村。南、北、西三面环山，形成了一个“簸箕”状的山坳，村子就坐落在北面的半山坡上，有一二十户人家。小村依山傍水，错落有致，四面绿树浓荫，山石林立，村前小桥流水，山路弯弯，极为隐蔽和幽静。

白石屋村西面的山峰，就是海拔1001米的蒙山第二峰“望海楼”。蒙山是沂蒙山区最高最大的一座山脉，东西延绵上百公里，南北宽约50公里，方圆800里，主峰龟蒙顶1156米，是山东的第二高峰。“望海楼”是蒙山东部的最高峰。周围奇峰耸立，巨石嶙峋，古木参天，涧深溪清。

春末夏初时节，巍峨的蒙山云奔雾驶，皱烟驳霞，林黛参差，风光旖旎。正在热恋中的这对革命青年，面对沂蒙山的美丽风光，激情澎湃，文思泉涌。在白石屋村一间乱石砌墙、茅草盖顶的茅屋中，由阮若珊执笔，与李林共同作词，连夜创作出了旷世绝唱《沂蒙山小调》初稿。初名《反对“黄沙会”》，歌词共8段：

沂蒙山小调诞生地——蒙山

人人（那个）都说（哎咳哎）沂蒙山好，
沂蒙（那个）山上（哎咳哎）好风光。
青山（那个）绿水（哎咳哎）多好看，
风吹（那个）草低（哎咳哎）见牛羊。
自从（那个）起了（哎咳哎）黄沙会，
大家（那个）小户（哎咳哎）遭了殃。
牛角（那个）一吹（哎咳哎）嘟嘟响，
拿起（那个）刀枪（哎咳哎）上山岗。
硬说俺的肉身子（哎咳哎）能挡枪炮，
谁知（那个）子弹穿过见阎王。
装神（那个）弄鬼（哎咳哎）把人害，
烧香（那个）磕头（哎咳哎）骗钱财。
八路（那个）神兵（哎咳哎）从天降，
要把那些害人虫（哎咳哎）消灭光。
沂蒙山的人民（哎咳哎）得解放，
男女（那个）老少（哎咳哎）喜洋洋。

李林以地方民歌旋律为基础，参考东北家乡流浪艺人演唱的曲子加工谱曲。歌曲创作完成后，李林、阮若珊在白石屋村旁的山崖上，一边打着呱哒板，一边当众演唱，请文工团的战友们提意见。大家被他俩创作的通俗的歌词、优美的曲调和生动的表演所感动，报以热烈掌声和一片赞赏声。

为了迎接建党19周年和抗战三周年，抗大一分校要在这一年“七一”举行党代会开幕式。开幕前夕，校政治部请校文工团创作一首新歌，向党的生日和党代会献礼。文工团起初推荐了《反对黄沙会》这首歌，但政治部认为最好创作一首既是歌颂共产党主题，又可以作为校歌演唱的歌曲。大家都说时间太紧张了，很难完成任务。

抗大一分校文工团副团长王久鸣年仅22岁，先后毕业于中国抗日军政大学和延安鲁迅艺术学院音乐系，师从人民音乐家冼星海，当时已经是小有名气的作曲家。他半开玩笑地说：“关键是缺乏好的歌词，如果有人能写出歌词，我10分钟就能把它谱成曲。”

年仅20岁的抗大一分校政治部宣传干事、青年诗人沙洪听到挑战后很不服气，他自告奋勇地说：“你能在10分钟内谱成曲，我就能在10分钟内作完词。”说完他就在树荫里席地而坐，掏出纸笔，稍加思索，立刻在膝盖上写了起来，即兴创作了一首《跟着共产党走》的短诗：

你是灯塔，
照耀着黎明前的海洋。
你是舵手，
掌握着航行的方向。
年轻的中国共产党，
你就是核心，
你就是方向。
我们永远跟着你走，
中国一定解放！
我们永远跟着你走，
人类一定解放！

创作完成后，竟然真的用了不到10分钟。王久鸣看了歌词非常喜欢，就一边看一边哼唱起来，谱完曲子后一看时间，也正好是10分钟。一首著名的红色经典歌曲就这样诞生了，歌名初定为《跟着共产党走》，后来又名《你是灯塔》。

随后，这首歌就由阮若珊等文工团合唱队在校党代会和建党19周年纪念会上正式演出。阮若珊还用甜美的女高音演唱了她和李林创作的新歌《反对“黄沙会”》，赢得了一片喝彩。

王久鸣还向出席会议的全体同志教唱了《跟着共产党走》这首歌，受到广大师生的欢迎和好评。会议结束后，代表们带着这首歌回到各自的工作岗位，很快就传遍山东各个解放区，后来又传到延安、太行山根据地、苏皖等解放区。随着抗大学员毕业后分赴各地抗日战场，从此，这首歌便走向全国。

1940年8月1日，日军偷袭抗大一分校驻地垛庄。抗大师生成功粉碎了日军的偷袭，取得了垛庄战斗的胜利。在庆功会上，《打黄沙会》成为演出剧目之一，阮若珊再次演唱了这支歌。豪放悠扬的曲调，一下子就扣住了

抗大文工团战友合影（前排左二阮若珊、右二李林，后排左三刘知侠）

每个人的心弦，赢得了众人喝彩，在场的观众报以热烈的掌声。根据地的群众激动极了，当场就有很多人报名参军。

由于这首歌紧密配合了当时的反顽战斗，出色地发挥了教育群众、鼓舞士气的战斗作用，因而受到领导和群众的称赞，并在沂蒙根据地军民中很快流传开来。歌曲一经传出，便不翼而飞，很快传遍了鲁中、鲁南、滨海、胶东、渤海等山东各抗日根据地，受到了广大军民的普遍喜爱。随即又传到华北、华东等全国各大根据地。

由于这首歌曲调优美，深受人们喜爱，并随着形势的发展变化，作者和广大军民对歌词不断修改，在保留开头两段歌颂沂蒙山秀丽风光唱词的基础上，充实新的内容。去掉了反对“黄沙会”的词句，将“自从来了黄沙会”换成打日军的内容，改为“自从来了日本鬼”；充实了汉奸“勾结鬼子来扫荡，奸淫烧杀丧天良”等内容，歌名也易名为《沂蒙小调》。

后来，山东军区文工团的李广宗、李锐云、王印泉等人对歌词进行了进一步加工，只保留原作的前两段歌词：

“人人（那个）都说（哎）沂蒙山好，
沂蒙（那个）山上（哎）好风光。
青山（那个）绿水（哎）多好看，
风吹（那个）草低（哎）见牛羊。”
“高粱（那个）红来（哎）豆花香，
万担（那个）谷子（哎）堆满仓。
咱们的共产党领导好，
沂蒙山的人民（哎）喜洋洋。”

这样一来，就给这首歌注入了更强的时代精神，赋予它旺盛的生命力，形成这首充满诗情画意的《沂蒙山小调》，成为歌颂沂蒙山秀丽风光、歌颂党的领导和沂蒙山人民幸福生活的革命歌曲，很快唱红了沂蒙山区，唱响了齐鲁大地，风靡了大江南北，成为中国最具代表性的两首民歌之一。

九、建立抗日民主政权

随着对敌作战不断取得胜利和根据地的建立，中国共产党领导的新政权逐步发展起来。1938 年 3 月至 5 月，胶东抗日队伍收复日伪军侵占的掖县、蓬莱和黄县后，采用民主选举的办法推选县长，成立了新的县政府。这是山东最早建立的三个县级抗日民主政权。同年 8 月，成立了北海区行政督察专员公署，下辖掖县、蓬莱和黄县三个抗日民主政府。1938 年下半年，又在冀鲁边区的乐陵、庆云、南皮，在鲁西北的冠县、丘县、馆陶等县相继建立了抗日民主政权。

抗战初期，由于对建立抗日民主政权的重要性认识尚不充分，各地抗日武装建立以后，未能迅速在抗日游击队控制的地区广泛建立抗日民主政权，政权建设总体上相对缓慢。中共中央对山东根据地的政权建设极为重视，多次来电指导。

1939 年 12 月，中共中央在《关于山东及苏鲁战区工作方针的指示》中明确指出，“应当用一切努力争取政权，这是山东与苏鲁斗争胜利或失败的关键”，并且提出了一些争取政权的办法：在敌人“扫荡”中旧政权人员跑了，我应立即委任，然后再行民选，以树立新政权；在反摩擦中建立新政权；在民众为民主民生的斗争及反对汉奸、反动分子的斗争中建立新政权；即使旧政权存在，我亦应寻机建立新政权；在还能用灰色面目求得国民党当局委任的地方，仍求其委任；除自上而下地争取政权外，还应自下而上地争取政权，决不应放松争取县区乡政权的机会。在我们领导下的某处政权（如胶东三县），应该成为抗日民主政权的模范区，努力扩大其影响于全省全国，多写生动小册子向国内散播。

1939 年 4 月，《中央对山东问题之处置办法》指出：“山东方面过去未能于（国民党）省府、县长西逃时普遍委任自己的县长，有些已委任的，复接受沈鸿烈命令撤销……如上述情形不加改变，山东创造根据地与坚持抗战是要受挫折的。”5 月 19 日，中共中央在关于山东工作的指示中强调，八路军或地方游击队，如无政权，则决不能发展巩固与建立根据地，因此，已得政权决不能放弃，并还应努力争取成立新的政权。

根据中央指示，山东分局教育干部端正对政权建设的认识，接受过去忽视政权建设的教训，要求凡是有条件的地方都要建立抗日民主政权。1939年5月24日，中共中央山东分局作出了加强抗日根据地建设，加紧建立抗日民主政权的决定。6月初，山东分局派出一批干部到各地组建县、区、乡抗日民主政权。

1939年6月，日军对鲁中进行大“扫荡”，国民党地方政权纷纷垮台。中共山东分局抓住这个机会，加快政权建设。7月1日，山东分局发出《关于恢复县区乡政权之指示》，要求在原国民党政权机构被破坏地区，均要建立共产党领导的政权机构。县界应以地形及战争需要重新划分，不受旧行政县界的限制。县、区、乡长相应兼八路军游击大队长、中队长及分队长，取得合法保障。

1940年2月，中共山东分局成立了政府工作部，加强对各级抗日民主政权的领导；规定下属各地区的行政机构依次为主任公署、专员公署、县政府及区乡政府。要求各级政权的成立，应尽一切可能，发动群众民主选举产生。

莒南县群众投票选举县长

1940年3月，中共中央发出《抗日根据地的政权问题》的指示指出，我们在华北、华中等地建立的抗日民主政权，是统一战线性质的政权。要求在政权工作人员中，共产党员、非党的左派进步分子和中间派应各占三分之一，实行“三三制”。并指出：“必须保证共产党员在政权中占领导地位，因此，必须使占三分之一的共产党员在质量上具有优越的条件。只要有了这个条件，就可以保证党的领导权，不必有更多的人数。”中央强调指出：在“三三制”政权中，“人员的分配是党的真实的政策，不能敷衍塞责。为着执行这个政策，必须教育担任政权工作的党员，克服他们不愿和不惯同党外人士合作的狭隘性，提倡民主作风，遇事先和党外人士商量，取得多数同意，然后去做。”“绝不能以为我们有军队和政权在手，一切都要无条件地照我们的决定去做，因而不注意去努力说服非党人士同意我们的意见，并心悦诚服地执行。”

为贯彻党的抗日统一战线的方针，山东分局于6月8日作出了《关于政权问题的新决定》。决定政权中凡为清一色党员的民主政权，应根据中央指示人员配备比例原则及当地具体情形加以改造，重新配备人员。新成立的政权，亦应按此原则配备。即在抗日民主政权机关中，共产党员、左派分子、中间分子及其他分子大体各占三分之一。这些规定，广泛团结了广大的中小资产阶级和争取开明士绅参加抗战，得到了各界人士的拥护和赞成，山东各地抗日民主政权发展加快。

到1940年7月，在山东抗日根据地已建立了1个主任公署、9个专员公署、66个县级抗日民主政府及300多个区乡抗日政府。还成立了1个行政区参议会、8个专区参议会和47个县参议会。随着各抗日根据地的发展和各地抗日民主政权的建立，建立全省统一的行政机关、参议会和各群众抗日团体的领导机关的条件已基本成熟，中共山东分局决定召开山东省第一次各界人民代表联合大会。

1940年7月26日，山东省国大代表复选大会，山东省临时参议会，山东省民众总动员委员会成立大会，山东省工、农、青、妇、文化各界总会成立大会，山东省各界救国联合会成立大会的联合大会，在沂临边县青驼寺隆重开幕。出席大会的有山东初选国大代表，各地区的工人、农民、青年、妇女、文化、动员委员会等各团体代表共300余人。前来祝贺的来宾及当地军、政、群团代表和新闻记者数百人也参加了大会。

在青驼寺古庙院内临时搭起了高大席棚作为大会会场；会场的四壁上密密地挂着几百副贺联。代表们组成了四个大队：国大队、青年队、工农队和妇女队，依次整队入场，席地而坐。当时天气细雨蒙蒙，但会场内气氛仍然十分热烈，与会者情绪高昂，在全场高唱《救亡进行曲》和《大会会歌》的欢快声中举行开幕仪式。

首先，由大会筹备会负责人、中共山东分局秘书长霍士廉宣布大会开幕，并通过了大会主席团组成人员：名誉主席为毛泽东、林森、朱德、蒋介石等18人；主席团为范明枢、朱瑞、黎玉、李澄之、孙鸣岗、张伯秋、霍士廉、陈明、李竹如、朱则民、杨希文、牟宜之、张立吾、郭瑛、陈放、祁青若、许光明等17人。由主席团率领向孙中山遗像和毛泽东画像等致敬，向抗日阵亡将士默哀。

会议由大会主席团主席、76岁的民主人士范明枢致开幕词；霍士廉代表大会筹备会报告大会筹备经过；中共山东分局、八路军代表黎玉及各团体、各界代表等相继致辞。八路军第一纵队政委、中共山东分局书记朱瑞作了《从国际到山东》的政治报告，国民党抗敌同志协会主任李澄之作了《宪政与民主》的报告，李竹如、刘居英、陈若克、杨希文等分别作了关于职工、农民、青年、妇女、文化工作等报告。随后自由演讲，发言者争相上台，极为踊跃。

7月30日，大会通过了《山东省临时参议会组织条例》。次日，投票选出了山东省临时参议会参议员81人，候补参议员26人。大会还一致否定了国民党圈定的所谓山东出席国大的代表。经过充分酝酿，选举于学忠、徐向前、朱瑞、黎玉、罗荣桓、范明枢、李澄之、亓养斋、牟中珩等61人为代表山东民意的国大代表。复选结果立即电告国民党中央，力争出席国民代表大会。

8月1日，山东省临时参议会召开成立大会，推举范明枢为议长，马保三、刘民生为副议长，郭洪涛、李澄之等17人为参议会驻会议员。省临时参议会既是民意机关，又是权力机关，其主要职权是："制定或通过本省施

山东省联合大会会场

政纲领，制定本省单行法规，审查通过本省预决算，选举省级行政机关领导成员，弹劾违法失职之各级行政、司法人员等事项。”

大会代表经过热烈的讨论，一致要求建立省级的抗日民主政权。为了争取国民党山东省政府继续留在抗日阵营内，大会决定所成立的民主政权机关暂定名为山东省战时工作推行委员会（简称战工委）。联合大会制定了《山东省战时工作推行委员会组织大纲》，选举产生了全省统一的行政机关——山东省战时工作推行委员会（简称省战工委），黎玉、张经武、李澄之、罗舜初、陈明等 23 人当选为委员。

省战工委为全省最高行政机关，行使政府职能。该机构开始内设政治、军事、财政经济、教育、民众动员 5 个组。黎玉任政治组组长，张经武任军事组组长，艾楚南任财政经济组组长，杨希文任教育组组长，李澄之任民众动员组组长。会议公推黎玉为首席组长，李澄之为副首席组长，陈明为秘书长。不久，省临时参议会决定省战工委设常务委员会，推选黎玉等 9 人为常务委员；改首席组长为主任委员，黎玉任常务委员会主任委员，李澄之为首席副主任，陈明为副主任兼秘书长。省战工委原属政治组改为民政处，军事组、财政经济组、教育组分别改为军事处、财政经济处、教育处，同时增设山东省战时高级审判处、山东省公安局。

8月6日，山东省民众总动员委员会、山东省职工抗日联合总会、山东省农民救国总会、山东省青救总会、山东省妇救总会、山东省文化界救亡协会总会等群众团体组织分别举行成立大会，讨论通过了各总会的章程、纲领，选举出各总会的负责人：李澄之、霍士廉当选为省民众总动员委员会正副主任委员，陈放当选为省青救会会长，史秀云、祁青若当选为省妇救会正副会长，李竹如、杨希文当选为省文协正副主任委员。8月17日，山东省各界救国联合总会成立，霍士廉当选为省各界救国总会会长。从此，山东实现了抗日民主政权和群众组织的统一领导。

从8月中旬开始，临沂、费县一带的日伪军经常到大会驻地附近进行骚扰，均遭到负责保卫会议安全的八路军部队和地方武装的抗击。与会代表虽时闻枪炮声，但都镇定自若，照常有秩序地按会议既定日程进行活动。8月16日，驻临沂、费县、蒙阴等地的日伪军1500余人分三路进犯青驼寺一带，欲对联合大会进行突然袭击。主席团决定会议转移至孙祖继续召开。

黎玉（前排左三）、萧华（前排左四）与省战工委人员合影

8月18日，各路日伪军被八路军沿途节节截击后侵占青驼寺村。会场内早已空荡无人。恼羞成怒的日伪军放火焚烧会场，会场边的两棵千年银杏树也未能幸免，被大火烧枯烤焦。不久，其中一株又奇迹般地复活过来，重新焕发了生机。

8月26日，山东省联合大会在孙祖举行了闭幕典礼。大会历时一个月，圆满完成了预定议程，在一片欢呼声中胜利闭幕。

中共山东分局认真贯彻党的抗日民族统一战线方针，新成立的省级政权机关，就是按“三三制”的原则组建的，吸收了大批文化教育界和国民党中爱国进步人士、开明士绅参加政权机构的领导工作。党外开明人士范明枢、李澄之、刘民生、梁竹航、亓养斋、耿光波、高赞非、张伯秋、辛葭舟、刘贯甲等各界名宿，参加了省临时参议会和省战工委的领导工作。

山东省临时参议会和山东省战时工作推行委员会成立后，陆续颁布出台了一系列纲领、条例、规章、办法等政策法令。其中发挥重要作用并具有深远影响的主要有:《山东省战时施政纲领》《山东省战时县区乡村各级政府组织条例》《山东省人权保障条例》《山东省婚姻暂行条例》《减租减息暂行条例》《山东省战时国民教育实施方案》《贸易暂行条例》《合作社暂行规程》《山东省优待抗日军人家属条例》等。在政治、经济、军事、文化、社会建设等各方面都作出了明确规定，其中《山东省保障人权条例》，是中国历史上第一部专门的人权保障条例。

在联合大会期间，一些地方的代表对在防谍反奸斗争中发生的许多错捕乱杀事件，尤其是湖西“肃托”事件提出批评，要求出台一个保障人权的专门条例。1940年11月，《山东省人权保障条例》由山东省临时参议会审议通过并公布施行。条例规定凡中华民国国民，无男女、种族、宗教、职业、阶级之区别，在法律上、政治上一律平等。区乡村政府各群众团体，除对现行犯及涉有重大嫌疑而有逃亡之虞者外，不得径行逮捕或拘禁。凡人民因犯罪嫌疑有逮捕之必要者，非持有逮捕状不得逮捕之，至迟应于24小时内移送审判机关。凡经判处死刑之罪犯，非经主任公署或专员公署批准后不得执行。《条例》的制定和执行，极大地巩固了抗日民族统一战线和山东抗日根据地建设。

山东省临时参议会成立合影

中共中央山东分局和省战工委还十分注重廉政建设，先后制定出台了《山东省惩治贪污暂行条例》《关于各机关部队团体口粮标准及领取、食用办法的通令》《关于招待费及菜金马干费的决定》《关于保健养病育婴等费的决定》以及《山东省行政人员奖惩条例》等一系列规章法令。《关于招待费及菜金马干费的决定》规定：机关、部队、团体间之人员相互往来，不得报销招待费。因公出差人员“必须携带菜金；有马匹时，携带马干费，按日交给所住机关管理人员”，不得另外报销客饭、菜金和马干费。而对于统战来宾或特殊情形下必须招待时，每人每餐不超过4角。对于贪污腐败现象实行重典惩处，《山东省惩治贪污暂行条例》规定，贪污财物在100元以下的，处一年以下有期徒刑；而贪污财物在500元以上，就要处以死刑或五年以上有期徒刑，充分反映了山东分局和省战工委对廉政建设的高度重视和惩治腐败的决心。以上政策法规的颁布实施，大大推进了抗日民主政权建设和经济社会的发展。

到1940年底，山东108个县中有抗日民主政权的已达79个，同时还建立了10个专员公署和2个主任公署，辖有鲁中、鲁南、滨海、胶东、清河、湖西、鲁西和冀鲁边等根据地，人口约1200万，面积3.6万平方公里。山东省战时工作推行委员会的成立，标志着山东省级统一的抗日民主政权的诞生和山东抗日根据地的正式形成，也是全国第一个全省统一的抗日民主政权。

省战工委成立后，领导山东根据地人民进行抗日斗争，发展经济，改善生活，恢复发展文化教育，各项工作都取得很大进步。1940年12月，毛主席、王稼祥在给徐向前、朱瑞、黎玉、江华的电报中称："山东工作在同志们的艰苦创造中，已获得巨大成绩！"

第六章

鲁南根据地

鲁南系指津浦铁路以东、沂河以西、陇海铁路以北、沂蒙山区以南地区，主要包括临沂、郯城、费县、苍山、邹县、枣庄、滕县、峄县、微山和江苏沛县等地，地处陇海、津浦铁路交汇处，战略位置比较重要。此处丘陵连绵，湖泊浩渺，适合开展游击战。1939 年秋，八路军第一一五师奉命挺进鲁南，建立了以抱犊崮山区为中心的鲁南根据地。

一、挺进抱犊崮

抱犊崮位于峄县、费县、苍山三县交界处，周围大小 70 余峰，山深林密，沟壑纵横。主峰海拔 584 米，为鲁南第一高峰，居沂蒙七十二崮之首。其崮高 90 米，顶部平坦，四周陡峭，天梯是登上崮顶的唯一通道，极其险峻，被誉为“天下第一崮”。

七七事变后，中共苏鲁豫皖边区特委先后在鲁南地区发动了多次抗日武装起义，至 1938 年底，苏鲁人民抗日义勇队第一总队已发展到 1000 余人。1939 年 1 月，中共鲁南特委成立。在鲁南特委领导下，鲁南人民抗日武装初步开辟了抱犊崮山区游击区。

1939 年 6 月 21 日，中共中央军委主席毛泽东电示八路军总部：“日军‘扫荡’后，鲁南局面混乱，秦启荣部与东北军损失很大，我应趁此机会将一一五师师部、六八六团及萧华纵队一部开赴津浦路东、胶济路南之山区，

抱犊崮

以巩固鲁南根据地，并应大放县长、区长，在可能条件下放专员，以争取政权。”

中共山东分局向北方局建议，第一一五师指挥位置应放在鲁南地区。8月1日，八路军第一纵队致电一一五师，要求把一一五师主力六八六团调往鲁南抱犊崮一带，以建立鲁南根据地。

根据这一指示，第一一五师主力陆续向鲁南挺进。由彭雄、周贯武、彭嘉庆率领的鲁东支队，从沂蒙山区的费县北部南下鲁南；由张仁初、刘西元率领的第六八六团，东越南阳湖，从邹县、滕县一带进入鲁南；8月上旬，一一五师参谋处处长王秉璋、政治部副主任黄励率领师直属大队，从马家峪出发，于9月1日进入抱犊崮山区的大炉村。原在鲁南的山东纵队苏鲁人民抗日义勇军总队改编为苏鲁支队，归第一一五师建制。

10月下旬，罗荣桓率一一五师师部及津浦支队由鲁西到达鲁南。为巩固扩大鲁南根据地，罗荣桓提出了“以抱犊崮为中心，向北向西北连接大块山区，向南向东南发展大块平原”的战略构想。

11月18日，一一五师一部在地方武装配合下，攻占了马头。一一五师和地方党组织分别组成工作团，分赴邹、滕、峄、费和泗水县，协助各县委开展抗日斗争。与此同时，一一五师后方司令部消灭了离大炉10余公里的孔庄杜若堂部土顽武装。12 月下旬，一一五师于滕（县）费（县）公路的兑头沟伏击日军运输队，全歼日伪军 90 多人，并缴获大批军用物资。

在打击日伪军和地方土顽的同时，罗荣桓还十分重视抗日民族统一战线工作，对国民党地方武装进步势力孔昭同和鲁南开明士绅万春圃积极进行团结转化工作，建立广泛的抗日民族统一战线。

孔昭同，山东滕县人。早年曾任北洋军第十三师中将师长，后解甲还乡。抗战爆发后，组织领导了鲁南民众抗日自卫军，任副司令。1938 年 3 月，日军进攻滕县，孔昭同率部抵抗，两个儿子牺牲。同年夏，孔部被编为石友三第十军团暂编第六师，孔昭同任师长。

罗荣桓率部进入鲁南后，孔昭同主动派民主人士彭畏三前来联络。罗荣桓按照当地的习惯，摆了“十大碗”热情款待，向彭畏三阐明了中国共产党的统一战线政策。为了解除孔昭同的顾虑，罗荣桓请彭畏三转告孔昭同，八路军与孔师合作抗日，孔师可保持原来的番号，继续在原地区活动；并应孔昭同的请求，派红军干部黄玉昆到孔部担任师政治部主任。1940 年 2 月，孔昭同部改编为第一一五师曲、泗、邹、滕、费 5 县游击队。

一一五师领导与彭畏三在鲁南（右起：罗荣桓、彭畏三、陈光、陈士榘）

万春圃是临沂大炉人，在鲁南是很有声望的开明士绅。他为人正直，同情共产党，其子万国华是中共党员。抗战爆发后，万春圃组织了临郯费峄四县边区联庄会办事处和办事处常备队，与共产党建立了良好的合作关系。

一一五师进抵鲁南后，师部应邀设在万春圃家。万春圃看到罗荣桓和战士一样吃的是高粱煎饼就咸菜，觉得过意不去，便吩咐他的夫人给做点好吃的送过去。他夫人知道罗政委爱吃辣椒，就杀了一只鸡，炒成辣子鸡，让勤务员王立志给罗政委端去。罗荣桓一开始认为是伙房改善生活，动了两筷子又感到不对，便问小王鸡是从哪里来的。小王说明了原委。罗荣桓立即让林月琴拿出钱来送去，并讲明三大纪律八项注意是八路军的规矩，不要产生什么误会，使万春圃一家非常感动。

罗荣桓经常给万春圃讲党的统战政策和合作抗日的道理，万春圃向罗荣桓表示，决心在共产党、八路军领导下抗战到底。他把自己惨淡经营了多年的数百人枪的部队全部交给八路军指挥。1940 年 3 月，万春圃的武装正式改编为八路军临郯费峄四县边联支队，万春圃任支队长，于化琪任政治委员。

对孔昭同和万春圃等地方武装争取工作的成功，为迅速开辟以抱犊崮山区为中心的鲁南根据地提供了有利条件。到 1940 年初，抱犊崮抗日根据地已扩展到东至苍山，东南至郯城马头，西至滕、邹边，北至梁邱一带的大片地区。

二、运河支队

京杭大运河在穿越微山湖之后，在台儿庄一带往东拐了个弯。运河北岸属山东，有峄县和滕县；南岸属江苏，有铜山县和邳县。该地区大部分是平原，也有大大小小的山套分布其间，其中黄邱套山区，是运河支队的根据地。

1938 年 5 月，鲁南人民在中共地下党的领导下，很快组织了几支抗日武装。仅在峄县南部运河一带，就有分别以孙伯龙、邵剑秋、胡大勋、孙斌全等为首的几支武装，共有六七百人。他们名义上挂着国民党的番号，实际上这些部队的领导人中有的已是共产党员。鲁南特委派朱道南、文立正等同志出山，把他们联合起来，组成了山外抗日四部联合委员会，时称“山外抗联”。

1939年秋，一一五师主力在罗荣桓政委的率领下进入鲁南，建立了以抱犊崮山区为中心的鲁南抗日根据地，给当地的抗日军民以极大的鼓舞，几支地方武装很快被编为一一五师苏鲁支队、鲁南支队、峄县支队、边联支队。活跃在峄县南部的孙伯龙、邵剑秋等领导的抗日武装，也有意接受一一五师的改编，成为正规的八路军队伍。

1939年12月的一天，朱道南从抱犊崮西面的峄县抗日民主政府驻地王家湾村，步行20公里来到抱犊崮东面的一一五师驻地大炉，向罗荣桓政委汇报对运河一带孙伯龙、邵剑秋等抗日队伍开展工作的情况，并提出对相关队伍整编的一些设想。

罗荣桓听后，十分满意，他说：“抱犊崮山外的运河南北地区，邻近徐州、西傍津浦路、南靠陇海路，历来是兵家必争的战略要地，日寇和国民党都很重视这个地区。一旦在那里树起八路军的旗帜，部队发展起来，必然要和日本鬼子展开尖锐的斗争，那时就要敢于在日本鬼子头上跳舞。我们把靠近我党的国民党游击队编为八路军，这也就是对蒋介石反共投降政策的一个有力反击，对我们抗日军也会是一个很大的鼓舞。只要我们的党、我们的军队在山外站住了脚跟，就会使抗日烈火在整个山外地区燃烧起来。”

汇报结束后，罗荣桓指示朱道南回去后，要和纪华就数支地方武装整编等问题向有关人员做解释甚至是说服教育工作。按照罗荣桓的指示，朱道南、纪华逐一进行落实，孙伯龙、邵剑秋等对涉及整编的事项安排，均表示同意。

12月下旬，朱道南再次来到大炉，向罗荣桓作了详细汇报。罗荣桓听后决定对运河一带4支队伍进行统一整编，成立八路军一一五师运河支队。罗荣桓还安排政治部连夜刻制运河支队关防和干部的委任状。

第二天，朱道南带着运河支队关防及干部的委任状和罗荣桓政委的嘱托返回峄县。随后，一一五师将活动于峄县运河南北两岸的孙伯龙部、邵剑秋部、孙斌全部和胡大勋部合编为“八路军一一五师运河支队”。任命孙伯龙

鲁南运河支队战友合影

为支队长，朱道南为政治委员，邵剑秋为副支队长，胡大勋为参谋长。支队下辖两个大队，共1500余人。

1940年1月1日，八路军一一五师运河支队在峄县西南部的周营正式宣布成立，召开了军民庆祝大会，并张贴了布告。

参加整编的4支部队中，孙伯龙部最初使用的是国民党别动总队华北五十支队的番号，邵剑秋部最初使用的是国民党所属特种工作总团二分团的番号。早在1939年6月，孙伯龙、邵剑秋先后到抱犊崮山区访问了中共鲁南特委书记宋子成，表达了对共产党、八路军的向往心情。宋子成派朱道南到国民党第三专员公署张里元那里说合，张里元分别给予孙伯龙、邵剑秋旅长和团长的委任。剩下的两支部队中，一支原是中共峄县县委领导的峄县抗敌自卫总团特务营；一支原是八路军陇海南进支队领导的、活动于铜山县贾汪一带的运河大队。

运河支队官兵成分复杂，罗荣桓派政治部红军干部王福堂、钟连祥、王广汉、杨荣、周振东和抗大毕业生郑林昌、傅秀亭等10人到运河支队工作，其中，王福堂还担任了第一大队的教导员。他们把老红军的光荣传统和建军经验带到了运河支队，为运河支队的不断成长壮大发挥了作用。

运河支队成立后，与附近的微山湖大队、铁道游击队团结协作，战斗在运河两岸、微山湖畔，机动灵活地开展游击战。先后在邵庄、褚楼、杜庄等地与日伪军进行数十次激烈战斗，其中在峄县常埠桥成功伏击并击毙指挥春季“扫荡”的日军副联队长广田中佐以下 100 余人。在节节胜利的基础上，运河支队在运河南黄邱套山区创建了根据地。

1940 年 10 月，八路军司政机关转移鲁中，鲁南八路军主力部队渐次东移，鲁南抗战逐步进入最艰苦的时期。同月，日军对运河南北运河支队活动地区进行了大规模的“扫荡”。经过一个多月的频繁战斗，部队损失近半。

八路军鲁南军区为了保存力量，命令运河支队除五中队、八中队在运河南岸黄邱山套一带坚持斗争外，其余部队和地方党政机关全部撤进抱犊崮山区整训。运河支队的领导干部作了调整，原支队长孙伯龙任鲁南军区副司令，支队长由邵剑秋接任；政治委员朱道南调任峄县县长，峄县县委书记孙振华兼任政治委员。

队伍进山后，日军对运河南北地区推行囚笼政策，在大小集镇及运河沿岸各渡口修筑碉堡、据点，烧杀抢掠，无恶不作，使这个地区的人民重新处于日伪统治之下。得知情况，罗荣桓心情沉重，命令运河支队支队长邵剑秋前往汇报工作，调整部队策略。

12 月下旬的一天夜里，邵剑秋到达鲁中八路军一一五师师部所在地。第二天一早，邵剑秋来到罗荣桓的办公室。罗荣桓见邵剑秋下身没穿棉裤，还是单裤打着绑带，就叫人通知被服厂派裁缝师给他做棉裤。

邵剑秋向罗荣桓汇报后，罗荣桓说：“听鲁南军区的同志讲，你们在山外打鬼子很有成绩。那个地方（运河一带）地处徐州附近，地理位置重要，是华中与山东联系的枢纽，坚守那个地区具有战略意义。可是你们必须注意，前一阶段虽然打了一些胜仗，却暴露了目标，引起了敌人的注意，你们好比是在鬼子头上跳舞，鬼子能让你们跳吗？这次敌人集中兵力连续对你们进行‘扫荡’，使你们遭受损失，应该引为教训啊！”

随后，罗荣桓又语重心长地说：“你们要记住游击战术的原则，‘出其不意，攻其不备，分散隐蔽，机动灵活’。这次你们回去，在那个狭窄地区，部队可改穿便衣，以连为单位分散活动。如果能坚持到最后胜利，作为我军反攻徐州的前沿阵地，就算胜利完成了任务。”

1941 年 1 月，一一五师派教导二旅五团副团长王根培兼运河支队副支队长，带五团三营出山。在王根培的协助下，运河支队很快拔除了峄县西南部的周营和六里石等日伪据点，狠狠打击了敌人的嚣张气焰，黄邱山套抗日根据地逐渐恢复，并在运河南北建立两个大队和黄邱、旺庄、新河 3 个游击区政权。

运河支队在艰苦的斗争环境中，队伍逐渐发展壮大到 3000 多人，成为地方主力基干兵团。还与活动于津浦铁路沿线的鲁南铁道大队、微山湖游击队共同开辟了由华中、华东跨越津浦铁路和微山湖通往延安的战略交通线，护送刘少奇、陈毅等大批党政军干部过境，为抗战胜利作出了重大贡献。

三、白彦争夺战

1940 年 2 月 14 日，为向天宝山区发展，一一五师代师长陈光、政治委员罗荣桓，指挥六八六团、特务团、苏鲁支队，向盘踞在白彦一带的伪军孙鹤龄部发起攻击，摧毁白彦及其周围据点，全歼据守白彦的伪军，切断费县梁丘与滕县城后间的联系，控制了鲁南山区的轴心地区。

日军为打通滕、费之间的联系，进而控制鲁南山区，遂调集兵力，图谋重占白彦。3 月 7 日，城后日军百余进犯白彦，被师特务团击退。12 日，日伪军又从城后、梁丘、平邑等地出动 700 余人，三路合击白彦。第六八六团、师特务团、苏鲁支队依托周围有利地形，给各路日伪军以迎头痛击，歼其一部，尔后主动撤出白彦。16 时，日军东西会合，重占白彦。

午夜，第六八六团袭入镇内，激战至拂晓，日军不支，向西北方向溃逃。第六八六团、师特务团各一个连跟踪追至南径，再歼其一部，残敌在援军接应下退回平邑。

日伪军连遭打击不甘失败，又纠集 2000 余人，第三次进攻白彦。19 日晨，从滕县、费县、平邑分两路扑向官庄、太皇崮。第六八六团、师特务团、苏鲁支队第一大队在官庄、太皇崮顽强阻击，激战竟日，予敌以重大杀伤。由滕县桑村增援之日军 300 余人抵柴山，被苏鲁支队击退。20 日由费县出援之日伪军 500 余人，在魏庄遭苏鲁支队伏击，被歼一部。21 日，日伪军再占白彦。

1940 年 2 月，一一五师首克敌伪白彦据点后召开祝捷大会

是日晚，第六八六团在特务团、苏鲁支队第一大队配合下夜袭白彦。第六八六团一营占领白彦西北侧树林，特务团占领东侧高地，第一大队占领南侧青山。合围形成后，部队荫蔽接敌，第六八六团第一营首先摸入村内。日伪军熟睡惊醒，仓促应战，八路军后续部队分别从西北方和东南方攻进白彦，与敌军展开巷战，将其压缩在村东头。日军竟施放毒气阻止八路军进攻，22 日拂晓，集中兵力反扑。

八路军各部队因协同不密，再战不利，撤出战斗。冲击敌中心的第六八六团一连一排激战中失掉联系，未能及时撤出，独立奋战，消灭三倍于己之敌，最后全部壮烈牺牲。由官庄增援之敌，中途为八路军所败。白彦日军见孤立无援，难以立足，遂弃镇而去。

白彦争夺战历时半月，消灭日伪军 800 余人，缴获长短枪 350 余支，粉碎了敌人重占白彦、控制鲁南山区的企图，为天宝山区的发展扫除了障碍。

八路军攻占白彦之后，又摧毁了白彦周围的据点，解放了费县西部广大地区。2 月 16 日，费县抗日民主政府成立。3 月 14 日，临沂县抗日民主政府成立。

四、鲁南反“扫荡”

白彦战斗的胜利，将敌人控制鲁南山区的重要据点搞掉。鲁南地区的日伪军遭此沉重打击，感受到了严重威胁。4月中旬，日军第十二军调集第三十二、第二十一师团和独立混成第六、第十旅团各一部共8000余人，分别由邹县、滕县、枣庄、峄县、临沂、费县等据点出动，对抱犊崮山区进行合围“扫荡”。4月21日，开始向中心区大炉一带推进，实施大合击。

敌人“扫荡”的消息传来，罗荣桓正在主持召开全师政治工作会议。罗荣桓与陈光决定，陈光率一一五师主力第七、第六八六团、东进支队、教导大队及苏鲁支队、峄县支队和运河支队等转移外线活动，袭扰抱犊崮四周敌人点线；罗荣桓率师部和特务团、边联支队坚持内线，在抱犊崮山区东麓的大炉、车辋、埠阳一带与敌周旋。

随后，为了缩小目标，便于机动，留在内线的师司令部、政治部和鲁南区党委机关都分散活动。罗荣桓率领师政治部机关，只带了一个连，单独与敌人周旋。一次，峄县支队的负责人王六生听说罗荣桓身边只有一个连，就在附近活动。他们感到太不安全，立即派人送信给罗荣桓，说明他们带了两个连，愿意担负保卫首长和师部领导机关的任务。罗荣桓回信说，他不需要警卫部队，要他们按原定计划，转移到外线去打击敌人。

萧华、杨勇、陈光、朱瑞、邝任农、王秉璋（左起）等在鲁南

一天拂晓，人们还没有起床，哨兵突然发现北面有敌情。这时，第三连也离开政治部去执行任务了，保卫罗荣桓和政治部机关的只剩下一个警卫排加一个班。罗荣桓命令一个班掩护政治部机关向南转移，他带另外 3 个班爬上村旁的山头，监视敌人行动。

这时，在东北角和西北角两面都发现了敌人，正面被山挡着看不清楚。突然间，罗荣桓发现山下有几匹无人看守的洋马，便对警卫班长罗贵明说："你们派几个人下去看看，把洋马牵来。"

警卫班 3 个战士绕到山下一看，原来敌人的大队人马都隐蔽在山沟里。他们急忙回来报告。罗荣桓听了不慌不忙地说："不要着急，山下的敌人还没有发现我们，再等一等。"

他的判断非常准确，正面山下的敌人虽近在咫尺，却没有发现八路军。两翼的敌人虽然直线距离很近，但是山路崎岖，一时还过不来。罗荣桓举起望远镜，沉着地观察着。敌人越来越近了：1000 米，800 米，600 米……当罗荣桓预计政治部已转移到安全地带，敌人相距已不到 500 米时，他才转移。

经 20 余天苦战，迫敌于 5 月上旬结束"扫荡"，撤回原据点。在反"扫荡"中，八路军共作战 30 余次，毙伤日伪军 2200 余人，保卫了以抱犊崮为中心的鲁南抗日根据地。

1940 年 6 月，中共鲁南区党委在天宝山区的油篓村正式成立，赵镈任党委书记，下辖第一、三两个地委。一地委辖泗水、邹县、泰宁、曲阜县委或工委；三地委辖临沂、邳县县委和苍马、郯马、东海 3 个工委；费县工委和滕东、峄县县委由区党委直接领导。

第一一五师自 1939 年进入鲁南后，经过一年多的艰苦斗争，实现了以抱犊崮山区为中心，向四外发展的战略构想，并先后打通了与华中、鲁中、湖西、滨海周边四区的联系。

1940 年 6 月 11 日，鲁南各界人民在滕县九子峪召开大会，选举产生了鲁南参议会、鲁南专署，彭畏三任参议长，于化琪任专员。9 月，鲁南军政委员会成立，罗荣桓任书记。同时建立鲁南军区，张光中任司令员，邝任农任政委，下辖 3 个军分区和沂河支队、运河支队、峄县大队、临费滕峄四县边联支队、鲁南铁道游击大队等。从此，统一了鲁南的党政军领导，标志着鲁南抗日根据地正式形成。

五、天宝山战斗

抱犊崮反“扫荡”胜利后，第一一五师主力于5月24日向费西天宝山区挺进。6月16日，天宝山区地方武装头目廉德三经过争取愿意接受八路军改编，所部改编为第一一五师天宝山游击大队，廉任大队长。6月16日，天宝山区召开各界人士代表大会，成立天宝乡抗日民主政府和动委会。

1940年8月17日，廉德三在日特分子王功武的拉拢、煽动下，带领天宝山游击大队150余人叛变投敌，将八路军一一五师13名战士缴械后送交费城日军，惨遭杀害，并裹挟不明真相的千余名群众，占领天宝山，一手制造了“天宝山事件”。

为坚持鲁南抗战阵地，八路军一一五师和鲁南区党委一面组成以孙恕之为团长的60余人工作团，发动群众，开展政治攻势；一面组织优势兵力，对廉逆进行军事讨伐。

9月2日，一一五师六八六团某连，在地方武装的配合下，首先发起向天宝山之南大顶偏头崮的攻击。南大顶地势险要，三面悬崖峭壁，仅东南面有一斜坡，且修有围墙，易守难攻。

夜半，八路军官兵悄悄地爬上山腰，登上梯子向守寨叛军射击。战士李连福等爬到东南角堡楼下以悬崖作掩护，向山上投掷手榴弹。廉逆的死硬分子夏茂瑞，一手提着短枪，一手挥动大刀，硬逼着部下抵抗。八路军战士组织数次冲锋，一次次被打下来。

黄昏时，在对面山上的炮火掩护下，战士们冲进围子，登上崮顶，与敌展开了血战。经一天一夜的激战，消灭了夏茂瑞部，拿下南大顶。

南大顶被攻克后，廉逆勾结日军并与刘桂堂匪军混编在一起，蹂躏无辜百姓。10月13日，八路军又以4个连的兵力，再次对廉德三部发起总攻击，激战两小时，登上天宝山顶，叛军大部被歼灭，日特分子王功武被当场击毙，廉德三重伤后仓皇逃进日伪据点。

受骗群众纷纷放下武器，回家与亲人团聚，天宝山区重新得以解放，打通了鲁南与鲁中根据地的联系。此战，八路军一一五师作战科长刘四喜及60余名战士壮烈牺牲，主任参谋李作鹏负重伤。

六、一一五师整军

1940年9月16日至10月中旬，八路军第一一五师在费县天宝山区的桃峪村召开了高级干部会议。中共中央山东分局书记、山东军政委员会书记、八路军第一纵队政委朱瑞，第一一五师代师长陈光、政委罗荣桓、政治部主任萧华及第一一五师各支队主要负责人、鲁南区党委书记赵镈出席了会议。

这是第一一五师入鲁以来举行的一次重要会议。会上，罗荣桓作了一一五师在山东工作的总结报告。报告指出，部队进入冀鲁边、苏鲁豫边、鲁

桃峪会议期间一一五师部分同志合影（左起：陈光、赖可可、萧华、罗荣桓、梁必业、王秉璋、陈士榘）

一一五师骑兵部队在训练

西、鲁南等地区后，开辟了根据地，向这些地区输送了近300名党政干部，帮助建立了一批县级政权，扩大了八路军力量，建立了2个军区、6个军分区，主力部队和地方武装已发展到7万人。在肯定这些成绩的同时，分析了部队纪律性差、指挥不集中、没有巩固的根据地等9项弱点，提出了建设模范党军的8条措施，并就党的工作和政治工作进行了广泛的讨论。

1940年冬，一一五师按照八路军总部命令，根据桃峪会议研究的方案，结合第四期整军，对部队进行了整编。将师直属分队、第三四三旅和鲁西、鲁南以及苏鲁豫、冀鲁边等地的部分地方武装，统一整编为6个教导旅，共18个团，计7万余人。

在苏鲁豫皖边区活动的苏鲁豫支队编为教导第一旅，彭明治任旅长，朱涤新任政治委员，辖第一、第二、第三团。

在鲁南、鲁东南地区活动的鲁南支队、苏鲁支队和独立支队第一团编为教导第二旅，曾国华任旅长，符竹庭任政治委员，辖第四、第五、第六团。

在鲁西地区的运河支队和独立支队第二团编为教导第三旅，杨勇任旅长，苏振华任政治委员，辖第七、第八、第九团。

在湖西地区活动的黄河支队编为教导第四旅，邓克明任旅长，张国华任政治委员，辖第十、第十一、第十二团。

在鲁南郯马地区活动的东进支队编为教导第五旅，梁兴初任旅长，罗华生任政治委员，辖第十三、第十四、第十五团。

在冀鲁边区活动的部队编为教导第六旅，邢仁甫任旅长，周贯五任政治委员，辖第十六、第十七团，后来又成立第十八团。

其间，隶属一一五师建制的还有 4 个军区：鲁南军区，司令员张光中，政治委员邝任农，辖 3 个军分区；鲁西军区，辖 4 个军分区；湖西军分区，由教导第四旅兼；冀鲁边军区，辖 3 个军分区和回民支队。

从 1940 年 10 月开始，日军集中兵力进攻鲁南抗日根据地，先是侵占了郯城和马头；继之控制了运河两岸。11 月，日军集中力量进攻天宝山区，一一五师一部在武安村、卞桥村给来犯之敌以沉重打击，坚定了军民的抗战信心。为了便于实行山东军事上的统一指挥，一一五师师部于 11 月转移到沂蒙山区。

第七章

冀鲁边根据地

冀鲁边区抗日根据地，位于山东省北部、河北省东南部广大平原地区，东濒渤海，西靠津浦铁路，南枕胶济铁路，北至天津，是连接冀中根据地与鲁中根据地的重要战略区。

一、萧华智斗沈鸿烈

七七事变后，日军自北平、天津大举南下，冀鲁边区首当其冲。1937年7月15日，中共津南工委在盐山县发动武装起义，成立了华北民众抗日救国军，后改编为国民革命军敌后别动总队第三十一游击支队。至1938年5月，队伍扩大到近2000人，先后建立了乐陵、庆云、南皮3县抗日民主政府，初步建立了西至南皮、东至庆云、北至盐山、南至乐陵的冀鲁边区根据地。并成立了冀鲁边特委和冀南第六督察专员公署，李启华任特委书记，杨靖远任专员兼第六军分区司令员。

中央军委和八路军总部对冀鲁边区的抗日斗争十分重视。1938年7月，八路军一一五师第五支队和一二九师津浦支队在曾国华和孙继先的率领下挺进冀鲁边区。7月8日，第五支队和津浦支队由冀南抵达乐陵，与第三十一游击支队会师。

9月27日，一一五师政治部副主任兼三四三旅政委萧华率三四三旅机关部分人员百余人，抵达乐陵县城。随后，将冀鲁边区共产党领导的抗日武装统一整编为“八路军东进抗日挺进纵队”，萧华任司令员兼政治委员，邓克明任参谋长，符竹庭任政治部主任，辖津浦支队、第五支队和第六支队，部队发展到1万余人。

一一五师政治部副主任萧华（右）与一一五师代师长陈光（左）

萧华，原名萧以僔，1916年出生于江西兴国。1929年，任共青团兴国县委书记。1930年参加红军，历任红四军特务营第三连指导员、特务营政委，红军第十五师（少共国际师）政治委员，红一军团二师政治委员。抗日战争爆发后，任一一五师政治部副主任，兼三四三旅政委。1938年9月，任八路军东进纵队司令员、政委，兼冀鲁边区军政委员会书记，开创了冀鲁边区抗战的新局面。

共产党领导的抗日武装的迅猛发展，引起了地方顽固派的恐慌。日军入侵山东后，鲁北地区先后拉起了几十股大大小小的地方抗日武装，山东省主席沈鸿烈将几股较大的地方武装整编为3个旅，委任惠民的刘景良为第五区行政督察专员兼保安司令，不断制造摩擦事件。又与河北省主席鹿钟麟密谋策划组织“冀鲁联防”，企图以软硬兼施的方式把挺进纵队赶出冀鲁边区。

为争取沈鸿烈共同抗日，1938年11月底，萧华带着侦察科长刘友芝和一个骑兵班，偕同进步人士乐陵县长牟宜之，亲赴惠民与沈鸿烈晤谈，共商抗日大计。

沈鸿烈，湖北天门人，清末秀才，毕业于日本海军学校，曾任东北海防舰队上将司令、青岛市长。韩复榘被处决后，继任山东省政府主席兼全省保安司令。在鲁西一带遭到日军“扫荡”后，率部转移到鲁北惠民。沈鸿烈老奸巨猾，善于辞令，是个很难对付的家伙。

萧华17岁就开始先后担任少共国际师政委、红二师政委，当时年仅23

岁，英气勃勃。沈鸿烈亲自设宴招待，让萧华上座。他举起一杯酒，干咳一声，慢条斯理地说："萧司令青年英俊，颇有儒将风度。兄弟久闻大名，今日幸会，实为荣幸。来，为萧司令诸事如意干杯！"

萧华不卑不亢地举起酒杯说："我也久闻沈主席大名，今日专程来访，共商抗日大计。我提议，为国共两党团结抗日干杯！"

在座的都应声起立。沈鸿烈面部肌肉抽动了两下，慢慢地举起酒杯，不阴不阳地说："嘿嘿，共商抗日大计，不敢当，沈某倒想看看贵军的抗日战绩，听听萧司令的良计妙策！"

萧华很冷静地喝干了杯中的酒，缓缓坐下说："沈主席客气，我们应该领教您的高见。至于战绩，我可以马上派人造表通报。目前，我们在津浦一线开展了破袭战，配合正面主力作战，还广泛发动群众，建立了根据地，为坚持持久抗战准备了条件。"

沈鸿烈话锋一转说："贵军防区在山西、河北一线，如今进入山东，恐多不便。山东近年多灾，百姓负担很重，尤其鲁北一带是盐碱地，地瘠民贫，贵军军饷很难筹措，还须请往河北征粮派款为好……"

萧华没等沈鸿烈说完，便反驳说："沈主席，蒋委员长曾在庐山号令全国：'如果战端一开，那就是地无分南北，年不分老幼，无论何人，皆有守土抗战之责任。'山东沦陷，我军赶来助战，沈主席理应感谢才是。在这国难当头之际，我们应当建立统一战线，共同抗日。"

沈鸿烈把脸拉得老长，冷笑了一声说："统一，是军令、政令统一于国民政府，该不是把各路人马都统一到你八路军的麾下？！"

萧华强压着怒火，正色问道："沈主席，此话何意？"

沈鸿烈朝他的秘书长使了个眼色。秘书长狡黠地笑笑说："听说，贵军吃掉了一些地方部队……"

萧华爽朗地说："对于破坏抗日的汉奸武装，对于助纣为虐的害群之马，理应除之！"

坐在一边的牟宜之也忍不住了，在旁开了腔："是呀，那些汉奸土匪不打日本人，光知道鱼肉乡里，老百姓也都恨得咬牙切齿。八路军兴义师，除奸逆，深受当地老百姓欢迎……"

“来，上酒!”沈鸿烈一声吆喝，打断了牟宜之的话。他呷了一口酒，骄横地说：“倘若有人借用抗日名义，私自积蓄兵力，扩张地盘，那又居心何在呢?”

萧华毫不客气地回答：“沈主席见外了，我党领导的军队，也是国民政府的军队，诚心奉行国共合作方针，一切皆从抗日出发。我们收复之地，都是日本侵略者占领的地方，收复这些失地，是每一个中国人的神圣职责，决无其他图谋，天日可鉴。”

沈鸿烈冷笑道：“既然愿意接受国民政府统一领导，即宜卷甲收戈，静听调遣。据陆而复问水，市马而复造舟，其间能说终无异志?”

萧华恳切地说：“沈主席，眼下大敌当前，我们彼此都应去掉成见，精诚团结。诗经云，兄弟阋于墙，外御其侮。”

沈鸿烈无言以对，只好摆出省主席的架子说：“不管怎么说，乐陵是鄙人治下，还望萧司令不要染指乐陵政务，使省府为难。”

萧华坦然笑道：“我军为抗日进驻乐陵，同地方政府风雨同舟，患难与共，得到了各界民众的赞扬和拥护。牟县长，我们该没有什么使你感到不便的地方吧?”

萧华与同志们一起研究工作

牟宜之连连摆手打圆场说："萧司令，哪里话，哪里话。喝酒，喝酒，为沈主席身体健康干杯！"

牟宜之是国民党元老丁惟汾的外甥，沈鸿烈也不好怎么着他，只好顺坡下驴，苦笑着说："谢谢！谢谢！"

不久，沈鸿烈又亲自到乐陵，再次要求萧华带领八路军尽快撤离山东。萧华坚持有理、有利、有节的原则，毫不退让。沈鸿烈恼羞成怒，临走时命其部属将进步县长牟宜之裹挟上汽车，妄图强行带走，另派县长。

当车队行至乐陵南关时，遇到上万名群众阻拦挽留，将汽车团团围住。沈鸿烈知众怒难犯，不得不把牟宜之留下，狼狈地逃出群众的包围圈，灰溜溜地离开乐陵。

由于日军的"扫荡"，沈鸿烈在鲁北平原站不住脚，准备率省政府机关转移到沂蒙山区，必须经过日军重兵把守的胶济铁路，虽有吴化文的一个保安师护送，仍感到不安全，迟迟不敢起程，请求沿途八路军帮助护送。

萧华为顾全抗战大局，和八路军山东纵队司令部联系，请沿途根据地协助礼送出境。山东纵队第三支队十团三营奉命护送沈部从益都以东秘密穿过胶济铁路。由于大部队行动引起了日军的警觉，当十团三营返回时，被日军重兵包围。激战中，该营奋勇拼杀，突出重围，三营营长刘子勇牺牲。

萧华还主动拜访了换防冀鲁边区的冀察战区第十军团暂编第一军军长高树勋，与之建立了统战合作关系。从此，挺进纵队在鲁北扎下了根。

二、韩集伏击战

1938 年 12 月，冀南军区第六军分区司令员杨靖远攻打盐山县反动民团孙仲文失利遇难，萧华安排由符竹庭担任总指挥消灭这伙顽匪。符竹庭兵分两路，一路由他带领第五支队，攻打孙仲文的老巢苏集；一路由周贯五政委带领六支队，攻打孙仲文"官团"驻地赵庄。

1939 年 1 月 2 日凌晨，战斗打响，经过激战，全歼孙仲文民团。随后，符竹庭率部乘胜北进，横扫千军如卷席，打垮了冀鲁边区五县联防反动武装，收回新海县，建立了新海县抗日民主政府，根据地北扩直逼天津。

武汉沦陷后，抗日战争进入相持阶段。日军停止了对正面战场的战略性进攻，集中重兵回师华北，开始对抗日根据地进行“扫荡”。从 1939 年 1 月起，日军第五师团、第二十七师团、第一一四师团各一部，共 2 万余兵力，分别由沧州、德州、济南三地出发，向盐山、庆云、乐陵一带抗日中心区进行“扫荡”合击。萧华率“挺纵”机关撤出乐陵城，与日军展开了平原游击战。

1 月 20 日，日军在盐山县城集结了一个旅团和大量伪军，沿盐山、乐陵公路向“挺纵”六支队驻地旧县镇扑来。第六支队采取“敌进我退”的作战方针，迅速撤离了旧县镇。日军扑空后随即南进。支队侦察员报告，第二天将有一中队日军 200 余人继续南犯，还有几十辆大车和物资，准备到旧县镇安据点。支队召开紧急会议，决定在盐山县韩集村打一场伏击战。

韩集北距盐山城 15 公里，南距旧县镇 5 公里，坐落在盐（山）乐（陵）公路边上。日军全部进入伏击圈后，六支队指战员凭借坟地、树干作掩护，各种武器一齐开火，打得日军措手不及。

从中午激战到太阳西沉，敌人的几次反扑都被击退。日军中队长西村恼羞成怒，亲自率领百余残兵在炮火掩护下向北攻击，企图突围。

第六支队发起全线攻击，战士们跃上公路与敌展开白刃战，西村中队长在混战中被击毙，日军中队全军覆没，缴获步枪 200 余支，军用物品 60 余车。

三、三打灯明寺

1939 年 1 月 26 日，驻东光县城的日军联队长滕井带领 200 余名日军、100 多名伪军，出动十几辆汽车，满载武器弹药和建筑材料，到灯明寺修建据点。

“挺纵”侦知后，萧华司令员和五支队长曾国华率部从宁津出发，连夜冒雪急行军 40 余华里，赶到灯明寺附近。夜半时分，尖刀班悄悄摸进村子，干掉了敌人的哨兵，进入日伪军宿营的几家客店院墙，将大门打开。随后，五支队战士紧跟着冲进去。刹那间，枪声、手榴弹爆炸声响成一片，日

灯明寺战斗后，抗日军民拆除日军炮楼

军还没清醒过来已伤亡过半，伪军吓得抱头鼠窜。战士们越战越猛，滕井不敢恋战，带着残部，仓皇逃回东光城。夜袭灯明寺首战告捷。

几天后，滕井又带300多名日伪军和200多名民夫，再次占领了灯明寺。萧华得知后，决定二打灯明寺。五支队趁夜悄悄摸进村子，首先将伪军住的院子包围起来猛烈射击。伪军乱作一团，死的死，伤的伤，剩下的当了俘虏。滕井指挥日军凭借高大房屋作掩护，拼命顽抗。萧华见敌人火力凶猛，一时难以攻下，遂撤出战斗，向灯明寺东南方向转移。

刚出村不远，灯明寺突然火光冲天。原来日军在放火烧村子，企图引八路军回村救火时偷袭。萧华决定来个将计就计，三打灯明寺，遂带一部分人佯装回村救火，让参谋长邓克明带一连人埋伏村外。

隐蔽在村外的滕井见八路军中计，带着日军从道沟里爬出，兵分两路杀进村。萧华迅速指挥战士们用密集的火力迎击敌人，邓克明带着一个连也呐喊着冲进村来，在日军背后猛烈开火。日军遭到前后夹击，伤亡惨重，慌忙逃回东光县城。

四、大宗家突围

日军在韩集、灯明寺连遭打击，使驻德州的日军独立混成第七旅团旅团长安田大佐十分恼火，他把德州附近日军集中起来，四处搜寻八路军“挺纵”主力，妄图报复。

1939年4月1日，“挺纵”五支队长曾国华、政委王叙坤带领机关及所属五团1700余人，来到陵县大宗家村一带休整，被日军侦知。安田大佐调集德州、济南、沧州、商河、平原、禹城、临邑、济阳、宁津、吴桥、盐山、东光等地快速部队2000多步、骑兵，并配有战车、汽车，星夜朝大宗家杀奔而来，企图用重兵偷袭战术，歼灭八路军主力。当五支队发现敌情时，已来不及转移。曾国华立即命令驻各村部队做好战斗准备，伺机突围。

日军分别向"挺纵"五支队司令部和五团团部驻地侯家和大宗家展开猛烈进攻。五支队指战员，大部分参加过长征和平型关大捷，能攻善守，冒着敌人炮火，击退日军多次进攻。战斗进行得激烈、残酷，一度呈胶着状态。

在侯家村内，曾国华一面指挥部队反击，一面命令第一营主力抄敌后路，进攻敌骑兵。一营战士在沙土岗掩护下，朝敌骑兵冲杀过去。战士们挺起刺刀，对付敌人的马刀，伺机再朝敌坐骑猛戳。平原旷野上，出现了罕见的步骑兵混战，人喊马叫，杀声震天。曾国华遂命村内防守的三面兵力并成一路，以骑兵连作前锋，杀开一条血路，突出重围。

在枣林里督战的安田大佐，急用旗语调动包围村子的部队前来增援。曾国华发现敌人的指挥所后，立即派骑兵连从沙丘后面转过去，以迅雷不及掩耳之势杀向枣林里的日军。安田见势不妙，慌忙上马逃跑，被一颗手榴弹碎片击中，当场毙命。

大宗家村内，第五团团部及附属部队同蜂拥而至的日军短兵相接，展开巷战，逐屋争夺，反复冲杀，终因寡不敌众，陷入包围之中。正在危急时刻，曾国华率部赶到，里应外合，杀退敌人，突出村外，转移到宁津县柴胡店休整。第五团政委曾庆洪、政治处主任朱挺先等400余名干部战士在突围中牺牲。

五、沙窝突围战

1939年初的商河县，笼罩在白色恐怖中。县城和龙桑寺周围被日伪顽军占据；城北有顽军刘景良的部队在八九区樊屯、韩庙一带活动；商（河）惠（民）公路南部有国民党县党部依靠顽固派和一些土豪劣绅拉起的一支小队伍，并建立了一个所谓县政府；城北尹巷一带60多个村庄，间杂有会道门头子赵鸾义搞独立王国；城东北方，商（河）、惠（民）、阳（信）三边有沈鸿烈小部分海军陆战队活动。

商河靠近济南，战略地位比较重要。为了打开商河县的抗战局面，八路军东进抗日挺进纵队政治部主任符竹庭，安排津南支队第三游击支队政委常中方到商河做地方工作。他特别嘱咐常中方：“在白区发展党组织，发动、武装民众，刚开始我们人少力量弱，要联合社会各界爱国人士一道抗战。”

常中方与李逸民携手并肩，很快成立了“八路军鲁北工作委员会”，对内也叫商惠中心县委，李逸民任工委主任，常中方任副主任兼县委书记。一年时间，发展党员300多名，建立了40多个党支部和抗日县、区政府。至此，商河县城以北地区与乐陵根据地连成一片。

1939年重阳节这天夜里，符竹庭带领部队来到商河县大吕家村。正在家乡秘密发动抗日斗争的济（阳）商（河）边区工委会主任吕本支闻讯，把符竹庭领到家里，安排部队宿营。第二天拂晓，突然哨兵报告，从东面方向来了一队人马，大概有上百人，正向大吕家这边来。符竹庭判断敌人不知道八路军住在此地，命令部队迅速隐蔽埋伏，待敌人进入包围圈智取。

敌人走到村头，吕本支和派来担任济阳支队参谋长的老红军廖保兴迎上前来，做出欢迎的样子：“弟兄们辛苦了，这么早是从哪里来呀?”

伪军大队长赵秀芳跳下马，吕本支和廖保兴上前和他“握手”，随手抽出匣子枪：“不要动，动，打死你!”

赵秀芳马上说：“别误会，我们是从济阳来抓八路吕本支的。”

廖保兴说：“没误会，我们就是八路军。你立刻让部队放下武器!”

这时，八路军战士从房头上、壕沟里冲出来，将敌人团团围住。一枪没放，120多名伪军就做了俘虏。

1939年腊月三十这天，符竹庭和匡根山、齐丁根、王权五等，率领战士和商河县政府机关近千人，住进济阳县陈庄和罗庄，获悉住在济阳的日军出动一辆卡车，从陈庄西头公路去商河县龙桑寺一带“清乡”。符竹庭抓住战机伏击敌人，歼灭包括一名中佐在内的40余名日军，击毁汽车1辆，缴获轻机枪1挺、步枪30余支。随即转移到商河县沙窝、翟家村一带。

敌人恼羞成怒，派出3000多人尾追，春节这天凌晨包围了八路军。符竹庭镇定应对："敌众我寡，不能硬拼，必须趁夜间突围，撤回根据地。"符竹庭安排由匡根山和熟悉这一带情况的七连连长王皓民留下拖住敌人，掩护大部队突围。

匡根山和王皓民指挥七连近200名战士立即在沙窝村东行动，造成部队向东突围的假象，吸引了敌人主要兵力。符竹庭等趁机率领主力武装秘密转移到沙窝村西边的翟家村，敌人原以为八路军要从沙窝村突围，对翟家村防守不严。八路军突然向敌人发起猛烈打击，撕开一道口子，冲出了包围圈。

敌人上当了。他们把仇恨全部发泄在七连身上，炮火轰击，机枪掩护，坦克、装甲车开路，步兵尾随其后，向七连阵地猛攻。日军的第一次冲锋被打退，敌人改变战术，除了炮火猛轰，还施放了毒气弹。七连指战员顽强反击，日军一次次进攻都没有冲破七连的前沿阵地。

下午，敌人从济南、德州、东光和惠民等地又调来大批援兵，驻济日军司令青松太堡指挥展开全面进攻。七连撤进村内，匡根山和王皓民命令战士们近战歼敌：敌人不到阵地前沿不打，不进村庄不打，不进宅院不打，和敌人展开巷战，坚持到天黑待机突围。

沙窝村村民自动加入了战斗，在每条胡同挖了陷阱，每座房子打了枪眼，挖了相互连通的深沟，沟内布散了三角尖，再用盖板伪装，每个交叉点埋伏着八路军突击队。村民拿出自家的大车、农具、桌椅板凳等，堵住路口、巷口阻挡敌人，抬伤员，送弹药，送水送饭，将准备过年的饺子、馒头、年糕拿来慰问八路军。

深夜，敌人疲惫松懈。七连乘机分散突围，匡根山、王皓民带领30多名战士，换上日军军装大摇大摆地走出村子；惠民县委书记李毓芬和50多名战士，在房东王成带领下顺利摸出了村外；副连长孟广选带领30多名战士干掉敌哨兵，迅速出村。至此，七连全部突围脱险，和大部队会合。

沙窝一战，敌人动用了100多辆汽车、400多名骑兵、9000余名日伪军。符竹庭部与数倍敌人作战，歼敌900多名，击毁敌坦克车、装甲车、汽车27辆。八路军只伤亡60余人，奇迹般地胜利突围，创造了平原突围战的范例。

1939年9月，八路军总部发出指示：萧华活动之冀鲁边地区粮食困难，敌之封锁严密，应以一部转入鲁西。根据八路军总部指示，从 1939 年 9 月开始，萧华率领“挺纵”分九批向鲁西、鲁南转移。

1940 年 3 月底，符竹庭带领“挺纵”政治部机关最后一批撤离冀鲁边区。留下两个营、两个县支队的兵力，在冀鲁边区军政委员会书记周贯五的领导下，继续坚持边区抗战。

六、黄骅牺牲

黄骅原名黄金山，1911 年生于湖北省阳新县良上村一个农民家庭。1929 年加入中国共产党。1930 年 5 月，参加红军，并改名黄骅，参加了五次反“围剿”，历任班长、排长、连长、营长、团参谋长等职。1936 年，长征胜利到达陕北后，入红军大学学习，任干部二团政治委员。

抗战全面爆发后，黄骅被派往晋西南创建抗日根据地，任晋西南边区军事部长兼一一五师晋西独立支队副支队长。1940 年 4 月，来到山东，任鲁西军区副司令员兼三分区司令员。1941 年 4 月，到冀鲁边军区任副司令员兼一一五师教导六旅副旅长。

冀鲁边区司令员邢仁甫是冀鲁边根据地的主要创始人之一，历任华北民众抗日救国军司令，冀鲁边区军政委员会主席兼八路军冀鲁边区游击支队司令。1939 年 10 月，随主力部队到鲁西开辟新区，任一一五师敌工部部长、鲁西第四军分区司令员。1941 年 2 月，任八路军一一五师教导第六旅旅长。1941 年 3 月，冀鲁边军区成立时，又回到冀鲁边区任军区司令员，兼冀鲁边区战时行政委员会主任，集军政大权于一身。

随着地位的提高，邢仁甫生活开始腐化起来。为了自身安全，竟在海边找了一个荒岛——望子岛，让战士在岛上修建房屋和工事，为其建造个人安乐窝。他已有结发妻子和三个女儿，却又看中了部队宣传队的一个青年女队员，经常约她到住处玩乐，并公开同居。

一一五师和山东分局对邢仁甫的错误有所察觉。为了加强领导，调黄骅同志任教导六旅副旅长兼冀鲁边军区副司令员。黄骅到冀鲁边军区上任后，抓了队伍的整顿和军事纪律教育，对邢仁甫在政治上拉帮结派，军事上消极避战的错误，曾多次进行过苦口婆心的规劝和严肃的批评。邢仁甫表面上接受，但骨子里却怀恨在心。经常在部队干部战士中散布黄骅同志的坏话，骂黄骅是“南蛮子”，污蔑“南蛮子排挤本地干部，是为了抢占地盘”等，挑拨本地干部与黄骅同志的关系。

邢仁甫

1943 年 5 月，邢仁甫召集其亲信杨静侯、潘特、刘永生、邢朝兴等人来岛上开会，说：“上面调我去受训，实际是撤我的职。我一走你们好比没娘的孩子，多可怜。这一切全是‘南蛮子’黄骅搞的，如果没有他，我们也不会到今天这地步，不如干脆把他干掉。没有了黄骅，边区就没有了军事干部，上面也就不会再让我走了……”

6 月 30 日傍晚，细雨蒙蒙。冀鲁边军区司令部正在新海县大赵村召开侦察工作会议。会议由黄骅、陆成道同志主持，到会的有政治部除奸科长陈彪、司令部二股副股长崔光华和五股长池田、一军分区作战参谋董兴根、侦通站站长齐耀庭、二军分区侦察参谋刘金财、三军分区侦察参谋迟麟兆等。黄骅同志先讲话，分析了目前的形势和任务，说青纱帐快起来了，要求大家总结一下侦察工作经验，为部队出击敌人做好准备。

就在这时，冀鲁边军区手枪队队长冯冠奎带着手枪队的 11 个贴身队员，穿着蓑衣，戴着斗笠，从冯家堡冒着雨赶到了大赵村。以汇报工作为名连续骗过布设在村外的岗哨和会场外的警卫，突然闯入会场，连开数枪，将围坐在八仙桌前、毫无防备的黄骅以及军区参谋主任陆成道、军区司令部作战股副股长崔光华等 5 人杀害。黄骅同志头部中弹，当场牺牲；池田、齐耀庭等 4 人身受重伤。闻讯赶来的 3 名警卫员也中枪牺牲，冯冠奎趁乱逃跑。

村中的部队赶紧派人向驻在苏基附近的边区党委报告。同时，救护伤员，把黄骅、陆成道、陈彪、崔光华及董兴根五位烈士的遗体装殓起来。不久，冀鲁边区党委书记王卓如、军区政治部主任刘贤权等边区领导同志赶到了大赵村。他们一面向一一五师师部报告，一面向全区发出了通令，缉拿凶手。

黄骅烈士

由于当时斗争错综复杂，形势紧迫，未能为烈士们召开追悼会，也没有举行其他任何形式的悼念活动，只有黄骅烈士的妻子顾兰青到场。她从大赵村护送烈士的遗体到小山，临葬前把仅有的一条毛毯盖到黄骅烈士的遗体上。

黄骅副司令员遇难，是一次严重事件，立即引起了上级领导机关的高度重视。中共中央山东分局和一一五师首长罗荣桓、黎玉、萧华在接到黄骅遇难电报的当天，即向党中央、毛主席和八路军总部做了汇报，并根据中央和总部的指示精神通知边区党委：这不是一般的暗杀事件，要求边区党委和军区加紧缉拿凶手，尽快破案。

邢仁甫得知黄骅遇难的噩耗表现得悲痛万分，对冯冠奎表示了极大的愤慨，指示有关部门一定要尽快捉拿凶手，为烈士报仇，并联名签发了对冯冠奎的通缉令。但是军区机关内熟悉情况的同志却在冷眼观察着事态的发展。大家知道冯冠奎原本就是一个杀人越货的土匪，后来逃到冯家堡投奔冀鲁边区海上特务团，当时许多同志都不同意收留他，是邢仁甫以“抗战不分先后，允许别人进步”为由，不仅把他收留下来，还提拔他当了军区司令部手枪队队长。他为什么谋杀黄骅副司令，因为冯冠奎在逃，还一时无法断定。

中共山东分局、一一五师的首长急切地盼望着冀鲁边区的消息。突然，从清河军区发来一份急电。电报是军区独立团团长冯鼎平发来的。他报告这样一件令人震惊的事。军区司令员邢仁甫将冯鼎平找到望子岛上说：“‘南蛮子’排挤地方干部，被我干掉了。你回去后拉上部队，准备跟我一块走，如果干部中有人顶牛，先崩了再说！”并透露了投奔国民党或者日本人的打算。

冯鼎平回到驻地垦区后，先把一营营长王之斌、政委刘仁桂、二营营长刘虎臣等同志找来，说了邢仁甫的行为和打算，当即遭到大家的坚决反对。

在大家的批评帮助下，冯鼎平幡然醒悟，决定向一一五师首长和山东分局揭发邢仁甫拉他叛变的罪行。由于冀鲁边区电台控制在邢仁甫手中，为防泄密，于是由政委姚昌洲赶赴相邻的清河军区，由清河军区电台向一一五师首长转报这一紧急情况。同时对部队中邢仁甫的亲信进行了监视，冯鼎平则按团党委的意见上望子岛向邢仁甫“表忠心”。

罗荣桓、黎玉、萧华等首长接到电报后，当机立断，电令清河军区副政委兼政治部主任刘其仁携带一部电台赶赴独立团驻地。一方面稳定部队情绪，另一方面设法稳住邢仁甫，同时配合冀鲁边区党委继续抓紧破案工作。刘其仁根据师部领导指示，迅速赶往独立团驻地。半路上，遇到了独立团第二次派往清河军区报信的冯鼎平。

原来，冯鼎平去望子岛了解到邢仁甫已决心投敌，并约好由日军派船去岛上接应。刘其仁马上拟了电报，向一一五师首长汇报了这一情况。到达独立团驻地以后，刘其仁又立即召集连以上干部开会，由冯鼎平介绍邢仁甫密谋投敌的内幕，刘其仁主任作了四项指示：第一，一定要保密，不要让叛徒察觉：第二，把张河的两条船沉掉作河障，并派人把守，防止敌人里应外合；第三，用电台继续与望子岛上联系；第四，迅速对部队进行教育，坚定抗战到底的信念，坚守党的纪律和军队纪律，坚决服从党的指挥。

但是，直到此时，冀鲁边区党委的负责同志还不知道邢仁甫叛变的消息和一一五师首长的指示，派谁去通报情况、取得联系呢？几经研究，最终人们的目光集中到一个在党校学习的女同志身上，她叫朱凝，是冀鲁边区党委组织部干部科科长，同时她还是冀鲁边区党委书记王卓如的爱人，派她回去是最合适的人选。

深夜，刘其仁主任和独立团的干部们送她乘一只小船从垦区启程。小船趁着夜黑沿着海边经过沾化、无棣等县，穿过层层封锁线，终于安全地抵达边区党委所在地——海兴县邢王文村，把情报和一一五师首长的指示传达给冀鲁边区党委领导。

至此，邢仁甫图谋投敌叛变已很清楚了。此时，保卫部门又了解到，杀人凶手冯冠奎带其同伙逃至海堡一带，曾多次发泄对邢仁甫的不满：“邢司令让我打死黄骅，说事成之后给我银子，给我官做，老子挨了一枪，他也不管了……”

综合几方面情况加以分析，制造惨案的幕后操纵者是邢仁甫无疑。7月15日，在邢王文区党委驻地，区党委书记兼军区政委王卓如召集军区政治部主任刘贤权，区党委宣传部长李启华，行政委员会秘书长张永逊，区党委秘书王华民和干部科长朱凝等相关同志开紧急会议，讨论分局的指示。大家认为应迅速将邢仁甫抓获交送分局处理，但如何抓捕邢仁甫却非同小可，他不但是军区司令员、一一五师教导六旅旅长，同时还兼冀鲁边区战时行政委员会主任等要职，弄不好就有可能引起混乱，给党和革命事业造成重大损失。

为此区党委作了认真的研究和部署，考虑到军区警卫部队大多数是本地人，一些人跟邢仁甫多年，让军区警卫部队执行逮捕邢仁甫的任务怕有困难，就决定让三军分区“派部队速来军区执行紧急任务”，同时会议还决定军区政治部主任刘贤权代理军区司令员负责指挥部队执行逮捕邢仁甫的任务。

大赵村血案发生后，当时住在望子岛上的邢仁甫几次邀王卓如、刘贤权、李启华等主要负责同志到岛上去会合，说对血案后的工作进行一次全面的研究安排，区党委的几位同志经过研究决定，利用开会之机将邢仁甫抓起来。于是提出请邢仁甫来毕王文村会合，共同研究大计。

7月16日，在三分区部队还没赶到的情况下，邢仁甫就派人送信来，说同意大家的意见，近期动身到毕王文会合。为了应付突来的变化，区党委在邢王文村再次召开紧急会议，参加会议的有王卓如、刘贤权、李启华、新海县委书记叶尚志、县长刘冠英，独立团政委赵德修。回民支队副政委刘济民、军区机关指导员王新光和朱凝、王华民等。大家认为，在这种特殊的情况下，随时都有可能发生不可预料的变化，先下手为强，必须利用现有人力兵力逮捕邢仁甫，不然必有后患。

会议决定：军区警卫部队的一个连由刘贤权负责指挥，首先包围村庄，而后逮捕邢仁甫。叶尚志、刘冠英带县区部队到毕王文村南集结，堵住邢仁甫的后路。并防备邢仁甫的亲信军区后勤部长潘特和无棣县长邢朝兴来截击，会议要求直接执行任务的同志先进村以会合的形势抓邢，不准开枪。到时候让邢的警卫人员分开进房子休息，刘济民带手枪队待邢仁甫进房后负责包围住房，软禁邢仁甫；王新光带警卫战士负责稳住邢的警卫人员，不服就下掉武器；赵德修带警卫连包围邢仁甫警卫部队的住房，先向他们讲清邢仁甫指使冯冠奎杀害黄骅、陆成道等同志的罪行，要他们听党的话，有反抗者就下枪。整个战斗布置得周密稳妥。

会后，刘贤权带着警卫班长魏玉和、警卫员常双英亲自到毕王文村安排开会地点，划分司、政及区党委住房，具体安排了邢仁甫和其警卫人员的住房，预先将一切布置妥当。下午，王卓如和刘贤权向执行任务的部队交代任务，王卓如政委说："现在要给你们讲一个很不好的消息，邢仁甫已经叛变了。现在的任务是要把他抓起来。"

一听说要抓自己的司令员，战士们一下子全愣了，整个会场鸦雀无声。王卓如详细讲述了邢仁甫指使冯冠奎刺杀黄骅、陆成道并企图刺杀更多的干部，阴谋拉走部队等罪行。当大家了解了邢仁甫的全部罪恶后，特别听说黄骅、陆成道等同志就是邢仁甫指使刺杀的时，都很气愤，表示坚决听党的话，活捉邢仁甫，为黄骅、陆成道报仇。

准备工作一切就绪，在刚刚吃过晚饭的时候，邢仁甫派通信员给王卓如送信来，说他已经到达毕王文，要其他人马上去。王卓如从通信员口中了解到，邢仁甫这次来只带来了一个警卫班和一个排的手枪队，由于天气热，他只穿着短裤休息去了。

部队在刘贤权的带领下，立刻向毕王文村进发。当赵德修、王新光带领的部队刚进村口时，走在最前面的警卫四连连长王爱芝一看到邢仁甫警卫人员，便突然举枪射击，连发三枪，从而引起对方还击，造成双方对射。

邢仁甫听见枪声知道情况不妙，乘混乱之机，在其手枪队 20 余人的掩护下逃出村子。激战中王爱芝趁无人注意，用枪对准自己的胳膊开了一枪，借机到山后医院包扎伤口，从山后村溜走了。

邢仁甫只穿着一条裤衩，光着脚慌慌张张地钻进了青纱帐，没命地朝海边跑。跑到一个三岔路口时，遇见一个侦察员骑驴进村，邢仁甫上气不接下气地说："快下来，快！有情况。"这个侦察员见是邢司令，急忙跳下毛驴说："你骑吧，我来掩护。"

当搜查部队追出村，那个侦察员见全是自己人时才知道上了当。这时天已全黑，邢仁甫骑着毛驴一溜烟似的逃掉了。

同邢仁甫的斗争已经公开，区党委当机立断采取了一系列紧急措施。一、在邢仁甫还没回到望子岛之前，派老红军、军区后勤部副政委刘印杨同志带着政委王卓如的亲笔信火速去望子岛，把岛上邢仁甫身边的留守部队拉回来。二、连夜向所属各地委、军分区发出紧急通知，“边区发生了重大事件，务必提高警惕，掌握好部队，凡调动部队、干部、财务等必须有军区政委、区党委书记王卓如的亲笔签署，否则一律无效”。

第二天，区党委在山后村召开机关附近县区以上党政军领导干部大会，公布了邢仁甫的罪恶和阴谋，王卓如同志代表区党委提出了今后的斗争方向和任务，并宣布了刘贤权代理军区司令员的任命。

邢仁甫在伪装被揭穿后，带着宋魁玲以及少数贴身随从逃到了天津。10月，他又从天津辗转跑到洛阳，投靠国民党第一战区司令长官蒋鼎文，被委任为“挺进第一纵队司令”“津浦北段策反专员”。不久，又投靠了日军，亲笔写了《效忠天皇》《剿共灭匪计划》等叛变材料，供出了他所知道的八路军在冀鲁边区的全部情况，以此换取了“津南六县剿共司令”的职位。1949年1月15日，天津解放，化名罗镇的国民党专员兼保安司令邢仁甫被中国人民解放军抓获。1950年9月7日，在盐山县城东万人公审大会上，成为可耻叛徒的他被执行死刑。

1944年1月，为了统一和加强冀鲁边和清河区的领导，中共山东分局和山东军区决定，清河军区与冀鲁边军区合并为渤海军区，清河区行政公署和冀鲁边区行政委员会合组为渤海区行政公署。同时，为纪念黄骅，决定将其被害的地方新海县改名为黄骅县（今为河北省黄骅市）。

第八章

清河根据地

清河抗日根据地，位于小清河中下游地区。小清河发源于济南泉群，流经鲁北平原八县，从羊角沟进入渤海，流域面积一万余平方公里，是连接鲁中、胶东、冀鲁边三个根据地的交通联络枢纽和渤海走廊。

一、平原游击战

1937 年 10 月，中共鲁东工委成立，先后组织发动了黑铁山抗日武装起义和牛头镇起义、潍北起义，建立了山东人民抗日救国军第五军和八路军鲁东游击第七支队、第八支队、第九支队和第十支队，抗日烽火在小清河流域形成燎原之势。

为加强对清河地区工作的领导，1938 年 5 月，中共山东省委决定，建立清河特委，霍士廉任书记，负责领导小清河流域十余县党的组织，开辟和建立清河抗日根据地。

6 月 16 日，山东抗日救国第五军改编为八路军山东抗日游击第三支队，同年底改称八路军山东纵队第三支队，马耀南任司令员，霍士廉任政委，杨国夫任副司令员。下辖第七、八、九、十、十一团和特务团，共 5000 余人。

为打通胶东根据地与鲁中根据地的渤海走廊通道，第三支队奉命全部开赴胶济铁路以北地区，开展平原游击战。

1938 年 7 月下旬，第八支队奉苏鲁豫皖边区省委指示，从胶东西返来

山东人民抗日救国军第五军改编为八路军山东纵队第三支队

到小清河以南地区，协同第三支队开辟清河根据地。9月，临淄、桓台、长山、邹平、博兴一带王尚志等11个顽军司令，猥集于长山县北部焦桥，企图阻止八路军部队在此建立根据地。第八支队配合第三支队奔袭焦桥，毙伤俘顽军200余人，将顽军部队驱逐到小清河以北。

1938年10月，胶济铁路沿线陆续被日军占领。为了适应形势的变化，清河特委于10月下旬在临淄县苇子河召开县委书记和党的活动分子会议。特委书记霍士廉传达了郭洪涛《目前战争形势及我们的当前任务》报告的精神，明确指出了建设抗日根据地的任务：恢复和发展地方党的组织，广泛发动群众，建立抗日自卫团，壮大八路军和地方游击队，开展敌后游击战争；组织工农青妇等抗日救国群众团体，建设抗日根据地。

会议之后，第三支队决定兵分三路分散活动，马耀南带一部在邹平、长山一带活动；李人凤、罗文华带一部在临淄地区活动；霍士廉、杨国夫带一部进至长山的卫固一带活动。

日军占领胶济铁路沿线后，集中3000余兵力，配以飞机、大炮、汽车、骑兵，分三路“扫荡”清河区。11月8日，第八支队一部和第三支队一部在临淄六天雾村与“扫荡”之敌展开激战，毙敌50余人，八支队第六十八中队除17人突围外，全部壮烈牺牲。

至1938年底，清河地区的抗日武装开辟了临淄、寿光、桓台、邹平、长山一带抗日游击根据地。

二、岳家庄伏击战

1939年1月，日军占领了广饶县城，打通了辛（店）广（饶）公路，进而又占领了临淄、寿光、博兴等县城。在寿光、广饶、桓台、博兴等地活动的国民党地方武装保安第十五、第十六、第二十四旅等部，仓皇出逃，紧张的气氛一时笼罩了鲁中地区。为了打击日寇的嚣张气焰，2月初，国民党山东省政府主席兼鲁苏战区副总司令沈鸿烈号召鲁中各部队对敌发动一次总攻击，以振奋人心，八路军山东纵队第三支队第十团决定在岳家庄一带伏击日军的运输车队。

岳家庄坐落于临淄城以北约7公里，系临淄北去必经之处。该村群众基础较好，地形也有利伏击。从临淄到广饶的公路经该村南面和西面北上，公路紧靠围墙，在围墙内用土枪、土炮、手榴弹就能打击公路上的敌人；村西有茂密的树林利于埋伏，村东北还有一条两米深、10多米宽的苇子河直通淄河，方便部队隐蔽地进出。

2月中旬，活动在益都、临淄一带的益北大队从内线得到密报，敌人的汽车队大约有辎重兵40人、特务兵80人、伪军100人护卫，将于15日晨从辛店出发，开往石家庄输送衣服、粮食和弹药，按车速推算，上午八九点钟即可到达益北大队活动范围内。

益北大队大队长陈毅斋得此情报后，立即报告活动在这一带的三支队十团。2月14日晚上，团长李人凤召集参战部队的营连级干部开会，下达了在岳家庄设伏的战斗任务。15日凌晨，参战部队的战士们便从郑家辛一带悄悄出发。夜里刚下过一场小雪，为了隐蔽行动，防止暴露目标，战士们把棉衣翻过来穿，让白布里子朝外，便于隐蔽。

黎明之前，部队到达岳家庄。十团四连、五连、特务连在团长李人凤的带领下，按作战部署迅速进入阵地。五连为右翼，部署在村西南，用铁耙做路障，准备袭击日军先头汽车；四连为左翼，部署在村东南沿公路线东侧埋伏，准备袭击日军汽车队尾；特务连部署在村南的围墙里，正处阵地中央。团指挥所设在特务连后面，便于指挥战斗。益北大队和村自卫队参加配合作战。十团的几名战士化装成老百姓，在岳家庄四个入口处，假装拾粪，实际上是封锁消息，行人只许进，不许出。

9点多钟，从岳家庄村南临淄城方向，传来了日军汽车马达声，声音越来越大，逐渐看清了共有11辆汽车，每辆汽车上都插着太阳旗，坐满了日本兵。日军一点也没有察觉情况有异，毫无顾忌地由南而北驶进了十团的埋伏圈。

当第一辆汽车到达围墙下面时，团长李人凤一声令下，所有枪口都从围墙内伸出去，机关枪、土枪、土炮一齐开火，向日军猛烈射击。除预先指定的几名神枪手专打日军的司机和汽车轮胎外，其余步枪和手榴弹全部倾泻到日军身上。霎时间，前面的7辆汽车不能动了。最前面4辆车上的日军，还没来得及弄清楚是怎么回事，就一命呜呼了。中间3辆车的日军，因为距离伏击火力点稍远，还有接近半数以车身为掩护，负隅顽抗，并用火力封锁十团的出击口——南门。

团长李人凤下达了冲锋的命令后，十团特务连一部冲出南门，但因敌人的火力太猛，难以靠近汽车，随即与当面之敌对射起来。这时，后边4辆车上的敌人因距设伏点较远，未遭杀伤，便急忙跳下车来，凭借一条河沟由村南向村东迂回进攻，并以密集火力向十团左翼、侧后射击。

由于八路军装备较差，经过一个多小时的激战后，估计敌人的增援部队很快就会赶到，李人凤果断下令撤出战斗。部队有序地从岳家庄东北角的深沟中撤出，东渡淄河返回郑家辛、曹村一带。

这次战斗，十团以伤亡2人的代价，毁敌汽车7辆，消灭日军100余名，极大地鼓舞了人民群众的抗日情绪，打击了日军的嚣张气焰。沈鸿烈对参战部队予以嘉勉，发给官兵抚恤费500元，并给补充子弹万余发。

三、太河惨案

太河村位于沂蒙山北部边缘与淄河平原的交接处，是连接清河、胶东、鲁中三大抗日根据地的交通要道。从 1938 年夏起，八路军山东纵队第三支队和第四支队就经常在这一带活动。国民党顽固派秦启荣对此地觊觎已久，于 1939 年 3 月下令让其所属王尚志部进驻。八路军为顾全国共合作抗日大局，避免冲突，主动撤出。

这时，坚持鲁北清河地区敌后游击战争的八路军山东纵队第三支队，奉中共山东分局之命，选派 62 名干部去鲁中山东抗日军政干部学校和延安抗日军政大学学习。为确保途中安全，三支队十团派四、七两连共 210 人组成护送营，由二营长吕乙亭带领武装护送，任命去延安汇报工作的支队政治部主任鲍辉任这支队伍的临时总指挥。

在路经太河前，八路军曾派人与王尚志部取得联系，他们表示可以通过。3 月 30 日中午，当八路军行至太河镇西围墙下时，王尚志部突然从镇制高点钓鱼台上打起枪，在前面带队的吕乙亭营长当场中弹牺牲。随之，埋伏在西围墙上的敌人也一齐开枪，从四面包抄而来。四连连长许子敬和受训干部孙晓东英勇果断，率 38 人击溃了南路和侧面攻来的敌人，冲出重围。其他干部、战士被俘，支队政治部主任鲍辉、特务团长潘建军、科长邓甫晨等被敌人秘密杀害。

太河惨案发生时，八路军第一一五师政委罗荣桓正在沂水县王庄，向山东分局和山东纵队指挥部传达党的六届六中全会精神。当听到这一不幸消息时，极为震怒，他在山东分局和山东纵队召开的会议上，主张对国民党顽固派的血腥挑衅进行坚决的反击。山东分局和山东纵队作出了反击国民党顽固派的一系列决定，首先是在政治上彻底揭露顽固派的罪行。4 月 17 日，山东纵队指挥张经武和政委黎玉，向全国发出通电，揭露太河事件真相，并致电蒋介石和国民党政府，要求惩办祸首秦启荣。根据党中央和北方局的指示，山东分局和山东纵队研究了反击秦启荣部的作战计划，决定集中第三、四、一支队等部讨伐王尚志，夺回太河镇。

1939年4月上旬，八路军山东纵队指挥张经武亲自指挥，调集第一、三、四支队主力，反击制造太河惨案的顽军王尚志部。23日，第一支队一营从临朐六岔店出发，经暖水河向北进攻；第四支队三营从博山池上村出发，向黑虎寨、杨家庄以北攻击；第三支队十团、特务营从朱崖出发向南攻克。

第三支队十团、特务营在杨国夫副司令员指挥下，连续攻克敌18个山头和村庄，一营攻克丝窝村，三营攻克黑虎寨等村，顽军向北溃逃。与此同时，四支队一部进入太河镇，向顽军指挥部发起突然袭击，秦启荣等几个顽军司令慌忙分散潜逃。一支队连克太河镇东面秦部之海上房、吴王崮等阵地，击溃了东逃顽军。

4月7日上午，各路大军进抵太河镇，从俘虏口中得知，秦启荣、王尚志带一个骑兵连乘夜经峨庄逃往临朐方向，其余几个顽军头目分别逃向蒙阴、淄川、临朐方向。山东纵队指挥部即令各部连夜追击逃窜之顽军。第三支队除机关和益都县独立营留守太河一带外，特务团、十团兵分两路，向临朐方向追击。8日上午，三支队追击部队进抵峨庄，救出了在太河惨案中被俘人员30余名，残敌四散溃逃。

这次反顽战役，毙伤顽军400余人，俘敌200余人，将王部彻底赶出了淄河流域，救出被俘人员，夺回了淄河流域这块山区要地，收复并扩大了益都、临朐、博山、淄川等边区的大片地区，打通了鲁中、清河、胶东等抗日根据地的交通要道，取得了反顽战斗的胜利。

四、刘家井子战斗

刘家井子是小清河南平原上一个只有百十户人家的小村庄。1939年6月，清河军区第三支队司令员马耀南、副司令员杨国夫率第三支队主力3000余人来到这一带休整。

6日拂晓，突然传来一阵激烈的枪声，杨国夫副司令员一骨碌爬起来，穿衣提枪，匆匆走出后院，来到刘家井子村的北门围墙上。这时天色灰蒙，雾气腾腾，只听远方枪声时急时缓，却看不清敌人。于是，杨国夫立即派人前去侦察，并设法和各团联系。

原来，部队刚到不久便被敌人察觉。于是，日军集中青城、邹平、张店、周村等地据点的5000余名日伪军，配属骑兵、炮兵各一部，包围了刘家井子村，企图消灭清河军区主力部队。

第三支队首长和各团领导在刘家井子村东北角的大庙里，召开紧急作战会议，布置作战方案，迅速作出决定：集中主要兵力、火力防守北门和东门，阻击敌人。同时，控制西门外道路，作为必要时转移路线。

马耀南司令员对杨国夫说："老杨，你当过红军团长，这次就看你的了。"

"有司令员撑腰，要我干什么都行！"杨国夫副司令员坚定地说。

会一散，杨国夫就出了北门，亲自察看周围地形，检查和调整兵力部署。刘家井子村周围有一条2米多宽、1米多深的壕沟，并有一道4米高、3米宽的围墙。围墙的四门和四角均筑有炮台，安放着8门"五子炮"。这种炮装黑色火药，用生铁块作炮弹，能打到200米开外，炮弹落处横扫一片，被称为"铁扫帚"。

负责指挥"五子炮"的是修械所长吕夫禄同志。他看见杨副司令员兴奋地说："杨司令，今天俺这'铁扫帚'要横扫小鬼子，好好威风威风！"

杨国夫强调说："今天是场恶战，'五子炮'要大显威风，一定要放近打！"接着，杨国夫又检查了位于刘家井子村东北角坟地的迫击炮排阵地，以及西北方向十团特务连阵地。

不一会儿，太阳从东方冉冉升起，晨雾渐渐散去。杨国夫刚把望远镜举到眼前，枪声就响了起来。顺枪声方向望去，敌人从刘家井子村北边首先发起进攻。金黄的麦地里，日军的太阳旗飘飘摇摇，刺刀在阳光下反射着寒光。

杨国夫见日军队形密集，决定先用"铁扫帚"横扫敌人。但吕夫禄几次提出开炮，都被杨副司令制止了。敌人越来越近，200米、100米、50米……"打！"杨国夫话音未落，"五子炮"已经射向敌人，只见走在前面的日军被打倒一大片。官兵们越打越勇，吕所长索性脱掉上衣，光着膀子指挥战士们开炮。正当"五子炮"大显威风的时候，迫击炮排的两门迫击炮在排长李凤年指挥下也开了火，炮弹像长了眼睛一样，直往敌群中落，炸得敌人滚的滚、爬的爬。

下午2点左右，刘家井子村北门外战斗未停，东门的激战也开始了。日军集中四五门山炮向我军轰击，然后发起了冲锋。坚守该阵地的特务团一、三连官兵，英勇战斗，连续打退敌人5次冲锋。看到敌人攻势很猛，杨国夫命令他们撤到围墙上，凭险坚守。

已占领了刘家井子村东北角坟地的日军，用山炮将村东围墙炸开一个缺口，一群日军紧接着冲了上来。围墙上的一、三连勇士们居高临下，一排排手榴弹投向敌群，各种火器齐射，很快把敌人压了下去。然后大家赶紧修复阵地，准备抗击敌人更凶猛的进攻。

不一会儿，日军又开始轮番冲击。杨国夫副司令员迅速组织“神枪手”，专打敌人的指挥官。指导员孙化利沉着应战，一人就打死了18个日军。在八路军的顽强抗击下，敌人伤亡惨重，刘家井子村东门外日军尸横遍野。

面对八路军的顽强抵抗，日军气急败坏，一些日本兵脱掉了上衣，光着膀子向东围墙冲来。危急时刻，在北门防守的部队迅速赶来。班长赵衍庆带领全班战士，端着刺刀，怒吼着猛扑过去，与敌人展开了一场肉搏战。围墙上刀光闪闪，杀声震天。战士李德福与粗壮的日军对阵，两个人的刺刀都打落在地后，就抱着滚打在一起。李德福见力不如敌，便拉响了挂在身后的手榴弹。当那个鬼子看见手榴弹冒出缕缕青烟时，吓得哇哇直叫，试图挣脱，但为时已晚。只听“轰”的一声巨响，李德福与鬼子同归于尽，敌人又一次被打了回去。

战斗从早晨持续到黄昏，敌人始终没能攻进刘家井子村。下午4点多钟，杨国夫副司令员分析形势后决定突围，认为刘家井子西南方向敌人兵力少，沟壑纵横，是最佳突围地带。

“马司令，你带机关先走，我留在这里断后！”杨国夫诚恳地说。

“不，你带机关先走，我来掩护。”马耀南司令员态度坚决。

杨国夫再次恳求：“部队不能没有你，马司令，你快带领大部队突围吧！”当时，在场的清河区委书记景晓村、政治部主任赵明新也赞成马耀南司令先撤。于是，马耀南准备率领大部队从西门方向突围。

日军好像发现了八路军准备趁天黑突围，攻势更加凶猛。这时，突然狂风骤起，暴雨滂沱。霎时间，天昏地暗。天气的突然变化，使日军的攻势明显减弱，马耀南司令员率领部队乘机迅速向西南方向冲去，杨国夫副司令员也率领掩护部队，很快撤出了战斗。

刘家井子战斗，血战竟日，接连打退了日军的四次进攻，毙伤日伪军800余人，第三支队主力成功地冲出了敌人的包围圈。

五、马耀南殉国

日军在刘家井子一战失利后，迅速集结兵力，追击第三支队主力。第三支队司令部决定分兵东进。6月7日，东进各路部队被敌人的汽车和骑兵冲散，相互之间失去了联系。杨国夫副司令员率领300余人，进至邹平西北之旧口村一带时，仅剩100余人。

部队刚进村，日军就尾追而来。在乡亲们的帮助下，指战员迅速藏起武器，换上便衣，分散在群众家中。敌人进村搜索一番，一无所获，遂把全村人赶到打麦场上，进行威逼利诱，乡亲们面对威胁，守口如瓶。最后，敌人让各家认领亲人。乡亲们把八路军指战员或认作儿子，或认作丈夫，或认作兄弟，一一领回家。敌人未能找出破绽，只好从旧口村一带撤回。

马耀南（1902—1939），山东长山人。1924年考入天津北洋大学，曾任国民党三大代表。1933年担任长山中学校长。1937年12月，在黑铁山发动抗日武装起义，任八路军山东人民抗日游击队第三支队司令员。1939年7月22日，在桓台县大寨村遭敌伏击，壮烈牺牲

7月21日，三支队转移到桓台县牛旺庄，又遭日军三面包围。经昼夜激战，决定向东转移。马耀南率队先撤，杨国夫断后掩护。22日凌晨，当先头部队撤到牛旺庄东侧的大寨村时，突遭日军伏兵袭击，部队损失严重。马耀南司令员重伤落马，壮烈殉国。

杨国夫率部进驻寿光北部的清水泊，

建立了清水泊根据地。清水泊，方圆百里，寿光境内九条河流都汇流到这里，芦苇丛生，便于游击。1940 年 2 月，清河区第六军分区司令员马千里率领的小分队，首先偷渡小清河，直插博兴、广饶北部，与蒲台县国民党保安第九团王雪亭团长建立了统战关系。随后，第三支队从牛头镇、央上、台头一带出发，兵分两路跨过小清河，进入广饶、博兴和高苑地区，控制了小清河与黄河之间的新区，开创了清河平原抗战的新局面。

9 月中旬，第三支队司令员杨国夫命高苑县三区中队破坏高苑通往田镇的公路，诱敌出动，设伏歼敌。20 日黄昏，杨国夫率三支队一、三营和三大队在魏家堡一带设伏。21 日拂晓，高苑据点的日伪军进入离魏家堡约 200 米的八路军伏击圈内，遭三营突然袭击，敌人仓皇向东北方向逃窜，被截击后缩回公路两侧向西冲击，又遭三大队截击，死伤 10 余人，遂逃入魏家堡一家民宅顽抗。杨国夫组织力量将该院团团围住，用手榴弹猛轰，炸死敌人大半，残敌 10 余人被八连战士纵火烧死在屋内。战斗历经两小时，全歼日军“酒见”小队 20 多人、伪军 1 个中队，烧毁汽车 2 辆。迫使敌人从蒲台、小营、史口、田镇等据点撤走，小清河以北根据地进一步扩大。

1940 年 10 月，中共清河区党委成立，景晓村任书记。三支队整编为山东纵队第三旅，旅长许世友，政委刘其人，副旅长杨国夫，下辖 3 个团和 1 个特务营，全旅兵力 5000 余人。11 月，组建八路军清河军区，杨国夫任司令员，景晓村兼政委，下设清东、清西两个军分区。

1940 年 12 月，清河地区国民参议会和清河行政专员公署成立，民主人士李植庭任参议长，李人凤任行署主任。至 1940 年底，先后建立了临淄、邹平、长山、高苑、蒲台、博兴、广饶、寿光、桓台等 9 县抗日民主政府和益北行政公署，清河平原抗日根据地正式形成。

1941 年 1 月，第三旅进驻黄河入海口地区，开辟了垦区根据地。从此清河区部队的后勤机关、学校、医院、兵工厂、银行、报社等单位相继在垦区安营扎寨，成为清河区的大后方。

9 月 28 日，清河区主力部队北渡黄河，攻克地方武装占据的义和庄，控制了黄河三角洲地区，打通了与冀鲁边区根据地的联系，逐步形成了统一的渤海抗日根据地。

六、血战清水泊

1942年6月上旬，日军纠集独立混成第六旅团，青岛、潍县伪军两个团，以及惠民、益都、广饶等县部分日伪军，约5000人，外加骑兵300人、汽车百余辆、装甲车3辆，采取“长途奔袭，分进合击”战术，向清河抗日根据地中心地带清水泊发动偷袭“扫荡”。这次“扫荡”，日军行踪诡秘、迅速，不与当地日伪驻军结合，路遇少量八路军部队亦避免接触，绕行而过。

9日拂晓，日伪各路分别到达预定地点，将八路军清河军区司令部、清东独立团、中共清东地委、清东专署及寿光县民主政府机关、县大队、部分群众重重包围。根据地军民撤至清水泊湖区芦苇之内。敌集中轻重武器向湖区密集扫射，被围军民在杨国夫司令员指挥下，浴血苦战，奋力突围。清东独立团首先冲出，抄袭敌后，打乱日军行动计划。杨国夫司令员领兵从西南角向台头方向冲击。经过一天激战，大部突围脱险，并击毙日伪军60余名，清东地委组织部长王博民等壮烈牺牲。

同年10月，日军独立混成第六旅团旅团长幡井亲自指挥，集中日伪军7000余人，在潍县、寿光、临淄、广饶、利津的伪军配合下，分兵4路，采取拉网合围战术，第二次“扫荡”清水泊。当时，根据地一带的抗日武装主要是清东独立团，该团共有4个连，其中3个连同清河军区直属团一部驻常家庄、宋家庄，另一连驻北河。

15日拂晓，发现敌情后，团长董西炳立即部署，指定驻北河的一个连向东突围，驻常家庄、宋家庄的3个连由团长、政委、副团长分别带领向东北、正西、西南突围。因敌情不详，向西和西南突围的两个连，遇日军重兵阻击，先后转向清水泊。时北面之日军早已占领要地，展开兵力，东面日军也相继出现，南、西面日军亦步步紧逼，于是，独立团被迫集中于李家坞附近的清水泊东部落入包围圈。

上午7时左右，日伪军从四面八方围拢上来。司令部当即决定，团长董西炳、政委岳拙元、副团长陈一斋、政治部主任王林带领部队分别突围。岳拙元、王林所带两个连，首先向西面发起冲锋，吸引了敌人的主力。董西炳、陈一斋所率两个连，乘势向东北方面日军薄弱处突围而出。

日军包围圈逐渐缩小，在一阵密集炮火轰击之后，一群群嚎叫着围了上来。岳、王两个连全体指战员，端起刺刀，冲出阵地，杀声如雷，直扑敌群。在激烈的肉搏中，前面的倒下了，后面的冲上去，刺刀拼断了，便用枪托砸。炊事班长扔下炊具，拿起大刀，一气砍死4个敌人，自己受伤10多处，壮烈牺牲。

军区直属团的一个排在冲锋时，端着刺刀大喊："是中国人闪开，我们杀的是鬼子！"吓得伪军躲闪而退。他们杀开一条血路，向清水泊中心冲去。至中午，除牺牲和重伤者外，全部突入清水泊中心地带，计划以芦苇作掩护，坚持到夜间再行突围。

午后1时左右，日军集中兵力，在炮火掩护下，从四面冲入湖心。抗日战士伤亡惨重。政委岳拙元、政治部主任王林皆负伤，全军弹尽援绝。他们誓死战斗到底，干部振臂一呼，战士应声而起，手握刺刀，再一次与敌人肉搏。终因众寡悬殊，在一阵拼杀之后，两连战士大部壮烈牺牲。岳拙元、王林率少数战士摸出清水泊，连夜转移。

此次战役，清东独立团以两个连的兵力与日伪军数千人拼搏，激战终日，杀伤日伪军200余人，多数战士以身殉国，是清河平原抗战史上最悲壮的一战。

七、平原反"扫荡"

1942年1月9日，日伪军2000余人，分4路向清河军区机关和行署机关驻地八大组合击。第一路利津、盐窝之敌于16日到达左家庄、汪二河，第二路惠民之敌于17日进抵十二大屋子，第三路广饶之敌于17日侵占八大组，第四路滨海之敌于18日到达朱家屋子。八路军清河军区机关和部队利用有利地形，白天隐蔽，晚上四处骚扰袭击敌人。处于外线的清河军区清东、清西独立团和各大队密切配合，使敌处于被动挨打、疲于奔命的境地，最后不得不草草收兵。

当年8月14日，日伪军6000余人分东西两路进犯垦区。八路军清河军区直属团和垦区大队经与敌旬日周旋苦战，在韩家、庄科打垮西路之敌，在罗镇、五庄打垮东路之敌，歼敌500余人，缴获轻机枪1挺、长短枪200余支，粉碎敌人的“蚕食”阴谋。战斗结束后，清河军区在罗镇召开了反“扫荡”、反“蚕食”祝捷大会。

1943年1月10日夜，驻利津的日伪军600余人，分乘24辆汽车“扫荡”垦区，敌人到达陈应后，又增加百余辆大车，于11日拂晓向八大组进犯。另一路日伪军1000余人，于11日分乘45辆汽车由利津直扑八大组。清河区党政军机关和军区主力部队早已转移，并事先做好空室清野工作，使这两股敌人完全扑空，一无所得，于12日撤退。13日早晨，日军突然包围国民党军队保安第七团，在周家庄一带经激烈战斗，七团全军覆没。

1943年11月18日至12月8日，日伪军3万余人，配备飞机12架、汽车千余辆、骑兵2000余人，对垦区根据地进行为期21天的大“扫荡”，清河军区主力部队转入外围作战。12月5日，垦区独立团二营四连在小麻湾与“扫荡”撤回的日伪军遭遇，激战一天，歼敌50多人。终因寡不敌众，除二排长贾文修带领十几名战士突围外，其余壮烈牺牲。6日，二营六连在屠户张村与敌骑兵遭遇，经一天激战，毙敌百余名。因敌我力量悬殊，除副连长张文志带领20多名战士突围外，其余壮烈牺牲。

1943年春，日军对清河区连续实施了两次万人以上的大“扫荡”，随后即大规模“蚕食”广（饶）北中心区。北面，日军500余人及刘佩忱部伪军

战士在渤海平原上利用战斗间隙引炊做饭

2000余人，以利津东南三里庄为中心，沿黄河修筑封锁线；南面，伪军周胜芳、王砚田、李青山、王道等部7000余人，沿小清河自东而西展开，将小清河严密封锁，对清河中心区形成夹击态势。

为粉碎敌“蚕食”，清河军区一方面开展分散的游击战争和发动政治攻势，另一方面加强主力部队训练，相机集中兵力，反击“蚕食”之敌。5月28日，清河军区集中直属团全部及特务营一部，以袭击手段攻克北线伪军主要据点三里庄，将伪“武定道剿共军”独立旅第二团大部歼灭。

6月4日，敌南北两路同时出动，“蚕食”广（饶）博（兴）蒲（台）中心区，安设据点20余处，昌（邑）潍（县）地区、清西地区及垦区等处之敌也积极配合，切断清河区与周围各区的联系，试图围歼清河军区领导机关和部队主力。为保存有生力量，清河军区机关、部队主力转移至垦区。

六七月间，青纱帐起。恰值日军独立混成第六旅团外调，接防的独立混成第七旅团部署尚未就绪。清河军区部队乘机对“蚕食”之敌发起攻击，6月24日攻克伪军李青山部主要据点北隋，歼其两个营；7月12日，又歼王道部1个营；7月底8月初，再歼周胜芳部两个营。伪军连遭重创，惶恐动摇，纷纷从中心区撤退。

清河军区部队将入侵之敌逐出后，继续扩大战果，至9月中旬，经3个月作战，击溃伪军6个团，摧毁敌伪据点133个，毙伤俘日伪军3181人，不但恢复了被“蚕食”的广大地区，还部分地恢复了益（都）寿（光）临（淄）广（饶）边区，陆续打通了清河区与胶东区、冀鲁边区的联系。

八、解放利津城

1944年7月，渤海军区趁青纱帐起，发起以解放利津城为中心的夏季攻势。利津城是连接沾化、滨县、蒲台、博兴、广饶等县的枢纽，是日伪军伸向根据地前沿的重要据点。该城守军为日军1个小队和号称“中国皇军”的伪华北绥靖军第八集团军第二十七团，另有7个保安中队、伪县公署宪兵队、伪警察等，总兵力2000余人，其中一部驻守城外围据点。

7月21日晚，渤海军区直属团与第五军分区清东独立团，在地方武装、民兵一部的配合下，首先将伪军王道部驻区 11 个据点全部包围。王道于当夜 11 时按预定计划率其所部 1600 余人反正。在王道部影响下，伪广饶警备队六中队 100 余人亦于当夜反正。两部反正后，八路军部队乘胜扩大战果，至 25 日共克益（都）寿（光）临（淄）广（饶）四县边联区据点 23 处。

8 月 11 日至 15 日，八路军渤海军区部队在杨国夫司令员的指挥下，乘胜扫除了利津城外围之张许、北辛店、盐窝、单家寺等 9 个日伪据点，消灭伪军第二十七团一半及伪警备大队大部。利津城东门外之黄河大堤与城墙同高，便于隐蔽接近，渤海军区便以此为突破口，兵临城下。

8 月 16 日，渤海军区直属团及第四军分区部队，直逼利津城下，当晚发起猛攻。经半夜激战，在强大火力和重迫击炮的轰击下，先炸开东门，突入城内，以一部沿城墙向两侧进击，占领北门及南门。八路军部队势如破竹，攻入城内，当即解决伪绥靖军二十七团团部、军需处及其他处驻兵，伪军大部被俘。伪团长苏冀南率残部窜入城西北角日军据点固守顽抗，城区大部被八路军占领。

拂晓前，攻城部队占领城内文昌阁、魁星楼等据点，并肃清了南北大街之伪军。当晚，城西门未能突破。17 日，重新调整部署，以直属团第二营及第一营一部，分别由城内外夹攻西门及城西南角碉堡，以直属团第一营另一部同时进攻伪县政府及文庙，至当日 14 时，占领上述据点。

17 日夜，大雨如注。直属团第一营冒雨向城西北角日军据点发起进攻。该据点原为县衙门，围墙高丈余，墙下筑有地堡等工事，其中一炮楼高达十几米，居高临下控制着四面街巷。在直属团第一营猛烈攻击下，伪军送信诈降，企图以缓兵之计候

八路军战士在利津攻坚战中攻上城墙

渤海军区司令员杨国夫在祝捷大会上讲话

其援兵。直属团第一营识破其奸计，实施爆破和强攻。日伪军不支，伪团长苏冀南率残部 300 余人俯首就擒，3 名日军上房越墙欲逃被击毙。经彻夜激战，全歼守军，利津城遂告解放。

利津战役，毙日军指挥官井田中尉以下 8 人，毙俘伪团长苏冀南以下伪军 1000 余人，缴获大小炮 14 门、轻重机枪 29 挺、长短枪 900 余支，汽车 2 辆，战马 50 余匹，粮食 75 万公斤，以及其他战利品。

利津城的解放，是渤海军区部队首次取得城市攻坚战的胜利，也是八路军部队继夺取沂水城之后，在山东境内攻克的第二座县城，从此揭开了渤海区局部反攻的序幕，为全面反攻奠定了胜利的基础。

第九章

胶东根据地

胶东抗日根据地，位于胶莱河以东的山东半岛地区，东南北三面环海，西与清河区相连。中部为胶东山区，大泽山、罗山、艾山、牙山、腊山、昆嵛山等山脉自西而东，耸立其境，群山连绵，适合开展游击战争。

一、北海根据地

1937年12月，中共胶东特委在天福山举行抗日武装起义，成立了山东人民抗日救国第三军。胶东其他各地党组织纷纷响应，纷纷发动抗日武装起义，其中规模较大的是黄县、蓬莱和掖县的三支抗日武装。

1938年2月，日军侵占福山、烟台、牟平、蓬莱等县县城后即组织伪县政府，接着又在烟台设置了胶东善后委员公署，以控制胶东各县伪政权。7日，中共胶东特委决定山东人民抗日救国军第三军西进蓬、黄、掖等地，建立根据地。

3月下旬，胶东特委和第三军抵达牟平县马石店，在此召开会议，推举曹漫之代理特委书记，吕志恒任副书记兼组织部长，决定林一山任胶东军政委员会主席兼第三军总指挥，宋澄任第三军政治委员。5月上旬，特委及第三军总指挥部率部分主力到达黄县。胶东各抗日武装先后编为第三军第一、二、三、四路，共3500余人。

胶东党组织在扩大抗日武装的同时，高度重视抗日民主政权建设。1938

年3月到5月，先后在掖县、蓬莱、黄县建立了抗日民主政府，经国民党山东省政府主席沈鸿烈同意，由省政府委任孙端夫为蓬莱县县长、曹漫之为黄县县长、于烺为掖县县长。8月15日，在蓬、黄、掖3县抗日民主政府的基础上，成立了北海行政督察专员公署，曹漫之任专员。标志着以蓬黄掖为中心的北海抗日根据地基本形成，成为全国第二个抗日民主根据地。

北海专署成立后，在胶东特委的领导和第三军的大力支援下，颁发了《施政纲领》、税收制度和减租减息等法规，建立了人民法院、保安司令部和民众抗日救国总动员委员会等政权及统战组织。为适应抗日根据地形势的发展，北海专署还成立了北海银行，在根据地内统一使用北海币。同时，建立了三军总部直接领导的兵工厂。

1938年5月下旬，苏鲁豫皖边区省委为了加强胶东党和军队的领导，派来自延安的红军干部王文、高锦纯等人，携电台一部赴胶东，于6月初到达黄县，与胶东特委、山东人民抗日救国军第三军总部会合。根据省委指示，胶东特委、第三军总部领导成员作了调整，由王文任中共胶东特委书

黎玉与第五支队负责人合影。前排左起：蔡雍泉、高锦纯、黎玉、赵一萍

记，原特委代理书记曹漫之改任特委委员，高锦纯任胶东军政委员会主席、山东人民抗日救国军第三军总指挥，林一山任特委宣传部长，宋澄仍任第三军政委，李耀文任三军政治部主任。

9月18日，根据苏鲁豫皖边区省委的指示，山东人民抗日救国军第三军改用八路军番号，改编为八路军山东人民抗日游击队第五支队，下辖4个团，高锦纯任司令员，宋澄任政委，赵锡纯任参谋长，于眉任政治部主任。

同年12月，第五支队整编为八路军山东纵队第五支队，高锦纯任司令员，吴克华任副司令员，宋澄任政委，赵锡纯任参谋长，符竹庭任政治部主任，辖3个旅6个团，共7000余人。

为统一领导胶东各方面的工作，1938年8月，胶东特委重新成立了胶东军政委员会，王文任书记，委员有高锦纯、宋澄、吕志恒、林一山、曹漫之等。1938年12月，中共胶东区委正式成立，王文任区委书记。

二、大青杨战斗

1938年9月，根据中共苏鲁豫皖边区省委关于“胶东创立以大泽山为中心的根据地”的指示，中共胶东特委与八路军山东抗日游击队第五支队司令部，由掖县迁至平、招、莱、掖交界的葛城一带，建立了大泽山根据地。

1938年秋，山东省伪自治军总司令张宗援，指挥属下赵保原、刘桂堂、张步云等部配合秋山旅团一部约5000人进占平度，企图北犯进攻蓬黄掖抗日根据地，吃掉刚建立起来的抗日政权。

10月中旬，八路军山东纵队第五支队刚刚在掖县沙河镇整编完毕，就通过平度城的内线获得了日伪军将要进攻的情报。为阻止敌人北犯，五支队司令员高锦纯、政委宋澄、参谋长赵锡纯等，对当时的政治形势，敌我力量对比做了认真分析，决定趁敌不备，在大青杨一带打一场伏击战。大青杨，是位于平度城北部，大泽山西麓，距县城30华里的一个三面环山的村庄，村庄周围是漫山遍野的大泽山葡萄，便于部队伏击。

10月15日晚，高锦纯亲率以赵一萍为团长的六十一团进驻大青杨一带，准备截击来犯之敌。六十一团团部及警卫营埋伏于大青杨村外的道路两侧，其余部队设伏于大青杨北边的北盛家村；高锦纯的司令部设在大青杨村小学里，将一挺“老黄牛”重机枪架设在大青杨村和北盛家村之间的小路东侧。南边的棘子嶂村作为前沿，安排了一个连，以迷惑敌人，诱敌深入。

10月16日黎明，赵保原在张步云部的配合下率部400余人，迫击炮4门、机枪17挺及一个小队的日军骑兵，由平度城出发，窜到棘子嶂附近。当日伪军爬过小豁口进入平北山区时，看到棘子嶂村东边的大场院里有几十个八路军在操练。八路军似乎根本不知道有敌来袭，还在那里“一二一、一二一”地进行操练。张宗援立刻命令架起迫击炮炮轰棘子嶂。八路军指战员仓促应战，边打边撤，向北退去，王中连长在撤退时不幸牺牲。张宗援以为土八路不堪一击，命令日伪军全力往北追击。

当日伪军来到大青杨与北盛家之间时，提前埋下的地雷突然爆炸，日伪军顿时乱了阵脚。高锦纯一声令下，机枪、步枪、手榴弹全部火力一齐洒向暴露在大路上的日军和伪军。此时，那挺“老黄牛”重机枪咕咕咕地打得最欢，日伪军连片倒地。这挺马克沁重机枪，还是之前攻打蓬莱城时，动员军阀吴佩孚老宅捐枪抗日，吴佩孚同意将护院的枪支弹药全部献出，计有马克沁重机枪1挺，步枪、手枪百余支。特别是这挺马克沁水冷重机枪，因枪身粗，全身通黄，被指战员们亲切地称为“老黄牛”，在这次战斗中，发挥了重要作用。

赵保原提醒张宗援，这是遇上八路军主力了，不能盲目前进。张步云却讥讽赵保原怕死，说这正是为皇军立功的时候，绝对不能退却。张宗援得意地说，我正要寻找八路军主力呢，一定不能让他们跑了！他命张步云和赵保原督催队伍进攻，一定要将八路军主力全部消灭。

战斗在北盛家村东大庙、大青杨村西全面展开，战线长达10余里。日伪军依靠优势火力疯狂进攻。五支队武器装备低劣，仅有一挺马克沁重机枪，其余则是步枪、手榴弹和大刀。但广大官兵在司令员高锦纯和团长赵一萍的指挥下，士气旺盛，奋不顾身，英勇抗击敌人，打得敌人尸横遍野，不能前进一步。两军阵地前枪弹如雨，硝烟弥漫，杀声震天。团长赵一萍、政委刘仲华和营长宋子良均负伤，仍在阵地前指挥战斗。战斗从上午10时一直打到下午4时，先后打退日伪军三次冲锋，敌人死伤100多名。

赵保原比较狡猾，看到八路军人多势众，又占着有利地形，知道这个仗不好打，便向自己的队伍传令，光打枪别进攻，不要往枪子上撞。赵保原这边的攻势一减，八路军的火力就集中到张步云那边，张步云部死伤严重，很快就顶不住退了下来。赵保原一看张步云的人先退了，自己也趁势撤退。

下午，驻平度县城之敌又派出400余人增援，被六十二团阻援部队击退。眼看天色将晚，张宗援见八路军攻势猛烈，再也不敢恋战，只好下令撤军。日伪军丢下200多具尸体，狼狈逃回平度城去了。

大青杨战斗，是抗战初期胶东地区规模最大的一次战斗，也是八路军山东纵队第五支队成立后的第一仗。这次战斗，打死打伤日伪军230多人，震撼了整个胶东，大灭了敌人的威风，大长了抗日军民的志气，保卫了蓬黄掖抗日根据地和大泽山抗日根据地。

大青杨战斗失利后，伪自治军司令张宗援对赵保原十分不满。遂于1938年11月，命令伪军张步云为先锋，率日、伪军2000多人向掖县大举进攻。八路军五支队特务营、第六十二团及平度抗日游击队在掖平路上对日、伪军展开了近三个月的阻击战，在平度北部的于家庄、昌里、店子、国家埠、羞鱼、高望山等地，给敌人以较大的杀伤，毙伤敌400余人，打得张步云部丢盔卸甲。

1939年1月，日军又派汉奸刘桂棠率伪军2000多人，在飞机的配合下向掖县大举进攻。八路军第五旅由李耀文、张加洛带两个营进行阻击，歼敌50余人。八路军为保存实力，转移到大泽山地区开展游击战，掖县县城于1939年1月16日下午被日军占领。

此后，日、伪军加强了对大泽山抗日根据地的“扫荡”和轰炸。1月19日至21日连续3次派飞机到大泽山北侧掖县的徐家、郭家店、洼曹家、埠上等村进行轰炸、扫射。老百姓死伤10多人，炸毁房屋500多间，财物损失无数。张宗援亲自带领日、伪军进驻郭家店、葛城等村庄搜捕抗日战士和民众，手段十分残酷。他笼络利用占领区的地痞、流氓作为情报人员，成立“黄道会”，密报抗日积极分子和抗日家属名单，日夜抓人动刑拷打审问，在较短时间内就残杀了500多人。

三、大泽山根据地

大青杨战斗之后，日军张宗援部和伪军刘桂棠部经过一段休整，于翌年1月配合日军一个联队及海空军各一部，向蓬黄掖抗日根据地发起大规模进攻，妄图消灭山东纵队第五支队，夺取海口与金矿。为保存有生力量，第五支队主动撤出了蓬、黄、掖三县县城。

3月上旬，胶东区党委和第五支队领导人在蓬莱县赵家村召开紧急会议，决定兵分两路，分别作战。一路由曹漫之带领黄县、蓬莱的地方武装进入艾崮山区，开辟蓬（莱）黄（县）栖（霞）山区根据地；另一路由胶东区党委书记王文、第五支队支队长高锦纯率领第五支队南进大泽山区，开辟平（度）招（远）莱（阳）掖（县）边区抗日根据地。

大泽山位于胶东半岛西部，山脉呈东北西南走向，横跨平度、掖县，主峰海拔736米，周围500米以上的山峰有十几座，便于开展游击战。第五支队以大泽山区为依托，不断在平、招、莱、掖各县打击进犯之敌。

1939年3月5日，伪军刘桂棠部胡大樵团300余人，由招远玲珑金矿北犯黄县，第五支队得知后在大陈家附近设伏，一举歼敌200余人，缴获迫击炮2门、战马42匹以及其他军用物资一宗。战斗中，五支队一名新炮手将炮弹装反，外倒时爆炸，一名营长牺牲，造成仅有的伤亡。

3月7日，第五支队支队长高锦纯又指挥该支队及鲁苏战区第四十八支队徐淑明部攻打日伪军盘踞的招远县城。担负主攻任务的第五支队主力一部于当日凌晨袭入城内，激战至下午2时，毙伤日军指挥官滕田及伪军营长史书琴以下150余人，缴获枪支弹药一宗。在这次战斗中，爱国进步人士、原山东抗日第五纵队司令辛诚一，在阻击黄县城增援之敌中壮烈殉国。

1939年5月，日军为打通烟（台）青（岛）公路，控制胶东半岛，对胶东进行第二次"扫荡"，相继占领栖霞和莱阳。第五支队在鲁东抗日联军赵保原、蔡晋康、徐淑明等部配合下，先后收复栖霞和莱阳。在攻克莱阳城的战斗中，歼敌400余人，伪自治军司令张宗援身负重伤，狼狈逃回青岛。

1940年6月1日，日军从青岛、烟台、招远、掖县、潍县、平度等地，调集5000余人，在驻青岛日军独立混成第五旅团秋山肇少将旅团长指挥下，兵分多路对大泽山区平度、招远、莱阳、掖县及蓬黄山区抗日根据地，进行大规模“扫荡”。

6月11日，第五支队十四团的两个连在招远县西北部的灵山被日军包围，从上午7时激战到下午4时，战斗异常残酷激烈。十四团指战员面对数倍的敌人，浴血奋战，但终因众寡悬殊，团政委张咨明、副团长张子良及200余名指战员壮烈牺牲。6月15日，第五支队十三团、十五团各1个营，在北海独立团和栖霞县大队配合下，在栖霞县雷山北麓设伏，袭击“扫荡”栖霞城的日伪军。战斗自下午3时激战至深夜，歼敌70余人。

7月6日，驻烟台日军绀野部及伪军一部，携带轻重机枪5挺、迫击炮2门，由福山出发，纠合驻蓬莱大辛店伪警备队200余人，兵分两路，联合向艾崮山区抗日根据地石门口一带进犯。第五支队十三团在双山组织对日伪军进行反击战。第十三团一营抢占双山高地，居高临下打乱了敌人的队形。日伪军在重机枪、迫击炮的掩护下，向双山阵地发起猛烈攻击。第一营指战员连续打退敌人7次冲锋，始终坚守着阵地。经8个小时的阵地争夺战和白刃战，毙伤日伪军60余人，击退了敌人的进犯，粉碎了日伪军第一次大“扫荡”。

9月9日深夜，八路军五支队突袭驻道头的日伪军。为防止招城驻敌向道头增援，十三团主力部队在半壁店村西南的青黄公路旁埋伏，准备截击增援之敌，因招城之敌按兵不动，伏击未成。9月11日凌晨，十三团再次在半壁店设伏，采取“引蛇出洞”办法，待机消灭敌人。上午10时许，招城日伪军90余名，配有重机枪1挺、轻机枪2挺，乘汽车3辆，前往道头。当敌汽车驶入埋伏圈内，十三团猛烈开火，敌汽车2辆中弹起火。十三团二营营长刘岩带领战士首先冲上敌汽车，刘岩在与敌司机搏斗中被刺牺牲。一名战士怒不可遏，抡刀劈死敌司机。连长刘振江在追歼第三辆汽车上的逃敌时，不幸中弹牺牲。战斗历时30分钟，烧毁、击坏敌汽车各1辆，毙、伤日伪军40多名。缴获重机枪1挺、轻机枪2挺、掷弹筒9个、步枪40余支、子弹4000余发，取得了半壁店伏击战的胜利。

9月18日，根据八路军总部指示，山东纵队进行了以整编和部队正规化建设为中心的第四期整军，所属部队整编为 4 个旅、3 个支队、2 个团，共 5 万余人。原第五支队整编为八路军山东纵队第五旅，吴克华任旅长，高锦纯任政委，赵一萍任参谋长。下辖 3 个团，即第十三团，团长李绍桥，政委苏晓风；第十四团，团长于得水，政委雨晴，第十五团，团长梁海波，政委蔡雍泉。第三军区改为新的第五支队，下辖第一、二、三团。

10 月 17 日，驻胶东日军抽调精锐部队 300 余人，装备大炮 3 门、轻重机枪 10 余挺，分别从平度县城与夏邱堡出动，对大泽山抗日根据地进行“扫荡”。23 日，十三团先后在独步山、两目山一线设伏，激战 7 小时，毙伤日伪军 250 余人，残敌夺路逃窜。12 月初，日军独立混成旅团大队长大岛，指挥两个中队的日军和伪军 300 余人，到掖县郭家店设立据点，企图控制和分割大泽山根据地。12 月 5 日，十三团、十四团在地方武装的配合下，向驻郭家店日伪军发动进攻。经 5 昼夜激战，将敌击溃，毙伤日伪军 140 余人，收复了郭家店，保卫了大泽山根据地。

1940 年 9 月下旬，中共胶东区委决定成立中共西海地委，丛烈光任书记。同年 11 月，西海行政专员公署成立，胡亦农任专员，标志着以大泽山为中心的西海抗日根据地正式建成。

1940 年 8 月，胶东军区和地方武装相互配合，从大泽山向南发展，开辟了平度、莱阳南部的抗日根据地。1940 年 12 月，中共南海地委成立，刘宿贤任书记。同时，在开辟的新区建立抗日民主政权，成立了南海区行政联合办事处，李芸生任主任，巩固了南海区抗日根据地。

四、昆嵛山根据地

在胶东地区，除了日、伪武装占领着主要城市和交通线以外，国民党地方武装在力量对比上也占着极大优势。抗战爆发后，胶东国民党地方势力派打着抗日旗号，纷纷招兵买马，自立山头，拉起了大大小小 24 支地方游击武装，总兵力约 5 万人，分别占据着胶东的主要城镇和山头；而胶东八路军仅有 1 万余人，并且分隔在蓬莱、黄县、大泽山和昆嵛山区。

抗战初期，这些国民党游击司令与八路军五支队也曾合作过，成立了以

昆嵛山区

第十三区专员兼保安司令赵保原为总指挥的“鲁东抗日联军指挥部”，击溃了日军和伪军张宗援、刘桂堂、张步云等部的几次进攻。

1939 年初，第一次反共高潮后，他们便由联共抗日，逐渐变为限共和反共。以赵保原、蔡晋康、张金铭等为首的顽固派退出“鲁东抗日联军”，成立“抗八联军”，不断制造摩擦事件。

1940 年 9 月，为了扩大东海区抗日根据地，五旅派十四团团长于得水率部由平度抵达文登县。中旬，在地方自卫团的配合下，攻克逼退了文登境内的大水泊、高村、张家埠、登登口、上庄 5 个日伪军据点。东海抗日根据地进一步巩固扩大。

12 月 20 日，盘踞在昆嵛山区的国民党鲁东行署军事处处长洪彪，率驻东海区的国民党顽固派“抗八联军”郑维屏、秦毓堂、丛镜月、王兴仁、赵汉卿等部 3000 余人，兵分三路偷渡母猪河东犯，妄图吞并东海抗日根据地。东海区军民集中全部兵力予以反击。五旅十四团和东海指挥部联合组成临时指挥部，部署在母猪河东邹家床至侯家一带的主力部队发起总攻，一举击溃“抗八联军”的进犯，残余顽军争相渡河窜回昆嵛山区。

1941 年 1 月 8 日，山东纵队第五旅十四团和东海指挥部所属部队，向盘踞在昆嵛山区的郑维屏、王兴仁、丛镜月、丁庭、赵汉卿等地方顽固派发起攻击，激战两昼夜，歼敌2000余人，一举解放昆嵛山区，使文登、牟平两县根据地连成一片；并先后成立了文登、牟平县抗日民主政府。

昆嵛山是胶东半岛最大的山脉，峰峦绵延百余里，纵卧于牟平、文登两县交界处，主峰泰礴顶海拔923米，其中500米以上的山峰有25座，山口72处，是控制胶东半岛的战略要地之一。

1941年2月，胶东军区第五支队司令员王彬、政委王文率第五支队一团东进昆嵛山区，建立了以昆嵛山为中心的东海抗日根据地。1942年2月，胶东区党委和胶东区行政联合办事处机关转移到昆嵛山区内。

3月，日伪军出动1000余人，采取报复性进攻，"铁壁合围"昆嵛山区，焚烧民房，屠杀群众。4月，日伪军3000余人，多路"扫荡"昆嵛山区，妄图消灭胶东主力和胶东区党政领导机关。

胶东主力部队首先伺机冲出敌人合围，胶东区党委机关也在第五支队、地方武装掩护下安全突围，粉碎了日伪军的扫荡合击。从此，昆嵛山区成为稳固的抗日根据地。

五、许世友转战胶东

许世友，原名仕友，1905年生于河南新县一个贫苦农民家庭。8岁时，到嵩山少林寺学武，练就一身好武艺。1926年10月，任国民革命军第一师第一团连长，开始接受革命思想。1927年8月，加入中国共产党。

1927年11月，许世友参加了著名的黄麻起义，历任红军第十一军班长、排长、营长、团长，第九军副军长兼二十五师师长，第四军军长，红四方面军骑兵司令员。先后参加了鄂豫皖苏区、川陕苏区的历次反"围剿"和长征，曾七次参加敢死队，五次担任敢死队队长，六次负伤，是红四方面军一员著名的虎将。在红军突破嘉陵江的一次战斗中，身为军长的许世友曾亲率敢死队，手提一柄虎头大刀冲入敌阵，斩敌36人，令敌人闻风丧胆。1936年10月，红二、四方面军与中央红军在甘肃会宁胜利会师，许世友到红军大学学习。

1937年3月的一天，传来了西路军失败的消息。许多在抗大的红四方面军学员悲痛万分，许世友闻听当众大哭，心疼得一天没有吃饭。这时，抗大正在进行批判张国焘分裂主义活动。一次在批判会上，有人揭批张国焘时，不加区别地把红四方面军的干部和西路军失败的原因都扯了进来，且扣上“分裂主义”“逃跑主义”帽子。生性耿直的许世友按捺不住，跳了起来，大声地说：“有话直说，指着秃子骂光头算啥好汉？我不同意把四方面军从苏区撤出来叫逃跑主义。中央就没有逃跑主义？中央红军不也从中央苏区撤出来了吗？如果说逃跑，应该都叫逃跑！”

许世友的一席话，马上遭到斥责，有人批评他“与张国焘穿一条裤子”，会场上还响起了“打倒托洛茨基分子！”的口号。面对大家的“批斗”，许世友心里很不服气，想回老根据地去打游击。结果，经他一串联，几十个原红四方面军将领都同意与他一起回川陕老区去打游击，并定于4月4日夜10时一起走。

4月4日下午，一切都准备好了，就只等夜色降临，众人就不辞而别。在这关键时刻，红四军政委王建安幡然醒悟了：这是严重违反纪律的行为，不能由着性子来！他立即报告抗大保卫处。保卫处长大惊失色，立即报告校长林彪。

林彪随即带部队进驻抗大，命令全校师生紧急集合。抗大政治部副主任傅钟走上讲台，按照王建安交代的名单点名，点一个，出列一个，捆一个，一连捆了30多个。许世友是最后一个被点名的，他一听到点自己的名字，“呼”的一声，一个鲤鱼打挺，借助一垛矮墙，翻身上了房顶，大声喊道：“有种的上来，上来一个，老子扫一个。”

警卫战士看着许世友飞檐走壁，都知道他会武功，一时无可奈何。红军总参谋长刘伯承闻讯匆匆赶来，和颜悦色地喊道：“世友，下来嘛，有问题下来讲，待在屋顶上，总不是个事啊。”

在刘伯承的劝说下，许世友才勉强地从屋顶上跳了下来，然后气呼呼地任保卫人员五花大绑，被关进了窑洞。

进窑洞后，许世友大骂“出卖”他的王建安和“抓”他的林彪，毛泽东指示对涉案人员要宽大处理。随后，毛泽东亲自与许世友谈话，终于将其感化。许世友认识到了自己的错误，对毛泽东敬佩不已。

尽管许世友承认了自己的错误，但还是与王建安翻了脸，从此不理睬王建安。王建安原名王见安，黄安县桃花沙河村人，自幼家境贫寒，给地主家放牛。1927 年参加黄麻起义，和许世友在同一个部队，两人都英勇善战，从班长一直升到师长。1934 年秋，王建安任红四军政委。不久，许世友调任红四军军长，从此两人成为配合默契的搭档。一个是虎胆英雄，一个是军中儒将。红四军在他们两人的率领下，成为红四方面军的主力，以善打硬仗和恶仗闻名全军。

红四方面军到达陕北后，王建安和许世友一起进入抗大学习。抗战爆发后，两人又都到了山东。一个在鲁中，一个在胶东，并称“山东双雄”。偶尔在山东军区一起开会，许世友也故意不和王建安搭腔，有时还冷言冷语地蹦出句：“关键时刻做叛徒，在战场抓住了就会叛变。”令大家捧腹大笑，在共同的战斗中，终于实现了将相和。

1940 年 11 月，八路军山东纵队第三支队整编为山东纵队第三旅，许世友被任命为第三旅旅长。此时，清河根据地的形势极为紧张，处于日伪顽的夹击之中。为了解决清河区党政军领导机关缺乏安定环境的情况，1941 年初，清河区党委作出了向黄河以北进军、创建垦区抗日根据地的决定。在许世友的指挥下，三旅九团奉命进军垦区八大组，扫除了顽军及当地民团武装，解放了以八大组为中心的黄河入海口广大地区，成为清河根据地的后方补给基地。

“皖南事变”发生后，胶东的国民党顽固派积极响应。3 月 11 日，鲁苏战区暂编第十二师师长赵保原在牟海县召开军事会议，拼凑起 1.2 万人，组成“抗八联军”，兵分三路向东海地区的八路军部队发起进攻。山东纵队五旅和五支队被分隔在蓬莱、黄县、栖霞、招远边境和文登的昆嵛山区，胶东抗日根据地形势急剧恶化。针对国民党顽固派的军事进攻，中共中央山东分局、八路军山东纵队指示胶东区的山东纵队第五旅、第五支队组织自卫反击，保卫胶东抗日根据地，并调山东纵队第三旅旅长许世友率清河独立团进入胶东支援反顽。

3 月 13 日，许世友在蓬莱黄城阳村，同胶东区党委负责人见了面。14

许世友、林浩在大会上讲话

日，胶东军政委员会、胶东区党委、胶东反投降指挥部在黄城阳村召开“迎新反降”会议。胶东区党委书记林浩宣布：“迎新反降大会现在开始，下面请来自延安的红军著名将领许世友同志讲话。”

大家都鼓掌欢迎，好奇地看着这个传奇名将。许世友站起来大声说：“我来胶东就是要打仗的，太平我不来，我来不太平。”说完就坐了下来。

会场上又响起一阵掌声，还夹杂着一片笑声。山东纵队第五旅旅长吴克华劝说：“不行，不行，老许，再多讲点，多讲几句。”

许世友推辞不过，接着说：“蒋介石制造了皖南事变，胶东的投降派也配合日军打我们。在这种情况下，我们决不能无原则地退让，必须坚决执行毛主席指出的‘对于顽固派的军事进攻，必须坚决、彻底、干净、全部消灭之’的原则，也只有如此，才能打击顽固势力的反共气焰。不打就没有出路，不打就不能坚持抗战到底。我们一定要当硬骨头，打垮投降派的进攻，打出胶东的新局面！”

会场上顿时群情振奋，大家振臂高呼：

“坚决打击投降派！”

“为皖南的新四军报仇!”

“活捉蔡晋康!消灭赵保原!”

会议决定成立胶东反投降指挥部，许世友任指挥，吴克华任副指挥，林浩任政委。夏侯苏民、聂凤智分别任第五旅、第五支队军事负责人。

许世友提出了夺取牙山的建议。他说：盘踞牙山的是反共顽固派中较弱的蔡晋康部，设有兵工厂，应首先夺取牙山，这样做既符合毛主席“先拣弱的打”的思想，又可缴获大量枪械、子弹，利于今后作战。他同时指出：牙山是胶东的磨子心，夺取牙山之后，就可以居高临下，四面出击，打通东西两块根据地，控制胶东的心脏地区。然后再寻机歼灭赵保原，解决李先良，全盘掌握胶东。

牙山位于栖霞县东部，山脉呈东西走向，海拔 500 米以上的山峰有 18 座，主峰大牙海拔 805 米，雄踞于胶东半岛的中心，北控烟台，南瞰海莱平原，是联系胶东两大山系——昆嵛山和大泽山的纽带，战略地位非常重要。国民党军事委员会别动总队第四十四支队司令兼山东省第九区专员、保安司令蔡晋康部占领牙山地区，切断了东海、西海两区根据地的联系。

大家一致赞同许世友攻打牙山的建议，并决定，以五支队二团留在昆嵛山牵制东边的敌人；以抗大胶东分校和五旅十五团坚持大泽山与日伪周旋；五旅主力十三团、十四团和清河独立团由西，五支队由东，兵分两路，东西对进，合击牙山。

3 月 15 日夜，太阳刚刚落山，八路军山东纵队第五旅和清河独立团，在许世友的直接率领下，就从蓬莱、栖霞边界的艾崮山出发东进。部队在丛林和峡谷中衔枚疾进，穿山越岭直扑牙山。从东西两面同时向国民党山东省第九专署专员兼保安司令蔡晋康和福山保安司令陈煜两支顽固派部队发动进攻，拉开了胶东反投降战役的序幕。16 日占领牙山。蔡晋康率残部溃逃到桃村，八路军部队乘胜追击，于 18 日下午攻克桃村，歼灭蔡晋康部 1800 余人。与此同时，东路五支队的三个团，也在 18 日歼灭陈煜大部，攻克观水，控制了福山。

许世友又果断地指挥部队直扑赵保原部侧背，一举攻克郭城，全歼苗占魁部，击溃秦毓堂、郑维屏、安赛庚、赵汉卿等部援军，五旅与五支队胜利会师。随后，相继攻占榆山、赤山、发城，将赵保原撵出了莱阳地区，使胶东心腹地带重新成为抗日根据地，第五旅十五团团长梁海波在赤山战斗中光荣牺牲。

历时5个月的反投降战役，共歼灭顽军近2万人，打败了以赵保原为首的“抗八联军”，极大地削弱了胶东顽固派的军事力量，巩固了大泽山、昆嵛山根据地，恢复了牙山根据地，打通了胶东根据地东西的联系，使胶东根据地连成一片。毛泽东闻讯高兴地说：“许世友打红了胶东半边天，了不起，了不起！”

经过胶东反投降作战后，许世友率部返回清河区，组织三旅向黄河北进军，先后解放了罗家庄、宋家庄和义和庄等村镇，进一步扩大了垦区根据地。同时三旅一部主动出击，包围了临淄岳家庄敌伪据点，歼灭日伪军100余人。三旅九团在寿光弥河设伏，毙伤日伪军30余人，俘虏日军3名。

1942年2月，许世友调任八路军山东纵队参谋长。1942年7月1日，胶东军区成立，许世友被任命为胶东军区司令员，林浩为军区党委书记兼政委，副司令员王彬，参谋长贾若瑜。军区直辖十六、十七团，以及东海、西海、南海、北海4个军分区，并统一指挥第五旅。五旅旅长吴克华，政委高锦纯，下辖十三、十四、十五团。

1942年11月8日，烟台山上的一座别墅内，日军华北方面军司令官冈村宁次秘密由北平飞抵烟台，亲自部署对胶东根据地的冬季大扫荡。冈村宁次对驻青岛日军司令官长野荣二非常不满，训斥道：“太无能了，圣战进行五年了，连胶东的几个土八路都对付不了，皇军的脸面都被丢光了。”

长野荣二低头哈腰地回答：“嗨！‘剿共’不力，卑职有罪！”

冈村宁次命令道：“冬天来了，土八路躲藏的青纱帐没了。马上发动为期两个月的拉网行动，将胶东八路军一网打尽。”

长野荣二两腿一并，举手敬礼：“嗨！一定把土八路统统赶到大海里喂鱼！”

11月17日，冈村宁次调集驻鲁日军独立混成第五旅团主力及第五十九师团、独立混成第六、第七旅团各一部，共15000余人，分乘600余辆汽车，由烟青公路东进，猥集于莱阳、栖霞、福山等县。19日，沿烟青公路布防构成“隔断网”，并开始向东推进。21日，日伪军以栖霞、牟平、海阳、莱阳间的牙山、马石山根据地为中心，实施“拉网合围”，多路分进合击，密集平推，无山不搜，无村不梳，妄图消灭胶东军区领导机关。

11月上旬，胶东军区司令员许世友在海（阳）莱（阳）边区召开营以上干部会议，作了反“扫荡”动员，研究部署了反“扫荡”的作战计划，确定采取“保存有生力量，保卫根据地，分散活动，分区坚持”的作战方针，粉碎日军这次大“扫荡”。具体部署是：聂凤智率领十五团从烟青公路南边五龙河一带阻击从青岛来的日军，夏侯苏民率领十六团从烟青公路中部打击莱阳日军，胶东军区副司令员王彬率十七团从烟青公路北部打击从烟台来的日军，适时转入外线作战；许世友带司令部人员机动转移。

在第十六团、十七团的掩护下，许世友率胶东军区指挥机关和第十七团一营，由西向东，穿隙插孔，破“网”突围，隐蔽穿越敌人的合击圈，一气插到海阳日伪据点附近，然后东行冯家，转移到牟海东部山区棘子园一带待机而动。等到敌人回师向东拉网之际，许世友又改行西北方向，飞插鹊山，逼近胶东日军的大本营烟台，威胁牟平、福山之日伪军进行“扫荡”的主要通道，使敌人的拉网大“扫荡”扑了空。

在一个多月的反“扫荡”战斗中，全区军民英勇斗争，共毙伤敌人2000余人，沉重打击了日伪军嚣张气焰，粉碎了日军在胶东发动的规模最大、时间最长的冬季大“扫荡”。

许世友整天带兵打仗，生活却无人照料。第二任妻子离开他之后，一直过着单身生活，吃饭穿衣马马虎虎，衣服脏了也一直穿在身上。许多老部下看在眼里，私下里商量为他张罗对象。

后勤部长高大山私下里为他物色了几位品貌皆优的姑娘。一天，高大山把物色的几个姑娘的情况说给许世友听，其中一个便是五支队被服厂的田明兰。高大山说着，就从挎包里掏出一双新布鞋递给许世友，接着说：“这是她做的，你穿穿看。”

许世友接过鞋看了看说：“手艺不错。不过这八字还没有一撇，我怎么能收人家礼物呢？”

高大山说：“这叫‘拥军鞋’！”

许世友说：“那我就收下了。”

高大山还想继续介绍物色的对象，许世友摆摆手说："不用了。不过，你只讲她的情况，我的情况你有没有给人家说啊？"

高大山笑道："你的情况还要介绍吗？全胶东老少谁不知道？"

许世友说："我说的是年龄，人家是小姑娘，我可是大老爷们了，又有过两次婚史。"

"要是人家姑娘同意呢？"高大山笑着问道："你不是常说婚姻自主吗？先去看看模样，看中了再说。"

许世友既不点头也不摇头，骑上马跟着高大山就走，第一个目标是根据地的被服厂。进门以后，许世友悄悄地顺着高大山的手势看去，只见一位俊俏的姑娘正在那里干活，显得十分纯朴和可爱。许世友对高大山说："就是她吧！"说完策马而去。

这位姑娘名叫田明兰，是莱阳县西朱兰村人。1939 年，八路军第五支队来到她家乡。年仅 15 岁的她，毅然报名参加八路军，被分配到第五支队被服厂当工人，后来被调到宣传队做宣传。

经过高大山的热心搭桥和吴克华等人的撮合，许世友与田明兰相识相爱了。田明兰又给许世友做了一双绣着一对鸳鸯的鞋垫子，许世友则赠送给她一颗子弹头。他说："我一无所有，只有这颗小小的弹头，送给你做纪念。这是万源保卫战时，敌人打进我肩膀里的，我用刀尖划破皮肉把它抠了出来。这么多年，一直带在身边。"田明兰的双眼湿润了，这颗子弹头，可是件极不寻常的定情物。

1943 年春天，万第大捷后，38 岁的许世友和 19 岁的田明兰举行了婚礼。结婚后第一天，许世友对田明兰说：你现在是我的妻子，但更是一个普通战士，我们只会对自己要求更加严格，你以后就改名"田普"吧，这样会时时提醒你自己是普通一兵，不要有特权思想。从此，田明兰改名为"田普"。

婚礼刚过几天，有人捎来口信，说田普的母亲病重，要她赶快回去。临行，许世友给她一把手枪，以防万一。谁知真的遇到了状况。两天后，田家一位亲戚赶来报信："田普被当地反动派绑架了！"

许世友一拳砸在桌子上："反了天了！"

原来，田普回家后被赵保原的部下发现了。赵部遭许世友重创后，对许世友恨之入骨。几个散兵游勇埋伏在路边，抓到田普后，准备带她去邀功请赏。许世友立即派警卫排排长率骑兵赶去将田普营救回来。

继1942年冬季大“扫荡”之后，日军在胶东地区新建了形似塔林般的稠密据点，妄图以“蚕食”和“囚笼”政策，将胶东抗日军民挤垮。其中，在栖霞蛇窝泊村修建的一座大碉堡有5层13米之高，以一个小队和伪军共120余人据守，号称“胶东第一大碉堡”，像一颗钉子楔在那里，切断了昆嵛山根据地和大泽山根据地的联系。许世友命令吴克华拔掉这颗钉子。

1943年5月23日，八路军五旅十三团发起了攻打蛇窝泊碉堡的战斗。凌晨2时左右，担任主攻的八连进入碉堡东西两侧民房，并在墙壁上挖好射击孔和通路口。待下达攻击令后，顷刻轻重机枪齐射，爆破组顶盔贯甲从两侧民房冲出，以3包60公斤的炸药将碉堡西墙、大门和西北角炸毁。接着，苗伦堂等十勇士冲进碉堡底层，机智地点燃杂物，对上层实行“火攻”。日伪军小队长以下44名守敌被击毙，余者皆被活捉，守敌无一漏网。

1944年8月下旬，日军从胶东抽调一部兵力，参加对鲁中、滨海根据地的“扫荡”。许世友率胶东军民不失时机地展开了大规模的秋季攻势作战。8月24日夜，胶东军区十六团三营、东海独立团，在地方武装的配合下，向牟平县境内最大的日伪军据点——水道据点发起猛攻。至25日上午，攻克水道据点，歼灭日军54名，毙俘伪军180名。

经过一个月的大小战斗，胶东部队克水道、收文登、占荣成、逼威海，

胶东部队攻克栖霞敌据点

胶东军区第十六团向水道敌据点前沿阵地运动

扫除日伪据点 138 个，歼灭日伪军 5000 余人，扩大根据地 5000 余平方公里。胶东抗日武装力量迅猛发展，东海、西海、南海、北海 4 个根据地完全连成一片，并沟通了胶东解放区与鲁中、渤海解放区的联系，大大增强了胶东抗日军民对敌伪进行反攻作战的力量。

1945 年初，许世友前往山东军区党校学习。8 月，日本宣布无条件投降。许世友火速返回胶东后，遵照毛泽东、朱德的命令，坚决消灭一切敢于拒降的敌人，猛烈地扩大解放区。指挥胶东八路军部队于 8 月 19 日解放了威海，24 日晚攻占了烟台，为主力部队渡海抢占东北作出了重大贡献。

六、万第战役

1945 年 2 月 5 日，胶东军区根据山东军区指示，发出“协助海莱人民武装起义，讨伐赵保原”的布告和“告莱阳同胞书”，决定兴师讨伐赵保原。

2 月 10 日，胶东军区作了战役部署：军区十三团、十六团、特务营、炮兵营、北海独立团为中央纵队，主攻万第；海阳县独立营、东海独立团三营、海莱“联卫军”一部和海莱部分区中队为左纵队，在东、西王宋一线布防，阻击迎格庄、留格庄、濯村据点的增援之敌；十四团、莱东独立营、栖霞独立营为右纵队，在北寨庄头、凤凰山、龙旺庄、田格庄一线布防，截击莱阳城、昌山、乔家泊增援之敌。

赵保原据守的万第据点，位于莱阳城东南 20 公里，由前万第、后万第、西万第等 3 个自然村组成。万第东、西、南三面环山，北临富水河，依山傍水，地势险要，易守难攻。赵部安设据点后，在外围山头上设有 13 个大型碉堡，内围在 3 个村构筑双层围墙，双层碉堡，开挖双层壕沟，设置铁丝网、鹿寨、音响物，内、外围墙之间遍布地雷。夜间围墙上悬挂风灯，各大门上及碉堡内装置近距离转轮火力炮。

万第据点驻有赵保原暂编十二师师部及山东省七、九、十三区保安司令部和专署机关。其兵力有一团、二团、特务团、师直特务营等 5600 余人。

11 日下午 5 时 30 分，胶东军区各突击部队对赵保原指挥中心后万第及其外围碉堡发起总攻。经一夜激战，歼灭万第外围敌人。12 日上午，赵保原一面电请青岛、莱阳城的日伪军增援，一面组织 3000 名兵力，连续向占据东北方向九号碉堡的八路军发起 8 次冲击，均被击退。

2 月 12 日，正值农历年除夕，抗日根据地的民兵也赶来参战，“农救会”“青救会”“妇救会”等群众团体组成的担架队、运粮队、收容伤员队及运送弹药队等达数万人。

正当万第战斗激烈进行之际，敌三团和二十五团一营分别由濯村、乔家泊出动增援万第，途中均遇到军区部队的分割截击，遭到歼灭性打击。

胶东军区第十三团攻打万第南门

黄昏时分，军区司令部集中各种火炮对万第核心工事实施覆盖炮击，并以地面重型火炮急袭 300 余发，摧毁敌方重要防御设施。接着十三团、十六团发起进攻，首先从前万第东、西两面突破围寨，各部队随即向纵深扩展。经过 5 个小时的激烈战斗，守敌大部被歼。赵保原已无力支撑，只得于21时从后万第仓皇逃窜。参谋长皋鸣九带部分残兵逃到莱阳城，投靠日军。至此，前、后、西万第被全部攻克。

13日，军区司令部从缴获赵部的文件中，得知日军有出击计划。为了扩大战果，军区司令部立即决定移兵攻打濯村据点。当日下午，十三团、十六团、东海独立团、北海独立团进驻姜疃一带。

14日下午，向濯村发起总攻。十六团九连首先攻下濯村西北角的碉堡。敌人集中兵力向九连反扑18次，均被击退。时近半夜，濯村守敌除一部分逃窜，其余缴械投降。同时，从留格庄向濯村增援的敌军也被歼灭。

逃往留格庄的赵保原，率残部经姜山集，向即墨县鳌山卫一带逃窜。军区各路军乘胜横扫赵部其他据点守敌。至20日，相继攻克迎格庄、留格庄、渚东等七八处据点。至此，莱东、五龙县境内除莱阳城、穴坊、姜山尚有日伪军外，整个解放区连成一片。

此次战役，毙伤俘敌1.2万余人，缴获各种火炮14门，掷弹筒17具，长短枪5000多支，轻重机枪160余挺，战马120匹，电台5部、大批粮食和其他军用物资。

七、开办北海银行

日军占领胶东后，日伪"联合准备银行"的"联银券"在敌占区充斥市场，国民党政府的法币币值急剧下跌，奸商巨富乘机滥发票券，大发国难财，给根据地建设、军队供给和人民生活造成了极大困难。1938年3月，为解决军需民用，掖县胶东抗日游击第三支队成立了财经委员会，并由财委会负责筹建北海银行，发放使用自己的货币。

第三支队支队长郑耀南聘请了原青岛中鲁银行经理张玉田参加筹办银行。在筹备过程中，先请邓文卿绘制出票面图案。然后，由张玉田到青岛托人刻成铜版，几经周折带回掖县。再托人到天津购买当时奇缺的印钞票用的道林纸，然后托掖县城里同裕堂私人印刷局印制，印钞筹备工作至7月基本完成。

北海银行发行的北海币

北海银行成立伊始，是以股份有限公司的形式招股募集资金，并设有董事会。8 月，中共胶东特委接管北海银行后，将银行改为胶东北海银行，决定将招股形式改成公私合营，资金由掖、黄、蓬 3 县集资。经过发动之后，实收股金 102336 元。

1938 年 12 月 1 日，北海银行在掖县城举行开行典礼，第五支队司令员高锦纯和郑耀南到会讲话。大会宣布：北海币为掖（县）、黄（县）、蓬（莱）三县根据地通用货币，对私人土杂小票限期清理收兑；对山东民生银行的小票也设点兑换北海币；禁止伪“联银券”与敌票流通行使，违者没收。会后在各地张贴布告，并散发了《北海银行浅说》的小册子。当时，北海银行总行设在掖县城内大十字口南路西“大鸿昌”商号内，总行下设蓬莱、黄县两处分行，张玉田任总行经理。

1939 年 1 月，第五支队撤出掖县城，转入山区坚持游击战争，北海银行随军转移。北海银行先转移至黄县，后又转移到蓬莱，坚持了十几天后，决定暂时疏散隐蔽。后来，总行大部分人员随张玉田到了莱阳。总行分散不久，中共山东分局指示恢复北海银行。8 月，北海银行在胶东财经委员会的领导下重新恢复，北海币由胶东《大众报》社代印。是年冬，总行由莱阳张格庄转移回到掖县，印钞工作从报社分离出来，在掖县建立了印钞厂。为了对外保密，北海银行曾用过“天兴福”和“东记栈”等字号，秘密印刷。

1940 年春，日军对胶东根据地实行“三光”政策和经济封锁，再加上当地高利贷者的暗中勒索，致使农村金融呆滞紧缩，人民群众生活困难，直接影响了抗日根据地的生产和战事供应，为改善根据地的农业生产条件，加强对农贷工作的领导，胶东区根据农贷工作的要求，在县以上政府成立了“农村低利贷款委员会”，由同级农救会长、财政科长、经建科长、银行行长组成并吸收有关部门负责人参加，专门负责农贷的发放工作。在县以下的区、镇设立贷款所，对群众实行免利贷款和低利贷款，帮助农业、工业、渔业、盐业等行业解决资金短缺的困难。

1940 年 8 月，山东省战时工作推行委员会成立财政处。山东分局决定银行工作由省战工委财政处负责，成立山东北海银行总行，由财政处长艾楚南任总行行长，当年发行北海币 800 余万元。

1941 年 7 月，山东分局提出建立独立的银行业务。省战工委根据分局指示，决定建立独立的北海银行组织体系，并在各地建立北海银行办事处与银行网。山东北海银行总行于 1940 年至 1942 年，分别建立了鲁中区分行、鲁北区分行、滨海区分行、清河区分行。山东北海银行总行成立后，原胶东北海银行总行改称北海银行胶东分行。1941 年又先后成立了北海支行、东海支行、西海支行和南海支行。

北海银行在对敌开展经济斗争、发展解放区经济、保证部队供应、改善人民生活等方面发挥了重大作用，为夺取抗日战争的全面胜利作出了重大贡献。后来，中共中央决定在华北解放区的华北银行、山东解放区的北海银行和西北解放区的西北农民银行的基础上合并成立了中国人民银行。

八、创办兵工厂

1938 年 3 月，黄县“第三军第三大队”建立后，随着部队的不断扩充和武器的日趋不足，为了适应对敌斗争的需要，“第三大队”决定建立自己的兵工厂，制造、维修枪支弹药。开始时厂址选在黄县城里，后来改在黄县南部山区文基镇的圈杨家村。这里四面环山，既隐蔽又安全。

厂址确定后，“第三大队”委任周吉隆任厂长。周吉隆上任后，首先动员本村通晓多种技艺的小炉匠周抡奎，携带全部工具到兵工厂工作。后又动员原在沈阳张学良部兵工厂谋事的于鸿春参加兵工厂的筹建。在“第三大队”的发动和领导下，很短的时间，一批具有兵工生产业务专长的技术人才和民间能工巧匠，聚集到了圈杨家村。大家因陋就简，克服困难就动手干了起来。

创办兵工厂困难很多，刚一上马就缺乏资金，范心然以私人关系向永兴裕钱庄借钱 500 元，作为兵工厂创业基金。缺钢铁原料，就设法向群众购买，还把龙口恒兴五金行的锋钢、锉刀、铣头等全部买下来。当时，黄县城里和龙口码头有 8 家私人经营的铁工厂，这些厂子的动力设备和其他生产设备，凡是兵工厂生产能用得上的，他们都通过协议征借过来。计有车床 17 台、柴油机 4 台、翻砂设备 3 套、汽油机 1 台。另外，还没收了一批汽油机、柴油机等日伪财产，兵工厂具有了一定的规模和生产能力。兵工厂又动员和聘请了一大批懂技术的工人参加兵工生产，仅两个月的时间，兵工厂工人就从 50 人增加到 200 余人，很快就投入了生产。

为了加强生产管理，提高兵工产品质量，圈杨家兵工厂在厂部以下设立了机工、木工、子弹、地雷、手榴弹、翻砂、红炉、钳工等 8 个工种部，并根据每个工人的技术特长，进行了精细分工。任命于鸿春为总技师，负责全厂技术工作。兵工厂生产的迫击炮、步枪、子弹、炮弹、地雷、手榴弹，通过实弹试验不断改进技术，提高了产品质量。

1938 年 5 月，中共胶东特委和“第三军”总部到达黄县后，决定将“第三军”总部修械所与兵工厂合并，扩建了圈杨家兵工厂，委派张从周为厂长。六七月间，又把掖县“第三支”修械所和蓬莱“第三军第二路”修械所相继

第五支队炮兵用自制钢炮直瞄射击

八路军山东纵队第五支队用自制迫击炮装备起来的炮兵

并入圈杨家兵工厂。到年底，兵工厂职工发展到 500 余人。当年就形成了月生产迫击炮十几门、步枪子弹 5000 余发、“七九式”步枪 80 支、手榴弹 5000 枚和地雷 200 枚的生产能力。

1938 年 12 月，八路军山东纵队第五支队成立。“第五支队”对兵工厂加强了领导，兵工厂所生产的武器弹药在改善“第五支队”装备方面起了重大作用。1939 年 2 月，“第五支队”撤离黄县，西进平、招、莱、掖地区，把圈杨家兵工厂迁移到平度县的涧里村，改称八路军山东纵队第五支队第一兵工厂。在掖县战斗的部队也自建了一个小型弹药厂，后来与西海军分区修械所合并为第五支队第二兵工厂。

1941 年至 1942 年，胶东兵工厂又有了新的发展，先后在昆嵛山、牙山、牙前县建立了第三、第四、第五兵工厂。新建的 3 个兵工厂开始人员不多，不久他们就与驻地军分区或县大队的修械所合并，吸收参军的青年，各兵工厂职工迅速发展到二三百人。胶东 5 处兵工厂职工达到 1500 余人。

同时，调整了各兵工厂的生产品种，使其向着生产专业化方向发展。第一兵工厂主要生产机枪、掷弹筒；第二兵工厂主要生产迫击炮；第三兵工厂主要生产各种子弹；第四兵工厂主要生产迫击炮弹；第五兵工厂主要生产手榴弹。这种专业化的生产分工，极大地提高了生产效率。1942 年胶东兵工厂月产轻机枪 18 挺；1943 年能批量生产八二迫击炮和迫击炮弹，还能大批生产高级炸药。

烟台市的一些县也积极发展兵工生产。1944年春，海阳县武委会在牛岭山建立了海阳兵工厂，职工80人。开始主要修理枪械，后制造子弹、手榴弹、枪榴弹和“单打一”步枪、“土压五”步枪，还能成批生产手榴弹。

胶东兵工厂根据战争需要，坚持“自力更生，克服困难”的方针，依靠广大职工和科研人员的努力，不仅能够大批生产自己设计、仿制的“四五”式步枪和捷克式机枪、灵巧高效能的掷弹筒和六〇炮、大口径威力强的迫击炮和九二步兵炮，而且还能生产各种炮弹、子弹、掷弹、手榴弹及高级发射药、高级炸药。同时，还能大批生产制造这些高级火药、炸药的主要化学原料，如硝酸、硫酸、酒精、甘油、丙酮、硫黄等。

胶东兵工厂生产的大量武器、弹药，源源不断地供给胶东战场和其他战场的人民子弟兵，为保证抗日战争的胜利作出重大贡献。

九、十三万两黄金送延安

胶东地区盛产黄金，招远是中国第一个年产黄金万两县，辖区内矿脉丰富，其中玲珑金矿为当时全国最大金矿，年产黄金达7000两，成为日本觊觎的目标。

1938年，胶东特委率领第三军创立了蓬（莱）黄（县）掖（县）抗日根据地，并派干部到玲珑金矿成立了采金管理委员会，领导群众修复了被韩复榘逃跑前炸毁的金矿，从事黄金生产，筹集抗日资金。胶东抗日英雄于得水团长率领六十一团负责保卫玲珑金矿和兵工厂，曾多次击退日伪军和国民党地方顽固派的进攻。

1939年2月，日军小川支队武装占领了招远城，翌日占领了玲珑金矿，叫嚣“宁失招远城，勿失玲珑矿”，迅即组成“山东矿业开发组合招远矿业所”，进驻玲珑金矿，对黄金疯狂开采。据不完全统计，日本在占领招远的六年多时间内，共掠走黄金16.5吨，折合52.8万两。为加强对玲珑金矿的封锁，在方圆不足25公里的矿区内，日军派驻了1个装备精良的中队和7个伪军中队，以及1个伪自卫团。在矿区修建起了中心炮楼，在矿区周围拉上了3层铁蒺藜和电网，并且将矿区附近的村庄以及矿区通往外界的道路也严密控制起来。

红军改编为八路军后，国民政府核发的军饷按八路军三个师编制 4.5 万人计，每月发放法币 63 万元，其中生活费 30 万元、战务费 20 万元、补助 5 万元、医疗补助费 1 万元、米津贴补助及兵站补助费 7 万元。1941 年以后，完全停发了八路军的军饷。为此，中共中央提出要重点解决“硬通货”——黄金和外汇。毛泽东说:“把票子搞到延安什么东西也买不到，多搞些‘通货’比较好。”

中共中央山东分局指示胶东特委和第五支队虎口夺金。中共胶东特委成立了一个特有的常设机构——胶东黄金工作委员会，并通过这个组织开展了大规模的黄金争夺战。在党组织的发动下，矿工们进行了机智灵活的斗争。他们有时用烂石头换下高品位金矿石，有时干脆就在矿井下将金矿石砸碎偷带出来。有些工友还趁看守不注意，偷偷用锨头、饭碗淘金，把淘出来的金粉或撒在鞋里，或揉到头发里，或放进棉衣的花絮里带出去。为扩大筹集黄金的数量，胶东党组织还专门建立了收购黄金的地下收购站，从群众手中秘密收购黄金。仅在玲珑矿一带，每周便可收购黄金五六十两。

在招远，规模仅次于玲珑金矿的是蚕庄金矿区，包括大小 70 多个金矿。此地也是胶东特委开展夺金大战的重要地点。1939 年冬，胶东区工会书记苏继光受命秘密来到蚕庄开展工作。

当时，国民党地方武装孙务本控制着蚕庄金矿，他将大部队驻在金矿附近的柳行村，以一个连的兵力驻守金矿。由于孙务本对金矿的控制十分严格，胶东特委决定智取蚕庄金矿。考虑到苏继光曾在龙口码头当过工人，恰逢当时蚕庄金矿正招收一部分龙口码头工人做工，组织上便决定派苏继光打入蚕庄金矿，团结工人在金矿扎下根，然后再借机从内部打破敌人的封锁。

接受任务后，苏继光头戴旧毡帽，身穿破棉袄，腰扎草绳子，装扮成一个挑柴火的来到蚕庄，并在龙口码头老工友的帮助下混进了金矿。进入金矿后，苏继光很快就和工友们打成了一片，取得了他们的信任。当时，矿工们的生活非常艰苦。男的下矿井挖石头，用背筐将石头背到竖井底部，用辘轳把矿石提上地面，再用锤子把矿石打成黄豆粒般的小石子。女的则昼夜不停地推大磨，把石子磨成石粉。虽然终日牛马般地劳作，矿工们的生活依然很贫困，他们不堪忍受矿主的剥削，反抗情绪日益高涨。苏继光便利用工余时间走门串户开展工作，宣传革命道理，逐步把工人们团结了起来，组建起了8支工人护矿队。1940年春，在第五支队十四团的配合下，最终将孙务本的地方武装赶出矿区。至此，东西30里，南北十几里的蚕庄金矿区的领导权归共产党所有，这里成为胶东党组织筹集黄金的主要来源。

第五支队还经常采取武装夺金等方式，伏击敌人运金车队。由玲珑金矿到龙口码头有一条公路，是日军把玲珑黄金运往日本本土的主要运输动脉。胶东抗日武装转战公路沿线，经常伏击日军运输车队，从1941年至1944年春，共炸毁汽车30余辆，消灭日伪军300多人，并缴获了大量富矿石、金精矿和军需物资，沉重地打击了敌人。

1944年春，珑玲金矿地下党组织的一名同志提供了一个可靠的消息，日军要在农历三月初八，将一批黄金从招远金矿运到日本国内。北海军分区据此情报决定拦截这批黄金，将夺金部队埋伏在通往烟台的一个必经山口附近。当天，日军的两辆汽车朝埋伏的方向开来。前面那辆汽车上载着10多名日军，前边架着机枪，后面那辆汽车上装有若干商品货物。敌人进入包围圈后，随着指挥员大喊一声“打”，激烈的枪炮声和手榴弹的爆炸声，打得日本鬼子晕头转向，战斗很快就结束了。

在这次战斗中，日军一个小分队的10多人全部被击毙，缴获了1挺歪把子轻机枪、1具八八式掷弹筒、10多支三八大盖枪。在装有商品的那辆汽车上，有11个带有手提把手的小铁箱，铁箱用气焊焊接得很严实，共有30多公斤重，里面装满了金条。喜讯传到许世友和林浩两位首长那里后，军区领导立即来电表彰参战的全体官兵，并命令北海军分区迅速将这批黄金转移到栖霞县境内的锯齿山深处藏好。

黄金运送的路线最初是从胶东根据地大泽山区出发，经过属于胶东军区地盘的高密，属于鲁中军区的诸城、莒县等地区，最后在沂蒙山区根据地省委、省军区驻地交接。运送黄金的办法，一般是派一个精干的营或连的兵力，战士穿着特制的衣服，将黄金装在衣袋里，每个人带上10两左右，行军时不会感到不便，遇到敌人袭击也能参与战斗或及时转移。

1940年2月，第五支队十三团三营在于得水和教导员张玉华带领下赴山东纵队，执行护送黎玉政委和押送黄金的任务。返回途中经过孙祖镇附近，正碰上沂水等5个据点的日伪军“扫荡”。徐向前司令员亲率山纵二支队、山纵特务团和十三团三营，在孙祖镇一带设伏，连续击退日伪军9次冲锋，围歼日军190余人。十三团的战斗作风给徐向前留下了深刻的印象，特给予机枪和弹药嘉奖。

1940年9月，时任胶东区北海行政专员公署专员的曹漫之，利用去省里参加会议的机会，率领一个约800人的精干团，将6000两黄金分别缝进战士们特制的衣服里，冒着极大的风险，安全送到山东分局驻地沂源县。1941年后，由于日军大规模“扫荡”，这条线路变得越来越不安全。

1941年冬，胶东军区一支运送黄金的部队宿营在诸城县东南山区的一个村庄里。拂晓时分，村外草堆中隐蔽着的担任警戒任务的一个班哨9名战士实在抵御不住疲劳，半睡半醒地趴在草堆里。就在这时，一支日军部队借助夜幕掩护，悄无声息地接近了村口。

日军静悄悄地卧在村外农田里，反复地搜索八路军岗哨，但没有发现已经睡着的八路军岗哨。突然之间，日军指挥官命令向村子发起冲锋，同时发射的照明弹也照亮了村子的上空。八路军哨兵惊醒过来，日军已经近在面前了。在班长的带领下，几名哨兵转身往村子里跑。日军指挥官见状连忙命令部下紧随其后往村子里冲，这几名八路军战士边跑边喊，把尾随的日军引到一条狭小的街巷后，突然转身拉响手榴弹与冲进村子的敌人同归于尽了。

村子里的八路军听到动静，立即冲出村外，并用手榴弹炸毁了村外日军早就布置好的机枪阵地突围而去。这支部队回到驻地后找到敌工部日语翻译，异口同声地学说着一句日语，问翻译是什么意思。翻译一听，是“黄金部队”的日语发音。原来，在突围的时候，几乎所有日军都在高叫着“黄金部队，黄金部队”。据此，胶东运金部队怀疑秘密运金已被日军掌握，这次突袭是日军有目的、有计划的行动。

出于安全考虑，自1942年初，胶东军区运送黄金部队改走“渤海走廊”秘密通道。“渤海走廊”东起胶莱河，西至寿光县东北部的榆树园子村，东西长120多里，南北宽不过10余里，像一条带子，两头分别伸向胶东和清河抗日根据地，一度是胶东通往清河，进而转去沂蒙山区的交通要道。1942

年春至 1943 年 8 月间，有相当数量的黄金沿着这条路线由胶东运往清河，进而转去鲁中，之后转运至延安。

当时，由胶东地区到沂蒙山区途经日军占领区、国民党军队占领区，运金队伍不仅要避开日军的“扫荡”，还要想方设法冲破敌人的重重封锁线，行程十分危险。胶东军区参谋长贾若瑜曾奉命负责运送黄金 3 万两，配备了两个营的兵力运送，途中就有过一次极为惊险的经历。由于数额巨大，除了几十头骡马负荷外，连以上的干部每人都要携带 50 两。当队伍行进到寿光北部清水泊地区时，突然遭遇日军“扫荡”，贾若瑜原想率部到湖泊中借助芦苇荡躲避，可考虑到人员、骡马太多不利隐藏，便绕到湖塘北面的一个村庄隐蔽起来。日军找不到运金部队，遂将湖塘包围起来，点起大火，湖塘顿时浓烟滚滚，一片火海。

1943 年春夏后，日军的大规模“扫荡”让“渤海走廊”变得风险极大。为了开辟胶东与滨海地区的交通线，根据中共山东分局、山东军区的指示，1943 年 8 月，胶东军区派参谋长贾若瑜率领第十四团一个营的兵力，越过胶济铁路，配合滨海军区部队执行打通胶东和滨海两地区联系的任务，从而开辟了诸（城）胶（县）边游击区，打通了胶东区与滨海区直接联系的通道。山东军区命令鲁中、滨海军区主力部队沿途护送胶东运送部队。至此黄金交通线得以巩固，“渤海走廊”基本停用。

因为日军情报部门一直想方设法打探黄金部队的消息，为了防范泄密，胶东军区黄金运送部队都接到过严令，任何人不许透露运送的时间、地点、部队番号、兵力以及交接的过程。那些担负沿途护送任务的八路军战士，也都是政治可靠、严守纪律的共产党员，战士们直到战斗最后也不知道护送的到底是什么。

第五支队特务营曾多次负责护送黄金的任务，特务营营长乔明志就是传奇英雄桥龙飙的原型。他曾经流浪江湖，枪法极准，江湖人称“乔八爷”。参加八路军后，屡立奇功，被任命为第五支队特务营营长，担负起护送黄金的特殊任务。

由于乔明志在江湖上久负盛名，伪军们听到他的大名都胆战心惊，再加上提前做了伪军和他们家属的工作，特务营经过沿途封锁线岗楼时，只要连喊三遍："乔八爷借路，行个方便，互不干扰。"敌无动静，就安全通过。

乔明志曾数十次率特务营穿越胶济铁路封锁线护送黄金，圆满完成了护送任务。1940 年，赴延安运送黄金时，受到中央首长的嘉奖。胶东军区司令员许世友亲自为他颁奖，奖给他战马一匹、手枪一支。

在八年全面抗战中，胶东送到中共山东分局、山东军区的黄金约有 13 万两，没有一两因战斗丢失或者遗落，更没有一人携金叛逃。中共山东分局、山东军区收到黄金后，除留一小部分用作山东省内的抗日经费外，大部分都及时转送中共中央所在地延安。刘少奇、徐向前、朱瑞等同志从山东赴延安时，都携带了大批黄金，有力地支援了全国抗战。

第十章

滨海根据地

鲁东南抗日武装起义后，在诸城、日照、莒县一带山区建立了滨海根据地，范围逐渐扩大到东临黄海，西界沂河，北起胶济铁路，南至陇海铁路，包括苏北赣榆、海州、东海等广大地区。

一、挺进鲁东南

1938年7月，八路军山东人民抗日游击第四支队第六大队改编为八路军山东人民抗日游击第二支队，由沂水开赴莒县岳家沟一带，创建鲁东南抗日根据地。8月，中共苏鲁豫皖边区省委决定建立鲁东南特委，景晓村任特委书记，统一鲁东南地区党的领导，积极建立抗日根据地。

到年底，莒县、日照、诸城相继建立了县委和基层党组织；第二支队发展到1000多人，成为开辟和建立鲁东南抗日根据地的一支基干武装。鲁东南特委和第二支队组织大批民运干部，分赴各地，组织群众抗日团体，并开办军政干部训练班，培训社会知识青年，使群众运动有很大发展，相继建立了自卫团、农救会、青救会、儿童团等群众组织。

1939年5月，鲁东南新任特委书记高克亭会见鲁苏战区第五十七军一一一师师长常恩多，商讨双方互通情报、互相支持、共同抗日等问题。常恩多是东北军爱国将领，拥护联合抗日主张，随苏鲁战区部队入鲁后，在莒县南部的甲子山一带驻防。党组织派王维平、华诚一、张更生等到常恩多部工

鲁东南特委书记高克亭（中）与战友在一起

作，建立了该师中共地下工委。

6月1日，日军出动2万余人，对鲁中山区发动第一次大“扫荡”，同时“扫荡”鲁东南地区。11日，日军第二次占领莒县城，接着占领日照城，并打通了莒日公路和台潍公路，在枳沟、高泽、招贤、涛雒、两城等地设立了据点。鲁东南特委机关和警卫部队转移到莒县南部朱梅一带活动。为便于开展对敌斗争，特委决定撤销莒县县委，在莒日公路以南建立莒南县委，在公路北建立莒北县委。

9月，第二支队参加鲁中反“扫荡”任务完成后，奉命回师五莲山区，在石场大青山一带击退莒县县长兼保安司令许树声部的进攻。接着又给诸城、日照的地方顽固派以有力打击，开辟了诸（城）莒（县）公路以东，诸（城）日（照）公路以西，洪凝镇以南到莒（县）日（照）公路间的大片地区，五莲山区抗日根据地进一步扩大。

鲁东南特委成立后，经过一年的努力，相继建立了诸城、日照、莒南、赣榆、胶县等县委或工委，并建立26个区委。抗日武装除充实扩大第二支队外，还建立了日照、莒南县大队、诸城独立营及区乡武装。随着群众抗日团体的发展，至11月，鲁东南民众抗日总动员委员会成立。

1940年2月，中共山东一区党委书记林浩率区党委机关、九支队来到滨海，传达了中央和集总的紧急指示：立即建立抗日民主政权，大量发展武装。3月，中共日照、莒县县委分别在张兰村、上涧村召开各阶层人士会议，罢免了顽固派县长，民主选举刘若鸿、谢辉为日照、莒县县长，成立抗日民主政府，建立了地方政权。

日照、莒县民主政府成立不久，原诸城、日照、莒县等地顽固派张步云、梁钟亭、张希贤、李延修等部联合向莒、日根据地进逼。由于敌我力量悬殊，莒日公路以北根据地逐渐缩小。加上党内“肃托”的严重错误，原诸城县委书记乔志一、宣传部长刘力一、统战部长王圣舆、诸北中心区委书记赵利民等10余名地方党组织领导人蒙冤被杀，致使地方党组织遭受很大损失。7月上旬，鲁东南特委机关撤到莒日公路以南，莒北县委及胶县工委、诸城工委南撤五莲山区。8月间，八路军山东纵队第九支队对日照顽固派李延修部进行反击，一举歼其大部，扩大了活动区。

1940年9月，江华、孙继先率领的津浦支队进入滨海，滨海区的所有部队统编为山东纵队第二旅，孙继先任旅长，江华任政委，刘海涛任副旅

山东纵队主力挺进鲁东南

长。同年底，山纵二旅南下赣榆，横扫敌伪土顽，发动了两次讨顽战役。赣榆县政府及保安旅被击溃，使鲁东南地区的莒南、日照、临沂、赣榆连成一片。莒日临赣四县联合办事处在莒南成立，选举谢辉任办事处主任，鲁东南地区的政权工作逐步走向了统一。

1940 年鲁中南地区发生干旱，到 1941 年春出现了严重春荒，很多地区出现百姓外出逃荒要饭，部队给养困难。3 月上旬，罗荣桓率一一五师师部和中共山东分局领导机关由鲁中转移到滨海区，在莒南大店一带驻扎下来。

随后，一一五师教导二旅在曾国华旅长率领下挺进滨海。3 月 19 日，在赣榆沿海发起了青口战役。经 6 天战斗，连克青口外围兴庄、海头、朱堵等 8 个敌伪据点，毙伤日伪军 800 余人，俘伪军 800 余人，扩大了滨海抗日根据地。与此同时，山纵二旅又展开了争夺海岸线的战斗，将日照保安十六团李延修部打退至莒日公路以北地带，确保了路南唯一海口——赣榆柘汪，打通了滨海根据地与苏北、胶东根据地的海上联系。

1941 年 8 月 1 日，滨海区召开各县代表大会，成立滨海区专员公署，选举谢辉为专员，标志着滨海抗日根据地正式建成。

同月，中共中央、中央军委决定：山东纵队归第一一五师首长指挥，山东纵队军政委员会和第一一五师军政委员会合组为山东军政委员会，罗荣桓任书记。一一五师师部及山东党、政、军首脑机关设在滨海地区大店一带，从此滨海根据地成为山东革命斗争的中心根据地，被誉为山东的小延安。

二、三打甲子山

甲子山区位于日照、莒县边界，像一个楔子一样伸入滨海抗日根据地的中部，战略地位非常重要。

鲁苏战区第一一一师脱离国民党军队后，离开驻防地甲子山区，开赴滨海抗日根据地整训。这时，第一一一师第三三一旅旅长孙焕彩重组第一一一师，并联合地方顽军朱信斋、李延修部共 2000 余人，乘八路军部队尚未赶到甲子山区之际，抢占甲子山区。至 13 日，先后占领了黄墩、浮棚山、址坊、东上涧及甲子山等阵地，并修筑碉堡工事，积极备战，伺机向抗日根据地反扑。

为给顽军以有力的回击，夺取甲子山这个战略要地，中共中央山东分局领导和山东军区首长决心驱逐叛逆，夺取甲子山区，发起了著名的甲子山反顽战役。战役自 1942 年 8 月中旬拉开序幕，历时近半年，分三次进行，故又称三次甲子山反顽战役。第一、二次战役由山东分局书记朱瑞和山东纵队第二旅旅长孙继先、政委江华统一指挥，第三次战役由八路军第一一五师政委罗荣桓统一指挥。

8 月 14 日，山东分局、山东军政委员会调集山东军区第二旅和第一一五师教导二旅等部队发起第一次甲子山反顽战役。攻击开始后，山东军区第二旅第四团首先攻占大小青山。教导二旅第六团从 100 多里外，冒着滂沱大雨星夜兼程赶到指定地点，不顾疲劳，立即投入战斗，一鼓作气攻占东上涧、草岭前两村庄，歼灭朱信斋部一个连。天将破晓时，又乘势突破三皇山河陡家河一线高地。同时，第六团和东北抗日挺进军独立旅第一团，在蒲汪、潍井两地打开了进攻甲子山的缺口，形成进攻甲子山的有利态势。

17 日夜，反顽部队分别从西、北向甲子山顽军发起攻击。18 日，顽军不支，分路向北逃窜。教导二旅第六团分头追击，在蒲汪一带截击了顽军一个营，激战数小时，将其大部歼灭。19 日 8 时许，第六团与独立旅第一团追至莒日公路边沿高山头附近，与顽军孙焕彩部约两个营的兵力激战两小时，顽军不支，逃往莒日公路以北，第一次反顽战役遂告结束。

此役，毙伤顽军 500 余人，俘 650 余人，缴获轻机枪 5 挺、平射炮 1 门、其他军用物资一宗，收复了甲子山区，鼓舞了起义部队和根据地人民。

10 月初，乘滨海根据地军民紧张准备反“扫荡”之机，孙焕彩又重整残部，纠集顽军李延修、朱信斋部共 4000 余人，越过莒日公路向南进犯，企图重占甲子山区。驻守甲子山区的八路军山东军区第二旅、滨海军分区一部以及第一一五师特务营一部等英勇抗击，先后作战 20 余次，毙伤顽军 500 余人。八路军伤亡 100 余人，山东军区第二旅第四团副团长赖光东在战斗中光荣牺牲。此时，滨海区反“扫荡”形势日趋紧张，为了避免两面受敌，八路军部队于 18 日夜主动全部撤出阵地。孙焕彩率部再次占领甲子山区。

顽军孙焕彩部占领甲子山区后猖狂至极，在山区抢掠财物，杀害革命群众。为了铲除滨海抗日根据地的心腹之患，巩固和发展滨海根据地，在罗荣桓的建议下，山东分局和山东军区决定集中优势兵力，发起第三次甲子山反顽战役。

12 月 17 日，一一五师教导第五旅、教导第二旅一部、特务营及山东军区第二旅、新第一一一师、滨海军分区各一部共 1 万余人，在罗荣桓、陈光的指挥下，以 4 倍于敌的兵力组成左、中、右和迂回 4 路纵队，向驻守甲子山的顽军发起攻击。

在广大民兵、群众的配合下，经 14 天激战，毙伤顽军 1000 余人，俘 1137 人，缴获步枪 485 支、短枪 18 支、轻重机枪 22 挺、迫击炮 3 门、战马 30 匹，以及弹药、其他物资一部；八路军伤 500 余人，阵亡 148 人。经过此役，全部收回了甲子山区。

战役结束后，甲子山区的人民群众欢天喜地，用小车推着花生、白菜、粉条，抬着猪、羊，敲锣打鼓，前来慰问部队。甲子山区的收复，扩大了滨海根据地，并为此后开辟滨海北部地区、进一步打通与胶东抗日根据地的联系创造了重要条件。

三、海陵战役

1942 年 10 月，日军对鲁中沂蒙山区进行“扫荡”之前，散布假情报，谎称要“扫荡”滨海地区。罗荣桓以静制动，指挥第一一五师主力留在滨海地区未动。为了配合鲁中地区的反“扫荡”，也为了打开滨海区南部的局面，罗荣桓决定派主力部队南下，采用“翻边战术”进行海陵战役。

海陵县在滨海根据地的东南端，是抗战时期在赣榆、海州、郯城三县之间新建立的县。南临陇海路，东接赣榆，是滨海根据地南部的边防，又是山东与华中根据地联系的要地。日伪军为建立从郯城至赣榆的东西封锁线，割断山东与华中根据地的联系，极力“蚕食”海陵地区。到 1942 年 11 月初，已安设据点 10 余处，将根据地 6 个区“蚕食”掉 4 个，距一一五师师部驻地最近处仅一二十里，使海陵县的抗日形势受到严重影响。

“蚕食”海陵地区之敌是伪新浦别动队杨步仁部。杨步仁，即湖西“肃托”时的苏鲁豫支队政治部主任兼第四大队政委王凤鸣。因为这次事件的错误，王凤鸣由支队政治部主任降为一一五师教导二旅六八六团团长。1942年春整风开始，王凤鸣唯恐挨整，借到师部开会之机叛逃到赣榆青口日军中，投靠海州宪兵分队分队长立花健治，被任命为海州宪兵分队别动队司令，因其母姓杨，遂改名叫杨步仁。他熟悉八路军的战略战术，了解八路军的情况，在军事上对根据地疯狂“蚕食”，在政治上阴谋瓦解八路军，对根据地构成严重威胁。

一一五师官兵对杨步仁早已恨之入骨，特别是罗荣桓政委，一直对未能严肃处理王凤鸣而感到后悔。当敌人合围滨海区的风声正紧，滨海根据地军民加紧准备反“扫荡”的时候，罗荣桓亲自布置了海陵反蚕食战役。他要求陈士榘和符竹庭率教导二旅向南直插到陇海铁路，然后一一拔除铁路以北、郯城赣榆之间的伪军据点。他特别强调，部队动作不要平推，要从敌人中间突破，像一把尖刀一样，直插敌人的心脏，狠狠地打击这股敌人。

11月3日，教导二旅第四团在友军第五十七军独立旅第一团第二营、第一一一师一部和海陵地方武装的配合下，利用夜色掩护，首先出动重兵团团包围罗庄据点。罗庄是恶绅李太常的老巢，其子李振东、李春生从独立旅叛逃后勾结伪军大队长尹玉琢在罗庄安设据点，为害乡里。

在海陵县民兵的配合下，独立旅第四团爆破组用土炮和炸药强爆罗庄围壕、碉堡和炮楼，突击队冲鹿寨，跨壕沟，翻圩墙，冲进据点。从下午5时起，经7个小时激战，罗庄据点被攻克，伪大队长尹玉琢以下伪军60余人缴械投降。

11月6日，教导二旅第四团第三营接近韩家湖据点外围。据点设在韩家湖东头一块平地上，围墙四角筑有4个大碉堡，围墙四周有明堡和暗堡，外面是鹿寨、铁丝网、围壕，驻有一个伪军中队。夜幕降临后，部队开始炮击碉堡，圩子被炸开一个小口子。部队趁着烟幕，冲过了围壕，砍断了铁丝网，拔掉了鹿寨。但敌人火力太强，进攻部队的梯子靠不到围墙上去，只好停止攻击，让各班开会研究对策。

第二天上午，反“蚕食”部队只发射4发炮弹，便连续打中了韩家湖据点南面的炮楼，其中一发炮弹，正打进碉堡，在伪副中队长的脑袋上开了

八路军部队向日伪据点发起进攻

花。趁敌人内部混乱之际，八路军进行喊话，迫其投降。碉堡里的伪军沉不住气了，把一个被抓去的老百姓放出来，要求不要开炮，晚上投降。团政委吴岱立即写一封信，要他们一小时内投降，否则立即开炮，并动员老乡把信给他们送去。

半小时后，3个炮楼上都挂出了白旗，160个伪军举着手走出了据点。接着，独立旅连续攻克大小齐庄、丁旺、小屯、丰墩等据点。

7日晚，在连克敌伪据点的胜利形势下，教导二旅第四团第三营和第六团一部、滨海军分区骑兵连，先后袭击东西朱埠及董马庄伪据点。朱埠伪军不堪一击，仓皇南窜。骑兵连跟踪追击，俘伪军80余人，缴枪30余支。

当追击部队围攻董马庄时，白塔埠伪军200余人前来增援，被教导二旅第四团第三营击溃。青口、新浦之敌伪千余人，附九二步兵炮2门，向董马庄增援，为避免损失，教导二旅等部迅速转移。反“蚕食”战役胜利结束。

教导二旅以秋风扫落叶之势，6天之内，一鼓作气，连克敌伪据点16处，把杨步仁1200余人的别动队打得七零八落，只剩下200多人。经此战役，被敌人“蚕食”掉的地区基本恢复。教导二旅等部成功地运用“翻边战术”，既粉碎了敌人的“蚕食”，又配合了沂蒙山区的反“扫荡”作战。

四、攻克郯城

1942年秋，八路军在滨海沭西地区击毙了“蚕食”滨海根据地的日军联队长小林之后，盘踞在兖州的日军旅团长石田又从兖州赶到枣庄，策划布置对滨海区发动更大规模的“蚕食”“扫荡”。指挥滨海、鲁南一带的日伪军，首先打通了临（沂）、郯（城）、新（安镇）公路，在沿线重要村镇醋大庄、禹屋、石村等处筑起碉堡，安上据点，企图切断滨海与鲁南、华中根据地的联系，达到全部占领滨海根据地的目的。临沂、郯城之敌，集中2000余名兵力，乘机完成由重沟到郯城的“堡垒封锁”。

这时，处于敌后的郯城，仅留有一少部分敌军守城。为打击敌人的“蚕食”进攻，策应冀鲁边、清河区反“扫荡”作战，八路军一一五师政委罗荣桓和代师长陈光及时抓住这一有利战机，决定利用“翻边战术”攻克日军在鲁南推行“治安强化”的重要堡垒郯城。

郯城位于临沂、新安镇之间，是鲁南入苏北的交通要冲，南距陇海路60里，北距临沂城120余里。日军侵占郯城后，筑起高11米、宽9米的城垣，开挖了深7米、宽6米的外壕，修筑了38个碉堡，易守难攻。郯城正西重镇马头驻有一部分日军，可以随时增援。

为了牵制和迷惑敌人，攻城之前，教导二旅第四团团长贺健率第二连、临沭县独立营以及民兵数千人，对醋大庄及附近敌据点展开了夜以继日的围攻，以吸引住日军。教导二旅第六团政委刘西元率第一营和第五十七军独立旅监视赣榆、新浦方向的日军，以保障攻城部队后侧的安全。马头方向的敌人，由战斗英雄何万祥任连长的第六团第二连进行阻击。同时，中共滨海地委、滨海专署、滨海军分区组织上万名群众，对临沂至新安镇的公路进行了连续4天的大破毁，断敌交通和通信。

为确保战役速胜速决，一一五师首长经慎重讨论决定：以4天时间保证拿下郯城。攻城任务交给教导二旅第六、第四两团，由第六团第三营作为主攻部队从城南攻城。陈光代师长亲临前线，具体帮助旅长曾国华、政委符竹庭指挥作战。

1943年1月18日夜，一一五师教导二旅在代师长陈光、旅长曾国华、政委符竹庭的指挥下，一夜急行军80多里，神不知鬼不觉地挺进到郯城东面的马陵山区。天明，部队就地隐蔽休息。旅敌工科长邵子真化装带人入城内侦察。

19日深夜，月朗星稀，寒气袭人。攻城部队直扑郯城。六团迅速占领城南关，顺着一条弓形大街，借着房屋的掩护，直扑城南门。连续爆破，炸开了第一层城门，谁知里面还有一层门，且有沙包堵满，无法实施爆破，挡住了攻城部队的进路。架梯部队也无法接近城墙，攻城部队受阻。此时，天色已亮，六团奉命暂停攻击。师、旅首长遂根据情况调整部署，决定20日晚在南门和东南大炮楼中间突破，首先架桥通过外壕，再攀梯强攻。

20日，马头镇的日军赶来增援，但整个白天却未向八路军阵地反攻。天色将晚，日军大队人马又返回马头，只有一个小队窜进城里驻守。日军对伪军打气说："毛猴子小小的，抢点东西就走。"

午夜11点，陈光代师长下达命令："今夜坚决攻下郯城！"陈光和旅、团长们，都亲自到火线上去指挥。城北助攻的第四团第七、第九两连，首先向北门发起攻击。枪声、爆炸声、战斗的呐喊声，响彻郯城夜空。担任主攻的第六团第八连冒着敌人的弹雨快速地在外壕上架起木桥，几个战士唯恐木桥不牢，急忙跳下炸塌的沟沿，用肩膀扛着便桥。一队队战士抬着云梯从桥上飞跑过去，把云梯靠上城墙。城垣上敌人一片慌乱，哨子声、咒骂声、惊恐的嚎叫声，搅在一起。两边的敌人用机枪向这里侧射，南门上的敌人也向这里窜过来。躲在城墙垛口后的敌人将滚木、手雷成批地向下泻，辛辣刺鼻的瓦斯弹呛得战士头昏眼花。

与敌人打了几个回合，没有得手。贺团长又组织起一次新的突击。八连集中全连最优秀的投弹手，在一片火海似的城墙下一字排开，准确地把一排排手榴弹投向城墙顶，压制敌人火力。火光中人影闪闪，战士们抬着云梯，冒着弹雨，前赴后继，猛冲上去，终于将云梯架上城墙。第二排六班班长吴兴中高喊着："拿出平型关打鬼子的劲头来！"他率先攀梯登城。城上敌人将点燃的浸满煤油的棉花团推到他身上，他拨开火团，继续向上冲。吴兴中及另外3名登梯的战士先后负伤或牺牲。

第五名战士张桂林机智地先向城墙上连投了几颗手榴弹，趁着浓烟，纵身一跃，飞上了城墙。在战火的映照下，他灵活的身体一闪，又向左右投出几颗手榴弹，将反扑的敌人打退。他回头高喊："快上呀！同志们！"这时八连杜复显、侯殿经等5名战士也跃上城头，与敌人拼杀。

后续部队一阵风似的卷上了城头，乘机扩大阵地，与敌人展开逐屋逐院

1943 年 1 月，八路军战士架云梯进攻郯城

的争夺。与此同时，四团在团参谋长贾正远、政治处主任王树君率领下，也突破城北墙，与据守在伪县政府大院里的敌人展开激战。城内敌军惊恐万分，不断向周围据点发出求救信号。九连一排在西面展开政治攻势，守炮楼的伪军 60 多人缴械投降。

此时，城西突然响起沉重的重机枪声，侦察员报告："马头来了鬼子援兵在西门外和六团接火了。"曾国华遂与符竹庭分工，由符竹庭指挥城里的战斗，曾国华带四团的一个营去接应打援的阻击部队。

担任阻击任务的何万祥连把阵地设在城西不远的一块坟地里，紧紧扼住了公路。21 日上午，已打退马头增援之敌 400 余人的两次疯狂进攻。公路上、麦田里到处是横七竖八的日伪军尸体。虽是严冬，何万祥仍满头大汗，上身只穿一件衬衣，上面溅满了斑斑血迹。这时全连只剩下 53 个人，弹药也有很大消耗。曾国华率部赶到时，郯城中心又不断升起敌人求援的红色信号，日军又要进攻了。

曾国华向何万祥交代："你们把鬼子顶住，我马上要四团从右翼包抄。"增援的敌人冲得既凶猛又频繁，何万祥连又杀伤了不少敌人。待四团已运动到敌人背后，曾国华就发出了出击的命令。何万祥挺起刺刀，像旋风一样的向敌人扑去，一连捅倒几个鬼子。战士们也紧跟在连长后面，冲杀上去。立时杀声遍野，尘土飞扬，一片兵器撞击的格斗声。敌人被杀得狼奔豕突向西逃跑。四团包抄敌人后路的那个营立时堵住了日军的退路。敌人被围在核心，再也逃不脱覆灭的命运。

这时，在城里指挥作战的符竹庭已命令第四、第六两团的突击队用炸药炸开伪县府大院四面的院墙，战士们潮水般地冲入大院。在“缴枪不杀”的喊杀声中，200多名伪军、伪政权人员，高举双手，口喊投降，乱哄哄地跑了出来。

龟缩到大碉堡里的日军顾问滕原真明、指导官多田幸雄和20日傍晚从马头来的一小队日军仍负隅顽抗。八路军将敌团团围住，连续送上两包炸药，把碉堡炸了一个大洞，日军仍不投降。八路军工兵爆破手把一包100斤重的炸药包捆在一根长竹竿上，在火力掩护下，巧妙地顺着石壁把炸药一直伸到炮楼中央。随着一声震天动地的巨响，炮楼顿时支离破碎，8个日军被炸死，剩下的指导官多田幸雄等7个日军，从残垣断壁的碉堡中钻出来举手投降。

至上午10时，攻城战斗胜利结束。一个日本粮行的行长被战士抓来，他摇着头说：“想不到，你们竟会打到后方来。在山东，保险的地方没有啦！”

八路军把敌人掠夺来的粮食分发给农民。城内大车、小车、牲口充塞了街道，赶来搬运粮食的农民队伍和慰问的群众，络绎不绝。

攻克郯城后，八路军又乘胜打下郯城周围18处敌据点。23日，数千名日伪军直扑郯城，意欲报复，此时八路军已胜利返回根据地。

郯城战役，一一五师教导二旅和地方武装伤亡91人，毙伤日伪军400余人，俘日军官兵7人、伪军及伪政权人员共600余人，缴获轻重迫击炮各

盘踞郯城县城的日军向八路军投降

1门、机枪3挺、掷弹筒3具、步枪800余支、短枪27支、土炮50余门、炸弹8000余个、各式子弹5000余发、重迫击炮弹20余发、汽车4辆及其他一大批军用物资，创造了八路军在敌后运用敌进我进的“翻边战术”攻占城池的范例，迫使“蚕食”沭河沿岸的敌人全部撤退，郯城根据地由4个区扩大为7个区。不久，成立了中共郯城县委和郯城县抗日民主政府，扩大了滨海根据地。

五、刘少奇来山东

1940年7月，徐向前离开山东后，一一五师和山东纵队作为两个独立的作战单位，其统一指挥问题一直未能得到有效解决。8月8日，毛泽东、王稼祥、朱德就徐向前离鲁后第一一五师与山东纵队的关系作出指示，要求山东分局、山东纵队、一一五师的指挥机关靠拢，以便统一领导；第一一五师师部与山东纵队指挥部各保持自己的番号；第一一五师有帮助山东纵队正规化之责任；陈光、罗荣桓参加中共中央山东分局为委员，朱瑞多负山东分局责任，统一党、政、军工作的领导。但由于一一五师与山东纵队无相互隶属关系，两大机关驻地分散，因此山东抗战仍时常出现作战指挥不统一、团结协调不够好的问题，影响了对敌斗争的开展。

1941年8月19日，中共中央、中央军委鉴于山东的八路军部队一一五师和山东纵队，同属于中央军委和八路军总部领导的两个战略单位，在作战指挥上尚未统一的实际情况，决定将中共中央山东分局、一一五师、山东纵队指挥部三个机关靠拢，以山东分局为统一山东党政军民的领导机关；山东纵队归一一五师首长指挥，相互配合作战；将山东纵队与一一五师两个军政委员会合并，组成以罗荣桓为书记，黎玉、陈光、萧华、陈士榘、罗舜初、江华为委员的山东军政委员会；山东纵队供给部、卫生部与第一一五师后勤部合并。虽然以罗荣桓为书记的新的山东军政委员会，统一领导两支部队，但以朱瑞为书记的山东分局统一领导山东的党政军民工作。此时，山东抗日根据地仍未能实现党政军一元化领导，尚未彻底解决军事统一领导问题。

1942年，山东抗战进入最艰苦的一年。由于敌人“扫荡”“蚕食”的不断加剧，根据地一再缩小，人力、物力损失惨重，处境极为艰难。山东领导人对战略发展的认识不一致，迫切需要中央的领导，以尽快统一认识。

1942 年 1 月 30 日和 2 月 2 日，一一五师政委罗荣桓接连致电山东分局并报中共中央北方局和中共中央，要求派人帮助解决山东党内存在的问题，指导山东工作。在此前后，山东其他领导人也各自向中央申述了自己的意见。罗荣桓等人的要求引起了中共中央的重视。

1942 年春，适逢刘少奇准备从苏北去延安，党中央和毛泽东委托刘少奇取道山东，帮助山东解决问题。2 月 4 日，毛泽东致电刘少奇：山东“发生争论为时已久……你经山东时请加考察予以解决”。毛泽东还对山东领导干部的配备提出初步设想。刘少奇时任中共中央政治局候补委员、中共中央华中局书记和新四军政委。山东根据地在 1941 年 1 月至 4 月间曾受中原局领导，因此刘少奇对山东情况有所了解。

3 月 18 日，刘少奇化名胡服，经由苏北阜宁单家港启程，途中穿过敌、伪、顽的数道封锁线和陇海铁路，在苏鲁交通线掩护下，于 4 月 2 日进入山东境内。罗荣桓特意派教导二旅旅长曾国华，率部队到陇海路以南迎接。4 月 10 日，刘少奇一行到达山东分局、一一五师驻地临沭县朱樊村。

刘少奇到来后，立即展开工作，分别与山东分局、一一五师、山东纵队、省战工委的主要负责人朱瑞、陈光、罗荣桓、黎玉等人谈话，听取了意见。还亲赴临沭县的东潘、夏庄和赣榆县大树村一带了解情况，深入到群众中调查访问，亲自指导了减租减息群众运动。

在掌握全面情况后，刘少奇于 4 月 26 日召集山东分局委员开谈话会，充分肯定了 4 年来山东工作的成绩，同时也严肃地批评了山东领导工作中存在的缺点和错误。主要是，根据地的力量发展还不够强大，对敌斗争还没有取得优势；还没有很好地发动起群众；建立的政权还未成为真正有广大群众及社会基础的民主的、统一战线的政权。最后，指出了今后山东党和军队的任务。与会人员认真讨论了刘少奇的报告，朱瑞、黎玉、萧华、罗荣桓、陈士榘等先后发言，一致拥护刘少奇的报告。

4 月 27 日，刘少奇召集山东分局和山东军政委员会联席会议，讨论决定了山东工作的战略方针部署和主要干部的配备等重大事项。会议决定：

刘少奇与山东部分领导合影（前排左起：黎玉、刘少奇、萧华、罗荣桓）

（一）建立山东有力的政治军事统一领导中心，一切领导集中于山东分局，山东分局下设军政委员会。（二）一一五师师部、山东纵队指挥部与山东分局合署办公，三个机关由 1 万人减到 3500 人，干部统一配备。（三）山东纵队第一旅拨归一一五师建制。胶东五旅亦成为机动部队，将来亦拨归一一五师。山东纵队其余各旅拨归各军区，并将大部分散插入各地方独立团、营。（四）山东分局书记朱瑞和副书记黎玉均驻一一五师师部，与陈光、罗荣桓一块办公。

随后，山东分局连续举行会议，开展批评和自我批评。朱瑞主动对山东分局工作中存在的问题承担了责任。按照刘少奇讲话的精神，朱瑞代表山东分局作了《抗战四年山东我党工作总结与今后的任务》的报告。

从 4 月底到 5 月，刘少奇结合山东工作的实际情况，分期分批、有针对性地向山东的广大领导干部作了《关于山东工作》《群众运动问题》《中国革命的战略与策略问题》《改造政权问题》《党内斗争问题》《思想方法问题》等重要报告，对山东干部进行了一次系统而深刻的马克思主义理论教育，对提高山东广大干部的马克思主义理论水平和领导水平，促进山东党内思想上的统一和组织上的巩固与团结，都产生了深远的影响。

1942 年 7 月下旬，刘少奇离开滨海区，经过鲁南根据地，在铁道游击队的护送下，穿越津浦铁路和微山湖，来到湖西根据地，对湖西“肃托”事件的重灾区鱼台、金乡等地进行了实地调查。郭影秋向刘少奇陈述了自己对“肃托”中一些问题的不同看法，如对在严刑逼供下承认自己是“托派”的干部处分过重、处分面过宽的问题。

刘少奇就此发表了意见。他说：“当你被捕了，不是被敌人逮捕，而是被党的领导和领导机关逮捕，而且要拉出去杀头，杀你的人还是区党委书记，手里还拿着山东分局的电报，在这种情况下，你究竟是承认好呢？还是不承认好呢？”

刘少奇十分感叹地自问自答道：“难乎其为人呀！当时你承认了不好，因为你没有这件事。但是，不承认又要被杀头，连申辩的机会也没有了。的确是难以处理的事情。这样的事情，不用说你们年轻的党员，就是老党员也不容易判断清楚！”

最后，刘少奇又语重心长地对郭影秋说：“你反映的问题，我一定带回延安，请党中央认真研究，妥善处理；也请你转告所有受委屈的同志，都要积极为党工作。”

9 月 16 日，刘少奇一行到达冀鲁豫边区中心区。在听取了边区党委的工作汇报之后，刘少奇就革命战略和策略、当前工作、群众运动、党内斗争等问题作了指示。此后，刘少奇一行穿越平汉线，西去延安。

刘少奇在山东虽然只有五个多月，但经过深入细致的调查研究，深刻总结了抗战以来山东工作的经验与教训，正确地指出了以后的斗争方向，解决了统一领导的问题，统一了党员干部的认识，对山东工作的指导有着重大的历史意义。

六、赣榆战役

为了策应鲁中、清河区的反“扫荡”斗争，进一步推进反“蚕食”斗争，八路军滨海军区于 1943 年 11 月 19 日发起赣榆战役。

赣榆是敌人“蚕食”滨海根据地沿海地区的前哨阵地，守敌是伪和平建国军第三十六师七十一旅李亚藩部及伪保安队、盐警等，共有2000多人。李亚藩奉命集中兵力向北“蚕食”根据地，以打通海（州）青（岛）公路。

李亚藩原系东北军第五十七军军长缪澂流的副官，在“锄奸事件”后投降日军，其所属第一四一团团长张星三与第一四二团团长黄胜春矛盾很深。滨海军区利用这一矛盾，经过长期工作，争取了黄胜春，使之应诺在滨海军区攻击第一四一团时按兵不动。同时，还争取了第一四一团团长之副官刘宫城，并派人打入该团，接应部队攻城。于是，滨海军区决定采用里应外合的方法巧取赣榆城。

11月19日晚，滨海军区第六团和第二十三团分别隐蔽进入赣榆城东北之渊子头、张家圈和元马厂、三里庙、五里堡等地待机。入夜，第六团二连副连长何万祥率24名突击队员到达赣榆城门外潜伏。21时30分，刘宫城带4名侦察员化装成运粮的老百姓，以“出城催粮晚归”为由，骗开城门，潜在门外的突击队以迅雷不及掩耳之势，解决了守门伪军一个排，占领了城

滨海军区司令员陈士榘（右二）、政委符竹庭（右一）在指挥赣榆战役

楼，并点火发出信号。滨海军区第六团和第二十三团迅速突入城内，向纵深发展。

从梦中惊醒的李亚藩慌忙传令第一四二团投入战斗。团长黄胜春抗命不从，令所属部队不准抵抗。攻城部队即集中兵力围歼伪军旅部、第一四一团、伪盐警和保安队。伪军凭借旅部坚固碉堡群，固守待援。

八路军部队一面进攻，一面展开政治攻势。在李亚藩欲作垂死挣扎之际，第六团步兵炮连发 3 弹，发发命中伪军核心碉堡和李亚藩公馆。在强大的火力打击和政治攻势下，李亚藩待援无望，抵抗无力，至 20 日下午，被迫率残部伪军 1600 余人列队缴械投降。至此，赣榆城宣告解放。

赣榆战役，共歼灭伪军 2000 余人，缴获轻机枪 5 挺，掷弹筒 10 具，长短枪 1600 余支、子弹 2.5 万余发，粮食 10 万公斤，以及其他军用物资。是役，政治攻势发挥了巨大威力，滨海军区部队仅牺牲 3 人，伤 37 人。

赣榆城解放后，八路军部队乘胜扩大战果，又克复了赣榆城周围的海头、兴庄等 11 个据点，打破了敌人打通海（州）青（岛）公路的计划。

11 月 22 日，驻新浦、青口之敌 600 余人向滨海军区部队反击，进行报复。当日，滨海军区部队主动撤出赣榆城。26 日晨，敌又偷袭驻赣榆西北马家旦头村的八路军滨海军区机关，滨海区党委书记兼军区政治委员符竹庭壮烈牺牲。

七、一元化领导

1942 年 8 月 1 日，山东纵队根据中央军委的命令，正式改为山东军区，黎玉任政治委员，王建安任副司令员兼参谋长，江华任政治部主任，下辖鲁中、胶东、清河、鲁南军区和 13 个军分区。山东军区政治上直接归中共山东分局领导，军事归一一五师指挥。

1943 年 1 月，罗荣桓因操劳过度，身患重病，经常便血，有时甚至大量出血，一直持续了一个多月。他的脸色焦黄，人也消瘦了许多，身体非常虚弱，经常躺在担架上指挥战斗。朱瑞、陈光、萧华等商量后，便发电报向中共中央报告了他的病情。

这时，中共中央正准备让罗荣桓担负山东根据地党政军民一元化领导的重任。此事酝酿已久。刘少奇返回延安向中共中央报告了山东情况后，中央即决定调整山东的领导班子。毛泽东曾就此征求了在延安的杨勇等山东干部的意见，并与在太行的彭德怀进行了反复磋商。

罗荣桓得知中央这一打算时，病情已很严重。他担心自己不能胜任，于3月11日致电中央，要求准许他休养半年。但中央决心已定，毛泽东、朱德复电："你的病如果还不是很严重，暂时很难休息。"

3月12日，毛泽东、朱德、王稼祥以中共中央和中央军委的名义决定：一一五师与山东军区合并，罗荣桓任司令员兼政委，黎玉为副政委，萧华为政治部主任，陈光调回延安学习。从此，在山东建立了统一的军事领导中心，解决了武装部队统一指挥的问题。

3月8日，召开了军区机关干部大会，进行关于统一领导和精简机构的动员。随后，原山东军区与一一五师的各直属机关即实行合并，改为新的山东军区。以现在分局机关为基础，成立分局委员办公厅，同司令部合并为一个行政管理单位。朱瑞、罗荣桓、黎玉等领导人均在一起办公。

主力部队全部地方化后，新的山东军区辖鲁南、鲁中、胶东、清河、冀鲁边、滨海6个军区，各军区共辖16个军分区，13个兵员充实的主力团，分属各军区（滨海：第四团、六团、十三团；鲁中：第一团、二团、四团；胶东：第十三团、十四团、十六团；鲁南：第三团、五团；清河：直属团；山东军区直辖特务团）。其余部队分别编为军分区、县、区地方武装。

罗荣桓经过慎重考虑，提出了各区主要领导干部配备的名单。3月11日，经中央书记处复电批准。山东军区各区主要领导干部是：胶东军区司令员许世友，区党委书记兼政委林浩；冀鲁边军区司令员黄骅，区党委书记兼政委王卓如；清河军区司令员杨国夫，区党委书记兼政委景晓村；鲁中军区司令员王建安，区党委书记兼政委罗舜初；鲁南军区司令员张光中，区党委书记兼政委王麓水；滨海军区司令员陈士榘，区党委书记兼政委符竹庭。

三个多月过去了，罗荣桓继续尿血，由于敌后医疗条件差，仍不能明确诊断到底得的是什么病。新四军代军长陈毅知道罗荣桓病了，拍电报给中共中央，建议让罗荣桓来新四军治病。他说，新四军里有位奥地利的泌尿科专家，名叫罗生特，医术很高明。于是，经集总、军委批准，罗荣桓决定到华中新四军去治病。

4月间，罗荣桓在一一五师卫生部长谷广善和林月琴等陪同下，从滨海驻地出发，越过陇海路，经过苏北的淮海区、盐阜区到淮北区，然后渡过洪泽湖，于5月28日到达驻在淮南区盱眙县黄花塘的新四军军部。

陈毅代军长立即风尘仆仆从前线赶回来。当天晚上，他请罗荣桓和林月琴吃了一顿小笼汤包。5月31日，新四军军部召开了欢迎会。由于军务缠身，陈毅把罗荣桓治病的事安排好后，又返回前线。

罗荣桓到达后，罗生特便对他进行全面的身体检查。检查结果，罗荣桓左右两侧的肾脏都有病变。但这种病变究竟是肾肿瘤还是多囊肾，由于当时没有X光机，无法再做进一步检查，罗生特大夫只好决定暂且进行保守治疗。

为了让罗荣桓能够安静地休养，新四军的领导特意把他安排在一个环境

罗生特（左二）和罗荣桓（左三）等在莒南根据地

罗荣桓一家在山东（从左至右为罗荣桓、罗南下、罗东进、林月琴）

幽静的地方。可是，罗荣桓却一心牵挂着山东战局，他无心静养，6月20日便踏上归程。

在回山东的路上，罗荣桓对守护在担架旁的林月琴说："我要订一个五年计划，争取再活五年，打败日寇，死也瞑目了。"

林月琴安慰他说："你的计划一定能够实现，将来革命胜利了，就有条件把病治好了。"

秋后，陈毅又专门派罗生特到山东为罗荣桓治病。罗荣桓任命他为山东军区卫生部顾问，并向卫生部的领导同志交代说："你们有外科和妇科的疑难病人，都可以请罗生特大夫会诊，还可以请他给医务人员上课，要充分发挥他的作用。"

罗生特身材高大，性格开朗活泼。罗荣桓夫妇经常留他在家吃饭，相处如同一家人。罗生特知道罗荣桓爱吃辣椒，有一次使用蹩脚的中国话问罗荣桓："听说你们湖南人爱吃辣椒，连吃西瓜都要放辣椒，是这样吗？"他的话把罗荣桓也逗笑了。然而，他坚决反对罗荣桓吃辣椒，说："你这个湖南人碰上我，可就遭罪了。"

罗生特毕业于维也纳大学，在国内曾因参加反法西斯斗争而被捕，在狱中被法西斯暴徒打断了两根肋骨。来山东后，罗荣桓对他非常关心。前线缴获的炼乳、咖啡等罐头，罗荣桓都吩咐送给他吃。然而，限于条件，有时罗生特也得啃煎饼。常常寄养在老乡家中的罗东进吃惯了红高粱煎饼，称之为"嘎崩"。罗生特啃起煎饼来，也是津津有味，他还学着东进的话说："这个嘎崩很香。"

罗荣桓回山东后不久，山东分局书记朱瑞奉命回延安准备参加党的第七次全国代表大会。1943 年 9 月，罗荣桓担任山东分局书记，黎玉、萧华任委员。

自罗荣桓主持分局和军区的领导工作后，山东根据地完全实现了党的一元化领导，军队和地方的一切工作，均在山东分局和山东军区的统一领导下，统一指挥，统一行动，形成了统一领导山东抗日斗争的坚强核心。

第十一章

冀鲁豫根据地

在山东敌后战场上，除建立鲁中、鲁南、滨海、胶东、清河、冀鲁边六大抗日根据地外，在鲁西地区，还在山东、河北、河南三省交界区创建了一个东至津浦路，西至平汉路，北至石德路，南跨陇海路的根据地——冀鲁豫抗日根据地。

一、杨得志开辟冀鲁豫

1937年11月，中共鲁西南工委成立，先后组织了泰西抗日武装起义和湖西抗日武装起义，成立了“山东西区人民抗敌自卫团”和“苏鲁人民抗日义勇队第二总队”。冀南、豫北一带的党组织也建立了游击队，初步打开了冀鲁豫边区的抗日局面。

1938年8月，八路军第一一五师三四四旅旅长徐海东因病休养，中央军委和八路军总部决定由该旅副旅长杨得志代旅长。杨得志，1911年生于湖南醴陵三望冲一个铁匠家庭。1928年，参加湘南起义组成的工农革命军第七师，并随部队上井冈山，同年10月加入中国共产党。历任红四军第十一师通信警卫排排长、特务连连长、炮兵连连长，红一军团第七师二十团团长、第一师一团团长。1934年10月，参加长征，率团担负前卫和先遣任务。曾指挥红一团突破乌江天险，组织“十七勇士”强渡大渡河，为后续部队打开通路。到陕北后，历任红一师副师长、红二师师长。抗战全面爆发

杨得志（1911—1994），湖南株洲人。1928 年参加工农革命军，历任红四军十一师班长、排长、连长，红一军团第一师一团团长、副师长，第二师师长，八路军一一五师三四三旅六八五团团长，三四四旅代旅长，冀鲁豫支队支队长，八路军第二纵队司令员，冀鲁豫军区司令员

后，任八路军第一一五师三四三旅六八五团团长，率部参加平型关战役。1938 年 8 月，任第三四三旅副旅长并代理旅长，奉命率部开赴鲁西南地区，创建冀鲁豫抗日根据地。

1938 年 9 月，杨得志由山西长治来到八路军总部驻地故县村接受任务。朱德总司令语重心长地对杨得志说："海东同志身体不太好，你是代旅长，要把所有工作都代起来。前一段，中央派徐向前、宋任穷、陈再道到冀南去了。你们去的这一片，属冀鲁豫三省边区，是古战场。这里自古就是兵家必争之地，著名的城濮之战、楚汉相争、官渡之战等都发生在这一带。如今，这里对确保太行山区，沟通与山东根据地和华中根据地的联系，遏制日军南下和西进都起着巨大作用。所以，无论如何，要牢牢控制在我们手里，任务艰巨啊！"

杨得志坦诚地说："冀鲁豫战略地位重要性我了解一些，但在平原地区作战还缺乏经验。"

朱德总司令耐心地说："困难肯定不会少的，而且你这次去，号称一个旅，但你的政委黄克诚和主力部队还不能马上和你一起去。至于平原作战，可以学嘛！所以叫作开辟根据地嘛！"

杨得志带着朱总司令的重托，与旅政治部主任崔田民率领 100 多人向着冀鲁豫三省交界地出发了。经过 10 多天的连续行军，翻过太行山，从豫北的淇县、汤阴之间越过平汉铁路封锁线，到达河南滑县，与先期到达的韩先楚的六七九团会合，在汤阴地区一举全歼了伪军扈全禄部，俘敌 1400 余人。

经过一个多月的战斗，基本肃清了平汉路东、彰河以南、卫河西岸近百里的土顽武装，建立了安阳、汤阴、内黄等县的民主政权和地方武装黄河支队，开辟了新区根据地。

1939 年 2 月，杨得志率第三四四旅独立团和特务团东渡黄河，开赴鲁

1939 年 2 月，杨得志（左三）、崔田民（左六）与冀鲁豫支队领导合影

西南东明地区。到达曹县西北桃园集、刘岗一带后，和地方武装黄河支队、冀鲁豫第五支队合编为八路军冀鲁豫支队，杨得志任司令员，崔田民任政治部主任，下辖 5 个大队，共 4700 余人。

4 月 25 日，冀鲁豫支队集结第一、第二、第三大队的兵力，从曹县东南出发，远程奔袭日伪军据点金乡县城。26 日午夜零时，各大队按计划发起攻击，迅速突入城内，大胆分割穿插。激战 4 小时，一度占领城关各交通要点。但因日伪军凭坚固工事死命顽抗，未能最后解决战斗。天将拂晓，杨得志下令撤出战斗。共毙伤日伪军 150 余名，俘伪军 100 余名。

6 月下旬，驻曹县的日军司令河野率日伪军 300 余人，向驻在曹县东南的第二大队进犯。第二大队政委常玉清率主力第二、第三中队，抢占有利地形，正面迎击敌人的进攻；大队长覃健率第一中队向武楼方向侧击敌人。当敌向第二、第三中队进攻时，第一中队从侧后突然开火。日伪军遭受前后夹击，200 余人被毙伤或俘虏，河野带 30 余人狼狈逃回县城。

冀鲁豫支队的一系列战斗，打开了鲁西南地区的抗日局面，也引起了敌人的注意。1939 年下半年，日伪军采用“分进合击”战术，连续对冀鲁豫支队进行了三次大规模“扫荡”。杨得志指挥部队适时跳出合围圈，转移到微山湖西一带，开展游击战，扩充抗日武装，冀鲁豫支队很快发展到 17000 多人。

转眼冬天到了，由于这一带比较贫穷，部队越冬的粮食、棉衣还没着落。作为支队长的杨得志急得睡不着觉，找政委崔田民想办法。崔田民说：“听说彭老总在内黄，你是不是找找他去？”

杨得志带着警卫员骑马由微山湖连夜赶了二三百里路，到内黄县见到了八路军副总司令彭德怀。杨得志向彭德怀简要汇报了冀鲁豫边区一年来的情况，彭德怀高兴地说：“你们搞得不错嘛！”

“总的形势还可以，但也有令人发愁的事啊！”杨得志有些难为情地说。

彭德怀关切地问：“发什么愁？”

杨得志说：“冬天来了，17000 人，要吃，要穿，还都没有着落，怎么能不发愁呢？”

彭德怀听着杨得志的汇报，笑眯眯地说：“这么说，你是向我讨银子来了？”

杨得志干脆直截了当地笑着说：“您说对了，我就是来求副总司令来了。”

彭老总沉思片刻说：“困难啊，各个根据地都困难。现在八路军扩军了好几倍，蒋委员长发的那点军饷，还是按八路军原来的编制发的，远远不够啊！我们财神爷的腰包里，也没有多少油水可挤啊。你们要尽快建立根据地，建立民主政权，要想办法保障自给自足啊。”

正当杨得志感到要空手而归的时候，彭德怀突然拍了拍杨得志的肩膀说：“可我也不能让你这个一万多人的支队长白跑一趟。我批个条子，你去找供给部的同志，给你挤出 1 万块银圆吧。”

分别前，彭老总提醒杨得志：“数目不多，一人还摊不到一块，但已经尽力了。回去后，要向各级干部讲清楚，还是要像在井冈山、中央根据地那样，一靠自力更生，二靠从敌人手里夺。‘没有吃没有穿，敌人给送向前！

没有枪没有炮，敌人给我们造嘛！’”

杨得志回来后，把情况向崔田民、卢绍武说了。崔田民说：“一万块，还是不能解决燃眉之急啊！”杨得志说：“这一万块是彭老总下了很大的决心才拿出来的。以后我们再也不能向上伸手了，还是得去找敌人要。”参谋长卢绍武建议打“高二穷种”。

“高二穷种”本名高圣君，是曹县南部高辛庄的一个大地主，虽然有个“穷种”的绰号，实际上地多、粮多、钱多，一点也不穷。这个家伙和日伪军勾结，家里挂着日本旗，墙上贴着日军授的委任状，横行霸道，鱼肉乡里，老百姓恨透了他。冀鲁豫支队采取智取的办法，捉住“高二穷种”，勒令他家里人拿钱来赎命，高家不得不拿出七万块银圆。冀鲁豫支队利用这七万块银圆，解决了部队的过冬问题。

1940 年 4 月，八路军第二纵队主力在黄克诚率领下，由太行山区东进到冀鲁豫边区，同冀鲁豫支队会师合编，成立冀鲁豫军区。黄克诚任司令员，崔田民任政治委员，杨得志任第二纵队司令员。

不久，黄克诚根据中央军委命令，率八路军第二纵队第三四四旅和新编第二旅开赴苏北支援新四军。杨得志任冀鲁豫军区司令员，积极组织军民开展平原游击战，不断巩固和扩大抗日根据地。

1940 年 11 月 18 日，日军第三十五师团饭田泰次郎少将率第三十五旅团对冀鲁豫边区进行“扫荡”，在济南至邯郸公路上遭到八路军冀鲁豫军区一支小分队的袭击，饭田泰次郎旅团长被击毙，日军的“扫荡”被粉碎。

到 1940 年底，冀鲁豫根据地向南发展到陇海路，西面、北面接连晋冀豫根据地，东面与山东根据地相邻。1941 年 1 月，冀鲁豫边区行政主任公署成立，晁哲甫为主任，崔田民、贾心斋为副主任。至此，包括冀南、豫北、鲁西南地区的冀鲁豫抗日根据地初步形成。

二、杨勇大战潘溪渡

樊坝战斗后，陈光、罗荣桓率一一五师师部和六八六团主力东进，开辟泰西根据地。杨勇率独立第一团分散在寿张、鄄城等县活动，在地方党组织的配合下，积极开展统一战线工作，发动群众，扩充部队，收编国民党地方实力派郓城县保安副司令祝壁臣部2000余人及汶上县长白玉璞部、郓城保安队等10个营。1939年7月，成立一一五师独立旅，杨勇任旅长兼政委。8月，成立鲁西军区，杨勇兼军区司令员。

杨勇（1913—1983），湖南浏阳人。1930年参加红军，历任红三军团第八军政治部宣传队队长、连政委、营长、团政治处主任、师政治处处长、团政委。全面抗战爆发后，历任八路军第一一五师三四三旅六八六团副团长、团长兼政委，一一五师独立旅旅长兼政委，鲁西军区司令员

杨勇，原名杨世峻，1913年9月出生于湖南浏阳文家市一贫农家庭。1926年在里仁学校读书时，参加劳动童子军，任队长。1930年参加中国工农红军，同年加入中国共产党。历任红三军团第八军政治部宣传队分队长、大队长，连政委，营长、团政治处主任、师政治处处长等职。1933年10月，任红三军团第四师十团政委，参加了中央苏区历次反“围剿”。同年10月随红一方面军主力长征，参加了金沙江、大渡河、土城、娄山关、四渡赤水等战斗，屡建奇功。抗日战争爆发后，先后任八路军第一一五师三四三旅六八六团副团长、团长兼政委，率部参加平型关、午城、井沟等战斗，并取得汾离公路伏击战的胜利。1939年3月，率部随一一五师挺进山东。

1939年7月初，日军第一一四师团中将师团长沼田德重率部到鲁西地区“扫荡”，一一五师独立旅旅长杨勇指挥部队展开反“扫荡”作战。7月16日，当沼田德重率部由聊城向东撤退途中，遭到鲁西军区部队的伏击，伤亡200余人。骑在高头大马上的沼田德重中将胸部中弹，死于济南日军医院，成为抗日战争中被八路军击毙的日军职务最高的将领。

沼田德重是日军中有名的恶魔，1937年任第十三师团第二十六旅团少将旅团长，是南京大屠杀的主要元凶之一。1939年3月晋升为中将，出任第一一四师团长，驻于济南。不仅作战凶狠，而且是有名的色魔，每到一

地，都要寻找年轻美貌的处女。直到临死前几天的日记中，还在做着一生要玩1万名各种肤色少女的罪恶之梦。

1939年9月，根据八路军总部的指示，陈光、罗荣桓率第一一五师师部、第六八六团等挺进鲁南；萧华率东进抗日挺进纵队直属队、第五支队、第六支队一部分批由冀鲁边区进入泰西地区。到1939年底，先后建立了郓城、寿张、巨野、汶上等14个县的抗日民主政权，并成立了运西和泰西两个行政委员会。

1940年3月下旬，第一一五师独立旅与东进抗日挺进纵队第五支队支队部及其第五团、山东纵队第六支队等部合编为新的第三四三旅，杨勇任旅长，萧华任政治委员。4月15日，重建鲁西军区，萧华任军区司令员兼政治委员，杨勇兼军区副司令员。

1940年4月15日，鲁西各界代表大会召开，决定将鲁西北、泰西两个行政委员会合并，在郓城岱庙镇建立鲁西行政主任公署，萧华任主任，段君毅任副主任，下设泰西、运西、运东、鲁西北4个专署。6月22日，中央军委批准萧华任一一五师政治部主任。

1940年11月，鲁西部队统一整编为一一五师第三旅，杨勇任第三旅旅长兼鲁西军区司令员，苏振华任政治委员。至1940年底，运西、泰西、运东、鲁西北各区已经连成一片，形成了统一的鲁西抗日根据地。

鲁西抗日根据地迅速发展，成了日伪军的心头大患。日军三十二师团派1个大队和伪军500余人进驻郓城，并在侯集、程屯等地设置据点。侯集常驻日军1个小队，伪军2个中队。郓城日军自恃武器精良，气焰十分嚣张，经常对根据地进行“扫荡”，给抗日根据地的巩固和发展造成很大困难。

1940年底，鲁西军区司令员杨勇、政委苏振华召开会议，决定采取一次大的战斗行动，狠狠打击日军的嚣张气焰。根据敌人活动规律和侯集据点比较孤立突出的弱点，决定采用“围点打援”战法，以一部兵力围攻侯集，主力则在侯集至郓城间设伏，围歼郓城出援之敌。

1941年1月7日夜，寒星闪烁，北风刺骨，鲁西军区部队冒着摄氏零下十几度的严寒，从范县龙王集地区疾速挺进，隐蔽开进郓城西北的预伏地区。具体战斗部署是：以鲁西军区特务营和地方游击队围攻侯集据点，吸引郓城日伪军出兵增援，以主力七团位于侯集至郓城间敌人必经之碱店地区公路两侧，布成袋形阵地，伏击援敌；以军区骑兵连位于碱店西南的贾楼，战斗发起后迅速进至潘溪渡南侧，阻击郓城再次出援之敌；以鲁西军区二分区警卫连位于碱店东北之杨庙，监视阻击程屯据点之敌，并及时控制杨庙附近大堤，截击向东北逃窜之敌。

八路军战士在潘溪渡战斗中

午夜零时，鲁西军区特务营首先对侯集据点发起佯攻。在猛烈火力掩护下，特务营故意把攀墙云梯暴露出地面，步步向敌逼近，摆出拔除敌据点的强攻阵势。同时，通过鲁西军区“在华日人反战同盟”支部负责人水野清夫，窃听日军电话，得悉侯集敌人向郓城告急求援，郓城敌人即刻出动日军 1 个中队和伪军 1 个大队，汽车 4 辆，携九二式步兵炮 1 门，前往增援。

8 日 11 时，郓城出援的日伪军，沿公路进至碱店南 4 华里的潘溪渡以西时，忽然停止了前进，派出一小股骑兵和便衣特务到碱店搜索。经过一番搜索，日军确信村内无埋伏后，才继续前进。在行进中，伪军警备大队长走在前头开路，日军主力乘 4 辆汽车居中，炮兵携马拉九二式步兵炮尾随。13 时许，伪军大部通过碱店，开始进入七团二营伏击区，日军主力也大部分进村，尾随的炮兵尚未进村。此时，一个骑着高头大马的日军，对埋伏在房顶柴堆里的八路军似有察觉，立即掉转马头回窜，向日军军官软木少佐报告。狡猾的软木立即命令停止前进，并妄图退出村庄。

七团团长刘正看到敌情突变，判断让敌人全部进入“口袋”已不可能，当机立断，果敢地发出了进攻的信号。霎时，轻重机枪居高临下对敌扫射，战士们投出一枚枚手榴弹，砸在敌群中纷纷开花。敌人纷纷跳下汽车仓促应战，软木少佐摇晃着战刀，瞪着血红的眼睛拼命组织抵抗。

“同志们，冲呀!”随着一声呐喊，七团一营营长温宪星率领全体战士们端起刺刀，在火力掩护下，高声呐喊着冲入敌群。三连连长王占魁在肉搏战中，一连毙敌6人，仍带伤坚持战斗，最后拉响手榴弹与日军同归于尽。敌人伤亡惨重，顿时陷入一片混乱，纷纷向村东野泊地里溃逃。

已越过碱店的敌先头部队，听到枪声后急忙向村内回窜。七团参谋长程正杰带领二营，由郭垓、秦集跟踪追击，团政委杨俊生带领三营，由侯铺、樊楼迅速强占了碱店村东大堤，对逃到野泊地里的敌人主力展开侧击。七团各营紧密配合，形成对敌四面合围的有力攻势。

八路军战士与敌人短兵相接，展开激烈的肉搏战。溃乱中的敌人，无力招架，死伤过半，4辆汽车均被摧毁。残敌30余人，仓皇逃至碱店东南方大堤，并抢占了大堤上的一座龙王庙。三营指战员迅速追至大堤西侧，一营也随即前来配合，再次形成对敌人的包围。经过一场拼杀激战，至17时许，全歼龙王庙之敌。

当战斗在碱店打响时，尚未进村的敌炮兵见主力遭到伏击，就仓皇打了几炮，便撤至大堤东南，沿公路向潘溪渡方向奔逃。这时，从西北包抄过来的二营，立即猛扑过去，穷追不舍。抢先插入潘溪渡的骑兵连已切断了敌人

潘溪渡战斗中缴获的日军九二式步兵炮

的退路。敌人炮兵在潘溪渡村北被围歼，九二式步兵炮被缴获。在围歼敌人炮兵的战斗临近结束时，郓城再次出援的日伪军，赶到了潘溪渡南侧。在此严阵以待的骑兵连和二分区特务连进行阻击，击毙援敌 20 余名，残敌败退，撤回郓城。

战至 17 时，除伪军大部溃散外，其余日伪军全部被歼。鲁西军区部队以伤亡 138 人的代价，毙伤日军 127 人、伪军 15 人，俘伪军 4 人，焚毁汽车 4 辆，缴获九二式步兵炮 1 门、重机枪 2 挺、轻机枪 6 挺、马步枪 190 余支。潘溪渡战斗的胜利，创造了平原歼灭战的光辉范例。

三、苏村阻击战

潘溪渡之战后，日军不甘心失败。1941 年 1 月 15 日，日军第三十二师团和第二十一师团各出动一部 7000 余人及伪军 3000 余人，乘 300 余辆汽车，在 10 余架飞机、20 余辆坦克掩护下，从济宁、菏泽、临清、河北大名出动，对以濮县、范县、观城为中心的鲁西抗日根据地进行报复性大“扫荡”，企图合击八路军第一一五师教导第三旅。

日伪军对在观城、范县以南的马集、苏村、红庙、颜村铺、龙王庙等地的鲁西地区党政机关、教导第三旅旅部、第七团和由冀南地区南下执行战略机动任务的第一二九师新四旅形成了包围态势。教导三旅旅长杨勇、政委苏振华决定以特务营营部率第九连和第十连在莘县苏村阻击牵制敌人，掩护鲁西区党政机关及旅机关和新四旅突围转移，尔后采取分散行动、避实击虚、寻机歼敌的战略方针，反击这次日伪军的“扫荡”。

1 月 17 日，特务营营部及第九和第十两个连队进入苏村布防，战士们在特务营营长钟铭新的带领下开始构筑防御工事。苏村是一个只有数百户人家的村子，在村子的中间有一条东西向的丁字街口，向东走通向交通重镇朝城，向西走通向马集，向西的道路当时已被抗日军民挖成了一条半人多深的抗日壕沟。村子的西南是一片开阔的平原，村子周围只有早年防响马留下来的一些破烂土坯和残垣断壁。

18 日凌晨，八路军战士们刚刚吃过早饭，就发现在东北方向有敌人运动过来，并且前哨还发现有日军的汽车，哨兵立时开枪报警，特务营营长钟铭新马上组织战士们进入工事进行阻击。当日军的汽车进入火力圈时，营长钟铭新一声“打!”各种火力一齐向敌人开了火，手榴弹纷纷扔向了日军的汽车。敌人停止了前进，没有被打死的日军，从车上跳了下来，马上组成了战斗队形，向村东的九连阵地扑了过来，但是遭到八路军勇猛火力的射击。

战斗一直打到上午10时左右，打退了敌人的多次进攻，日军暂时停止了进攻。战场上一片狂乱，双方的尸体纵横交错。特务营的弹药快打光了，为了提高战斗力，营长钟铭新决定把一些新兵的弹药都交给老兵集中使用，并把新兵和重伤员都一块儿撤下去。

经过调整，特务营还能参加战斗的只有四个排的兵力，再加上营部的人，总共还不到130人；而日军这时已经由原来的三四百人增加到1000多人，还有十几门山炮，另外在空中还有六架飞机助战，对苏村阵地的八路军进行狂轰滥炸。为了能够更长时间地牵制住敌人，为首脑机关和后方人员的安全转移抢夺时间，特务营营长钟铭新决定死守苏村，誓与苏村共存亡。

一个小时后，日军又开始向特务营的阵地进行疯狂的炮击。炮击过后，日军的步兵从南北两侧迂回攻击。八路军战士奋勇杀敌，早已把自己的生死置之度外，连续打退了日军的四次进攻。

日军指挥官看到八路军战士的奋勇表现，误认为鲁西军区机关和杨勇司令员就在苏村，还没有突围出去，就马上把所有的战略预备队都调了过来，对苏村开始了更加疯狂的进攻。

日军把苏村全部包围起来，然后从村的东、南、北三个方向发起了总攻击。特务营的战士们与强敌展开了殊死的搏斗，敌人曾一度攻入村内，但是都被英勇的特务营指战员给打了出来。敌人又调来了五辆坦克从东面向九连的阵地进行攻击，日军的步兵紧随在坦克的后面，战士们以打排枪和手榴弹对敌人进行射杀。九连二排排长刘勇用一捆手榴弹与敌人的坦克同归于尽。

敌人的进攻越来越凶，战斗已经进入了残酷的巷战，八路军战士们三个一组，两人一伙，分散地在村内与敌人展开了激战。日军死伤惨重，但特务营也伤亡巨大，战至下午4时，特务营只剩下20多人还能战斗，在苏村西南角进行着顽强的抵抗。敌人向特务营的战士们施放了毒气弹，战士们都被

日军在坦克掩护下攻入村内

毒气给呛得晕了过去。

日军攻进苏村，可是并没有找到鲁西军区和行署机关的踪影，于是十分恼怒，就对受伤被俘的特务营战士们进行严刑拷问，战士们没有一个屈服的。最后，日军把被俘的战士们押到苏村东南方的麦地里进行疯狂屠杀。特务营参战官兵，除身负重伤的副教导员秦昌银等10余人生还外，其余包括营长钟铭新在内的126名指战员全部壮烈牺牲。

从清晨时分，一直打到黄昏，特务营战士以四个排130余人的兵力，用血肉之躯筑起了一道钢铁长城，完成了军区机关交给的阻击任务，摧毁了敌人的合围，击垮了数倍于己的敌人陆空联合攻击，击毙日军400多人，保障了鲁西军区及党政机关的安全转移。

在特务营的掩护下，一一五师教导三旅机关、鲁西区党政机关一部疏散隐蔽，其余转移到观城以西的冀鲁边界地区。新四旅冲出日伪军合围圈后，于19日到达山东的郓城、鄄城地区。第七、第八团突围后，分别到达寿张、阳谷以东和郓城西部地区。

19日以后，日伪军对范县、莘县、聊城、东平、郓城等县，分区进行"清剿"，挨村搜查，掠夺物资，并且破坏抗日组织。旅机关和直属队在韩张集、观城地区与敌周旋；第七团在阿城、张秋镇地区，第八团在郓城至黄河一线，相机打击进行扫荡的日伪军；进至山东巨野、嘉祥地区的第九团，围困、袭扰南纸坊、济宁等城镇的日伪军据点，破袭菏泽至济宁的公路。

至2月上旬，反“扫荡”结束。这次反“扫荡”历时一个月，共毙伤日伪军700余人，挫败了日军的“扫荡”企图，巩固了鲁西抗日根据地。

四、冀鲁豫边区

1941年3月，日军在华北推行第一次治安强化运动。4月12日，日军第三十五师团、独立混成第一旅团、骑兵第四旅团1万余兵力和伪军1万余人，在100多辆汽车、坦克配合下，兵分五路对濮阳、内黄、滑县交界处的沙区进行“铁壁合围”。

杨得志率领纵队机关和主力一部隐藏在距敌不远的沙岗树林中，借着夜暗，从两股敌人之间穿插至范县西北的观城，跳出了敌人的包围圈。然后，采用围魏救赵战术，奔袭敌人后方清丰县城及周围据点，消灭日伪军700余人，打乱了敌人的部署，迫使日军不得不提前结束“扫荡”。

1941年7月，为了统一冀鲁豫平原抗日斗争力量，中共北方局、八路军总部决定，冀鲁豫边区和鲁西区合并为新的冀鲁豫边区，杨得志任军区司令员，杨勇任副司令员，苏振华任政委。边区下辖泰西、运西、运东、鲁西北、鲁西南、直南、豫北7个地委。

1942年底，中共中央决定将湖西区划归冀鲁豫边区，冀鲁豫根据地进一步扩大，使鲁西、鲁西南、湖西三块根据地连成一片。黄敬任冀鲁豫边区党委书记兼军区政委。

黄敬，原名俞启威，出身于浙江绍兴的一个名门望族。1924年就读于天津南开中学，1930年在上海参加左联文艺团体南国社，从事进步文化活动。1931年考入国立山东大学，积极参加爱国学生运动，成为青岛学生运动的领袖。1932年，加入中国共产党，历任山东大学地下党支部书记，中共青岛市委宣传部部长。1933年夏，由于叛徒出卖被捕入狱，同年秋被营救出狱。1935年考入北京大学，与姚依林等人组织领导了“一二·九”爱国学生运动，担任游行队伍总指挥。1936年初，参与组建中华民族解放先锋队，同年4月任中共北平市委宣传部部长兼学委书记。1937年2月任中共北平市委书记。抗日战争爆发后，任中共晋察冀省委书记。1938年春，任冀中区党委书记，组织领导了冀中抗日民主根据地的开辟、创建工作和反“扫荡”斗争。1942年秋，调任中共冀鲁豫区党委书记。

黄敬与晋察冀军区领导合影（左起：彭真、黄敬、关向应、王震、聂荣臻）

1942年11月至12月，黄敬主持召开了冀鲁豫边区高干会议，作了题为《边区的形势与任务》的报告。报告认为，边区的特点，是处于接合部，处在日、伪、顽、会、匪的夹击之中；边区工作的问题，是没有下大气力开展民主民生斗争，对基层政权的改造重视不够；边区工作的基本方针，是抓紧目前短暂时机，进行巩固根据地的工作；边区工作的中心任务，是发动群众，使群众从关心切身利益的经济斗争上升为政治斗争、武装斗争，同时改造区、村政权，进行财政经济建设；边区军事斗争和武装工作的方针，是开展高度分散的敌后游击战争，实行敌进我进，扭转对敌斗争的被动局面。黄敬提出的扭转边区困难局势的一系列正确方针和策略，获得了与会者的一致赞成，从而统一和提高了边区干部的思想认识水平。

冀鲁豫边区广大军民经过1941年到1943年的反“扫荡”、反“清剿”、反“蚕食”的艰苦斗争，根据地得到初步恢复、巩固和发展。但与冀鲁豫区相比，冀南区敌情要严重得多。

为适应这种南缓北紧的形势，统一和增强对敌斗争力量，1943年11月，中共中央决定成立中共中央冀鲁豫分局，统一领导冀南、冀鲁豫两区工作。黄敬、宋任穷、李菁玉、苏振华、杨勇等为分局委员，黄敬任中共中央冀鲁豫分局书记。

新的冀鲁豫军区也随之成立，宋任穷任军区司令员，黄敬兼任政治委员，王宏坤、杨勇任副司令员，苏振华任副政委，曹里怀任参谋长，朱光任政治部主任。

冀鲁豫和冀南两区合并后，冀鲁豫边区根据地进一步扩大，形成东至津浦路，西至平汉路，北至石德路，南跨陇海路，由中共中央和八路军总部直接领导的抗日根据地。

五、黄敬计袭八公桥

1943 年 10 月，日军从津浦、陇海、平汉铁路沿线，调集 3 万多兵力，对冀鲁豫根据地发动了“秋季大扫荡”。10 月 12 日，2 万余日伪军直扑冀鲁豫中心濮（县）范（县）观（城）地区，企图围歼冀鲁豫军区主力部队。

在冀鲁豫军区司令员杨得志和军区政委黄敬的指挥下，冀鲁豫军民开展反“扫荡”，军区主力部队避敌锋芒，迅速跳到外线。在日军“扫荡”的后期，活动在定陶、曹县一带的国民党鲁西行署主任兼第三十九集团军副总司令孙良诚率部投降了南京汪伪政权，充当伪第二方面军总司令，仰仗日军的庇护，乘冀鲁豫主力部队转入外线之机，采取步步紧缩，大筑据点的战术，蚕食了冀鲁豫边区抗日根据地濮阳与濮县之间方圆数十华里的地区。孙良诚亲率其总部进驻濮阳城东南的八公桥，其精锐第五军侵占了濮县，并以此为中心，设置了大小据点百余处。

敌人“扫荡”结束后，冀鲁豫军区主力部队从东平地区返回内线，这时根据地只控制着范县、观城之间方圆不过百余里的腹心地区。为了迅速打开局面，恢复与巩固冀鲁豫根据地，杨得志司令员命令第二军分区作为反向中心区的前梯队，乘敌立足未稳，向寿张、朝城伪军伸入根据地的据点，发起进攻。11 月，第二军分区部队连克侯庙、莲花池、虞铺三处，全歼守敌。

为彻底粉碎敌人的“蚕食”，杨得志司令员和军区政委黄敬召集干部会议，讨论如何将孙良诚这股伪军侵入中心区的据点拔除，以改变根据地被蚕

冀鲁豫军分区司令员杨得志（左三）与部分领导人合影

食的严重局面。大家纷纷发言，出谋划策，决心好好打一仗，狠狠打击一下孙良诚部的嚣张气焰。

冀鲁豫边区党委书记兼军区政委黄敬听了大家的发言后说："伪五军是孙良诚部精锐，兵力配备强，工事坚固，不易迅速攻克，即使拔除几个据点，也不足以影响全局。建议采取声东击西战术，迂回敌后，袭取孙良诚的总部八公桥，将其首脑机关打掉，可以给伪军致命打击。"

回民支队司令马本斋响应说："这个奇招好，就好比'牛刀子掏心'战术，直捣敌人心脏。我们可以采取侧攻两门、实夺八公桥的战术，以奇制胜。"

杨得志很赞赏这个计划，他分析说："伪二方面军总指挥孙良诚率直辖的三十八师两个团及特务团，集中于八公桥及其邻近的徐镇。这一带地处冀鲁两省交界，属于日军华北、华中派遣军的接合部，日军'扫荡'结束不久，各回原防，一时不易统一行动，目前正是反击的大好时机。如突然打下八公桥，孙良诚所部势必动摇后撤，根据地是不难迅速恢复的。"

杨得志当即作出战略部署，命令第二军分区司令员曾思玉、政委段君毅率第七、第八团主攻八公桥。鄄北、郓北、昆吾等县大队钳制八公桥外围据点，展开政治攻势，相机夺取。第四军分区政委张国华率第十六团及第五军分区第十九、二十团等部，分别部署于八公桥西侧，濮阳至东明一线，对付敌第四军，并提前行动，攻打敌人后方的据点——两门，以吸引敌人西援，减轻对主攻部队的压力。马本斋率第三军分区三十二团、回民支队及中心区各县区武装、民兵，在濮县一带袭扰，牵制伪五军，阻击其回援。

第二军分区司令员曾思玉、政委段君毅等几个负责同志又在战术方面作了深入的研究。派侦察股长丘克难同志前往昆吾县，配合县委侦察八公桥及徐镇的敌情；同时，故意把分区的指挥机关和部队从范县以南的腹心区移向东南方向，驻于鄄城北面的刘楼，远离孙良诚的部队，做攻坚战准备工作，并派出侦察员和小股部队向东，到郓城、刘口、肖皮口等敌据点附近活动，造成准备攻打刘本功部伪军的声势，以迷惑孙良诚。

侦察员还通过各种渠道，故意放出假消息传到敌据点里去。有的找到伪乡保长，故意恫吓说："我军在这一带集结，走漏了消息要找你们算账！"有的告诉来往于敌占区的商贩："你看到了我们部队在造梯子，可不准告诉敌人！"有的把敌哨兵抓来，详细讯问据点的设防情况，然后又故意让他逃回。政治部主任尹斌让敌工科长通过内线关系，把假情报直送到刘本功的指挥部。散驻各村的部队同时展开了练兵运动，日夜擦枪磨刀，练习登梯拼刺。这一招果然奏效，把刘本功搅得晕头转向，吓得他急忙收拢部队，添加岗哨，拼命向孙良诚呼救。

11 月 14 日，杨得志命令第四军分区政委张国华率部侧攻八公桥东北约 30 华里的两门镇，一举吃掉敌军两个连。孙良诚慌了手脚，忙从八公桥东南的徐镇据点抽调一个团，紧急增援两门镇，声东击西战术果然使八公桥守敌放松了戒备。

11 月 16 日拂晓，曾思玉率第二军分区主力部队，由鄄北、濮县南悄然进军黄河故道北岸之苏庄、党堂、小屯、火神庙地区隐蔽集结。下午 5 时部队出发，各团分路由黄河大堤西行一阵，避开伪五军的占领地带，然后向东南方向开进。杨得志、阎揆要随第二军分区主攻部队行动。

黄河故道常刮"关门风"，春冬尤甚。黄昏后，狂风骤起，黄沙弥漫，只刮得昏天黑地，伸手不见五指。分区参谋处长李觉和侦察股长邱克难拿着指北针和军用地图，由侦察员和当地情报员引路随先头营掌握行进路线。以狂风做掩护，各级指挥员靠前指挥，部队衔枚疾走，神不知鬼不觉，穿行敌伪据点之间，分区前进指挥所秘密推进到八公桥镇附近的预定地点史家寨。曾思玉命令在一农户的屋檐下挂起红灯，以示军分区前进指挥所设在这里。不一会儿，第七团、第八团、基干团都派人报告说已做好了战斗预备。

八公桥位于濮阳县东南45华里，是个大镇。有土寨、寨壕、三道木寨，伪军自以为壁垒森严，戒备松弛。当夜22时，七团三连突击队遵照曾思玉的命令先从八公桥东北角扒开木寨，七团长温先星、政委杨俊生指挥担任主攻的三连、四连战士迅速越过外壕，纯熟而秘密地架起云梯。

曾思玉和温先星、杨俊生目送三连突击队的战士从东北角登上寨墙，随后五连也从东面攻上寨墙跟进。趁打更的敌人不备，三连突击排长王仲月忽然将其俘获。突击队押着敌更夫带路，更夫打着哆嗦喊"平安无事啊……"

七团主力迅速攻入围寨，很快接近伪二方面军总部八大处。这时有几个伪军官还在汽灯下打麻将，直到突击连的枪口对准其胸膛大喊："举起手来！缴枪不杀！"才如梦方醒，只好乖乖地举手投降。

在七团攻寨的同时，八团突击连在团长齐丁根、政委李俊才的指挥下亦从东北角攀爬上寨墙，这时炮楼里的哨兵正抱头睡觉，被迅速拿下，攻入寨内。基干团在李天德、关盛志率领下也从东南角顺利突入东西寨墙，继续按作战分界线向纵深推进。

曾思玉司令员随七团行动。七团长温先星是他红军时期的老战友，温先星担忧地说："这风险太大了，您是司令员，一旦你出事我负不起责任。"曾思玉说："不用你负责！"

这时，枪声、手榴弹爆炸声突然四处轰鸣，清醒后的敌人仓促应战。敌人的特务团毕竟是训练有素的部队，擅长防御，有一定的战斗力。特务团发现被偷袭后，拼死抵抗。按照划分的作战区域，攻寨部队大胆穿插，分割包围，逐巷、逐宅、逐屋抢夺。

是日上午，只剩下街心大碉堡内的敌人还在顽抗。八团将士几次攻击均未奏效。八团团长齐丁根急中生智，命令五连排长蔚正兴组成战斗小组，将几条被子捆在大车上，在轻重机枪步枪火力掩护下，接近敌人碉堡后，把棉花、辣椒、烟叶及理发店里找来的头发捆扎在一起，拴在竹竿上点燃捅入敌碉堡。顿时，敌碉堡内浓烟滚滚，咳声不止，涕泪交流……战士们在外面高喊："缴枪不杀！""缴枪不杀！"……忍耐不了的敌人只好乖乖地从碉堡内钻出来投降。

战斗持续到17日午后，经过十几个小时的激烈抢夺，终于胜利结束。盘踞在八公桥的孙良诚伪二方面军总部八大处及特务团、骑兵营全部被歼，活捉伪二方面军总参谋长甄纪印以下官兵。甄纪印被俘后不断絮叨着："真想不到，真想不到……"

八公桥战役将孙良诚总部直属队全部歼灭，毙伤敌数百人，俘伪第二方面军参谋长甄纪印以下官兵3200余人，缴获迫击炮2门，重机枪4挺，步枪1900余支，短枪90余支，子弹4万发，电台2部，战马300余匹，粮食数百万斤，兵工厂一所，可惜的是孙良诚因头天下午到开封而漏网。

攻克孙良诚总部后，第二军分区部队又乘胜攻克徐镇、王郭村、梁庄、保安集等17个据点。根据军区统一部署，这次战役中，第四军分区十六团，第五军分区十九团、二十四团，第三军分区三十二团，回民支队及地方武装、民兵，不只牵制了敌人，还先后攻克侯庙、莲花池、侯铺、上官村、邵耳寨、朱楼、郓村等日伪据点，横扫了长垣、封邱地方顽军。在200余里的范围内，总计拔除敌伪大小据点百余个，歼伪顽3000余人，在濮县驻扎的伪五军慌忙撤退。

至此，冀鲁豫边区濮范观中心区和第二、四、五军分区连成一片，巩固、扩大了冀鲁豫抗日根据地。

第十二章

鲁苏战区敌后抗战

武汉会战结束后，抗日战争进入相持阶段，国民政府在战略方针上作了相应调整。1938 年 11 月，国民政府军事委员会在南岳衡山召开军事会议，检讨了抗战以来的得失，重新调整了八大战区，决定在敌后增设鲁苏、冀察两个游击战区，深入敌后开展游击战争。

一、挺进敌后

鲁苏战区辖山东及苏北地区，于学忠为战区总司令，山东省主席沈鸿烈和江苏省主席韩德勤兼副总司令，参谋长王静轩，政治部主任周复，游击总司令沈鸿烈。主要兵力包括第五十一军、第五十七军和第八十九军 6 个师的正规部队及 20 余万地方游击纵队和保安部队。原在沂蒙山区敌后抗战的第十军团司令石友三调任冀察战区副总司令，率部离鲁赴冀。

于学忠是东北军著名将领，“西安事变”前就与共产党建立了较好的统战关系。“西安事变”之后，张学良护送蒋介石回南京，临行前手谕他全权负责东北军。抗战爆发后，奉命率部守卫山东海防，先后任第三集团军副总司令、总司令，率部参加徐州会战、武汉会战，屡立战功，晋升为一级上将。鲁苏战区成立后，蒋介石在南昌高级将领会议上，征询谁愿到山东敌后打游击时，众将领互相观望，无一应者。蒋介石将目光转向于学忠，于学忠站起来主动请缨说：“我是山东人，我去！”

于学忠（1890—1964），山东蓬莱人。1914年毕业于北洋武卫左军速成随营学堂，历任北洋陆军第十八混成旅旅长、第二十六师师长、第八军军长，东北军第一军军长、平津卫戍司令，国民革命军第五十一军军长，第三集团军副总司令、总司令，河北省主席、甘肃省主席。授陆军上将

1939年初，第五十七军一一一师常恩多部、一一二师霍守义部率先入鲁，进入鲁东南山区。稍后，于学忠率第五十一军从大别山区出发，挥师北上，一路突破日军的围追堵截，越过陇海铁路和津浦铁路封锁线，于4月初陆续进入鲁南，接管了原第十军团石友三部的防区，将部队集结于沂蒙山区和鲁东南山区。第五十一军主要驻防在蒙阴、沂水、安丘一带鲁中山区，第五十七军主要驻防在诸（城）日（照）莒（县）山区和苏鲁交界地区。设战区总司令部于沂水上高湖。

中共山东分局和八路军山东纵队指挥部也驻在附近的王庄，离鲁苏战区总部驻地上高湖十几里路。山东纵队主要领导张经武等到鲁苏战区总部看望于学忠，于学忠亦曾前往王庄拜访张经武等山东纵队领导。山东分局还派战地服务团到于部演出并进行联欢。

当时，山东省政府驻地设在沂水东里店。东里店位于沂河上游河畔，依山傍水，是沂山、鲁山交汇处丛山环抱的一个古镇。1938年底，沈鸿烈率省政府机关及直属保安部队从鲁北转战到这里，省政府机关驻地就建在镇北凤凰崮的山坡上。

沈鸿烈，也是东北军的老将，曾任东北军海军上将副总司令。继任山东省政府主席兼全省保安司令后，对地方部队进行了整编，至1938年底，全省地方抗日武装已编成3个保安师、35个保安旅共19万余人。党、政、军权集于一身的沈鸿烈，依仗与蒋介石是日本士官学校同学，并不情愿接受鲁苏战区节制。

山东省政府驻地与鲁苏战区司令部驻地相去不远，但作为鲁苏战区副总

司令的沈鸿烈，不肯先去拜见于学忠，而于学忠亦未去省府拜会沈鸿烈。过了几天，沈鸿烈决定在第五十七军军部和于学忠相会。

于学忠率五十一军军长牟中珩到五十七军缪澂流军部与沈鸿烈相见。寒暄之后，沈鸿烈令其参谋处长宁椿霖拿出地图，强行划定两军的布防要图，其用意主要是为了保护其省府，于学忠及两军长均不同意。沈鸿烈比于学忠年长八岁，他倚老卖老地对于学忠说："兄弟，我比你大几岁，你要听我的。"于学忠仍不同意，最后不欢而散。

随后不久，山东省政府在东里店举行盛大集会，欢迎于学忠的到来。沈鸿烈在大会致辞中说："我们欢迎于学忠司令率第五十一、五十七军来山东抗日，这不但山东添了生力军，我们省政府也添了生力军，我已电请中央，保荐于总司令兼省府委员，刻下中央已经批准，我们大家来拍手欢迎！"

台下省府人员一齐鼓掌。沈鸿烈如此先斩后奏，是想把于学忠置于其指挥之下。于学忠对此甚感不快，会后提出不兼省府委员。沈鸿烈说："为了军政配合，老弟必须兼任此职。"

于学忠生气地说："你这等于侮辱我。"因为鲁苏战区司令长官，在职权上可节制所属地区党政军务，位在省主席之上，二人由此产生芥蒂。

4月初，于学忠在上高湖召开鲁苏战区高级将领会议，共商抗日事宜。

国民党山东省政府主席沈鸿烈与美军事观察员卡尔森在鲁西北

八路军山东纵队司令员张经武也参加了会议。会议决定把山东划分为三个游击区。津浦铁路以西，划为鲁西游击区，以沈鸿烈兼任鲁西游击区指挥官。津浦铁路以东，划为鲁东游击区，以五十一军军长牟中珩兼任鲁东游击区指挥官。沂蒙公路以南，划为鲁南游击区，以五十七军军长缪澂流兼任鲁南游击区指挥官。

会议还部署改编分散于各地的游击部队，将吴化文的新编第四师划归战区直属部队，除各行政区地方保安部队归省保安司令沈鸿烈指挥外，其余编成战区直辖的 10 个游击纵队，每纵队兵力相当一个旅，共约 10 万人。各纵队情况如下：第一游击纵队司令员张里元；第二游击纵队司令员厉文礼；第三游击纵队司令员秦启荣；第四游击纵队司令员王尚志；第五游击纵队司令员丁绰庭；第六游击纵队司令员秦玉堂；第七游击纵队司令员蔡晋康；第八游击纵队司令员周侗；第九游击纵队司令员王洪九；第十游击纵队司令员申从周。另有 4 个独立游击支队，包括八路军山东地方部队名义上也隶属于鲁苏战区。

初到山东，于学忠便以战区名义大规模收编原属沈鸿烈管辖的地方部队，引起沈鸿烈不满。在对待共产党八路军的问题上，两人也持不同态度。起初，沈鸿烈与共产党领导的抗日武装也曾合作过，还任命过共产党员担任蓬莱、黄县、掖县等县抗日民主政府的县长。随着共产党武装的迅速扩大和八路军一一五师的入鲁，开始担心共产党武装争抢他的地盘。国民党五届五中全会确定“溶共、防共、限共”的方针后，沈鸿烈在鲁村召集了全省军政联席会议，提出了“统一划分防区、统一行政事权、统一粮秣征收”的“三统”方案，企图设法限制共产党领导的武装力量在山东的发展，由联共、限共、防共开始走向反共。

太河事件发生后，八路军山东纵队对王尚志部进行反击，将王部赶出淄河流域。沈鸿烈请于学忠助其一臂之力，却被于学忠顶了回去：“八路军山东纵队还归我战区指挥，共同抗战，我怎么能打共产党?!”于、沈矛盾由此加深。

二、合作抗战

于学忠率鲁苏战区部队到达鲁南后，引起了驻鲁日军的注意，被视为心腹大患，企图趁其立足未稳之际加以“剿除”。当时，驻山东日军主要是华北方面军第十二军，兵力部署是，第一一四师团驻济南，第五师团驻鲁东，第二十一师团驻徐州，第三十二师团驻兖州，独立混成第五旅团驻青岛，独立混成第六旅团驻鲁南，独立混成第十六旅团驻泰安。另外，还有方面军直辖第三十五师团和第一一〇师团驻鲁西，独立混成第七旅团驻冀鲁边。

1939 年 6 月，驻鲁日军以第五师团为基干，配之以第二十一、三十二、一一四师团及独立第五混成旅团各一部 2 万余人，分别从临沂、平邑、新泰、莱芜、临朐、安丘、诸城附近同时出动，向莒县、沂水附近分进合围，逐渐压缩包围圈，对鲁中山区发动了抗战以来的首次大扫荡，进击目标是国、共两党首脑机关及其主力部队，主要目标是鲁苏战区总部和山东省政府驻地东里店一带。战区司令部决定：在不放弃根据地的原则下，化整为零，不打硬仗，以团为单位，避免决战，避实击虚，在划定活动地区与敌人打游击。

6 月 7 日清晨，15 架日式轰炸机自西北飞临东里店上空，突然俯冲下来，向村中轮番轰炸。顿时硝烟四起，省政府驻地顷刻化作一片火海，百姓纷纷涌向村外，惊慌四逃。第二批敌机又飞来，歪斜着机翼，投下一排排炸弹，然后俯冲至数十米高度，用机关枪朝着人群疯狂扫射，当场炸死 300 余人，4000 多间房屋化为灰烬。

省府机关人员和护卫部队大多跑散，沈鸿烈拼命向附近防空掩体跑去。一架飞机俯冲下来，开着机枪扫射，沈鸿烈就地滚入路边沟内。一颗炸弹落下，在不远处爆炸，掀起一团硝烟尘土。沈鸿烈从泥土里爬起来，被卫兵找到，背起来奔入防空洞中躲避空袭。

6 月 8 日傍晚，日军扫荡部队向东里店直奔而来，沈鸿烈舍弃辎重，连夜率省机关匆忙北撤，向驻防穆陵关一带的新四师吴化文部靠拢。此时驻守蒋峪的新四师第二团已与企图南下攻占穆陵关的日军接上了火。穆陵关位于沂山东麓沂水、临朐交界处，是鲁北平原通往沂蒙山区的重要关隘，自古就是兵家必争之地。新四师官兵凭险据守，接连打退了日军数次进攻，200多名官兵壮烈牺牲。

沈鸿烈见随行人员有数百之众，目标太大，不易突围，便要求机关人员疏散转移。随行只带省保安司令部参谋处长宁椿霖、电务室主任谢云祥等一行五六十人，在警卫连护卫下，连夜逃到沂山西麓的一个山坳中。喘息未定，突然周围响起了密集的枪声，敌人向山坳猛扑而来，沈鸿烈一行陷入了日军的四面合围之中。

警卫连佯装向西突围引开敌人，掩护沈鸿烈他们向北突围。沿途又遭日军堵截，随行人员和护卫部队被冲散。行至钻天崮一带，沈鸿烈身边只剩下了宁春霖和副官夏云飞等四人。绝望至极，沈鸿烈欲拔枪自尽，幸被副官发现将枪夺下。吴化文得到消息，速调一个营前来接应。掩护沈鸿烈转移到临朐西部的吕匣店子安营扎寨，重建省政府。

敌机在轰炸东里店省政府驻地后，又接着飞往鲁苏战区总部驻地上高湖、山东纵队指挥部驻地王庄进行了轰炸。于学忠率鲁苏战区总部机关紧急转移，经迂回穿插，跳出日军包围圈，向沂水东部的一一三师防地靠拢。

八路军山东纵队指挥部设在沂水王庄，离鲁苏战区司令部驻地上高湖仅10余里。敌机轰炸王庄后，山东纵队主力部队迅速跳出日军包围圈，转移到外线机动作战；山东分局、山东纵队指挥部率领特务团等少量部队转战于沂水、蒙阴一带山区。

鲁苏战区第五十一军军部及直属部队也主要活动于沂鲁山区一带。五十一军军长牟中珩率军部与日军周旋时，与山东分局、山东纵队在梭峪村夜间相遇，山东纵队主动让出村西头房子供其休息。天亮后，村东头发现敌情。牟中珩见正在抵抗日军进攻的山东纵队特务团和分局警卫排，连一挺机枪也没有，便派出五十一军特务营两个连接防，20挺机枪一齐射击，激战两小时，击退日军。接着侦察员回来报告：日军援兵正分两路向梭峪进犯。牟中珩让参谋处长徐维齐和作战科长张子镇前往山东纵队，研究突围路线。决定第五十一军向西转移，山东纵队向北转移。并借给一个排，带两挺机枪，掩护山东分局和山东纵队机关转移到蒙阴县坡里。

第五十一军主力一一四师在中将师长方叔洪指挥下，分拒莱芜、蒙阴、鲁村三面之敌，历经大小战斗10余次，数次突破日军包围，主力部队转移到外线作战。6月23日，方叔洪率师部特务连、工兵营、通信营及六八〇团由下高村向东南方向转移，到达冯家场一带宿营，发现日军一部约300人到达太平官庄。方叔洪遂令六八〇团前往包抄，并亲自到前线督战。激战两日，敌伤亡惨重。25日晨，日军增援部队赶到，集中火力向一一四师指挥部射击，并包围了直属部队。方叔洪指挥将士与数倍日军展开激烈战斗，浴血奋战三个多小时，人员伤亡过半，方叔洪头部、腰部多处中弹，壮烈殉国。

按照战区部署，第五十七军主要活动于诸城、莒县、日照一带山区及苏、鲁交界地区。6月9日，南部之敌攻占大店、河阳、坦埠、南麻一线。第一一一师师长常恩多指挥第三三一旅阻敌前进，激战一整天，率部撤往甲子山区。日军紧追不舍，在黄墩附近将第一一一师一部合围。常恩多命令少校参谋王大伦率第六六六团第二营侦察前进，于黑夜从日军结合部缝隙钻出，安全突围。此后，部队在日莒公路两侧来回活动，多次跳出日军合围圈，拖得日军追击部队疲于奔命。终于在莒县东九里坡丘陵地带设伏成功，击毁日军汽车12辆，毙伤日军100余人。随后不久，又在莒南王家庄子，歼灭日军第六混成旅团喜早支队200余人。

日军这次大扫荡，历时一个多月，给鲁中南根据地带来了很大破坏。扫荡一结束，八路军山东纵队趁国民党地方政权垮台之际，迅速扩展根据地，先后在淄川、莱芜、博山、沂水等县边区建立抗日民主政府。一一五师主力也挺进鲁南抱犊崮地区，先后建立了郯城、费县、临沂等县抗日民主政权。

8月1日，根据中央军委和八路军总部决定，八路军第一纵队在鲁中山区成立，徐向前任司令员，朱瑞任政治委员，统一指挥山东和苏北的八路军各部队。8月10日，《大众日报》刊登了徐向前、朱瑞就职通电，表示：在总司令于、副总司令沈、韩诸公领导下，追随各友军之后，为坚持抗战，坚持统一战线奋斗到底。

上任不久，徐向前亲自到鲁苏战区司令部驻地会见于学忠，商谈合作抗战和建立政权问题。于学忠热情地接待了徐向前，会谈是友好的，但他不赞成八路军搞政权。会谈进行了两个多小时，对合作抗战达成初步共识。双方还互派了代表，通过电台保持联系。

八路军的快速发展和根据地政权的建立，令山东省主席沈鸿烈极度不快和不安。沈鸿烈一面电告蒋介石，指责八路军游而不击，破坏行政系统；一面纵容地方武装攻击八路军，造成双方冲突不断。8 月上旬，第十二专区专员兼第三游击纵队司令秦启荣率部突袭驻莱芜雪野的山东纵队第四支队后方机关，造成 20 余人伤亡的“雪野事件”。8 月中旬，又率部围攻驻淄河流域的山纵第三、四支队，制造了“淄河事件”。在鲁西、鲁南、胶东等地也发生了不同程度的冲突。在这些摩擦中，于学忠基本采取了中立态度。他悄悄对部下说：“我们在鲁苏战区采取的策略是：既不红，也不蓝，三条道路走中间，取中立立场，团结友军，不打内战，坚决抗日救国。”

中共山东分局对于学忠和沈鸿烈采取了区别对待的原则，制定了“争取于学忠、孤立沈鸿烈、打击秦启荣”的方针。8 月上旬，八路军山东纵队一部经吴化文防区蒙阴附近开往博山。沈鸿烈命吴化文及秦启荣部，佯装不知何支部队进行截击。八路军山纵一、四支队借此猛烈还击，在莱芜歼秦启荣部一个营，在蒙阴歼吴化文部 300 余人，吴化文部退至鲁村一带，沈鸿烈向于学忠求援，遭到拒绝，驻防在附近的五十一军按兵不动。8 月 10 日，沈鸿烈的省府根据地鲁村被八路军占领。沈鸿烈又气又恨，电告蒋介石，说于学忠有通共嫌疑，二人矛盾进一步加深。

一一一师师长常恩多

1940 年 9 月 22 日，鲁苏战区第五十七军发生“九二二锄奸事件”。一一一师师长常恩多和三三三旅旅长万毅发动兵变，捉拿与日军代表达成互不侵犯协议的五十七军军长缪澂流，并发表通电，缪澂流侥幸逃脱。沈鸿烈指责常恩多叛变，要求于学忠下令讨伐，遭到拒绝。

蒋介石电令于学忠，将缪澂流以通敌罪撤职查办，同时撤去常恩多师长职务。于学忠据理力保，并呈请第五十七军军长遗缺，以第一一二师师长霍守义升任，常恩多任副军长兼第一一一师师长，蒋介石迟迟没有答复。至 11 月，蒋介石给于学忠发来电报：该师长不识大体，意气用事，虽云忠党爱国，但已难辞犯上误国之咎，着从轻免予处分。并以军政部名义命令，撤销第五十七军番号，两师归战区直接指挥。

1941 年夏，于学忠在给战区干训班讲课途中遭人袭击。刺客投出手榴弹后，向八路军防区跑去。于学忠立即卧倒，手部受轻伤，一名参谋被炸伤。八路军将刺客抓获后，为防止造成误会，将其交到鲁苏战区司令部。

刺客原来是第五十七军一一二师六六七团在"九二二锄奸事件"中保护缪澂流逃走的第一营营长韩子嘉，被撤职后一直怀恨在心。据韩子嘉交代，是他的同乡——省党部委员李子虔，持沈鸿烈的亲笔信令其充当刺客，并案涉省保安司令部参谋处长宁春霖。战区军法处一再传李、宁到庭对质，沈鸿烈不令前往。于学忠据此向蒋介石控告沈鸿烈，二人关系日趋恶化。

1941 年秋，沈鸿烈离鲁赴渝，调任国民政府农林部长。第五十一军军长牟中珩继任山东省政府主席，范予遂任国民党山东省党部主任委员。

三、圈里突围

日军发动第一次鲁中山区大扫荡之后，于学忠率战区司令部转移到沂水东北部的圈里。圈里位于沂山东麓，背依太平山，西靠穆陵关，古老的齐长城围着周围蜿蜒起伏的龙山、凤凰山、虎眉山、唐王山、石门顶山峦转了一个圈，故名圈里。地形较为隐蔽，便于游击。自此沂（水）安（丘）莒（县）边山区，成为鲁苏战区的中心和主战场。

1942 年 2 月 5 日，日军秘密调集胶济线、津浦线、陇海线及台潍公路等地驻军第一、第二十、第二十一、第三十二师团和第五、第六、第十独立混成旅团共 10 万余兵力，及 28 架战机，在华北方面军司令官冈村宁次大将亲自指挥下，分别从昌乐、安丘、莒县、诸城、益都、临沂、沂水等地同时出击，突然对鲁苏战区总部驻地圈里和省政府驻地吕匣店子发动"铁壁合围"大扫荡，企图一举歼灭鲁苏战区司令部和省政府机关。

此时鲁苏战区总部附近的兵力，有总部直辖特务团及驻防该区的第一一

鲁苏战区总司令于学忠

三师部队3个团7000余人。另外，还有驻莒县的张里元部挺进第一纵队和驻安丘的厉文礼部挺进第二纵队地方武装8000余人。得到日军来犯紧急报告后，于学忠决定率战区总部和一一三师主力转移到外线机动，命令省政府率吴化文的新四师和暂一师留内线作战，内外夹击来犯日军。

2月7日拂晓，日军先头突击部队到达安丘厉文礼部防区，突然发动袭击，驻守地方部队一击即溃。日军从安丘西南山区南逯、贾孟一带快速穿插，穿过青石胡同山道，直扑圈里战区司令部。一一三师所属部队奋力阻击，但未能抵挡住日军的疯狂进攻。

当天下午，3000多日军到达天晴旺的东山。鲁苏战区干训团警卫连奉命冲上东山迎击敌人，掩护非战斗人员转移。该连冒着弹雨冲上山头，枪炮齐发，与日军展开了激烈战斗。虽然敌众我寡，相差悬殊，但全连战士宁死不退，拼命抵抗日军的进攻，第一排战士全部阵亡。

干训团在天晴旺盖的大片新房子，被日军误认为是战区总司令部，成为日军集中攻击的目标。日军飞机每四架一批，轮番对天晴旺轰炸扫射，炸起的尘土、石块纷飞如雨，硝烟蔽日。

驻许家庄等村的战区总司令部、党政分会、政治部等机关，趁着天黑突围转移。连夜冒雪行军，到达莒县北源河村北。天刚放亮，日军追兵赶来，负责断后的特务团第三连在山顶部署阻击敌人。不久，便与日军交火，枪炮声响成一片，两架敌机飞临阵地低空扫射，被特务团高射机枪击落一架。阻击战打得异常激烈，双方各有百余人伤亡。特务连坚守山头两个多小时，掩护行军队伍越过台潍公路，顺利到达了五十七军一一一师防区，战区总部移驻莒南李家彩，跳出了日军包围圈。

冈村宁次指挥大部队赶到圈里一带，结果扑了个空，便气急败坏地杀人放火，焚毁了鲁苏战区《阵中报》社和兵工厂，放火烧了30多个村庄，然后集中兵力围攻山东省政府驻地吕匣店子。

山东省政府主席牟中珩率省府人员分路突围，在沂蒙山区与敌周旋，在大崮顶一带被日军包围。新四师师长吴化文，收到牟中珩发来的紧急求救电报后，率部赶往大崮顶，与日军激战一日，始将牟中珩一行救出。新四师复被两万日军包围，压缩在鲁山地区一狭小地带，交战数日，伤亡5000余人，吴化文率部突围，转移到鲁山山区。

四、一一一师起义

一一一师发生“九二二锄奸事件”后，于学忠对相关人员并未处理。圈里战役后，鲁苏战区总部转移到鲁东南莒（县）日（照）山区，在一一一师防区李家彩一带驻扎下来。

1942年3月，鲁苏战区司令部接到军事委员会政治部发来的密电：“奉总裁谕，万毅通敌叛国，着即就地秘密处决，具报。”

战区总部机要科，由少将政务处长郭维城分管。郭维城从复旦大学毕业后进入东北军，曾担任张学良的机要秘书、战区秘书主任，早在1933年就已秘密加入共产党。看到这份电报后，他亲自呈送于学忠。

于学忠看过密电，思虑良久，突然问郭维城：“你去调查‘九二二’事件，万毅并无通敌之节，怎么又要处决呢?”

郭维城回答：“万毅确无通敌之嫌，倒是有功之臣。万毅平素作战勇敢，屡立战功，杀了他于抗战不利。”

于学忠听后默不作声，郭维城便继续说道：“万毅是张汉卿将军的爱将，不明不白地秘密处决，将来怎么向汉卿将军交代?”于学忠仍旧一言不发，于是郭维城进一步建议，“战区总部现在一一一师防区，为防不测，还是听听一一一师师长常恩多的意见为好。”

于学忠沉思了一会儿，对郭维城说：“好，让王静轩去见常师长。”

郭维城从于学忠处出来，匆忙写了一张便条，命令警卫员刘鸿宾骑马火速送到纸坊——一一一师师部，亲自交给常恩多，然后才通知战区总参谋长王静轩。

等到王静轩参谋长来征求意见，常恩多一听就火冒三丈，坚决反对杀害万毅，横眉怒目地说："这不是处置万毅，这是处置杀敌锄奸的每一个有功的人员！"他还态度强硬地说，"万毅没有罪！如果总司令一定要这样办，那就先解散一一一师，再杀我常恩多！"

王静轩见常恩多态度坚决，怒火未息，随即返回战区总部。于学忠听了汇报，权衡利害后复电重庆："电悉。万毅在抗战期间作战勇敢，屡建功勋，并无通敌之嫌，所令碍难执行。"

7月中旬，战区政治部又收到蒋介石严令电报："万毅通敌叛国，确有实据，着令秘密处决；否则以违令治罪。"

于学忠再次复电："万毅抗敌坚决，屡立战功，何云通敌？如犯军法，应公开审判，明正典刑。秘密处决，碍难执行。"

战区政治部中将主任周复毕业于黄埔军校第三期，曾任黄埔军校政治部秘书，是蒋介石的嫡系，兼任战区特别党部书记长，实际上是派来监控东北军的。他见于学忠屡次抗命不遵，便来责问于学忠："为什么违抗委员长命令，不处决万毅呢？"

于学忠回答："我一生没有秘密处决一人，万毅无罪。如果有罪也应当军法会审，明正典刑，为什么要秘密处决呢？"

周复肯定地说："他是共产党，也是国民党员，党内可以秘密处决！"

于学忠严肃地说："现在是国共合作抗战时期，共产党不犯死罪！我不能明欺宪典，暗弃国法！"

周复也寸步不让："不执行委座的命令，就是不忠于总裁，不忠于党国！"

对于周复的掣肘，于学忠早就心怀不满。两人争执不下，于学忠愤怒地把茶杯往地上一摔，扬起胳膊指着周复大吼："你给我滚出去！我是长官，我应该做主。要秘密处决，就先处决我好了！"周复见于学忠发火，便赶紧退了出去。

由于于学忠的坚持，蒋介石鞭长莫及，只好回电同意将万毅交军法分监部审讯。万毅被押送至战区总部驻地受审，初定罪名是：通敌，参与西安事变，“奸党”嫌疑。万毅据理申辩无效后，意识到了处境的危险，于当夜翻墙逃出，跑去八路军防区，找寻中共山东分局。

自从万毅事件以来，郭维城时常以于学忠的名义前去探望患肺结核久治不愈的常恩多，不久两人便互知了对方地下党身份，数度密商部队起义及营救万毅事宜。

一一一师地下党员张苏平、刘祖荫看到常恩多病情严重，担心常恩多病危后，部队难以掌控，也找到郭维城，提出要想办法营救万毅，协助掌握部队，并表示一定会尽全力配合支持郭维城。

8 月 1 日，军医官宣布常恩多病已不治，停止用药。全师陷入惶惑状态，常恩多决定去世之前组织部队起义。派人通知郭维城，说有要事相谈。郭维城来到常恩多病床前，常恩多命人拿来纸笔，斜身躺在病床上，给一一一师将士写下最后一道手令：“务要追随郭维城，贯彻张汉卿公主张，达到杀敌锄奸之大欲。本师官兵须知。”将具体起义之事交于郭维城。

郭维城因为在一一一师根底不深，遂到战区总部找被关押的万毅，希望接他出来一起掌控部队。不料万毅已乘人不备，越墙逃走。得到消息后，郭维城急忙赶到一一一师师部，协助常恩多发动起义，宣布加入八路军。于学忠得到密报后，连夜冒雨从李家彩驻地转移到五莲山区。

8 月 4 日，郭维城等以“东北抗日挺进军”的名义，向全国发布了起义通电，提出四项主张：一、拥护革命的三民主义，拥护蒋委员长抗战到底，反对投降派破坏、瓦解东北军；二、实行抗战建国纲领和张学良、杨虎城在西安事变时提出的八大主张；三、反对内战，联合一切抗日部队一致对外；四、坚持“九二二”杀敌锄奸精神。

8 月 4 日凌晨，八路军山东分局闻讯召开了紧急会议，研究应对“八三”事变的政策。罗荣桓提议，派万毅和以前从这支部队撤出的地下党员王维平立即到一一一师去，与事变领导人一起稳定队伍。万毅等冒雨赶去柳沟与起义部队会合。

8 月 6 日到 7 日，起义部队中部分队伍发生哗变，起义部队被迫于 8 日凌晨撤离原驻防地——甲子山区，向南转移到八路军滨海根据地。剩余队伍

新一一一师师长万毅

包括第三三三旅旅部，第六六二团、六六五团、六六六团、总部特务团一部分，官兵2700余人。

8月9日，常恩多师长病故，鉴于当时的复杂形势，起义部队决定暂时秘不发丧。万毅回到一一一师后，遵照中共山东分局指示，对起义部队进行整编，停止使用“东北抗日挺进军”番号，仍称第一一一师，万毅为师长，郭维城为副师长兼政治部主任，王维平为政治部副主任，于文清为参谋长。后来，这支部队又经调整，改为八路军滨海支队。

五、唐王山战役

日军乘鲁苏战区内乱之机，迅速调集驻在胶济铁路沿线的独立第五混成旅团和第六混成旅团1.5万余兵力，在驻诸城一带的伪军张步云部5000余人配合下，发动了意在捕捉于学忠的第三次鲁中作战。

8月12日晚，大批日伪军突然对战区司令部驻地石场进行偷袭合围，此时战区总部作战兵力只有600余人，于学忠率部突围脱险，冲出敌人包围圈，冒雨转移至甲子山区。第六七七团与敌激战竟日，完成掩护任务后撤离。于学忠率战区总部人员北上，由诸、莒边区，转移到沂水、安丘一带的一一三师防区。

鲁苏战区总部刚刚进入唐王山一带，日军大部队就追击而至，组织了所谓的第四次鲁中作战。华北方面军司令官冈村宁次大将亲自指挥，除了独立第五、第六两个混成旅团及张步云一部2万余兵力外，还调来了配有100多门大炮的竹林大炮联队和10余架飞机助战。

8月20日凌晨，日军首先以炮击拉开了拂晓攻击战，驻防在安丘谭家秋峪一带的一一三师各部，听到炮响，立即投入战斗。一一三师司令部及机关非战斗人员紧急疏散。战区总部由郭家秋峪转移到唐王山下，于学忠率总部人员登上了唐王山顶。

日军从东、南、西三面开炮，敌机轮番飞临阵地投弹扫射，一时山上山下，炮火连天，硝烟弥漫，于学忠冒着炮火在山顶坐镇指挥。一一三师六七八团在唐王山、虎眉山作战，六七四团驻守擂鼓山。这三座山，由西到东横亘 20 余里，三点排成一线。作战部队利用熟悉的地形，凭借险要的山势，居高临下，与强敌进行着激烈战斗。

日军的炮火密集，射到唐王山阵地的炮弹每分钟达 80 多发，顿时弹如雨下，血肉横飞。于学忠被炮弹炸伤了胳膊，包扎后将受伤的右臂吊在胸前，依旧端坐在青石上，临阵指挥。下午 3 点，五十一军军长周毓英、一一三师师长韩子乾、参谋长张少舫也登上了唐王山。

日军一次又一次发起进攻，一次次被打了下去。日伪军狂叫着“活捉于学忠”的口号，攻势越来越猛烈。坚守唐王山南麓小高地之六七八团机枪一

日军炮兵部队发动炮击

连一排只剩 4 个人；守卫对崮山阵地的六七八团二营损失过半，营长马福庸阵亡。

于学忠见敌我对比过于悬殊，久守不利，遂决定突围。他拿起望远镜，向东北望去，发现对面山上隐隐约约有村民在放羊，判断东北方向没有敌人。于是，他果断命令各部于下午 5 点放弃唐王山阵地，向东北方向撤退；六七四团和六七八团坚守至下午 7 点，以掩护部队转移。

当部队坚守至下午 4 时，于学忠发现西南山口被日军攻入，遂命令特务团一营二连前去阻击。二连连长高喊着："同志们，有种的跟我冲上去！"战士们跟着连长扑向日军，将敌人打了下去。

下午 5 点整，总部和师部开始向东北方向撤离。日军发现后，调集各处大炮，齐向东北部山口密集轰炸，战区大部分人员冒着炮火冲了出去。于学忠在突围时右腿被炸伤，副官黄起军背着于学忠冲出了敌人包围圈。

8 月 21 日晨，日军重新调整部署，准备对唐王山发起总攻。但等爬上唐王山时，却不见五十一军踪影。日军便对附近地区展开了疯狂扫荡，企图找到战区总部和五十一军主力藏身之处。28 日拂晓，4000 多名日军在费南石河一带包围了一一三师六七四团。经激烈战斗，六七四团成功突围，为掩护主力撤退，七连连长吴金贵在身中数弹的情况下，仍率全连官兵与敌巷战肉搏，直至全连阵亡。

到 8 月 30 日，日军捕捉不到战区总部及部队主力，只好撤回出发地，第四次鲁中作战结束。此役，消灭日军 500 余人，战区将士伤亡 1000 多人。其中，战区总司令于学忠身负重伤，战区中将参谋长王静轩膝盖骨被打穿，战区中将副官长陈策睾丸被打掉，一一三师少将副师长潘国屏胳膊被打断，战区少将军务处长兼总部高参张庆澍阵亡。

六、城顶山血战

1943 年 1 月，鲁苏战区新编第四师师长吴化文公开投靠汪精卫，在济南晋见日本华北方面军司令官冈村宁次，所部新四师及保安一师改编为和平建国军第三方面军，吴化文任总司令。

吴化文投敌前，防区在沂蒙山区北部一带，与鲁苏战区总部、五十一军军部和省政府驻地相距不远。事发后，日军进至悦庄、南麻、鲁村一带吴化文的原防区，直接威胁着战区总部和省政府的安全。战区总部机关紧急向莒日边区转移，战区政治部主任周复率政治部、党政分会、干训团转入安丘城顶山一一三师防区。省政府机关失去了西部外围防护屏障，直接暴露在日军面前，被迫转移到沂山西麓的九山一带。

1943 年 1 月下旬，日军便迫不及待地驱赶刚刚投降的吴化文部一起，对鲁苏战区主力部队发起围攻。在驻山东日军第十二军司令官土桥一次中将指挥下，调集青岛、潍县、张店、济南和临沂等地的独立第五混成旅团、第六混成旅团、第七混成旅团各一部连同吴化文的和平建国军第三军共 25000 余兵力，发动了拉网式大扫荡，主要进攻目标是一一三师驻地城顶山一带。

城顶山，位于安丘西南山区，因齐长城从山顶穿过而得名。主峰海拔 429 米，山顶较为平坦，四周山势险要，是把守沂蒙山区的东大门。一一三师司令部住在城顶山西南的王家沟，所属六七七团和六七八团部队，分别驻防安丘、莒县、沂水三县。战区军政分会、干训团和政治部驻城顶山西麓董家宅。另有厉文礼的鲁苏战区挺进第二纵队司令部及特务团等，驻防于山北崔巴峪一带，总兵力不足万人。

2 月 17 日，日伪军开始对一一三师进行合围。驻防在附近各村的厉文礼部，在花石涧南山稍作抵抗，即被日军击溃。日军的包围圈越来越小，一一三师及厉文礼部在城顶山外围的驻军，边打边撤。一一三师各部从四周向城顶山集中，挺进第二纵队退往司令部驻地崔巴峪，整个城顶山周围地区被日伪军围成了一个铁桶。

日军首先向崔巴峪发起炮击，将驻守的厉部一个营炸得溃不成军。日军随即发起冲锋，迅速占领司令部北边的霹雳尖高地，旋即掉转炮口，猛轰崔巴峪村西南部的紫草山阵地，困守沟底司令部的厉部官兵面临灭顶之灾。眼看紫草山不保，厉文礼率部弃守崔巴峪，撤向城顶山。鲁苏战区政治部、一一三师师部等，也被驱赶、压制在城顶山上。

2 月 20 日凌晨，日军以飞机、大炮开始了对城顶山的狂轰滥炸，守军阵地上顿时土石纷飞，硝烟弥漫。炮击过后，装备精良的日军喊叫着从四面蜂拥而上，顿时山上山下，枪声大作，杀声震天。日军的机枪、步枪、迫击炮弹雨点般射向守军阵地，守军居高临下，枪弹、手榴弹也密集地飞向敌群。

山顶临时指挥部内，战区政治部主任周复、一一三师师长韩子乾、师参谋长张少舫、挺进第二纵队司令厉文礼等，密切观察着战况，随时调兵遣将，指挥全体将士，打退了敌人数次进攻。一一三师及厉文礼部，已有较大伤亡。战斗越来越激烈，已进入白热化。局部阵地一度被攻破，出现肉搏战，双方死伤人员，尸骸枕藉。第六七八团防守的阵地要塞，成为日军重点攻击的目标。日军集中火力，向该阵地疯狂扫射，团长刘斌中弹牺牲。

日军兵力强大，志在全歼一一三师主力。战至黄昏，周复同韩子乾、张少舫、厉文礼紧急协商后，决定分兵突围。吴化文熟悉当地山势地形，具有山地游击战作战经验，在各个山头点燃火堆，虚悬旗帜，故作疑兵，令人摸不透虚实。而在山沟要道布置多层伏兵，构成方圆百余里的伏击圈。

周复率800余人乘夜向东北突围，冲出日军第一道包围圈。次日黎明，行至城顶山东北张家溜一带，遭到日军第五、第六旅团两路左右夹击。仓促间，周复率部抢占了张家溜西南的山顶，据险死守，部队伤亡逾半。战至中

鲁苏战区部队在战斗中

午，周复下令集中火力突围。他拔出手枪，亲自率敢死队员数十人向山下冲杀。冲至半山腰，与日军展开肉搏，周复不幸胸部中弹，血流如注，壮烈殉国。

各路部队分头突围后，一一三师少将参谋长张少舫指挥少数残兵继续留守城顶山进行抵抗，以吸引日军，掩护战区政治部和其他部队突围。战至21日下午，日军对城顶山发起总攻，守军弹尽粮绝，张少舫组织剩余将士向山西突围。行至城顶山西麓一个小山坡上，被大队日军包围，遂与日军短兵相接，展开白刃厮杀。张少舫腿部被日军刺刀刺穿，警卫员前来救护，被日军刺死。张少舫举枪自尽，血洒疆场。一一三师师长韩子乾、挺进第二纵队司令厉文礼等被俘，其余将士多在与日军的拼杀中身亡。

经城顶山之战和董家峪之战，一一三师损失惨重，战区总部被迫几经转移，于5月下旬抵达蒙阴坡里。日军又以独立混成第七旅团和吴化文的6个团为主力，兵分两路，发动了对战区总部的跟踪追击，战区总部被迫避于八路军根据地。

为保护总部安全，于学忠令一一四师六八三团从沂源马头崮南下，迅速向战区总部靠拢。当六八三团行至蒙阴贾庄时，遭到日伪军万余人阻击。六八三团边打边走，晚上刚到达茶局峪村，即被跟踪追击的日伪军包围。六八三团乘夜突围，抢占村西三宝山制高点，准备据险迎敌。

翌日拂晓，日伪军集中兵力向三宝山发起强大攻势。六八三团全体官兵同仇敌忾，连续三次打退了日伪军的大规模进攻。中午，日军调来3架飞机配合攻山，轮番对山顶阵地进行狂轰滥炸。因山顶没有防空掩体，致使守军伤亡惨重。下午4时许，拼杀了一天的六八三团弹药耗尽，敌蜂拥而上，官兵们便用刺刀与日军展开肉搏，最后伤亡殆尽。团长张本枝和二营营长自尽殉国。

山东军区八路军积极配合作战，以伤亡一个连的代价，配合战区部队，杀出一条血路，掩护战区总部冲出合围圈。随后，战区总部转移到诸城南部九仙山一带。

连续五年的敌后抗战，使鲁苏战区部队损失惨重，几乎失去了战斗力。1943年初，蒋介石以休整为名，令于学忠率部南撤阜阳整训。

七、送于阻李

由于鲁苏战区总司令于学忠与八路军保持了一定的合作关系，致使山东的八路军发展迅速，占据了山东敌后战场的大半个江山，这使蒋介石很不满意。1943 年初，蒋介石命令李仙洲部即行入鲁，以接管于学忠部山东防区。

李仙洲，山东长清人，毕业于黄埔军校第一期，是蒋介石嫡系中著名的山东籍将领。历任国民革命军教导第一团排长、连长，第一军营长、团长，第一师第一旅副旅长、旅长，第二十一师副师长、师长。卢沟桥事变后，曾率部参加南口战役、忻口战役，身负重伤。1938 年 1 月，升任第九十二军军长，参加了台儿庄大战。1942 年底，奉令进入山东，率部从湖北通城北进到达皖北阜阳一线。

1943 年 1 月，李仙洲投石问路，先令其暂编第三十师师长路可贞率一个团北越陇海路，在砀山以北至微山湖之间建立了立足点。李仙洲看到路部站住了脚，乃于三四月间亲率主力过陇海路进入鲁西。李部到达单县后，日军纠集了 1000 余人的兵力，配合汽车、坦克，向李部进攻，激战至黄昏，李部伤亡严重，连夜转移至微山湖西侧。八路军冀鲁豫军区的部队从侧翼袭扰日军，配合他们作战，为其负伤的官兵换药，并用担架送回原部队。《鲁西日报》还发表了社论，向与日军激战的九十二军表示慰问。但是，李仙洲却认为这是企图动摇他的军心，对八路军态度并不友好。他命令第一四二师师长刘春霖率三个团东越微山湖和津浦路进入鲁南，与刘桂堂部勾结，共同对付八路军。

刘桂堂，是鲁南臭名昭著的惯匪，十几岁便开始拦路抢劫，逐渐形成一股庞大的匪帮。由于他面如锅底，在土匪中又排行第七，便得了个“刘黑七”的绰号。抗战前，他流窜于山东各地，他的队伍多次被韩复榘剿灭，又多次拉起来。抗战初他投降日军，当了汉奸，跟随日军进攻胶东抗日根据地。1939 年又宣布“反正”，蒋介石给了他一个第三十六师的番号。李仙洲入鲁，他得到国民党嫡系部队的支持，便更加猖狂起来。

刘春霖部进入鲁南后，打着“驱逐逆流，收复失地”的旗号，以当地投降派申从周部为先导，进攻并强占滕（县）峄（县）边地区和八路军抗日根据地中心的山亭、白彦、大炉等地，扬言要把八路军撵到黄河以北去。

阻止李仙洲部入鲁已成为当时军事斗争的重点。3 月 26 日，罗荣桓指示鲁南军区，要求在军事上采取自卫原则，坚持自己的阵地，坚决打击为虎作伥的刘桂堂、申从周的进攻，同时在政治上坚持与李部联络、疏通，推动他们抗日。

在阻滞李仙洲部从南面入鲁的同时，罗荣桓也注视着北面于学忠的动向。于学忠的防地在沂、鲁山区和诸（城）日（照）莒（县）山区。沂山位于沂水县北，鲁山位于莱芜县东，两山峰峦连绵，山崮耸立，形势险要。西与泰山，南与蒙山相连，北抵胶济铁路，东达诸城、莒县、安丘，纵横数百里，构成山东中部最大的山区，是山东的屋脊。诸日莒山区，是滨海区北部的重要山区，北与沂山山区衔接，南与甲子山区相连，是沟通滨海区与胶东区联系的重要依托。

这些山区，自 1939 年春季以来，先后为沈鸿烈、于学忠等部所占据。国民党的山东省政府和鲁苏战区总部都集中在这些地区，而八路军的根据地则处于他们的外围。这些山区严重威胁着鲁中与滨海地区，阻碍了两区与胶东区、清河区的联系。

于学忠部自从进入山东，几年来在日军的军事打击与政治分化下，遭受了重大损失，部队减员，地区缩小，处境十分困难。而沈鸿烈系统的吴化文部于 1943 年 1 月间公开投敌，吴化文当了伪和平建国军第三方面军司令。该部盘踞于鲁山山区，在日军支持下极力向于部进攻。已投靠李仙洲的张步云部也进逼诸日莒山区，使于部处境更加险恶。

自从 1939 年于部入鲁后，共产党和东北军一直保持着统一战线关系。当于遭到蒋介石、沈鸿烈的排挤时，共产党向其表示同情，并从各方面支持他们抵抗顽固派的压力，掩护他们与大后方联系的交通线，乃至供给他们给养，配合他们反"扫荡"等等。"八三"事变及甲子山战斗以后，双方关系一度紧张。2 月间，于部遭敌"扫荡"时，八路军曾予配合，允许于部退入八路军防地，于学忠因此对八路军态度转好。罗荣桓因势利导，派人疏通，3 月间做到互派代表联系，4 月间约定恢复电台联络。

4月下旬，李仙洲部刘春霖师由鲁南继续向天宝山区进犯，妄图迅速东进，与于学忠会合，抢占沂蒙山。6月间，李部的第二梯队到达湖西，李部随即向冀鲁豫八路军展开进攻。

6月间，蒋介石看到于李矛盾重重，难以合作，便以调整全国抗战态势为名，将鲁苏战区同苏鲁皖战区合并为第十战区，调于学忠出鲁整训，实际上是罢了他“苏鲁战区总司令”的官。同时，蒋介石要李仙洲入鲁接替于学忠，还升任李为第二十八集团军总司令兼苏豫皖第一路挺进总指挥，又把于学忠所辖的地方武装刘桂堂部新三十六师、赵保原部暂十二师、张步云部保安二师都拨归李仙洲建制，以扩大李的势力。

罗荣桓得悉于学忠部即将西去，便将原在东北军工作过的一些干部请来共同分析形势，研究对策。他说：“国民党不信任东北军，所以要于、李换防。按常理，于应当等李来了再走，但是如果能让于学忠不等李来就走，这对我们可就有利了。”大家完全同意罗荣桓的估计，认为：如果我军能把李仙洲顶住，再给于学忠提供便利条件，他完全可能先期出鲁。罗荣桓高兴地说：“好，如果于学忠真是这样走，我们就礼送出境。至于对李仙洲，则坚决顶住，决不能让他过来。”于是，一个顶李送于的对策迅速形成。

通过暗中做工作，于学忠果然同意不等李仙洲接防便开始撤离。双方约定：于部撤离驻地时，以烟火为号，八路军即去接防。于部可在鲁中根据地之坦埠和旧寨两地，通过八路军的防区，八路军筹备粮草，予以欢送。

但在于部经过坦埠、旧寨附近时，有些士兵不愿西去。八路军有个连队看到他们装备好，全是清一色的“捷克式”步枪，就把他们留下来了。罗荣桓得知此事后，立即告诉鲁中军区，要严厉批评这个连队，并立刻将人、枪全部送还。他又发电报给各军区，指出：“东北军是中间势力，与我有西安事变前后之友好历史。我对于学忠部应取团结态度，决不能轻启衅端。”由于各部队认真贯彻了这些要求，于学忠部终于星夜冒雨通过津浦路西去。

因于部撤走而空出来的沂鲁山区和诸日莒山区顷刻之间成了各方争抢的目标。在这两块山区周围的伪军和顽固派，包括驻在鲁山以南的伪军吴化文部，盘踞在诸城一带的张步云部，安丘一带的伪军厉文礼部，以及秦启荣残部，还有原驻鲁南的张里元部，都企图进占这两个山区。

为了赶在敌人前面占领于部退出之阵地，7 月 4 日、12 日山东分局、军区命令鲁中区和滨海区的部队分别向沂鲁山区和诸日莒山区进行了大规模的进军。从 7 月中旬到 8 月上旬，同在日军支持下的张步云部、吴化文部和厉文礼部展开激烈战斗，基本控制了诸日莒山区和北沂蒙地区等原东北军驻地。在进攻厉文礼的据点时，还击毙了窝藏在那里的国民党山东别动纵队司令秦启荣。经过这一战役，新开辟的解放区面积达 2000 余平方公里。至此，山东境内已无国民党主力部队。各地方顽固派群龙无首，乱成一团。罗荣桓等抓住这一有利时机，终于大大改善了八路军在山东对敌斗争的地位。

在控制了诸日莒山区和北沂蒙地区后，罗荣桓又把重点转向南面的李仙洲部。7 月 26 日，罗荣桓作出在天宝山区或蒙山山区乃至鲁中区的腹地击退或歼灭李仙洲北犯部队的部署，要求慎重初战，要集中优势兵力寻求在运动中歼灭李部的机会。

8 月 13 日至 18 日，鲁南军区司令员张光中、政委王麓水，按照罗荣桓的指示，集中主力第三团、第五团及地方武装一部，在天宝山地区刘春霖部的侧翼，进行反击。顽军虽然受到损失，但仍越过滋（阳）临（沂）路窜至费（县）北，又遭鲁中第二团的打击，只好退回滋临路南，盘踞在平邑以南的流峪、常庄一带。

在此期间，津浦路西的冀鲁豫军区也开始反击李仙洲部的主力。9 月，于曹县阻击进犯鲁西南根据地的李仙洲部，毙伤李部 2000 余人，俘虏 6000 余人。李部入鲁失利，又遭到敌伪的“扫荡”，损失甚大。李部入鲁时有 2 万余人，到这时剩下不到 8000 人。李仙洲看到大势已去，北进无望，只得撤回皖北。从此，共产党领导的抗日武装成为山东战场的主力军。

第十三章

国民党地方武装

韩复榘被枪决后，沈鸿烈继任山东省政府主席兼全省保安司令，实行战时体制，把山东划分为鲁南、鲁北、鲁东、鲁西4个战略区和14个行政专员督察公署，恢复重建了107个县级地方政权。对地方武装进行整编，各专署武装编保安旅，各县编保安团。至1938年底，由国民党山东省政府领导的地方抗日武装已编成3个保安师、23个保安旅、48个保安团及各种游杂武装共19万余人。但这些队伍成分复杂，良莠不齐，既有抗日英烈，有中间势力，也有与中共领导的抗日武装搞摩擦的顽固分子，还有不少变节投敌沦为汉奸。其中，影响较大的有以下几个代表。

一、民族英雄范筑先

范筑先，河北馆陶县人。毕业于北洋武备学堂，历任中央陆军第四师炮兵营长、补充团长、师参谋长、第八旅旅长，第十三军少将参赞，第三路军少将参议，沂水、临沂县长，山东省第六区行政督察专员、保安司令兼聊城县长。

抗日战争爆发后，中共山东省委派组织部长张霖之赴鲁西北特委工作，与第六区行政专员兼保安司令范筑先建立了合作关系。在日军侵入鲁北、韩复榘令其南撤的情况下，范筑先通电全国:“筑先忝督是区，守土有责，裂眦北视，决不南渡。誓率我游击健儿及武装民众，与倭奴相周旋，成败利钝，在所不计，鞠躬尽瘁，亦所不辞。”通电发表后，在全国引起很大震动。

范筑先毅然留在鲁西北守土抗战，并将其保安司令部改为“山东省第六区抗日游击司令部”，将收编的大批地方武装编为35个支队和三路民军约6万兵力，控制了鲁西黄河两岸，建立了30多个县抗日政权，开辟了鲁西北敌后根据地。

范筑先（1881—1938），河北馆陶人。毕业于北洋陆军讲武堂，历任中央陆军第四师炮兵营长、补充团长、师参谋长、第八旅旅长，第十三军少将参赞，第三路军少将参议，沂水、临沂县长，山东省第六区行政督察专员、保安司令兼聊城县长。1938年10月在聊城保卫战中牺牲

1938年6月，范筑先将军亲到河北省威县，会见八路军一二九师副师长徐向前将军，共商合作抗战大计。同年9月，参加了八路军一二九师和冀南行政公署召开的“冀鲁两省军政人员座谈会”，中共北方局负责人朱瑞、陈菁玉同志、一二九师副师长徐向前，冀南行政公署主任杨秀峰和副主任宋任穷等出席了会议，国民党方面的鹿钟麟、沈鸿烈、范筑先、韩多峰等参加了座谈会。会上徐向前副师长讲了如何坚持抗战建国，以及抗日民族统一战线等问题，北方局代表朱瑞同志提出冀鲁两省应加强合作团结抗战问题，更加坚定了范筑先将军跟共产党合作抗战的决心。

在抗战爆发后的一年中，范筑先率领鲁西北抗日武装力量，同日军进行大小战斗近百次，打击了敌人的嚣张气焰。1937年12月27日，范筑先亲率警卫队、政训队赴聊城以北高唐、茌平交界处的南镇，截击一股南下的日军，毙伤敌近200名，粉碎了西路日军企图渡河南下包抄济南的计划，打响了鲁西北抗日的第一枪。

1938年3月，为配合徐州会战，范筑先调集6000兵力围困濮县之敌。5月9日，在濮县城北七里堂战斗中，范筑先率直属队200余人被日伪军300余人偷袭包围，两军相距只有几十米，部队一度发生混乱。范筑先沉着

镇定地指挥反击，并亲自端起机枪向日军猛扫，官兵受到极大鼓舞，个个奋勇作战，日军不支溃退。先后粉碎了日军对濮县、范县的三次进攻，驱逐了堂邑、高唐的伪军。1938 年 7 月，在东阿县黄庄阻击日军运输队，毙敌数十人，缴获满载大米的汽车 13 辆及其他军用器材。

8 月中旬，为配合武汉会战，范部发动了济南战役。8 月 12 日夜，攻占济南张庄机场，烧毁敌机数架。13 日，攻至济南城西纬十一路一带，并对泺口至德州段津浦铁路组织了万人大破袭，颠覆日军军车一列。范筑先次子、青年抗日挺进大队大队长范树民在战斗中牺牲。

范筑先得知其子牺牲后，瞠目良久说：“很好，民儿为国牺牲，死得其所。”大家安慰他不要难过。他说：“不难过，他死得光荣。”后有友人来信慰问他，他回信说：“齐河之役，民儿牺牲，不敢谓求仁得仁，堪幸死得其所，伊既无怨，弟又何憾。唯见长江形势，日趋紧张，此弟所万分惦念者也。”

为表示与日本侵略者血战到底的决心，范筑先把年仅 20 岁的二女儿范树琨任命为挺进大队队长，并先后将长子、长女、三女儿送到延安抗日军政大学学习。10 月下旬，黎玉、张经武从延安回山东途经聊城时，带来了毛泽东致范筑先的亲笔信。毛泽东在信中高度评价了范筑先在山东敌后坚持抗战的重大贡献和深远影响，勉励他坚持抗战到底。

1938 年 10 月，范筑先将所部 35 个支队整编为四个纵队，自任总司令兼第四纵队司令。11 月 11 日，济南、德州、禹城三路日军“扫荡”鲁西北，重点进攻聊城。聊城地处冀、鲁、豫三省交界，黄河与大运河在此交汇，城周围形成了宽阔的湖面，易守难攻。但此时城内兵力空虚，只有司令部直属部队游击营、卫队营、手枪连六七百人。

14 日午后，日军首先从南门攻城。游击营在南门同日军展开激战，连续打退了日军数次进攻，毙伤日军数十人。黄昏时分，日军攻占东关，随后在猛烈炮火配合下，乘着黑夜从三个方向爬城。范筑先急率传令队赶来增援，经过两个小时的激战，打退了日军的进攻。

15 日黎明，日伪军 700 余人在飞机掩护下，对聊城东门发起了猛攻。范筑先亲率执法队督战，左臂负伤仍坚持不下火线，先后打退了敌人的三次进攻。上午9时，东城门被猛烈的炮火击毁，敌人蜂拥入城。范筑先率部退守城中心制高点光岳楼，被日机扫射打断腿骨。范筑先宁死不当俘虏，举枪自戕。聊城县长兼城防司令郑佐衡等守城官兵700余人壮烈牺牲。

范筑先将军宁死不屈的壮举令崇尚武士道精神的日军也十分敬佩，将其尸体棺服成殓，并举行葬礼仪式，埋于玉皇阁后面，铭石记之。

范筑先将军殉国后，国共两党为其举行了隆重的追悼会。朱德、彭德怀、吴玉章、董必武以及蒋介石分别送了挽联。蒋介石送的挽联是："碧血为山河，百里危城留与社会树模范；浩气存天地，千秋青史合为民族表英雄。"国民政府还"特令褒扬"，"通令全国下半旗三天"。中共中央机关报《解放》周刊发表时评称其为"民族英雄"。

二、抗日英烈刘震东

刘震东，山东沂水人，1918年毕业于县立师范传习所，投笔从戎东北军，历任营长、团长、奉天警备司令，东北军第七师六旅旅长，第十五师中将师长，东北军总司令部中将参议。九一八事变后，奉军主力撤入关内。他与东北军内的部分爱国官兵出于民族义愤，坚持留在东北抗日，历任抗日义勇军第五军总指挥，察哈尔抗日同盟军骑兵挺进军二旅旅长，察哈尔抗日同盟军第二挺进军二十三师师长，西安行营中将参议兼总务处长。西安事变后，不满张学良被扣押，愤然解甲归田。

七七事变后，日本帝国主义侵华战争全面爆发，刘震东心系国家安危，到南京请缨抗日，被任命为第五战区高参兼第二路抗日游击纵队司令。他立即赶赴第五战区司令部驻地徐州招兵买马，并迅速派人到沂水老家招兵和筹集军饷，还给许多亲友写信求助"没有国，就没有家，国难当头，先国后家"，为了抗日要"毁家纾难"。同时致函在西安的三弟刘震亚，令他到西安八路军办事处请求派政工干部到第二路游击队工作。参谋长王再天是中共党员，受党的派遣到该队工作，并带来了一批进步人士和进步学生。

经过两个来月的积极筹划，这支游击队发展到400余人。1938年2月中旬，日军板垣师团从胶州湾登陆，沿胶济路西进，然后顺高密、诸城一线

第五战区第二路游击纵队司令刘震东

南下，直逼莒县，欲与沿津浦路南下的另一路日军矶谷师团在台儿庄会师，威逼战略要地徐州。第五战区第二路游击队来不及整训，就在刘震东司令带领下，急速从陇海线上的新沂北上，赶往莒县抗日前线。

板垣师团在汉奸刘桂棠部引导下，进至莒境。沿途虽遭中国海军陆战队的节节抗击，付出重大伤亡，但其南犯之势未衰，先头部队进至莒县城北。

第五战区司令长官李宗仁为迟滞日军行动，争取时间布置台儿庄战役，遂令第五战区第二路游击司令刘震东率领所部与庞炳勋部四十军一个团，及莒县许树声混成旅共同驻守莒县城，并委任刘震东为守城总指挥。庞部一一五旅旅长朱家麟为副总指挥，并将城防阵地分段坚守。莒城北城墙地当要冲，易攻难守，刘震东亲自率所部350余人把守，许树声率混成旅守东城墙。南、西两处城墙分别由朱旅二二九团防守。

2月20日，驻守莒北招贤的中国海军陆战队300余官兵经三昼夜血战，于当晚10点后大部殉国，日军得以顺利南下。莒县县长许树声，见日军声势浩大，放弃防地率部出城，沿沭河东岸南逃，被朱家麟旅长派员追回，令其重回防地驻守。

21日凌晨，日军田野部队乘车40余辆由北而来，首先占领了北郊高地，然后直扑北城门。北城守军因缺乏战斗经验，提前向日军开火，使日军过早惊觉，纷纷跳下汽车，荫蔽前进，未能给予重大杀伤。日军见中国军队防守严密，当即在强大炮火掩护下强行攻城，轻重火力齐发，战斗至为惨烈，城墙一处被敌炮火轰塌，有10多名日军登上城头，刘部勇士当即与敌展开肉搏，守军伤亡数十人，登城日军亦全部被歼。

在激战中，刘部多次击退敌人强攻，防地几次失而复得，营连长先后有数人伤亡，兵力损失近半，形势万分危急。情急之下，刘震东置参谋随从的劝阻于不顾，奋不顾身，冒着敌人的猛烈炮火，在城墙上往来指挥督战。在夺回城西北角时，身中数弹，其中一弹伤脑，一弹中腹，壮烈殉国。所部300余人也大部阵亡。余部与四十军朱旅援兵继续坚守城防，同仇敌忾，死守阵地，奋力杀敌，敌我双方遗尸累累，伤亡惨重。但由于敌对莒城志在必得，城墙多处被炮火轰塌，大批敌军入城，守军腹背受敌，战斗发展成为巷战。加之敌后援部队源源而来，守城部队伤亡过半。朱家麟旅长率守城部队由南门撤出，莒城遂陷。

刘震东将军莒城殉国后，《新华日报》为此发表了题为《莒县我军奋勇杀敌，刘震东氏壮烈牺牲》的长篇报道。第五战区在徐州为刘震东举行了追悼会，战区司令长官李宗仁主祭，并作了长篇讲话。同年12月，重庆国民党军事委员会为抗日捐躯的范筑先、刘震东等21名抗日阵亡军人召开的追悼会上，中共中央、八路军总部等领导机关为烈士送了花圈和挽联，其中朱德总司令和彭德怀副总司令送的挽联上写着："战事方酣忍看多士丧亡显其忠勇，吾侪尚在誓必长期抵抗还我山河"。随后，国民政府军事委员会正式追认刘震东将军为陆军中将，并将莒县更名为"震东县"，以示纪念。

三、武林英豪窦来庚

窦来庚，字峰山，1900年出生于临朐县窦家洼村武术世家，自幼拜师习武，身手不凡。14岁高等小学毕业后，考入临朐县立师范讲习所。1918年考入济南一中，在学校运动会上连夺头彩，被前来观摩比赛的济南镇守使、武术家马良看中，介绍他来到山东省武术传习所专门学研国术，投身武林名宿、武当太乙门大师高凤岭门下，得其真传，练成刀、枪、棍、剑和太乙拳、太乙刀等十八般武艺。

1922年毕业后，窦来庚回到家乡，任临朐县高等小学国术教员。1928年3月，考入中央国术馆第一期深造。同年10月，在南京中央体育场举办的"第一届国术国考"赛场上，将对手"铁砂掌"冠军打下擂台，夺得最优第一名，成为全国瞩目的武林新星。冯玉祥将军亲自颁发"我武惟扬"锦旗和银盾、宝剑等奖品，予以鼓励。中央国术馆毕业后，窦来庚因成绩优异，被分配到南京中央保健司工作。

1929 年 10 月，“全国武术擂台赛”在杭州举行，窦来庚担任纠察委员，并应邀参加了表演赛。他先演练了太乙剑，再表演轻功，将 20 个鸡蛋放于台上，踏上后毫无破损；最后表演重功，命人搬上十几块方砖，窦来庚踏砖而过，砖皆破碎。窦来庚名声大振，被正式传为太乙派掌门人。

1931 年，窦来庚应邀回到山东，先后任省立民众体育场场长、山东省国术馆副馆长（馆长由韩复榘兼），并兼任齐鲁大学国术教授。其间，曾组织 14 个教学班，编写了武当、少林、太乙派各种拳论 300 余篇。他还身体力行，以身示范，亲自为学生们授课，经常表演刀、枪、剑、棍和拳术。窦来庚身高 1.80 米，身材健壮，跳跃敏捷，深受同学们欢迎，为山东培养了一大批武术人才。

七七事变爆发后，山东国术馆的人员包括第三期师范班毕业生改编为国民革命军第三集团军司令部警卫武士大队，窦来庚被任命为上校大队长，负责韩复榘的警卫工作。山东省政府主席兼第三集团军总司令韩复榘曾公开声言：“我在山东最信任两个人——一是文化厅长何思源，是个文人学者，在国外留学十几年，会几个国家的外语；另一个就是武人窦来庚，他们是我韩向方的一文一武，左膀右臂。”

窦来庚练武

1938 年 1 月，窦来庚带领武士大队与手枪营一同护送韩复榘参加开封会议，会议期间韩复榘被蒋介石逮捕并押送至武昌处决。韩复榘死后，经新任山东省政府主席沈鸿烈同意，窦来庚率领 120 人的武士大队离开曹县，穿越南阳湖，开赴沂蒙山北部临朐一带开辟抗日根据地，将部队改编为“国民军义勇队”，窦来庚任队长。先后驻守临朐的寺头和南道、北道一带，招兵买马，队伍很快扩展到 300 多人，组建起了临朐最早的抗日武装。

1938 年 1 月，日军侵占临朐县城，国民党临朐县政府迁往冶源。日军在县城驻有一个小分队和伪军一部，烧杀抢掠，无恶不作。5 月 11 日，为配合徐州会战牵制日军，窦来庚率部夜袭临朐县城，与 30 多名日军、50 多名伪军激战两个多小时，攻克北关阁，迫使日军弃城而逃，收复临朐县城。“国民军义勇队”首战告捷，受到省政府褒奖，极大地鼓舞了当地民众的抗日热情，纷纷要求加入义勇队，队伍不断扩大。

6 月 21 日，不甘心失败的敌军，又调集七八百名日军、3000 多名伪军，在飞机、大炮的掩护下进犯临朐城，窦来庚亲率执法队防守南门。战斗从凌晨一直激战到下午 3 时，打死日伪军 70 多人，击毙日军指挥官 1 人。因敌我力量悬殊，义勇队被迫突围出城，中队长魏长礼以下官兵 50 余人壮烈牺牲。

7 月下旬，驻南流村的旅部因受到日军的威胁，窦来庚决定移防刘家庄一带。移防中遭到 200 多名日伪军的伏击，十七旅官兵仓促应战，与敌人展开白刃战，激战 1 个小时，打死打伤敌人 30 多名。十七旅伤亡官兵 25 名，旅部转移至夏家庄。

1938 年秋，国民党山东省政府主席兼山东保安总队司令沈鸿烈，派保安处处长宁春霖与窦来庚在夏家庄会晤，把义勇队改编为“山东省保安第十七旅”，任命窦来庚为少将旅长，下辖两个团，共 3000 余人。部队驻防在福山、八步顶、刘家庄、闫家河、王家沟、夏家庄、蔡家官庄、郭家沟等十几个村，占据周围几百平方公里的根据地。

1938 年 11 月 11 日，窦来庚接到情报，日伪军 500 多人从临朐城南进，欲进攻十七旅旅部。他当即决定：旅部的勤杂人员转移至杨家河村，留学兵连、特务连、警卫队与敌作战，并令特务连的一个排防守南流北岭，监视敌情，其他部队布防在南流村南岭。12 日凌晨，守卫在南流北岭的部队，与敌人先头部队接火。激战半小时，抵抗不住敌人的炮火，退至南岭。十七旅官兵坚守阵地，英勇抗击。但仍抵不住装备精良的日军进攻，前沿阵地被突破，士兵伤亡 30 多人。为保存力量，窦来庚下令撤离阵地，转移到杨家河一带。

1938 年 12 月上旬，国民党山东省政府主席沈鸿烈在鲁北平原无法立足，于是率省府机关、所属新编第四师吴化文部，迂回穿插，来到青州北部，欲穿越胶济铁路，南下沂蒙山区。但这时日军沿线调兵，戒备森严。当此之际，为搞好国共合作抗战，中共山东分局指示清河军区司令员杨国夫派兵让道为沈护送。杨国夫派刘子勇营长率 200 余兵力，穿上日军军装，选址尧沟车站以东，两条河道之间，掌握日军巡逻队交接空隙，巧妙穿过铁道。然后，由窦来庚部派兵接应，护送到沂蒙山区，在临朐与沂水交界的东里店一带安营扎寨，作为省政府驻地。

1939 年 6 月初，日军在占领了沂山脚下的蒋峪镇之后，集中力量进攻省府驻地东里店。6 月 7 日上午，7 架日机轮番轰炸，省政府驻地变成一片废墟。沈鸿烈仓皇逃进茶峪村北山沟石屋内，绝望之下，欲拔枪自尽。幸亏窦来庚率部及时赶来救援，才得逃出日军重围。随后，省府移驻临朐县南部吕匣店子村。

从 1938 年到 1942 年，窦来庚率十七旅官兵坚持抗日，先后在临朐县城、烟家铺、黑山、岩头、半中、南流、赵家庄、牛山、盘阳、大郝庄、龙诜铺等地与日伪军大的作战就有 20 余次，杀死杀伤大批日军，成为临朐抗日的中坚力量。临朐位于沂蒙山北部，便于开展游击战，先后建立了几支地方武装，经常为部队给养争抢地盘。当地群众流传着这样几句顺口溜：“诡计多端杨西九，不明不暗宫子英；素无大志令闻李，安于小就志安冯；杀人放火刘同敬，狐假虎威谭菊亭；独霸一方张品三，疯疯傻傻徐宜亭。试问抗战哪一个？临朐只有窦来庚。”

由于十七旅属地方武装，非国民政府正规军，武器装备简陋，没有固定的军饷、军装和军粮，条件异常艰苦。于是，十七旅成立了武术队，原山东国术馆的学员担任武术队的教官，教官兵习练刀术，用大刀与日军作战。十七旅的大刀远近闻名，七个铜板摞在一起，一刀下去能劈成两半，刀不卷刃。“大刀片”成为十七旅的重要标志，令周围的鬼子和汉奸闻风丧胆。

当时，驻扎临朐沂山一带的部队还有共产党领导的山东纵队第八支队，两军保持了友军关系，没有发生军事摩擦。窦来庚非常赞同“国共合作”“枪口对外”“中国人不打中国人”的主张，他对官兵说：“只要打鬼子，军队是一家。”并同马保三的八支队保持密切联系，还曾亲自掩护过中共地下党员任铭剑等。国民党山东省政府新任主席牟中珩听说窦来庚与共产党有联系，便想将其调离军队。

1941 年春夏，鲁中大旱，秋粮歉收，加上日军沂蒙冬季大扫荡，百姓流离失所，临朐几成“无人区”。为了解决部队给养，鲁苏战区第五十七军部队挤占了山东保安第十七旅的部分防区征粮，双方造成一些摩擦。

1942 年 1 月 28 日夜，窦来庚得到情报：盘阳据点的日伪军调集了几十辆大车，车上装满了麻袋，像是要将据点里的粮食运走。窦来庚当即决定伏击夺下这大歉之年救命之粮。运粮车队北往临朐，由百余名日伪军负责押送。窦来庚率部在方山与青山之间的山谷里埋下伏兵，等运粮车队进入伏击圈，突然一齐开火，打得日伪军晕头转向。日伪军见有埋伏，不敢恋战，留下几十具尸体，仓皇突围而逃。窦部伏击得手，将粮食抢回，分发部分给附近村民救饥荒。这时，鲁苏战区五十一军三四三团赵团长前来借粮几千斤，窦面有难色说：“眼下为救饥荒，已发给百姓作种子粮，我部官兵尚且抵触，哪有粮借给友军？”赵团长悻悻而去。

山东省政府主席兼五十一军军长牟中珩亲到窦部巡视，窦来庚解释“借粮”之事。牟一笑置之，然后一转话题说：“你这次劫粮有功，发给百姓深得民心，经省政府研究，拟提拔你为山东第十区行政督察专员。”

窦来庚不愿失去兵权，以“一介武夫，难以胜任”推辞。

牟中珩说：“我不也是个军人吗？不也是从政当了省政府主席吗？军人以服从命令为天职。”

窦来庚说：“牟主席，您是军长兼主席啊！如果您让我带十七旅去兼十区专员，我也从命。”

牟中珩说：“只能带走一个连！”窦来庚只好提出“考虑一下”。

牟中珩走后，窦与众商议，决定只能从戎，不能从政。窦来庚故意拖延时日，留在部队，没有就职。

1942 年 8 月，日军调集驻在胶济铁路沿线的独立第五混成旅团和第六混成旅团共 15000 多人，在驻诸城伪军张步云一部 5000 多人配合下，发动了意在消灭鲁苏战区司令部的第三次鲁中作战，鲁苏战区部队损失惨重，鲁苏战区总司令于学忠率司令部突围转移。

8月下旬，鲁苏战区总部刚刚转移到所属一一三师防区中心地带——安丘与沂水交界处的唐王山、虎眉山、擂鼓山一带，日军大部队就紧随而至，组织了所谓的第四次鲁中作战。由华北驻屯军司令官冈村宁次亲自指挥，兵力除上次作战的两个混成旅团及张步云一部共2万多人外，还调来了配有100多门大炮的竹林大炮联队，并有10多架飞机助战。整个战役从8月20日发起攻击开始，直到8月30日于学忠部转移结束。此役战场在安丘、沂水、临朐、昌乐四县交界地区，其中，消灭十七旅窦来庚部也是本次日军作战计划的一部分。

8月23日，日军调集张店、淄博、益都、寿光、昌乐、广饶等十几个县的日伪军3000多人，沿益临公路南下，前锋直指十七旅驻地北福山一带，准备包抄十七旅。

窦来庚得知消息后，立即在北福山召开紧急会议，研究对策。会上大多数人主张避敌主力，暂时转移，以保全实力；但窦来庚却主张抵抗，以牵制敌人部分兵力，减轻鲁苏战区总部的战斗压力。他慷慨激昂地说："我们成天喊着打鬼子，鬼子今天送上门来，还不揍他一下！我们要是逃跑，怎么还有脸见临朐父老？我们要与日寇血战到底，决不转移。"他命令部队坚守阵地，与日军决一死战。

8月24日凌晨，日伪军兵分三路向窦来庚部队发起了全线进攻，窦来庚亲率部队阻击东面进犯的日军主力。十七旅官兵顽强抵抗，终因兵力、武器相差悬殊，节节失利。日军炮火猛烈，十七旅阵地上官兵死伤过半，全线崩溃。激战半日，十七旅部队撤退到八埠顶、福山一带。此时，部队已是弹尽粮绝，战士们大刀飞舞，用血肉之躯拼尽了最后一滴血。

下午4时许，窦来庚率余部退至邬家官庄继续抵抗，终因寡不敌众，伤亡殆尽，2000多人的部队仅剩下50来人，窦来庚亦中弹负伤。这时，大批日、伪军冲了上来，嘶喊着要活捉窦来庚。窦来庚下令："只要活着一个人，也要抵抗到底，决不投降。"

战至最后，终因弹尽无援，无力回天。面对围上来的鬼子，窦来庚毅然举枪把最后一颗子弹射向自己的心脏，壮烈殉国。硝烟渐散，残阳如血，十七旅将士全军覆没。

窦来庚牺牲后，国民政府军事委员会明令追赠为陆军少将，被山东省人民政府和国家民政部追认为革命烈士。

四、何思源智救人质

何思源，字仙槎，山东菏泽人，1896 年出生于曹州府一个书香世家。1915 年考入北京大学，积极参加新文化运动和五四运动。1919 年秋，考取官费留美生，芝加哥大学硕士毕业后，又考入哥伦比亚大学学习政治经济学。1923 年转赴欧洲，先后在德国柏林大学和法国巴黎大学研究经济，出版专著《国际经济政策》。1926 年回到广州，历任中山大学教授兼图书馆馆长，中山大学经济系主任和训育部主任。

北伐战争开始后，何思源弃笔从戎，任北伐军总司令部政治部副主任代理主任，随北伐军进军山东。历任国民党山东省党部委员兼宣传部长、山东省政府委员兼山东省教育厅厅长。任职期间，先后筹建了国立山东大学，创办了医学专科学校、高级农业职业学校和师范学校等多处院校，增设多所省立高中，并在各县均设立了初级中学，行政村普遍设立小学，为山东的教育发展作出了一定贡献。

何思源十分重视引进人才。他的教育厅班底，从厅长到科长的主要官员 9 人中，有 8 人是从国外留学归来。在他主政山东教育十几年期间，山东大学先后聘请了闻一多、梁实秋、萧涤非、游国恩、老舍、洪深、沈从文、臧克家、杨振声、童第周、王淦昌、赵太侔等一大批著名学者任教，使山东大学成为一所影响较大的名校。

何思源还重视保护人才和学术自由。1930 年，左翼作家、共产党员胡也频携妻子、著名作家丁玲来到济南省立高中担任国文教师。教学期间，胡也频大力宣传普罗文学和马克思主义，影响了季羡林等很多青年学生。胡也频的举动引起了国民党当局的注意，此事惊动了韩复榘。韩复榘对何思源说："省立高中有个叫胡也频的教员，中央要他，说他是共产党。"

何思源回答说："办学很难，没有一点进步思想，学生们有意见；请一个有进步思想的人，政府又怀疑人家是共产党。其实年轻人有些过激算不了什么，当年我也做过学生运动。”

何思源马上把校长叫来，让他转告胡也频赶快离开济南，并交给胡也频 200 元钱作为路费。当警察赶到学校抓人时，胡也频已经携丁玲离开了济南，安然脱险。

抗战爆发后，何思源对韩复榘消极抗战的做法非常不满，曾陪同知名人士梁漱溟劝说韩复榘不要放弃济南，但韩复榘拒绝采纳。何思源组织教育厅的干部，分组带队，沿途设站，一面安排学校往后方转移，一面指导和帮助逃难的老百姓；还收容了部分从平津流亡南下的学界、文化界人士及进步青年，举办抗日骨干训练班和流动剧团。

韩复榘被处决后，山东主要城市及交通线被日军占领。身为教育厅长的何思源，手中没有一兵一卒，本应随政府机构和学校一起撤到大后方，但他没有走，毅然选择了留在山东坚持敌后抗战。1938 年 8 月，何思源北渡黄河奔赴敌后，在鲁北利津县城成立山东省政府鲁北行署，就任鲁北行署主任兼鲁北游击总指挥，收编、整训了一些地方武装。

鲁北行署辖 4 个专署 27 县，直属部队除海军陆战队一个团外，还收编了各县的地方武装，主要有驻寿光的张景月部保安第三师、驻惠民的刘景良部保安第四师、驻无棣的张子良部保安第六旅、驻博兴的周胜芳部保安第八旅、驻邹平的张景南部保安十一旅、驻广饶的李寰秋部保安十六旅、驻桓台的张景祺部保安二十四旅，共 30 个团 4 万余兵力。

1939 年 1 月，日军集结重兵进犯鲁北，迫使何思源撤出利津县城，将行署驻地移至沾化县北部沿海的义和庄一带。经过和日伪军几次战斗，仅有一团之众的陆战队损失约 1 个营，山东省政府主席沈鸿烈又抽调陆战队主力赴鲁南保卫省政府，何思源身边只留下不到 1 个营的兵力。

5 月 29 日凌晨，日军常谷川骑兵大队及伪军 1000 余人，快速奔袭，企图将鲁北行署一举消灭。何思源率陆战队余部在义和庄附近的小河村依托寨墙顽强阻击。从清晨 6 时起，激战 3 小时，打退日军数次进攻，击毙一名日军指挥官。在九连的掩护下，何思源率行署机关突围转移。

何思源将沾化县的乡村自卫武装、游杂部队等收编，编成鲁北行署直辖第三旅，下设4个团，共3500余人，活动于沾化、利津、惠民、阳信一带，坚持在鲁北一带进行平原游击战，多次挫败日军的“扫荡”。日本人对何思源恨之入骨，时时刻刻想抓住他，以此瓦解鲁北的抗日武装。但每次遇险，何思源总能在鲁北人民的保护下化险为夷，转危为安。

太平洋战争爆发后，侵华日军为摆脱困境，特别加紧了诱降活动。何思源被日军列为重点诱降对象，以“南京政府（汪伪政府）部长和山东省长任凭选择”为条件招降。在遭何思源断然拒绝后，竟使出绑架其家属为人质的卑鄙伎俩，企图逼其就范。

何思源的夫人是法国人，原名宜文妮·詹姆斯，中文名叫何宜文，出生在法国南部的波尔多市，在巴黎大学读书时遇见何思源，与其相识相恋。1928年，何宜文从马赛只身登船来到中国，与何思源结婚，生有两男两女四个孩子。当时，最大的何理路12岁，长女何鲁丽8岁，最小的女儿何鲁美才6岁。何思源深入敌后抗日，没有固定住所，转徙不定，家属跟随，诸多不便，遂安排何宜文带着4个孩子潜往天津英租界马场道隐居。

何思源（左一）全家与王耀武合影

1941年12月8日，太平洋战争爆发后，一支番号为“极部队”的日本侵略军占领了天津英租界，并宣布将英租界改为“极管区”。何宜文为安全起见，急忙搬进了意大利租界。此事被一名汉奸探知后，向天津日本宪兵队

何思源（左一）与夫人何宜文（后排女士）等在千佛山

告了密。日本宪兵队查到了何思源夫妇的往来信件，发现了何宜文母子在意大利租界的确切地址。在日本宪兵队的唆使下，12 月 31 日上午，意大利租界巡捕将何宜文母子传唤到意租界工部局，并把他们引渡给日本宪兵。

日本宪兵对何宜文说："皇军要同何思源先生合作，请你去山东走一趟，劝劝他。"何宜文根据国际公法向意大利租界工部局和日军提出强烈抗议，但日本宪兵置之不理，强制将何宜文押回家，命令立即收拾行李，押回山东作为人质企图逼迫何思源投降。

1942 年 1 月 3 日，日军派驻沾化县的宪兵队长小林爱男将何宜文母子押运至惠民县城囚禁。随后，以日军松井旅团长名义给何思源写信并附上小林爱男和何夫人及子女在一起的照片，声称"如不与皇军合作，其妻子儿女的生命将不能保障"。

日军把照片放大后，随同一封劝降信派人送给何思源。同时，他们从飞机上撒下传单，扬言如果何投降，南京汪伪政府的部长和山东伪省长任其选择，否则就将其亲属杀掉；还散发了一些日军偷袭珍珠港"胜利"照片的消息，以蛊惑人心。日军甚至还叫嚣着，要派兵包围何思源驻地，并把何宜文母子置于日军之前，如果何思源抵抗，将先打死他的妻子儿女。何思源接到劝降信后，明确告诉送信人，照片留下作证，将来拿住日本宪兵，好对照治罪，然后将送信人放了回去。

在驻地魏家庄为抗日阵亡将士举行追悼的大会上，何思源当着全体军民的面把日军的来信举给大家看，他说：“日本鬼子想让我去当他们的省长、部长，是瞎了眼！真无耻！”说着当众把信撕得粉碎。他接着说：“大家放心，日本鬼子动不了我一根毫毛，我的家眷是日本鬼子从意大利租界抓走的，我向意大利要人！我们跟日本鬼子没话可讲，只有打！我们有我们的打法，要相信我们必胜，日本必败！我们坚决抗战到底，如果有人胡说八道，就以汉奸治罪！”

何思源得知妻子儿女被捕的消息后，心急如焚。但他深知：如何对待此事，不仅关系自己一生名节，而且关系到抗日救国、民族复兴的大业，自己决不能向敌人示弱。为以防万一，同时激励下属，他写下了两封遗书，一封留给夫人何宜文，另一封给鲁北抗日武装的将领，表达了誓死不降、忠心报国的决心。

在写给同学傅斯年的信中称：“弟已以身许国，不敢复以妻子为念；且半生革命，一旦堕落，亦所不甘。闻讯之时，弟适率部驻惠民之魏家集，乃召集各机关各团体专署县府职员学生军队民众开一大会，宣示个人抗战到底之决心，并告诫各界，敢有以家眷被掳一事为敌人传递消息、讲说条件者，定以汉奸论罪，一面积极备战，以示决绝。”

何思源写完遗嘱后把自己关在房子里冷静地思考了一夜，认真分析了此事的来龙去脉，他认为：此事虽是日军所为，但意大利当局纵容日军在自己的租界内公开抓人，可以说意大利也参与了此事，而何宜文原是法国人，法国政府应该不会袖手旁观。这样，此事就不只是中日两国之间的事，而是牵扯了中、日、法、意四国的一桩国际事件。况且国际公法规定禁止把妇女、儿童充当人质。此事如果闹大，引起国际舆论的关注，形成国际纠纷，那么日本人将不得不有所顾忌，也就不会轻易对何宜文母子下毒手。

事不宜迟，何思源迅速采取了三项有针对性的措施：一、电告重庆，要求中央政府对意大利提出严正交涉，抗议意大利政府为虎作伥，把自己租界地里的居民引渡给别的国家，并要求准许他把鲁北地区意大利教士和修女进行扣押，作为“反人质”；二、命令部属把周围地区进行传教活动的意大利传教士 70 多人全部集中在一起，找一个隐蔽的地方软禁起来，等待事态发展，再做处置；三、选派得力的人士分赴天津、北平、南京、重庆等地活动，向报馆、教会、民间团体、学校、慈善机构及各国领事揭露此事，广造舆论，指斥日军不顾国际公法，在战争中以妇女、儿童作人质的暴行。

何思源还直接写信给一些重要人士——包括侵华日军司令部、意大利驻中国大使等人，向他们严正声明，意大利租界当局参与了这一暴行，负有严重责任，若不正当解决，他将采取严厉的报复措施，日军杀他一名亲属，他就杀死十名意大利人进行报复，一切后果由意大利政府负责。

不久，何思源采取的措施就有了回应。重庆国民政府很快回电说：中央政府已让王宠惠通过外交途径向意大利当局提出交涉。王宠惠分别与意大利及法国人士磋商，拟由意大利把人要出，交给法国，通过安南（越南）送还中国。复电对何思源要求扣押意大利传教士的请求未作明确答复，采取了听之任之的态度。

派往天津、北平、南京等地的人士也通过各种渠道送来消息：此事已经引起很大社会反响，各方对日军此举都进行了谴责，甚至连南京汪伪政府的一些重要人物也认为日军搞的这一手很不高明。

意大利当局了解事件发展态势后也颇为着急。在此以前，曾有意大利传教士四人在鲁北被游击队扣留，天津意大利教会托何宜文营救得以释放。现在意大利租界当局竟伙同日军逮捕了何宜文母子，而且在鲁北传教的意大利教士和修女 70 多人又被何思源扣押，因此教会方面对租界当局相当不满，不断对其施压，极力促成此事的和平解决。

鉴于各方的压力，南京方面的意大利大使也着了慌，怕何思源真的蛮干，立即去找日军驻华总司令冈村宁次进行交涉。由于日本和意大利在“二战”中属“同一条战壕”的“轴心国”，冈村宁次不愿因为这件事惹恼了意大利人，便承诺一定会保证何宜文母子的安全，并在适当时候释放他们。

何宜文母子被捕后关押在惠民县的一个日本人家中，由伪军看守。当时正值寒冬天气，何宜文母子五人只给一床被褥，吃的是冷馍冷饭，但何宜文毫不妥协。日军强迫她给何思源写劝降信，她坚决不肯，斥责日本宪兵小队长小林爱男说：“我决不写信，何思源也决不会投降。你们打不了何思源，却来欺负我们妇女儿童，真丢你们‘武士道’的脸。”

小林爱男气得嗷嗷乱叫，拔出手枪比画说："皇军的宽大，要不然的话，你们死了死了的有。"但没有上峰的命令，他也不敢将何宜文母子怎样。

在鲁北抗战期间，何思源一直很注重分化、瓦解伪军，许多伪军包括一些上层军官都与何思源部暗中来往。同时，何思源也派人打入敌伪内部，一方面做有关伪军的工作，另一方面收集情报。当时负责看守何宜文母子的伪军头目姓丁，就是深受何思源影响的一个人。他一边在暗中尽力照顾何宜文母子，一边将何宜文母子的具体关押地点辗转告诉了何思源。何思源还派老勤务兵张宪武打入伪军内部，扮作伪军照顾何宜文母子。何思源为了安慰妻子，坚定她的信心，用法文写成密信通过张宪武转交给何宜文。在何思源的鼓励下，何宜文更加坚强，经常与日军展开面对面的斗争。日军几次要她写信劝何思源投降，都被她严词拒绝。

一方面苦于精心策划的这起"人质事件"毫无进展，另一方面又要面对社会舆论的巨大压力，最终，冈村宁次不得不下令给驻山东省的日军司令官土桥一次，限令土桥在 1942 年 1 月 26 日以前把何思源家属安全送回天津。

土桥不肯轻易罢手，他决定再派人去和何思源进行谈判，做最后的劝降。日军担心何思源会扣留日本人做人质，便派了一个做翻译的朝鲜人前去谈判。经过交涉，何思源答复愿意接见这名朝鲜翻译。

1942 年 1 月 12 日，在五区专员刘景良和惠民县长李紫衡周密安排下，何思源带领 50 多名骑兵，分三路来到谈判地点。谈判地点设在惠民县城南 30 里地的一个村庄，何思源一到谈判地点，不等那个朝鲜人说话，就先发制人，很坦然地说："朝鲜人也是受日本压迫的，你应当和我站在一起抗日。我们与日本之间只有战争，无其他话可说。至于我的家属已陷日本人之手，生杀在于日本人。但他们杀我一人，我必杀十个意大利人相报复。日本人以为要挟可以使我屈服，他们完全看错了……"何思源的凛然正气震慑了那个朝鲜人，谈判没有取得任何结果。

日本人仍不死心，又设计诱捕何思源。他们让日军驻鲁北旅团长松井写了一封信给何思源，信中内容先是对何思源的坚贞不屈表示赞扬和敬佩，继而诡称：决定于 14 日把何夫人及子女送济南转回天津，路经鲁北清河镇，希望何思源到该地与夫人、子女见一面，庶可不负何夫人此行云云。

何思源看到信后，一眼就看穿了敌人的诡计。几天后，何思源在日伪中的情报人员又送来紧急情报，说是日军已探明何思源驻地，并调集重兵企图对何思源所部包围。

何思源接到情报后，于当天午夜布置转移。次日拂晓，日军果然兵分三路向何思源驻地包抄过来。当时，何思源有病，不能骑马，为迷惑敌人，乃令其卫队骑马向西北方向疾驰，吸引日军追赶。何思源及随从人员则向相反方向秘密转移，跑到惠民城东 12 里左右的公路旁边的一个村庄潜伏下来。敌人虽然到该村搜查，但在群众的保护下，何思源得以安全脱险。

日军见种种阴谋都没有得逞，而 1 月 26 日的期限又已到，只得把何宜文母子一起送到济南，安排住在石泰岩饭店，他们又想利用何宜文母子来欺骗舆论，推脱责任。日军授意让伪山东教育厅厅长朱经古出面请何宜文母子吃了一顿饭，并按事先安排由朱陪同何宜文去见日军驻山东最高司令官土桥一次。见面后，土桥先是假惺惺地进行慰问，最后要何宜文在济南发表广播讲话，承认自己是自愿在日本人协助下来山东寻夫，因没有寻到，现在要返回天津，感谢日本皇军的照顾。

何宜文深明大义，洞察其奸，拒绝了土桥等人的一再纠缠，她说："我的中国话说得不好，不会广播，如果一定要我讲，我只能照实说，不会说瞎话。"土桥等人黔驴技穷，只好安排专人把何宜文母子护送回天津。

何宜文回天津后，认识到行迹暴露，随时会有危险，1942 年秘密转移到沂蒙山区，与何思源共患难。

日本人本想利用何宜文母子作为人质逼迫何思源投降，没想到何思源以其人之道还治其人之身。日本人不但没能如愿，反而遭到了国际舆论的普遍谴责。最终，这起"绑架人质事件"，在日本人彻底失败的情况下收场了。

正当何思源在鲁北解决"人质事件"的时候，国民党山东省政府进行了改组。原省政府主席沈鸿烈去职，改由鲁苏战区第五十七军军长牟中珩继任。4 月间，省政府宣布，何思源改任民政厅厅长。随后，何思源离开鲁北，返回省政府驻地沂蒙山区，就任民政厅厅长。1944 年 12 月，任国民党山东省政府主席兼全省保安司令。

五、红高粱原型伏击战

高密东北乡，是胶莱河冲积平原，地势低洼，河流纵横，当地农民以种植耐涝的红高粱为主。一望无际的茫茫青纱帐，成为杀敌的好战场。“红高粱”的故事原型，就发生在这里。

1938 年 1 月 12 日，日军占领高密后，为便于高密、胶县、平度三县的日本驻军联系协防，征用高密、胶县、平度等地的民夫 40 多万人修筑胶（县）平（度）公路，毁坏沿途庄稼无数，公路两侧村庄中的骡马、大车也被日军洗劫一空。公路修好后，日军每日乘车往返巡逻，路边的牛羊甚至行人都成了他们比试枪法的靶子，常有无辜村民死于枪下。日军恶行激起了当地百姓的仇恨，活动在高密一带的国民党第八专区保安六团团长曹克明决定在胶平公路打一个伏击战，教训一下这帮耀武扬威的鬼子兵。

曹克明，1903 年生于诸城县相州镇南戈庄村，先后就读于山东省立一中和北京中国大学，1927 年加入共产党。1928 年秋，受组织委派回乡开展

战斗在青纱帐里的游击队员

工作，担任中共南戈庄支部书记，组织领导了“潍河暴动”。暴动失败后到青岛，先后担任中共青岛市委代理书记，中共山东临时省委常委、巡视员。1929 年 11 月到潍县巡视，任潍县县委书记。1930 年 5 月叛变回乡，使潍县党组织遭到一定损失。

抗战爆发后，高密县长曹梦九组织成立了 300 多人的高密县抗日救国游击大队，自任大队长，委派东北讲武堂毕业、时任蔡站明德小学校长的蔡晋康为副大队长。同时，发动辖区组织联庄会自卫，准备抗战。

曹克明回到家乡后，参加了当地的联庄会，利用联庄会拉起了一支队伍，又收编了附近一些大大小小的地方武装，手下有 400 多号人马，成为高密一带最大的一支地方武装。当时驻潍县的国民党山东省第八行政区行政督察专员兼保安司令厉文礼，将所属各县自卫团、联庄会及各地抗日游击队重新组合，把规模较大的几支武装改编为直属部队，曹克明部编为第六游击总队，曹克明任中校总队长兼莱阳县长。

曹克明因战乱暂未赴莱阳上任，率部在高密、昌邑、平度一带游击，伺机打击日伪军。胶平公路是日军重要交通线，不断有来往车辆，曹部便谋划在此公路上伏击日军。但他的部队组建还不到 2 个月，多数人都是刚放下锄头拿起枪杆的农民，很多人连枪都不会用，曹克明亦无指挥战斗的经验。适逢国民政府军事别动总队华北联络少将参谋兼十三支队参谋长曹直正，至曹克明部联系工作。曹直正与曹克明同村同族，系黄埔军校第六期毕业，早年加入北伐军，任炮兵营长，参加过汀泗桥等战斗，有较丰富的作战经验，曹克明决定让其留下共同组织一次伏击战。

曹克明与曹直正沿高平公路逐段进行侦察后，认为胶莱河古渡口——孙家口作为伏击地点最为有利。孙家口是个不过百户的小村，位于胶莱河南岸，北距平度县城 35 公里，南距胶县县城 25 公里，西南距高密县城 30 公里，位于三县交界处，日军增援困难。胶莱河自东南向西北绕孙家口村而过，附近没有其他通路，只有村北一座近 40 米长、2.4 米宽的石桥连接两岸。村庄与河堤相连，胶平公路由村中街道通过。公路在村内有两个 90 度大转弯，然后从村北胶莱河石桥穿过。石桥两头引桥各有五六十米，两端堤高坡陡，灌木丛生，形成天然屏障，车辆到此必须放慢速度。公路两边的堤坝和房屋，成为居高临下打伏击的有利地形。

1938 年 4 月 15 日，有 8 辆载有日军的汽车经由孙家口北去，据内线情报报告，此 8 辆车于次日仍由原路返回胶县。于是，曹克明与曹直正等连夜部署，迅速制订了作战计划，曹克明任总指挥，曹直正担任高参，令于旭斋率领第一中队换穿便服在胶莱河以北的农田里假充耕种的农民，迷惑敌人，安排第二中队长董希瞻与第三中队长许殿英率部在村内堤坝和民屋上占领射击阵地，担任主攻；又邀请平度地方武装冷冠荣部，布防孙家口北，阻击平度方向援敌；邀请胶县山东民众抗日救国军姜黎川部，布防孙家口南，阻击南部胶县援敌，战斗打响后立即切断日军退路和电话线。

4 月 16 日拂晓，曹部即将百姓疏散，将 400 多名游击队员一部分埋伏在南桥头孙家口沿街两侧的百姓家；又在方圆 10 华里内设下伏击圈，并安排部分游击队员扮作百姓于公路旁佯为耕作。在村内街拐角处，把铁耙三支一捆布置在公路上，齿尖朝上，作为阻止日军车辆逃离的路障。

上午 10 时许，8 辆载有日军的汽车由北驶来。有五辆车先驶过石桥，第一辆车上架有一挺重机枪，后面的 7 辆车则没有刻意防备。走在最前头的

孙家口伏击战遗址

汽车进村转弯时，因弯大坡陡，等司机看到前面的路障时，已来不及刹车，轮胎立时被耙齿刺穿，汽车一下撞进路边的沟里。正在敌人乱作一团时，埋伏在街两边房顶上的游击队员迅速投下一排排手榴弹，车内日军大多被炸死。由于双方交战距离太近，日军的重机枪失去作用。

后面尾随的四辆车，拥挤在入村处的石桥头上，前进不能，后退不得。埋伏于两边的游击队居高临下，枪弹齐发，日军大部被炸得血肉横飞。有一个持指挥刀的日军军官跳下车，哇哇地指挥着凭车顽抗。在烟火弥漫中，几个日军爬进路边一家院里，疯狂地向游击队扫射，十几个游击队员中弹牺牲。

见日军火力越来越猛，游击队连长马福生带领数十名游击队员将一捆捆高粱秸点燃，抱着烈燃的高粱秸冲向车去，汽车被点燃，曹直正大喊："上！"四周埋伏的游击队员一拥向前，将残余之敌包围，杀得残敌措手不及，冲出几个已四散逃命。

此时，在桥北头未过桥的三辆车，见前面战斗打响，即停止前进，但游击队员此时已把铁耙放在公路上，挡住了日军汽车的退路。在遭到埋伏之游击队袭击时，日军迅速下车抵抗，经过激战，被游击队全部消灭。

从村内逃出的几个日军，有两个沿公路沟向南逃跑，被游击队击毙一个。另一个逃至公婆庙村后，被村民王道利发现，便吆喝："快来捉日本鬼子！"孙召亮、孙坚荣、张福臻等扛着铁锨、叉子等跟了上来。日军见势不妙，钻进一个湾里，见王道利等追去，他即趴在湾里持枪射击。时值春季，雨少地干，张福臻即扬土，使日军看不清目标，睁不开眼。老猎人王道祥趁机从旁边摸上去，土枪鸣响，日军负伤倒下。这时，一青年眼明手快，趁机赶上前用铁锨将这个日军劈死了。

另有三个日军冲出后，沿河堤向东南逃窜，逃至马家园村时，被游击队和群众挡住，他们钻进了坟地，凭借坟头顽抗，有两个游击队员受伤。游击队员们冲上去，将两个日军击毙；余下的一个逃至刁家丘，被群众杀死。

战斗从上午10时持续到下午3时，共歼灭日军39名，俘虏伪军10余名，在清理所获文件时知悉，车内有一个日本军官中岗弥高，来此视察军务被击毙。所获战利品有重机枪1挺，轻机枪1挺，"三八"式大盖步枪41

支，军刀 3 把，子弹 1 万余发。烧毁汽车 7 辆，一辆受损不重者由董希瞻部开走。缴获文件一宗，内有军用地图及《阵中要务》一本。

此次伏击战游击队伤亡 30 名，曹克明胞弟曹正德、族弟曹焕德与曹平德阵亡。曹部受到国民政府记功嘉奖，并获奖金 5000 元。不久，曹克明升任鲁苏战区游击纵队第五支队长，兼任昌邑县县长。

伏击战结束后，人们以为日军全被歼灭。岂知有一个日军藏到孙家口一家的秫秸丛里，乘夜逃回胶县城，报告了被伏击情况，为日军报复提供了线索。

战后，曹克明部回大本营周戈庄休整。孙家口百姓料到日军定来报复，纷纷逃避。不出所料，第二天一早，日军将孙家口包围，进村逐户搜查。四位行动不便的老人未逃，被日军杀死三人，重伤一人。然后把村里房屋点上火方走。

日军走后，地方游击队冷冠荣部令孙家口村与公婆庙村百姓将孙家口前公路挖断、小桥拆毁，以阻日军车辆通行。孙家口附近村庄百姓与游击队一直有所戒备，未见日军出动，遂放松警戒。

在保持了一周平静之后，4 月 25 日，天还未明，驻青岛的约有一个中队的日军，分乘四辆卡车，又来袭击孙家口。当车行至孙家口村南的公婆庙村东首时，村民大多尚未起床。有一位早起拾粪的人在村东围子外见有日军汽车，吓得撒腿就往回跑。日军误以为公婆庙村内有埋伏，此人为站岗者，便向村内开了枪。尚在睡梦中的公婆庙村民，听到从东面而来的枪声，即仓皇起身扶老携幼向村外逃去。日军打了一阵枪未见还击，又听见村内喊叫声，断定没有抵抗力量，方迅速冲进村内。

这时天已大亮，日军进村后，便向逃避的百姓开了枪，瞬间 20 多名无辜的村民倒在血泊中！接着，日军封锁了村口，挨家逐户搜查。村民王成恩等八位年纪大的人被几名日军赶到王道昌家中，反锁上门，将房上浇上汽油点燃，八位无辜老人全部遇难！一位妇女未及逃出，被几个日军堵在屋内污辱致死。李元章的妻子已怀孕八个月，刚出家门，日军追去，用枪刺挑开了她的肚子……张天月怀揣不满周岁的孩子拼命地跑，被日军一枪打死。

60 多岁的老人王兆瑞已逃出，发现 10 岁的孙子尚在家中，不顾别人阻拦，绕道跑回家中，将孙子领出。谁知，刚一出门，被两个日军拦住，问道：“游击队哪里去了？”他答以“不知道”！日军听后，便朝老人的肚子踢去。孙子见爷爷倒下，扑向日军，搂着日军的腿，喊着要赔他的爷爷，被日军倒提双腿扔出去摔死！

日军在村里折腾了一阵子之后，又向村外追杀逃出去的群众。在村东，他们将20多名群众围赶到一条沟里，架起机枪扫射，霎时，鲜血染红了水沟。扫射之后，又用刺刀把每个倒下群众的肚子挑开。

在村北，日军将十几名群众包围在一块坟地里，全部用步枪击杀。村民王道明左肩中弹后，躺倒装死。等日军走后，他挣扎着爬起来一看，横七竖八的都是邻居的尸体，鲜血染红了初生的绿草和茔地。

在村南，邹明才一家五口躲在一小桥底下，日军发现后，一连向桥下扔去五颗手榴弹，致邹明才一家五口全部遇难。

在村西，一伙日军将20多名群众围住，一个日军军官手持指挥刀凶狠地问道：“是谁打死了皇军？皇军埋在什么地方？不说统统枪毙！”

被围群众听了，无人回话。这时，一个日军走到村民张西德面前，把他从人群中拉出，用刺刀朝他比画，张西德气愤地飞起一脚把日军手中的枪踢落在地。日军恼羞成怒，将张西德绑起，用刺刀将其额头上的皮剥开，拉下盖住双眼，边问边用刺刀在张西德身上乱戳，直到张西德气绝。日军见被围住的群众都怒目而立，问不出什么话来，端起机关枪，对着他们疯狂扫射，将22名群众惨杀。

日军在公婆庙村内外，一气屠杀了四个多小时。最后，他们又将公婆庙全村房屋都放上火，顿时全村变成一片火海。村民王乃聚70多岁的老母，侥幸躲过了日军的搜捕，却又被烈火烧死。

半天的时间，日军屠杀公婆庙村群众136名，杀伤、烧伤70多名。烧毁房屋800多间，牲畜、粮食、农具等损失不计其数，制造了骇人听闻的“公婆庙惨案”。

六、“七路半”姜黎川

姜黎川，原名姜汉铮，1900年生于山东胶县大店村。父母早亡，家境贫困，在其外祖父资助下就读于胶县达材学堂。山东省立第四师范学校毕业后，曾参加北伐军。北伐胜利后，历任济南《平民日报》《青岛时报》记者，青岛市政府秘书科长。

七七事变后，日本海军陆战队入侵青岛。青岛市市长沈鸿烈率海军陆战队撤离青岛，命令有志抗日的国民党员下乡开展游击战。姜黎川回到家乡胶县，在胶县、平度、即墨三县边界发动组织抗日武装，收编了即墨西部的几股地方民团武装，得到胶县5个区长和周围联庄会的响应。

1938年1月27日，日军占领胶县，并成立了伪维持会。3月8日，姜黎川联络家乡张渐九、徐明山、丁德先、韩育民、姜澄川、毛嘉兰等人，摧垮了胶县第三区店口镇维持会，成立“山东民众抗日救国军”，姜黎川任司令，丁德先、徐明山为副司令，张渐九为军需处长，辖七个大队，共5000余人。其中，共产党员韩育民任第一大队大队长。

部队成立后的第一仗，就是参加了著名的孙家口伏击战。驻防高密的曹克明部，在胶县、高密、平度三县交界处伏击日军车队，由于部队力量有限，邀请姜黎川部布防孙家口南，担任阻击南部胶县援敌任务，取得了孙家口伏击战的胜利，极大地振奋了军心民心。

山东民众抗日救国军还成立了铁路破坏队，经常劫持日军火车上的弹药和物资。为配合徐州会战，铁路破坏队炸毁了大沽河上的一座铁路桥，先后两次造成日军火车颠覆；姜黎川率部袭击了蓝村火车站日军据点，歼灭日伪军50余人，胶济铁路交通一度中断。日军对姜黎川恨之入骨，组织部队进行“围剿”。

1938年7月1日，日军独立混成第五旅团的一个大队向胶县、即墨、平度三县交界的南村、沙梁一带扫荡，驻扎在此地的姜部二团，与来犯日军激战一天，日军伤亡惨重，丢枪失弹，弃尸逃跑。7月6日，在4架飞机的掩护下，300多名日本海军陆战队员突袭沙梁。姜部突围，撤至大沽河东岸，凭河与日军激战，并俘虏2名日军游街示众，鼓舞了当地抗日军民。

1938年8月，驻防青岛的日伪军倾巢出动，对姜部驻防的胶（县）、即（墨）、平（度）地区，形成半月形包围态势，步步压缩进逼，致使姜部处于被围歼的境地。中共胶东特委派统战部长柳云光、交际处长侯林翼等携带物资到姜部慰问，商讨联合抗日问题，姜欣然接受。胶东特委派柳云光作为政治特派员进驻姜部，担任姜部军政委员会委员。面对日军的“围剿”，姜黎川提出到胶东根据地休整的要求，胶东特委同意了他的要求。姜黎川立即率队北上，沿大沽河岸出平度，越莱阳，进驻招远潘家集一带根据地休整。

胶东八路军第五支队派出慰问团和文工团深入姜部各驻地进行欢迎慰问和演出。当地老百姓也纷纷送来慰问品，并热情地为官兵拆洗缝补衣服。姜部官兵来自老百姓，与老百姓关系融洽，虽然是国民党的部队，但和八路军也差不多，被老百姓称为“七路半”。同时，应姜的邀请，中共胶东特委还派刘云生、梁纪卿、于可范3人为八路军代表，派张益民、刘宿贤、王云九、崔涛等20余名政工干部进驻姜部各中队任政治指导员。还帮助其收编了胶县、即墨、平度一带的地方武装，部队整编为10个团，共有7000多人，在青岛市区外围形成了一支较强的抗日武装力量。

1938年9月，姜黎川到掖县八路军山东纵队第五支队防地，与第五支队司令员高锦纯协商去国民党山东省政府面见主席沈鸿烈。八路军山东纵队派交际处陈迈千为五支队代表与其同行。八路军代表向沈鸿烈汇报了开辟蓬、黄、掖抗日根据地，建设抗日民主政权等情况，并要求对蓬、黄、掖三县的民选县长正式加以委任。沈鸿烈同意由省政府委任共产党员孙端夫为蓬莱县县长，曹漫之为黄县县长，于烺为掖县县长。同时授予姜黎川部“山东省保安第十四旅”番号，委任姜黎川为旅长，并委任其军需处长张渐九为海阳县县长，副旅长徐明山为胶县县长。韩育民仍担任一大队大队长，八路军山东纵队五支队驻姜部联络员改由姜谔生担任。姜部改编后，仍与胶东八路军保持了友好关系。

山东保安第十四旅成立不久，姜黎川在胶县西南的第6区良乡一带设立国民党胶县政府，姜部副旅长徐明山出任县长。在国共合作的形势下，八路军山东纵队第二支队后方司令部应徐明山的要求，派日照独立营政委何建华到胶县抗战总动员委员会任副主任，从事统战工作。

1939 年 1 月，第二支队进驻诸（城）、胶（县）地区。24 日，在泊里镇召开“诸胶抗日军联合指挥部”成立大会，国共两党及各界代表 20 余人出席大会，公推八路军山东纵队第二支队司令员刘涌任指挥，国民党山东省保安第七旅副旅长兼胶县县长徐明山任副指挥。会议通过了《统一步调亲密联合》宣言，发表了《对汉奸张步云的一封信》，抗日民族统一战线在诸（城）、胶（县）地区形成有利形势，出现了国共合作与军民团结一致抗日的新局面。

1939 年 6 月，沈鸿烈令姜的保安第十四旅合并即墨毛嘉兰的保安第一旅，并增拨海阳县为部队驻地，由姜黎川兼任海阳县县长。部队改编为“山东省保安第七旅”，姜黎川任旅长，毛嘉兰为参谋长，官兵人数达万人，成为胶东较大的一支地方武装。

1939 年底，日军从烟台、莱阳、金口等地纠集了 10000 余名日、伪军，对胶东抗日根据地进行拉网式的冬季“扫荡”。八路军在日军合围前，已悄悄转移到外线。疯狂的日军找不到八路军，就将进攻的矛头指向了姜黎川部。大年三十晚上，姜部陷入日军的重重包围之中，双方展开激战，战斗呈胶着状态。2 月 12 日，姜部在反“扫荡”中取得局部胜利，在朱吴附近一条山沟里包围了 200 余名日军，毙敌 100 多人。瓦罐窑一战，日伪军伤亡 300 余人，靠施放毒气掩护逃窜。在八路军的配合下，粉碎了日伪军的这次大“扫荡”，但姜部也损失较大，元气大伤。

1941 年 1 月，姜部被沈鸿烈改编为“山东省保安第一旅”，撤出海阳防地，移防即墨、胶县、平度地区。1942 年，沈鸿烈调离山东，鲁苏战区第五十七军军长牟中珩继任山东省政府主席，逐步将原有山东保安部队改编为鲁苏战区游击队。牟中珩派秘书到姜部进行磋商改编问题，因防区、番号和其他条件未能谈妥，商谈破裂，姜黎川一怒而率部离开。

姜黎川派其军需处长张渐九和地下党员姜谔生与八路军取得联系，拟投靠八路军。张渐九在海阳见到了中共胶东区委书记林浩、胶东军区负责人高锦纯等人，经商谈，八路军同意与其合作，并派政工干部 3 人携带电台一部前去姜部，随时保持联络。山东军区司令员罗荣桓得知情况后，允其以原番号由姜本人率领，所有部队的粮秣供应均按八路军的待遇，由山东军区负责统筹拨发。

1942年春，山东抗战进入最艰苦的阶段。日军反复扫荡，姜黎川部不断受到日伪军袭击，处境十分艰难，姜黎川再次提出到胶东根据地休整的要求。中共山东分局和八路军山东纵队为保护这支抗日武装，同意了其要求。山东纵队第五旅为迎接姜部北上，派五旅参谋长贾若瑜率五旅十四团、特务营、骑兵营等部队，连夜强行军拔除了顽军赵保原李付庄据点，歼敌700余人，扫除了姜黎川北上的最大障碍。

姜黎川率部2000余人从胶县北上到海阳根据地，受到中共胶东区党、政、军、民各方面的热烈欢迎。胶东区党委书记兼军区政委林浩、胶东军区司令员许世友与姜黎川举行会谈，议定双方团结合作，共同抗日。胶东军区还派军、政工作人员协助姜部整顿部队，建立政治工作体制。按姜黎川申请，经中共山东分局批准，接受其为中共特别党员，任命其为八路军山东军区特别旅旅长。

1942年6月15日，胶东区第一届第一次参议员大会在海阳县后夼村召开，选举产生了代表胶东人民的最高民意机关——胶东区临时参议会，根据中共胶东区委的推荐意见，姜黎川被选为胶东区临时参议会参议长，兼南海行署主任。

1942年秋，姜部返回平（度）、胶（县）、即（墨）边境地区时，队伍较以前又有了扩大，并得到了群众的拥护和支持。此时，八路军胶东第五旅主力第十三团、第十四团、第十五团也来到了胶东西部地区。驻在平度、高密、昌邑一带的国民党地方游击队冷冠荣、高云生、董希瞻、王尚志、李得元、阎珂卿等顽军，为争抢地盘，不断搞摩擦，配合日军打击抗日力量。八路军和姜黎川部联合一起，在平南高岚击溃李得元部；在大万家一带打败董希瞻、阎珂卿、王尚志等部；向南打垮高云生、冷冠荣等部。同时，还击退了隋永谞部对根据地的进攻，沉重打击了投降派的侵犯和袭扰，推进了南海抗日根据地的建设工作，平南、胶北一带呈现了较为稳定的局面。

但是，姜部内部对于与八路军合作意见不一，有赞成的，也有反对的。其中，坚决反对姜黎川与八路军合作的副司令丁德先，不仅脱离了姜部，而且准备去重庆向沈鸿烈汇报。当他路过安徽阜阳的时候，先向国民党鲁西挺进总指挥第二十八集团军司令李仙洲汇报了姜黎川的情况。李仙洲委任丁德先为参议，让其以自己代表的身份回山东策动姜黎川脱离八路军，并委派姜黎川为鲁苏战区独立挺进第二纵队司令。姜黎川再次与中共分手，将在其副官处工作的 20 多名共产党员礼送出境。

李仙洲入鲁后，很快就被八路军逐出。姜黎川因反复无常，朝秦暮楚，不断与八路军发生摩擦，被胶东区临时参议会罢免了参议长职务。1943 年 8 月 11 日，八路军南海军分区独立团、胶东军区五旅十四团对姜部进行讨伐，将姜驱出胶北。姜黎川率部转至胶南，驻扎在大、小珠山一带。

姜黎川在万般无奈的情况下，又到八路军山东军区求援，自称前段时期与胶东军区发生“误会”。山东军区司令员兼政委罗荣桓表示谅解，对其抗日行动表示欢迎，在莒南县大店一带召开欢迎姜黎川部抗日慰问大会，并接济其棉军装和其他后勤物资。姜黎川得以重整旗鼓，保持了三个团的编制，到青岛外围阴岛一带驻防。

1945 年 2 月 19 日上午，美军第十四航空队几架飞机来青岛地区作战时，一架飞机被日军高射炮击中，飞机在小珠山坠落，飞行员受伤，被伪青岛特别市胶州区自卫第九团郭立茂部俘虏。当时姜黎川部驻防胶县南部山冯家一带，其一团团长韩福德得知后奉命立即率部前往营救，在辛村设伏，劫下美军飞行员，并迅速撤离现场。走不多远，由胶州开出的满载日军的汽车就赶到了小珠山。韩福德组织部队展开战斗，为掩护美军飞行员威廉·则普利安全撤退，副营长傅伯城阵亡。

随着山东抗日形势的发展，姜黎川考虑到部队的前途，打算正式投靠共产党的队伍。八路军山东军区不计前嫌，同意接受其部进入沂蒙山区进行改编。姜黎川本以为部下都会响应他的主张，没想到部下将领并不同意。1945 年 8 月 14 日夜，姜黎川在高密草泊召开动员会，宣布将部队开往沂蒙山区接受八路军改编后，三个团的官兵悄然离开营地，去向不明，姜黎川不禁放声大哭。当天夜里天降大雨，翌日晨雨停，夜间离开的队伍复返，一团团长韩福德面见姜，陈述官兵不愿赴沂蒙山区，并将刚获悉有关日本投降的消息予以汇报，要姜等待命令，接受国民党政府改编。

不久，姜部被国民党改编为胶县保安部队。姜黎川退出军旅，担任了青岛市参议会副议长。青岛解放前夕，经张渐九联络，姜黎川、韩福德、方本庄等先后率部起义。

七、保安司令张里元

张里元，山东定陶人。1922 年毕业于北京大学法政系，曾任冯玉祥第二集团军司令部军法处主任。1930 年中原大战冯军失败后，张里元回到山东老家，先后担任文登、临朐、沂水县长，1936 年升任山东省第三区行政督察专员公署专员兼保安司令兼临沂县长。其间剿匪安民，施行新政，颇有政绩，先后被推为模范县长和模范专员。

抗战爆发后，韩复榘不战而逃。张里元坚持留下抗日，兼任了临沂城防司令。1938 年 3 月初，日军板垣师团由青岛经诸城、莒县一线进攻临沂。当时防守临沂的只有张里元手下 2000 余人的保安部队，情况危急，张连忙向徐州第五战区司令部急电求援。

第五战区司令长官李宗仁派第四十军团军团长庞炳勋率部驰守临沂。庞炳勋和张里元率众坚守城池，与日军激战一月有余，在张自忠部的支援下，内外夹击，屡挫日军，阻止了板垣师团与濑谷支队在台儿庄的会师计划，为保障台儿庄大战的胜利发挥了重要作用。

4 月 19 日拂晓，日军攻占临沂城西门，并在城头竖起日军军旗。庞炳勋命令张里元组织敢死队，两小时内必须拔掉日旗。张里元受命后，亲自组织特务营官兵 300 余人集合，大声喊道：“我任队长，以死相拼，誓夺西门！”

官兵见状，无不奋勇，特务营营长郑殿元脱衣赤膊，挺身跳出，高声呼道：“敢死队长由我担任，专员请在后面督战！”

说罢即率 300 余名鲁南大汉，手提大刀，腰插 20 响盒子炮，直闯西门，与敌短兵相接。不到半个小时，就歼灭了入城日军，夺回了西门。

4 月 21 日，临沂城陷入敌手，守军奉命转移。张里元率部撤至蒙山山区，开展游击战。他以保安一、二旅和特务团为骨干，在沂蒙山区招兵买马，扩充队伍，将临沂、费县、沂水等地的小股武装招编，迅速将队伍扩充到8个旅和1个特务团近万人，成为鲁南一带最大的一支国民党地方武装。

山东党组织积极主动地对张里元部开展了统战工作。早在1937年冬，中共苏鲁豫皖边区特委书记郭子化就以第五战区总动委会委员身份到临沂会见张里元，洽谈联合抗日问题，张表示同意。此后，山东党组织曾三次派干部到张里元部工作。其中，中共党员童陆生被任命为保安司令部副司令，张克辛被任命为保安司令部政治部主任，刘其人被任命为保安二旅政治部主任。由于他们的努力，山东党组织与张里元保持了较好的统战关系。

1938年春，为配合台儿庄战役，张里元与中共山东省委书记、八路军山东抗日游击第四支队政委黎玉相见，达成了供应数千发子弹和十余箱手榴弹，共同抗击驻新泰日军的协议。同年6月，中共苏鲁豫皖边区省委书记郭洪涛率第四支队到鲁南支援义勇总队受挫，返回沂水时，遭遇顽军袭击。张里元得知后将郭洪涛接至费县休整数日，并出面制止了顽军的进攻。

为了团结张里元，中共山东省委还把共产党领导的抗日武装苏鲁人民抗日义勇队，改称张部保安司令部直辖第四团，由张部供给薪饷。1939年三四月间，国民党顽固派山东省政府主席沈鸿烈，曾命令张里元将驻沂水王庄

临沂保卫战

的中共中央山东分局和山东纵队领导机关驱逐出辖区。童陆生等人利用张里元与沈鸿烈的矛盾，及时做耐心细致的工作，说服了张里元拒绝执行沈鸿烈的命令，使山东分局机关和山东纵队较为稳定地活动在鲁中山区。

张里元曾一度要求过加入共产党，因统战工作的需要，将他留在了国民党中。为了改造、训练、控制部队，张里元接受童陆生的建议，成立新兵训练处，对部队进行抗日教育，收到较好效果。由于与张里元保持了较好的统战关系，鲁南地区党组织和抗日武装得到较快发展。但是，随着国民党中央由联共抗日转向限共、溶共、反共，张里元的政治态度迅速右转，共产党员只好全部退出张部，结束了对张里元的争取工作。因地盘之争，与八路军部队时有摩擦。

张里元原来与韩复榘关系不错，韩对他有知遇之恩。因为这个缘故，韩被蒋介石枪毙后，张里元不太买新任省主席沈鸿烈的账，两人关系不睦，时有龃龉发生。

1941 年，沈鸿烈找借口免了张里元的职，任命张原来的军法官、蒙阴县县长郑小隐为临沂专员。张里元便转投鲁苏战区总司令于学忠，先后担任鲁苏战区第一游击纵队司令、第三十六师少将师长，在日照、莒县、沂水、费县、郯城、邳县一带与日本人周旋，一直坚持到抗战胜利。

八、保安师长刘景良

刘景良，山东临朐人，1899 年出生于沂蒙山区。因其父被土匪绑过票，为了报复，他也拉杆子当了土匪，绰号小白龙。后被国民党鲁东民团指挥赵明远招安，收为中尉副官。在解决震惊中外的顺天轮劫持事件中独闯匪穴，为解救人质立了功，升任少校副官；赵明远因此当上了山东第五专署特派员兼保安司令。1935 年，刘景良随赵明远驻防惠民城。

1937 年 10 月，日军入侵鲁北地区，赵明远仓皇撤离。刘景良在河北盐山参加了共产党领导的华北救国军，被推举为该军司令。11 月，华北救国军在乐陵被伪自治联军刘佩臣部击溃，刘景良率军一部 500 余人去阳信县城。不久又遭日军围困，经过激战损失惨重，部队伤亡殆尽。

刘景良逃出阳信县城，带领残部 17 人，逃往利津台子庄，重整旗鼓，发动武装。经过一个多月的组织，联合地方武装薄益三、薛纯一两个团，收编徐杰臣、高庆元、丁廷杰三个团以及部分旧军人、旧职员，招收具有爱国热情的青年学生 500 余人，重新组建一支抗日武装。国民政府军事委员会华北游击总司令秦启荣与刘景良拉上关系，任命他为国民政府军事委员会华北第一路游击司令。

1937 年 12 月 12 日，日伪军偷袭阳信城，刘景良侥幸脱险。12 月 20 日，日军自河北沧县派 1 个大队 500 余人，配有坦克 4 辆，汽车 36 部，侵占了利津县城，派天津伪自治联军王振礼团在此驻守。1938 年 2 月下旬，刘景良率部收复利津县城，枪决了伪县长徐丙乾和伪团长王振德，建立了国民党地方政权。随后，刘景良又率部西进，攻克滨县、蒲台、阳信和惠民，生俘伪武定道尹张以朴，恢复了各地的国民党地方政权。

1938 年 8 月，为配合徐州会战，刘景良奉命率部进攻日本人占领的桑梓火车站。他率手下最精锐的部队，发起对日军的进攻。打死日军数名，俘获 3 名，缴获汽车 7 辆，并破坏一段铁路，但最终被日军打败，刘景良率残部逃回惠民。

1938 年 8 月到 10 月间，国民党山东省政府主席沈鸿烈到鲁北巡视，刘景良一路相陪，在惠民县布置欢迎沈鸿烈的群众大会。沈鸿烈对刘景良甚为赏识，随后任命他为山东省第五区行政督察专员兼保安司令。刘景良设司令部于惠民城，招兵买马，扩充军队，队伍发展到数千人，辖 8 个旅和 3 个直属团，但编制实际上都不满员。还委派了利津、滨县、蒲台、阳信、惠民、沾化、无棣、乐陵、商河、临邑、陵县、济阳、德平、德县、博兴、广饶、青城、章丘等县的县长和一部分县保安团长。

1938 年 10 月，驻鲁日军纠集鲁北 30 余县的日伪军，配备 300 余辆汽车，在鲁北平原反复扫荡，疯狂“围剿”抗日部队。刘景良部损失惨重，部队大部跟随何思源转移到沾化县境内的太平镇、义和庄一带活动，刘景良率卫队和精干队伍继续活动在惠民、阳信、滨县一带。10 月 13 日，日军二次进犯惠民，刘部撤出。在撤出惠民县城时，刘景良安慰部下说：“虎去山还在，山在虎还来。”

1939年1月，日军二次侵占利津县城。刘景良所辖第一旅旅长徐杰臣余部400余人，第三旅旅长丁廷杰余部300余人，第一团团长侯子峰部400余人，第三团团长王家驹部800余人，相继由惠民县撤至利津三、四区农村，开展平原游击战。

这年农历腊月三十，刘景良在惠民城西谭梁徐村被大批日伪军包围，发生激战，因寡不敌众，被敌击溃。刘景良右臂被子弹打穿，造成骨折，伤势甚重。不久，他率部进驻康家园，再次遭到日军包围，战斗异常激烈，负伤7处才杀出一条血路突围。其右臂再次负伤，致成残疾，遂退回黄河口垦区及利津、广饶边境史家口一带养伤。

刘景良的部队都是拼凑起来的地方武装，将领各怀异志，刘景良对待异己常采取断然手段处置，先后杀掉了发动叛乱的第二旅旅长高庆元、沾化保安团长王拱臣、把兄弟兼济阳县长林波如等，收编其队伍。刘景良和副司令薛儒华是结盟兄弟，养伤期间就把部队交给薛儒华指挥，不料薛趁机拉走了刘景良的两个主力团。此时，刘景良的其他队伍多系乌合之众，一旅徐杰臣、四旅宋高堂部对他若即若离；三旅丁廷杰、特务团陈庆生部严重缺额；五旅韩子乾、六旅孙自元、七旅赵芙亭部均在原籍潜伏，溃不成军。

刘景良负伤离开惠民后，八路军向日伪军展开了攻势，先后收复了惠民、阳信、商河、济阳等县的一些地方。刘景良得知后深为焦虑，决定返回惠民与八路军争地盘。他到惠民、商河、济阳一带召集旧部，把部队整编为两个旅、三个直属团和两个大队，不断向八路军领导的游击地区发动进攻。经过多次和八路军的交战，重新占据了除日军占据县城和据点以外的惠民、滨县、阳信全境及商河、济阳一部。其他如乐陵、陵县、德县、临邑全部或大部及商河、济阳一部仍为八路军的游击区；曹振东的德平、张子良的无棣边境，也是八路军的游击区。从此，鲁北一带形成了共产党、国民党、日伪军三方对峙的局面。

1940年，刘景良回到惠民后，也和日军打过几十次仗，其中规模较大的如惠民萧万之战、西屯之战、任陈之战、惠商边境之战、滨县闫家王口之战等等，都是夜间打响，直到黎明，有时刘部突围，有时日军撤退。每次战斗，刘景良都是身先士卒，亲冒弹雨在前沿阵地指挥，对广大官兵是一个极大的激励。

1941年冬，为打通清河地区和冀鲁边区的联系，八路军渡过小清河，攻占了鲁北行署驻地义和庄一带。何思源不得不撤到惠民刘景良防区，驻扎在魏氏庄园，任命刘景良为鲁北行署副主任。

1942年4月15日拂晓，日伪军数千人向鲁北行署驻地——惠民五区以肖万、曹家、路家为中心的村庄发动进攻，何思源被围困在曹家。刘景良将自己最精锐的保安二团交给何思源作为卫队，而他自己则站在肖万村围墙的最高处，迎着敌人破口大骂。他高喊着指挥部下说："何厅长就在我们背后，何厅长如果有个三长两短，我的脑袋不保，谁也跑不了！"激战一天，部队伤亡很大，何思源趁夜跳出包围圈转移到六区。日军穷追不舍，刘景良的补充三团被包围歼灭。

1943年夏，山东省政府主席牟中珩任命刘景良为山东省保安第四师师长。当年秋，刘景良带少数卫兵在惠民五区刘家桥活动，被日军包围住处，无法逃脱，便藏在一个地洞里。日军发现洞口，向洞内灌水、放火，刘景良从洞里出来被俘。

日军把刘景良用木笼囚押，解往惠民城里，进行惨无人道的折磨，但刘景良宁死不降。日军又进行软化拉拢，对其进行威逼利诱，要他率部投降。在刘景良的安排下，他的第一团团长张德功带队入城，假装向日军投降。张德功入城后，秘密将刘景良的亲信人员接进城内。几天后的一个风雨之夜，刘景良从羁押的房屋天窗上爬出，在亲信人员的接应下脱险。张德功也迅速脱离日军，重新回到抗日队伍。

1944年2月，刘景良带少数人潜伏在惠民五区肖万、朱家坊、曹家、路家一带。日军探知后即派大军将这里团团围住，刘景良藏到朱家坊朱文章家的地洞里。日军挨门挨户搜查，在曹家村抓获了刘景良的机要秘书刘静安，并把他处死。包围朱家坊的日军把几百名群众赶到广场上，点燃木头，浓烟滚滚。日军抓住几名群众，把刺刀架在脖子上追问刘景良的下落，但无人回应。日军气急败坏，架上机枪就要屠杀群众，经过一个伪军队长的说情才停止行凶。日伪军再次到朱文章家搜查，终于发现了地洞，将刘景良再次抓获。

日军将刘景良押往肖万村，一路折磨。刘景良对日军表示，宁愿一死，决不当汉奸，并拒绝随日军去惠民。刘景良宁死不降，被日军用刺刀捅死，以身殉国。

随后，鲁北的国民党地方武装，便处于群龙无首的混乱状态，队伍分崩离析，更加涣散。八路军清河根据地和冀鲁边根据地连成一片，成为鲁北抗日的主战场。

九、剿灭巨匪刘黑七

刘黑七，原名刘桂堂，1892 年生于山东平邑锅泉村一户贫寒之家。其父刘湘云，到 32 岁方与一要饭女子王大脚成亲，生下两女两男，不久去世。刘桂堂自幼随母乞讨，到处流浪。8 岁那年，成为本村财主孙安常家的羊倌，练就了穿山越岭、行走如飞的本事，还有一手飞石赶羊的绝招。

民国初年，军阀混战，盗贼蜂起。刘黑七与当地痞子 8 人结拜为匪，在苍山湾一带占山为王，打家劫舍，干起了土匪的勾当。按年龄，他排行第七，皮肤又黑，加之心黑手辣，故称刘黑七。几年的功夫，队伍发展到三四百人，成为沂蒙山区最大的一股土匪。

1916 年，山东督军张怀芝派兵剿匪，打死了刘黑七的胞弟刘黑八。刘黑七逃往抱犊崮，投奔了巨匪孙美瑶，参与制造了轰动中外的“民国第一案”“临城劫车案”，劫持中外乘客 71 人，其中有英、法、美、意、葡、墨西哥等七国 39 个外国人。孙美瑶招安被杀后，刘黑七收拢其残部，流窜于蒙山、天宝山一带。

1925 年，刘黑七匪帮扩大到了千余人，号称民国第一悍匪。“大杆子头”刘黑七自封为“团长”，经常向各村派粮派款，如有抗拒不交者，即攻村破寨，烧杀抢劫。每逢“打围子”时，刘黑七摆下银圆、匣子枪，用以奖赏胆量最大的，并许诺打开围子，大闺女、小媳妇任意挑选。因此，一些匪徒要钱不要命，打开围子就抢老婆、抢财物，杀人放火，无恶不作。先后杀死白马峪村 393 人、南孝义村 346 人、大泗彦村 559 人、红山寨村 1300 余人，不少户人家被斩尽杀绝。

国民革命军北伐进入山东后，第二集团军的韩复榘见刘匪人多，便想收编。刘黑七收了韩送来的17000块银圆和2000袋面粉后，认为韩的权势小，转投第一集团军何应钦部，在滕县东部被招安，编为新四师，以“北伐先遣军”名义进军胶东，驻莒县，但其匪性不改，经常骚扰当地百姓。

刘黑七不但是江洋大盗，还是采花大盗，家有妻妾13个仍不满足，还经常出外寻花问柳。只要他看上的女人，没有一个逃得了他的手掌，作乐过后，即推出门外；如果碰上特别喜欢的，就据为己有，甚至连部下的老婆也不放过。进驻莒县不长时间，就又娶了一个地主的侄女做小老婆。

刘黑七不但好色，而且生活十分奢侈。每日三餐他自己一个小灶，他母亲一个小灶，老婆们一人一个小灶。每个小灶每顿都是四盘八碗，名酒佳肴。为给其母过生日，向四乡八镇发出帖子。当地士绅怕得罪他，向各村逼捐集资，为刘母上寿，光送来的猪羊就有2000多头，糕点3万多斤，大摆寿酒10天，一溜八仙桌上摆满了黄金、翠玉、珠宝等。一共请了200个厨师，光燕翅海参席就吃了2800多桌。

临城劫车案中的劫匪和被劫上山的外国人质

1929年2月，杨虎城率二十一师前往清剿，攻占莒县城，刘部退往安丘、诸城、平度等县。1930年中原大战时，刘黑七投靠阎锡山，任第二十六军军长。失败后，逃往河北大名，依附于张学良，任第六混成旅旅长；不久又投石友三，继续骚扰冀鲁豫边界。1931年9月，河南省主席刘峙派兵攻打，刘匪逃回山东，队伍发展到上万人。

1931年，时任山东省主席的韩复榘进剿无功，听说刘黑七侍母至孝，便抓来刘母，迫其招安，被改编为“山东警备军”，驻高唐、夏津一带。因刘部不听调遣，韩复榘密谋解除其武装，刘匪重新叛出，过河北霸县时掘了韩复榘祖坟，遂北上热河，参加了冯玉祥的“察哈尔抗日同盟军”。

1933年春，日军进犯热河，刘黑七投降日军，被委任为第三路军总指挥，得到一批日式先进武器。当年6月间，刘部被宋哲元的部队围困在南口一带的山峪里，面临全军覆没之灾。刘黑七急命部下身绑干草，准备从峪顶滚滑下山。他召来旅长、团长们，命令说：“绊脚东西统统甩掉，马匹要打死，老婆、孩子一个也不留。”见部下无人动手，刘黑七凶狠地说：“留得青山在，不怕没柴烧。到了山东，再给你们每人弄个年轻漂亮的女学生。”说罢，先将自己的两个老婆打死，又命手枪队、机枪连一阵扫射，队伍中所有家眷、孩童及骡马全部打死，然后率残部突围。

不久，刘黑七又向吉鸿昌表示愿意抗日，被任命为察哈尔省抗日同盟军十七路军军长。同盟军失败后，刘部南下晋、冀、豫等省，两个多月窜扰48县，邻近各省先后调兵围追堵截。1934年3月，刘匪3000余人越过平汉线，直奔山东，企图再回鲁南老巢。

山东省主席韩复榘闻讯，调集了5个师和民团围追堵截，并亲自在泰安车站铁甲车上坐镇督战，在鲁西、泰山一带重创刘部。刘匪仅余500余人，逃往江苏赣榆。江苏省主席陈果夫派兵迎击，刘匪回窜胶东。青岛市长沈鸿烈调海军陆战队追剿，南京政府派飞机助战，刘黑七逃往高密、诸城一带。残匪狼奔豕突，长发垢面，寝食不安，仅剩二三百人。

1934年4月，刘部在诸城遭受重兵伏击，几乎伤亡殆尽，刘黑七也被打伤了肚子。他派残兵西窜蒙山潜伏起来，本人则化装东逃。沿途官军严密盘查。刘见一青年农民推独轮车送母亲走亲戚，便上前攀谈，一路甜言蜜语，帮助推车，哄得老太太乐呵呵地认他做干儿子。遇到官兵时，老太太便称这是她两个儿子，使刘得以逃脱。刘黑七由红石崖乘帆船去青岛，秘密住在四川路的一家棚户里，枪伤使他的肚子发炎肿胀，子弹头微露。他用手指甲硬是把子弹拔了出来，养了几天伤，秘密潜逃，蛰伏于天津日租界。

1934年夏天，韩复榘派特别侦探大队的刘耀庭和原刘匪连长徐一龙潜往天津刺杀刘黑七。两人乘刘黑七在日租界赌博的机会，一梭子子弹，将刘黑七打倒，两人乘机而逃。刘黑七的脚和嘴中弹，4颗门牙被打碎，但没击中要害，侥幸逃过一劫。

卢沟桥事变后，日军侵占华北。刘黑七乘机招集旧部，投靠日军，被委为“皇协军前进总司令”。1937年12月，刘部随日军南下鲁北转进鲁东，将队伍扩充至3000余人。日军因他“有奶便是娘”，经常翻脸，故不相信于他。他便找了个讨饭老太婆，送到日军那里，声称用亲娘做人质。日军也闻知他孝顺，遂信之不疑。直到1939年双方反目时，日军要杀人质，才知这个“刘母”是假的。

1938年底至1939年初，刘匪在日人张宗援指挥下，进攻胶东地区的抗日武装，先后进犯掖县、黄县、栖霞、莱阳等地。5月，刘匪跟日本人闹翻，窜入鲁南山区，向鲁苏战区总司令于学忠投诚，所部被编为新编第三十六师，刘任师长。随之，刘匪打着“反正抗日”的旗号进入费南山区，在锅泉老家经营大寨，外修坚固工事，内筑豪华府邸。

为了争取刘黑七联合抗日，鲁南军区派参谋李胜利与其联络。刘黑七命人将李参谋五花大绑，押到他面前审讯。李参谋望着刘匪冷冷一笑：“刘师长，你就是这样对待客人吗？”

“你是共党的侦探，目的就是想吃掉我们！”刘黑七咆哮着。

“我怕死就不来，来了就不怕死。”李参谋正气凛然：“我是代表我军来商讨合作抗日的。希望刘师长看清形势，不要变成千古罪人……”

“老子要你来教训！”刘黑七一拍案板，大喝一声：“来人，给我把这个共党侦探关进死牢！”

李参谋被关，完全出乎意料之外，军区首长了解到刘黑七是个孝子，就将刘母王大脚“请”进了鲁南军区司令部。

刘母吓得浑身发抖，以为共产党要拿她的人头。后见八路军态度温和，并派两位女同志细心地照料她的生活，甚是感动。经劝说，立即写信劝说儿子。八路军派人将刘母的信件送去，并请刘匪派人来军区看望其母。

刘黑七听闻老母被八路军“请”去，甚是担心，急差副官来到军区看望其母。副官回去后将所见所闻报告给刘黑七，他听闻老母没受到虐待，立即将李胜利放回，还表示愿意与八路军合作，一致抗日。但在鲁南站稳脚跟后，便开始与八路军争抢地盘。

1940 年 3 月，刘黑七派其参谋长去上冶东南川城，与敌费县宪兵司令秘密会谈，协商再次投敌条件及进攻八路军计划。此后，刘匪既联合国民党顽固派，又勾结日军，多次进攻八路军和蒙山根据地，抢夺地盘。1940 年春，刘黑七率众偷袭驻平邑柘沟的中共费县县委、八路军津浦支队第三团，致使三团团长续志先以下 200 余人遇难。

1940 年冬，刘部纵火烧掉了费南 60 多个村庄，制造“无人区”。其杀人手段极其残忍，有“点天灯”“放天花”等花样。刘匪的残忍在鲁南臭名昭著，当地群众视其为“混世魔王”。孩子如果哭闹，一说“刘黑七来了”，顿时就不敢哭了。人们赌咒发誓时常说：“如果说瞎话，今天就碰上刘黑七。”

刘黑七为匪多载，熟悉地形，在鲁南飘忽不定，横行霸道。他曾自诩说：“毛泽东自称擅长游击战，我刘桂堂才是游击战的老祖宗哩，我打游击的妙诀：‘大庄吃饭，小庄住宿，过河不脱鞋，走路不歇歇’。”

1941 年 5 月，刘匪配合泉上据点伪军，向鲁南区的上冶进攻；同月，勾结平邑伪军在老泉崖围攻费南第二区，区中队和地方干部 20 余人牺牲，区长葛子范等 20 多人被俘。6 月，刘匪又占据天宝山中心区——东大顶，费南全境大部为刘匪占据。1941 年 8 月，八路军一一五师教导二旅和鲁南军区部队返回费南，沉重打击了刘匪，收复了天宝山区。

1943 年 7 月，于学忠部离鲁，李仙洲部被击退后，刘桂堂失去了靠山，只好再寻新主子。同年秋，刘桂堂再次投敌，被编为伪荣子恒“和平救国军”第十军第三师，但同时仍旧保留着国民党新编第三十六师的番号。

刘桂堂投敌后，用所得的 50 万元军饷，在费县东柱子经营起坚固的巢穴，成为插在山东抗日根据地鲁南、鲁中两区间的钉子，严重地影响着根据地的发展。因此，中共鲁南区委、鲁南军区一直想彻底除掉这个勾结日伪、破坏抗战、残害百姓、作恶多端的祸害。1943 年 4 月，当一一五师教导一旅政委王麓水调任鲁南军区政委时，罗荣桓曾对他说："过去，鲁南有些地方群众发动不起来，主要是因为刘黑七这块石头还压在人们的心上。你去鲁南很重要的任务，便是创造条件搬掉这块石头。"

刘黑七极为狡猾奸诈，每日行踪、每晚宿地变幻莫测；还找了些体貌相似的匪徒做替身，伪顽杂牌军请他赴宴时，常由替身前往。有几次，八路军得到老百姓报告刘匪宿地，连夜奔袭，抓到的却是替身。

1943 年秋，八路军鲁南军区决定集中兵力，彻底翦灭刘黑七匪帮。当时，刘黑七手下尚有匪众 3000 余。剿匪战役开始后，八路军时而分割包围，时而集中进攻，先后歼灭匪徒 2000 余人。刘黑七见大事不妙，遂带残匪千余人流窜到鲁南柱子山一带几个村子里，妄图凭险顽抗。狡猾的刘黑七平时就夹杂在匪队中，不断更换衣装，还选了七八个与自己相貌相近者做"替身"，以躲避八路军的捉拿。

柱子村位于费县西南约 50 里的山谷中，村庄较大，约有 200 户人家。村北接近敌人控制的公路，村西靠近日军据点梁邱，村南有一条东西走向的沙河，东北西三面群山环抱。刘匪在这里的主要防御工事有两道石筑的围墙，相距约 60 米，大围子里面还套有一个小围子，两道围墙均高 4 米多，宽近 1 米，还设有不少明碉暗堡，对攻击部队十分不利。

刘黑七从小爱听说书，特别喜欢听京韵大鼓。为投其所好，鲁南军区派一男一女两个宣传员化装成说书的，通过柱子村地下人员蒋子平，将宣传员弄进村去说书。一连说了十几天，刘黑七听得入了迷。借此机会，宣传员把刘匪的住处、匪徒的人数和武器装备等大致了解了。为了万无一失，鲁南军区三团二营营长曹明盘又带领侦察小组，化装成卖盐、卖菜的，对刘匪巢穴进行侦察，基本上摸清了刘匪兵力部署及行动规律。

1943 年 11 月，鲁南军区根据罗荣桓政委的指示，为配合鲁中区反"扫荡"，决定发起围歼刘桂堂部作战。战斗开始前，罗荣桓又向张光中、王麓水交代："刘黑七过去多次被打垮又重新拉起队伍。这次一定要活捉他，没有活的，死的也行！"

11月15日晚，鲁南军区第三、第五团和地方武装尼山独立营共12个连，在王麓水政委的亲自指挥下，分数路隐蔽奔袭刘匪自以为“固若金汤”的老巢。为了迷惑敌人，部队未直奔柱子村，而是绕崎岖小路向梁邱以东行进，然后向西折回，顺利通过三道封锁线，包围了刘匪黑窝中心上柱子、下柱子和刘庄三村，向刘黑七发起总攻。

此时刘黑七正躺在床上吸大烟。他的警卫慌慌张张跑来报告情况：“八路军要进攻了。”

刘桂堂满不在乎地说：“我早听到枪声啦，还不是那几个毛猴子，别理会他们。”

直到第一道围墙被突破，枪声越来越近时，刘桂堂才感觉不对路，立即弹起身，拔枪冲出门外指挥。此时匪徒们已退到了小围子里负隅抵抗。

晚9时许，刘匪所在东柱子村围墙被主攻部队突破。破墙而入的八路军战士直捣刘黑七的“师部”，不想只捉到了刘最宠爱的十四姨太，未搜到刘匪。十四姨太连哭带骂地说：“没良心的东西，他抛下我出围子了！”

原来，刘黑七在八路军进村前的两分钟，穿了一身灰色棉袍，携了两把二十响盒子枪，带着两个贴身的保镖，摸黑溜到村边，用绳子从围墙上坠下，向柱子山逃窜而去。

鲁南军区第三团二营七连通信员何荣贵发现刘匪逃窜方向后，即和2个人一起追赶。大约追了一里多路，刘黑七一行中的一个被打倒了，剩下的两个见势不好，就分成两路逃跑，追击人员也分成两路追击。刘黑七在前头一边跑，一边回头连连射击，打伤了一名追赶的战士，将何荣贵的帽子都打飞了，但是他的子弹也打光了。何荣贵很想抓活的，因此向天鸣枪示警，连喊“站住！”

刘黑七不理会，继续奔逃，忽而左、忽而右，好像突然摔了一跤，实际上是弯腰捡石头，使出掷石赶羊的看家本事来。何荣贵只见前面这个身材很胖的匪徒，一猫腰，一扬手，两块石头就向后飞来。何不及闪躲，一石已经击中右小腿，血流如注。何忍住剧痛，仍穷追不舍。刹那间，又一块石头飞来，击中何左腿。何荣贵双膝跪地，举枪射击，连发三枪，刘匪应声而倒。刘匪殒命后，因何荣贵等不认识其人长相，就把尸体抬回来，经多人辨认，确认这家伙就是刘黑七。何荣贵被鲁南军区记特等功，并评为全省战斗英雄。

刘黑七这个流窜华北七省20余年的惯匪、巨匪，终于在八路军的枪下魂归黄泉。消息传开后，人心大快。根据地军民召开了盛大的庆功会，欢庆这一胜利。延安新华广播电台播发了《山东我军击毙惯匪刘黑七》的新闻，《解放日报》以刘黑七被击毙为题作了长篇报道，并发表了社论。

鲁南八路軍大勝利
擊斃漢奸慣匪劉桂棠
生俘僞軍千餘繳獲極多
克敵四據點解放民衆五百餘
紅軍

《解放日报》关于击毙汉奸惯匪刘黑七的新闻报道

十、胶东土顽赵保原

赵保原，原名赵宝圆，1904年生于山东蓬莱，19岁去东北，参加了张作霖的奉军，从士兵升至营长。“九一八”事变后，投降了伪满洲国第一军第三旅李寿山部任团长。1938年2月，赵保原部作为伪满军的先遣部队，首批进入关内，直接受日本人张宗援控制，驻防胶济铁路的胶县一带。

张宗援是一个日本浪人，原名仓谷次太郎，与日本皇室有亲戚关系，曾任日军海军中校，早年来中国充当奉系军阀山东督军张宗昌的顾问，与张宗昌结拜为兄弟，改名张宗援。日军开始全面侵华后，伪满当局派遣伪军配合。张宗援率伪满军从东北入侵山东，伪称是张宗昌的亲属，先后收编了张宗昌旧部第三军军长程国瑞、旅长高玉璞、连长张步云及土匪刘桂堂等部分杂牌武装5000多人，把伪满第三旅扩编更改番号为“山东省自治军”，自任上将总司令，任命赵保原为卫队师中将师长。

张宗援（右二）与河野（右三）拍于青岛

1938年秋，伪山东自治军总司令张宗援，指挥属下赵保原、刘桂堂、张步云等部伪军约5000人进占平度。企图北犯进攻蓬、黄、掖抗日根据地，吃掉刚建立起来的抗日政权。

为阻止敌人北犯，八路军山东抗日游击队五支队司令员高锦纯、政委宋澄、参谋长赵锡纯等，对当时的敌我力量对比做了认真分析，决定高锦纯率第六十一团、六十二团进驻平度县大青杨一带，以逸待敌。

9月16日上午，赵保原在日军秋山旅团和伪军张步云部的配合下，由平度城出发，蹿到平度城北部的大青杨一带，与八路军展开了激战。八路军第五支队全线出击。两军阵地前枪弹如雨，硝烟弥漫，杀声震天。连续打退敌人三次进攻，打得敌人尸横遍野。下午，驻平度县城之敌又派出400余人增援，被八路军第六十二团击退。傍晚，赵保原率部狼狈逃回平度城。

10月16日，赵保原率部撤回胶县，引起了张宗援的极大不满，扬言要杀赵保原“以儆效尤”。赵保原怕遭其暗算，终日提心吊胆，惶恐不安，从而产生了将队伍拉出去脱离日本人的想法。开始秘密派人与国民党山东省第八行政区专员兼保安司令厉文礼沟通投诚，厉当即委任赵保原为第八专区保安第三旅少将旅长，令其率领部队进驻昌邑。

11月17日，张宗援命令赵保原移防平度城，赵保原当即决定趁机起义。18日拂晓，赵保原骑着马匆匆赶到马店驻地，宣布改变北去平度为东进即墨的紧急指示，命令部队立即行动。全师1600多人，向即墨跑步前进。张宗援得知消息后，急忙派警卫部队追赶，但已经望尘莫及。部队到达即墨后，休整了两天开始向昌邑转移。21日，赵保原率部行至平度县的蓼兰镇，召开了营级以上官佐会议，宣布“反正”，接受厉文礼的改编，番号为山东省第八专区保安第三旅。

日军得到赵保原出走并往昌邑方向转移的意图后，大为震惊，集结胶东及其附近的兵力，进行陆空配合，跟踪追击，企图歼灭赵保原部。几天后，赵部到达了昌邑与平度交界的潍河东岸。渡河时，突然遭到日军的陆空协同堵截，炮火极为猛烈，双方相持了一天。当晚，在厉文礼部的掩护下，赵保原命令全军迅速撤出战场，向平度方向转移。部分官兵面对日军的围追堵截发生了动摇，在参谋长孙汉臣的煽动下，有5个连队哗变，连夜逃回胶县。厉文礼前往明村驻地，召集全旅官兵作了慰问讲话，并派政工人员到赵部，加强对这支部队的管控。

赵保原看到八路军越来越强大，便采取了左右逢迎的投机策略，派人到掖县与八路军第五支队第二十一旅联系，声称：已反正抗日，愿与八路军联合。郑耀南旅长从抗日大局出发，同意赵的要求，并亲往平度进行慰问，允许赵部到掖县休整。

几天后，赵保原率部由明村北上到掖县境内的黄山后村停留。其间，八路军的宣传人员和中共掖县地方组织，组织人员对部队进行慰问。八路军第五支队司令高锦纯，派人携带军装一批，现钞20000多元，前往驻地慰问。次日，赵保原前往掖县城回拜答谢。

在与八路军的不断接触中，赵保原对自己目前被日伪军追击不放的窘境甚为沮丧，要求八路军帮助在周边为其取得一块立足之地，以便更好地抗日。后来，双方达成共识：八路军帮助攻克平度，赵部驻防平度，可制南来之敌；厉文礼部驻防潍县，可扼西面之敌；八路军防守蓬（莱）黄（县）掖（县），可击北海沿线之敌。这样，胶东半壁江山可稳固防守。

1939年新年过后，赵保原率部进入平度县盛家村待命。八路军进驻平（度）掖（县）交通要道上的平度店子镇待命。双方配合，准备一举攻下平度城。不料，就在八路军和赵部进入阵地后，张宗援带领刘黑七部配合日军进攻掖县，在店子与八路军遭遇。赵保原闻讯后，率领部队前往增援，与八路军配合，猛烈攻击日、伪军，双方激战了6个多小时。

日军获悉赵保原部在平度的消息后，又从各地抽调了1200多人，紧急增援店子之敌。赵保原见状，急忙请示第八专区保安司令厉文礼，要求转移到后方莱阳休整补充。获准后，赵即下令转移，率部由掖县的郭家店直奔莱阳。

1939年春，国民政府军事委员会为加强敌后抗战力量，设立了鲁苏战区，于学忠率两个正规军进驻山东，并对山东地方部队进行了整编。胶东地区的国民党地方武装有24支，其中势力较大的有十几股。在胶东南部有姜黎川和阎珂卿等；在西部有张景月、王豫民、张天佐、王尚志、厉文礼等；在东部有张金铭、徐叔明、赵保原、高玉璞、蔡晋康、丁庭、苗占奎、郑维屏、秦毓堂等。被整编为鲁苏战区部队的有1个暂编师、1个独立旅、4个独立纵队；被编为山东省保安司令部的有3个独立旅、1个保安团；被编为地方政权保安部队的有5个独立旅及各种杂牌部队，共计2.77万人。为加强地方政权，国民党设立了鲁东行辕，直辖3个专员区，包括潍河以东的胶东15个县。

胶东的国民党派系复杂，派别不下十几种，内部之间矛盾很大。总起来可分两大派：一派是CC系，属陈果夫和陈立夫成立的国民党中央俱乐部领导，鲁东行辕主任卢斌为CC系“中统”的外围组织学兴社在胶东的负责人。另一派是黄埔系统的，叫复兴社，为“军统”外围组织，在山东以秦启荣为代表。复兴社骨干厉文礼的亲信莱阳县长王海如成了在胶东的代理人。

1938年初，韩复榘倒台后，蒋介石任命沈鸿烈为山东省政府主席兼国民党山东省党部主委，省府驻地在沂蒙山区。沈鸿烈上任伊始，便决定分设鲁东、鲁西、鲁北三个行署，作为省府代表机关，领导辖区军、政事务。军事方面，设全省保安司令部，沈亲自兼任保安司令。

是年秋，鲁东行辕在莱阳成立，学兴社分子卢斌任主任，复兴社分子厉文礼任副主任。当时，厉文礼任山东省第八专区专员兼保安司令，驻潍县，辖昌乐、安丘、益都、诸城、寿光、高密、胶县、掖县、潍县、昌邑、即墨、平度、莱阳等县，同时被国民党委任为中央别动队总队胶东支队司令。

卢斌上任后，即到山东省第七专区（驻威海，辖荣成、文登、牟平、福山、海阳等县）和第九专区（驻栖霞，辖栖霞、蓬莱、黄县、招远等县）活动，拉拢第七专区专员兼保安司令郑维屏和第九专区专员兼保安司令蔡晋康入其门下，培植壮大自己的势力，引起复兴社势力的嫉恨。

厉文礼为遏制卢斌咄咄逼人的气势，即任命王海如到莱阳（属第八专区）取代与卢斌关系甚好的县长王鲁风。王海如任县长，卢斌如鲠在喉，一心想把他挤出莱阳，遂以行署名义电请省政府以苟梦龙取代王海如。胶东的CC系握有地方的行政权，在政治上和军事上占有优势。但后来随着复兴社分子厉文礼任第八专区保安司令后，先后发展、收编了14个团、3个大队，尤其收编了张步云等3个伪军旅后，军事实力大增。

赵保原的队伍撤到莱阳后，厉文礼以帮助赵保原为名，由昌邑派出了两个团到莱阳，一个是胡鼎三的保安第二团，是厉的嫡系；另一个是保安第二旅第四团。这两个团到莱阳后，声称帮助赵保原并听其指挥。当时，莱阳县长王海如，是一个光杆县长，虽说莱阳县有个保安第十七团，但那是鲁东行辕的队伍，根本不听县长的指挥。赵保原的队伍到了莱阳后，使王海如见到了希望，他向赵保原提出派一个连保护县政府。赵保原知道王是厉文礼的人，自己又是第八专区的队伍，便派了一个连驻进莱阳县政府担任警卫。

1939年2月，国民党山东省政府批准卢斌所请，委任苟梦龙为县长的电令到达莱阳。王海如通过密探得知消息后即与胡鼎三团密谋起事，下令召集所属莱阳各区署和各地军事负责人会议，企图将CC系的人一网打尽。

2月26日，赵保原进莱阳城开会。大约晚上10点左右会议结束，赵保原与参谋长等人刚刚离开会场，复兴社与CC系之间争夺地方行政权力的“鲁东行辕事件”便发生了。当夜11时许，胡鼎三的兵包围行辕，激战一小时，拘捕了卢斌、保安第十七团团长刘东阳及第三营营长，次日晨逮捕了苟梦龙。27日上午，胡团离城西去，途经马山埠时，将卢斌等4人杀害，制造了震惊全省的“鲁东行辕事件”。

当赵保原一行刚离开会场走到东西大街时，便听到枪声大作。赵忙问：“出了什么事?”

侍从人员报告说：“胡鼎三的队伍包围了行辕。”

赵听了很恼火，气愤地对侍从说："传令一营三连，准备行动。"

这时，参谋长陈达夫等人，一面阻拦赵不要调兵，让其赶快走；一面劝解道："师长，咱不要管这些屌事，坐山观虎斗，取鱼蚌之利才是上策……"

赵保原听了参谋长的劝说，还是气恼地说："都是党国的人，不打日本人自相残杀，这算么子事？"

参谋长接着说："国民党内部历来派系众多，尔虞我诈。这次内斗，一方是咱的顶头上司厉文礼；另一方是卢斌，主持胶东军、政全权的高官。咱们是刚反正进来的，本来他们都存有戒心，现在不论介入哪一方，都难以讨好，不如静观其变为妙。"

赵保原一行回到了莱阳城的昌阳书局下榻，决定采取坐山观虎斗之策，以静制动。下令在莱阳城的部队，在书局的周围布防警戒，有来犯者，立即还击。当天夜里，莱阳县的许多地方官员，怕遭到胡鼎三部的抓捕，纷纷躲进了昌阳书局。胡鼎三因惧怕赵保原的势力，没敢到书局抓人。

"鲁东行辕事件"发生后的第二天，王海如、胡鼎三率部潜逃。地方上一时陷入混乱状态。山东省政府驻鲁东视察团团长杨沛如、行辕二科科长孙秀峰、国民党第七专区党务专员兼青岛市党部委员李先良、国民党第九专区党务专员林鸣九等在海阳发城开会，商定了应急措施：一是封锁消息，防备日、伪军乘机进攻行辕驻地莱阳城；二是赵保原手握重兵，身无实职，防赵滋生事端。因此，会议商定，立即电请国民党山东省政府加委赵保原为莱阳县县长，以稳定局势；并责令他以胶东的大局为重，迅速恢复地方秩序。

听说卢斌被杀，沈鸿烈极为震怒，马上电报蒋介石，蒋介石要求撤销胡鼎三的一切职务，并明令于学忠查办此案。厉文礼不得不极力讨好于学忠，企图使此案大事化小，小事化了。

1939 年 3 月上旬，"鲁东行辕事件"发生不久，国民党山东省政府将鲁东行辕改称鲁东行署，委任李先良为鲁东行署主任，赵保原为莱阳县长。不久，厉文礼因为"鲁东行辕事件"受到处分，调离现职，赵保原接任山东第八专区行署专员兼保安司令。

1939 年 11 月行政区划调整，析分第八专区部分县，设立第十三专区，辖莱阳、即墨、平度、昌邑、掖县等县，赵保原改任第十三专区专员兼保安司令。从此，赵保原的军、政机构迅速庞大起来。大量的国民党骨干分子、军政要员和土豪劣绅纷纷涌进了赵保原的行政机构和军事系统，赵部成为胶东地区最大的一支武装势力。

“鲁东行辕事件”发生后，胶东国民党内部钩心斗角，一片混乱。地方武装各据一方，扩展势力，抢占地盘。中共胶东区委和八路军山东纵队第五支队决定抓住时机，利用矛盾，积极贯彻抗日民族统一战线政策，争取赵保原、蔡晋康等国民党地方部队共同抗日，多次派人做赵保原工作联合抗日，赵保原接受了联合抗日的建议。

1939 年 4 月，由八路军山东纵队第五支队发起，在栖霞县桃村召开各友军联席会议，成立鲁东抗日联军。当时，参加联席会议的有八路军第五支队司令高锦纯，国民党地方部队有山东省第十三专区保安司令赵保原；鲁苏战区暂编第二十六旅旅长秦毓堂；山东省第七专区保安司令郑维屏，及第七专区保安第二旅旅长王兴仁，第三旅旅长丛镜月，第五旅旅长张建勋，第六旅旅长苗占魁；福山县保安司令陈煜；山东省保安团司令安廷赓；山东保安独立第二旅旅长韩炳宸；国民政府军事委员会别动总队独立第二支队司令冷先舟，第四十四支队司令蔡晋康，第四十六支队司令丁绋庭，第四十七支队司令赵世珂，第四十八支队司令徐淑明；国民党第五战区直属第十六支队司令张金铭及曹克明、王鲁风、隋永谞等部主要领导人。

经过讨论酝酿，决定成立鲁东抗日联军指挥部。赵保原被推为总指挥，八路军第五支队司令高锦纯和鲁苏战区暂编第二十六旅旅长秦毓堂为副总指挥，各部在莱阳城设立常驻代表办事处负责联络工作，八路军派于谷莺为驻莱阳办事处代表。通过这次会议，除保安第一旅旅长姜黎川因与赵保原有矛盾拒绝参加外，胶东各派军事力量全部参加了抗日联军。鲁东抗日联军成立后，各部互相配合，共同反击日、伪军的多次进攻，取得了重大胜利。

1939 年 4 月下旬，张宗援率刘黑七部 1500 多人，由平度出发进犯招远、栖霞。联军指挥部紧急命令沿线各部队，在敌人经过地域，各自就地组织力量，进行扰乱和袭击。敌人进入招远境内后，徐淑明部夜袭敌营，因联络失误，以致本部自相攻击，袭敌失利。敌人继续逼进，蔡晋康部战斗力薄弱，不战而退出栖霞城。

5月12日，刘黑七率领伪军1400余人占领栖霞城，其司令部驻在城北的古镇都村。八路军第五支队第六十一团第一营和第六十四团第一营从招远追击敌人。赵保原接到蔡晋康向联军指挥部的告急后，也率领本部的3个营，会同秦毓堂、徐淑明等部赶来增援。赵保原命令八路军第五支队攻击古镇都村，国民党部队攻击栖霞县城。

古镇都村驻有伪军主力1000多人，县城仅驻伪军400多人。5月16日，攻击开始。为争夺古镇都村南山，八路军第五支队第六十四团第一营集体冲锋3次，击溃刘黑七部主力，占领南山，切断古镇都村与栖霞城敌人之间的联系，随后又包围了古镇都村。17日中午，刘黑七率部逃窜，第五支队收复了古镇都村。

在第五支队攻打古镇都村之时，赵保原率领国民党部队攻击栖霞县城，由于各部保存实力，在日、伪军的强大火力面前消极作战，久攻不下。赵保原得知敌人可能要进攻莱阳县城的消息后，竟置栖霞县城战事于不顾，擅自率部撤离战场，撤军莱阳。赵保原一走，其他各部也都撤离了战斗，把八路军第五支队置于两地伪军的夹击之中。第五支队英勇作战，迫使驻栖霞县城的伪军狼狈逃窜，收复了栖霞县城。

日、伪军在栖霞惨败后，经过休整，于1939年5月下旬，对胶东进行第二次大"扫荡"，进攻的主要目标是莱阳和栖霞。5月26日，伪山东省自治联军张宗援部及刘黑七部进攻莱阳城。在日军飞机大炮轰炸下，赵保原弃城出逃，张宗援占领莱阳城。

5月31日，八路军第五支队在国民党独立第四十八支队司令徐淑明部的配合下，将敌人逐出莱阳城，赵保原重新入城。后因日军飞机不断轰炸，日、伪军乘机再次攻城，赵保原再次撤出莱阳城。

6月2日，八路军第五支队和赵保原部等友军再次攻城，日军弃城南逃，第五支队追至团旺一带，与赵保原部合击敌人。两部官兵积极配合夹击敌人，日、伪伤亡惨重，张宗援被击成重伤逃往青岛。两次收复莱阳城战斗，共毙伤日、伪军400余人。

1939年冬，驻鲁日军兵分五路对胶东抗日根据地发动冬季大"扫荡"。胶东各县党组织发动群众，配合第五支队，展开破袭战，先后对栖（霞）莱

（阳）、平（度）莱（阳）等6条公路进行大破袭，使主要交通干线中断，为粉碎日、伪军的“扫荡”赢得了时间。

11月9日，侵占平度、即墨、掖县的日、伪军分五路进攻莱阳。其中一路在太平庄遭到八路军第五支队袭击；另一路乘第五支队追击逃敌之机，进攻并占领莱阳城。伪山东省自治联军参谋长李夔坤指挥日、伪军1000余人，从平度祝沟出发，并由驻青岛、即墨的日、伪军从南路配合进攻莱阳。

大敌当前，赵保原令副司令韩炳宸率邓学良团、穆俊锋团三连、特务营机枪连共700余人，在松旺庄以西的丘陵地带设伏，并命保安第十七团协同作战，阻击日、伪军东进。10日至11日，保安第十七团及韩炳宸亲率的主力在松旺庄的西太平山和郭家庄村西孙家茔地，与日、伪军展开激战，全体将士奋勇杀敌，打退敌人多次冲锋。韩炳宸副司令身中三弹，重伤殉国。傍晚，日军进入莱阳城。

在韩炳宸部与日、伪军作战之时，八路军第五支队于10日下午回师莱阳城外，激战一昼夜。12日黎明，联军收复莱阳城。八路军三进山城，在当地传为佳话。

12月2日，日、伪军又集中5000余兵力再次进攻莱阳城，赵保原弃城逃走。3日，日军再次占领莱阳城。12月6日，伪莱阳县政府宣布成立，赵慈尊任伪县长。从此，伪政权在莱阳县城开始了统治。

1940年3月，鲁苏战区总司令于学忠开始着手整编分散于各地的国民党游击部队，在全省编成10个游击纵队，每纵队兵力相当一个旅。其中胶东地方武装，厉文礼被任命为第二游击纵队司令员；王尚志任命为第四游击纵队司令员；丁绋庭任命为第五游击纵队司令员；秦毓堂任命为第六游击纵队司令员；蔡晋康任命为第七游击纵队司令员。

赵保原在胶东地区的势力最大，被整编为鲁苏战区暂编第十二师，辖3个团和4个直属队，共6180人，赵保原任少将师长，兼胶东游击区指挥官。按山东省保安部队的编制，每个专区还可整编地方武装2个保安团、1个特务营，共3000余人，赵保原兼保安司令。

到1940年底，赵保原下辖的总兵力已达13000余人，集正规军、地方保安部队军权、政权于一身，在胶东地区权倾一时。为争夺地盘，实现军令、政令统一，赵保原在羽翼丰满、势力膨胀后，便逐渐暴露出反共本质，开始屡屡制造摩擦事端。

1940年，国民党顽固派发动了第一次反共高潮，赵保原积极配合，退出鲁东抗日联军，勾结日、伪军，反共反人民，策划进攻抗日根据地的军事行动。随着八路军第五支队的壮大，大泽山地区北部的蓬、黄、掖抗日根据地，得到了进一步的巩固和发展。同分布在东、南、西部的国民党顽固派统治区，盘踞在部分县城和公路沿线的敌占区，各自形成了独立的势力范围。而中间以大泽山为中心，西起昌邑、平度，东接招远、莱阳、栖霞边境的200余里狭长地带，则成为敌、我、顽军事割据的区域，三方展开了拉锯式的争夺。

1940年初，赵保原、张金铭、高玉璞等就开始了向招远、莱阳边区和栖霞的观里发动进攻。在莱、招边区，莱阳、招远县大队和抗日民众配合八路军第五支队，对国民党顽固派进行反击。2月21日，一举击溃了盘踞莱招边区的徐淑明部保安第二十六旅，进而向蔡晋康部反击，摧毁其栖霞县政府，打垮了“抗八联军”的北部势力。接着，八路军主力部队和县大队，于26日与马连庄据点顽军激战一夜，将其攻克，击溃国民党莱阳保安团千余人。

赵保原见其部属接连失败，亲自上阵，率其两个主力团2000余人，进入莱招边区根据地。3月9日，顽军在峭山一带向抗日根据地包抄，八路军第五支队主力在莱阳县大队等地方武装的配合下奋起反击，激战数日，打退顽军多次进攻。14日黄昏，第五支队发起反攻，终于将顽军全线击溃。

此后，以赵保原为首的顽军不断配合日、伪军对根据地进行“扫荡”。1940年6月，八路军第五支队主力在莱阳县大队配合下，激战20余天，粉碎了日、伪、顽对平、招、莱、掖根据地的“六一大扫荡”。

10月2日，八路军山东纵队第五旅第十三团、第十四团在莱阳县大队配合下，采用“围城打援”战术，首先包围了占据小森格庄和军寨的赵保原一部，然后在白石山设伏，打退了前来增援的赵保原两个团。经两昼夜激战收复了小森格庄和军寨，赵保原部龟缩到院里据点。

12月下旬，莱阳县大队配合第十三团、第十四团，攻克了赵保原的院里据点，迫使赵保原退据日庄固守。正当第十三团、第十四团准备围歼赵保原的邓学良团时，驻莱阳城日、伪军200余人，于26日夜，向第十三团、第十四团发动袭击。两个团主力分头截击，在大沽河岸将敌击败，毙伤日、伪军40余人。最后，回师合击日庄据点，经7昼夜激战，攻克日庄，赵保原被迫退到海阳发城。

1941年1月，国民党顽固派制造了震惊中外的“皖南事变”，掀起了第二次反共高潮。“皖南事变”后，胶东的顽固派积极呼应。1月中旬，赵保原配合日、伪军2000余人，向平、招、莱、掖根据地进行大规模“扫荡”，莱阳县大队及各区武装配合八路军第五旅主力，在小沽河畔给敌人以沉重打击，重创赵保原6个团，粉碎了敌人的联合“扫荡”。

3月，山东的国民党顽固派发动了所谓“三月攻势计划”。胶东境内的国民党顽固派由政治反共转向军事反共为主。赵保原召集国民党第六挺进纵队秦毓堂、第五挺进纵队丁绋庭、鲁东行署第七专员郑维平和丛镜月等，正式成立了以其暂编十二师为核心的“抗八联军”，赵保原任总指挥，网罗胶东20余股顽军，进攻八路军抗日根据地。针对赵保原、秦毓堂之流的军事进攻，中共山东分局、八路军山东纵队发出指示，要求胶东区的山东纵队第五旅、第五支队组织自卫反击，保卫胶东抗日根据地。并调山东纵队第三旅旅长许世友率清河独立团进入胶东，成立以许世友为指挥、林浩为政委、吴克华为副指挥的胶东反投降指挥部，统一指挥这次反投降战役。

国民党山东省第九专区专员兼保安司令蔡晋康部，控制了胶东中心战略支点——栖霞县牙山山区，将胶东抗日根据地分割为东西两块，并隔断了胶东区与其他抗日战略区的联系。3月14日，胶东军政委员会、中共胶东区委和胶东反投降指挥部召开会议，决定集中胶东区八路军主力部队、基干团和清河独立团，首先歼灭国民党顽军蔡晋康部，恢复牙山抗日根据地。

3月15日，许世友指挥胶东第五旅、第五支队和清河独立团等部，分东西两个战场反击顽军。经多次战斗，在东海区歼灭丁绋庭、陈昱、苗占奎等部1000余人；在西海区，歼灭蔡晋康部1000余人。

6月，赵保原带领两个团进攻平度县上洄、下洄一带，遭到八路军伏击。其中，赵保原的主力团秦毓堂部大部被俘，损失惨重，窜回莱阳西部已溃不成军。尔后八路军东西两军对进，收复牙山，会师桃村，并乘胜南下莱（阳）、海（阳）边，围困赵保原部据守的发城。赵保原采取“碉堡政策”，在发城外围沿山岭修筑碉堡，以求扩展。八路军针锋相对，以碉堡反碉堡，击退赵部多次反扑。经3个月的围困，赵部士气低落，粮、弹将尽，被迫于7月27日突围，撤至莱阳万第。

历时5个月的反投降战役，打垮了胶东10余个投降派武装，共歼其20000余人，挫败了以赵保原为首的“抗八联军”对根据地的进攻，并将其余部驱逐出胶东腹心地带。巩固了大泽山、昆嵛山根据地，恢复了牙山根据地，打通了胶东抗日根据地东西的联系。

赵保原虽然宣布“反正”投向国民党，但与日军一直藕断丝连，并未中断秘密勾结。日、伪军侵占莱阳后，当时有不少赵保原的部下投靠了敌人，协助莱阳伪县长赵慈尊建立伪政权。赵保原同驻莱阳伪绥靖军少将司令李夔坤是伪满军政部训练处第四期同学，赵保原特派李喜亭为代表，携带厚礼拜访李夔坤叙旧情，厚颜无耻地拜求关照。

在军事行动上，赵保原与日军密切配合。1942年春天，日军集结万人大“扫荡”时，赵保原在胶东西线的平（度）、招（远）、莱（阳）、掖（县）边区连续向八路军发起进攻。这年5月，日军再次“扫荡”时，赵保原又出兵配合。中共胶东区委和胶东军区，针对赵保原集团的倒行逆施，给予了坚决的打击。

1942年4月初，八路军山东纵队第五旅参谋长贾若瑜，奉命率领第十四团等部，采取声东击西的战术，以迅雷不及掩耳之势，直插赵保原的后方——平度县东南的李付庄据点，于4月20日拂晓，攻克李付庄，全歼赵部一个团的兵力700余人。打开了恢复南海地区的大门，为策应姜黎川北上创造了条件。同时，也切断了赵保原与山东顽固派联系的交通线，形成了对其在莱阳的老巢万第夹攻态势。

不久，赵部由莱阳西部回防万第，途中遭到八路军袭击，兵员和辎重都受到损失。这几次战斗，极大地震撼了赵保原，企图趁八路军立足未稳之际，集中兵力配合日、伪军，将八路军第十四团赶出南海地区。于是，亲率第一、三团，特务团，莱阳、平度保安团，于5月12日向平度东南进犯。

赵保原向南海地区的进犯，造成了后方空虚，给八路军提供了打击的时机。5 月 15 日晚，八路军趁机发起了五龙河战役。第五旅第十三团、第十五团，第五支队第十六团、第十七团以闪电战术插入赵部心腹地区，当晚第十六团突袭大夼，全歼赵部第四团。5 日连克羊儿庄等 10 余处据点，歼灭赵部 2 个团，将其数年经营的大夼兵工厂、被服厂、印刷厂全部缴获。

八路军的这次胜利，使日、伪、顽三方都为之震惊，赵保原慌忙调整部署，全线撤至大沽河两岸。在八路军的节节追击下，他带领部队撤往万第的途中不断遭到打击。回到万第后，八路军随即形成了包围。赵保原怕老窝被端，慌忙派其政治部主任张玉田等人赴青岛，求日军派兵支援。

日军驻山东第十二军司令官土桥一次应赵保原的请求，立即增兵万第、邢村等地。5 月 21 日，又集中日、伪军 4000 余人，发动了 1942 年的第二次大“扫荡”。投降派与日、伪紧密配合，从南北两面对八路军进行夹击。八路军即向牙山一带转移，敌企图夹击消灭八路军的计划遂告失败。

1942 年 7 月，八路军胶东军区成立后，统一指挥胶东部队，向国民党投降派不断发起进攻，使胶东腹地的投降派大多被歼灭或击溃，只剩下赵保原以及盘踞平度的李得元与阎珂卿尚有一定的势力。1942 年冬，在日军发动的 20000 余人拉网大“扫荡”中，赵保原又以 3 个团的兵力，尾随日军入侵八路军的抗日根据地。赵保原亲率 1 个团，向榆山区进攻。八路军胶东军区部队在与日军作战的同时，给予赵部以痛击。12 月，平度东南部的淖泥沟一战，赵保原的第一团被八路军歼灭大部，上校团长李学奎被击毙。

1943 年，赵保原部由于接二连三遭受八路军重创，已基本失去了主动出战的能力，寄希望于日、伪出兵配合，帮助渡过难关。可是，随着战线的拉长，日、伪军的兵力不敷分配，也是处处捉襟见肘。因此，赵保原只能常常派出小股部队骚扰抗日根据地。为了避免被八路军歼灭的厄运，赵保原进一步加强了与日、伪军的勾结。

1944 年，日军进一步加紧了对国民党顽固派的诱降和军事威胁，并派飞机在赵保原的老巢万第上空盘旋威胁。赵保原立即派副师长张起陆、参谋长皋鸣九分赴青岛、莱阳与日军秘密谈判，接受了日军授予的“剿共第七路军”番号，将平度李得元部改编为皇协军第一〇七团。赵保原部为掩人耳目，继续使用鲁苏战区暂编第十二师的番号。这年11月，日、伪军出动4000余人再一次向抗日根据地“扫荡”，赵保原派出两个团兵力配合，与日、伪军一起烧杀抢掠，使根据地人民的生命财产蒙受了巨大损失。

1944年2月，八路军突然袭击了赵保原在莱阳的重要据点河源。河源距万第西北40公里，是重要的产粮区，军事地位十分重要。赵保原曾经在这里修筑工事达一年之久，挖了壕沟，建起了9座长方形的大碉堡，堡与堡之间，有地道相通。据点外围还设置了铁丝网、鹿寨和鱼鳞坑等。驻守这里的是赵保原部补充团和莱阳县第五区区长王子炤的区中队武装，共2000余人，据点与莱阳城和马连庄的日、伪军据点互为犄角。

2月18日夜，八路军胶东军区第十三团在团长聂凤智指挥下，利用王子炤给儿子过“百岁”摆宴席的机会，在莱阳独立营配合下，突然发起攻击，迅速突破据点的土圩、壕沟，在连续炸毁其6座据点之后，王子炤率40余人逃窜，其余全部被歼。赵保原闻讯，连夜从万第派5个连前来增援，不料在半路被八路军的截击部队消灭。这次战斗，歼敌1500余人，缴获机枪14挺，长短枪800余支，缴获兵工厂和大量物资，新开辟了莱西北根据地，改变了南海分区腹背受敌的局面。

赵保原部经过八路军的沉重打击，已经成了惊弓之鸟。莱阳北部山区已成为八路军公开活动的基地，各村都建立了民兵组织，主动配合八路军的对敌斗争，使赵保原部的后勤供应青黄不接，军事上寸步难行。为了彻底解放被赵保原部长期统治的莱阳一带的人民，胶东军区集中优势兵力，在地方武装、民兵及群众的配合下，发起了讨伐赵保原部战役。

1945年2月10日，胶东军区作出战役部署：十三团、十六团、军区特务营、炮兵营、北海军分区独立团主攻赵保原的中心据点万第；海阳县独立营、东海军分区独立团三营、海莱人民联合自卫军一部在东、西王宋一线布防，阻击迎格庄、留格庄增援之敌；十四团、莱东独立营、栖霞独立营以北寨庄头、凤凰山一线为阵地，截击莱阳城、昌山、乔家泊增援之敌。11日下午5时30分发起总攻，激战一夜，消灭了万第外围敌人。12日黄昏，主力部队向赵保原指挥中心万第发起进攻，经5个多小时激战，敌人全线崩溃，赵保原趁着月黑风高，带100余残兵逃往即墨苟延残喘，其余被全歼。

胶东军区十三团正在攻打赵保原老巢——万第

万第战役，毙伤俘敌1.2万余人，缴获各种炮14门、长短枪5000余支、轻重机枪160余挺、掷弹筒17具、战马120匹、电台5部及2000多万斤粮食和其他军用物资。至此，除莱阳县城、穴坊、姜山尚存日伪军外，莱东县其他地区全部解放。

第十四章

全民皆兵

在山东战场上，除了八路军一一五师和山东纵队主力部队以外，还有各军分区、县民主政权的地方部队独立营、县大队、区中队和 71 万民兵以及 150 万人的自卫团等人民武装，积极配合主力部队作战，充分运用麻雀战、地雷战、地道战、破袭战、奇袭战、伏击战、车轮战、冷枪战、围困战、掏心战、联防战等游击战术，先后进行大小战斗 5.2 万多次，毙伤日伪军 2.5 万人，为保家卫国发挥了重要作用，为抗日战争的胜利作出了贡献。

一、地雷战

在胶东抗日游击战中，除八路军山东纵队第五旅、第五支队主力部队外，胶东抗日根据地军民还广泛开展了地方性、群众性的游击战。根据地普遍建立了县大队、区中队、武工队和民兵组织自卫团，利用联防战、破袭战、麻雀战、地雷战等战术灵活机动地打击敌人。其中，海阳县的地雷战曾威震敌胆。

1942 年 2 月，日军侵入海阳县，很快占领了行村、大山所、鲁古埠和凤城等沿海村庄，并在那里建立据点。中共海阳县委积极发动群众，建立起青抗先、农民自卫团等抗日武装，配合主力部队、地方武装不断打击敌人。

2 月中旬的一天，行村据点里的 400 多名日伪军向赵疃扑来。赵疃的民兵立即投入战斗，区武工队和邻村的民兵也赶来助战，凭借熟悉的地形，用土枪、土炮打败了敌人。敌人白天进不了村，便在晚上进行偷袭。300多日伪军乘夜摸到赵疃。黎明时，敌人已在村周围架起机枪，并进村挨户搜查。把群众赶到广场上，用枪把子打、皮带抽，逼着说出八路军、民兵、粮食藏在哪里。弄了半天，一无所获。最后，敌人气急败坏地施放了4颗毒瓦斯弹，把群众熏得昏倒在地，有250多人中毒，其中1人被打死。

1943年秋天，赵疃民兵队长赵同伦从区武委会领来两颗地雷，和赵守福、赵新瑞等一起研究出拉弦、绊弦等几种埋雷方式。10月的一天，200多个日伪军出来抢粮后，从赵疃西大道回据点。赵守福、赵同伦等人，提前在路上埋下两颗地雷，日伪军经过时，“轰”的一声，一个尖兵踏响了地雷，后边的敌人四处乱窜，又踏响另一颗地雷，两颗地雷炸死炸伤13个敌人。民兵们盼望上级多发一些地雷，但兵工厂的条件满足不了需要。赵守福他们听说大泽山区的民兵发明了石雷，就根据放炮打石头的原理，也琢磨研制出一颗“石雷”，经过试爆，效果很好。于是，就地取材，把漫山遍野的石块利用起来，制成各种拉雷、绊雷、滚雷。

与此同时，其他村庄的民兵也学会了用地雷打击日军。文山后村于化虎曾到独立营学习埋雷技术，并很快教会了其他民兵。1943年秋的一天，他们得知行村的敌人到黄崖、寨头、小纪一带去“扫荡”，就在敌军回行村的必经之地——野虎岭，埋下两颗地雷。敌人从小纪转回来，刚登上野虎岭便踏响了一颗地雷，四五个伪军飞上了天。敌军官吩咐士兵到赵疃下门板抬尸，刚转到前山坡，又踏响了另一颗地雷，又炸死了3个敌人，其余的敌人急忙逃回据点，一个多月没敢出来。

地雷战大显神威后，村村搞起地雷战，先后涌现出赵疃、文山后、小滩等胶东特级模范爆炸村和于化虎、赵守福、孙玉敏等民兵英雄和“爆炸大王”。他们集思广益，不仅制造出大批石雷，还研究制造出铁雷。埋雷技术和地雷战术也有了很大的改进和提高。文山后民兵的飞行爆炸，单等见到敌人影子后才迅速埋雷，出敌不意，屡获成功。还在雷坑里埋上石子、碎铁之类的东西，大大增强了杀伤力。赵疃的民兵创造了空中绊雷，专打敌人的指挥官和骑兵。地雷品种由拉雷、踏雷、绊雷发展到夹子雷、梅花雷、头发丝雷、真假子母雷、丁字雷、水雷、标语雷、飞行雷等30多种。埋雷方法也

海阳民兵正在埋地雷

由预埋待炸发展到飞行爆炸，由单一布雷发展到大摆地雷阵。一旦得到敌人出动的情报，民兵们就提前做好准备，大小路口、山坡、树林、瓜田、菜园、门阶下、水井旁、箱子底……到处是地雷，敌人走到哪里哪里响。后来，敌人抓来一些老百姓，强迫他们走到前面开路。民兵们又发明出一种"长藤雷"，把引爆索线加长，等群众安全走过再迅速拉火，使地雷在敌人脚下开花。

此后，日军每次出动总是命令伪军在前边寻雷、起雷，民兵们便研制出一种"真假子母雷"，假雷在上，真雷在下，用线相连，一挖假雷，真雷就炸。敌人不敢起雷了，每次出动便在发现可疑的地方，用石灰撒上圆圈，或者压上写着"雷区"的字条。赵疃和文山后的民兵们，就在敌人的来路上撒上圈，在圈与圈之间埋上地雷，旁边布下雷群。敌人顺着圈与圈的间隙走，地雷就响，跑到路旁躲，雷群就炸。敌人又搬来工兵探雷和起雷，但因金属探测器难以探测石雷，仍逃不掉在地雷阵里挨炸的命运。

敌人连遭地雷轰炸，便将外围的日伪军8个中队，全部集中到行村中心据点，然后龟缩在据点里，一连数月不敢出动。为了彻底消灭敌人，民兵爆炸队配合部队在行村据点周围对敌人进行封锁、围困、袭击，通过政治攻势，瓦解伪军。

1944 年 8 月中旬，胶东军区发起秋季攻势，地方武装和广大民兵积极配合，很快拔除了烟青公路两侧的数十处日伪据点。行村、大山的敌人也逃往青岛，海阳全境得到解放。

二、渊子崖保卫战

莒南县渊子崖村是一个只有 200 多户人家的村庄，位于沭河东岸。沭河以西是日军占领区，渊子崖村成了敌占区和抗日游击区之间的“拉锯区”。1940 年底，渊子崖村成立了抗日自卫队，18 岁的林凡义被推举为村长。

1941 年 12 月中旬，小梁家据点的伪军送来条子，索要大量的鸡、鸭、鱼、白面和 1000 块大洋准备过年。村长林凡义断然拒绝了他们，并写了回条：“鸡、鸭、肉、面、钱都准备好了，来拿吧，来一个杀一个，来两个杀一双！”随后召开自卫队员和群众大会，号召大家做好准备，迎击敌人。

小梁家据点的伪军队长梁化轩带领 150 人包围了渊子崖村。伪军们在土围子外高叫：“赶快交出我们要的东西，慢一点就攻进围子，杀个鸡犬不留。”

渊子崖村围墙有 5 米多高，1 米多厚，上面建有炮楼、炮眼，非常坚固。伪军们刚靠近围子，村民自卫队的土炮便“轰隆”一声射向敌群，打得伪军抱头乱窜。

伪军队长梁化轩一面高声叫骂：“林凡义，你过去抗粮不交，现在又向皇协军开炮，真是该死。”一面命令伪军爬墙攻寨。

自卫队员沉着应战，等伪军们靠近围墙，“生铁牛”一声怒吼，弹药喷向敌群，只见烟雾起处，人仰马翻，伪军被打得纷纷后退。自卫队员在炮火的掩护下，杀出围墙，手握大刀、长矛、土枪，向败退的敌人追去。伪军们拼命逃窜，狼狈地逃回据点。

12 月 20 日凌晨，到沂蒙山区对八路军进行“铁壁合围”的 1000 多名日军，经过渊子崖村北，准备返回新浦据点。小梁家据点的伪军谎称渊子崖村驻有八路军，引着日军奔向渊子崖。听到动静的村民立即行动起来，青壮年拿起土枪、大刀等武器爬上了围墙，老人、妇女和儿童忙着运送弹药和石头。

日军在村子四周架起了机枪和4门大炮，然后派伪军前来劝降，说只要交出八路军，交出粮食，可保全村无恙。

村长林凡义站在木架子上，对乡亲们说："鬼子把咱们包围了，跑是跑不掉了，退也没有后路。土围子后面就是咱们的家，家里有老人、妇女和孩子，一旦鬼子进来。后果不堪设想，咱渊子崖人是有血性骨气的，宁死不能当孬种，咱们要齐起心来，同鬼子拼啦！"村民们异口同声地说："我们大伙儿听你的，拼了！"

8点多钟，敌人的进攻开始了。日军先用山炮轰击围墙和村庄，轻重机枪子弹像雨点一样射向城墙，村里浓烟滚滚，被炮弹击中的房屋顿时成为一堆瓦砾，许多村民被炸死。林凡义甩掉棉袄，抡起大刀，沉着冷静地指挥村民占据有利地形。当敌人进入火力圈时，林清浩的"五子炮"首先开火，接着"生铁牛"、土炮、土枪一齐打响，打得日军哇哇乱叫，慌乱地向后退了几十米。

日军集中兵力进攻村东北角围墙，4门大炮、若干门小炮向东北围墙猛烈轰击。在炮火掩护下，日军端着刺刀，成群地向东北角围墙冲来。当日军到达离围墙只有20米的地方时，林凡义喊了一声"放！"刹那间，20多门土炮一齐开火，烟雾中敌人连滚带爬退回北大沟，留下了十几具尸体。与此同时，向西北角进攻的敌人也受到同样的打击。

10点多钟，战斗进行到白热化程度。日军的机关枪像炒豆子般扫射，但敌人一波又一波的进攻都被英勇的村民击退。林凡义手提一把大刀，光着膀子，浑身是血，沿着土围子的各个战斗点不停地跑，哪里告急就冲向哪里。

村里的多门"五子炮"炮膛都发红了，只能一门一门地轮换着降温。铁砂子很快用完了，村里的女人们把铁锅砸成一块块的碎块，送到阵地上来；把铁耙子齿一根根掰下来，直接放到炮膛里打。对日军威胁最大的就是这种"五子炮"，一门"五子炮"需要5个人，一个看目标，一个调炮位，两个装火药，一个点火。这种土炮威力巨大，可以用铁钉、石块做炮弹，炮响之处敌人就倒下一片。但由于填火药时间长，日军就利用这个间隙，派人去抢炮，村民与冲上来的日军展开肉搏。激战了一个上午，日军也没能突破围墙。

午后时分，日军又发起猛烈进攻，炮弹“嗖嗖”地像刮风一样，东北角围墙被炸开了一个缺口，好几名自卫队员被埋在土里。林久祥提了两扇门板冲上去，堵住那个缺口，一发炮弹打过来，门板被炸得粉碎。围墙的口子越炸越大，日军“嗷嗷”叫着冲向缺口。年轻的自卫队员林端五抱着一把铡刀守在缺口后，领头的日本兵冲进了缺口，林端五铡刀一挥，“刷”的一声，这个日军脑浆迸裂，倒在地上。当他冲向第二个日军时，一颗子弹飞来，夺去了他年轻的生命。林端五的父亲林九宣接着冲了上来，举起长矛，刺死一个日军，但他也被几个日军围了起来，乱刀刺死。

村长林凡义忍着悲痛，挥动大刀，与两个日军肉搏。膀阔腰圆的林九乾提刀赶来，手起刀落，砍死一个日军，他自己也身中数弹，壮烈牺牲。就在另一个日军的刺刀对准林凡义的头部砍来时，林九乾的妻子冲上来，一镢头将这个日军砸死。

围墙被打破的消息传遍了全村，妇女、老人、小孩提着菜刀，拿着长矛、农具来守缺口。在村民的英勇反击下，日军再次败退回去。村民们冒着枪林弹雨，用门板、石块和一袋袋沙土把缺口垒上。

不多久，日军再次发起冲锋，刚垒起的东北围墙缺口又被敌人的炮火摧毁，一群群日军端着枪向缺口处扑来。林九兰、林崇松等人抡着铡刀，坚守在缺口旁，日军冲进缺口时，他们一连砍死了两个。日军越来越多，民兵们渐渐支持不住，分别撤到了围子里东西两个炮楼上。

日军蜂拥越过缺口，守卫东炮楼的林九兰、林九先用石头、瓦块继续战斗。他们看到护身楼墙被炮弹打得就要倒塌时，急中生智地把一段楼墙推倒，几个日军被砸死在墙下。接着，飞身下楼，抡起大刀和日军拼命，终因寡不敌众，壮烈牺牲。

战斗进行了 9 个多小时。太阳偏西的时候，日军源源不断地涌进村里，村民们用镢头、铁锨、菜刀、锄头同敌人展开了惨烈的巷战、肉搏战。村子里到处都是惨叫声、砍杀声……

渊子崖保卫战纪念碑

太阳落山的时候，土围子外面响起了激烈的枪声。板泉区区委书记刘新一、区长冯干三和八路军的一个连闻讯赶来增援。日军见有八路军增援，便撤出了村子，在村东北的小岭上，同八路军展开激战。冯干三、刘新一和40多名八路军县区中队战士，因寡不敌众全部壮烈牺牲。天黑时，八路军山东纵队二旅五团大部队赶到，日军乘夜朝东南方向撤去。

渊子崖保卫战，消灭日军80多人，自卫队员和群众牺牲147人。为表彰渊子崖村民的英雄事迹，滨海专署授予渊子崖村“抗日楷模村”的光荣称号。

三、南岩英雄民兵队

广大民兵在坚持边沿区斗争中，不畏牺牲，前仆后继，涌现出许多抗战英雄群体。

鲁中区博莱县南岩村，距伪军吴化文部的据点只有几里远。1943年该村解放后，顽强坚持对敌斗争，半年时间内，就同日伪军作战14次，攻克据点3处，碉堡15座，毙伤日伪军133人，俘伪军105人，缴获掷弹筒2具，轻机枪2挺、步枪62支。

1943年4月23日，伪军吴化文部1000余人，携轻重机枪兵分两路偷袭南岩村。民兵队长刘建军指挥60余名民兵，以劣势武器击退伪军的进攻，毙伤伪军副团长以下50余人。

次日晨，民兵刚掩护群众撤出村子，败退伪军又在1000余日伪军的增援下卷土重来。负伤民兵公茂志和于公臣被俘后，痛斥伪军，宁死不屈，最后被日伪军残忍杀害，悬颅示众。全村 177 户，被日伪军纵火焚烧仅剩三间瓦房，牲畜、粮食、家具被洗劫一空。

英雄的南岩民兵和群众，面对日伪军的残暴，毫不畏惧，继续坚持斗争。又先后攻克和迫使日伪军撤出 10 余个据点。1943 年 7 月 17 日夜，南岩村民兵发动突然袭击，仅用半个多小时，就全歼敌玉皇山据点伪军 34 人，缴获轻机枪 1 挺、小炮两门，拔掉了这颗“钉子”。

山东省人民武装委员会号召全省民兵和群众向南岩村民兵学习。延安新华通讯社突出报道了其事迹。1944 年 8 月 2 日，南岩村 12 名民兵出席了山东军区在莒南县坪上镇召开的首次英模代表大会。刘建军被授予特级民兵英雄和模范民兵指挥员的称号，南岩村民兵荣获“南岩英雄民兵队”奖旗。

四、刘家庄自卫战

刘家庄地处诸莒边抗日根据地东部边缘，全庄有 100 多户 500 多人口。村子的南、北、东三面程戈庄、石桥子、史家官庄都有伪军张步云的据点，西南面宋戈庄有日军据点，只有西面连接诸莒边抗日根据地。

1943 年春天，八路军滨海军区十三团在团长梁兴初率领下，由鲁东南向北挺进，解放了诸（城）、莒（县）、安（丘）三县交界地区，成立了诸莒边县，建立了抗日民主政权；并在解放区与敌占区的边缘地带成立了荆山区，县工委派祝剑锋任区委书记兼区中队长。

在中共荆山区委的领导下，刘家庄人民成立了自卫团和护村队，拥有 140 余支土炮、鸟枪和大抬杆子枪，还自制了大量土炸药和石雷，加固了围墙，并在围墙上构筑了 7 个炮楼。附近王家庄、妫家庄、荆山后、岳旺店子等十几个村也武装起来，成立了联防组织，积极开展自卫斗争。

1945 年 3 月 17 日拂晓，日军 200 余人，伪山东建国军暂编第一军张步云部 1500 余人，配以“五七”炮两门、重机枪两挺、轻机枪 10 余挺，向刘家庄及其附近的王家庄、妫家庄、黄吉埠、岳旺店子等 7 个村庄进犯，袭击的主要目标是刘家庄。

刘家庄围墙上的游动哨在晨曦中发现了敌人，于是全村群众紧急动员，自卫团长刘德洪和护村队长孙洪奎组织队员迅速登上围墙内的架木，摆开阵势，准备迎战来犯之敌。

敌人控制了刘家庄周围的制高点。日军在村东花园岭上支起两门“五七”重炮，在蚕场顶上架起重机枪，妄图从正面主攻；伪军占据了村西小黄山和村西南制高点荆山，准备阻击根据地增援部队。随着花园岭上敌人一声炮响，霎时间，枪炮轰鸣，火光冲天，激烈的战斗开始了。日军在炮火的掩护下，向刘家庄冲来。当日军攻到离村庄不远的乱石堆时，自卫队员拉响了石雷，“轰！轰！”几声巨响，石块漫天飞起，十几个日军倒了下去。紧接着土炮、抬枪一齐怒吼，火舌裹着铁砂愤怒地向敌群射去。

日军指挥官命令把重炮拖近，朝着围墙轰击。一颗炮弹落在东围墙的南门上，门板被打成碎片飞散了，一小队日军在狂啸的机枪掩护下窜到门口。守门的自卫队员刘世志、刘世坤兄弟俩和其他几名队员抖抖身上的灰土和木屑，用两杆抬枪猛烈射击，使七八个日军被打倒在门外。护村队长孙洪奎指挥着队员们趁机将一只只粪筐装满土粪，堵在被炸开的东门上，又支起抬枪继续射击，将日军封锁在门外。

日伪军又集中兵力向东围墙的中门冲去。守卫在这里的是自卫团长刘德洪叔侄 12 人。一群日军刚从河里露出头来，便遭到抬枪的一齐射击，日军被迫龟缩回去。突然，一颗炮弹爆炸，将门扇打开了一个窟窿。不多时，3 个日军从窟窿口匍匐着往门里爬，当圆圆的钢盔刚钻进门洞时，鸟枪一响，两个日军被打死在门洞里。剩下的一个在慌忙逃命时，被刘德洪一枪打死在门前。敌人入村不成，便加强了火力攻击。密集的枪弹像雨点似的落在自卫队员的身边，刘德洪的 4 个兄弟先后中弹牺牲。自卫队员们看着牺牲的亲人，怒火满腔，愈战愈勇，日军始终不能靠近围墙。

敌人又把突破口选在东北角处，炮弹掀翻了炮楼，在队员们身边爆炸。坚守在这里的护村队长孙洪奎立即调集兵力阻击。小河沿上，十几个日军正往上爬，被自卫队员一土炮撂倒了 4 个。不多会儿，日军又嗷嗷叫着冲上来，队员刘尔秀瞄准了一个挥动小旗的指挥官，一声枪响，那个鬼子官应声倒下。队员们居高临下使劲扔手榴弹，炸得日军不敢靠近。

敌人的炮火一个劲儿地向东围墙的北门倾泻，守卫在那里的自卫队员大部分伤亡，一群日军从那里冲进了庄。这时，守在南面的刘世志、刘世坤，便用抬枪顺着胡同射击，日军扔下几具尸体退了回去。败退的日军恰巧被东北角的孙洪奎、刘世公瞄上了，他们二人抱一杆抬枪，顺着阳沟口朝南扫去，又有几个日军倒在围墙外。日军的第七次冲锋又被打退。

战斗从早晨打到晌午，枪炮声响成一团，硝烟笼罩了村庄的上空。全村的老人、妇女也投入了战斗，妇女们冒着敌人的炮火，给队员们送饭、装枪药。男女老幼前赴后继，决心与日伪军血战到底。

正在紧张的时刻，诸莒边县独立营和荆山区中队闻讯从二三十里外赶来增援，遭到抢占荆山、黄山制高点的伪军阻击。营长马鸿逵命令一连攻打小黄山，二连、三连和区中队强攻荆山，打击敌军侧翼，以减轻刘家庄的压力。一连连长罗克明率部首先攻占村西的小黄山，同敌人相持射击，与村内形成夹击之势。二连、三连向荆山发起进攻，激战半日，将伪军王金铭营压到山顶，进而攻下山头，伪军四散溃逃。但毕竟是敌我力量悬殊，部队多次向村内发起冲锋，都被日军的猛烈炮火打了回来。

日军指挥官一面调兵拦击独立营的反复冲锋，一面集中炮火向刘家庄猛轰，南围墙被炸开了一个十几米长的豁口，大批日军在两挺重机枪和十几挺轻机枪的掩护下，冲进村里，双方展开了激烈的巷战。

自卫团长刘德洪脱掉棉袄，光着膀子，抡起大刀，一刀将一个日军的膀子劈了下来。当他又砍向敌人的胸膛时，被敌人从背后刺中，光荣牺牲。队员刘世山手持二齿钩子，从墙角冲了出来，一日军见状，不知他使用的是

诸莒边民兵配合滨海军区部队向滨北进军

荆山區劉家莊等六村
英勇悲壯抗擊千餘敵偽
當地軍政機關正積極救濟支援

《大众日报》关于刘家庄保卫战的报道

什么武器，吓得慌忙翻墙逃跑，被刘世山追上去，劈头抓死。一个日军爬上屋顶射击，被刘世坤一枪打得滚下房去，正巧掉在刘尔顺家的水缸里，被刘尔顺的母亲顺手抄起铁锨捣死在水缸里。

守卫在前街南草园的刘仲常兄弟四人，在敌人攻进围墙后，撤到一家院内。一群伪军冲了进来，四兄弟一齐跳了出来，同敌人展开了肉搏，3个汉奸被刺死，其他汉奸夺门而逃。又有几个日军端着刺刀冲进院内，他们将仅有的两颗手榴弹投向敌人，两个敌人应声倒毙。这时，日伪军将院子团团围住，刘氏兄弟见弹药打尽，突围无望，兄弟四人纵身跳下水井，壮烈牺牲。

日伪军冲进村后，开始了疯狂的屠杀，有130名村民遇难，还放火焚烧房屋，全村变成一片火海，部分群众在独立营的掩护下突围。

敌人还攻击了周围的黄吉埠、妫家庄、岳旺店子等6个村庄，也遭到了各村自卫团的英勇抗击。其中，岳旺店子是周围最大的堡垒村，张步云派了两个营伪军前来攻打。村自卫团英勇反击，激战一天，击毙伪军一个营长。在诸莒独立营的增援下，伪军仓皇逃窜。

刘家庄人民用土枪、土炮和大刀奋起自卫，坚持战斗7个多小时，击毙日军38人，消灭伪军102人，有86人壮烈牺牲，谱写了一曲英勇悲壮的自卫战壮歌。滨海专署、诸莒县委在荆山区召开了追悼大会，山东省武委会和滨海军区首长来函慰问刘家庄等7村同胞，赞扬他们“创造了勇壮的自卫保家范例”。

第十五章

沂蒙反“扫荡”

1941年7月，冈村宁次调任日军华北方面司令官后，大力推行“肃正建设三年计划”，先后推行了5次“治安强化运动”。将华北地区划分为“治安区”（日伪占区）、“准治安区”（抗日游击区）和“未治安区”（抗日根据地）。针对三种不同的地区采取不同的措施，在“治安区”以“清乡”为主，加强伪政权统治；在“准治安区”，以“蚕食”为主，不断“扫荡”抗日力量；对“未治安区”，实行野蛮的“三光”政策，使抗日根据地难以坚持。在1941年、1942年两年中，日伪军对山东抗日根据地出动千人以上的“扫荡”70次，其中万人以上的大“扫荡”9次，山东抗战进入最艰苦、最困难的时期。

一、日军突袭马牧池

1941年11月，华北日军推行第三次“治安强化运动”。侵华日军总司令官畑俊六大将携驻鲁日军第十二军司令官土桥一次中将亲自到临沂坐镇指挥，先后调集第十七、二十、二十一、三十二、三十六师团和独立混成第三、四、五、六、七、九、十旅团各一部共5.3万余日伪军，向中共山东分局、山东省战工委、一一五师和山东纵队等领导机关所在的沂蒙山区鲁中根据地，发动了规模空前的“铁壁合围”大“扫荡”，企图一举消灭山东抗日根据地党政军领导机关和主力部队。

在这严酷的斗争环境中，为了解决统一山东军政领导和作战指挥的问题，中共中央书记处和军委1941年8月决定：“（甲）分局、一一五师师部及山纵指挥部靠拢，以便经常开会，以分局会议为统一山东党政军民的领导机关，山东分局暂时由朱瑞、罗荣桓、黎玉、陈光同志组成，朱瑞为书记。（乙）山东纵队归一一五师首长指挥，配合作战。（丙）将山纵及一一五师两军政委员会合组为山东军政委员会。决定罗荣桓、黎玉、陈光、萧华、陈士榘、罗舜初、江华七人为委员，罗荣桓为书记。”

山东分局随即开会研究贯彻执行中央这一决定的意见，决定分局委员的分工：朱瑞主持党的组织工作，罗荣桓主持军事工作，黎玉主持政府工作，陈光主持财委会。10月2日，罗荣桓率师部到达临沂青驼寺，主持召开了山东军政委员会的首次会议，研究了一一五师与山东纵队建立统一指挥的问题，对秋季反“扫荡”也进行了具体部署。

山东军政委员会对反“扫荡”作战作出部署：中共山东分局、一一五师机关和直属队适时转移至鲁南地区；山东纵队直属队转移至泰山地区，第一旅跳出合围圈外围待机作战；抗大一分校转向泰安、泗水、宁阳地区；鲁中军区及其所属军分区和县、区武装留守当地，领导民兵坚持武装斗争；其他部队积极配合沂蒙山区反“扫荡”作战。

1941年11月3日，八路军山东纵队机关在马牧池突围

11 月 2 日，日军的这次大“扫荡”首先从沂蒙山北部开始。盘踞新泰、蒙阴之敌，先以小股不断出扰。在蒙阴县东部旧寨、坦埠一带坚持反“扫荡”的山东纵队一旅副旅长兼参谋长钱钧，指挥第一团给“扫荡”之敌以有力打击。

11 月 3 日晚，蒙阴之敌 400 余人秘密出动，不走大路，不经村庄，偷袭驻沂南县马牧池的山东纵队指挥机关。4 日拂晓，敌人包围了马牧池，然后冲进村内施放毒气。值勤哨兵发觉，即鸣枪报警。山东纵队领导机关警卫部队迅速掩护黎玉等领导和机关人员，从马牧池后山向东突围，跳出了敌人的合围圈。

4 日晨，钱钧指挥一团，在马牧池西北的田家北村和了阳崮一带，与前去合围山东纵队指挥部的日军激战一天，为山东纵队指挥部转移赢得了时间。山东纵队机关准备向泰宁区转移，下午 5 时到达蒙山东部的紫荆关。不料关口已被敌人封锁，扼住了西去之路。

山东纵队机关立即改变西去计划，遂回头向东转移。经一夜急行军，于 5 日拂晓到达沂水县南部的南墙峪北山一带。下午，日军便尾随至北山脚下，双方又激战至天黑。

夜幕降临后，山东纵队机关向南突围。行军 2 小时，突然发现前面一片火光，东西有几十里长，经侦察，火堆原是敌人故意布下的迷魂阵。山东纵队专从有火堆的地方走，很快悄悄穿过了敌人设下的“火堆封锁线”，渡过东汶河，进至费南柱子一带，这里是国民党新编第三十六师刘桂堂部的防区。

柱子村系刘桂堂的老巢，围墙高丈余，墙下有护圩沟，沟外是大道，为必经之路。为了顺利通过此处，摆脱日军尾追，山东纵队派人与刘部谈判，晓以民族大义，申明利害关系。刘部允许通过。山东纵队部队排成 8 路纵队，迅速从刘部防区通过。

黎明前，山东纵队越过东蒙山到达天宝山区。在此休整两天，又沿蒙山南麓向西转移到泰宁区的石莱村一带，终于跳出了敌人的包围圈。

二、罗荣桓妙计突围

11 月 5 日凌晨，日伪军 3 万余人从临沂、费县、平邑、蒙阴、沂水、莒县等地出动，配有 7 架飞机、10 辆坦克及数十门大炮，分 11 路向一一五师师部、山东分局和省战工委等领导机关驻地留田村合围。日军指挥部已前移至临沂城东北 60 里处的汤头阵地，并在沂河沿岸的河阳、葛沟一带预伏重兵，布成口袋，待八路军向滨海突围时予以围歼。

留田村位于沂南县驻地西南 18 里处，东南滨沂河，村北有小岭。此时，分局和师部等机关共 3000 余人，完全处于日军的所谓“铁桶包围阵”中，而作战部队仅有一一五师的 1 个特务营和山东分局的 1 个特务连。特务营分别坚守在留田周围的山头和隘口，迫近的敌人距留田仅有五六里。特务营二连守在留田东北 5 里多地的司马，从 5 日晨已与敌人交火，一直打到中午，处境十分危险。

5 日下午，在留田附近钮家沟村的一间草房里，罗荣桓主持召开高干紧

一一五师机关在去留田途中

急军事会议，中共山东分局书记朱瑞、一一五师参谋长陈士榘、政治部主任萧华、刚从滨海区回来的代师长陈光，以及司令部、政治部各部门的负责同志，还有师特务营的营长、教导员参加了会议。

大家围着地图，研究突围方案。有的提议向东突围，返回滨海根据地；有的提议分散突围，以保存实力。罗荣桓在听取了大家的意见后，严肃而又平和地说：“现在我们不只是考虑如何突围、保存自己，而应该考虑怎样才能既保存了自己，又能粉碎敌人的扫荡，保住我们的根据地。”

说到这里，他伸手向南一指，果断地说：“我的意见应该向南突围！”这个意见使大家颇感意外，都露出了惊异的神情。“是的，向南！向敌人的心脏临沂挺进！”

罗荣桓重复了一句，接着对敌情作了具体分析和判断，指出：东面的沂河、沭河和台潍公路，均被敌人封锁，如东去滨海区，正好钻入敌人布下的口袋；北面，敌人正疯狂地向南压来，顽军又与山东纵队对峙着，北上定受日、顽夹击；西面有津浦铁路，敌人碉堡、据点林立，戒备森严，不易通过。但敌人正集中兵力向我中心区合围，后方必定空虚，这就为我们闪出了突围的空隙。我们趁机插到他的大本营临沂方向，就能变被动为主动。我们牵着敌人的鼻子，就能彻底粉碎他的扫荡。

大家一致同意罗荣桓的意见。罗荣桓把特务营营长陈士发等叫到地图前，向他们指明了日军封锁线的位置和八路军突围的路线，指示：从留田经张庄，穿高里，折转西南；然后越过临蒙公路，直插蒙山东南麓的汪沟、诸满附近。

罗荣桓交代了任务，又给特务营做了具体分工：营长和教导员带领一、二连做前卫；副教导员带四连居中护卫机关；副营长率三连为后卫，掩护部队突围和收容掉队人员。罗荣桓要求部队一律枪上刺刀，压满子弹，随时准备战斗。最后，他又宣布了行动纪律：坚决服从命令，不得自由行动；没有突出合击圈前，不许说话，不许咳嗽，不许发出任何声响。

入夜以后，雾气迷漫，月色朦胧。敌人在留田周围的各个山头上燃起一堆堆大火，枪炮声、马嘶声、日军的嚎叫声，阵阵传来。信号弹此起彼落。突围队伍集合在一块平地上，静静地等候着出发的命令。此时，罗荣桓率领作战科的同志和一部分侦察人员从部队面前走过，先头出发了。他迈着稳健的步子，显得那样安详平静，还不时向别人打着招呼。

7时许，突围开始，3000余人一一相随，静无声息地从一里多路宽的空隙中间向南插去。接近敌人第一道封锁线张庄时，从敌人燃起的火堆之间，闪出一段黑蒙蒙的缺口，罗荣桓命令部队："三路纵队，跑步通过，做好战斗准备!"

战士们一手提着上了刺刀、压满子弹的步枪，一手提着揭开了盖的手榴弹，迅速、肃静地向两山之间的隘口猛插过去。队伍在敌人的缝隙中宛如一条游龙，闪转腾挪，迂回穿插，整整过了半个多小时，敌人仍未发觉，安全地通过了第一道封锁线。

过了张庄，穿过一条小山沟，部队稍歇片刻，又继续南插。午夜后，部队到达高里附近，这里距离临沂城只有四五十里。向南看去，大小山头上，又是火堆连着火堆。火堆旁，时隐时现地闪动着敌人巡逻兵的身影。每隔十分钟，便飞起一颗绿色信号弹。3名侦察员掌握了敌巡逻兵的行动规律，一声不响地干掉了巡逻兵，然后穿上敌人巡逻兵的衣服巡逻。前面传令"跑步跟上"，部队飞速前进。在茫茫夜色中巧妙地从空隙间穿过了敌人的第二道封锁线。

过了高里，果然如罗荣桓所料，敌人后方空虚，戒备不严。他随即命令部队折转向西，越过临蒙公路。三星西垂时，部队又顺利地通过了敌人第三道封锁线，跳出了日军的合围圈。

6日黎明，部队胜利到达汪沟一带，在埠山庄宿营。这个村庄距临沂城只有40多里，紧靠敌人控制的临（沂）蒙（阴）公路。天亮后，敌人的后续部队正从这条公路上络绎不绝地向北开去，却没有发现八路军的踪迹。

突围部队在此隐蔽了一天，入夜继续向西转移，经过诸满，到达费县东北的黄埠前。山东分局和一一五师师部等领导机关，在罗荣桓的周密部署、精心指挥下，这次突围没费一枪一弹，二三千人无一伤亡。

跟随领导机关突围的太平洋学会记者、德国共产党员汉斯·希伯对罗荣桓精湛的军事指挥艺术赞叹不已。他兴奋地对负责接待他的山东分局秘书处长谷牧说："这是我一生中最难忘的夜晚，比在西方参加过的任何一次最愉快的晚会，都更有意义，更值得留念。我一定要把这奇妙的经历写出来，告诉全世界人民。”为此，他在《战士》报上发表了战地通讯《无声的战斗》，记录了这次突围的经过，称赞留田突围的指挥是神奇的。

日军合围留田扑空。但山东纵队第二旅第四团三营九连与边联县大队一个连在蒙阴东李林遭敌合击。全体指战员与敌反复冲杀，毙伤敌300余人，终因敌我悬殊，大部伤亡，其余人员在副营长秦鹏率领下，跳下悬崖壮烈牺牲。

三、大崮山保卫战

大崮山位于蒙阴县东北部，山势陡峻，四周悬崖峭壁。山顶从南向北，分为大顶子、二顶子、北顶子。八路军创建的兵工厂、弹药库、粮库等均设在山上。守卫部队是山东纵队第四旅大崮山独立团一营、特务连，共300余人。山东纵队第一旅第二团的一个加强排在执行任务返回途中，遭到敌人堵截，也来到大崮山。

11月4日，日军1000余人采用“长途奔袭”战术，向大崮山和龙须崮根据地发动偷袭，在伪军的配合下，包围了大崮山和龙须崮。独立团团长袁达、政委于辉带领八路军战士和兵工厂工人，与日军展开激战。敌人先以飞机、大炮轮番对崮顶进行轰炸，然后发起攻击。当攻至山腰谷堆顶时，闯入八路军虚设的堑壕里，被埋设的地雷轰下山去。

11月5日，日军再次以飞机、大炮轮番轰炸，然后步兵一次又一次地强攻。守崮战士与日军展开激战，再次将敌人击退。之后敌人重点进攻东门和南门，守卫指战员沉着应战，凭借有利地形和工事，待敌进至阵地前沿，用手榴弹、步枪、机枪打击敌人。从拂晓战至黄昏，十几次击退冲锋的敌人，敌人伤亡惨重。夜间，守军收捡敌人丢下的枪支弹药，补充部队。

11月6日，守崮指战员再次与进攻之敌展开激战，崮顶硝烟弥漫，弹片、石块横飞，冲杀声、爆炸声，震天动地，敌人始终没能攻上山来。

11月7日，疯狂的日军组织了更为猛烈的进攻。日军飞机将崮上东门炸塌，阵地多处被摧毁，守军仍顽强抗击。扼守南门的山东纵队第一旅第

守卫在沂蒙山区的八路军战士

二团加强排，连续打退敌人十几次进攻。这时，日军二三十人沿着被炸塌的北门冲上山来，独立团一个连与敌展开拼刺战，将敌全歼。接着另一股敌人又攻占了南门，加强排经肉搏战将敌歼灭，夺回阵地。

敌另一部趁加强排与敌激战之机，从南门两侧两个阵地接合部冲上山崮，并占领了最高峰。守军组织两次冲击，未能夺回制高点。山顶日军居高临下，山下日军团团围定，守军腹背受敌，加之与外界联系早已中断，难以寻求外援，战况发展对守军十分不利。恰在这时，兵工厂内原从伪军俘虏过来的技术人员乘机叛乱，掉转枪口向守山八路军射击。他们还用布匹做绳索，从崖下向山上拉日军，崮顶形势愈加严峻。

这时，独立团林参谋长、坦埠区区长公蒲东等先后牺牲。为保存有生力量，团首长决定撤守突围。11 月 7 日晚 11 时，将山上所有仓库及兵工厂炸毁后，用绳索从崮顶秘密撤下突围。

日军多次合击未达目的，遂改变计划，从 11 月 12 日起，对沂蒙山区进行“清剿”。将主力配置于临（沂）蒙（阴）公路与沂河间，依托青驼寺、垛庄、孙祖、界湖、岸堤、河阳等要点，严密分割封锁，寻找八路军主力决战。在“清剿”中，日军实行野蛮的“三光”政策，许多村庄被洗劫一空，毁之一炬，杀害无辜群众 3000 多人，抓走壮丁近万人。

在反“清剿”斗争中，根据地的基层政权、地方武装积极配合主力部队，展开了袭扰日军据点、破袭公路和反伪化斗争。有的实行搬空、藏空、躲空“三空”策略应对日军“三光”政策。沂南县芦山后、艾山后等 5 个村庄的群众，冒着生命危险，先后分散掩护了 1300 余名八路军伤病员和地方干部，涌现出不少“红嫂”式的典型。

四、石岚伏击战

11 月 6 日，日伪军合围山东党政军领导机关的阴谋破产，遂在根据地内到处烧杀抢夺，残害百姓。为保护群众利益，减轻内线压力，罗荣桓决定采用调虎离山之计，把“扫荡”的日伪军调出根据地。

11 月 8 日，罗荣桓指示一一五师特务营副营长黄国忠说：“敌人在留田扑空后，正在摸我们的去向。我们要将计就计，暴露一下自己，把敌人调出我们的根据地。”进而指出：“垛庄、青驼寺一带，敌人抢了很多牲口、物资，准备外运。敌人必经石岚，你带上两个连在石岚附近打他的埋伏。要打得狠，声势大，动作快，打了就撤。敌人正寻找我决战，他的后背受到威胁，又摸不清我们有多少兵力，就一定会调兵出来。”

9 日晨，黄国忠率部来到石岚附近。石岚位于费县城北 50 里处，处在蒙山要塞之一的黄草关南端。从黄草关到石岚，是一条长 10 里的狭窄山沟，两边高山耸峙，地势险要，是打伏击的有利地形。

黄国忠按照罗荣桓的意图，集中全营司号员，并把所有轻重机枪配置于两侧山坡，组成密密的火力交叉网。这时天下起小雨，寒气袭人。指战员匍匐在冰冷的岩石上，忍受着饥饿和寒冷，等日军到来。

黄昏，雨停了。从垛庄、青驼寺一带“扫荡”归来的日军三十二师团一部连同费县城据点的日伪军 300 多人，带着从根据地抢来的东西，进入伏击区。等待已久的战士突然以强大火力，居高临下射击敌人。一时军号震天，杀声四起，手榴弹爆炸声、呐喊声、军号声，汇成一片。

日伪军被围困在狭窄的山沟里，人喊马嘶，相互撞踏，无处躲藏。战士们从山腰跃起直扑敌群，经半个多小时的激战，击毙日伪军 300 多人，只有几个日军狼狈逃窜。

第二天，敌人发觉八路军主力在石岚，赶紧把在垛庄、青驼寺一带“扫荡”的日伪军纷纷外调，减轻了根据地军民反“扫荡”的压力。

五、柳红峪谷牧负伤

11 月 26 日，日军 7000 余人，反复合击蒙山西部地区。27 日拂晓，在沂南县柳红峪一带发现日军 200 多人正向山东分局和一一五师师部驻地进犯。一一五师代师长陈光当即命令：一一五师师部、山东分局、省战工委和抗敌协会等机关立即向抗大山东分校第五大队驻地大青山方向突围；同时集中三个机关的警卫队，由谷牧指挥阻击敌人，掩护机关撤退，他去调集两个主力团到敌人后面发起进攻，前后夹击，歼灭这股敌人。

谷牧，原名刘家语，1914 年出生于荣成宁津东墩村一个农民家庭。1932 年考入山东省立第七乡村师范，同年加入中国共产党，任省立七师党支部书记。1934 年，赴北平加入中国左翼作家联盟，任北平左联组织委员。1936 年，受组织委派，到东北军从事兵运工作，任第五十七军一一二师中共工委书记，发展万毅为秘密党员。1940 年 9 月，离开东北军，到山东分局机关工作，任中共中央山东分局秘书主任兼统战部长。

谷牧立即把警卫队伍集合起来，抢占了柳红峪村南山头，迅速构筑工事。但立足未稳，日军就蜂拥而来，大炮、机枪和步枪齐鸣。谷牧沉着指挥，组织密集火力，向敌人反击。由于双方力量过分悬殊，敌人虽遭到大量杀伤，仍疯狂地向八路军阵地围攻过来。警卫部队在敌人猛烈的炮火下一批批倒下去，但为了掩护机关转移仍顽强战斗。

这时情况发生变化，两个主力团另有重要任务不能前来，两个连陷入孤军奋战的境地。眼看兵力越来越少，警卫营长对谷牧说："阻击敌人掩护撤退的任务我们已完成了，但阵地已不可能再坚守下去，上级两面夹击敌人的设想是不现实的，而且转移了的机关前往抗大分校五大队方向是否安全也没有把握，你应该追上去指挥机关转移，我往另一边突围把敌人吸引走。"

警卫营长示意几名警卫战士架起谷牧往机关转移方向撤退，自己则带着剩下的战士向阵地另一侧插去。谷牧考虑到三个机关已经转移，为保存力量，就带着这几个战士迂回向撤退的机关追去。刚转身跑了五六分钟的样子，原来防守的阵地就被敌人占领。敌人在追击警卫营长的同时，也发现了这支小分队，密集的火力扫过来。突然，一颗子弹击中谷牧胸部右侧，打断两根肋骨，整个上衣胸部被血浸透，他忍着剧痛坚持指挥小分队边打边撤，后因流血过多晕倒在地。

朱瑞听说谷牧负伤后，急忙派白备五带医护人员赶来抢救。这时，谷牧的前后身遍是血污，血液已凝固粘连，只好用剪刀铰破衣服检查伤情，子弹穿过肺部后在肋骨上滑了一下，贯穿而出，虽然流血不少，伤势很重，但幸好没有伤及心脏。做了简单治疗后，把他放在担架上，随分局机关队伍一起转移行军。

到了第三天，在向大青山转移途中，又被5000多日伪军包围。在激烈的突围战斗中，为了不拖累队伍，谷牧躺在担架上喊警卫员“把枪给我”，准备在敌人逼近时自杀，以免被俘。警卫员不理会他，但此刻敌人已经越来越近了。谷牧又大声喊道：“快把枪给我，给我！”

警卫员把他隐藏在野外一个高粱秸垛里。谷牧伤口剧烈疼痛，心想大概是活不成了，不能再拖累几个战士。就对他们说：“我不行了，你们不要管

谷牧（左二）与战友在沂蒙山区

我，赶快追赶部队突围。”

战士们不听他的话，谁都不走。谷牧发火说：“找不着部队，凭你们几个在这里也保护不了我，还是听我的话，赶快去找部队！”

有几个战士走了，可是他的警卫员坚决要留下来跟他在一起。谷牧说“一个不留！这是命令，必须服从！”

警卫员只得含着眼泪恋恋不舍地离去，不幸在突围时牺牲。敌人在附近展开搜索，用刺刀胡乱戳了几下高粱秸垛，没有见到任何动静，就扬长而去。

谷牧一个人躺在高粱秸垛里，昏迷了一阵，醒来后又渴又饿，就爬出去观察动静。寒风在四野凄厉呼叫，伤口疼得更厉害了。他发现山下不远处有一户人家，就挣扎着爬一阵，躺一阵，昏一阵，醒一阵，到了第二天天亮，终于爬到了石门村村头的一家老乡门前，就又昏过去了。一个老汉把他唤醒，给他舀了一碗小米粥吃，又把他藏到村头不远的一个高粱秸垛里。

过了不久，分局的陈琳瑚同志带着一个班的战士来找他，把谷牧抬回了部队。他的伤口严重感染，流脓不止，军医给做了医治。由于分局机关还在不断转移，敌工部把他安排到敌占区一个“堡垒户”家里养伤。这家只有一位 50 多岁的老大娘，她把谷牧藏在存放粮食、杂物的小屋里，把家里仅有的两只母鸡杀掉给他熬鸡汤喝。专门照顾他的八路军护理员，白天在山上隐蔽，晚上来给他换药。在那里住了半个多月，没等伤口痊愈就回到了部队。

六、悲壮的大青山突围

11 月 14 日，日军集中 7000 余人，合击蒙山一带山区。蒙山位于沂蒙山区腹地，东西雄列，绵延百余里，主峰龟蒙顶海拔 1156 米，是沂蒙山区的最高峰。

17 日，日军从空中侦察到行至东西蒙山之间大谷台的山东分局和一一五师师部等领导机关人员，遂对大谷台进行合击。领导机关人员东越临沂蒙阴公路进入北村。18 日，鲁中军区司令员刘海涛在蒙阴官庄被俘牺牲。

200 多名日伪军在特种部队配合下，尾追第一一五师师部、山东分局机关，进占沂南绿云山、狼窝子，并在绿云山建立据点，对沂蒙中心根据地构成威胁。罗荣桓政委、陈光代师长决定趁敌立足未稳，率师部特务营、山东纵队第二旅第四团第三营及沂（南）临（沂）边联县独立营攻击该据点。

11 月 28 日晚，在罗荣桓直接指挥下，绿云山战斗打响。八路军攻进村子，接连打退日军多次反击，歼敌百余。但由于日军负隅顽抗，未能攻克敌据点。29 日拂晓，部队奉命撤出战斗监视敌人。

为了集中精力作战，防止机关受损失，罗荣桓等首长指示，由师部第五科科长袁仲贤带领师部及直属队人员，省战工委副主任兼秘书长陈明带领山东分局、省战工委、省群团组织、报社、医院、被服厂、银行等人员约 2000 人，于 29 日夜向临沂至蒙阴公路西侧的大青山转移，待部队结束战斗后再会合。据进驻大青山的抗大一分校报告，那一带未发现敌情。

畑俊六指挥日军在沂蒙崇山峻岭中追击第一一五师、山东纵队主力总是扑空，于是改变战术，令一部继续追寻，而以一个混成旅团 5000 多人秘密进入大青山四周，布置了一个圈套，企图消灭进入这一带的八路军部队和机关。这一严重敌情，抗大一分校没有发现。抗大一分校有第二、第三、第五、特科 4 个大队，1 个女生队，加上校部机关，共 3000 多人，分驻在胡家庄、杨家庄、大谷台、李行沟、梧桐沟等十几个村子，校部机关驻胡家庄、大谷台。

11 月 30 日晨，东北山口突然响起急促的枪声，接着第五大队军士哨岗位升起报警的烽烟，东南方向也响起隆隆的重炮声。从熟悉的三八式步枪特有的“叭勾”声和炮声判断，遇上了日军主力部队。抗大一分校校长周纯全当即命令紧急集合，抢占最近的制高点大青山。

大青山系蒙山支脉，位于沂南、费县、蒙阴三县交界处，主峰海拔 686 米，山势险峻。当时，日军一个中队携九二步兵炮一门，已抢占了大青山一号高地，并向前哨连急袭。担负警卫全校重任的第五大队，遂向第二、三号高地扑去。大队长陈华堂、政委李振邦都是久经沙场的老红军，在没有接到首长命令的情况下，当机立断抢占制高点，双方展开了激烈的高地争夺战。

就在这紧急时刻，一一五师师部后方机关和山东分局、省战工委等党政领导机关、直属队又茫然拥进抗大一分校驻地。早已埋伏在四周的日军立即

抗大一分校警卫连掩护抗大学员突围

扎紧口袋，疯狂地向包围圈中心滚进压缩，四面八方的枪炮声越响越密、越响越近。袁仲贤当即命令师直各单位人员向东南方向的上、下石盘转移，同时组织部分队伍由北面冲向大青山顶，与抗大一分校守卫人员会合，掩护机关、学校突围。

战场形势万分危急！周纯全校长果断命令山东分局警卫连在前面开路，掩护机关非战斗人员和抗大学员向西蒙山突围。突围人员通过一条沙河，四面的日军居高临下，凭借有利地形猛烈射击，敌机也反复俯冲扫射，炮火轰鸣，弹飞如雨，许多战士倒了下去，鲜血染红了草坡，染红了白沙，染红了河水。

面对敌人的疯狂阻击，突围部队除了前进别无他途。狭路相逢勇者胜，警卫连以排枪开路，后续队伍冒着炮火勇猛前进，用血肉之躯杀开一条活路！扼守西山山麓咽喉要地的是少数日军和伪军刘黑七的部队，看到黄河决堤般汹涌澎湃、拼命冲击的人潮，被这无惧无畏的场面惊呆了，竟慌忙撤离阵地，向西南方向溃逃。警卫连迅速抢占西山，掩护滚滚向西的突围人流突出重围。

血阳西斜时，二号高地、三号高地相继失守。第五大队第二、第三中队近 300 人，基本上都壮烈牺牲在阵地上。尾追过来的日军见大队人马脱围西去，像输红了眼的赌徒，凭借优良的武器和优势兵力，嚎叫着蜂拥而上，

“围剿”、杀害所有活着的对手。由于断后掩护人员少，阻挡不住敌人的追击，日军步兵、骑兵一齐闯入人群，以长短枪、马刀、手榴弹对手无寸铁的机关人员进行惨无人道的屠杀……一时间，整个战场血肉横飞，600多名干部、学员血洒疆场。来山东帮助中国人民抗战的国际友人——波兰籍德国共产党员、美国《太平洋事务》月刊记者汉斯·希伯，也同日军英勇拼杀，壮烈牺牲在战场上。

省战工委副主任兼秘书长陈明带领部分人员突出日军重围，转移到大谷台，不幸复遭日军合击，又向望海楼方向突围。敌人火力密集交叉，随行人员几乎无不挂彩，女同志、炊事员、饲养员也不避枪弹，同日军扭打在一起。

在冲到东西蒙山之间的大沙河沟崖时，遭敌机枪火力封锁，陈明双腿被打断。日军围拢上来，陈明连发3枪击毙3名日军，然后用最后一颗子弹对准自己开了枪。陈明同志的爱人、山东姊妹剧团团长辛锐也在突围中受伤，用仅剩的一颗手榴弹与包围上来的日军同归于尽。

陈光、罗荣桓得报大青山战况后，急派攻打绿云山的部队飞速赶赴大青

1941年11月，大古台突围

山。当增援部队到达时，大青山突围战斗已经结束了。傍晚时分，突围出去的人员经紫荆关转移到西蒙山。

大青山突围，伤亡惨重。省战工委副主任兼秘书长陈明、一一五师敌工部部长王立人、省抗协宣传部长赵冰谷、抗大一分校二大队政委刘惠东、鲁中军区直属第三团政委刘清、蒙山独立支队政委刘涛等数百人牺牲。山东分局组织部长李林和统战部长谷牧负伤。山东省战工委副主任、国民抗敌自卫军政委李澄之被俘，在八路军敌工部和地下工作人员孟蒙营救下脱险。

七、和尚崮战斗

12 月初，山东纵队机关返回沂蒙根据地中心区。3 日，山东纵队第四团政委刘仲华奉罗荣桓、朱瑞之命率三营去接黎玉，研究布置反“扫荡”事宜。三营从孙祖一带行军到艾山前夏庄、栗林宿营。刘仲华率警卫排和七、八连驻夏庄，九、十连驻栗林村宿营。

4 日拂晓，十连三班班长聂振田在村西岭上，突然发现数百名日军偷袭上来。三班班长立即开枪射击，一时枪声大作。驻夏庄的部队听到枪声，知遭日军合击，立即派出通信员，命令九、十连向夏庄靠拢，但九、十连已被日军合围，命令无法传达。刘仲华便率七、八连向岸堤方向突围，九、十连便与营部失去联系。

九、十连听到报警后，立即集合部队，在副营长秦鹏飞指挥下，向东边的和尚崮方向突围。当部队撤到村东时，日军已冲进村中，部队刚撤过村东的河滩，日军便在河西架起机枪和掷弹筒，向九、十连猛烈射击，当即有数名战士牺牲。九、十连边打边撤，给追击的敌人以较大杀伤。

激战一个多小时，部队向东撤到了和尚崮西侧的山脚下。此时，从孟良崮北侧的河北村、南瓦庄一带分兵迂回合击的日军，已占领了和尚崮东侧和山顶的制高点，截断了九、十连向东撤退的道路。

在发现敌情变化后，部队准备由和尚崮西侧山下深沟向西北转移。但在此时，山沟里已拥满了当地群众 2000 多人和沂南县行署机关人员，如没有部队掩护，群众和地方机关将遭受难以估量的损失。在这种情况下，秦鹏飞果断地命令九连一、二班，抢占和尚崮西侧的无名高地，掩护群众突围。

当一、二班占领阵地后，从铜井、界湖出动的日军已从东北越过和尚崮，接近了一、二班阵地，双方随即展开激战。日军凭借优势兵力和密集火力，向一、二班阵地猛烈攻击。一时间，一、二班阵地上枪声、杀声和手榴弹的爆炸声响成一片。经十几分钟激战，一、二班战士全部壮烈牺牲。

日军在占领和尚崮西侧的制高点后，当即设下三道防线。这时，已进入和尚崮西侧半山腰的九、十连三面受敌，陷入了极端的困境，且山沟里的群众还没有完全转移出去。在这生死关头，秦鹏飞命令部队扔掉背包，脱掉上衣，作最后的突围。战士们端着刺刀，在一片喊杀声中冲上了和尚崮。经十几分钟短兵相接，一举夺回了被日军占领的制高点，但有 30 多名同志牺牲。

在部队的掩护下，大部分群众突出了敌人的合围。日军丢失制高点后，指挥官用督战的机枪向退下来的日军开枪射击，并重新组织三道防线上所有的日军向九、十连发起冲锋。九、十连再度与日军短兵相接，激战十几分钟，日军被压制在阵地前沿不远处。

此时，尾追而来的日军已堵截了九、十连攻上山来的道路，九、十连四面被围。激战中，部队作过几次突围，终未成功。上午 10 时左右，部队被压迫到南面的绝壁边上。陷入绝境的九、十连战士，视死如归，子弹打完后又跟敌人拼刺刀，有的战士连挑数名日军，刺刀都拼弯了。

终因双方力量悬殊，大部分战士壮烈牺牲，最后剩下 17 名战士，摔碎枪支，跳下悬崖，壮烈牺牲。此次战斗，九、十两连共 172 人，除 4 人突围，4 人受伤被当地群众救出外，164 人全部壮烈牺牲。三营九连，就是在孙祖战斗中固守九子峰打退日军 9 次冲锋的英雄连。

八、苏家崮阻击战

12 月初，日军主力撤出沂蒙山区，部分兵力转向天宝山区和滨海区“扫荡”。一一五师、山纵部队一面截击撤退之敌，一面袭扰留在根据地内的日伪军。

12 月 7 日，日军侦知一一五师转移到鲁南宁家圈地区有部队集结的情况后，立即麇集6000余兵力，分别从滕县、邹县、平邑、铜石、地方、费县等据点出犯，采取分路对进、远距离奔袭的战法，利用夜暗隐蔽，轻装疾进，途中遇到八路军侧击，仅以小部掩护，主力仍奔向预定合击目标宁家圈一带。

午夜时，二营及其他岗哨报告发现敌情，部队加强了警戒，却没有想到敌人会突然进行合围。加之只靠徒步通信，未能及时得知敌人行动情况。

8日拂晓，敌占领晒书台、白彦、山阴、薄石板、郑城、崇圣庄等要点，并在常庄、桃花山布置伏兵，防八路军向西北方向突围。日军旅团长福田少将在晒书台设指挥所，统一指挥各部行动。敌人布下的合围圈南北相距10里，东西相距16里，主要通路都有重兵把守。

一一五师师部和鲁南军区在罗荣桓、陈光指挥下，抓住时机安全转移。中共山东分局党校400余名学员和山东纵队第一旅第三团却被日军合围于白彦东北8里处的宁家圈一带。宁家圈地处小块山间盆地，六七个小山村错落其间，周围是标高在400—500米的山岭。三团团部及一营住在盆地中央，二营驻西北之凉水河及辛庄，分局党校住在山岭东侧的铁里营。

黎明时分，晨雾迷漫，二营各连饭后正集合出操，进占山阴东岭的日军突然向响水河发起袭击。六连立即占领阵地，抗击敌人。接着白彦、崇圣庄、郑城方向也响起枪声。此时，三团对周围情况仍不了解，还以为仅是据点的敌人来袭击或报复“扫荡”，即令二营主力在响水河坚决抗击敌人，并把敌人向东北方向吸引，掩护党校学员和团主力向白彦西南方向转移。

三团团长王吉文、政委张玉华率领担任前卫的第一连进至通白彦山口时，发现白彦及其东西各高地已布满敌人。王吉文团长和张玉华政委判断西面、南面已有多路敌人，向西南方向突围已不可能，遂即改变决定，以第四连占领宁家圈南山及西山阻击白彦之敌，以第一营营长徐振明率第三连跑步抢占宁家圈东北的重山，掩护团直及分局党校向东北方向突围。

此时，太阳升高，晨雾消散。王吉文团长和张玉华政委率部向东北疾进时，六连已在优势敌人猛攻下向重山转移。突过凉水河的敌人即以火力压制八路军运动的部队。白彦东西一线的敌人则同时向西山、南山发起攻击。

接近上午9时，团主力越过通往郑城的山口进达木头崖东北地域，正遇上第三营派出的通信员，得知东面的泗彦、梁邱也有敌人向西急进。山阴及白彦之敌猛攻八路军掩护部队，已占南山及西山，突入宁家圈，并继攻重山。八路军第四连正向宁家圈东山转移。东面的郑城、北面的常庄方向无动静，情况不明。

针对严重情况，王团长决定由参谋主任孙光率团直及分局党校由第二营营长戴文贤、政教王良恩率队掩护，向正北方向四开山突围，第三连控制重山阻滞敌人，尔后任后卫跟进；团长、政委率第一连抢占东南高地苏家崮，牵制敌人。第一连从北面登上苏家崮向南发展。王团长、张政委、政治处主任陈晓峰及机关少数人员也随即上山。

由于情况紧急，计划变得快，具体任务未逐级交代清楚，特务连、第四连及第五连第三排，见团首长上了苏家崮，也随后跟上来。苏家崮地势险要，崮顶四周都是陡崖峭壁。当一连沿山顶前进时，日军也从南头登上山顶。一连越过中部废墟，即同日军遭遇。一连连长是位红军干部，立即率一排向敌人冲击，一度攻占小高地，但遭日军反击，连长牺牲，该连退守废墟，与敌人对峙。

团首长登上山顶后，发现苏家崮东北及东侧之郑城、崇圣庄一带已布满敌人。为杀开南突血路，第一连受命后，即以第二排发起冲击，用刺刀、手榴弹杀退敌人冲向高地。日军随即以成倍的兵力反击，小高地得而复失。晒书台、崇圣庄、郑城各点之敌均以猛烈火力向八路军射击。

向山顶进攻的日军

上午10时许，团首长见第一连两次冲击受阻，晒书台的日军继续增援苏家崮南头高地之敌，部队所占山顶北半部较狭窄，队伍展不开，天时尚早，难以固守到天黑；向北突围的部队掩护分局党校此时已突出重围，宁家圈东山及重山已被日军占领，各路敌人正向苏家崮迫近，但东西两面之敌还相距 4 里多，尚有空隙可利用，当即决定迅速下山向东北方向突围。突围的顺序是第五连第一排为前卫，其后是团首长率特务连、第四连、第一连，并以第四连机枪班占领北山嘴，以火力压制郑城西侧小高地日军，阻其西进。

作战参谋龙非向来作战勇敢，机枪射击技术精良，此时主动充任机枪射手，掩护突围。团首长下山后，未见第五连那个排跟上来，事不宜迟，即将身边几十个人稍加组织，由通信排排长任保庆带一个班掩护，迅速向北突围。

敌人发现八路军突围行动后，立即分多路东西对进，集中火力向八路军射击。顿时，突围道路上形成层层火力网。八路军掩护兵力少，无法用火力压制敌人。政治处主任陈晓峰、作战参谋龙非、组织干事张凯等指战员中弹牺牲。

突围的先头人员突至蒋家庄附近时，从重山上下来的敌人刚到该地。三团官兵乘敌未及展开，即从敌人之空隙中冲了出去。后续人员不顾被敌人层层截断，仍边打边突，不少人中弹倒下，也有的从敌间隙中突出。因受敌人层层拦击，实在突不出而隐藏于山沟、乱石中，乘夜暗又突出者近 20 人。

但是，第四连及第五连那个排、特务连部分人员，看到下山突围人员受到敌人夹击，伤亡重大，即就地抵抗。第一连见第四连未动，也继续同当面之敌对峙，错过了突围时机。

时近中午，山下战斗结束。敌人又集中兵力、火力向山上八路军攻击。敌一面从四周实施猛烈射击，一面在山南头集结优势兵力向一连连续冲击。一连依托山顶十几间旧房残壁，同日军展开了残酷的拉锯战。先用火力和手榴弹打，子弹打光了就同敌人拼刺刀。敌我反复冲杀数次，阵前日军尸体成堆，一连人员也大部伤亡。

由于山顶部队无人统一指挥，除五连一个排增援外，位于山顶北部的四连受敌人火力压制，未能和第一连会合。战至下午 3 时，一连和五连那个排还剩下 30 余人，有的在同敌人肉搏中倒下，有的抱住日军滚下山崖，同归于尽，30 余人全部壮烈牺牲。

随后，日军继续向四连冲击。四连处于狭窄地形，无工事和天然障碍物依托，在敌人火力持久压制下已有较大伤亡，难以坚持，即于此时冲下山来，想经木头崖抢占宁家圈东山，再向东北突围。但山下已布满敌人，下山后便陷入了重围。四连指战员勇猛冲入敌阵，大部分同志在同敌人肉搏中英勇牺牲，少数人利用敌人空隙边打边突。

通信员高鸿声只有十六七岁，个子比背的三八式步枪高不了多少，他边打边寻隙北突。他身后的日本兵端着刺刀边追边喊：“小孩，不要跑，缴枪不杀！”他见敌兵临近，突然返身，一边举枪扣着扳机向敌人射击，一边高喊：“叫你再追！”把追赶他的日本兵撂倒后，继续北突，终于突出重围。

苏家崮突围战，毙伤日军官兵400余人。战后，日军在郑城、白彦等处焚尸两天。经9小时血战，三团也遭到严重损失，损失了两个主力连，200余名指战员壮烈牺牲。

九、高湖突围战

12月10日，进入沂蒙中心区的山东纵队指挥机关，转移到岸堤北面的东北村，司令部驻村内，政治部驻村北，背靠村后三角山。

11日拂晓，由沂水、蒙阴、铜井、垛庄等据点出动的日军4000多人，分进合击驻东北村的山东纵队指挥机关。

部队刚吃完早饭，村南的哨兵便和偷袭上来的日军接火。在警卫部队的阻击下，指挥机关迅速向北转移至山根，转而顺着山根向东突围出去。在机关转移时，山东纵队宣传部长刘子超带数名警卫员沿村西河边的大路向北突围，和指挥机关脱离。当指挥机关出村后，铜井和多庄的日军均进入东北村，继而会合一起向村北山上攻击，并分兵一路向刘子超部追击。

10日当晚，沂临边县县大队二连在山北面的朱家林村宿营，三连在与朱家林隔一山梁的石旺庄宿营。当日军朝北山合围时，山上的二连哨兵发现敌情后当即开枪打倒两个日本兵，日军立即开枪还击。驻在朱家林的机关和部队，听到山上的枪声，知道已遭日军合围，立即向北转移。行至村北，突然与沂水方向出动的日军遭遇，县大队先敌开火，并派一个班阻击掩护，县大队和机关向东突出了敌人的合围。

天亮后，南北两股日军在朱家林会合。随后，日军越过朱家林村西的山梁，向高湖峪方向攻击。此时，驻石旺庄的县大队三连知道遭遇日军袭击，便向高湖峪方向撤退。当撤下山来时，正好与刘子超部会合，同时沿高湖河底向北突围。

这时，从东北村及朱家林追来的日军紧紧地咬在后面，情况十分危急。部队撤至中高湖一带时，十几名年龄较小的战士因体力不支而掉队，被追上来的日军抓走。部队撤过中高湖后，刘子超率部队向西，钻进了通往佛山村的深沟。

当部队行至佛山村东沟底时，在佛山村内和村北的山梁上，突然出现了从蒙阴方向出动的日军，敌人居高临下，数挺轻重机枪挡住了部队西去之路。在佛山村东的深沟里，前有堵截，后有追兵，部队陷入日军重围。

危急关头，刘子超率部爬出山沟，向北突围，被日军数挺轻重机枪压制封锁，数次突围均未成功。随后，部队又转向西南水塘崮方向突围。在向西南突围中，三连指导员李长进率部分战士，一度攻占佛山村东，但终因寡不敌众，最后又被日军压回沟底。部队陷入绝境，指战员顽强战斗。指导员李长进身负重伤后，仍击毙一名日军，最后被日军用刺刀挑死。

上午 9 时左右，日军冲进山沟，对八路军进行残酷杀害。在日军冲进山沟之前，刘子超便烧毁文件，顽强地战斗到最后一刻，直至壮烈牺牲。此战，八路军指战员 50 余人，除 4 人突围外，其余全部牺牲。

太平洋战争爆发后，日军开始调整部署，从中国战场抽兵南下，在鲁中、鲁南、滨海一带“扫荡”的日军也陆续撤退。中共山东分局和一一五师等领导抓住有利时机，迅速调整部署，一面组织机关安全转移，一面部署兵力尾追、截击撤退之日伪军。至 12 月 28 日，先后收复蒋庄、诸满、大桥、马牧池、岸堤、河阳等地，历时 50 余天的反“扫荡”作战结束。

在这次反“扫荡”作战中，一一五师和山东纵队历经大小战斗 150 余次，以伤亡 1400 余人的代价，消灭日伪军 2200 余人，粉碎了日军妄图消灭山东党政军领导机关和部队有生力量的图谋，巩固了鲁中抗日根据地。

第十六章

沂蒙红嫂

“红嫂”用乳汁救伤员的故事，是发生在沂蒙山区的真人真事。究竟谁是“红嫂”的原型，在找寻的过程中，发现沂蒙根据地竟有不少“红嫂”式的人物。她们送子参军、送夫支前，缝军衣、做军鞋、抬担架、推小车，舍生忘死救伤员，最后一碗米送去做军粮，最后一尺布送去做军装，最后一个亲骨肉送去上战场，谱写了一曲曲水乳交融的军民鱼水情，“红嫂”已经成为沂蒙山区妇女群体形象的代表。

一、“红嫂”的由来

抗战时期，曾任沂南县委副书记兼抗联主任的李子超，与县委书记高复隆去沂南县明生村一带的八路军医院慰问。有一个伤员还未痊愈，就非要求出院回前线不可，不让他走他就哭闹，说：“我再不回前线，不但对不起党，也对不起救我命的那位大嫂！”

原来，这个伤员是在青驼寺一带掩护部队撤退时负的伤。他从山上爬下来，爬进一个高粱垛中藏起来，由于失血过多，昏迷不醒。这时，附近一位年轻大嫂到地里挖野菜时发现了这个伤兵，在一阵惊恐之后，认出是个八路军伤员。她摸了摸伤员的头，知道他发着高烧。

她低头叫了几声“同志”，战士微微睁开眼睛，连声喊：“水，水……”

在这荒郊野坡到哪里去弄水？进村弄水，太远，也怕被人发现。怎么办？她急中生智，想到了用自己的乳汁去救活伤员。但她又一想，自己还是个年轻媳妇，叫伤员喝她的奶多不好意思呵！如果被家里人知道了那还了得？这时，她又看了看伤员，嘴唇干裂，面色蜡黄，奄奄一息，如不急救就可能死去。想到这里，她毅然解开了衣襟，左手抱起伤员的头，右手托着乳头送到伤员的嘴里。

几口乳汁吃下去，伤员慢慢苏醒过来。当他睁开眼看到是一位年轻大嫂在用自己的乳汁救他时，感动地哭了。大嫂见他醒了，有点害羞地告诉他：“周围已被敌人占领，你先藏在这里休息，我让人晚上来接你。”

大嫂把救伤员的事悄悄报告了转移到附近山上的民兵，民兵连夜将伤员送到了部队医疗所，并表示要向上级汇报表彰这位大嫂。大嫂紧张地连连摆手，以恳求的口气说：“俺喂伤员的事，千万不要对外说。俺公公婆婆和俺男人都很封建，这件事万一叫外人知道了，就把俺毁了。”

李子超听到这个感人的故事，也感动地流下了眼泪。但为了尊重这位大嫂的秘密，就没有公开宣传这个事迹。

1943年冬，刘知侠在沂蒙山区

后来，《铁道游击队》的作者刘知侠到沂蒙山区采访，请李子超介绍一下当地的英雄事迹。刘知侠也是一位在沂蒙山区战斗过的老八路。1939年5月，他从延安抗日军政大学毕业后，随抗大分校到了沂蒙山抗日根据地，分配到抗大分校文工团工作。后来，抗大分校取消建制改编为山东军区教导团，刘知侠随文工团转到山东省文协，任文协主办的《山东文化》杂志副主编。1943年夏天，山东军区在滨海抗日根据地召开全省战斗英雄模范大会，刘知侠在会上采访了铁道游击队的英雄人物，动手写了题为《铁道队》的小说，在《山东文化》上连载，引起了较大反响。

李子超对刘知侠讲述的第一个故事就是这位大嫂用乳汁救伤员的事。刘知侠听了连声说："太好了！太感人了！我一定要把它写出来，那位大嫂叫什么名字？"

李子超遗憾地说："沂蒙山妇女一般都没有大号，都是将婆家和娘家姓氏合在一起称某某氏，因为那位大嫂不让宣传，当时也没有细问。不过，听部队上的战友们说，有一位叫迟浩田的教导员，有过在附近被沂蒙大嫂乳汁救命的真事，你可以找他了解一下。"

刘知侠找到了迟浩田同志，迟浩田不好意思地承认，确实有一位大嫂用乳汁救过他，但是由于当时处于昏迷状态，没能记住大嫂的姓名。战友们揶揄他说："你小子福气不浅啊，是一位年轻大嫂用乳汁把你救活的。"他曾去沂蒙山区找过这位救命大嫂，但遗憾的是没有找到。

刘知侠到沂蒙山区采访，也没能找到那位大嫂，但却发现了更多像那位大嫂一样救伤员的沂蒙妇女。他带着激情创作发表了小说《红嫂》，从此，"红嫂"便成了家喻户晓的沂蒙女性群体的代表。

二、沂蒙红嫂明德英

著名诗人苗得雨，1944 年 12 岁时开始诗歌创作，被誉为解放区的"孩子诗人"。他听说《红嫂》的故事后，曾专程回家乡沂南一带找寻"红嫂"。县宣传组负责人王维农介绍说："红嫂可能是横河西村的一个哑巴，当年救过一个小八路。"他便去了马牧池乡横河村一处叫李家林的地方，见到了这位叫明德英的女哑巴。由于她的老伴已经去世，无法采访当事人。有些故事，是村里帮助说的。从此，明德英便成为"红嫂"原型之一。

明德英，1908 年出生于沂南县岸堤镇岸堤村一个穷人家里。小时候的一场大病夺去了她的听力，导致又聋又哑。25 岁那年，因讨饭来到马牧池乡横河村，嫁给了比她大 20 多岁的老实巴交的农民李开田，以给横河村大户人家看护李家林墓地为生。

李家林东边，有一条由山涧溪流汇聚而成的小河，当地人称其为王家小河。小河南北走向，源于北大山，长达数十里，流水潺潺，蜿蜒南下，注入汶河。河的东面就是八路军山东纵队的司令部所在地马牧池村。

马牧池位于沂南、沂水和蒙阴三县交界处，东望沂山，西接蒙山，是沂蒙山区的中心。中共中央山东分局、八路军山东纵队领导机关、野战医院、兵工厂、大众日报社等都曾经在此驻扎。

1941 年 11 月 3 日晚，盘踞在蒙阴县的大批日伪军秘密出动，远程奔袭，于 4 日拂晓，突然包围了山东纵队司令部所在地马牧池村。日军点燃了大量的毒瓦斯，各路口架起了机枪，整个村子一片火海。

正在开会的山东纵队指挥张经武、政治委员黎玉等领导同志，迅速转移到村东头的鲁寨山上。由于情况来得突然，加之敌人封锁严密，司令部的其他工作人员未能全部撤离，一场突围战打响了。

战斗进行到第二天中午，一位战士冲出了敌人的包围，撤退到马牧池村西的王家河西面的河岸上，这时两名日军发现了他，尾追而来。战士机智地朝李家林跑来。他刚进林地，日军也追了过来。战士在树木、坟茔、墓碑间不停地躲闪、周旋，敌人也在不停地寻找、追赶。一段时间过去了，战士为躲避敌人从一座坟茔后转向另一座坟茔后时，被日军发现了。敌人举枪，朝他射来，一颗子弹击中了他的右臂。受伤后的战士强忍疼痛，飞步朝林地北面跑去。

当时，明德英正抱着不满周岁的孩子，坐在自家“团瓢”外的石台上晒太阳。战士跑出墓地后发现了她，气喘吁吁地朝她奔来。从小就聋哑的她根本不知道发生在坟场里的流血的事情，但从战士的装束、急切的表情中明德英判断出他是八路军战士，忙站起来迎了上去。

战士发现她不会说话，就回头用手往林子里指了指。明德英明白了，她一手抱着孩子，一手抓着战士的胳膊往“团瓢”里拽，示意他躺在炕上。这位素不相识不会说话的大嫂的举动使战士一时不知所措。虽情况万分紧急，但担心连累了大嫂，战士不肯躺下。明德英见状就使劲将他按在炕上，把那床早已破烂不堪的被子盖在他身上。战士翘起头来，又被她按了下去。

两个日本鬼子在林地里找来找去，再也找不到战士的影子，断定是逃走了。四处搜索的鬼子兵来到“团瓢”跟前。团瓢门口很矮，只有低下头才能进去，站在门外可将里面一眼望穿。敌人根本没想到被子底下的秘密。

抱着孩子的明德英沉着地打着手势让他们坐下。这时日本兵才发现她是个哑巴，其中的一个日本兵用手比画了一下战士的身高、衣着打扮和受伤的部位，意思是问她是否看到这样一个八路军战士。明德英毫不犹豫地用手朝西山指了指，两个日本兵急忙朝西山追去。

日本兵走远了，明德英赶紧走进“团瓢”，揭开被子，发现战士躺在炕上一动也不动。受伤战士的伤口没有包扎，流血过多昏过去了。明德英见状立即找来碎布，帮战士包扎伤口。昏迷中的战士用微弱的声音断断续续地喊道:“水……水……”

可家里没有现成热水，日本兵又在四处搜索，战士生命垂危，烧水已来不及了。在这危急时刻，明德英毅然解开大襟，将乳头塞到了战士的嘴里……伤员终于苏醒过来了。

“团瓢”毕竟不安全，为防日军搜捕，明德英跟丈夫李开田把受伤战士转移到林地一座空坟里，每天晚上悄悄地给他送饭送水。有一次，她去护理伤员时，不到一岁的小儿子从炕上爬下来，伤着了大脑，摔成了痴呆儿。

由于缺医少药，战士的伤口感染发炎，脓水外流，发出一种难以名状的臭味，全身发烧，大小便也不能自理。明德英十分焦急，到处打听药方，并亲自采集中草药，天天为其擦洗伤口，用盐水给他消毒。为了给受伤的战士滋补身体，明德英还把家里仅有的两只鸡杀掉，熬成鸡汤喂给他吃。

在明德英的精心护理下，二十几天后，战士的伤口基本愈合了，身体也好多了。看到明德英一家吃糠咽菜，却倾其所有精心照料他，战士心里很不安，加之思念部队，想念战友，所以坚决要求去找部队。李开田悄悄地把他送到 20 里外的依汶镇，借钱给他买了一个锅饼，托付地方上的同志带他去找部队了。

1942 年底，日军又对沂蒙山区进行拉网合围大扫荡。在敌人“拉网”扫荡开始前，八路军主力部队已转入外线作战，没来得及转移的群众就与敌人在山沟里推磨转悠。驻扎在横河村一带的八路军山东纵队军医处一所香炉石分所没来得及转移，年仅 13 岁的看护员庄新民就和当地群众一起钻山沟、

明德英（左一）送孙子参军

转山头，和敌人兜圈子。后来，卫生所被冲散了，庄新民只好一个人跟着群众一起与敌人周旋。白天钻山沟、转山头，夜里露宿野外。一连几天，饥饿、焦渴、劳累使身体本来就很虚弱的庄新民再也走不动了。恰巧经过这里的李开田发现了他，当李开田得知他是被敌人冲散的小八路时，亲切地说："孩子，咱们是一家人，你别怕，也别乱跑了，就跟着我吧。"

一天下午，当他们跟随逃难的群众一起转移到马牧池村东北方向的一个山谷时，被敌人发现了，庄新民和上百名乡亲被敌人用刺刀逼近马牧池村的南庙。在被赶去南庙的路上，李开田始终拉着庄新民的手，并悄悄地对他说："孩子，别怕，就说你是俺儿子……"

来到南庙后，一群鬼子端着刺刀，牵着狼狗，跟着翻译，把抓到的群众围起来，威逼他们交出八路军战士。一个鬼子拿着指挥刀在人群中转来转去，突然来到庄新民跟前，瞪着眼上下打量了他一番，一把拽出他，厉声说："八路的有。"眼看狼狗又要扑上来，李开田死死拉着庄新民的胳膊急声说："他是俺儿子，不是八路……"

鬼子一脚把李开田踢倒在地，机灵的庄新民抢着扑在李开田身上哭喊着："爹……"鬼子又把庄新民拉了起来，李开田挣扎着爬起来，紧紧抱住庄新民不放。

这时鬼子抽出指挥刀架在李开田的脖子上吼道："你们通通的八路。"因为庄新民又小又瘦又矮，衣着跟农村孩子没什么两样，李开田又是个地地道道的农民，鬼子查不出什么，终于打消了怀疑。

李开田把庄新民带回家，过了几天，庄新民的身体已恢复健康，数次提出要去找部队。明德英夫妇给他缝补好衣服和鞋子，准备了几块熟地瓜，含着泪水依依不舍将他送到村头。

三、再生母亲祖秀莲

祖秀莲，沂南县杏墩子村人，与沂水县桃棵子村张志新结婚，被称为张大娘。1939 年初，年近 50 岁的祖秀莲参加了本村妇女救国联合会，和青年妇女一起，磨军粮、做军鞋，积极参加抗日活动。

1941 年冬，日军调集 5 万多兵力，对沂蒙山区进行大“扫荡”。11 月 6 日，八路军山东纵队司令部侦察员郭伍士在桃棵子村南挡阳山下执行侦察任务途中，突与一队日军遭遇，被日军击中数弹，倒下后又挨了几刺刀。有一颗子弹从两腮穿过，牙被打碎好几颗，肚子被刺穿，肠子露在外面。

郭伍士苏醒过来后，日军已经离开了。他强忍着疼痛，用军上衣扎紧肚子上的伤口，朝附近的桃棵子村爬去，爬到祖秀莲家门口时晕倒了。祖秀莲发现后，把郭伍士扶进屋里，先用温水擦净郭全身血迹，又对其身上 7 处伤口予以清洗和包扎。

晚上，日军又住进了桃棵子村。祖秀莲把郭伍士背到一个草垛里藏起来。第二天又背回来，祖秀莲烧了盐水给他擦洗了伤口，包扎好后又背到西山半腰一块大卧牛石下挖好的一个洞子里藏起来。她天天躲开日军，到石洞里送水送饭、清理卫生。为了使郭早日痊愈，祖秀莲一家吃糠咽菜，用纺线卖的钱买回米、面给郭吃。为了给郭伍士补养身子，她还把自家的两只母鸡杀了熬成鸡汤，喂给郭伍士吃。

待了一个多月，郭伍士的伤情好转，被转移到一个八路军医院里。临走时，祖秀莲嘱咐他，不管走到山南海北，一定捎个信儿来。郭

祖秀莲和郭伍士

伍士说，无论战斗到哪里，也忘不了你这个“娘”。

郭伍士在医院养好伤后，很快就回到了部队。在后来的一次战斗中，又重伤致残。复员时，他没回山西老家，在沂南县隋家店子落户成家。他忘不了曾救过命的沂蒙乡亲，来到沂水县寻找救命恩人，但找了几次，都没有找到。

郭伍士做了一副小挑子，一头挂上烧酒，一头挂上一盆狗肉，沿着崎岖的山路一边卖货，一边打听救护自己的“沂蒙母亲”。一天，郭伍士来到桃棵子村南的挡阳山下。侦察兵对地形地物的敏感，使他发现了那个养伤的山洞。经向村里人打听，终于找到了当年的救命恩人“张大娘”，此时，张大娘已经有了自己的名字祖秀莲。

郭伍士一头扑在地上，给祖秀莲磕了三个响头，正式认祖秀莲为干娘。后来，郭伍士一家从 50 多里外搬进了桃棵子村，在村里安了家。在随后的日子里，郭伍士对祖秀莲像亲娘一样伺候，一直伺候到老人去世。

四、谁先参军就嫁谁

从八路军一一五师驻地往南十几里，坐落着一个小山村，处于抗日根据地滨海区中心地带，这里就是沂蒙军嫂梁怀玉的家乡洙边村。

梁怀玉从小就长得娇俏、活泼。八路军在莒南发动群众，开展抗日活动，在洙边村组织了青年妇女识字班，以及秧歌队和农村剧团等。梁怀玉 16 岁那年演唱的小戏《王宝山参军》，由于身段美，做戏好，轰动了全乡，人们都说洙边村出了个“金凤凰”。17 岁那年，梁怀玉当上了村识字班长，带领村里姑娘一起学文化，“识字班”从此成了当地姑娘的代名词。

1943 年初，抗日战争进入最艰苦的时期，由于日军不断地“扫荡”，八路军急需补充兵员。莒南县是一一五师司令部和山东军区所在地，素有“小延安”之称。该县掀起了鼓励参军的运动，识字班和妇救会负责上门做动员工作。由于残酷的战争，村里剩下的青年很多都是独生子，动员工作举步维艰。

村里召开动员大会时，来观望的人很多，但多数都犹豫不决，等了半天，没人带头报名。这时，梁怀玉跳上台去，对在场的人高喊："愿当兵的男人才是真汉子。谁当兵谁光荣，俺们识字班找对象就要找个当兵的。谁第一个报名参军，俺就嫁给谁！"

"我报名！"梁怀玉话音未落，一个身材矮小的大龄青年抢先举起手来报名参军。大家一看就炸开了锅，小伙子名叫刘玉明，且不说长相大家感觉配不上村花，他父亲双目失明，母亲又有痨病，常年不能起床，家里穷得叮当响，30多岁了都找不上媳妇。而梁怀玉年方十八，正是如花似玉的好年华，像一朵含苞待放的鲜花，容颜娇丽，妩媚动人，是十里八乡有名的"村花"，很多小伙子托人说媒她都看不上，能看上这个比她大13岁的刘玉明吗？

梁怀玉也没想到这个老实巴交的刘玉明会带头报名，但一言既出，驷马难追，大庭广众之下，岂能当众反悔？她说："共产党员说话是算数的，只要你愿意娶我，嫁给当兵的人，我不后悔！"

刘玉明老实地回答："俺当然愿意！其实俺喜欢你好久了，但一直不敢表白。俺知道配不上你，你也不要为难，就是你不愿意，我也不后悔。"

小伙子真诚的话语，打动了梁怀玉，她跳下台来，亲手给刘玉明戴上大红花。村长也走过来，把一朵大红花戴到了梁怀玉的头上，这时人群里响起了一阵热烈的掌声。在刘玉明的带动下，村里有11个小伙子当场报名参了军。梁怀玉的故事传开后，全县立即掀起了报名参军的热潮，在很短的时间内，先后有1488人报名入伍，有力地支援了前线部队。

梁怀玉父亲知道后，气得差点晕过去，死活都不同意这门婚事。梁怀玉劝父亲说："大大，刘玉明第一个报名参军，说明他是一条不怕死的真汉子，也说明他真心喜欢俺，为了俺可以赴汤蹈火上战场，这样的人值得嫁。俺是党员，又是识字班长，如果说话不算话，以后还怎么有脸见人呢？"做通了父亲的工作，亲事很快就定了下来。

过了没几天，梁怀玉亲手给刘玉明戴上大红花，和识字班姐妹们一起扭着秧歌，唱着送郎参军的小调，把12名新战士送到接兵战驻地。为了让刘玉明在部队安心，她和刘玉明在区中队集训期间完了婚。结婚几天后，刘玉明就随部队上了前线。

刘玉明一走，就是好几年没有音信。梁怀玉在家中不但要独自一人承担

梁怀玉和丈夫刘玉明

婆家的重担，伺候公公吃饭，给婆婆煎药，还要织布纺线，做军鞋，送军粮，无私地支援前方，成了一位模范军嫂。

有一次，八路军的流动医院进驻洙边村，家家住满了伤病员，住在梁怀玉家的是一个腿部受伤的排长。她就把家里唯一的一盘炕让给这位排长。公公睡锅屋，她和婆婆挤在过道里。这位排长非常感动，几次要把炕让出来。梁怀玉说："同志，俺家也是军属，咱们不是外人，你就不要客气了。你为俺们穷人受了伤，住炕还不应该吗？"

梁怀玉和家人在艰难的生活环境中煎熬着，终于盼来了抗战的胜利。临沂解放后，刘玉明从部队驻地向家里写了第一封信。梁怀玉接信后，连夜步行上百里山路走到临沂。可是，部队却又出发上前线了，空跑了一趟，她没有见到丈夫。第二年，她又只身去找，还没有找到。直到淮海战役后，她第三次到部队寻夫，终于在徐州找到刘玉明，当时刘玉明已经是部队的一名排长。夫妻俩在徐州照了一张合影，留下了她当年的风采。

解放后，刘玉明转业到临朐县公安局当了一名干警，直到离休回乡，才和梁怀玉真正生活在一起。梁怀玉先后被山东省妇联、省民政厅、省军区政治部评为"山东红嫂"。

五、沂蒙母亲王换于

王换于是沂南县马牧池乡东辛庄人，19 岁嫁到邻村东辛庄，1938 年加入中国共产党，不久被选为村妇救会长。

1939 年 6 月，徐向前率八路军第一纵队司令部住进王换于家后，便委托王换于在当地党组织的协助下办起战时部队托儿所。机关有 27 个孩子，外地又陆续送来一些，共有 41 个孩子。

从此，王换于家的老屋就成了战时托儿所的“中心”。这些孩子最大的七八岁，最小的生下来才三天，其中有徐向前的女儿小何，罗荣桓的女儿罗琳，陈沂、马楠夫妇的女儿陈小聪等。平时王换于将这些孩子集中在她家掩护抚养，每当日军对根据地进行大“扫荡”时，王换于便把孩子们放在周围抗日“堡垒户”家中分散抚养。

对于战时托儿所里的每一个孩子，王换于都用生命来呵护。一次她到西辛庄查看寄养的孩子时，看到一位烈士的孩子没有奶吃，瘦得不像个样，她就将孩子抱回家，交给正在哺乳期的二儿媳。

此时儿媳正抚养着自己和另外几个抗日将士的孩子，奶水显然不够吃。王换于含着眼泪叮咛：“烈士的孩子饿死了，就断根了，咱的孩子饿死了，你还能生育，让革命烈士的孩子吃奶，咱们的孩子就吃粗的吧！”

从 1939 年秋到 1942 年底，三年时间里，战时托儿所的孩子们在王换于及其家人的精心呵护下，得到了健康成长。而王换于的两个儿媳因在哺乳期内用奶水喂养托儿所孩子，致使三年中自己的两个亲骨肉因营养不良先后夭折。

王换于抚养的罗荣桓、陈沂、艾楚南、江华等人的子女

1943年后，又有45个革命将士的孩子由王换于等抚养长大。抗战胜利后，山东保育小学600多名学生安置在东辛庄，王换于全家又挑起了全力为小学服务的担子。

抗战胜利后，蔡畅在第一次世界妇女代表大会上，代表中国妇女作了王换于事迹的专题报告，王换于的名字从此名扬中外。

第十七章

英雄儿女

山东军民在中共山东分局的领导下，浴血奋战，涌现出沂蒙红嫂、沂蒙母亲、铁道游击队、英雄岱崮连等一大批英雄人物。其中，中共中央山东分局宣传部部长李竹如、省战工委副主任陈明、省妇联常委陈若克、第三军司令员理琪、第三支队司令员马耀南、第四支队司令员洪涛、鲁中军区司令员刘海涛、滨海军区政委符竹庭、鲁南军区政委王麓水等省委领导和高级将领，也为中华民族的解放事业献出了生命，充分表现了齐鲁儿女的英雄气概和沂蒙精神。

一、宣传部长李竹如

李竹如，原名李贻萼，1905 年生于利津县庄科村一户农民家庭，其父早逝，寡母将其抚养成人。1922 年考入惠民省立第四中学，1925 年考入南京东南大学附中。1927 年转入济南正谊中学读高中，并加入中国共产党，与一些进步青年创办了《竞进》周报，宣传革命思想。

1928 年，李竹如考入南京中央大学法学院读书。九一八事变发生后，李竹如担任了中央大学中共地下党支部书记，积极投入抗日救亡运动。组织南京各学校以及外地到南京请愿的学生联合，先后冲击了国民党中央党部、南京卫戍司令部，并捣毁污蔑抗日救亡运动的《中央日报》馆，使国民党当局惊恐万状，勒令中央大学提前放假。

春节期间，李竹如返回山东老家过年。由于南京地下党组织遭到破坏，无法返回南京，便化名李一凡，先后到设在济南的山东省第一乡村师范学校和设在平原县的山东第五乡村师范学校任教。他利用讲经济学的机会，在课堂上公开传播马克思的《资本论》，宣传抗日救亡，从而使该校一大批青年走上革命道路。

1934年3月，李竹如编导了讽刺伪满皇帝登基的话剧《大登殿》，揭露日本帝国主义侵略中国的野心。不久，他毅然放弃教学，专门到济南办报，任《新亚日报》社副社长兼副总编辑。在报上多次发表文章，宣传抗日救亡道理。

1936年夏，李竹如离开济南赴上海，在文化界朋友的支持下，在法租界萨坡赛路租了一间厢房，创办了《文化报》，并任主编，著名教育家蔡元培先生为该报题写了报头。报纸先后介绍了鲁迅、郭沫若、茅盾、巴金、丁玲等一些进步作家的生平以及他们的作品。每期都有他写的社论、评论，针砭时弊，受到广大读者的欢迎。鲁迅先生逝世后，他亲到鲁迅故居、灵堂采访，写了情真意切的长篇通讯《鲁迅先生之丧》；当沈钧儒等救国会"七君子"被捕后，他在《文化报》上连续发表报道和文章，声援"七君子"。

1937年8月，淞沪抗战爆发，李竹如率领一部分文化界人士离开上海，带着一块钢版和一支铁笔，奔赴革命圣地延安。进入晋东南后，被留在八路军一二九师师部，做宣传和民运工作。1938年5月，中共晋冀豫区党委机关报《中国人报》创刊，李竹如被任命为社长兼总编辑。1939年1月，《中国人报》与《新华日报》的部分人员合并，出版中共中央北方局机关报《新华日报》华北版，李竹如任副总编辑。2月，他被调到太行文化教育出版社任编辑部长，组织出版了《辩证唯物论》《论持久战浅说》等书；还主持创办了反映抗日根据地军民生活的综合性刊物《抗日生活》，对动员、组织群众参加抗日斗争，起到了一定的宣传鼓动作用。

1939年5月，根据八路军总部和中共中央北方局的建议，中央决定组建八路军第一纵队，徐向前任司令员，朱瑞任政委，统一指挥山东、苏北地区的八路军部队。由于李竹如是山东人，熟悉山东情况，中共中央北方局调他到八路军第一纵队政治部任民运部长，兼中共中央山东分局民运部长。6

月 29 日，随第一纵队司令员徐向前、政委朱瑞到达沂蒙山区。

李竹如（左）和朱瑞（左二）、陈明（左三）在沂蒙山区

1940 年 1 月，李竹如升任中共山东分局宣传部部长，并兼任大众日报社管委会主任和新华社山东分社社长。由于报社人少，又多是年轻人，缺乏办报经验，李竹如就身体力行，带头示范，认真抓编辑记者队伍的建设和报纸的改进。根据实际需要，创造性地建立了战时邮局三位一体的体制和新华书店，党报发行量增加到 8000 余份。

李竹如还亲自撰写社论和理论文章，从 1939 年 11 月到 1941 年 5 月，在《大众日报》发表署名文章 12 篇，计 8 万余字，还有许多重要社论也是出自其手。作为管委会主任，他还常常参加报社的社务会议，过问报社的各项工作，甚至关于报纸在发行、传递中的问题都考虑得很周到，提高了报纸的发行效率。

在他的关心和努力下，《大众日报》和在山东发行的《解放日报》都能及时地送到群众手中，从而使《大众日报》成为华北抗日根据地一份很有影响的报纸。在创刊一周年之际，毛泽东特地发来贺电："动员报纸、刊物、学校、宣传团体、文化艺术团体、军队政治机关、民众团体，及其他一切可能力量，以提高民族觉悟，发扬民族自信心与自尊心，反对任何投降妥协的企图，坚持抗战到底，不怕困难，不怕牺牲，我们一定要自由，我们一定要胜利。"

1940 年 7 月，李竹如当选为山东省文化界救亡协会会长，出席了山东各界人民联合大会，并担任主席团成员，具体负责大会的组织工作。他在会上作了《战斗中的山东人民》的报告，当选为山东省参议会参议员、秘书

李竹如与部分领导合影（左起：刘居英、李竹如、陈光、朱瑞、艾楚南、陈明）

长，负责参议会日常工作。

在山东各界人民联合大会上，正式选举产生了山东省抗日民主政府——山东省战时工作推行委员会，李竹如当选为战工委委员和文教组副组长，同时还兼任山东省参议会秘书长。1941 年 11 月，原省战工委副主任兼秘书长陈明牺牲，李竹如接任山东省战工委秘书长，主持政府日常工作。

在山东省联合大会上，一些地方的代表对在防谍反奸斗争中发生的许多错捕乱杀事件，尤其是湖西“肃托”事件提出批评，要求出台一个保障人权的专门条例，山东省临时参议会秘书长李竹如组织起草了《人权保障条例》。1940 年 11 月，该条例由山东省临时参议会审议通过并公布施行，对于遏止战时滥捕乱杀现象起到了法律保障作用，成为中国历史上第一部专门的人权保障条例，极大地巩固了抗日民族统一战线和山东抗日根据地的发展。

1941 年冬，鲁南区委书记赵镈牺牲，李竹如率《大众日报》第一战时新闻小组，跟随分局鲁南巡视团到鲁南处理危局。12 月 8 日，在行军路上休息时，《大众日报》电台队长刘承塾打开收音机，忽然听到日军偷袭珍珠港的消息，立即抄收后交给李竹如。李竹如随即在鲁南区党委机关干部会上作了国际形势报告，分析了世界反法西斯统一战线形势的变化，鼓舞了大家抗战必胜的信心。

1942年11月初，日军在沂蒙山区发动了冬季大“扫荡”，山东军区、山东省战工委机关及特务营1000余人由滨海区向鲁中山区转移。11月2日拂晓，当队伍到达沂水西北对崮峪时，突然遭到8000余日伪军包围。山东军区副司令员王建安和政委黎玉当即指挥部队抢占了附近海拔597米的制高点对崮山，寻机突围。

日伪军集中十几门重炮、迫击炮向对崮山进行猛烈轰击达40分钟，并调来了3架飞机狂轰滥炸，随后集中兵力向山上发起连续冲锋。黎玉、王建安、江华、李竹如等领导亲自指挥作战，军区、政府机关的非战斗人员也都投入了战斗。李竹如在战斗中表现得沉着勇敢，毫无畏惧。在战斗的间隙，他谈笑自若地鼓动大家：只要坚持到天黑，一定会胜利突围。军区指战员居高临下，凭借有利地势接连打退了日伪军的八次进攻，一直坚守到黄昏。

天黑后，山东军区副司令员王建安命令特务营营长严雨霖率部掩护山东军区和省战工委机关干部突围。李竹如在翻越一道山梁时，不幸被一颗子弹击中头部，壮烈牺牲。山东省战工委主任兼山东军区政委黎玉和山东军区政治部主任江华也身负重伤，特务营300多名指战员壮烈牺牲。在子弹打光的情况下，面对日军的逼近，特务营营长严雨霖率仅剩的14名战士毅然跳下了悬崖峭壁。

李竹如等牺牲后，山东各界举行了追悼大会。《大众日报》发表了中共山东分局书记朱瑞的《纪念李竹如同志，开展山东民主文化工作》的悼文，延安《解放日报》也在头版刊载了追悼大会的消息。徐向前为其墓碑书写了碑名，并题词赞颂“李竹如同志是我党宣传新闻战线上一位杰出的组织者和活动家”。

二、抗日名将符竹庭

符竹庭，原名符宗仔，1912年出生于江西省广昌县边界村一个贫农家庭。7岁时父母双亡，依靠祖母帮人做针线活维持生计。11岁时就进头陂镇一家杂货店当学徒，受尽欺凌。

1927年8月中旬，“八一”南昌起义部队南下广东，途经广昌宣传革命，15岁的符竹庭毅然投身革命，参加地方游击队，加入了共青团。1928年，他辞别了相依为命的老祖母，参加了中国工农红军，在江西红军独立二团任政治交通员，同年加入中国共产党。1929年后，历任独立二团大队党代表，红三军第一纵队大队政委，红三军第七师特务团政委，七师二十一团政委。

1932年，符竹庭任红军第一师第十九团政治委员，曾率一营兵力与占绝对优势之敌鏖战数日，把敌人打得丢盔弃甲，弃尸逃遁，获鸡公山血战大捷，被中央军委授予二等红星奖章。

1933年6月，红军缩编后，符竹庭任红一军团第一师第一团政委。率部参加中央革命根据地第一至第五次反“围剿”，在雪山栋、猫嘴峰等阵地，顽强战斗，打退数倍于己的敌人，被中央革命军事委员会授予“顽强守备”团的光荣称号。

1934年2月，红一军团一师一团政委符竹庭，与团长杨得志率部在江西黎川县西南部，在红一军团军团长林彪指挥下，进行了闻名全军的三岬嶂战斗。2月23日起，国民党九十四师在飞机、大炮的轮番轰炸配合下，敌步兵向红军阵地展开了多次进攻，均被红一团奋勇打退。其间，符竹庭率二营在主阵地顽强抗击敌人，战斗打得异常残酷，全营仅剩100余人，干部伤亡三分之二，红军阵地仍屹立不动。

经过三天三夜的激战，在突击部队的援助下，击溃敌人一个师，取得了三岬嶂战斗的胜利。红一军团政委聂荣臻称赞三岬嶂一仗是红军牵制部队抗击和击溃数倍敌人的光辉战绩，并亲自为《红星报》撰写《把第一团顽强抗战的精神继续发扬起来》的社论，号召军团指战员学习红一团英勇顽强、敢打敢拼的战斗精神。红军总司令朱德和红一军团军团长林彪在福建长汀大田屋亲切接见和检阅了英雄红一团。

1934年秋，符竹庭出任红一军团第二师政治部主任，10月随中央红军长征。1935年10月到达陕北后，担任红一方面军政治部巡视团主任。1936年6月，进入延安抗日军政大学第一期高干科学习，毕业后调任红四军政治部副主任，成为红军高级军事指挥员。

七七事变爆发后，符竹庭调任八路军一一五师六八六团政治处主任，参加了著名的平型关战役，取得了平型关大捷。随后同杨勇等到晋东南扩军近3000人，成立第三四三旅补充团，任政治委员。

1938年10月，符竹庭任八路军一一五师东进抗日挺进纵队政治部主任，与萧华司令员一道率部挺进山东，开辟冀鲁边区抗日根据地，建立了津南、鲁北两个专员公署和15个县的抗日民主政权，武装力量发展到2万余人。根据当时敌强我弱的情况，部队分散开展活动，符竹庭率政治部和部分武装活动在阳信、惠民、商河一带，开展机动灵活的平原游击战。其间领导创办了《挺进报》《挺进月刊》，指导边区党委创办了《烽火报》。他还亲自指导创作了《冀鲁边进行曲》，在冀鲁边区广为流传。

根据八路军总部指示，从1939年9月，萧华率领“挺纵”分批向鲁西、鲁南转移。1940年3月底，符竹庭带领“挺纵”政治部机关最后一批撤离冀鲁边区。1939年底，符竹庭调任鲁西军区政治部主任兼一一五师三四三旅政治部主任，与杨勇、萧华一起创建、扩大和巩固了鲁西、鲁南抗日根据地。

1940年冬，符竹庭任一一五师教导二旅政委兼中共鲁南区委书记。1941年春，率部东进滨海地区，与旅长曾国华一道指挥青口战役，激战三

徐向前（左一）与符竹庭（左二）、宋任穷（左三）、萧华（左四）在山东根据地

日，拔除日伪据点10余处，毙伤、俘虏日伪军千余人，解放了从赣榆到柏江的大片地区，创建了滨海抗日根据地，打通了从海上与华中、胶东的交通线。

由于敌、伪、顽的军事进攻和严密的经济封锁，部队的供给降到最低标准，连发霉的地瓜干和糁子煎饼亦难吃上。为了摆脱困境，在罗荣桓的领导下，根据地军民开展大生产运动。符竹庭带领部队一边打仗，一边生产，利用战斗间隙围滩晒盐、垦荒种地，开办被服厂、兵工厂，发展根据地手工业。由于部队实行自力更生的经济政策，取得了振奋人心的成果，部队的供给普遍改善，吃、穿、用基本自给自足，为解决根据地的经济困难发挥了重要作用。

1942年12月，驻兖州日军旅团长石田亲自指挥滨海、鲁南地区的大批日伪军，对滨海地区进行了大规模的“蚕食”“扫荡”，打通了临（沂）、郯（城）、新（沂）公路，切断了滨海、鲁南和华中抗日根据地的联系。

在罗荣桓的亲自指挥下，滨海军区发起了反“扫荡”、反“蚕食”战役，6天内歼灭俘获日军近千人，收复了被日军蚕食的三个半区。1943年1月，为配合苏鲁边区反“扫荡”，教导二旅接受了攻打日军在鲁南的主要兵站基地郯城的任务。

郯城，是日军盘踞在鲁南的重要据点之一，城防工事坚固，城里有重兵把守，周围据点棋布，敌人随时都能来支援，这是一次在敌人“心脏”的平原攻坚战。八路军一一五师教导第二旅在旅长曾国华和政委符竹庭的带领下，按照罗荣桓制定的“翻边”战术，于1943年1月18日直抵郯城。按照战前分工，曾国华率部“打援”，符竹庭率部攻城。

1月19日深夜，符竹庭率部出其不意攻下了设防坚固的第一道城门。在对第二道城门发起进攻时受敌人火力压制，两天两夜过去了，战斗没有丝毫进展。20日晚，对郯城的总攻仍不顺利，与敌人打了几个回合，没有得手，争取时间已成为胜利的关键。这时大批增援的日军已到城西，和阻击部队接上火，城里的敌人施放了毒气弹。面对敌人的嚣张气焰，符竹庭召开了紧急会议，和其他领导一起分析战斗形势，他沉着地说：“撤，当然保险，但是我们已付出了相当代价，得不偿失。打，还有法可想，集中轻重火力，攻其一点，突破城防有可能。”

他及时调整了作战部署，实行重点突破。各团的轻重火力及迫击炮，集中向指定地点猛扫猛轰，担任突击任务的指战员们奋不顾身，勇敢地攀上城头，后续部队一阵风似地卷过城墙。城防被攻破了，迫使敌人退入县政府院墙内，200多名伪军被俘。此时，全城就剩下一个大炮楼，大批日军龟缩里面负隅顽抗，符竹庭命令工兵用竹竿绑上炸药，炸掉了敌人的碉堡。

郯城战役，创造了八路军在华北敌后以攻坚战形式夺敌城池的战例，毙伤日伪军1000多名，生俘日军指挥官多田幸雄，缴获了大批粮食、布匹、武器，摧毁了日军的兵站基地，有力地配合了冀鲁边、青河区的反“扫荡”斗争。乘着郯城大捷的余威，八路军又攻克了周围18个据点，彻底粉碎了敌人对滨海地区的“扫荡”。

1943年3月，中共滨海区党委和滨海军区成立，符竹庭任党委书记兼军区政委。他与军区司令员陈士榘发展壮大了滨海根据地，将滨海、滨中、滨北连成一大片，面积近2万平方公里，人口约500万，滨海区的重要出海口和集镇均为八路军控制。罗荣桓率领一一五师和山东军区司令部进驻滨海，滨海区成为山东党政军领导机关的中心，号称山东“小延安”。

1943年11月，为粉碎敌人打通海（州）青（岛）公路、“蚕食”滨海抗日根据地的阴谋，策应鲁中抗日根据地的反“扫荡”，滨海军区发动了赣榆战役。赣榆城是日军固守新海连市的一个卫星城，城里驻伪军李亚藩一个旅。担任滨海军区政委的符竹庭协同司令员陈士榘制订了“军事打击、政治争取、里应外合、全歼敌人”智取赣榆的作战方案。

11月19日晚，符竹庭率领攻城部队急行军15公里抵达赣榆城下，并由城西绕到城的东北门，在距城门200米处隐蔽，与突击队一起静静地等候先行小组诓取城门。

晚9时半，战役以戏剧性的场面拉开了序幕。内线关系伪军第一四一团副官刘连城以催给养为名，带领化装成送给养的突击队来到城东门外叫门，站岗的伪军立刻将城门打开。在地下工作人员徐忠信配合下，迅速将守城门的伪军哨兵缴械，当即发出了占领城门的信号。

主攻部队第六团一营、第三营和二十三团第一营相继突入，对伪第一四二团及伪旅部和保安队展开攻势。战斗中，伪军第一四一团根据密约在一旁观战。次日拂晓，青口200多名敌伪军前来增援，被击溃。至20日下午2时，城中敌伪军已被基本肃清，唯有伪七十一旅旅长李亚藩率领残部，退入旧县府大堂土围子，占据构筑坚固的中心炮楼死守待援。

第六团在团长的带领下，准备发起强攻，但符竹庭认为，采取政治攻势和军事打击相配合，能收到更好的效果。于是他向李亚藩发出了劝降信，并限他10分钟之内派人出来谈判投降。10分钟过去了，敌人却没有动静。敌人认为八路军没有强大的炮火，奈何不了他们，更幻想青口的日伪军会来增援。他们还嚣张地躲在碉堡里唱起了高调："八路军的弟兄们，你们没有炮，你们有炮我们就缴枪！"

符竹庭听到敌人如此傲慢的腔调，又好气又好笑。敌人哪里知道，为了打下赣榆城，罗荣桓亲自批给了三发炮弹。符竹庭和陈士榘商量后决定开炮。炮兵连长李玉章是个神炮手，他可以从炮的后膛直接瞄准。李玉章请示第一炮打哪里，符竹庭指着高炮楼说："那是李亚藩的指挥所，要首发命中。"

神炮手果然名不虚传，第一发炮弹不偏不倚从李亚藩的瞭望孔里钻了进去，在炮楼里爆炸了。敌人被打蒙了，符竹庭立即开展政治攻势，限敌人5分钟投降。但5分钟后，敌人没有动静。符竹庭命令开第二炮，第二炮在炮楼中层爆炸了，碉堡里伸出小白旗，李亚藩派他的副官出来谈判。

为了迷惑敌人，符竹庭命令将几挺马克沁重机枪蒙起来，摆在道路两旁。马克沁架子高，筒子粗，上面又蒙着油布，看上去都像是小钢炮，李亚藩的副官吓得浑身直打哆嗦，对着符竹庭又点头又哈腰，一口一个长官，出尽了洋相。符竹庭命令他回去告诉李亚藩，3分钟内投降，否则继续开炮。

李亚藩的副官灰溜溜回去了，可是3分钟过去了仍然不见动静，符竹庭果断命令发第三炮，打李亚藩的家属院。第三炮一打，李亚藩的后院一片鬼哭狼嚎。敌人再也支撑不住了，伪军第一四一团团长黄胜春，将李亚藩连推带拉逼出了碉堡。

赣榆城被攻克后，符竹庭率军迅速扩大战果，连克海头、兴庄等11处敌伪据点。赣榆战役消灭敌伪军2000余人，缴获步枪1600余支，手炮40

余门、机枪5挺、汽车2辆，其他战利品堆积如山。八路军仅阵亡3人、伤37人，创造了内外线作战、智取和强攻相结合的光辉战例。1943年11月26日，延安《解放日报》以显著版面报道了赣榆大捷的消息。

滨海区举行抗日烈士纪念塔落成典礼

日伪军在赣榆城惨败后，十分恼怒，从11月21日开始，从沭阳、灌云、新浦等地调集了1500余人，对滨海抗日根据地实行报复“扫荡”。11月26日晨，日军纠合新浦、青口之兵600余人，偷袭滨海军区机关驻地——赣榆县西北的黑林乡马旦头村。符竹庭在组织部队反击时，坐骑受惊，不幸撞到了村寨大门的门框上，头部受到重创。罗荣桓闻讯即派罗生特医生赶来抢救，终因伤势过重，医治无效而牺牲。

符竹庭牺牲后，滨海军民5000余人为他举行隆重追悼大会，山东军区司令员兼政治委员罗荣桓评价符竹庭是“军事上政治上都比较强，很有能力的优秀干部”。符竹庭的遗体安葬于赣榆县抗日山上，为了纪念他，山东省人民政府将赣榆县改名为竹庭县。

三、传奇司令刘海涛

刘海涛，原名刘保仁，1907年出生于山东省东阿县张集村一个贫苦农民家庭。全家靠父亲在阿胶厂做工挣钱维持生计，刘海涛只读了几年书便辍学务农，农闲时跟村里的拳师学着打拳弄棒，练得一身好功夫。

1927 年，刘海涛闯关东到了黑龙江。先是在伐木场当伐木工，后到哈尔滨近郊做起了经营猪鬃的买卖。他为人豪爽，仗义疏财，做买卖赚了钱，经常帮助穷兄弟们，时间不长，就结交了一帮穷哥们。

1928 年夏的一个傍晚，刘海涛路过珠河县警察局门前时，碰到两个警察在欺负一个姑娘，便上前劝阻，结果被警察打了两枪托子。刘海涛忍无可忍，把两个警察打倒在地，掩护姑娘逃走。这时，跑来一群警察把他打得遍体鳞伤，并关进了监狱。刘海涛的几个朋友凑了些钱把他保释出来。

出狱不久，刘海涛串联了 20 多个弟兄，在一天深夜里，他带领大家，手持大刀、斧头，偷袭了县警察局，缴获 19 支枪，然后率领众弟兄连夜进了深山老林。在山上他们搭起了木房，圈起寨门。刘海涛在墙上写下了八个大字："替天行道，杀富济贫！"从此，成了当地小有名气的绿林好汉。几年后，他们由进山时的 20 余人，发展成一支 100 多人的队伍。

九一八事变后，日军侵占东北三省。刘海涛目睹日军奸淫烧杀的野蛮行径，就对弟兄们说："现在日寇在我东三省横行霸道，东北父老乡亲受难，我刘某虽是一介草民，尚懂得'国家兴亡，匹夫有责'的道理。从现在起，我要下山打鬼子。人各有志，愿意抗日的，跟我一起下山，不愿抗日的请便！"

众弟兄也恨透了日本侵略者，听刘海涛一讲，大家异口同声地回答说："愿跟大哥下山打鬼子。"刘海涛率部加入了义勇军孙朝阳部，后来，结识了在义勇军当参谋长的赵尚志。赵尚志见刘海涛很有民族气节，作战勇敢，便经常向他讲述革命道理，宣传共产党抗日主张。刘海涛十分赞成共产党的主张。他激动地说："参谋长，请你帮我找共产党，我愿意跟着共产党打日本鬼子。"

1934 年 6 月，根据珠河中心县委决定，珠河抗日游击队扩编为东北抗日游击队哈东支队，赵尚志任司令员。刘海涛率 14 名战士携枪脱离孙朝阳部，投奔珠河参加了赵尚志领导的抗日游击队，任第一大队队长。后来，东北抗日游击队哈东支队改编为东北人民革命军第三军，赵尚志任军长，李兆麟任政治部主任，刘海涛任第一团团长。

第一团是三军的主力，每次战斗都担负着重要任务。部队整编后，赵尚志率军东征，刘海涛率一团为先锋。部队从珠河南部根据地出发，绕经双城、宾县、延寿等县境，横扫沿途日伪军，直取正县，屡战屡胜，名声大振。

第三军的胜利，激发了人民抗日救国的热忱，青壮年纷纷报名参加，到1935年9月，三军已有700多人。这支队伍的发展与壮大，给敌人造成严重威胁。因此，日伪军对这支队伍连续进行“围剿”和“讨伐”。为避开敌人的“讨伐”，赵尚志带领一、四团再次东征。刘海涛仍然率一团为先锋。在第四团的配合下，一直打到中苏边界的依兰、勃利，开辟了方正、依兰、勃利三县边游击区。

刘海涛在艰苦卓绝的东北抗日斗争中屡建功勋。1935年10月，晋升为东北人民革命军第三军第一师师长，部队整编为东北抗日联军后任抗联第三军第一师师长。红军开始长征后，东北抗联与中共中央失去了联系，赵尚志特派刘海涛去苏联商谈援助并向中共驻共产国际代表团汇报工作。

1936年2月的一天黑夜，刘海涛从黑龙江萝北县境的冰面上，一步步爬到苏联境内，被苏边防军扣留。刘海涛向苏方出示了抗联三军司令部签发的介绍信后，苏方经审查核实后将其放行。刘海涛辗转来到了莫斯科，向中共驻共产国际代表团汇报了来苏的任务，撰写了《关于满洲情形的报告》呈送代表团。中共代表团为了培养抗联干部，将其送往著名的列宁格勒步兵学校学习。

1938年上半年，刘海涛在列宁格勒步兵学校毕业后回到了延安。8月中旬，刘海涛同张经武、江华等部分红军干部及陕北公学学员160人，被派往山东，组建八路军山东纵队。张经武任山东纵队指挥，黎玉任政委，吴克华、刘海涛、李林任司令部科长。

在离开延安前，毛泽东、刘少奇等中央领导接见了他们。当毛泽东来到刘海涛面前时，亲切地问道：“你叫什么名字？”

“刘海涛。”他立正回答。

“是什么地方人？”

“山东东阿人。”

毛泽东幽默地说：“好！这次要回你的老家去了，你一定要掀起个抗击日本侵略者的海涛啊！”毛泽东说着右手向前一推，做了个推波助澜的手势，说完爽朗地笑了。刘海涛和在场的同志们也都开心地笑了。

8 月 21 日，这支队伍由黎玉、张经武率领从延安出发，经西安、太行、冀南，于 11 月初抵达山东长清大峰山，刘海涛等八人留在泰西工作。泰西的东阿县是刘海涛的故乡，他对这一带情况比较熟悉。

11 月 26 日，共产党领导的泰西地区抗日武装集结于大峰山区黄崖村，改编为八路军山东纵队第六支队，刘海涛任司令员，张北华任政委。支队下辖 4 个团、1 个特务营、3 个独立营及军政干部学校，校长任仲夷，全支队 4000 余人。

六支队成立后，分四路展开了敌后游击战，创建泰西抗日根据地。泰安县第二区区长薛家俊投靠日军后，作恶多端，民愤极大。刘海涛令一团一部与独立营采取突然袭击战术，围歼第二区部薛家岭，活捉了薛家俊等 30 余人，缴枪 50 余支。然后张贴布告，历述薛家俊罪状，将其就地处决。

当地群众闻讯后，拍手叫好，奔走相告：“东阿县张集村老刘家的小子刘保仁回来了，当了八路军的大官，领着队伍专杀鬼子汉奸。”一传十，十传百，广泛传播，扩大了六支队在群众中的影响，振奋了泰西人民的抗日信心。

到 1938 年底，第六支队在泰山西区，初步开辟了平阴、东阿山区和东平、汶上地区抗日游击根据地。翌年 3 月，八路军一一五师政委罗荣桓、代师长陈光率领师部及三四三旅六八六团 2000 余人，组成东进支队，挺进山东，与刘海涛率领的六支队在泰西地区胜利会师。

1939 年 3 月间，肥城、东阿之敌 5000 余人，企图将六支队消灭在林马庄一带。刘海涛接到密报后，于当夜秘密地把部队转移到牛家庄、黄土岭一带山区。6 日，敌东西对进，在牛家庄遭到六支队主力部队伏击，敌伤亡大半，余者狼狈逃回王庄。当夜，刘海涛率部又偷袭了王庄，歼敌 400 余人，从而粉碎了日伪军的扫荡。

此战后，刘海涛被调到八路军山东纵队司令部任参谋处长；7 月又调第一军区任司令员。1940 年 2 月，山东纵队第九支队成立，刘海涛任司令员。他无论调到哪里，都是人民军队的一把利剑。他打仗勇敢，随身携带三种武器，一把德造匣子枪，一支步枪，一挺轻机枪，让警卫员们背着或扛着。他的枪法极准，在 200 米远的山头，敌人冲锋，他用步枪射击，专打敌人脑壳，百发百中。在九年多的抗战中，刘海涛从白山黑水到齐鲁大地，身经百战，竟神奇般地未负过伤，人们称他为传奇司令。

1940 年春，驻临沂等地的日伪军 3000 余人侵占蒙阴城，妄图以此为依托，对沂蒙山区进行“扫荡”，进而切断鲁中抗日根据地与滨海根据地的联系。九支队组建不久，接受了消灭这股敌人的任务，刘海涛连夜带领部队从新泰山区赶到蒙阴城下。

三打蒙阴城的战斗打响了，各攻击部队立即进入阵地。当一颗红色信号弹划破夜空时，蒙阴城北门首先响起激烈的枪声。城内敌人正在睡觉，听到枪声大作，乱成一团。进攻南门的部队，经过五小时激战，突进南门。城中敌人纷纷溃逃，九支队占领了蒙阴城。

战斗结束后，刘海涛绕城观察，发现城内工事甚少，难以固守，当即决定撤离。果不其然，中午时，数千名日伪军杀气腾腾地又开进了蒙阴城，但一个八路军的影子也没见到。

二打蒙阴城，刘海涛改变了战术。他在三天内，派出几十股小部队不断出击，骚扰敌人，在蒙阴城周围与敌周旋，把敌人搞得十分疲惫和恼火，急切地想寻找八路军主力决战。

刘海涛召开作战会议，分析了敌情，决定利用敌人急于找八路军主力决战的恼怒情绪，采取诱敌出城，在城南设下埋伏，然后出其不意地消灭敌人的战术，同时组织好打击增援之敌。刘海涛这一妙计，果然将敌人引出城外，进入埋伏圈，经过一阵激战，消灭了日军一个小队，伪军两个中队，残敌狼狈逃回蒙阴城。

刘海涛组织优势兵力，第三次攻打蒙阴城。敌人连续受到三次打击，锐气大挫，只好撤回临沂，“扫荡”蒙阴山区的计划落空了。“刘司令三打蒙阴城”的消息迅速传遍了沂蒙山区，人民群众编成歌谣到处传唱：

三月里那个来花儿红，
蒙山里来了那个刘司令，

神机妙算赛诸葛，
打得那个鬼子茅坑里拱。

当时滨海区莒县有个国民党的县长许树声，有地方武装 3000 多人，经常侵犯八路军根据地，收缴老百姓税负。为了教训一下这个摩擦“专家”，刘海涛根据上级的指示，决定向许部顽军“亮剑”。

5 月 25 日，刘海涛指挥九支队及地方武装一部，在莒南县的梁家屯、莲子坡等地向顽军发起攻击，在猛烈炮火的打击下，顽军开始溃逃，刘海涛指挥部队乘胜追击，展开了一场百里追击战。战士们端着上了刺刀的步枪，高喊着：杀！杀！杀！猛打猛追，追杀得敌人丢盔弃甲，屁滚尿流。这次追击战歼敌一个团，许树声仅率数十人逃往莒北。

正在这时，临沂城的日军出动了，企图从正面和侧翼袭击八路军，截断八路军后路。刘海涛当机立断，指挥部队迅速退到北面一个山口，日军骑兵从侧面插了过来。两军相遇勇者胜。刘海涛指挥部队迅速向东山一带靠拢，抢占了阻击敌人的有利地形，他抱着机枪向日军的骑兵射击，打得日军人仰马翻，经过一场激战，终于打退了日军骑兵的进攻，掩护部队从东南边安全地撤了出来。

6 月末，刘海涛、五地委书记高克亭等指挥精兵千余人，由莒南县草岭石村，越过莒（县）日（照）公路，突然进入石门一带，给予屡次侵犯莒日边抗日根据地、杀害抗日民众的万仙会反动武装以沉重打击，并将其驱逐出抗日根据地。不久，他们又率部采取远距离奔袭战术，反击驻日照的国民党顽固派李延修部，一举歼其大部，李率残部逃往日照望海寺。这些战斗沉重地打击了顽固派的气焰，扩大了莒日边抗日根据地。

1940 年 9 月，奉八路军总司令部命令，山东纵队部队改编，第二、第九支队及第一支队二团合编为山东纵队第二旅，孙继先任旅长，刘海涛任副旅长，下辖四个团。为了打破敌人的封锁，1941 年 1 月 6 日，孙继先和刘海涛等指挥二旅在长达 10 华里的战线上，对赣榆县伪保安旅发起攻击，伪保安旅溃败。

3 月 19 日，一一五师教导二旅两个团和刘海涛指挥的山纵二旅一部，发起青口战役。激战6天，连克海头、大沟等10余处敌据点，毙伤日伪军800余人，俘伪军800余人，缴获大批武器弹药和军用物资，打通了从海上与华中及胶东抗日根据地的联系。

为了报复，日军4000余人对沂蒙山区进行了为期一周的“扫荡”，在临沂、费县以北地区，设了17个据点，构成横贯东西的三道封锁线，切断了鲁中与鲁南的联系。为此，山纵一旅一部与刘海涛率二旅一部，于3月22日发起反封锁战役，激战4天，连续作战28次，毙伤日伪军371人，俘伪军426人，缴获大批武器，拔除敌据点17个，彻底摧毁了敌人的三道封锁线。

1941年9月，山东纵队决定成立鲁中军区，统一指挥泰山区和沂蒙区的基干部队和地方武装。任命刘海涛为司令员，鲁中区委书记霍士廉兼政委。鲁中军区所辖的沂蒙地区是山东党政军首脑机关所在地。鲁中军区机关尚未组建完成，即投入冬季反“扫荡”战斗。

1941年11月3日，日军华北方面军第十二军司令官土桥一次，指挥日军第十七、二十一、三十二师团大部和独立混成旅一、六、七、十旅团及伪军5万余人，对沂蒙山区抗日根据地发起了“铁壁合围”的大“扫荡”，安

1941年冬，鲁中部队在莱芜召开反“扫荡”誓师动员大会

图消灭山东党政军领导机关及驻沂蒙山区主力部队。

刘海涛根据上级指示，命令鲁中军区三个主力团转移到外线作战。他带领一个团坚持在内线游击，当队伍行至青驼寺附近时，日伪军突然从四面围了上来。他指挥部队迅速占领有利地形，击退敌人数次进攻，一直坚持到天黑。他召开干部会议，决定向南突围。

青驼寺往南靠近敌占区临沂。当时，同志们对这一决策不太理解，意见不一致。刘海涛说："敌人正集中兵力向我中心区合围，其后方必定空虚，我们可以趁机插过去，变被动为主动。"大家听了觉得有道理。部队在夜幕掩护下，从敌人空隙中沿张庄南下，果然没遇到敌人，胜利突破敌人第一道防线。

下半夜，部队到达高里附近，见各山头都有火堆，敌人每隔十分钟，发一枚绿色信号弹，以此报告"平安无事"。刘海涛派出几名侦察员，干掉敌人流动哨，换上敌人的服装，也按敌人的办法，10 分钟发一颗绿色信号弹。部队顺利地通过敌人第二道封锁线。

跳出敌人包围圈后，刘海涛立即组织兵力，在临蒙公路要隘处分别设伏，消灭了两个日军小队和一个伪军中队。第二天又向临沂靠近，并截击了敌人一个运输队，缴获一批军用物资。几天后，部队又奉罗荣桓之命在石岚设伏，伏击追击之敌，经半小时激战，歼敌 300 余名。

敌人对抗日根据地反复"清剿"，形势不断恶化。刘海涛率部进入山区与敌周旋，11 月 17 日，在芦山遭敌合击，因敌众我寡，刘海涛决定分头突围。他带领一个警卫排，边打边向西北方向撤退。

18 日晨，他们又被敌人包围。这时，刘海涛命令警卫排化整为零，分别突围。他同鲁中区社会部长朱毓淦等人一起突出重围。上午 9 时，刘海涛和爱人黄秋菊、朱毓淦和爱人李岚及 4 名战士共 8 人，到达蒙阴城东杜家村，暂时在一个瓜棚里休息。由于对当地情况不熟，被阴险狡诈的汉奸石绍武伪装成抗日联防大队将他们诱捕。

敌人先对他进行诱降，继用酷刑折磨，他宁死不屈。敌人在这位宁可断头、决不屈膝的共产党人面前无计可施。11 月 25 日，刘海涛与妻子苏珍、朱毓淦等 8 人，在苏家村英勇就义。

四、巾帼英雄陈若克

陈若克，原名陈玉兰，祖籍广东顺德，1919 年生于上海。父亲是一个报馆的小职员，母亲是个家庭妇女。8 岁起，曾上过一年半的小学；后因父亲病故，生活困窘被迫辍学。11 岁进厂做童工，先后在上海的橡胶厂、纺纱厂、毛巾厂、袜厂等做工。15 岁开始一边做工，一边进工人夜校读书。

1935 年，16 岁的陈若克投入工人运动，积极参加工人夜校和“国难教育社”组织的一些活动，同工厂的资本家进行斗争。1936 年 8 月，加入中国共产党，成为工厂支部负责人之一。

1937 年上海抗战爆发后，她随工厂内迁武汉。因与地下党组织接头有误，她所在的支部与党组织失去联系。为了寻找党组织，她先后两次踏上去延安的征途。第一次刚到山西，正逢临汾战起，受阻而回。回到武汉后，工厂以“违犯厂规”为由，将她开除出厂。

失业后，陈若克第二次奔赴延安。当她到达晋东南时，得知晋城有一处华北军政干部学校，招收进步青年，便报名入学。在华北军政干部学校学习两个月后期满结业，她被分配留校工作，在党支部担负青委及民先工作。在此，她遇上了留苏归来的红军将领朱瑞，并与之相识相爱。

朱瑞，字剑侠，1905 年生于江苏宿迁一个书香之家。1924 年夏天，在上海加入国民党和社会主义青年团，同年秋考入广东中山大学。1925 年被派往苏联，先后在莫斯科中山大学、克拉辛炮兵学校学习。1928 年加入苏联共产党，后转为中国共产党党员。1930 年春回国，任中共中央特派员、长江局军委参谋长兼秘书长。1932 年 1 月到中央苏区，历任中国工农红军总司令部二科科长、红军学校教员、红十五军政委、红三军政委、红五军团政委等职，率部参加了第四、第五次反“围剿”作战。1934 年夏任红一军团政治部主任，参加了二万五千里长征。第一、四方面军会师后，任第一方面军政治部主任。1936 年 12 月任第二方面军政治部主任。

全面抗战爆发后，朱瑞任中共中央北方局军委书记。不久，受周恩来派遣，赴国民党第一战区司令长官部进行统战工作，被程潜委任为第十八集团

中共山东分局书记、八路军第一纵队政委朱瑞

军驻第一战区司令长官联络处处长。国民党军队向黄河以南撤退后，朱瑞继续以联络处长的身份，借用当时河北民军总司令的名义，创办了华北军政干部学校，并任校长，招收晋东南、豫北、直南地区的流亡学生和进步青年，对他们进行抗日军事、政治训练，并按照统一战线的原则，将他们分配到八路军、牺盟会和国民党的部队工作。陈若克就是在此时认识了校长朱瑞，并于 1938 年 8 月与其结婚。

随着山东抗日武装力量的发展，为加强统一领导，中共中央决定建立八路军第一纵队，统一指挥一一五师、山东纵队和苏北境内的八路军各部队，任命徐向前为司令员，朱瑞为政治委员。正在晋东南八路军总部担任中共中央北方局组织部长的朱瑞，接到命令后立即着手第一纵队的组建工作。他从八路军总部、中共北方局、一二九师、抗日军政大学一分校等单位挑选了 100 多名干部，其中包括红军时期的著名战将王建安、罗舜初等骨干力量。

1939 年 5 月，朱瑞率部挺进山东。6 月 7 日，在馆陶与从冀南威县来的徐向前一行会合。不久至鲁西，会见了先期到达的陈光、罗荣桓等一一五师领导人，随后向沂蒙山区进发。6 月 29 日，到达中共中央山东分局和八路军山东纵队指挥部驻地岱庄，与山东分局书记郭洪涛，山东纵队指挥张经武、政委黎玉等会合。不久，根据中央和北方局的指示，改组了中共中央山东分局，建立了山东军政委员会，朱瑞任中共中央山东分局书记兼军政委员会书记。

陈若克也相随朱瑞来鲁，先后担任八路军第一纵队直属科科长，中共山东分局组织部科长。1940 年 7 月 26 日，陈若克出席了在沂南县青驼寺召开的山东省联合大会。7 月 31 日，当选为山东最高民意机关——山东省临时参议会参议员。8 月 6 日，她以妇女界代表出席了大会。大会选举成立了山东省妇女救国联合总会，陈若克当选为山东省妇联执行委员和常务委员。8月14日，陈若克代表妇女救国联合总会，在大会上作了《山东妇女运动的新任务》的报告。

1940年底，日军在山东周围集结了2个师团、4个独立混成旅团和8万多的伪军，以军事、政治、经济等联合手段，不断向各根据地进行疯狂“扫荡”。朱瑞、罗荣桓等党政军领导，提出了扩大与巩固山区根据地，坚持平原游击战争，打通山东各区及山东与华中的联系，打破敌人“囚笼”政策的战略指导方针，运用灵活的战略战术，采取内外结合的打法，积极捕捉战机，不断打击消灭敌人，先后粉碎了日军的20多次“扫荡”。

陈若克和朱瑞的第一个孩子出生不到半年，就在日军的这一次大“扫荡”中，因病失治死亡。看着身边失去了鲜活的小生命，陈若克心如刀绞。朱瑞强忍悲痛劝她说：“整个民族都在苦难中，孩子的性命算不了什么。”陈若克从悲痛中走出来，以更加忘我的姿态工作着。

1941年冬，驻鲁日军又纠集5万余兵力，对沂蒙山区抗日根据地进行空前规模的大“扫荡”。11月4日，1000余日军采用“长途奔袭”战术，向大崮山根据地发动偷袭，在当地伪军的配合下，悄悄包围了大崮山。

朱瑞与夫人陈若克

大崮山位于蒙阴东北部，地势险峻，四周多是悬崖峭壁，有的高达数丈。山上有八路军的兵工厂、弹药库、粮库，守卫部队是山纵第四旅大崮独立团。怀孕8个多月的陈若克也转移到此隐蔽，卫生部长白备伍特意安排卫生班跟陈若克住在一起，以照顾她分娩。山东分局认为大崮山是个天然屏障，地形险要，交通不便，敌人扫荡不可能到达这里，就把陈若克和分局机关的家属转移到这里。然而，没想到日军占领临沂后，发起偷袭的一个重要目标就是大崮山。

日军包围大崮山后，先以飞机、大炮轮番对崮顶进行狂轰滥炸，然后发起攻击。独立团团长袁达、政委于辉带领八路军战士和兵工厂工人浴血奋战，激战三天，连续击退了敌人的十几次进攻。陈若克此时已接近临产期，但仍吃力地坚持来往阵地，对指战员和分局机关的家属进行安慰和鼓励。

11 月 7 日，疯狂的日军组织了更为猛烈的进攻。日军飞机将崮上几个门炸塌，阵地多处被摧毁。有一股敌人从南门两侧两个阵地接合部冲上崮顶，并占领了最高峰。独立团组织两次冲击，未能夺回制高点。守军腹背受敌，战况十分不利。为保存有生力量，团首长决定撤守突围。11 月 7 日晚 11 时，将山上所有仓库及兵工厂炸毁后，秘密撤下山崮。

陈若克和山上几十名机关家属悄悄用绳索从大崮山顶缒下来，然后分成两路突围。一部分女同志朝南走了，陈若克由警卫员搀着往北去，约定到桃花坪村集合。由于产前阵痛加剧，她的行动越来越缓慢，黑暗中，与突围的队伍失去了联系。

陈若克艰难地走了五六个钟头，阵痛一直折磨着她。拂晓时，她终于支撑不住了，她让警卫员赶紧到附近的村里找个老大娘来帮忙。未及等警卫员返回，陈若克便生下了一个未足月的女婴。她脱下外衣，把这个不幸的女儿包起来。孩子的哭声引来了一队端着刺刀的日军。原来，日军攻占了大崮山后，发现八路军都跑了，便组织了几个小分队搜寻掉队的八路军伤员。陈若克虽然已换了便衣，但她身穿一件毛衣，腰上又扎了一条皮带，这在习惯穿棉袄的当地农村是不多见的，引起了日军的怀疑，不幸被捕。

日军小队并不知陈若克是何许人也，只觉得这个女人不一般，肯定有来头。因为当时规定团级以上领导才允许结婚，至少是个领导的家属。日军先把陈若克用铁丝捆住手脚，关在一间小屋里。一天一夜之后，陈若克竟然水米未沾。这时，沂水城的电文来了，让日军小队长把陈若克母女押往沂水城的宪兵司令部去审问。

陈若克被押到沂水城的日本宪兵司令部后，宪兵队队长亲自提审陈若克:“你的，什么的干活?”

陈若克毫不畏惧地回答:“我是抗日的!”

宪兵队队长又问:“你的，实话的说，丈夫什么的干活?”

陈若克理直气壮地回答:“就是打你们的!”

宪兵队长又问:“你是哪里人?”

陈若克不屑地说:“听我是哪里人，就是哪里人。”

此后陈若克再也不作声了，始终没有吐露真情。宪兵队长被陈若克的傲气激得暴跳起来，下令狠狠教训这个女八路。他们用烧红的烙铁不断按在她的身上，陈若克始终没有屈服，直到昏死过去。

陈若克被抬进牢房，遍体鳞伤。狱友杨以淑忍不住哭了。陈若克睁开眼睛，艰难地吐出一句话:“哭什么？我们是中国人，中国人就要有中国人的骨气！哭有什么用?”

敌人见来硬的不行，又换了一种方法来对付陈若克。他们看到陈若克产后无奶，就派翻译官把一瓶牛奶送到牢里来。“我们已经知道你是八路，你很坚强。可你也是孩子的母亲，难道你一点都不疼爱你的孩子吗?”翻译官企图说服陈若克。

孩子饿得几乎哭不出声，干瘪的小嘴一张一合地翕动着，眼神绝望地望着母亲。陈若克的心让孩子揉碎了，但绝不为日本人的引诱所动。她把日本人送来的牛奶摔在地下，说:“要杀就杀，要砍就砍！少来这一套!”

陈若克疼爱地揽过孩子，伸出自己流血的手，对着心肝宝贝说:“孩子，你来到世上，没有喝妈妈一口奶，现在就要和妈妈一起离开这个世界，你就吸一口妈妈的血吧!”说着，她把手上的血滴进孩子的嘴里。

日军的软硬兼施均无法使这位年轻的女八路屈服。11 月 26 日，恼羞成怒的日本宪兵将陈若克母女押到沂水城西的沂河边行刑。年仅 22 岁的陈若克抱着不足月的女儿从容地走上刑场，被残忍的日军用刺刀一刀一刀扎死。静静的沂河水，永远铭记着母女二人英勇就义的悲壮场面。

当中共沂中县委找到她们母女的尸体时，已经血肉模糊，将其秘密运往沂南。原房东大娘王换于买了口棺材，将她们安葬在马牧池附近的东辛庄附近。

陈若克牺牲后，《解放日报》《大众日报》等先后刊登了悼念陈若克的文章，中共山东分局机关和全省妇女干部群众开展了向陈若克学习的活动。中共中央山东分局书记朱瑞怀着悲痛的心情，撰写了《悼陈若克同志》的文章："她死得太早，是革命的损失！妇女的损失！也是我的损失！因为我们是衷心相爱的夫妻和战友啊！但她的死又是党的光荣！妇女的光荣！也是我的光荣！因为她和我们前后的两个孩子，都是为革命而牺牲了……以牙还牙，以血还血，让我们心里永远联结着亲爱与仇恨，一直斗争到最后的胜利吧！"

五、抗日女英雄辛锐

辛锐，原名辛树荷，1918 年生于济南大明湖畔一个名门望族"辛公馆"。其祖父辛铸九是济南著名的开明人士，曾任益都师范校长、峄县县长、山东省议员，山东省立图书馆馆长兼山东红十字会会长。创办过经文绸缎店，是丰年、惠丰面粉公司的股东，担任过裕兴化工厂、仁丰纱厂董事长，1930 年出任济南商会会长，在商界有很高的声望。日军占领济南后，想让其出任伪省长。辛铸九以年老多病为由拒绝，避居洪楼天主教堂。日军宪兵特务把他抓起来关了 37 天，最终也没能让其屈服。

辛锐的父亲辛葭舟，毕业于北京朝阳大学法律系，历任山东建设厅及财政厅科员、视察员，山东官钱局潍县、滕县分局局长等职。抗日战争爆发后，毅然毁家纾难，带领四个子女参加了八路军。历任八路军山东纵队贸易局局长，山东省战时工作推行委员会委员兼山东省贸易局局长，山东省参议会参议员，山东省行政委员会委员，是根据地著名的民主人士。

辛锐自幼天资聪颖，多才多艺。她的祖父辛铸九既是书法家，又是文物鉴赏家，看她作画有道，便聘请了济南有名的画家黄固源做家庭教师，专门指导她作画，打下了较深的功底。早年就读于济南正谊中学，其木刻、绘画就小有名气。1934 年，第二十九军长城抗战打响后，年仅 16 岁的辛锐在山东省民众教育馆举办个人画展，并把画展义卖款全部捐献给抗日将士和东北流亡同胞。此次画展使辛锐名声大噪，社会上都知道辛公馆出了位才貌双全的女画家。

七七事变后，日军直驱黄河北岸，兵临济南。1937 年 8 月底，辛锐随时任滕县官钱局局长的父亲辛葭舟离开济南，几经辗转，暂住滕县一位姚姓朋友家里，后又移居滕县桑村镇。1938 年 3 月，日军攻占滕县，滕县沦为敌占区。辛葭舟几次试图与地方武装组织抗日，皆未果。

正在这时，共产党领导的八路军来了。原来这是中共山东省委书记郭洪涛领导的八路军第四支队一部，南下滕县支援苏鲁人民抗日义勇总队反顽。这支部队之前曾在滕县的八里沟村遭顽军申从周、孙鹤龄的伏击，突围后进驻长城村。此时，部队处境十分艰难。这期间，通过曾为辛葭舟次子辛树明的老师赵笃生介绍，辛葭舟认识了中共山东省委统战部部长郭子化。郭子化经常找辛葭舟商讨抗日救国大事，同时介绍了中国共产党的宗旨和抗日民族统一战线政策。

辛葭舟很受教育，认为与共产党合作共事将来必有希望。他给中共山东省委书记郭洪涛写了封信，表达了下定决心投奔共产党的愿望。郭洪涛看到信后，立刻回信，并派出一个八路军小分队，接应辛家。辛葭舟毅然率子女辛树明、辛锐、辛颖参加了八路军。为了表达抗日诚意，辛葭舟把一麻袋钱币捐给了八路军，对解决部队的给养问题起了很大的作用，大家都赞扬他是

辛葭舟全家照（左二为辛锐、左四为辛葭舟）

真正的“及时雨”。

辛锐姊妹三人正式入伍前，八路军首长找他们谈话。他们共同发誓：“驱逐日倭，卫我中华！奋勇杀敌，不怕流血！”辛葭舟为了不给部队添麻烦，使自己的儿女能跟上部队长途跋涉，用自己的积蓄买了一头骡子，驮着他们一家四口人的行李开始了艰苦的军旅生涯。

不久，部队到达沂蒙山区中共山东省委机关驻地沂水县岸堤镇。时值山东抗日军政干校第二期招生。辛锐、辛颖、辛树明报名进干校学习。辛锐在妇女队，辛颖进青年队，辛树明被分配到政治队。干校的学习完全军事化，生活十分紧张。每天除了听形势报告外，大部分时间是学习毛泽东著作和《联共（布）党史简明教程》，还要进行艰苦的军事训练。干校毕业后，辛树明被分配到八路军山东纵队给首长任秘书，辛锐分配到中共山东省妇女救国联合会任秘书。

辛锐经常深入沂蒙山区的村庄，开展妇女解放工作。她到岳家村号召放足时，光着脚踩在泥土里，没有半点千金小姐的架子。她把裤腿卷到膝盖，给妇女讲放足的好处：“你不是觉得小脚好吗，那请你露出来，咱们看看谁的美。咱们再跑几步，看看谁跑得快！”活泼漂亮的辛锐、辛颖姐妹，成为沂蒙山区著名的姊妹花，被老百姓亲切地称为“大辛、小辛”。

1938 年秋，部队在沂水县王庄区宿营时，辛锐在房东的石灰墙上，写下了“打倒日本鬼，不当亡国奴”的大字标语。房东老大爷说：“大辛同志写的字像朵花，这一来我这墙上更好看了。”每逢集会和行军休息，战士们欢迎辛锐唱歌，辛锐就大大方方地为大家演唱。辛锐的女中音，圆润流畅，乡亲们特别爱听。她还创作了一幅题为《我送哥哥去当兵》的宣传画，画的是一位农村姑娘，给报名参军的哥哥戴大红花，形象生动逼真，得到大家的称赞。

不久，中共山东省委机关报《大众日报》创刊。省妇联推荐辛锐参加该报的筹建工作。创刊号上的毛主席木刻像及报头的设计就出自她手。1939 年 1 月 1 日，《大众日报》创刊号印发后，受到中共中央和山东分局的好评。辛锐经常画些宣传画在《大众日报》上发表，有一幅《老王当兵》的画，干部战士们看后都拍手叫好。辛锐能写、会画的才能远近闻名，不久，她光荣地加入了中国共产党。

1939 年 1 月，辛锐奉命去党校学习。中共山东分局党校设在王庄南边的夏蔚村。山东分局书记朱瑞兼任校长，从苏联留学回来的老红军陈明任党校副校长，主持日常校务工作。

陈明是福建龙岩人，1926 年在上海大学学习并入党。北伐时期任国民革命军东路军政治部组织科长。1927 年 12 月，任福建省委宣传部长、代理中共福建省委书记。1928 年冬，受中共中央派遣，前往苏联莫斯科东方大学学习。1932 年毕业回国，被派往江西瑞金中央苏区，任红军总政宣传科长。1934 年 10 月，参加了二万五千里长征。抗战爆发后，任八路军一一五师政治部宣传部长，随同一一五师挺进山东，任中共山东分局党校副校长。

陈明是八路军有名的才子，经常在《大众日报》上发表理论文章，被中共山东分局书记朱瑞称赞为“权威的理论家”。陈明还亲自兼授政治理论课，这位博学多才的老红军，令辛锐非常敬佩。热爱学习的辛锐，也引起了陈明的注意。在党校学习期间，共同的理想和信念，让辛锐和陈明走在了一起。

1939 年 5 月，日军对沂蒙山根据地进行首次大“扫荡”。八路军主力部队转入外线作战。中共山东分局把青年委员会、妇女联合会、大众日报社、战地服务团等单位，合编成沂蒙大队，在沂水县山里打游击。

一天傍晚，辛锐所在的分队正于沂水县杏峪的山沟里隐蔽，山下忽然传来“三八式”步枪枪声，敌人正在这一带搜索。分队负责人命令大家迅速转移到北山坡。青委指导员于冠西正患伤寒病，浑身酸软无力，刚走几步就瘫软在地。辛锐跑过来见于冠西在发烧，赶忙蹲下身子说：“快，快，用手搂住我的脖子！”她抓住他的手，背起来就跑。于冠西很不好意思，连声说：“放下我，放下我。”辛锐顾不得说话，用手扳着他的两腿，一口气翻过两个山沟。只听到敌人的枪声远了，她才把于冠西放到一块巨石背后。此时的辛锐已经汗流满面，衣服也被汗水湿透。休息了一会儿，他们互相搀扶着，赶上了分队。

1940 年 11 月，中共山东分局决定组建“姊妹剧团”，由省妇联具体组织筹建。翌年 3 月 8 日，“姊妹剧团”正式成立，辛锐任团长，甄磊为政治指导员，有团员 21 人，大都是从抗大女生队应届毕业生中挑选出来的爱好

陈明、辛锐夫妇合影

文艺的学员。

3月8日这天，山东分局和省妇联决定在莒南县板泉区沙岭子村，隆重召开庆祝“三八”国际劳动妇女节暨姊妹剧团成立大会。中共山东分局书记朱瑞亲自莅会并致贺词，对大会的胜利召开及姊妹剧团的成立表示祝贺。辛锐代表姊妹剧团接受省妇联授予的锦旗并致谢辞。会后，辛锐主演了一个反映日本人民反战的短剧。

也就在3月8日这一天，辛锐与已任山东省战工委副主任兼秘书长的陈明正式结婚。洞房花烛夜，朱瑞、黎玉、陈若克、甄磊等同志前往祝贺。不久，辛锐有了身孕，想吃点酸的水果。陈明只好陪着她上山摘酸枣吃。他安慰营养不良的妻子说：“现在是战争年代，条件差，只好委屈你吃点酸枣了。”说着，他牵着妻子的手，爬上一个小山冈，兴致勃勃地说：“等到革命胜利，咱们回龙岩家乡，那里有橘子、枇杷，味道可好啦!”

姊妹剧团成立后，辛锐既当团长，又当导演，也当演员，还亲自动手编写剧本，指导排练节目。创作演出了《反对下关东》《赶集》《劝架》《缠脚是苦》等剧，还领导剧团演出了《雷雨》《李秀成之死》《血路》等大型话剧，深受部队和群众欢迎，鼓舞了抗日军民的士气。

辛锐怀孕后，怕影响工作、战斗，偷偷地吞下了18片奎宁，流了产。她的大公无私精神，使周围的同志深受感动。然而，她的身体却受到严重损伤，她仍然拖着虚弱的身体坚持工作。中共山东分局组织部便把她安排到陈明身边工作，任中共山东分局秘书。她边养病边帮助丈夫誊抄文件，代书各方面的通知和信函。

一次，陈明看着一张从日军缴获来的高比例军用地图出神。辛锐凑过去问：“在看什么?”“唉！日本人的地图就是详细，这东西对行军打仗来说太重要了。”陈明用铅笔敲着桌上的地图说，“可惜太少了。”

辛锐拿起地图看了看，就连夜带病仿制了起来。没过几天，几十份军用地图就完成了。山东纵队司令员张经武、政委黎玉亲自向辛锐致意并嘉奖。张经武司令风趣地说：“大辛同志，你给部队行军配上了向导，为战士打仗安上了眼睛。”

1941 年 6 月，辛颖奉命参加山东纵队巡视团去胶东视察工作。动身前，她向二姐辛锐告别。辛锐嘱咐她说：“我知道了，你们随许世友一起去。这次行军时间长，要穿越敌人的封锁线，你要注意安全。”没想到，这次谈话，成了她们姊妹俩的诀别。

1941 年 11 月，日军纠集 5 万人马，对沂蒙山区进行规模空前的大“扫荡”。八路军一一五师和山东纵队主力部队转入外线。山东分局直属机关编为几个大队，凭借沂蒙山的有利地形，坚持游击斗争。陈明率战工委和省委机关人员突破敌人防线，插入敌后。辛锐因怀孕在身，率姊妹剧团的一个分队 20 多位女同志随部队转移。

为了便于隐蔽和转移，辛锐奉命率 20 多位女同志组成的分队，进驻费县辛庄子一位叫王进秋的家里隐蔽。辛锐迅速将 7 位体弱的女同志，交托给地下交通员刘献厚，以便就地隐蔽。辛锐腰插驳壳枪，带领身体较好的同志，不断变换隐蔽地点，声东击西，日夜与敌周旋。有一次，陈明和辛锐在五道沟相遇，陈明正率领部队急行军。路上，他仅举起右手，跟辛锐打个招呼，来不及交谈两句，便匆匆而去。

11 月 30 日黎明，陈明率一一五师警卫连、省战工委机关干部，与日军一个旅团在沂水、费县交界处的大青山遭遇，双方展开激战。陈明率部突出重围，到达大谷台附近后，再次被日军包围。由于敌我力量悬殊，陈明下令向望海楼方向突围。突围时，陈明不幸受伤，被日军包围，危急时刻他连发 3 枪，打倒 3 名日军，把最后一发子弹射进自己胸膛，壮烈殉国。

同日，辛锐等人在猫头山与敌遭遇，战斗十分激烈。为掩护同志们撤退，辛锐小腹中弹，右膝盖骨被机枪打掉，左膝盖骨被打掉一半，经抢救包扎，于当日傍晚，被送至山东纵队第二卫生所驻地——火红峪村治疗。

省妇联领导王照华命姊妹剧团小演员徐兴沛来护理照顾辛锐。小徐一

陈明（中）与战友合影

见她伤这样重，眼泪夺眶而出，她紧紧抓住辛锐冰凉的手，哭着说："团长，您受伤了！"

辛锐慢慢睁开眼，轻轻地说："小徐，别难过，革命就免不了流血牺牲。"

为了安全，徐兴沛和老乡把辛锐隐蔽到附近一个叫鹁鸽棚的狭小的山洞里，并在山洞周围埋了地雷。几天以后，辛锐的伤痛逐渐减轻，能吃点东西了。但因大雪封山，缺吃少喝，小徐只身出去找粮食。由于敌人的封锁搜山和找粮的困难，第五天小徐才回到辛锐身边，这时她已饿晕休克。小徐连忙用水喂她，大约过了半个小时，她才苏醒过来。小徐赶忙将煮好的地瓜干送到她的嘴边，抱歉地说："团长，实在搞不到其他可吃的东西了。"

辛锐慢慢地嚼着地瓜干，安慰她说："这瓜干真甜，真好吃！不要难过，等把日本鬼子赶走了，我们就可以过上幸福生活了。"她一边嚼着地瓜干，一边哼起了《三八妇女歌》：

冰河在春天里解冻，
万物在春天里复生；
全世界被压迫的妇女，
在"三八"喊出了自由的吼声！
从此我们一起打破敌人的牢笼。

苦难使我们变得更坚定，

旧日的闺秀变成新时代的英雄……

辛锐在鹁鸽棚洞住了半个多月，伤势渐好，但双腿已残疾，不能走路。12 月 16 日这天，二所同志把她接到火红峪村聂凤举家治疗，帮她洗澡、换药。当听到姊妹剧团指导员、省委组织部部长李林同志的爱人甄磊牺牲的消息时，她悲痛万分，勉励大家要以甄磊为榜样，继承烈士遗志，抗战到底。

这期间，辛锐不止一次地问徐兴沛和身边的同志："陈明现在何处？怎么不来看我？"小徐和同志们强忍着眼泪，一直不忍心将陈明牺牲的真实情况告诉她，只好说陈明已安全突围，带队转移到了外线。辛锐一直不知道陈明已经牺牲的消息。

12 月 17 日清晨，刺骨的寒风卷着鹅毛大雪刮了大半天。突然，一股撤退的日军路经火红峪，并迅速包围了第二卫生所驻地。卫生所同志马上闪入聂凤举家中，抬起辛锐就往外跑，一出村便遇到了日军。日军的机枪打个不停。辛锐担心大家继续抬着她会遭受更大损失，焦急地喊道："放下我，你们快走！"抬担架的同志谁也不忍心这样做，仍然抬着她边打边冲。

由于山路崎岖，刚跑出 150 多米，敌人就追上来了。日军逼近了，又嚎叫起来，要辛锐他们投降。辛锐一跃从担架上滚下来，说："你们快走，冲出一个是一个！"她话音刚落，两名同志中弹倒地。

另外两名同志好不容易将辛锐架到山脚下的乱石缝中，敌人已经围上来，狂叫着："女八路！女八路！抓活的，抓活的！"

辛锐急了，厉声喝道："我掩护你们突围，要执行命令！"言毕，她向敌群扔出一颗手榴弹。"轰"的一声，手榴弹在鬼子中间开了花，前面的几个鬼子应声倒地。那两名同志忍痛放下她，趁硝烟向东南方向突了出去。

接着，又来了一个举着军刀的日本军官，命令士兵冲上去捉活的。就在他们往前冲的时候，辛锐又扔出了第二颗手榴弹。这下子，日本军官暴跳如雷，捂着受伤的腰疯狂地喊："枪毙！枪毙！"几个日本兵举枪对准了她，辛锐被一颗子弹射中倒在地下。

日军以为辛锐已经被打死，便一齐上前围了上来。突然，辛锐拉响了最

陈明与辛锐双烈合葬之墓

后一颗手榴弹，一声巨响，日军被炸得血肉横飞，年仅 23 岁的辛锐与日军同归于尽。

反“扫荡”结束之后，徐兴沛和姊妹剧团的几个女战士，相约去看辛锐的老父亲辛葭舟。辛葭舟的二儿子辛树明也在不久前反“扫荡”中牺牲。进门之前，她们相互约定，见了老人不要哭。

老人独自坐在房中一张木椅上在沉思着什么，见她们来，招呼进屋。进屋后，还没等她们说安慰话，老人先发话了：“大辛没有了，你们不要难过，为国牺牲是光荣的。”

听了老人的一番话，几个女演员从偷偷流泪到放声大哭，除了哭声之外没有一个人讲话，直到最后默默地离开老人。

六、孟蒙智救李澄之

1941 年 11 月，日军纠集 5 万重兵，对沂蒙山区根据地发动了“铁壁合围”大“扫荡”。11 月 30 日，中共山东分局机关党总支书记马楠负伤被俘，她是中共中央山东分局宣传部部长陈沂同志的爱人。山东省战时工作推行委员会副主任、山东国民党抗敌协会主任李澄之也被俘，和马楠等一同被押往济南。

李澄之，字若秋，1901年出生于临沂一个书香家庭。其父李光仪，是名前清秀才，曾被选为官费留学生，赴日本东京法政大学攻读，加入同盟会。“五四”运动爆发时，李澄之正在济南省立一中读书，带领同学们上街游行示威。中学毕业后，考入北京师范大学英语系，毕业后留校任教。1924年，加入国民党。同年夏，他利用国民党党员的身份，掩护了刚从法国回到北京的陈毅同志。

北伐战争开始后，李澄之离开北师大参加北伐，历任国民革命军第九师二十六团、二十五团党代表，黄埔军校武汉分校政治教官，汉阳兵工厂党务特派员，国民党山东省党部常委等职。大革命失败后，李澄之对蒋介石叛变革命、屠杀共产党人的做法十分不满，经常发表反蒋言论，被撤销国民党山东省党部常委职务，李澄之回到北师大任教。其间，他同路友于等人，联系国民党左派成立“大同盟”，参加了冯玉祥、阎锡山联合反蒋的会议。

九一八事变后，李澄之与中共北平地下党组织取得了联系。北平地下党组织指派他利用北平市长秦德纯是其表姐夫的关系，做国民党上层人士的工作。全面抗战爆发后，李澄之先后任第二十九军、第一集团军司令部秘书。1938年初，以国民党教育部督导员的身份回到山东。中共中央华北联络局派到六十九军的政治部部长张友渔，在山东组建鲁南抗敌工作团、鲁南民众总动员委员会，发动山东各界名流和实力派人士组成工作班子。李澄之被任命为鲁南民众总动员委员会宣传部部长，在鲁南开展敌后抗日救国活动。

1939年7月7日，山东国民党抗敌协会成立，李澄之任主任，杨希文任组织部长，刘民生任宣传部长，张伯秋任秘书长，范明枢等为监察委员。该会是在中共中央山东分局支持下，由一部分进步的国民党员、抗日爱国民主人士组成的抗日民族统一战线组织，带有半政党性质，并在全省建立了基层组织。下辖一万余人的国民抗敌自卫军，梁竹航为司令员，李澄之兼自卫军政委。

1939年7月26日，山东省国大代表复选大会，省民众总动员委员会成立大会，省工、农、青、妇、文化各界总会成立大会和省各界救国联合会在青驼寺召开“联合大会”，李澄之和于学忠、徐向前、朱瑞、黎玉、罗荣桓等 61 人被选为“国大代表”。8 月 1 日，大会选举产生了全省统一的政权机关——山东省战时工作推行委员会，李澄之被选为首席副主任，并被选为山东省临时参议会参议员、山东省民众总动员委员会主任。

1941 年 11 月 30 日，李澄之率省战工委、抗协的机关人员由沂南留田向蒙山转移，当队伍行进到大青山时，突然被 5000 多日军包围。在激烈的战斗中，同行的德国友人希伯、一一五师敌工部部长王立人以及李澄之的警卫员等人先后牺牲。

李澄之在突围时与部队失散，躲藏在山顶石隙中。太阳落山后，他出来寻路下山。山路崎岖弯转，看不到远处，当他刚刚转弯时，迎面来了两个日军，把他俘获。李澄之被俘时穿着土毛呢绿军装，引起了日军的重视，认为肯定是个大官。一个头发花白的日本军官审讯他时，他毫无畏惧地说：“我是老百姓，自动抗日的。”审讯没有结果，李澄之和马楠等人一起被押解到济南千佛山下日军关押战俘的“救国训练所”关押。

日军侵占山东后，为破坏山东人民的抗日斗争，先后在济南设立了鲁仁公馆、泺源公馆、麟祥公馆、樱花公馆、梅花公馆、梨花公馆、林祥公馆、鲁安公馆等秘密特务机构，各有分工侧重。其中“鲁仁公馆”，主要负责对共产党情报的搜集及分化瓦解工作；麟祥公馆，主要对国民党部队进行策反和诱降活动。而“泺源公馆”则是日军甲第 1415 宪兵部队直属的特务机关，其任务是协助日本宪兵进行谍报侦缉活动，负责人是日本宪兵队济南本部特高课课长武山英一。因机关设在西门大街 72 号泺源门附近，故名“泺源公馆”为其隐蔽代号。

12 月的一天，《大众日报》的被俘人员陈某和日军济南宪兵队队长武山英一、叛徒特务郭同震到“救国训练所”去。陈某在被俘人员中发现了李澄之和马楠，就向郭同震告密了。

武山英一如获至宝，把李澄之带回宪兵队关押，由他亲自对李澄之进行审讯，用尽各种办法劝说他，想让他归顺，担任伪山东省省长，被李澄之严词拒绝。李澄之说：“我的抗日思想从‘五四’运动以来就铁汁子灌入了！让我当汉奸，没门！杀了算啦！不必浪费时间！”特务王铁民问他：“李先生，我回临沂，你跟家里有什么事办吗？”他斩钉截铁地说：“你回去告诉家乡人，赶快把日本人统统赶出去！”

武山英一仍不死心，多次找他谈话，灌输大东亚共荣圈思想，企图拉拢利用他，李澄之不为其所动。伪保安副司令曹若山亲自宴请李澄之，请他“出山”，亦被李澄之拒绝。李澄之反而做起了他的工作，向他讲抗战必胜、日军必败的道理，希望他留条后路，暗中做一些对人民有益的事情，将来好立功赎罪。

为了营救李澄之，山东分局曾打算以10个日军战俘与敌人交换未成。中共山东分局通过地下工作人员，带给李澄之八字指示“不死不屈，相机逃出”。李澄之按照分局的指示行事，不论武山用何种手段，他一概三缄其口，一语不发；强迫他写材料，他也不写。武山费尽心机，阴谋始终难以得逞，最后把他软禁起来，安排到翻译何继会和郭同震住的颐恕里住所，由双料特务郭同震负责监管，企图通过怀柔政策继续感化他。

郭同震就是后来国民党的谍海枭雄谷正文，曾任军统“华北工作区特种工作组上校组长”。在北京大学读书时秘密加入共产党，任中共北平学生运动委员会书记。“一二·九”运动时，担任北平沙滩地区中华民族解放先锋队大队长。七七事变后，他随北平流亡学生来到济南，和陈荒煤、荣高棠、张瑞芳等人组成“移动剧团”，是剧团的主力演员。

1939年4月，移动剧团编入八路军一一五师战士剧社，郭同震担任了战士剧社队长。1940年7月，战士剧社在平邑县进行整编，与战斗剧社、黎明剧社合编为政治大队，郭同震任政治大队大队长。1940年9月，剧社到山东纵队慰问演出。一天晚上，郭同震和从延安来的教员王力吵了几句，就气哼哼地骑马走了，从此不知去向。郭同震离开一一五师政治大队后，投奔了日军甲字第1415部队“城里宪兵队”（对外称“泺源公馆”）队长、号称“济南之虎”的武山英一，成了其手下的一名双料间谍。

中共山东分局机关党总支书记马楠在大青山突围时，左手腕不幸被敌人的子弹击中，因流血过多，实在跑不动了，就找地方躲藏起来。敌人顺着血迹找到了她，把她押到附近的据点里。她宁死不屈，借去厨房找水喝之机，摸起菜刀砍向自己的脖子，被看押的日军夺下了菜刀。她和李澄之等人一同被押往济南，日军宪兵队队长武山英一亲自审讯了她。

马楠只承认叫杜素珍，河南安阳人，逃荒到山东，在被服厂当工人。她要求敌人“不要再问了，该杀就杀，该放就放”，表现得很坚决。在审讯的屋子窗台上放着一个手榴弹，马楠就坐在窗户旁边。当敌人没有注意的时候，她突然抓起手榴弹，想和敌人同归于尽。郭同震手疾眼快，立即夺了下来，扔到院子里去，手榴弹没有爆炸。敌人发怒了，马上用手铐把她铐上了。

当时马楠手腕上的枪伤还没好，发高烧，非常痛苦。武山把马楠押到医院，给她治伤，马楠要求到有眷属的人家去养伤。武山试图用怀柔政策感化她，就答应了她的要求。1942 年春，日军宪兵队把马楠安置于芙蓉街 13 号蒋光野和丁洁夫妇家中养伤。

丁洁是济南教会学校真光中学国文教员，她有一个学生孟蒙就住在隔壁，经常过来向老师请教，从而认识了马楠。马楠见他是个爱国的进步青年，就经常给她讲一些抗日故事和革命道理，慢慢地两人熟了起来。

孟蒙经常以找国文老师借书请教为名，出入他们的院舍。又利用房主人上班，家中只有佣人的机会，与马楠单独相叙。马楠的爱国气节感染了他，使他产生了投身革命的意愿和到根据地上抗大的念头。在对房主人的拜会中，孟蒙也认识了散步至此的李澄之和陪同监视他的特务郭同震。从中了解到，李澄之被安排在郭同震的私宅中。

这年夏天，马楠也被移转到郭同震的寓所，与李澄之一起关押。由于两人没有居民证，不能越过任何关卡。为保持联系，孟蒙决定进入魔窟探险，利用找其兄长的名义，到郭同震的寓所。孟蒙是个文学青年，文艺方面的知识比较丰富。郭同震曾从事戏剧工作，比较自负，孟蒙为接近他曾带领一个演戏有名的女同学登门求教，使自己有了去郭宅的理由。一来二去，他与李澄之、马楠两人常借看报纸或听留声机唱片的机会，悄悄低语，就如何逃跑交换意见。孟蒙让李澄之、马楠利用郭同震等人摄影时，也争取为自己拍些照片，以备将来提供给他作假的居民证用。

一天，看守的特务们临时外出，仅有一个仆人留守院舍，李澄之告诉孟蒙他的弟弟李涛奉命前来营救他，但已被敌人识破，让他赶紧与其接头。李澄之从报纸边撕下一个小纸条，用铅笔写了“孟君回家，请助”。

李澄之被俘后，“抗协”领导人梁竹航、杨希文等找到李澄之的弟弟李涛，派他到济南相机营救李澄之。李涛曾任北京大学学生会执委和北平市学联交际部副部长。抗战爆发后，南下武汉，担任“中国青年救国团”总团部宣传部长。武汉失守后，组织一部分进步青年成立“华北剧团”，李涛任团长兼支部副书记。1939 年初，担任了三青团陕西省支团部艺术大队大队长。1941 年冬，回到临沂参加抗协。

李涛夫妇来到济南，以西药行商身份，在东关般若庵 27 号租房住下，通过地下渠道和其表姐彭葆仁了解李澄之在济的情况。彭葆仁和伪济南市长朱桂山的女儿朱棣华是闺密，曾带李涛去朱棣华家做工作。孟蒙拿着李澄之写的纸条冒雨前往东关般若庵找到李涛，和他说了李澄之的情况。

1942 年 5 月，李涛回根据地向中共山东分局书记朱瑞、山东纵队政委黎玉等汇报了有关情况，又去和中共山东分局宣传部部长陈沂汇报了马楠的情况。陈沂让他设法营救马楠，把马楠的联络地点交给李涛。朱瑞让城工部副部长王见新安排王松岩护送李涛回济南，并给法币 40 万做活动经费。

李涛到济南后，派妻子张茜琳去和马楠联系，被郭同震发现并受到监视。李涛到“行政人员训练所”，找到伪保安副司令曹若山，请曹“念兄故交照顾一下”。李涛又通过关系去找伪社会局局长王伯平。王伯平在济南泰丰楼酒店设宴，安排李涛与鲁仁公馆主官木村义明会见。木村是日军华北方面军总参谋部第二课派驻山东仁部队第十二集团军军部的“对共调查工作班”（对外称“鲁仁公馆”）头目，专门负责对共产党情报的搜集及分化瓦解工作。

中共山东分局宣传部部长陈沂与夫人马楠在莒南

当时，日本驻军参谋部准备成立一个组织，目的打着和平、亲善、民主和自由的旗号，拉拢、麻醉青年知识分子，借此推行所谓的“革新运动”。日军参谋部指示宪兵队，要求由李涛出面成立这个组织。李涛认为日本人的组织可以利用，就应允了，并要孟蒙和他一起利用“合法”组织，进行地下斗争。孟蒙回来请示李澄之，他表示这个机会可以利用。

1942年8月1日，中国青年协会在济南南关朝阳街21号成立，因在朝阳街，也称“朝阳公馆”，李涛任总干事，下设《中国青年》月刊和“中国青年剧社”，孟蒙带了王振国等几位同学加入进去。李涛向木村提出，要求把李澄之从宪兵队要出来，搬到“青协”来住。李澄之住到朝阳公馆后面的宿舍后，马楠以跟李澄之学习英文为名来找他。这使他们经常得以接近，商量利用“青协”斗争事宜。“青协”成立一个月后，李澄之、李涛、马楠研究决定派孟蒙去根据地向分局汇报在济南的情况。

当时，孟蒙化名孟波，担任泰莱“实验区”“青协”支部负责人，以“在泰莱地区执行特殊任务”为由，由“鲁仁公馆”签发“联络员执行特殊任务”护照，盖有“仁字四二二一部队参谋部”钢印，可自由出入敌占区，便于到抗日根据地汇报情况。他利用这种特殊护照，先后营救了被俘的抗大军医唐璜和老红军干部钟瑞等4位同志。

9月下旬，孟蒙带着马楠给泰山区负责人刘莱夫、封振武和朱瑞的三张字条找到了中共泰山区地委，先后到山纵四旅十二团团部、四旅旅部，受到四旅政委汪洋和泰山区专员赵笃生等同志的热情接待。后随部队经鲁中区，半个月后到滨海区曲流河村，找到山东分局，见到了中共山东分局宣传部部长陈沂和城工部副部长王见新同志，向他们做了汇报。他们赞扬了孟蒙的行动，充分肯定了他们对“青协”的反利用。并指示孟蒙返回济南，继续潜伏参加“青协”的活动，创造条件，完成三项任务：营救李澄之和马楠；团结、争取济南知识青年参加革命；搜集敌人情报。

城工部让孟蒙带回一些公开发行的革命书刊和有关资料，其中有毛泽东《论持久战》，谎称这是他此行搞到的“情报资料”，以获取敌人的信任。回来后，孟蒙秘密向李澄之作了汇报，将带回的部分资料交给敌人，因而取得了他们的信任。

当时，泰莱区有自办良民证的权力。为了给李澄之、马楠秘密搞到证件，孟蒙准备好他们的照片，到办证的机要室谎称油印刊物，为了获得机要员的好感，他在交谈中给他们讲武侠小说，趁机偷了两个证件卡片，贴上照片。但钢印是在里间屋，门经常锁着。一天，孟蒙看没锁门，就故意油印刊物至中午，让他们先下班，而留他们一人相陪。孟蒙给了他点钱，让他去买烟抽，并让同伴王振国放哨，他急忙进内屋在证卡上加盖钢印。

弄好了证件，孟蒙又对济南四面关卡和公路、铁路车站进行秘密侦察，和最信任的同伴王振国研究营救路线，最后确定从济南城南关卡出逃，又反复研究考虑了营救的全盘计划。

1943 年 7 月，中共山东分局电谕泰山地委书记林乎加，要求派兵协助孟蒙营救李澄之和马楠。林乎加找到孟蒙商量营救方案，决定派历城县大队和军分区武工队随孟蒙行动。孟蒙提出建议：县大队在离济南较远的南部山区埋伏，而武工队便衣在济南南郊的玉函山接应。

孟蒙和部队昼宿夜行，数日后至济南南部山区。次日早晨，孟蒙进城，联络上了李澄之和马楠。李澄之出于种种考虑，决定他留下掩护，让马楠先走。

下午 4 时，孟蒙和马楠分散来到经五纬二路口大观园附近的一茶馆会合，继续南行。到四里山哨卡前，孟蒙向日伪军警出示通行证后安全出城，经过八里洼、十六里河、大涧沟等大小据点，来到距城十多里地的分水岭。山包上有两个便衣在等候。见到山包上人影，马楠即举左手，对方举右手。对上暗号后，武工队员看到马楠左胸前的别针标记后确信无疑，就率领她们穿山越岭到达仲宫，然后由县大队护送到根据地。

1942 年，孟蒙（左）与王振国合影

8 月 1 日，马楠

从泰安地委回到山东分局后，向分局领导汇报了敌区的情况。9月，泰山地委副书记张洪涛约孟蒙传达分局指示：让他营救李澄之，一起回根据地。在出走的前夕，按照约定，在四里山畔一个小饭摊上，孟蒙和武工队的一个向导相会，商议了接头计划。第二天下午，在纬二路南端，孟蒙和轻衣漫步的李澄之相会，顺利通过了四里山哨卡。由县武工队护送到泰山地委驻地，然后去了鲁中根据地。

李澄之和孟蒙受到鲁中军区司令员王建安、区党委书记罗舜初、组织部长高克亭、行署主任王子文等同志的热情接待。孟蒙年仅16岁，就做出了这样惊人的英雄事迹，一时被称为“少年英雄”。李澄之脱险后，中共山东分局对他还是十分信任，相继担任了省战工委副主任、山东省政府副主席。

孟蒙到沂蒙山根据地后，进入抗大分校学习，并加入省文协。根据中共济南工委的事迹，创作了中篇小说《硬汉》，在《山东文化》月刊上连载，成为解放区文学的代表作之一。

七、苦菜花原型于得水

于得水，就是《苦菜花》中于得海团长的原型，是胶东大地上家喻户晓的传奇英雄。

于得水原名于作海，1906年生于山东文登洛格庄一个贫苦农民家中。从十几岁开始拜师学武，练就了一身好武艺，刀枪棍棒样样精通。1931年5月参加农民协会，1933年春加入中国共产党，在家乡一带开展革命活动。

同年2月12日晚，邹恒禄、于绍先、吕以明等人在于得水家开党员会议，不料被村人密报告发。葛家联庄会会长丛镜月带领百余人包围了于家的茅屋。幸好，这天于得水的妻子起得早，忽听门外响起杂乱的脚步声，急忙将熟睡的于得水推醒。这时，几个敌人已端枪冲进了院子，用力踢门叫骂。妻子急中生智，故意慢条斯理地和敌人拖延时间：“老总等等，让俺穿上衣服。”

于得水一个鲤鱼翻身，顺手摸起挂在墙壁上的一把大刀，猛地向炕上一拍，大吼一声：“哪个想死就过来！”并大声吆喊妻子：“快拿枪来！”

于得水（1906—1967），山东文登人。1933年入党。历任中国工农红军胶东游击队第三大队大队长，山东人民抗日救国军第三军第一大队大队长，八路军山东纵队第五支队十五团团长，胶东军区第一军区副司令员兼文西行署主任，东海军分区副司令员兼烟台警备区司令员，胶东军区第一军分区司令员，浙江军区第六军分区司令员、浙江军区后勤部副部长，安徽军区副司令员，安徽省民政厅副厅长。1955年被授予大校军衔

敌人早就闻知于得水武艺高强，又听说有枪，更加害怕，已经冲进屋里的敌兵急忙退回到院子里。于得水乘机一个箭步从炕上跳到桌上，再跃到箱橱上，用肩膀将屋顶一扛，房顶被顶破一个大窟窿，飞身蹿上屋顶，从屋后跳了出去。

从此，于得水离开了家，化名林得胜，隐蔽在昆嵛山区活动。先后几次孤身御敌，凭着过人的胆略和高超的武艺，化险为夷。1934年11月，于得水暂离胶东，到大连躲避追捕。先在大连码头做装卸工人，后到锦州小孤山教武术。1935年6月，于得水接到中共胶东特委的指示，立即返回胶东。

1935年11月29日（农历十一月四日），中共胶东特委发动了震惊胶东的农民武装暴动，成立了“中国工农红军胶东游击队”。于得水参加了暴动前的准备工作，被任命为第三大队（特务大队）大队长。11月28日晚，他和政委刘振民带领特务大队奔袭石岛。不料，敌人有所觉察，警戒很严。于得水随机应变，分兵两路，连夜西上，奇袭了人和集、鹊岛、黄山、宋村等镇公所、盐务局，缴获长短枪80余支，子弹2000多发。

12月5日，胶东特委书记张连珠等率领的一、二大队被展书堂的八十一师包围在底湾头村。于得水闻讯，立即率队增援。半路与国民党文登县大队遭遇，经激烈战斗，伤亡较大，被迫撤出战斗，跨过母猪河，进入昆嵛山。

“一一·四”暴动被残酷地镇压下去，中共胶东特委领导人张连珠、程伦、曹云章等被捕牺牲。在严重的白色恐怖之下，于得水率领余部30余人

坚持斗争。他们以昆嵛山为根据地，采取分散与集中、秘密与公开相结合的方式，继续坚持斗争。于得水和队员们顶风冒雨，爬冰卧雪，几乎住遍了昆嵛山的大小石洞，吃遍了草根树皮。敌人“剿山”，他们就下平原，进海汊，并于夜间袭扰敌人。当敌军回窜平原时，他们又转移上山，与敌人巧妙周旋，始终坚持战斗在昆嵛山上，是抗战前北方仅存的两支红军武装之一。

1937 年 12 月，理琪在济南获释出狱，受山东省委派遣回胶东任特委书记，发动抗日武装起义，成立“山东人民抗日救国军第三军”，以昆嵛山游击队为基础，先编成第一大队，于得水任大队长，宋澄任政委。于得水感慨地说：“今天，我们的旗帜已经公开打起来了，回想苦难的年月，我林得胜如果离开群众，就像鱼离开水一样，连一天也不能活。我要改名叫于得水！”

1937 年 12 月 24 日清晨，于得水率领六七十名队员，带着 30 多支长短枪，从昆嵛山区经过一夜急行军，到达文、荣、威交界的天福山，参加了威震胶东的天福山起义，成为“山东人民抗日救国军第三军”的基干部队。

1938 年 1 月 15 日，特委负责人理琪、吕志恒、林一山在威海发动武装起义，部队整编为第二大队，于得水调任第二大队大队长。他奉命率队西上，到牟、海一带宣传抗日，发展武装，部队很快发展到 200 多人。后转向昆嵛山南麓崔家口，与胶东军政委员会机关和一大队会合。胶东军政委员会在崔家口召开了干部会议，理琪分析了胶东的形势，确定由一大队去攻打牟平城，二大队留守崔家口，保卫特委机关。理琪在雷神庙战斗中牺牲后，部队稍经整顿，继续西上抗日。于得水带领二大队随军政委员会机关进驻马台山一带。老百姓热烈欢迎自己的抗日武装，踊跃参军，积极募捐，有枪的献枪，有粮的出粮，二大队很快发展到 300 多人。部队继续西上，从崖子进驻观水一带，迎击了大刀会和红枪会的进犯，于得水单枪赴会，通过谈判争取了大刀会和红枪会中受蒙蔽的群众。

1938 年 3 月 19 日，于得水和林乎加奉命带领二大队进袭福山县城。通过内线配合，里应外合，一举攻克福山县城。国民党县长陈煜反正，所属部队 300 余人接受了改编，并成立了福山抗日民主政府，原县保安队改编为第三军第一路福山抗日游击队。

7 月中旬，于得水按照胶东军政委员会的指示，和兄弟部队一起去粉碎

于得水（前排左三）与战友在一起

蓬莱三军二路指挥周雍鹤的叛变阴谋。于得水和林乎加政委首先率部消灭了方里的敌人，又配合兄弟部队消灭了大辛店的敌军，活捉反动头子李耀美。接着，在高锦纯司令员的统一指挥下，去攻击蓬莱城东门。于得水指挥部队以强烈的火力网掩护突击组架起梯子，爬上城墙，和敌人拼杀。突击组立即打开城门，部队冲进城内，缴了叛军的械，并整编了二路部队。

蓬莱战斗后，于得水又奉命率部西上，到黄县北马、龙口、黄山馆一带肃清残敌。经过积极行动，肃清残敌 100 多名，缴获长短枪 50 余支，进一步巩固了蓬、黄、掖抗日根据地。

9 月 18 日，山东人民抗日救国军第三军改编为八路军山东人民抗日游击队第五支队，于得水被任命为六十三团团长。部队开到黄（县）招（远）边界，主要任务是保护玲珑金矿和胶东兵工厂，保障五支队的军需物资和经费来源，保卫胶东中心根据地，先后生产 13 万两黄金送延安，为中央抗战经费保障作出了贡献。

国民党山东第九区行政专员兼保安司令蔡晋康，为争夺玲珑金矿，先后两次组织顽军向玲珑金矿进攻。于得水率六十三团迎头痛击，予敌以重创，毙伤顽军百余名，俘虏顽敌 50 多名，缴获长短枪 120 多支，粉碎了蔡晋康、秦玉堂部进袭八路军的计划，保卫了玲珑金矿的安全生产。

10月16日，伪军赵保原、张步云部由平度北犯，侵占掖县根据地，与五支队激战于平北之大青杨。于得水率六十三团参战，指挥部队猛打猛拼，重创敌人，在国民党友军的配合下，取得了大青杨战斗的胜利。

1939年秋，八路军胶东部队为了沟通与八路军山东纵队的联系，成立了交通营，于得水任营长。多次率部往返于胶东、鲁南之间，秘密护送黄金到山东军区，然后转送延安。他曾亲自护送过黎玉、吴克华等领导同志，腰缠黄金秘密穿越敌占区封锁线，还参加过鲁南孙祖、清河高扬等战斗，胜利地完成了上级交给的任务。

1940年6月，于得水调任第五支队主力第十四团团长。1941年8月，任胶东军区东海军分区副司令员兼东海专署专员，领导了同敌伪顽强的殊死斗争，横扫东海10余个敌伪土司令，解放了昆嵛山区，巩固了东海根据地。

1945年8月，于得水晋升为东海军分区司令员兼烟台警备区司令员。在他的指挥下，以东海军分区部队为主的东线反攻部队向拒不投降的日伪军发起攻击，从8月16日开始，三天之内，先后收复威海、牟平和福山县城。

烟台警备区司令员于得水

为了粉碎美蒋军队企图在烟台登陆的阴谋，中央军委指示胶东部队迅速占领烟台市。胶东军区决定解放烟台的主力部队由东海军分区负责，指挥部由东海军分区司令员刘涌、副司令员于得水，东海地委书记梁辑卿，东海军分区政治委员仲曦东，烟台工委书记滕景禄组成。

于得水亲临前线，指挥部队解放了烟台。美军第七舰队黄海舰队公然要挟八路军撤离烟台，并要强行登陆。为此，第十八集团军参谋长叶剑英向驻华美军总部提出严正抗议。于得水率领部队严阵以待，同时，派于谷莺、仲曦东等为代表，与美方巴比中将、赛特尔少将进行谈判，严词拒绝了美方的无理要求。经过坚决斗争，美军终于放弃登陆企图，为山东部队渡海抢占东北作出了贡献。

八、桥隆飙原型乔明志

乔明志是胶东著名的传奇抗日英雄，是《苦菜花》中“柳八爷”的人物原型和桥隆飙的主要原型。

乔明志，原名乔德山，1906年生于潍县北部朱里村一个贫寒的农民家庭，自幼性情倔强，不畏强暴，喜好耍拳弄棒。1923年在眉村商会当保镖，1925年加入昌邑“马队”当马弁，身怀举枪掐电线的绝技，百发百中。为打抱不平，曾打死本村一个仗势欺人的地主，遭到缉捕，从此落草为寇。他和惯匪张魁元拉“杆子”在昌邑北部组织起一支土匪武装，因排行老八，故江湖人称“乔八爷”，在昌潍一带颇有名气。

1936年，乔明志离开这支土匪武装自己单挑，慢慢拉起了一支五六十人的队伍，在一次抢劫济南民生银行时遭到重创，被迫解散。乔明志再次遭到韩复榘的通缉，他悄悄地投靠平度的一位朋友，在大泽山下潜居下来，在村边租了一间小屋，做起了理发匠。

抗日战争爆发后，乔明志又重出江湖，召集旧部，发誓要带领弟兄们抗日打鬼子，并改名为乔明志，表示明志抗日。通过与当地土匪头子张永指单挑比枪法，收编了这支土匪武装。乔明志带着人马到掖县投奔五支队，要求加入八路军。

五支队司令员高锦纯看着这支土匪改编的队伍，穿戴不一，武器各异，纪律松懈，觉得不能马上接收到正规部队。于是，高司令叫人带他们到掖县的南邻平度去，说平度的乔天华刚拉起一支名叫“平度抗日救国会”的游击队。游击队长乔天华是个抗日英雄，你就到他那里，一切要听他的指挥。

乔天华原名乔永祥，1902年出生于平度市乔家村一个农民家庭。1923

年毕业于平度知务中学，到烟台培真中学任教，1931 年入党，历任中共烟台特支代理书记，中共青岛市委青年委员兼左翼党代表。1934 年，任中共潍县中心县委书记。同年 10 月，被捕羁押在国民党山东省监狱。抗战爆发后，乔天华被释放出狱，回到家乡组织抗日武装。1938 年除夕夜，平掖抗日救国会在乔家东河滩里宣布正式起义。乔天华被推选为会长，北大中文系毕业的中学教师罗竹风为副会长，队伍很快发展到 200 余人。

乔明志率部来到天柱山下的黄各庄，看到村头上有一队穿戴得跟他的队伍差不多的人，正在拿着木头棍子练习拼刺刀，一个腰插驳壳枪的浓眉大眼的汉子站在队伍前面，正是游击队长乔天华。

乔天华审视着乔明志："久闻'乔八爷'大名，听说你枪法不错！能不能给队员们演示一下。"

乔天华指着 30 米开外的一棵柿子树说，就打它吧。乔明志摇摇头："目标那么大，算什么本事？不知乔队长想不想吃柿子？我给你打下几个来。"

只见乔明志从腰里拔出短枪，挥手一甩，"啪啪啪"三声枪响，三个红彤彤的柿子应声落地，众人齐声喝彩。乔天华当即任命乔明志为平度抗日救国会特务连连长。

1938 年农历正月初二傍晚，五六辆日本军车，拉着上百名日本兵占领平度城，并在平度通往掖县的平掖公路上，修了唐田、店子和高望山三个据点，派伪军张步云部分兵把守。

一天，乔天华从平度城里的内线得到情报，说张步云部的一个团参谋长要骑马到店子据点巡查，随身带着七个人。乔明志一听，主动对乔天华请战说："乔队，我去给你把这个参谋长捉来吧！"

乔天华问："需要带多少人去？"

乔明志说："他带七个，我也带七个，一对一，足够了。"

乔天华说："好，你们摸进店子街，我带人在外边接应你们。"

那天是店子大集，乔明志率领七个游击队员随着熙熙攘攘的人群混进了店子镇。上午 10 点多钟，伪军参谋长一行八人，骑着马耀武扬威地进了店子街，因为街上人多，马队速度慢了下来，乔明志率领游击队员各自悄悄接近一匹马。

看到大家准备好了，乔明志一挥手，飞身跃上了走在前边的参谋长那匹马上，一手从后边搂住参谋长的脖子，一只手举着匣子枪，趴在参谋长耳边命令道："不许动！一动就打死你！我是乔八爷，命令你立即往回走。"

参谋长一听乔八爷的大名，吓得连气也不敢出，乖乖地做了俘虏。几乎与此同时，后边的七个队员也都敏捷地跨上了另外的那七匹马，都从后边举起枪来，押着俘虏出了店子镇。店子据点里的伪军赶忙出镇追击，乔天华率游击队援兵早已在路两边埋伏好，等伪军靠近后突然开火，毙敌副营长以上军官 15 人，伪军狼狈逃回据点。

乔天华带领的队伍旗开得胜，影响越来越大，抗救会很快发展到 500 多人，活动的地盘由平度的北部、西部逐步扩大到东部。抗救会组织的不断壮大，使盘踞在平度的国民党平度县县长兼第五战区游击总指挥部直属第十六支队中将司令张金铭又怕又嫉妒，于是，就造出谣言说，抗救会强迫老百姓捐粮捐款不合法，煽动群众不要支持抗救会。

乔天华听后，十分气愤，要去和他当面评理。有的说："张金铭这家伙，翻脸不认人，你去了把你扣起来咋办？"乔天华想，革命不能怕风险，抗日需要建立民族统一战线，最后还是决定去见张金铭。

平度民兵制造石雷

张金铭是山东定陶人，毕业于北京朝阳大学法律系，历任北伐军少尉排长、上尉营附、少校参谋。北伐胜利后，先后任山东省教育厅督学、淄川县立中学校长、平度县立中学校长。抗战爆发后，原平度县长姬春堂南逃。张金铭率平度县立中学师生竖起抗日的大旗，被任命为第五战区游击总指挥部直属第十六支队中将司令兼平度县长，后来改编为山东省保安第十八旅，共辖 14 个纵队、8 个直属支队。数月之间，队伍扩展到 1 万余人。

日军占领平度后，张金铭率县政府机关撤到平度东北山区的古岘镇。乔天华为了表示谈判诚意，单刀赴会，只带乔明志一个人进了镇。乔明志斜挎双盒子枪，背后背着一把鬼头大刀，腰里还捆着一圈手榴弹，虎彪彪地紧跟在乔天华的身后，只听大街两侧有人悄悄说："那就是抗救会的乔主任，后面跟着的是乔八爷。"街上行人顿时紧张起来。乔天华早已打听明白了张金铭的住址，穿过十字路口，在南北大街路西一个黑漆大门前停了下来。原来张金铭正在里面召集他的部下开会，门口加了岗哨。

"我们找你们张司令有要事商量！"乔天华对门岗说道。

门岗回答："司令有话，今天开会概不接见！"

这时，乔明志双手掏出两把盒子枪，把两个门岗指了起来，大声呵斥道："我就是乔八爷，你们司令特地请我们来的，耽误了事你能负责吗？"说完，毫不犹豫地冲了进去。

这时，张金铭正在训话，见乔天华他们突然出现在面前，尤其是看到传说中的乔八爷突然降临身边，虎视眈眈地瞧着他，显得有些紧张。连忙让道："二位请坐！"乔天华开门见山地说明了前来拜会的来意，希望国共双方的地方武装能够建立抗日民族统一战线，提出双方共同攻打平度县城日军的建议。经过谈判，张金铭同意派其第三纵队共同攻打平度城，并同意乔天华在平度可以自由行动，还送给乔天华 10 支步枪、500 发子弹。从此，"乔八爷单枪赴会"的故事便传扬开来。还有人写了一首诗：

八爷虎胆闯古岘，单枪赴会鸿门宴。
不费一粒"花生米"，技压群匪美名传！

1938年2月27日夜，乔天华率领这支刚成立不久的游击队，在国民党第五战区第十六支队的配合下，攻打驻平度城的日军。乔明志提前率6个游击队员混进城里做内应，打开地下水道井盖。共产党和国民党的两支队伍分别从东西门附近的下水道里钻进城里。第十六支队第三纵队支队长许殿臣率领先头部队抢占了东城门楼，但遭到日军大队人马的围攻。在乔天华率部支援下，安全撤出城外。这次国共联合作战，虽未攻克平度城，但打死打伤日伪军20余名，缴获机枪2挺，长枪8支，给日军以极大的威慑。日军不久撤离平度，退向高密、胶县等地。

1938年3月8日夜，乔天华率平掖抗日救国会游击队与郑耀南率领的掖县“民动会”抗日武装举行掖县玉皇顶起义，一举推翻伪县政府，成立胶东抗日游击第三支队，郑耀南任支队长，张加洛任政治处主任，乔天华任锄奸委员兼八大队政委，乔明志任第三支队侦察大队长，队伍发展到3000余人。

八大队成立后，为扩大抗日队伍，乔天华、刘文卿等人又在掖县杨家坡子成立了200余人的第二支队，在海南寺组建了80余人的小七支队，返回平度开展抗日活动。

1938年10月，伪军头目张步云在驻平度城日寇的指挥下，纠集千余名伪军，向抗日游击队驻地进犯，妄图一举消灭平度抗日武装力量。为给来犯之敌以迎头痛击，乔天华率抗日救国会，在乔家、窝洛子一带展开激烈战斗，敌伤亡300余人，仓皇逃回平度城。

同年6月，日伪军200余人乘7辆汽车到“三泊”一带扫荡，在白里村与国民党的一个营展开激战。为了争取这支力量抗日，乔天华带领莱平大队200余人，同日伪军鏖战数小时，毙伤日伪军数十名，击毁敌汽车两辆，余敌狼狈逃窜。

1939年春，由于在反“扫荡”中损失较大，八路军第五支队严重减员，亟待补充。司令部决定将小七支队和平度抗日救国会游击队合编，升级为第五支队特务营，乔明志被任命为八路军山东纵队第五支队特务营营长。担负起保卫胶东根据地设在栖霞、招远、莱阳、掖县、平度等地众多被服厂的任务。在与伪军秦玉堂部队作战过程中，乔明志率部20天内横扫9个据点，缴获重机枪 1 挺、轻机枪 6 挺、步枪 350 余支。

1941 年，乔明志改任胶东军区特务团三营营长，特务团团长就是大名鼎鼎的胶东抗日英雄于得水，特务团的主要任务是防守招远玲珑金矿和兵工厂，其中第三营主要负责从招远向山东分局驻地沂蒙山区押送黄金。由于乔明志在江湖上久负盛名，伪军们听到他的大名都胆战心惊，再加上提前做了伪军头目和他们家属的工作。特务营经过沿途封锁线岗楼时，只要喊："乔八爷借路，行个方便，互不干扰。"敌无动静，就可安全通过。乔明志率特务营数十次穿越胶济铁路封锁线护送黄金，没有出现一次意外，圆满完成了护送任务。在一次赴延安运送黄金时，受到中央首长的嘉奖。

1942 年 7 月，许世友被任命为胶东军区司令员。在一次反"扫荡"中，由于特务营的掩护，兵工厂附近的群众得到安全转移。为表达感激之情，老百姓为乔明志制作了一面"孤胆神枪"的锦旗，一路敲锣打鼓送到了军区指挥部。

许世友听说后，随即安排人员，约见这位传奇英雄。乔明志与许世友同龄，久闻许世友会少林功夫，却自恃神枪手，颇不服气，见面后提出与司令员比试一下。

许世友问："怎么个比法？"

乔明志说："射击麻雀。"

许世友不以为然地说："射麻雀？俗了俗了，咱改为射铜板吧。"

许世友随即从口袋里掏出 3 枚铜币摞在桌子上，讲明规则是，站在 10 米以外，一枪射落一枚，弹无虚发为满分。

乔明志急于先露一手，"啪"射出第一枪，打在最上面这枚铜币的齿棱上，掉下桌面；第二枪，同时射中两枚，落到地上。

许世友接过乔明志的手枪，说："用我自己的枪，不太公平！"随即连射 3 发子弹，3 枚铜币应声依次落地。

乔明志惊得扑通一声跪倒在地。许世友连忙将其搀起，说："八路军不兴下跪，你当八路好几年了，还能这样？"从此，二人结下了深厚友谊。

1942 年 11 月，日军对胶东根据地发动了史无前例的冬季大"扫荡"。特务营数次掩护胶东军区机关安全转移。在马石山与日军的遭遇战中，乔明志的鼻梁骨被击穿，但他仍然高喊着跟日本鬼子拼刺刀，直到完成掩护任务才撤退。马石山战役结束后，根据乔明志在战斗中的表现，胶东军区奖给他手枪 1 支、战马 1 匹，许世友亲自给他颁了奖。

乔明志转战胶东，身经百战，屡立战功，历任侦察大队长、特务营长、军区参谋、副团长等职，前后负伤 13 次，最后一次负伤致残。抗战结束后，以二等甲级伤残军人身份，转业回地方养伤，落户在妻子所在的掖县三山岛，在邻镇平里店开了一家餐馆任经理。

《林海雪原》的作者曲波是山东黄县人，15 岁入八路军胶东公学，1938 年参加八路军山东纵队第五支队，先后任连、营指挥员，与乔明志是战友。他以乔明志、王彪等英雄事迹为原型创作了长篇小说《桥隆飙》，塑造了草莽英雄桥隆飙这一光辉艺术形象。

九、英雄连长何万祥

何万祥，1915 年生于甘肃宁县的一个贫苦农民家庭，本姓朱，参军后改名为何万祥。1931 年参加中国工农红军第二十五军，1936 年加入中国共产党。

何万祥高大英俊，头脑机灵，行动敏捷，打起仗来总是冲在最前头。1936 年 2 月，中央红军东渡黄河，他被选为“渡河先遣队”队员。他和其他队员一起驾着 5 条小船，冒着敌人的密集射击，全力向前拼冲。刚到河心，小船被冰块撞了个窟窿，他一边射击，一边用脊背堵住洞口，保证了小船安全冲到对岸。一到对岸，他不等船停稳就飞身跃上了岸边，第一个冲到敌堡跟前，炸掉了敌堡，和战友们一起，一举攻破了阎锡山吹嘘的“攻不破的黄河防线”。何万祥被誉为渡河英雄，受到军团首长的高度赞扬。

1939 年 8 月，何万祥随部队到达鲁南。1939 年夏季，何万祥开始担任一一五师某连副连长。在部队攻打郯城时，他奉命阻击敌人增援，带领 53 名战士坚持 1 个多小时，连续击退了 300 多个日本鬼子 4 次轮番冲锋，成功地掩护了大部队和群众转移，被山东军区授予“战斗英雄”称号。

1941 年 1 月下旬，何万祥随部队驻苏北一带，滨海军区部署的歼灭汉奸匪首朱信斋的战斗打响。何万祥接受任务后，冒着连天炮火，用手榴弹轰开了敌人第一个地堡，接着又带领一个班一口气占领了3个地堡和1座炮楼。将朱部从东南角逼入西北角，最后用“烟攻”使朱信斋束手就擒，为滨海人民除了一大害。战后，何万祥被分配到一一五师教导二旅六团二连任连长。

1943年11月19日夜，何万祥化装成群众，利用敌军中的内线，巧妙地打开赣榆城城门，埋伏的兄弟部队迅速进城，将1600多名日伪军全部俘虏。

1944年春，鲁中军区集结万余兵力，以及14个民兵中队，以鲁山为中心，在周围300里的战线上，发动了第三次讨伐“铁杆汉奸”吴化文的战役，何万祥所在的六团一营参加了这次战役。

3月25日夜，三连连长何万祥率领战士到达大泉庄虎山东侧，截断敌团部与虎山守敌的电话线，拂晓前投入战斗。他带领战士勇猛地冲到土围子跟前，指挥二连一名机枪手和三连部分战士迂回到围子后面牵制敌人，自己率领二、三连全部战士突入围墙内。经激战，占领了各地堡及壕沟，俘敌20余名，缴枪数十支。

这时，敌人炮楼内重机枪又开始疯狂射击，三连二排排长高英忠中弹牺牲。何万祥见此情景，振臂高呼：“炸掉敌人重机枪，为高排长报仇！”即率

1943年11月，滨海军区部队对驻守在赣榆县的日伪军发起进攻

领战士箭一般地冲向炮楼。

当他们进入炮楼时，敌人已退到炮楼最上层。何万祥随身摸出两颗手榴弹，顺着阶梯带头往上冲。刚上到第二层时，头部中弹，壮烈牺牲。

在13年的革命生涯中，何万祥经历大小战斗400多次，屡立战功，曾5次负伤，3次荣获战斗英雄称号，名扬山东战场，为中华民族的解放事业作出了贡献。1944年7月7日，山东军区在抗日战争7周年纪念大会上，授予二连“战斗英雄连”光荣称号，并将他生前所在的连队命名为“何万祥连”。

十、抗日英雄任常伦

任常伦，1921年生于黄县东南部山区的孙胡庄，六岁丧父，十岁丧母，由叔父抚养成人。1938年，17岁的任常伦参加本村自卫团。

1940年10月，任常伦光荣地参加八路军，在山东纵队五旅十四团二营五连当战士。入伍头几个月，由于部队武器缺乏，他没有发到枪，只背着一把大刀和几颗手榴弹。他向战友们表示，要亲自从敌人手里夺一支枪。

1940年12月，十四团在掖县郭家店与日军展开激战，任常伦负责往阵地上运送弹药。当他把最后一箱弹药运到前沿阵地的时候，战友们子弹已经打完，同敌人展开了白刃战。只见三个战士正同三个日军激烈拼刺，其中一个战友已显得体力不支。任常伦立刻撂下弹药，从背后猛地将日军抱住。对面的战友趁势一个突刺，刺中日军肩膀。他趁机夺下日军大盖枪，回手一刺刀，结果了日军性命，亲手缴获了敌人的三八大盖枪。

1941年，八路军山东纵队五旅、五支队奉命组织胶东反投降战役，打击以赵保原为首的国民党顽固派。长期以来，赵保原与日军勾结，以发城为老巢，屯集重兵，构筑工事，不断进攻抗日根据地，气焰十分嚣张。

6月底，围攻发城的战斗打响。在八路军强大攻势之下，发城外围工事逐个被攻破。至7月下旬，仅残存发城北山三座大碉堡。

7月26日晚，十四团下达攻打敌残存碉堡的命令，任常伦所在的五连一排由副教导员率领攻打中间最大的一个。战斗一打响，任常伦首先率领鹿寨组，冒着敌人密集火力，挥舞铡刀砍开鹿寨，为部队冲锋扫清障碍。接着，在战友们的掩护下，点燃碉堡下的柴草火攻敌人，使战友们顺利攻下碉堡的底层。

此时，一排连指导员在内只剩下 9 人，而且全都挂彩，任常伦身上也两处负伤。但碉堡里的残敌拒不投降，龟缩在上层负隅顽抗。任常伦和战友们旋即架起梯子，开始强攻。战友史德明率先爬上去。敌人摔石头、倒开水把史德明打下来，史德明昏了过去。面对负伤和牺牲的战友，任常伦怒火满腔，置生死于不顾，高喊一声“我上了”，便立即登上云梯。

他挪动着带伤的躯体，咬紧牙关，以惊人的毅力快速向上攀登。当接近碉堡枪眼时，突然碉堡里飞出一块石头砸在他的头上。他眼前一黑，只觉得天旋地转，身子一晃，整个身子贴到了梯子上。

“任常伦，快扔手榴弹！”他听到战友们的呼唤，连忙抽出集束手榴弹，吃力地塞进枪眼。塞完后，一头栽下梯子。手榴弹在碉堡内开了花，炸得敌人鬼哭狼嚎。战友们乘机冲进碉堡，全歼守敌一个排。发城战斗结束后，任常伦光荣地加入中国共产党。

1941 年冬的一个夜晚，十四团二营五连奉命攻打小栾家疃据点。战斗打响后不久，由于敌情发生变化，营部决定：迅速撤出战斗。撤离战场后，一清点人数，发现少了三班长史德明。原来，史德明在掩护战友撤退时，大腿受了重伤。一排长、二班长和三班的一个战士先后前去营救，都挂了彩，不得不退下来。部队亟待撤退，战友尚未救下，情况十分危急。

“我去！”任常伦自告奋勇，然后猫着腰冒着敌人的炮火，朝史德明负伤的地方冲过去。

敌人碉堡前燃烧着一堆大火，外面的鹿寨也点着一个大火口，史德明就躺在中间。任常伦冲到鹿寨附近时，立即卧倒，匍匐前进到史德明身边，轻声对史德明说：“三班长，我来拉你！”

史德明考虑到自己伤势太重，又担心连累任常伦为自己流血，便说：“你快走吧，别为我再流血了！”

任常伦果断回答：“我不能把你丢下。别说流血，就是牺牲也要把你拉回去。”说着，立即解下两只裹腿，捆在史德明腰上，缓缓地爬着把史德明拉到鹿寨外，然后背着史德明赶上了部队。

1943 年 10 月，十四团二营奉命深入鲁南开辟滨海区抗日根据地。部队在诸城县东南部山区与伪军司令李永平打了三仗，三战三捷。首战石门，再战近枝，三战插旗崖，任常伦表现得英勇顽强，特别是在近枝战斗中尤为突出。

近枝是李永平的重要据点，工事坚固，驻有重兵。二营和滨海十三团接受了攻打近枝的战斗任务。二营负责爆炸敌人两座碉堡，任务分配给五连和六连。当时部队炸药不足，仅有 30 斤。若平均使用，势必两座碉堡全炸不掉。营部考虑五连爆破技术高且经验丰富，只分给五连五斤炸药。

五连长刘志金深感任务艰巨，考虑再三，最后决定把爆破任务交给任常伦担任班长的一班。任常伦接受任务后，立即召集全班战士开会研究方案，商讨的唯一办法是，把炸药投进碉堡的枪眼里。

战斗打响后两个小时，部队扫清了敌外围据点，把敌人压缩到两个大碉堡里。任常伦率领一班战士冲到了碉堡的壕沟外边。此刻，碉堡上下，敌人的机枪和步枪子弹雨点般地扫射过来。壕沟内外，硝烟弥漫。在兄弟班战友火力掩护下，一班冒着敌人的枪林弹雨架起了通过壕沟的便桥，迅速竖起攀登碉堡的梯子。梯子一放稳，副班长王风云就扛着炸药包攀上去。由于敌人火力太猛，几个战友先后中弹倒下，王风云壮烈牺牲。

任常伦跃身冲过敌人的火力封锁区，迅速向碉堡里甩进一颗手榴弹，从王风云身旁抓起炸药包，“噌”的一声点燃导火索，飞身跃上梯子。导火索“嗤啦嗤啦”地冒着白烟。这时，碉堡里的敌人被这股不怕死的大无畏精神吓懵了，还没等醒过神来，任常伦就已把炸药包扔了进去。一声巨响，碉堡炸开了一个大窟窿。碉堡里剩下的敌人吓破了胆，在强大的政治攻势之下，哀告着“别……别再扔炸药啦”全部缴械投降。

入伍 4 年当中，任常伦先后参加大小战斗 120 余次，曾 9 次负伤，每次都是轻伤不下火线，一直坚持战斗到底。在福山猴子沟战斗中，他第一个跃上汽车，与日军拼刺刀，腿部两处负伤，仍坚持到战斗胜利；在莱西河源西沟战斗中，他负伤带领全班战士打退数十名日军的进攻。

1944 年 8 月，任常伦出席山东军区战斗英雄代表大会，被选为主席团成员，并荣获山东军区一等战斗英雄称号。会议期间，记者多次采访他。他总是谦逊地说：“比起别的英雄，我做得还不够，还是写写别人吧。我只觉得想起毛主席，想起党，想起穷人受的苦，就什么也能豁上了！”

这次大会刚结束，日伪军纠集 1000 多人，开始对牙山根据地进行“扫荡”。任常伦听到这一消息，日夜兼程 700 里，赶回胶东，坚决要求上前线。部队首长考虑他已负伤 9 次，肩部还嵌着敌人的弹片，体力还没有完全恢复，让他休息几天，等战斗结束后再返回部队报告此次大会的情况。任常伦却说：“不让我打仗，我受不了！可以一边打仗，一边准备报告。”他再三坚持，部队首长只好批准他的参战请求。

11 月 17 日，阻击 700 多名日军进攻根据地的海阳长沙堡战斗打响。此时已担任副排长的任常伦，带领九班战士坚守在阵地前沿的一个高地，连续两次击退敌人的凶猛进攻。

突然，几十个日军抢占制高点左侧的另一个小高地，架起机关枪，严重威胁着团指挥部和兄弟排阵地的安全。危急时刻，任常伦主动请缨，要求带领九班去夺取日军占领的小高地。九班战士在任常伦的指挥下，一口气冲到小高地正面的断崖下。敌众我寡，只能智取，不能强攻。他命令两名战士正面佯攻，尔后率领其余战士沿着断崖迂回到敌人侧面，接着一个突然猛攻，顺利夺取小高地。

日军不甘心失败，企图夺回小高地，一阵猛烈的炮火轰击后，一个指挥官用指挥刀威逼着一群日军嚎叫着向上冲来。任常伦沉着地端起大盖枪，一扣扳机打倒了敌人指挥官，接着又连发三枪，撂倒三个日本兵。九班战士在他的带领下，斗志高昂，以一当十，英勇地抗击着十倍于己的敌人，连续打退日军五次疯狂的反扑。

手榴弹用完了，子弹打光了，增援部队还没有赶到，敌人开始反扑。任常伦坚定地对战友们说：“同志们，没有子弹有刺刀，人在阵地在！”说着带领九班战士冲入敌群。

一场激烈的白刃战开始了。三个日军端着明晃晃的刺刀，从左、右、前三面来围攻任常伦。迎面的日军窜到任常伦的面前，朝着他的左肋就是一刺，来势凶猛。任常伦沉着冷静，面对强敌，毫不畏惧。他用力防右反刺一

战斗英雄任常伦

枪，“咔嚓！”一声，把日军刺来的枪磕了回去，紧接着一个向前直刺，穿透了敌人的胸背。

任常伦刚拔下刺刀，左右两边的日军已靠拢过来，左边日军猛地刺向任常伦的左胸。他机警往后一闪，敌人扑了个空，一头栽倒在地。任常伦飞起一脚，将敌人踢下山坡。右边的日军窜到他的背后，端着枪刺来。任常伦听到身后的声响，猛地一百八十度大转弯，以迅雷不及掩耳之势，用枪尖拨开日军的刺刀，用枪托狠狠地砸向日军的头部，接着一刀杀死了敌人。

战友纪绍信在刺死一个日军后，来不及躲闪另一个日军的刺刀，在日军刺中他的同时，他的刺刀也狠狠地刺进了日军的胸膛。任常伦眼见战友倒下，义愤填膺，先后刺死五名日军。五班增援上来后，日军乱成一团，丢下几十具尸体，狼狈逃窜。

傍晚，日军再次对小高地发起反扑。战斗中，任常伦不幸被敌弹击中，身负重伤。他吃力地对战士们说：“别管我，守住阵地要紧，守住阵地就是胜利！”战士们对日军进行了猛烈冲击，打退日军一次又一次的反扑。最终，日军不得不扔下 258 具尸体，惨败而去。任常伦因伤势过重，失血过多，在战地卫生所牺牲，年仅 23 岁。

为了纪念英雄，任常伦所在的十四团二营五连被命名为“常伦连”，英雄的家乡孙胡庄更名为“常伦庄”。1945 年，胶东人民在栖霞县英灵山上为任常伦修建纪念碑，一座高大威猛的英雄铜像巍然屹立在英灵山上。

第十八章

英雄群体

在山东敌后战场上，中国共产党领导的抗日武装，冒着敌人的炮火，前赴后继，不怕牺牲，涌现出不少感天动地的英雄群体，为中华民族的解放事业献出了青春和生命。

一、血战对崮山

1942年10月，华北日军发动了“第五次治安强化运动”。青纱帐收割后，驻鲁日军便对鲁中地区展开了冬季大“扫荡”。10月17日拂晓，日伪军5000余人分数路突袭莱芜北部山区，驻茶叶口一带的泰山地区党政军机关遭敌合围，中共泰山区地委书记兼军分区政委汪洋等200余名指战员牺牲。

10月18日，八路军一一五师敌工部从内线获得一份济南日军参谋本部第105号作战计划情报，透露日军将于10月下旬至11月底出动万余人“扫荡”滨海地区。罗荣桓怀疑该情报有诈，他分析说：“敌人的‘扫荡’计划透露得这么早，还这么具体，应当引起我们的高度警惕，要从其他方面进一步了解情况后，再作判断。”

过了两天，济南日军特务机关鲁仁公馆又抛出一份假情报，说日军将于近日“扫荡”滨海区。集结于临沂的日军第三十二师团主力3000余人，亦向沂河、沭河以东各据点佯动，造成“扫荡”滨海区的假象，使多数领导人更加相信日军“扫荡”滨海情报是真。

因滨海地区多属低矮丘陵地带，战略回旋余地小，不便大部队隐蔽，为慎重起见，罗荣桓决定兵分两路反“扫荡”，他和陈光率一一五师主力留守滨海根据地；山东军区政委黎玉、军区副司令员王建安率中共山东分局、省战工委、山东军区、抗大一分校等领导机关，以及刚刚起义参加八路军的原鲁苏战区第一一一师部队，从滨海地区转移到沂蒙山区。没想到，误中日军特务机关鲁仁公馆精心设计的假情报圈套。

日军得悉八路军山东军区等机关转移到鲁中山区，便秘密调集临沂、蒙阴、沂水、莒县等地第三十二、第五十九师团和独立混成第五、第六旅团各一部共 1.5 万余兵力，由第三十二师团师团长木村兵太郎中将指挥，以沂蒙山区北部为中心进行“拉网合围”，企图一举消灭山东军区领导机关及直属部队。

10 月 27 日，临沂、沂水、蒙阴等县日伪军 12000 余人，采用“拉网合围”战术，分 12 路拉网“扫荡”位于沂中、沂南交界处的南墙峪山区。日军以散兵拉圈方式前进，每股间隔几十米，手持枪刺，呼号搜索前进，将包围圈逐渐紧缩。山东分局、山东军区、省战工委及鲁中军区、抗大一分校部分工作人员和新一一一师部队，还有沂南、沂中等县干部群众共 8000 余人被日伪军包围于此。山东分局、山东军区、省战工委、鲁中军区机关从敌人的缝隙中悄悄跳出了包围圈。

28 日，黄山铺至坦埠泰石公路一线之敌，斜屋至河阳、青沂路一线之敌，以及汶河两岸之敌，将鲁中军区后勤处和抗大一分校各一部，一一一师一部，合围于南墙峪附近的仙姑顶山。在新一一一师师长万毅指挥下，八路军凭借有利地形奋力抵抗，连续打退了日军的多次进攻。经一天激战，毙伤敌 400 余人，终于突出了重围。鲁中军区一团副团长刘怀文和新一一一师独立团团长侯光忠等 100 余名官兵在突围中牺牲。

11 月 1 日夜，中共山东分局、山东省战工委、山东军区机关及军区特务营和沂蒙专区机关、沂蒙军分区直属团等 1000 余人，在山东军区政委黎玉、军区副司令员王建安的率领下，转移到了蒙阴东南的桃花坪，决定在这里休息一宿。

按战斗部署布置好岗哨和侦察任务后，已经是深夜了。忽然，一声枪响从远处传来，王建安副司令员警觉地走出屋外，通信员迎面跑来："报告司令员，西北方向有枪声……"

接着，派往西北方向去的侦察员回来报告："蒙阴方面发现敌人!"

这时，西南方向的侦察员也赶来报告："西南方向也发现敌人。"

王建安和黎玉碰头商议了一下，决定马上向东转移。大约半夜时分，队伍来到临朐南部八区境内，前面又发现了敌人。为了避开敌人，队伍又折回头南奔沭水、马站一带，准备寻找敌人的空隙，冲向外线。

当队伍行进到对崮山东麓时，天快亮了。四面的侦察信息又陆续传来：

"沭河、马站一带发现敌人骑兵!"

"南面沂水的敌人向北开来!"

"西南蒙阴的敌人占领了桃花坪!"

一切迹象表明敌人有目标地合围上来了。王建安副司令员当机立断，命令军区特务营和沂蒙军分区直属团等战斗部队迅速抢占村西南的对崮山制高点，掩护山东分局和军区机关非战斗人员待机突围。

对崮山，位于沂水、沂源、临朐三县交界处，因南北两崮相对而得名。主峰海拔 597 米，山的东面是悬崖峭壁，南、北、西三面是稍微平缓的山坡。山顶是一个凸起的崮形平台，面积 1 平方多公里，四周峭壁如削，是沂蒙山区特有的一种山崮地貌特征。在它的东北方向约 500 米处有一个前突小高地，像一个卫士捍卫着主峰。

王建安副司令员把周围地形看了一下，指着东北面的小高地对特务营营长严雨霖说："在那里放一个排，作为主峰的前哨阵地。其余的部队以西面和南面为主要防御面。尤其是西面，要特别注意!"

王建安看了看表，又强调说："军区领导机关的安危，就要看你们这一天的战斗了！记住，一定要坚持到黄昏。坚持到黄昏，就是胜利!"

严雨霖让通信员把一连连长和指导员叫了来，对他们说："你们连是红军的底子，是有光荣历史的连队……"

特务营一连是从红军第一师"红一连"改编而来的，有着光荣的革命历史。1927 年 9 月，该连跟随毛泽东参加了秋收起义，在"三湾改编"中，改编为中国工农革命军第一军第一师第一连，并建立了党支部，从而开创了

“支部建在连上”的先河。先后参加了龙源口大捷、黄洋界保卫战、五次反“围剿”等战斗。在长征中担任警卫党中央的光荣任务，参加了强渡乌江、四渡赤水等战斗，经过爬雪山，过草地，胜利到达陕北。抗日战争爆发后，改编为第一一五师三四三旅六八五团三营九连，参加了平型关大捷等战斗。1938 年底，随一一五师挺进山东，担任了警卫军区司令部的任务。

一连连长王继贤是个老红军，没等严雨霖营长说完，就打断了他的话：“营长！把最艰巨的任务交给我们吧！我代表全连指战员请求把我们放在西边的主阵地上！”

指导员谢训也紧接上说：“我们保证完成任务，只要有一人一枪，决不离开前沿一步。”

严雨霖答应了他们的请求，紧紧地握着他俩的手嘱咐说：“要记住，必须想尽一切办法坚持到天黑。要注意保存力量，经常放在前沿的部队不能超过一个排。你们不到万分危急的关口，我决不给预备队！”

“行！”王继贤拍了拍谢训的肩膀说：“老谢，我先上，你隐蔽，不到紧要的关口你就别出来。”

这时，王建安得到侦察员报告：“山下有一支国民党部队向山上喊话，请求上山，是否允许他们上来？”

原来，国民党鲁苏战区第五十一军一一三师上校军需处长周日丰率六七七团第九连，到沂水王庄运军需，当到达对崮峪附近时发现了敌情，紧急之中决定抢占对崮山。他们一路收容了被日军拉网赶到附近的五十一军军部炮兵连、海军陆战队等 300 余人，赶到对崮山下时，发现八路军已在山上布防。周日丰见情况紧急，遂派人上山联络，要求上山参战。

王建安说：“都到这个时候了，还讲究那么多干什么！只要是中国人，只要不是来打咱们的，统统放上来，一起打鬼子！”

黎玉也说：“大敌当前，咱们来个统一战线上火线，欢迎友军上山共同抗敌。”

王建安听取周日丰部的火力情况后，立即将周部纳入山上布防：沂蒙军分区直属团三个分队守南面，特务营防守西面，周日丰部负责守卫北面。国民党部队自觉听从指挥，迅速进入阵地。

2 日拂晓，8000 余日伪军快速部队，在第三十二师团师团长木村兵太郎亲自指挥下，悄悄扑向对崮山地区，将中共山东分局、山东省战工委、山东军区机关及沂蒙专区机关、沂蒙军分区直属团等 1000 余人，合围在沂水西北的对崮峪。

日伪军大队人马渐渐逼近，首先对小高地前沿阵地发起了进攻。霎时，远处一阵轰鸣，随着刺耳的尖啸声，东北小高地立刻升起一团团黑烟，敌人的炮击开始了。战士们都伏在掩体后面，全神贯注地瞭望着小高地。王建安和黎玉等领导也把身子探出工事，注视着那里的动静。可是，除了浓密的烟雾之外，什么也看不清。

猛烈的炮击持续了 40 多分钟，才渐渐地稀疏下来，停止了。接着，暴风骤雨般的枪声和手榴弹声，越响越凶。一个钟头以后，枪声稀落下来，小高地周围的烟雾消散了，山头上露出了一面日本旗。看来小高地的一个排战士都牺牲了，特务营营长严雨霖悲痛地跳起来，放开喉咙喊道："同志们！为烈士们报仇！决不让敌人前进一步。"

"报仇！报仇！报仇！"阵地上立刻响起一片悲壮、激昂的呼声，战士们的眼睛里都闪烁着仇恨的光芒。

10 点左右，北面大坪山上敌人的炮群，开始袭击对崮山主峰了，十几门山炮、迫击炮向对崮山顶连续轰击了将近一个小时。顿时，山上硝烟弥漫，弹片和石块乱飞，不少同志负了伤。日伪军乘机从四面八方逼近山脚下，集中兵力从南、北、西三面向山上发起连续冲锋。守军居高临下，凭借有利地势接连打退了日军的多次进攻。

战斗持续到中午，敌人的攻势更加凶猛。木村兵太郎以为终于抓住了八路军的指挥机关，便将主要兵力全部集中到对崮山来发起不间断攻击，还从沂水机场调来了 3 架飞机助战。在空炮火力的配合下，日军端着寒光闪闪的刺刀，一波又一波冲向守军阵地。敌我双方反复冲杀，几处阵地失而复得，敌人的尸体越积越多，守军的伤亡也在不断增加，战况异常惨烈，沂蒙军分区直属团政委王锐、政治处主任张圣符先后牺牲。

经过多次冲锋，敌人始终没有攻上山顶。这时日军发现西北角有一条小道，便把抓来的附近村民赶在前面挡子弹，掩护他们进攻。八路军指战员怕误伤群众，只好暂停射击。被抓的老百姓到山中腰便拒绝前进，誓死不把日军引上山。一个汉奸逼着一位白胡子老人向八路军喊话，老人便放开喉咙喊：“八路军兄弟们，不要管我们，狠狠地打狗日的小鬼子！”残暴的日军用刺刀将老人捅死在山坡上，并开枪杀害了逃跑的群众。愤怒的战士们猛烈开火，打得敌人连滚带爬地逃下山去。

战至下午4点多钟，各连相继报告子弹、手榴弹快打光了，这时从西面冲上山的敌人离指挥所只有近百米，军区机关的参谋干事和首长的警卫人员也都投入了战斗。

日军冲上来了，一阵冲锋号吹响，一连连长王继贤挥舞着大刀跳出战壕，率领战士们与敌人展开了肉搏战。顿时，尖厉的嚎叫声，“咔咔”的刺刀驳打声响成一片。许多战士刺刀拼弯了，就用枪托猛击敌人的脑袋，有一个受伤的小战士拉响最后一颗手榴弹与敌人同归于尽。在惨烈的搏斗中，日军的尸体横七竖八，特务营官兵先后牺牲200多人。经过20多分钟的厮杀，敌人终于遗弃下几十具尸体，溃退下去。

这时，王继贤连长匆匆跑到严雨霖的面前，只喊了一声：“营长……”便停了下来。他满脸汗水和烟尘，棉衣裂开许多口子，手臂和腿上有几处血迹斑斑的刀痕。

八路军战士与日军拼刺刀

严雨霖明白他的来意，一连阵地需要增援，但各处阵地都兵力紧张。正当严雨霖考虑是否给他增加兵力时，只见王继贤紧皱了一下眉头，又不好意思地看了看严营长，轻声地说："营长，我回去啦！"说完，用力抹了一下脸上的汗水，抽身便向前沿跑去。就在他接近前沿的时候，一颗炮弹爆炸了。烟雾消散后，再也没有见到他的踪影。

严雨霖强忍着悲痛，厉声命令道："谢训同志，带一个排上去。"随后，他也跟随队伍冲到了最前沿。

不久，敌人又发起了再次冲锋。接替王继贤指挥的一连指导员谢训高喊："同志们，为连长报仇啊！"

战士们带着仇恨的怒火，发起了反击。突然，一颗子弹击中了谢训的右眼，鲜红的血顺着面颊流下。他抹着脸上的鲜血，吃力地站起来，圆睁左眼，吃力地喊着："同志们！坚持到天黑……"接着身体摇晃了一下，倒了下去，再也没有起来。战士们忍着悲痛，在严雨霖营长的指挥下，再一次把冲上山来的敌人打了下去。

坚守对崮山北部的国民党部队也表现出了英勇顽强的精神，接连打退了日军的多次进攻。一一三师军需处长周日丰上校亲自督战，指挥战士向日军反击，这时，一梭子机枪子弹扫来，他不幸中弹倒地，壮烈牺牲。一位副营长身负重伤，肠子都流了出来，仍拒绝卫兵背他撤退，坚持留下断后掩护，将最后一颗子弹留给了自己。九连王连长腿被打断，仍顽强跪在地上向敌人射击，直至壮烈牺牲。

天色渐渐昏暗下来，久久盼望的时刻终于到了。黎玉命令机关人员销毁文件、密码和电台，准备轻装突围。王建安副司令员命令严雨霖率特务营余部留下掩护。他紧紧抓住严雨霖的手说："我带机关突围，你带战士们在这里钳制敌人，至少顶半个小时，再撤出战斗，到马牧池会合。你们是红军的底子，所有突围部队和机关的安危就看你们的了。"

严雨霖说："请首长放心，保证完成任务。不过没有部队保卫，你们可要小心啊！"

王建安说："放心吧，我们都是战斗员，都可以战斗！"

夜幕降临了，随着山东军区政治部主任江华号令——"同志们，突围

中共山东分局宣传部部长李竹如

啊！”一阵排枪和手榴弹响过，突围开始了。江华带一个机枪排率先从东北角一跃而下，杀出一条血路，后面的同志迅即紧跟着向下冲。悬崖陡峭，天色黑暗，看不清道路，有的下溜，有的翻滚下山……

日军发现八路军突围后，发射夜光弹并点燃火堆照明，密集的子弹像雨点一样倾泻下来。中共中央山东分局宣传部部长、山东省战工委秘书长李竹如在翻越一道山梁时，一颗子弹击中了他的头部，不幸牺牲。山东军区政委、山东战工委主任黎玉胳膊被子弹打穿、右手食指被打断，山东军区副司令员王建安也在突围中负伤，在警卫排的拼死保护下，终于突出重围。

日军趁天黑之前，又发动了一次大规模进攻，特务营战士们拼死抵抗，终因寡不敌众，陷入重围。山顶上的枪声渐渐稀落下来，500 多人的特务营，最后只剩下营长严雨霖等 14 人。

战士们边打边撤，一直撤到东面的悬崖顶上，再无可退之路了。大家站在悬崖上，谁也不说话，一齐看着严雨霖营长。从三面包围上来的日军也停止了射击，叫喊着让他们投降。

一个战士轻问：“营长，怎么办？”

严雨霖看了看伤残的战友们，又看了看身后十几丈深的悬崖，问道：“同志们，我们是什么队伍？”

战士们响亮地回答：“我们是共产党的队伍。”

“能让敌人抓活的吗？”

“不能！宁死不当俘虏！”

“好！跳下去！”

随着严营长一声令下，一个高大的身影飞身跳下了悬崖。接着，一个跟一个，像一群雄鹰似的飞向山谷……山顶上的日军惊呆了，一齐朝天鸣枪以

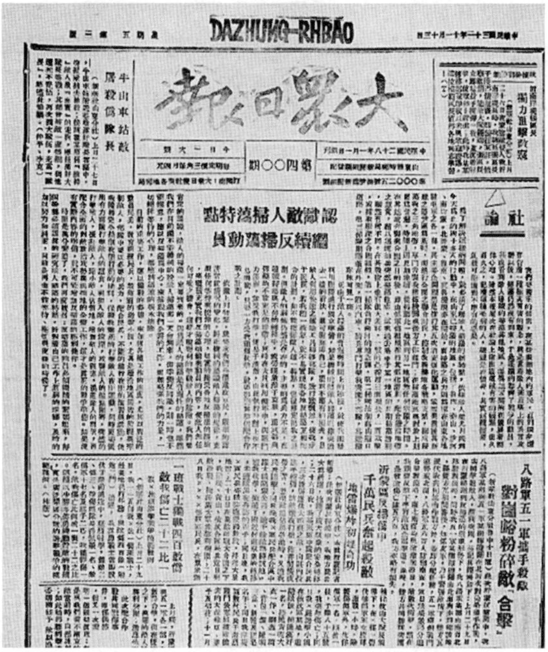
DAZHUNG-RHBAO

大衆日報

第四〇〇期

牛山車站敵 屠殺偽隊長

社論

認識敵人掃蕩特點 繼續反掃蕩動員

八路軍五十一軍攜手殺敵 對崮峪粉碎敵「合擊」

1942 年 11 月 13 日，《大众日报》关于对崮山战斗的报道

示敬意。

勇士们跳下悬崖后，其中 6 人当场摔死。其余 8 人，有的被悬崖上树枝拦截，有的摔在悬崖下的河滩上幸免于难。大家苏醒后，强忍着伤痛，在漆黑的夜晚爬出了敌人的包围圈，艰难地在山沟里钻了五天五夜，终于在马牧池找到了军区司令部。

王建安副司令员来了，衣衫褴褛的 8 名勇士相互搀扶着排好队，严雨霖喊了一声立正，转身敬礼：“报告首长，军区特务营完成任务，全体指战员前来报到！”

王建安副司令员匆匆走向队列，从排头起，一个一个紧紧地握手，一个一个从上到下地看着大家，只说出一句话：“同志们辛苦了！”便再也说不下去了，大家情不自禁地拥抱在一起。

对崮山战斗，毙伤日伪军 600 余人，八路军伤亡和失去联络者也达 600 余人。中共山东分局宣传部部长、山东省战工委秘书长李竹如，沂蒙军分区第一团团长刘毓泉、沂蒙地委组织部部长潘维周等数百名官兵壮烈殉国。

鲁苏战区部队也付出了很大牺牲，周日丰上校以下 200 余官兵阵亡，余部与八路军一起突出重围。1942 年 11 月 13 日的《大众日报》上刊发了一条消息《八路军五十一军携手杀敌，对崮峪粉碎敌“合击”》：“新华社山东分社鲁中十日电　此次沂蒙反‘扫荡’中，我八路军某部与五十一军某指挥机关在北沂水对崮峪携手作战，共同击退敌人，胜利突围。”对崮山血战，成为国共合作抗战的一次典范战例，粉碎了日军消灭山东党政军领导机关的企图。

二、马石山十勇士

1942 年 11 月 8 日，日军华北方面军司令官冈村宁次亲抵烟台召开作战会议，布置对胶东抗日根据地进行冬季大“扫荡”。先后调集独立混成第五旅团主力及第五十九师团、独立混成第六、第七旅团各一部，共 15000 余人，配以 26 艘舰艇封锁半岛沿海，发动“第三次鲁东作战”，企图歼灭胶东军区八路军部队，确保青岛、烟台间的交通。

胶东地区主力部队主要有山东军区第五旅和胶东军区第五支队，总兵力约 14000 人。11 月上旬，胶东军区司令员许世友在海（阳）莱（阳）边区召开营以上干部会议，作了反“扫荡”动员，研究部署了反“扫荡”的作战计划，确定采取“保存有生力量，保卫根据地，分散活动，分区坚持”的作战方针，粉碎日军大“扫荡”。

11 月 17 日，日军从青岛、高密出动 600 多辆汽车，满载大量兵员和作战物资，沿烟（台）青（岛）公路和烟（台）潍（坊）公路，气势汹汹地驶往莱阳、栖霞、福山等地。猬集在这一地带的日伪军，分成无数小股，倾巢出动。驻牟平县水道之敌由东向西推进，其余之敌则从西、北，分路向东、向南平推，对栖（霞）牟（平）海（阳）莱（阳）边区的牙山、马石山为中心的抗日根据地构成了合围态势。

日伪军依仗人多武器好，分成若干股，相互保持火力联系，采用“拉网合围”战术，实施多路分进合击，密集平推，对胶东抗日根据地像梳头篦发一样，不落一村一户，不漏一山一沟，进行“梳篦”式搜索前进。每天行进十几公里，白天摇旗呐喊，步步进逼，无山不搜，无村不梳，烧草堆，清山洞，连荒庵、寺庙也不漏过；夜间就地宿营，沿合围圈每隔三五十步，便燃起一堆篝火，分兵把守，稍有动静，便鸣枪示警；如果发现突围人群，便用机动部队围捕、追击。公开叫嚣“只要进入合围圈的，天上飞的小鸟要挨三枪，地上跑的兔子要戳三刀。共产党、八路军插翅难逃”。妄图将胶东八路军压缩到胶东半岛的中心地带马石山地区聚而歼之。

马石山，位于胶东半岛海阳、牟海、栖霞、牟平四县交界处，主峰海拔

467 米，山势蜿蜒险峻，岭长谷深，绵亘数十里。由于日军的围追烧杀，牟平、海阳、栖霞等县部分干部、群众和八路军战士等数千人进入山区避难，日军合围网迅速向着半岛的中心推进、收缩。到 11 月 23 日，四面八方的敌人一齐聚拢到了马石山四周。

胶东军区党政机关，在主力部队第十六团、十七团的掩护下，隐蔽穿越了日军封锁线，向东跳出中心合围圈，移至外线。胶东军区司令员许世友、政治委员林浩率指挥机关，转移到牟海东部山区待机而动。胶东军区副司令员王彬指挥第十六团、十七团，化整为零，以营、连为单位分散突围。十七团七连在马石山东与合围之敌展开了白刃格斗，反复冲杀 5 次，歼日军 100 余名，全连仅突围 5 人，其余都壮烈牺牲。

日军扑到马石山，发现胶东军区和第五旅的主力部队已经转移，党政领导机关也不见踪影。便恼羞成怒，见人即杀，见房就烧，见粮就抢，残杀抗日军民 503 人，制造了骇人听闻的“马石山惨案”。

为了粉碎日军这次大“扫荡”，中共胶东区党委、胶东行署和胶东军区决定，由胶东区公安局干部和警卫部队为主组成“胶东军区战时戒严指挥部”，在中心根据地组织和领导群众坚持反“扫荡”。指挥部下设 3 个小分队，其中胶东行署公安局警卫连指导员王殿元带领警卫连第三排为一个小分队。

第三排战士多数是当地人，对马石山地区的地形比较熟悉，穿隙插空是完全可以突围出去的，但为了解救被敌人包围的几千名群众和地方干部，毅然决定留下掩护群众突围。23 日白天，第三排在马石山南面的下石硼等几个村庄和村干部一起组织群众转移；夜里，又和地方干部及民兵一起，带领群众一批批地顺着敌人布防薄弱的山峦沟壑突围，先后有 7 批 1000 多名群众安全脱险。

24 日拂晓，为了牵引敌人的兵力，使被围的群众和地方干部有更多的机会冲出虎口，王殿元把部队转移到马石山主峰。天亮以后，敌人开始从南坡向山上进攻，第三排的干部战士以古石墙为掩体，居高临下，顽强抵抗。子弹打光了，就用石头砸，连续打退敌人多次进攻，直到中午，敌人也没攻上山顶。日军从南坡攻不上，便从北坡进行包抄，最后终因寡不敌众，王殿

胶东军区部队在反“扫荡”中

元和第三排的干部战士全部壮烈牺牲。

山东军区第五旅十三团三营七连由指导员带领赴东海军分区执行任务，归途恰遇日军“扫荡”。为便于突破敌人包围，指导员决定各班分散行动。第七连二排六班10名战士看到村村浓烟滚滚，到处尸横遍野的情景，便毅然留下来，同地方干部、民兵组成一个战斗集体，带领群众连夜突围。他们分成3个战斗小组，冒着敌人的弹雨，往返3次，掩护了近千名群众冲出火网安全转移。在海阳县担任文教工作的作家峻青，在危难时刻，巧遇十勇士正在率领第三批群众向西突围，当即随队同行，冲出日军包围圈。

当六班战士们第4次冲进包围圈准备带领群众突围时，天已大亮。马石山周围枪声越来越密，敌人倾巢出动，开始合围收“网”。几架飞机绕着主峰一带低空盘旋。为了吸引敌人，战士们且战且退，退到马石山主峰南侧一道石墙和几处天然岩石处顽强地坚守着。日军已逼到近前，10名战士先后打退了敌人的多次进攻。最后只剩下班长和两名战士，子弹打光了，敌人冲上来时，三个人紧紧拥抱在一起，拉响了最后一颗手榴弹，血染马石山岗。

战后，人们说不出这10名战士的姓名，然而，他们却赢得了一个共同的光辉名字，那就是“马石山十勇士”。

11月28日，日军调整部署，以5000余人封锁烟青公路，主力东进至牟平、海阳一线，构成新的“隔断网”，向昆嵛山、文登、荣成一带推进，试图将牙山、马石山突围东进的八路军部队围歼于狭小的半岛东端。胶东军区机关及第十六团、十七团部队，利用人熟地熟的有利条件，化整为零，以营、连为单位，穿隙插空，破“网”突围，向西疾进，使日军再次扑空。

日军合围荣成地区前夕，警卫胶东兵工厂的20余名战士，在指导员张君毅带领下，疏散到荣成滕家集一带，坚持反“扫荡”斗争。12月6日凌晨，日军合围并封锁了崂山南部的刘家村和滕家集宁津所一带，将数百名群众驱赶到三面环海的岩滩上。当日军逼近汪口海岸准备进行灭绝人性的屠杀时，张君毅带领战士掩护群众沿海边运动，以便寻找敌人围网空隙突出重围。

拂晓时，正在沿海边转移的战士群众被敌海上巡逻艇发现，一场激烈的战斗开始了。战士们在前后受敌的情况下，奋勇还击。战斗从拂晓一直打到上午11时，虽然打死打伤敌军100余人，但战士们也伤亡过半。最后弹尽援绝，张君毅和剩下的7名战士，宁死不屈，怀抱着枪支，跳入汹涌澎湃的大海。

在一个多月的反“扫荡”战斗中，胶东区军民英勇斗争，先后与敌作战14次，共毙伤日伪军2000余人，粉碎了日军在胶东发动的规模最大、时间最长的大扫荡。在此次冬季反“扫荡”中，西海地委书记于己午、西海军分区参谋长于一心、十六团政委张寰旭、参谋长陈志英等壮烈牺牲。

三、马鞍山保卫战

马鞍山，位于淄河上游，因东、西两峰状如马鞍而得名。主峰海拔616米，四面悬崖峭壁，只有西南角有条贴壁开凿的石阶，狭窄陡立，形似天梯，可上达南天门，是通向峰顶的唯一道路，有“一夫当关，万夫莫开”之雄势，扼守着通往沂蒙山区的门户，战略地位非常重要，成为兵家必争之地。

1941年下半年，山东解放区处于极度艰难时期，日寇对抗日根据地进行空前残酷的大扫荡。敌人为了控制淄河流域，从而切断鲁中区与渤海、胶东根据地的联系，即派兵占领了马鞍山，同时在周围村庄修炮楼、设据点。使鲁中根据地被分割蚕食，群众组织受到严重破坏，抗日军民面临重重困难。

1942年春末，山东军区一纵四旅廖容标等首长，为了拔掉这颗钉子，重新打开淄河流域的局面，成立了以特务营长王法山和侦察科长刘锡坤为正副队长的精悍突击队，在两个排兵力的配合下，乘夜从山西北角悄悄攀上绝壁，奇袭了马鞍山。日军不甘失败，立即从外地增兵把山围起来，使用武力威胁和派人劝降的两手，妄图夺回马鞍山。但是，守山战士在主力部队的策应和山下群众的支持下，坚持斗争一个多月。日军阴谋未曾得逞，最后只好灰溜溜地收了兵，不得不把附近的几个据点也撤了。

1942 年秋，日军又纠集了 5 万兵马，对鲁中区实行了更加残酷的“拉网合围”式大“扫荡”。山东军区一纵四旅主力部队为粉碎敌人“扫荡”，暂时撤离了马鞍山地区。由于马鞍山山势险要，易守难攻，一些行动不便的伤病员、干部家属被安置到山上。其中有淄川、博山、临朐、益都四县联合办事处主任冯毅之同志的父亲、益都县参议长冯旭臣先生，妹妹冯文秀、妻子孙玉兰及 3 个女儿等一家 6 口；还有博山七区区委书记张福堂一家妻女数口。

11 月间，“扫荡”鲁中区的大队日军受到鲁中军民的英勇抗击，向西北折回，其中有 1000 多名日军和几百名汉奸窜至马鞍山地区。日军对马鞍山欲取不能，早就视为心腹大患。当时随日军“扫荡”的汉奸头子唐云三又怂恿说山上驻有八路军重要领导人、兵工厂，屯有重要军事物资。日军头目信以为真，遂下了攻山的命令。

鲁中军区主力部队撤离后，原来守马鞍山的刘锡坤等同志也调回了部队。八路军一一五师教导一旅二团副团长王凤麟同志受命拄着双拐来到山上，担负起指挥守山的重任。

王凤麟是黑龙江省宁安县人，九一八事变后就参加了抗战，曾任抗联第四军特务连连长，后入莫斯科东方大学学习，1938 年随张经武从延安到山东，历任山东纵队第四支队第二营营长、二团副团长，是著名的爆破专家，曾发明手拉地雷，屡立战功。1941 年 3 月，率二营在博山甘泉庙伏击日军 1 个小队，歼敌 30 余人，缴轻机枪 1 挺、掷弹筒 2 具、步枪 20 余支。6 月，率二营在莱新公路高家庄伏击战中，全歼查线日军 1 个小队及伪军 30 余人。1941 年秋，在莱芜茶叶口遭遇战中，负伤失去右腿，组织上决定他到马鞍山一边休养，一边守山。

不久，鲁中区党委组织科长李成仕、鲁中区行署民政处副处长谭克平、爆破英雄刘厥兰等同志相继上了山。加上原来的伤病员、家属和修械工人

一一五师教导一旅二团副团长王凤麟（后排右二）与战友合影

等，共计40余人。由于山上少粮缺水、弹药不足，敌我兵力、武器相差悬殊，王凤麟上山之后，就向山上人员介绍了鲁中区军民反“扫荡”的形势，讲述马鞍山的重要地位，分析敌人攻山的可能性，动员大家储水存粮，修筑工事，迎击敌人可能的进攻。

11月9日晨，日伪军向马鞍山发起了进攻。在孟良台、后峪岭等山上，敌人架上大炮直轰南天门和峰顶；不久，两架敌机又飞来轮番俯冲轰炸。在飞机、大炮、重机枪的掩护下，大批日军冲向石峰脚下，先头一股顺着石阶往上爬。

王凤麟让大家沉住气，等敌人近了再开枪。当先头日军爬到半山腰时，他举起狙击步枪，一枪撂倒了一个挥着战刀的日本军官，接着其他同志也跟着开了火，枪弹、手榴弹一起射向敌群。敌人血肉横飞，死伤惨重，其余的全部退了下去。接着，敌人在指挥官的驱赶下，又开始了第二次、第三次冲锋……危急中，警卫员小赵用力将胸墙推倒，成堆石头飞滚而下，又砸伤碰死一串日本兵。小赵因失去胸墙掩护，中弹而亡。激战一天，打退敌人数次进攻，山坡上、石峰下躺满了敌人的尸体。

傍晚，敌人停止了攻山，撤回了山下的驻地。王凤麟召集大家分析了战斗形势，要大家做好充分准备，迎接更加艰苦的战斗。此时，四县办事处公安局董恒德和李绪臣股长摸黑爬上了山，报告说山下附近村庄都驻满了敌人，道路封锁严密，情况十分严重。大家打消了下山转移的念头，更加坚定了守山的决心。

王凤麟提出“人在山在”的口号，鼓励大家，又把战斗人员重新做了安排：通信员小张领三人守西顶；他和董恒德、警卫员赵希林等几人在东顶；刘厥兰带一名战士守住山后；谭克平、李成仕和其余的战士守南天门；老人、妇女、小孩都留在东顶的屋子里。部署完后，便带领大家加固南天门的胸墙。

第二天，日军为防止八路军主力增援，又用30多辆汽车从博山、莱芜、张店等地运来日伪军千余人和大量弹药，加强了攻山力量。在附近的几个山头上，又增加了大炮、重机枪；飞机也增加到3架，不断向马鞍山头狂轰滥炸。山顶阵地上，硝烟弥漫，碎石弹片乱飞，工事大部被毁，房屋坍塌起火。

东峰顶上，董恒德在激战中牺牲；王凤麟手持狙击枪，专拣日军军官和打头冲的敌人打，弹无虚发，不幸头部挂彩负伤。后山崖下，一小队日本兵穿着爬山鞋，架起云梯，偷偷向上爬，被刘厥兰等同志狠狠打了下去，非死即伤，再也不敢爬了。

南天门上战斗尤其激烈，大部同志牺牲了。冯旭臣老人和几个家属赶来，用石头、板凳、铁锅把眼看冲上来的敌人砸了下去。在这你死我活的时候，家属们表现得非常英勇，自动地投入了战斗。冯文秀在阵地上传递消息，救护伤员；冯旭臣冒着炮火搬石头、运弹药，还以“宁可死在炮火之中，也不当俘虏”的誓言，鼓舞士气，在搬石头时不幸中弹牺牲。

中午时分，指挥“扫荡”鲁中区的日军参谋长山田大佐，在一群护兵的前呼后拥下，爬上山腰亲自督战，被王凤麟一枪击毙。敌酋丧命，敌人更加疯狂。这时，守南天门的谭克平、李成仕等已全部阵亡，刘厥兰从后山赶来顶住了冲上来的敌人。

黄昏，敌人继续攻山。山上的弹药、石头已经快光了，人员伤亡严重，很难阻挡住敌人的进攻。王凤麟多处负伤，浑身血迹，仍然爬着指挥战斗。他见形势愈来愈危急，当即命令通信员张子桐下山找部队报信。由于后山崖高壁陡，敌人防范不严，小张以夜幕为掩护，抓着用绑腿拧成的绳子溜下山。

他机智地避开敌人，终于找到了附近的部队，报告了马鞍山战斗的情况。

其实，冯旭臣先生的儿子冯毅之，就率领部队转移隐蔽在附近的黄花坡朝阳洞。冯毅之，山东益都人，在山东省高级中学读书时，受国文老师、左翼作家胡也频、楚图南等影响参加革命，曾任“北平左联”组织部长。七七事变爆发后，毅然投笔从戎，回到家乡青州，在淄河流域组织抗日游击队，历任益都县县大队队长、益都县长，时任益都、临朐、淄川、博山四县联合办事处主任，兼八路军山东纵队第四支队新一营营长，成为该地区日伪军“扫荡”搜寻的重要目标。

黄花坡是一座比马鞍山还高的山峰，与马鞍山的直线距离只有几里路，因此马鞍山的情况在山顶上看得十分清楚。看到日军的 3 架飞机不断在马鞍山上空盘旋轰炸，听到马鞍山的枪炮声和爆炸声渐渐稀少，冯毅之知道山上的同志以及父亲、妻子和孩子会凶多吉少，他心如刀绞，几次派侦察员下山侦察敌情。政委高奋和不少同志纷纷前来请战，要求部队前往增援。但他知道敌我力量悬殊太大，如果此时贸然率部出山，就恰巧中了日军的引蛇出洞之计，不但无济于事，反而自投罗网，部队面临全军覆没的危险。为了部队的安全，他怀着悲痛的心情，含着热泪，断然拒绝了大家的请求，默默聆听着马鞍山的枪声渐渐稀少下来。

此时，马鞍山上已是弹尽粮绝。王凤麟命令趁天黑先把家属和孩子送下山。他们把做军衣的布匹结起来，一头拴在树上，另一头垂到崖下。两个战士先抓着布绳跳下去，以便在下边接应下去的妇女和孩子。随后孙玉兰背着孩子抓着布绳而下。由于负荷过重，布被挣断，结果坠崖牺牲了。

南天门失守了，东、西峰顶上的同志继续同敌人顽抗。这时王凤麟又中了一弹，倒在血泊中，见一群敌人向他扑过来。他用仅剩的一颗子弹，对着自己开了枪，壮烈牺牲。腿部已负重伤的冯文秀见此情形，也毅然跳崖捐躯了。刘厥兰把最后一枚手榴弹投向敌人，也从崖上跳了下去，由于树枝的托挂而幸免于难。王得善等人从后崖扳着树丛，抠着石缝下山，死里逃生。

最后，敌人攻上了东、西两峰顶，搜捕到未及逃离的孟启兰、张连翠、张子星、张子善、张永照等一家数口，气急败坏的日军将 6 名重伤员活活烧死。

这次战斗，共消灭日伪军200余人。守山指战员除4人跳崖幸免于难外，其余27人全部牺牲。益都县参议长冯旭臣一家6口同时遇难，被誉为“一门忠烈”。

四、英雄岱崮连

1943年11月9日，日军第三十二、第五十九师团和独立混成第五旅团各一部及伪军共万余人，在石井师团长指挥下，由临沂、蒙阴、莱芜、临朐、沂水等地出动，分进合击鲁中抗日根据地，企图围歼活动于沂蒙山区的八路军鲁中军区主力部队。

为粉碎日军“扫荡”企图，鲁中军区决定留下少量部队在内线坚持战斗，将主力部队转至外线，相机歼敌。鲁中军区第二军分区十一团三营八连93名指战员，在副营长张林率领下，奉命扼守南、北岱崮，以牵制敌人。

岱崮位于蒙阴县城东北约30公里处，有南北二崮，相距1500米，中间隔一道山梁。南岱崮海拔709米，顶部平坦，面积约1平方公里，东、西、北三面都是悬崖峭壁，只有南面顺着石壁缝隙凿出来的一条石梯，是攀缘崮顶的唯一险径，可谓“一夫当关，万夫莫开”；北岱崮海拔679米，崮顶面积2平方公里左右，四周峭壁如削，只能靠云梯上下，易守难攻。两崮南

南北岱崮

北对峙，构成犄角之势，就像一道大门，紧紧锁住通往鲁中抗日根据地的通道。

13 日午后，日军动用了一个步兵大队、一个炮兵中队、一个空军中队和一个团伪军，在飞机、大炮的掩护下，向岱崮发起攻击。八连指战员严阵以待，待敌人进入火力网后，随着连长一声令下，各种火器一齐开火，密集的手榴弹像暴风雨般从空而降，炸得敌人抱头鼠窜，连滚带爬退下了山。

恼羞成怒的日军出动 5 架轰炸机，不断向崮顶投放炸弹，持续轰炸到黄昏。指战员们躲进防空洞，以逸待劳，只留几个哨兵坚守岗位，监视敌人的动态。在敌军撤退之后，又乘夜派出战斗小组下山袭扰敌人，并在敌人必经之路上埋设地雷。第十一团兄弟部队和当地民兵也连续袭击了周围的翻泉峪、郭家庄之敌，团政委陈宏带领七连战斗小组乘夜冲破敌人封锁线，爬上南岱崮送去弹药、粮食和水，给指战员以极大鼓舞，有力地支持了守崮战斗。在接下来的几天里，尽管敌人不断进攻和轰炸，但都毫无进展。

17 日，日军又调集了大量兵力，将南北岱崮团团包围。然后在空军配合下，展开猛烈轰炸与火力进攻。部分工事被摧毁，交通壕被炸平，有的防空洞被炸塌，但指战员们沉着应战，在炮火中一边修复工事，一边还击地面进攻。数日后，敌人仍被阻在悬崖之下，未能前进一步。

岱崮攻防战陷入胶着状态。时值初冬，沂蒙山区已是天寒地冻，昼夜围困的日伪军冻得瑟瑟发抖。卑鄙的日军用刺刀逼迫当地的老人、妇女、小孩上山劝降，企图瓦解守军斗志。还在山下用不伦不类的中国话喊："下来投降的有，投降优待的。"

冯化德连长高声答道："只有打胜仗的八路军，没有投降的八路军！有种的你们就上来吧！"

伪军也无奈地喊叫："八路军兄弟们，你们走吧。你们走了，我们也好走。"

劝降无效后，日军气急败坏地喊叫："八路的坏坏的，叫你走你不走，捉住剥皮的干活。"

23 日，日军第三十二师团参谋长山田来到岱崮前线，将进攻部队撤换成山地战精锐部队，飞机增加到 8 架，轮番轰炸。并调来了 2 门大口径山炮和 40 多辆汽车的炮弹，集中轰击岱崮南门。步兵以近迫作业，步步逼近悬崖之下，在强烈火力掩护下，踏着云梯，试图爬上崮顶。战士们用刺刀挑，用石头砸，用手雷炸，一次次地把爬上来的敌人打了下去。

从24日起，南、北岱崮陷入敌军的不断轰击中，终日被炮火笼罩，弹片横飞。尤其是南岱崮南门成为日军进攻的重点，二排副排长曹兴鲁带领着第六班在此坚守，战士刘贵祥冒着枪林弹雨，钻进前沿碉堡监视敌人，一颗炮弹打来，碉堡塌了一半，倒塌的石块把他裹进了壕沟；李应斗紧接着钻进碉堡，接替了刘贵祥的位置，又一颗炸弹落下，李应斗也倒在了血泊之中。李玉金又毫不犹豫地冲进碉堡，继续监视着敌人。

日军进攻屡屡受挫，竟惨无人道地空投大批毒气弹，指导员姜崑中毒受伤。好在山顶地小风大，很快将毒气吹散。守军官兵用湿毛巾捂着口鼻，坚持战斗。日军始终未能攻上崮顶，于是采取围困战术，在半山腰每隔二三百米设立一个封锁哨卡，派兵把守，筑成了一道篱笆墙式的封锁圈。夜间各封锁点都点燃篝火，防止八路军和民兵运送食物和水，企图将守军官兵困死在山顶。

随着时间的推移，山顶的武器弹药和食物饮水越来越少。盛水用的几口

岱崮英雄班

水缸被炸去大半截，残存的一点水已变成了泥浆，战士们就把凝结在表层的冰凌含在嘴里解渴，几乎到了弹尽粮绝的地步。日军的冬季大“扫荡”也接近尾声，牵制敌人的任务已经完成，八连官兵奉令突围。

28 日凌晨，夜黑风高，天空纷纷扬扬地飘起了雪花，包围圈的日军围绕着篝火取暖。八连官兵分别由南北岱崮缒绳而下，悄悄从敌人包围圈的缝隙里摸了出来，在七连的接应下，与军区大部队胜利会合。

八连指战员坚守岱崮 15 天，以伤亡 9 人的代价，毙伤日伪军 300 余人，创造了八路军战史上以少胜多的模范战例，胜利完成了牵制敌人的任务。受到山东军区司令员罗荣桓的嘉奖，并获得“岱崮连”的光荣称号。

第十九章

铁道游击队

枣庄地处鲁南，盛产煤炭，是中国东部地区重要的能源重镇之一，当时全国最大的华资煤矿——中兴公司就设在这里，资源贫乏的日本早就对此觊觎已久。台儿庄战役结束后，日军占领枣庄，派独立步兵第一九四大队在此驻扎，疯狂地掠夺煤炭资源，并经常到附近根据地骚扰。

一、铁道队成立

为刺探日军情报和截取军事物资需要，苏鲁人民抗日义勇队成立不久，便选派第三中队一排排长洪振海和三排排长王志胜来到枣庄，以开设“义合炭场”为掩护，建立了秘密情报站。

洪振海，原名洪衍行，1910年出生于山东滕州大北塘村一户贫苦农民家庭。1929年，到枣庄中兴公司煤矿当矿工。自幼随父在路矿谋生，因生活所迫经常与火车打交道，练就了一手飞身上车的功夫，能在飞驰的列车上上下自如，人称“飞毛腿”。1938年3月，滕州被日军占领。洪振海和王志胜等人跟随中共地下党员王福根，奔赴峄县人民抗日武装驻地墓山，参加了苏鲁人民抗日义勇总队，因作战勇敢，很快被提升为班长、排长。

1938年10月，洪振海受苏鲁人民抗日义勇队总队长张光中的派遣，与王志胜一起潜回枣庄火车站西侧的陈庄，建立了秘密情报站，任站长。1939年11月，洪振海召集6名失业工人，在情报站的基础上秘密成立了一支队伍，下有 11 个队员，只有一支短枪，其他是大刀片。因为主要在铁路线上活动，命名为“枣庄铁道队”。

1940 年 1 月，正式成立“鲁南铁道队”，洪振海任队长，王志胜为副队长，苏鲁支队营副教导员杜季伟调来任政委，队员发展到 20 多人。7 月，又和当地另外两只铁道队合编为“鲁南铁道大队”，队伍发展到 150 余人。

1940 年下半年，游击队的活动由秘密转向公开，由临枣路扩展到津浦路。由于队伍不断壮大，正式建立了大队部，下设四个队：原枣庄队为一队，主要活动地区在临枣、台枣铁路；以孙茂生为首组成的铁路二队，活动在徐州至临城之间；以李文庆为首组成的铁路三队，活动范围是从临城至官桥；以华绍宽为首组成了铁路破袭队。

二、奇袭洋行

铁道游击队第一次战斗是 1940 年 4 月奇袭日本洋行。日本洋行地处枣庄火车站南侧，在车站和日军大兵营房中间。洋行是四合院，院墙设有四道电网，内住大掌柜矛山郎等 3 名日本人。洋行虽然名义上是“枣庄正泰国际公司”，实际上是为日军搜集经济情报的特务机构。

当时铁道队的力量还不算强，全队 14 个人，只有一支短枪，怎么办好？大家开了个“诸葛亮会”，一致认为以奇袭为妥，不可硬拼。为了达到奇袭制胜的目的，洪振海亲自深入虎穴，进行了实地侦察，弄清了 3 个特务在东、南、北三个房间的居住情况。

为全歼敌人，又不暴露目标，把行动时间定在夜晚 10 点钟，采取挖透与灶房相连的洋行围墙潜入院内的办法。洪振海作了具体部署，一人带手榴弹监视大兵营房的动静，一人带手榴弹监视火车站的敌人，其余人划分三组，每人持一把大刀片，洪振海带一个组杀南屋的特务，王志胜带一组收拾西屋，北屋的特务由梁传德小组解决，约定进院后以跺脚为令。

当夜，一切按原计划顺利进行着。在大家听到进屋杀敌的命令后，一个个破门而入。霎时间，舞起锋利的大刀，抓着鬼子就砍，由于天黑，首尾难以辨认，不得不像剁饺子馅一样，砍了一通，直杀得日特鬼哭狼嚎，血肉飞溅。

由于离车站近，敌哨兵听见后，立时鸣起枪来，子弹嗖嗖地掠墙而过，探照灯光也不时地扫向院子，情况十分危急，必须马上撤离，从洞里往外钻已经来不及了，这时不知谁急中生智，喊了声："带的斧头呢，快把大门上的锁劈开！"

这把斧头本来是带了准备劈敌人的钱柜取钱的，由于敌人用的是铁保险柜，难以劈开，想不到在这关键时刻发挥了作用。只听到"咔嚓"两声，大锁毁落了，一转眼，铁道队员们便全部冲出大门，消逝在夜色里，带着缴获的长短枪各一支和其他胜利品安全转移了。

开始一段时间，鬼子疯狂搜查，但一直没有发现炭厂的秘密，直到一个队员的族人向宪兵队告了密，事情才暴露出去，结果导致两个队员被捕，炭厂也被封闭，铁道游击队在枣庄的隐秘活动，从此便告结束了。

铁道队离开枣庄后，遵照鲁南军区的命令，公开打起八路军铁道游击队的旗号，由临枣路扩展到津浦路，以临城为中心，以微山湖为依托，立足于铁道两侧农村，出没于津浦、临枣、台枣三条铁道线上，打票车，劫货车，截军列，夺军火，扒铁道，炸桥梁，割电线，袭据点，弄得敌人惊慌失措，日军的通信和铁路运输经常出现瘫痪现象，有力地钳制、削弱了敌人对根据地的进攻力量，积极配合了根据地反"扫荡"。

1940 年 7 月，铁道队接到鲁南军区的通知，要他们弄一部分资金，以解决部队的困难。铁道队的几位领导商量后决定搞一次日军的票车，通过关系找到了跑连云港的伪车队长，了解了日军票车的行动规律。每星期六，铁路沿途各站都通过这辆车向济南交钱。于是，他们派人化装侦察，摸清了日伪军押车的有关情况。

到了星期六，铁道游击队按计划开始行动，选择了 12 名作战勇敢的队员作为先遣队，先潜入列车上侦察情况，选择目标，盯住敌人；副队长王志胜带 20 名精干短枪队员事先在预定地点设伏。

列车过了枣庄站，队长洪振海和曹得清分身跃上火车头，打死了一名司机，另一名司机被捆绑起来，掌握了火车头。随后，驾驶着火车向前行进。列车到了预定伏击地点，车速放慢，王志胜带领队员爬上了火车，与车上的侦察员们互相配合，杀死了押车的 20 余名日本兵。随后来到最后一节车厢，将装钱的袋子一一抛下。

这次行动共得款 8 万余元，并缴获短枪 8 支、长枪 12 支、手炮 1 门和机枪 1 挺，而铁道游击队则无一伤亡。

三、收复微山岛

微山湖亦名南四湖，由微山、昭阳、独山、南阳四个彼此相连的湖泊组成，水域面积 1000 余平方公里，是北方最大的淡水湖。其中微山湖最大，面积 500 余平方公里。湖中有微山岛，海拔近百米，面积 20 余平方公里。每当夏天来临，湖滨芦苇、荷花丛生，便于隐蔽，适合开展水上游击战。

1941 年初，铁道游击队和沛滕边县的两个直属班拉到微山岛上，接着，沛滕边县委、道西办事处，以及沛滕边县所辖水上区、滕八区等党政机关和运河支队一大队、滕沛游击大队、峄县县大队等地方武装都相继来到岛上。岛上渔民先后成立了救国会、民兵、儿童团等组织，微山岛成了湖区抗日军民的根据地。

微山岛根据地的日趋巩固和抗日武装力量的不断壮大，使附近的日伪军非常恐慌，他们无时不在策划进犯微山岛。1941 年 6 月 16 日夜，临城的日

日军在微山湖“扫荡”

本侵略军派出一个小队，配合阎成田的“鲁南剿共团”和韩庄伪军，乘各地方武装执行任务未归之机，向微山岛发动了偷袭，并占领了微山岛。

日伪军占领微山岛后，游击队等地方武装便将部队化整为零，时分时聚，灵活机动地同日伪军周旋，闹得日伪军六神不安，迫使微山岛的日军小队撤回临城。

1941 年 6 月 22 日夜，铁道大队、微山湖游击队、运河支队负责人在三孔桥小袁庄召开会议，决定收复微山岛，并推举褚雅青为作战总指挥。

6 月 23 日晚 8 时许，微山湖游击队、铁道大队、运河支队的 100 余名游击队员，分别由郗山、彭口闸乘船插向微山岛。当时微山岛上驻有伪军阎成田团苏海如一个大队，计 300 余人，分别驻在杨村和小官庄，韩庄伪军驻吕蒙。

晚 11 时，战斗在杨村、吕蒙、小官庄同时打响。守吕蒙的韩庄伪军，在头一天已由伪队长褚思杰带队撤回韩庄。张新华率领的微山湖游击队赶到吕蒙后，发现驻该村的伪军已经撤走，随即返回，协助攻打杨村。

驻守小官庄的伪军，这天晚上正在村头的麦场上乘凉，运河支队一大队战士突然出现村头，打死打伤伪军 20 余人，其余伪军逃回杨村，仅用 1 小时就结束了战斗。刘金山、孙茂生率领的铁道大队负责围歼杨村伪乡长殷延榜院子里的敌人。当队伍包围了院落冲进去时，里边却空无一人，原来伪军怕游击队夜袭，早已迁到伪军团部所在地殷茂全的大院去了。

午夜 1 时许，进攻杨村伪军团部的战斗打响。殷茂全大院，堂屋一幢 5 间，南屋一幢 3 间。院的东南角有一座炮楼，高 1 丈 2 尺、宽 8 尺见方。伪军据炮楼居高临下，控制四面胡同，拼命顽抗。

褚雅青的联合指挥部设在殷茂全的大院东北殷延印的家里，直对炮楼口，部队组织了 3 次进攻，都未奏效。伪军见游击队无攻坚武器，更加嚣张起来，有的在楼垛口向游击队打冷枪，个别狂徒伸出半截身子向攻击队员射击，战士王兰坡中弹牺牲。

这时，褚雅青立即组织几名射手，射击放冷枪的敌人。有个叫“能不够”的伪队长，把头探出掩体寻找目标，游击队神枪手袁振华举枪将其击毙。游击队的冷枪打得伪军不敢露面，游击队战士乘机冲到院西墙和堂屋后面，挖枪眼放鸭枪。4 支鸭枪向大院里的敌人猛轰，伪军死伤甚重。

伪军副团长苏海如见状命令伪军拼命抵抗，逼着士兵爬屋顶，对付鸭枪射手。游击队事先埋伏在对面房顶上的战士，一枪一个将伪军击毙。苏海如六神无主，发射信号弹向临城日军求援，但远水不解近渴。

褚雅青趁机命令战士把浇上油的大公鸡点着火，朝伪军防守的院子里扔去。公鸡在院子里四面乱窜。转眼间，房檐、秫秸和苇垛全着了火。火乘风势，风助火威，伪团部院内一片火光，吓得伪军抱头躲藏。褚雅青果断地命令架云梯。一旁待命的李全义、王颇迅速把云梯靠上炮楼北墙，勇猛地登上去，一排手榴弹扔进炮楼里。伪军死伤惨重，惊恐万状，于黎明时分推倒东北角的院墙，拼命向微山湖中溃逃。

游击队乘胜追击，终于在杨村西头的柴草垛里，活捉伪军副团长苏海如，同时俘获伪军官兵30余人。剩余的伪军在逃到湖边的乱葬营时，误进了渔民为捕鱼而布置的鱼钩阵里，乖乖地当了俘虏。

这次战斗，歼灭驻岛伪军200余人，活捉伪团副苏海如，缴获一批枪支弹药，微山岛又回到人民手中。

四、巧截军列

1941年夏，日军推行第二次治安强化运动，对鲁南山区抗日根据地进行“拉网式扫荡”。鲁南军区部队由于长期作战，药品匮乏。军区司令员张光中、政委王麓水命令铁道大队务必想法搞到药品。

10月的一天，临城车站的内线搞到一个重要情报：有一列装载药品的货车将由青岛开到临城，然后向南行驶。铁道大队立即行动，做好了夺药品的准备。

当晚10时，列车从临城站开出，游击队员飞身上车，找到装载药品的车厢。列车行驶到沙沟与塘湖站之间，战士们迅速将30多箱药品掀下，早已埋伏在此的队员们及时将药品运到鲁南军区。

1941年11月初，为了解决鲁南军区部队的穿衣问题，鲁南军区司令员张光中召集铁道大队的杜季伟，运河支队的邵剑秋、褚雅青，滕沛大队的钟勇飞、李明，微山湖游击大队的张新华等，共同研究解决的办法，最后决定截敌人的布车。

第二天，张新华来到沙沟车站，向内线张永纪布置了任务。一天，张永纪得知一列挂了两节布车的火车由青岛开往南京，下午 4 点到达临城。张永纪想，这个时间太早，不便行动，得设法让车丢在临城，夜间挂走。

当天下午 3 点多钟，张永纪乘车到了滕县，等布车到来，利用工作之便捧了几捧沙子放在车轴上面的油壶里。火车启动后不久，沙子和车轴摩擦起火，火车只得减速，缓缓地向临城爬去。晚上 9 点多钟，火车到达塘湖车站附近。张永纪借着火车喷出的水蒸气作掩护，跟爬上布车的铁道大队的刘金山、梁传德、徐广田 3 人，巧妙地使载布的车厢脱了钩，布车慢慢停了下来。预先埋伏在铁路两边的几百名群众一跃而上，帮助搬运。

临城、徐州的日军发觉后，出动铁甲车和汽车向塘湖车站方向赶来，遭到游击大队长枪队的阻击。日军摸不清情况，又逢大雾，不敢贸然进攻，惶惶遁去。

在铁路上卸车的同时，微湖大队大队长张新华和沛滕边县水上区区长黄克俭带 100 多条小船在湖边等候。第二天黎明，顺利地把布匹转运到安全地带。

战斗在铁道线上的铁道游击队员

此次截车，共截获棉布1200匹，军装800余套，皮箱200只，缎子被100余床，呢子、毛毯各一宗，显微镜4架，电炉2个。后来，鲁南军区派骑兵连将这些物资运往山区，解决了部队战士的穿衣问题。

12月24日，临城日军特务头子高冈亲自出马，带上3名特务化装溜进铁道队驻地六炉店村，被群众当即识破。铁道队迅速出击，击毙2名特务和一名翻译。高冈跳墙逃跑，正遇上女交通员郝贞，她顺手扔出一颗手榴弹，由于手榴弹未拉弦，致使高冈侥幸逃脱。

27日晚，临城日军集结1000多人，分两路包围了六炉店，但铁道队早已转移到了黄埠庄。敌人扑空后放火烧了村子，又向黄埠庄追击。

大队长洪振海听说敌人烧了村子，顿时怒火中烧，立即组织兵力反击。当敌人靠近时，他从掩护物后飞身跃出，端起机枪向敌人猛扫，不幸中弹牺牲。

半个月后，日军又从枣庄、峄县、滕县、临城、兖州等地纠集日伪军3000余人，战船百余只，乘夜幕分东南北三路向铁道队驻地微山岛发起进攻。

当时驻扎在岛上的还有运河支队一大队、微湖大队、峄县大队、沛滕边大队、水上区中队等抗日武装。他们组成临时指挥部，分头阻击敌人。与敌激战7个多小时，毙伤日伪军200余人。

因寡不敌众，指挥部决定分路突围。铁道队在王志胜率领下换上日军服装，从东北方向突出重围，奉命转入抱犊崮山区根据地整训。

五、击毙高冈

铁道大队大队长洪振海牺牲后，副大队长王志胜因病住院治疗，大家一致推选刘金山任代理大队长。

刘金山出生于枣庄市蔡庄村一户矿工家庭，自幼父母双亡，生活的磨难锻造了他勇敢、坚毅的性格。1938年4月，当他得知共产党领导的人民抗日武装在滕峄地带活动时，便毅然加入了这支队伍。在一次战斗中负伤，与部队失去联系。1940年9月，加入了铁道大队。大队长洪振海见他聪明能干，便安排他在大队部当通信员，不久被提拔为铁道大队分队长，第二年便光荣入党，成为铁道大队的骨干力量。

刘金山，山东枣庄人。1940年参加铁道队，历任铁道大队分队长、大队长，鲁南军区特务团副团长兼二营营长，鲁中南纵队三〇七团副团长、团长，一〇五师参谋长，苏州军分区司令员

洪振海牺牲后，铁道大队政委杜季伟提名刘金山为大队长，当时有部分老队员不服气，认为他资历浅，不能当大队长。还有人提出要按照江湖规矩来办，谁先搞到一挺机枪谁当大队长。听到这话，刘金山没有多说。当晚，他乘临城守备队在门口站岗的日军不注意，一枪撂倒一个日军，抢了挺歪把子机枪就跑，第一个把机枪交到大家伙儿面前，大家纷纷欢呼赞叹。1942 年 5 月，鲁南军区正式任命刘金山为铁道大队大队长。

驻临城日军为了对付铁道队，在枣庄和临城专门组建铁甲列车大队和铁道警备大队，还专门从济南调来特高课长高冈，在临城组建第五特别侦谍队。高冈是个中国通，不但能说一口流利的中国话，而且对中国的风土人情等也比较了解。他常通过“拜把兄弟”“认干亲”等手段笼络人心。临城附近的 50 多个伪乡保长，有 40 多个同他拜了把兄弟。许多原来替铁道游击队送情报的伪乡保长，转而投入他的怀抱。他还指挥特务队伪装铁道游击队，夜间到群众家敲门，群众一开门，就以“私通八路”罪名抓捕。一时间，弄得群众真假难辨，给铁道游击队造成极大困难。

为重振“飞虎队”雄威，铁道队决定“擒贼先擒王”，把矛头直指日本特务头子高冈。高冈自接任临城站长后，深居简出，行动诡秘狡诈，要想消灭他除非深入虎穴，去端他的老窝。但是，临城站戒备森严，伪军特务队和阎成田部的两个营部都驻在车站旁边的古井村，一有动静，他们马上便可包围临城站。

为做到万无一失，刘金山先后两次派人化装侦察，对站内警卫及高冈活动规律和办公地点都了如指掌后，组织了 4 个战斗小组，有的装作搬运工，有的扮成伪军，乘夜潜入车站，摸掉了日军两个外围警卫后，直扑高冈办公室。高冈见情况不对，正要伸手摸枪，被刘金山一枪击毙。其他队员迅速取走了房间内的全部武器弹药。整个战斗不到 10 分钟就结束了，铁道队除击毙高冈外，还缴获步枪 30 余支、机枪两挺、手枪 3 支、子弹数千发，而铁道队员却无一伤亡。

在撤退时，刘金山让队员们把化装戴的两顶伪军帽子故意扔在铁路上。第二天，从济南来了一个日军少将，勘察现场时发现了两顶伪军帽子，内有阎成田团的番号，随即收缴了阎团全部枪支，把阎团的 300 余人押解到东北煤矿做苦工；阎成田及几个主要伪军头目，则被绑在电线杆上用刺刀捅死。

高冈被击毙后，那些干过坏事的伪乡保长们个个如惊弓之鸟，纷纷主动向铁道队坦白认罪，表示痛改前非。

六、护送刘少奇

皖南事变后，新四军军部迁移到苏北盐城一带。由于交通不便，急需开辟一条通往延安的秘密通道。经再三考察，最终确定了一条从盐城北上、经山东南部西去延安的秘密交通线。其中，最关键的就是要穿越临城附近的津浦铁路。这段的护送任务，落在了铁道队的肩上。

在抱犊崮山区，铁道游击队进行了一个月的整训。一天早晨，一一五师政治部主任萧华亲自接见铁道游击队新任队长刘金山和政委杜季伟。萧华对他们过去的工作，给予了很高的评价，对以后工作的开展，作了重要指示。

萧华问他们能不能打回去。他俩坚定地回答：“能！”萧华说：“那好，这次回去，有更多的困难等着你们去克服，对敌斗争也要求更讲究策略。由于敌人对平汉铁路的严密封锁，我们山东、华中与延安的交通中断了，上级有穿过津浦路，跨过微山湖，开辟新的交通线的意图。这样一来，你们所担负的任务，同前期相比就更繁重了，主要力量，应放在进一步扎实地做好这一带的群众工作上，搞好敌工工作，粉碎敌人的伪化，对敌人的铁路运输的袭击，要以有利于转移敌人视线，更好地隐蔽我们的真正意图。这个任务很艰巨，也很光荣，相信你们能够完成。”萧华还就完成这一任务的一些具体问题作了指示，又拨给了他们10支短枪和1挺机枪。

1942年夏天，铁道队忽然接到鲁南军区的通知，要他们护送一个工作队通过津浦铁路，同时军区司令员张光中还专门嘱咐：“工作队中有一位代号为‘0号’的首长，务必要保障他的绝对安全，不能出半点纰漏。”

当晚，身着长袍、头戴青呢鸭舌帽的“0号”首长一行7人，由教导二旅旅长曾国华亲自护送，和铁道游击队队长刘金山、政委杜季伟接上了头。“0号”首长亲切地询问了铁道游击队的有关情况和路程情况，杜季伟如实作了汇报。

当他讲到这里敌情复杂，护送人员不宜过多时，“0号”首长好像看出了他们的担心，笑着说：“怕什么！你们有枪，我也有枪；你们能走，我也能走；你们能打，我也能打；都是一样的人，不必担心。”

“0号”首长又问他们对敌伪军的工作做得怎样？刘金山说：“这一带的伪军炮楼和伪乡公所，多数我们都能控制得住，里面许多人都是明着为日军护路，暗中帮助抗日。”

“0号”首长听了高兴地说：“你们的工作做得很好！我们不要把他们看成铁板一块，要对他们中的成员具体分析。要扩大依靠力量，争取中坚力量，打击首恶分子。”

杜季伟提前率领铁道游击队员沿途布控，刘金山率领20名铁道游击队员随同护送，过路点选择在沙沟到临城之间的干沙河处。因为顺着这条沙河可以从铁路下面的涵洞里穿过去，这样不容易暴露目标；但是在涵洞附近有一个炮楼，在拂晓前必须穿过伪军碉堡。

为防意外，铁道游击队副队长王志胜先去与根据点里的伪军小队长联系。王志胜带着三排长杨家成和另外一名队员，腰插短枪，身着长袍，头戴礼帽，提着几瓶兰陵美酒和几条哈德门香烟来到伪军炮楼附近一棵大树下，由杨排长到炮楼里把伪军小队长“请”出来。不一会儿，杨排长领着伪军小队长来了。伪军小队长一见是大名鼎鼎的铁道游击队副队长王志胜，“叭”的一声就是一个立正敬礼，笑嘻嘻地说：“王大队长，有什么事需要小弟帮助，尽管吩咐。”

王志胜用手指了指带来的烟酒说：“兄弟今天特来拜访。”伪军小队长听他这么一说，故意提高嗓门：“岂敢！岂敢！请王大队长里面喝茶！”

王志胜随伪军小队长朝炮楼走去，留杨排长和另外一名队员在炮楼外警戒。当王志胜走进炮楼时，坐在地铺上打牌的五六个伪军忽地爬起来，面带惊奇。那伪军小队长赶忙解释：“弟兄们，王大队长这次来是看望大家，特地给弟兄们送来了好烟好酒。”

王志胜对站在面前的伪军们说：“我们的刘队长和杜政委派我来犒劳犒劳弟兄们，因为你们虽然为鬼子守路，却没有完全执行鬼子的命令。这个我们心中是有数的，只要立功，就给你们记个红点，我们会保证你们和家属的安全。”

这时，从炮楼外进来一名游击队员，走到王志胜跟前，附到他的耳边低声说：“王队长，一切都准备好了。”

王志胜点点头，这个队员就走了。王志胜拉着伪军小队长走到一边对他说：“刚才送信来，山里有几个同志要过路！”

伪军小队长说：“过吧，这还用问什么！”

王志胜走到碉堡前，立即布置了几名队员，换上伪军服装，守护在岗哨周围。这时，王志胜按照原先确定的暗号进行联络，把两个手指向嘴里一放，吹起呼哨。一霎时，刘队长听到暗号声，便率领铁道游击队员们，掩护“0 号”首长快速穿过铁路涵洞和伪军碉堡。

“0 号”首长一行刚穿过铁路不久，突然铁路北面有一道白光闪过来，接着传来一阵突突的声响，接着日军巡路的一辆铁甲车从临城方向驶来了。王志胜立即同游击队员躲进炮楼内隐蔽。鬼子铁甲车上的探照灯在周围不停地扫来扫去，机关枪也“哒哒哒”地朝远处可疑的目标扫射了一阵。枪声刚停，铁甲车停了下来，伪军小队长急忙跑过去敬礼。日军巡逻队长问伪军小队长：“毛猴子的有？飞虎队的有？”

伪军小队长毕恭毕敬地报告：“报告太君，平安无事！”

日军巡逻队长满意地说：“好好的！”随后坐上铁甲车向沙沟方向驰去。

伪军小队长见铁甲车走远，这才“唉”的一声，一屁股坐到了地上，半晌说不出话来。王志胜勉励了他几句，然后离开碉堡，追赶队伍。

在铁道队的护送下，拂晓前，“0 号”首长一行顺利抵达微山湖东岸。

微湖大队长张新华早已带队在此等候。张新华面对苇荡击了一下掌，芦苇丛中划出几只小船来。“0 号”首长一行坐上小船，沿王楼河，穿芦苇荡，向湖心驶去。

当时，正是微山湖万亩荷花盛开的季节，“0 号”首长和同志们一起划着小船，从半人多高的荷花荡里穿过，一边观赏着湖景，一边召集滕沛边县县委书记张庆林和微山湖大队长张新华等几个同志亲切谈话，并作了几条重要的指示。其中强调：微山湖是华东、华中通往延安的唯一通道，要加强武装力量，做好敌伪工作，一定要确保这条交通线的安全。

在铁道队和微山湖大队的护送下，“0 号”首长顺利渡过微山湖，平安到达湖西根据地。“0 号”首长临走时，从衣袋里掏出一个记事本，用铅笔在上面迅速写了一行字，“哧”的一声撕下来，将纸条交给了杜季伟同志，并嘱咐说：“天亮以后再看吧！”

“0 号”首长走后，王志胜便同刘金山一块儿，走到杜季伟面前，叫杜政委把首长留下的纸条拿出来看看。杜政委不同意，说：“天亮以后再看嘛！”

王志胜和刘金山坚持要看，杜政委还是不同意。他俩就同他开起玩笑来。刘金山一把搂住了杜季伟的后腰和双手，王志胜趁机从杜季伟口袋里把纸条掏出来。刘金山用手电照着一看，原来是首长写的一行字“谢谢大家”！下边签名“胡服”。

事后，大家才知道，原来“0 号”首长胡服同志，就是中共中央政治局候补委员、中共中央华中局书记、新四军政委刘少奇同志。

七、护送陈毅

1943 年 11 月下旬，铁道大队大队长刘金山接到鲁南军区命令，带领铁道队的一个短枪班赶到运河支队驻地油窝子，接受护送一位重要首长的任务。事先，运河支队的邵队长并没有告诉刘金山要护送的首长是谁，只说“是位非常重要的大领导，见面后就知道了，要确保万无一失”。

那是一个晴朗的夜晚，皎洁的月光铺满了大地。9 点多钟，一些伪军都撤到了据点里，碉堡、岗楼完全置于铁道游击队的严密封锁之下。道路两侧以及据点周围的野地里，也卧伏着机警的战士。一切安排妥当了，杜季伟和刘金山便在预定地点接上了头。见面以后，才知这位大领导就是新四军代军长陈毅。

陈毅身穿皮袍，头戴一顶大皮帽，戴着一副墨镜，化装成一个做生意的“大老板”模样，亲切地跟他们一一握手，和蔼地询问了他们的姓名、职务以及游击队的活动情况。

杜季伟作了简要汇报，陈毅表示很满意，当即给予了表扬鼓励，指示今后一个时期要继续开展好敌后游击战争。他说：“游击队在敌占区活动，最重要的是掌握毛主席的战略战术思想、对敌斗争策略和党的政策，注意做好反特工作，做好统战工作和敌工工作，对顽军中的死硬分子，要坚决孤立、打击，对中间势力要努力争取，力求扩大统一战线。”

陈毅还给他们简要地讲了国内外反法西斯斗争的形势，他很乐观地说道：“反法西斯战争已进入战略反攻阶段，敌人的寿命不会长了，黑暗即将过去，曙光就在前头。”

傍晚，护送队伍与陈毅代军长冒着刺骨的西北风赶去运河边，准备渡河。他们人虽然乘船过了河，可是陈毅的坐骑——“骡子”愣是不过。骡子背上还驮着从胶东运来顺便带往延安的几千两黄金。最后，有四个队员跳进水里，把它连推带拉地拖到船上才解决了问题。

第二天凌晨5点左右，一行人到了临城东南15里处西界沟。此时天色已明，他们只得在当地一个叫刘继贤的保长家里暂时休息，以便晚上继续赶路。晚上8点左右，护送队伍又要启程了。陈毅紧紧握住刘保长的手，亲切地说：“你身在曹营心在汉，人民是不会忘记你的，谢谢！谢谢！”

刘保长虽然不清楚这位“老板”模样的人究竟是谁，但是已猜测到这一定是个大人物。当刘金山一行离开他家时，刘保长还拱起手，嘴里念念有词地说：“老天爷保佑你们，祝你们一路顺风，一路平安……”

离开了西界沟很快便到了姬庄，必须从这里穿过敌人的封锁线，跨越津浦铁路。姬庄是通过铁路的重要关卡，日军在这里不仅沿铁路两侧挖了很深很宽的封锁沟，还安插了一个小队的伪军驻扎护守，修建了炮楼，企图切断铁路两侧的联系。在平时，铁道大队已经通过伪军家属和其他各种渠道，做了包括姬庄据点在内的伪军的工作，给他们立功赎罪和卖国行为分别记“红点”和“黑点”，基本上掌握和控制住了他们。但为了慎重起见，刘金山还是派了两名队员到炮楼上给伪军小队长打点一下。

当护送队一行来到离炮楼和铁路只有500多米的地方时，去炮楼打探情况的两名队员回来报告说：“一切安排妥当，可以通过。”

陈毅听后，兴奋地说：“你们还能上炮楼？走，我也上去看看。”

刘金山紧张地劝说：“首长，您还是不要去了。”

陈毅却幽默地说：“我这个人是不太听话的，一路上，都听你们指挥，现在该听听我的哩。”说完问刘金山，“你们能上去，怎么我就不能上去？”接着又说：“你们放心，他们又不知道我是谁，走哩，上去和他们谈谈嘛。”

就这样，这位“大老板”去了炮楼，借机观察了炮楼内的情况，还和伪军们进行了交谈，给他们每人赏了一包哈德门香烟、一块大洋。

在铁道队的护送下，陈毅一行渡过运河，顺利通过津浦铁路封锁线，到达微山湖边的小南庄。微山大队早已派人和船只在此接应，转道奔赴延安。

陈毅在乘船渡微山湖时，看到微山湖的大好风光，还乘兴作《过微山湖》诗一首：

横越江淮七百里，微山湖色慰征途。
鲁南峰影嵯峨甚，残月扁舟入画图。

铁道队还成功护送过罗荣桓、陈光、朱瑞、萧华等重要领导穿越津浦铁路。从1942年到1944年，先后护送党政军干部近千名往返延安，从未出现一次差错，受到了鲁南军区的通令嘉奖。

八、沙沟受降

1945年8月10日，朱德总司令发布延安总部第一号命令：各解放区向日伪军发布最后通牒，要求其投降。10月11日，朱德总司令连续发出七道命令，要求各解放区抗日军队向被我包围的日军发出通牒，限期投降，对拒不投降之敌，坚决予以歼灭。

日本宣布无条件投降后，侵华日军总司令冈村宁次给日军下令，只能向国民党军队投降，对其他武装，则应坚决拒绝，必要时“毫不踌躇地行使自卫的武力”。国民党指定津浦路的日军，北段的到济南集结，南段的到徐州集结，去向国民党军队投降。枣庄、临城一带的日军试图沿津浦线南下徐州，再转至连云港登船回国。

在沙沟车站东北一里多路的沙沟街上，还驻着伪军一个团，他们同国民党陈大庆部暗中勾结，接受了蒋介石“维持地方治安”的命令，等待国军前来改编，也不肯向八路军、新四军投降，并强拆民房，加固工事，作殊死抵抗。

为了迫使集结在沙沟车站的日军向铁道大队缴械，鲁南军区决定先消灭沙沟街里的伪军。但又估计日军可能插手，为此，军区决定派铁道大队队长刘金山，前去沙沟车站同日军铁甲列车大队队长太田谈判。

刘金山和通信员小王来到沙沟车站。在太田办公室，刘金山将鲁南军区司令部的信交给太田。太田看完后，用生硬的中国话说：“尊敬的刘大队长，天皇已经宣布无条件投降，我们绝对地服从，你有什么吩咐，请当面指教。”

刘金山义正词严地说：“我们鲁南军区奉延安总部命令，要你们向我军缴械投降！”

太田为难地摊开双手：“我们是战败国，应当向贵军投降。可是你们中国还有国民政府，还有国军。陈大庆的部队要我们到徐州去缴械，我们服从谁的？”

刘金山霍地站起身来，虎着脸说：“你在鲁南几年了？国民党军队跟你们打过仗吗？你打过陈大庆的部队吗？你们在这里专门跟我们铁道大队打仗，是我们战胜了你们，你们应向我军缴械！”

太田低下头无言以对，吞吞吐吐地说：“沙沟街上的‘和平军’在监视着我们，你们若能让他们缴械，我们随后就向你们飞虎队投降。”

“行，一言为定！”刘金山痛快地说。

“可是他们不肯投降，”太田苦笑着说：“那么我们就不敢从命了。”

“他们是汉奸军队，我们可以消灭他们！”刘金山严肃地说：“我们打沙沟街里的伪军，你们可不要插手。你们如果插手，或者庇护他们，我们就把你们一起消灭！”

太田点头说：“我们一定不插手，也不庇护他们。但贵军不会打完他们再打我们吧？”

“只要你们缴械投降，我军绝对不会打你们。”刘金山拍着胸脯说：“我说话绝对负责。”

经过谈判，太田同意不插手，但要刘金山留在车站担保。刘金山为了瓦解分化敌人，促使日军尽快投降，欣然答应了太田的要求，自己留下来，派小王回部队向首长汇报。

夜里，沙沟街上响起了激烈的枪声和爆炸声。经过两个多小时的战斗，俘获了伪军百余人，并占领了沙沟街。

沙沟街战斗结束的第二天，铁道大队就准备与日军谈判缴械投降的问题。姬庄的伪保长姬茂喜与沙沟车站站长黑木关系不错，游击队就让他找到黑木，去给驻沙沟、姬庄的日军送信，说铁道大队要与他们谈判缴械投降的问题。黑木回来后说日军同意谈判，地点就在沙沟车站。

刚刚接任铁道大队政委、年仅 23 岁的郑惕和 30 岁的大队长刘金山，代表铁道大队去沙沟车站谈判。日方参加谈判的代表有临城的地方军代表，也有姬庄的野战军代表。谈判中，日军口头上表示愿意投降，但又提出了许多困难，说他们的司令官冈村宁次有命令，让他们不要向八路军、共产党投降，他们必须向中国现在的国民政府、国民党交枪。

郑惕随即驳斥他们说：“冈村宁次是战犯，现在要对他进行审判，你们不应该再听战犯的命令了。向附近抗日武装交出武器，这也是波茨坦宣言的规定。不就地投降，就是拒绝投降，我们依然可以把你们当作敌人消灭。你们现在的任务是怎样才能配合你们的士兵安全回家，不要再作无谓的牺牲了。”日军代表无可辩驳，只好说：“我们得服从上级的命令。”

郑惕和刘金山见一时难以说服他们缴械投降，最后以不容置疑的口气对日军谈判代表说：“你们不要再抱任何幻想了，你们已经处于我们的包围之中，如果你们不主动缴械投降，我们就要消灭你们，沙沟街的伪军就是例子。请认真考虑我军的告诫。”

第二天上午双方继续谈判，这一次日军松口了，表示只要铁道大队同意放他们北去济南集结，他们愿意交出部分轻武器。郑惕拒绝了："不行！你们必须全部缴械，才能放你们走。"谈判又僵持了一段时间，仍无结果，就停了下来。

接下来，郑惕由姬茂喜牵线搭桥，在姬庄村村民殷宪永的家里继续与日军谈判。这次日军代表是临城铁道警务大队的特务小林和一名日军大佐。谈判内容还是老一套，郑惕开门见山：临城内的日军必须全部缴械，才能离开！

日军大佐没有反对，只是反复解释说："我没有办法，只能听从上级的命令。如果我们向你们缴械，也只能交一部分武器。"因达不成协议，谈判持续了大约一个多小时就结束了。

此后，铁道大队跟小林谈了一个多星期，明确告诉他，不缴械就不可能放他们走。为此，郑惕还专门带着小林到铁路以西的村庄转了一圈。这时候新四军七师的部队和鲁南八路军的部队，几乎住满了津浦铁路两侧的村庄。小林明白，他们插翅也不可能逃出去。

郑惕带小林到鲁南军区指挥部参观，晚上一块就餐。喝多了酒，小林就留在军区过夜。郑惕见小林思想有了很大转变，就让他做太田的工作，早日交出武器，回日本与亲人团聚。小林答应做太田和警备大队长的工作。

就在郑惕准备带小林从鲁南军区指挥部返回驻地的时候，张书太送信说：临城的日军乘铁甲车逃跑了。郑惕闻讯后，火冒三丈："小林你不讲信用，你想用谈判拖住我们，然后趁机逃跑，那只能是死路一条！"

小林辩解说："太田的行动我确实不知道，我要马上去问情况。"郑惕将自己骑的马借给小林，小林骑上马就去找太田了。

刘金山获悉日军乘一列14节车皮的铁甲列车偷偷溜出临城，往南逃窜的信息后，率领铁道大队将前面的铁路拆除，后面的铁路炸毁，将日军困在了沙沟车站。

11月30日早上，郑惕赶到了沙沟车站。铁道大队已经将铁甲车包围起来。这辆铁甲车上有日军警备大队和铁甲列车大队1000余人，还有部分日本侨民、商人2000余人。

由于害怕铁道大队炸毁列车，日军将部队撤到铁路西侧，构筑起简易的工事，用铁丝网拉起了2000平方米的临时宿营地，东侧以列车为屏障，凭借列车上的火力，负隅顽抗，伺机逃跑。

铁道大队分三组，分别从东、西、北三个方向监视日军动向，并派人到鲁南军区请示，司令员张光中说："不要打，日本已经投降，他们跑不了。为几支枪造成我们部队的一些伤亡不值得。可以通过谈判让他们把武器交出来。"

张光中还拿出几份印好的鲁南军区向日军发出限期缴枪投降的"最后通牒"，让铁道大队立即派张书太送到日军长官那里。日军派出太田和日军铁道警备大队队长小林两个谈判代表，还带了一个排的卫队，跟着张书太来到姬庄。郑惕见日军的谈判代表带了卫队，就让张书太通知日军，双方谈判代表不准带卫队和武器进入谈判场所。日军只好把指挥刀取下，卫队也退回到村外，只留下两名士兵作为日方服务人员。

谈判地点仍在村民殷宪永家的堂屋里。铁道游击队参加谈判的有郑惕、长枪中队指导员李德福和会讲日语的黄友贤以及日本反战同盟士兵田村申树。田村申树用日语宣读了"最后通牒"全文。日军代表认为无法接受，八路军不能代表中国政府，无法直接遣返他们回国，他们交了武器，在徐州见到他们的大太君无法交代。

郑惕驳斥了日军的荒谬论调："你们现在所占领的那点地盘，我们不用军队，光用大炮就给轰平了。我们是从人道主义出发，才和你们谈的，你们还有什么理由跟我们讨价还价？"

日军代表意识到八路军消灭他们易如反掌，再也硬不起来，只好哀求说："请贵军谅解我们的难处，我们可以把全部重武器和部分轻武器交给贵军，请放我们去徐州，然后将另一部分武器交给国民党军队，以便让他们派轮船送我们回国。"

谈判持续了几个小时，仍没有结果，最后日军代表表示，如果让他们全部缴械，必须见更大的太君。显然，他们对铁道大队不信任。郑惕说，可以考虑日军代表的意见，下午给他们答复。

铁道大队把日军代表的意见向张光中作了汇报，张光中同意见见他们。

下午 4 点左右，张光中带了一个骑兵班来到铁道大队驻地，传达了津浦战役前线总指挥陈毅司令员的指示：抓紧时间处理这批日军，以免影响大局。

张光中来到谈判地点，会见了双方代表。他对日军代表严厉指出：“我军谈判的目的是非常明确的，那就是你们必须把全部武器无条件地交给与你们在这里打了七年仗的铁道大队，因为我们胜利了，你们失败了。如果你们仍执迷不悟，我军将用武力解决。至于你们的遣返问题，铁道大队可以给你们开路条，让你们到徐州集结，由国民党政府统一遣返。”

张光中讲完就带着骑兵班走了。太田再也没有理由推三阻四，只得表示同意交出全部武器，但具体事项明日再谈，他们还要回去再研究一下。郑惕看天色已经很晚，就说：“希望你们对自己士兵的生命负责，这周围都是我们的主力部队，你们要想耍滑头，绝没有好下场！”

第二天上午谈判开始后，太田又想出新花招，说为了自卫，日军士兵应当留下刺刀，军官留下指挥刀，作为防身之用。我方代表回答说，刺刀也不能留下，你们的安全问题由我们负责，我们给你们开出通行路条，保证不会有人再打你们。双方最后商定了受降时间、地点和受降方式。受降时间为 1945 年 12 月 1 日下午 4 点，地点沙沟车站。

沙沟车站距离临城火车站有 5 公里，是当时津浦铁路一个货运站。受降地点在车站旁、京沪铁路路西的开阔地上。张光中担心日军临时变卦或者节外生枝，就从军区警卫营抽调了两个连的部队，化装成铁道大队队员前去助威。

下午 4 时许，受降开始。铁道大队政委郑惕、大队长刘金山、副大队长王志胜，日军铁甲车大队长太田和铁道警备大队长小林站在受降场地的一条公路上，日军其他部队和家属孩子在 2 里路之外一个地方站着。

太田和小林分别把自己的指挥刀交给郑惕和刘金山，然后日军一个小队一个小队前来缴枪。一个小队排着队走来之后，先向铁道大队领导人三鞠躬，再退后三步走，再把枪放在地上摆好，再后退三步排队回去，然后再来一个小队。就这样，来来往往，一直持续到第二天拂晓，日军才把武器缴完。共缴出山炮 2 门、重机枪 8 挺、轻机枪 130 多挺、步枪 1900 多支、手枪数十箱、子弹百余箱、铁甲车 1 辆。

日军向铁道游击队投降

受降仪式结束后，铁道大队的战士们非常兴奋，大家可劲地摆弄缴获的日军大炮、机枪。他们用 20 多辆牛车，花了两天才把这些武器全部运到鲁南军区司令部。

日军缴完武器，铁道大队给他们开了路条，他们便沿着津浦铁路步行向徐州走去。在中国抗日战争历史上，这是唯一一起共产党领导的地方抗日武装接受日军投降。

铁道游击队在铁路线上与日军周旋了七年，对日作战 300 余次，消灭日伪军 5000 余人，缴获各种轻重武器 3500 多件、子弹 50 余箱、各种物资 2000 余吨。铁道大队也付出了巨大代价，政委文立正、张鸿仪，大队长洪振海，副大队长赵连友、赵永泉等 150 人献出了生命。

第二十章

局部反攻

1943 年，世界反法西斯战争转入战略反攻，日军在太平洋战场连遭惨败，在东南亚、太平洋战场作战的南方军与日本本土的海上交通濒临断绝。为打通从朝鲜经中国到东南亚的大陆交通线，从 1944 年春至年底，日军陆续抽调侵华日军一半的兵力 50 余万人，先后在正面战场发动了豫中会战、长衡会战和桂柳会战。并抽调驻鲁第三十二师团等精锐部队开赴太平洋战场，使山东战场兵力进一步减少，只剩下第五十九师团、独立混成第五旅团及临时编组的独立步兵第一旅团，共 2.5 万余人。

山东抗日根据地军民，为配合豫湘桂正面战场作战和太平洋战场的战略反攻，从 1944 年春季开始，逐步对日伪军展开攻势作战，并开始局部反攻，山东战场逐渐由战略相持阶段，向战略反攻阶段过渡，连续实施了一系列攻势作战。

一、三讨吴化文

吴化文原是国民党新编第四师师长，所部驻鲁中沂鲁山区，受山东省政府主席沈鸿烈统辖。1943 年 1 月 18 日，吴化文率所部 2 万余人公开投降日军，被编为伪和平建国军第三方面军，吴任上将总司令，下辖 2 个军 5 个师 5 个独立旅、教导旅和暂编旅。至 1943 年 7 月，吴化文部扩展到近 4 万人，成为山东伪军中人数最多、势力最强的一部。吴投敌后，即假日军之势疯狂

伪和平建国军第三方面军总司令吴化文（左二）

进攻沂蒙抗日根据地，也攻击与其有矛盾的鲁苏战区总部。

1943 年夏，蒋介石调于学忠部出鲁整训，派嫡系李仙洲部入鲁接防。于部驻防的沂（山）鲁（山）山区，重峦叠嶂，形势险峻。西与泰山相接，南与蒙山毗连，北抵胶济铁路，东达鲁东南山区，纵横数百里，是山东的战略要地。其中，诸（城）日（照）莒（县）山区，地跨 3 县，南通甲子山区，北衔沂山山脉，是进逼胶济铁路东段、沟通滨海与胶东直接联系的重要依托，为战略必争之地。于部撤离的消息日军早已得知，急令伪军吴化文及张步云、厉文礼、张希贤、莫正民等部向于部防区进逼，企图抢占于部防区。

中共山东分局、山东军区抓住于李换防之机决定，一方面命令鲁南军区集中全力反击李仙洲部入鲁，另一方面动员于部提前撤防，对于部离鲁提供一切便利，礼送离鲁。待于部撤防后，立即命令鲁中、滨海和胶东主力部队火速向沂鲁山区、诸日莒山区进军。这一决策得到中央同意。

八路军多年与于学忠部保持着交往，并在于部危难之时给于部以有力的支援。于学忠对共产党、八路军以国家、民族利益为重，真诚团结抗战的言行，从心底里佩服。他感念八路军的支援和礼遇，决定提前离鲁。于部在撤离前与八路军约定：撤离驻地时，以烟火为号，八路军见烟火后即可去接防。

7月3日，于学忠率部连夜冒雨撤离。鲁中、鲁南根据地的抗日军民，在于部经过的路上，送水送饭，组织迎送，并为其筹备补充粮草，于部甚感欣慰。

7月5日，八路军与日伪、顽军争夺沂鲁山区和诸日莒山区的战役打响。此役亦称为第一次讨吴战役。滨海军区第十三团全部、第六团一个营，在地方武装配合下，于5日越过泰（安）石（臼所）公路飞速向北推进。10日，进驻五莲山区，打退了顽军张里元和伪军张步云、朱信斋部的迭次进攻。到7月14日，全部控制了诸城、日照山区。

15日，日军1500余人，在张步云部3000余伪军配合下，进占了五莲山区的要地松柏林、街头等地，企图侵占八路军已收复的诸日莒山区。7月18日夜，滨海军区第十三团奔袭驻守诸城西南三关口的伪军张步云第五旅。该旅是张步云的精锐部队，近800人，配机枪10挺，号称“常胜旅”。经1小时20分钟战斗，毙、伤、俘副旅长以下302人，旅长张文政率残部逃跑。八路军又乘胜攻克伪五旅后方仁兰庄，歼敌110人。

随后，八路军滨海支队也由莒南甲子山区挺进诸日莒山区。经与日伪军、顽军张里元等部反复争夺，八路军终于占领了诸日莒山区的洪凝、石场、街头和老君庙等重要阵地。

7月12日，八路军鲁中部队奉命出击，以军区第一、第二、第三、第四、第十二团，以及泰山、沂蒙、泰南军分区部队，向北沂蒙挺进。首先，

滨海军区部队机枪射手向伪军张步云据点射击

第一团一部及沂蒙、泰南军分区部队，在第一团团长李福泽、沂蒙军分区政委王一平指挥下，接占了第五十一军第一一四师防区蒙阴坡里一带阵地。然后，第一团主力越过青（州）沂（水）公路向东扩展，占领了第五十一军第一一三师防区莒（县）沂（水）安（丘）地区，歼灭了前来争夺的国民党顽军、山东游击第三纵队司令秦启荣大部及伪军厉文礼一个团。

接着，鲁中军区第四团一个营和沂蒙军分区四个连，控制了沂山，并以沂山为依托，继续向北发展。鲁中军区第二团一个营由鲁山以北的淄河向临朐县冶源发展，与第四团、沂蒙军分区部队会合，打通了沂山和鲁山地区的联系。鲁中军区第二团在泰山军分区部队配合下，攻击鲁村吴化文伪军，连克九山、白沙、寺头等敌据点，歼敌1000余人。至1943年7月下旬，八路军基本上完成了接占于学忠部防区的任务。

7月28日，厉文礼部伪军，在日军独立混成第五旅团配合下，由安丘倾力南犯。吴化文部独立团也由沂水县东北的大庄坡，向莒县北部进犯，企图配合张步云部夹击八路军驻安丘西南城顶山、大安山的部队。

同日，滨海军区第十三团两个营越过台潍公路，进入诸（城）莒（县）山区，配合鲁中军区部队作战，鲁中、滨海两区在此打通联系。八路军两大战略区部队，密切配合，互相支援，与日伪军展开激战，使南北进犯之敌难以得到进展。

8月2日，胶东军区第十四团一个营，跨过胶济铁路进入胶县南部藏马山区助战，配合滨海军区部队打击伪军张步云部，开辟了诸（城）胶（县）边游击区，打通了胶东区与滨海区在胶济铁路东段的直接联系。

8月6日，鲁中军区第一团一部迂回敌后，猛烈攻击伪厉文礼部的后方安丘西南山区夏坡、辉渠和辛庄等据点，将厉部特务团消灭大部。在奇袭厉伪司令部驻地辛庄的战斗中，击毙了藏匿在厉部，曾制造“太河”“雪野”等惨案的国民党顽固派头子鲁苏战区第三游击纵队司令、鲁南办事处主任秦启荣。

第一次讨吴战役历时两个月，共歼灭日伪顽军2000余人，缴获迫击炮4门、轻重机枪40余挺、长短枪1800多支，收复村庄1147个，解放人口17万，收复国土4800多平方公里。在鲁中区，八路军控制了沂山山区全部和鲁山山区一部，面积约 2250 平方公里。在滨海区北部，除五莲山区一部仍为吴伪张步云部占领外，八路军基本上控制了诸日莒山区及青（州）沂（水）公路以东、安（丘）莒（县）边区，打通了与胶东、清河、鲁中区的直接联系，极大地改善了对敌斗争的地位。

对这次战役的胜利，山东军区司令员、政治委员罗荣桓兴奋地说："这就了却了我们多年来的心事，这是山东军民的杰作！"

1943 年 11 月下旬，日军对清河区根据地进行"扫荡"。盘踞在鲁山山区的伪军吴化文部第一、第三两旅，乘机"蚕食"根据地蒙阴县大崮区的宝崮顶及孝村、大张庄等地，并构筑工事，企图长期占领。

为粉碎吴伪企图，并配合清河区反"扫荡"，鲁中军区趁吴伪第一旅、第三旅立足未稳，吴化文去济南之际，发起了第二次讨吴战役。参战部队有鲁中军区直属第一团、第二团、第三团，沂蒙军分区第十一团、沂山军分区第十二团各两个营，泰山军分区 5 个连及沂北独立营共 5 个团的兵力。根据吴伪军处于八路军外线包围的态势，参战部队分为左、中、右、后 4 路纵队，从四面向盘踞在鲁山以南，东起东里店，西至大张庄，北至石桥这一地区的吴伪军展开进攻。

12 月 4 日 23 时，4 路纵队发起总攻。5 日拂晓，第一团攻克九子峰，第二团攻克韩庄，全歼守敌。5 日晚至 6 日拂晓，第一团会同兄弟部队攻克亳山、轿子顶，直逼石桥、大泉庄，并威胁吴伪总部驻地张家庄。7 日，第一团进攻大泉庄，激战终日，曾一度攻入村内，因伪军增加兵力，遂又撤出。第二团和兄弟部队攻克孝村、中庄，歼敌大部，继而占领龙王崮、太平山等地。其他部队也都完成了预定作战任务。大崮、大张庄伪军在八路军猛烈攻击下，放弃阵地向北逃窜。8 日，第二团攻克河东，歼敌一个连。第一团深入石桥，威胁悦庄。下午 3 时，日军增援悦庄伪军。八路军为巩固已得地区，除一部控制既得阵地外，主力撤回沂北根据地。

第二次讨吴战役，经过四天四夜的激烈争夺，攻克东里店、石桥、大张庄、岱崮等 20 余处吴伪据点，并解放米山、九山两区，毙伤伪军 133 人，俘虏伪军 366 人，缴获小炮 15 门、重机枪 19 挺。这次战役的胜利，粉碎了日伪军"蚕食"北沂蒙地区的企图，沉重地打击了吴伪军，"扫荡"清河区的日军也被迫从12月中旬全部撤退。

在山东军区先后两次讨伐之后，吴化文部伪军还有1万余人，分布在鲁山南麓之鲁村、南麻、悦庄及其周围2000多平方公里的地区，隔断沂山、鲁山、泰山、蒙山各根据地的联系。

1944年3月25日，鲁中、滨海军区参战部队7个团组成4路梯队，在鲁中军区司令员王建安、政委罗舜初指挥下，以鲁山为中心，在周围150公里战线上，兵分四路，冒雨向敌发起全线攻击，打响第三次讨吴战役。

东路梯队第一、第二、第四团及滨海军区第六团担任主要突击任务，向敌纵深猛插。滨海六团一营与敌激战6小时，歼敌一个加强连，继而会同团主力歼灭伪一七九团大部。在进攻大泉东山战斗中，红军“渡江英雄”连长何万祥不幸中弹牺牲。鲁中四团攻占北牛寨、钻天崮，歼敌一八二团一部。二团围攻西大崮，迫敌两个连投降。一团围攻石桥、石楼，歼敌四十九师师部及一七八、一八一两团，逼近悦庄，威胁吴伪总司令部。

左路梯队鲁中军区第十团直捣敌后，攻占鲁山主峰，突入鲁村以南，占领高村、玉皇山等阵地，歼敌一部。西路梯队直插敌后，攻占鲁村以北的董家庄、芦芽店、松仙岭、小峰，歼敌独立二旅12个连。

北路梯队攻克三岔店、崮山、璞邱等据点，歼伪独立四旅一部，截断敌东部的补给线，直接威胁吴部后方。至29日，吴伪防线均被打烂，溃不成

王建安司令员在讨吴战役前线指挥战斗

军，吴化文率残部退缩到鲁村、悦庄两点为中心的狭小地段上，等待援敌。

3 月 30 日，驻莱芜日军五十四旅团坂本大队和驻益都独立第五旅团长岛大队，共 3000 余人汇集悦庄，向鲁中、滨海部队发起进攻。各路梯队主力转移外线对敌作战，以小分队袭扰敌人，开展游击战。日军找不到主力反而处处挨打，于 4 月 8 日陆续撤回。吴伪心惊胆战，调整防线，以挽败局。

八路军鲁中军区部队趁日军撤走，敌布防未稳之机，于 15 日再次发起进攻。二团在十二团配合下，相继攻占青龙山、黄山子等据点，围攻张家庄四十九师主力。西线十一团攻克永兴官庄，全歼守敌。四团围攻荳庄守敌独立四旅，经彻夜激战，副旅长袁东云率全体官兵 600 多人投降。驻张家庄的吴部四十九师一部被歼，残敌仍负隅顽抗。

此时，吴化文率四十七、四十八两师主力东援，鲁中军区首长决定趁敌西部空虚之际，除留十二团在悦庄、张家庄地区牵制四十九师外，主力 5 个团于 18 日夜奔袭吴伪西线。

当夜，一团及军区特务营奇袭吴总部，全歼吴总部及一七一团，俘敌少将处长楚家宝、张洪志、吴芳庭以下 800 余人。十一团攻占桃花山及小张庄南山。二团攻占张庄，歼敌一部。四团围攻黄庄，歼敌一部。十团围攻铁车，俘敌独二旅 100 多人。

20 日，吴化文到达悦庄，闻后方告急，旋即回师鲁村。困守张家庄的伪军四十九师待援无望，亦弃据点西窜。第十二团乘胜追击，一举攻克张家庄、悦庄、南麻。至此，鲁山南麓除鲁村、黄庄小块地区外，其余地区全部解放。

第三次讨吴战役，自 3 月 25 日开始，至 4 月 20 日结束，历时 26 天，共歼吴伪军 4 个团、2 个师部及其总司令部机关计 6400 余人，俘伪少将、中校、少校以下军官 342 人；攻克据点 50 余处，缴获大炮 67 门、轻重机枪 104 挺、长短枪 3140 支及大批物资、弹药；解放村庄 1000 余个、人口 30 多万；收复 1200 平方公里的国土，使沂山、鲁山、蒙山地区连成一片，打通了沂、鲁、泰、蒙山区根据地的联系。

二、讨李战役

为进一步配合正面战场作战，山东军区又利用青纱帐盛起之际，发动了大规模的夏季攻势，在滨海地区发起了讨伐伪军李永平部的“讨李战役”。

李永平原系诸城卢山一带的土匪，借抗日招牌拉起队伍，被编为保安十二团，1941 年投敌，改称伪“滨海警备军”，归青岛日军独立混成第五旅团指挥。辖 3 个团，1 个独立营，共 3600 余人，盘踞在以泊里镇为中心的诸（城）胶（县）日（照）边区，控制着障日山、藏马山、铁橛山一带山区。

为打通滨海根据地与胶东根据地的联系，滨海军区集中第六、第十三团，滨海支队、警备团，及第一、第三军分区地方武装诸城县大队、日北县大队各一部，在第一军分区司令员梁兴初指挥下，在王台至两城 70 多公里的战线上，以胜水、大村为重点，分左、右两个纵队，发起“讨李战役”。

1944 年 7 月 23 日晚战斗打响，经 4 天激战，滨海部队揳入敌纵深，连克旺山、胜水、理务关、后村等据点，李伪全线崩溃，收缩于泊儿镇地区固守待援。

从 7 月 25 日至 8 月 5 日，诸城日军第五混成旅团第二十大队 500 余人，在朋田大队长指挥下，先后 6 次出兵增援，均被一一五师主力部队老十三团击退。胶县、日照等地日军多次出援，也均被击退。

1944 年 7 月，滨海军区发起讨伐伪军李永平部战役

此役历经37战，毙伤俘日军133人、伪军550余人，攻克据点48处，摧毁碉堡300余座，解放村庄600余个、人口30余万，建立了诸（城）胶（县）边和藏马县抗日民主政权。从此，西起五莲山，东达藏马山，南抵日照，北至诸城2500平方公里的广大地区为滨海军区控制，巩固了与胶东根据地的联系。

三、攻克沂水城

沂水县城处于沂蒙山区腹地，东靠雪山，西滨沂河，是鲁中重镇。沂（水）青（州）、沂（水）临（沂）、沂（水）博（山）、沂（水）蒙（阴）、沂（水）莒（县）5条公路交会于此，东达黄海之滨，西通沂蒙山里，南抵临沂，北接益都，战略位置非常重要。

1939年夏，日军占据沂水城，在此构筑工事，加固城防，修建机场，以重兵据守。城南门外是日军新建的独立据点，有3米高的坚固围墙。在围墙里东南角、正东、东北角、西北角、西南角和中心建有6个大炮楼。围墙外有宽5米、深3米的壕沟，壕外密布着鹿寨和铁丝网。有日军1个中队、1个特务营，共300余人守备。沂水城里有伪沂水县长牛仙元部8个中队1000余人把守。城四周安设了8个据点，与沂水城守敌相呼应，形成了坚固而又完整的防务体系。

日军在沂水城设有高级军事指挥机关、特务机关和空军基地。沂水城成了日军对鲁中发动侵略的基地，每次对鲁中根据地所进行的“扫荡”，几乎都从这里调动人马。因此，攻克沂水城，具有重要的政治意义和军事意义。

攻打日伪军联防的县城，在鲁中军区还是首次。1944年夏，遵照山东军区指示，鲁中军区司令员王建安、政委罗舜初、区党委副书记高克亭、鲁中军区参谋处长胡奇才，对攻克沂水城的作战方案进行了周密的研究。经过紧张的准备，定于1944年8月15日发起沂水城战役。参战部队有鲁中军区第一团、第二团、第四团、第十一团，军区特务营，还有部分地方武装和民兵。攻城作战要求步兵与爆破相结合，攻城与打援相结合，隐蔽主力，奔袭包围，速战速决，在敌援兵到来之前结束战斗。

当时，鲁中军区司令员王建安带各团团长去山东军区开会，确定此次战役由军区政委罗舜初、区党委副书记高克亭和军区参谋处长胡奇才直接指挥。攻日军据点的指挥员是第四团副团长高文然。为摸清日军防守的战地现场情况，高文然副团长和侦察参谋戴成功，利用暗夜摸到日军据点西南角炮楼下面，隐蔽在铁丝网边的南瓜藤下进行观察；又到城南关离日军据点最近的居民院内，观察东南炮楼情况。当场确定，首先攻击东南炮楼，团指挥所就设在此民房内。

8月15日夜，各参战部队以隐蔽奔袭形式进入攻击出发地。罗舜初、高克亭、胡奇才率战役指挥所人员，来到四团攻坚指挥所附近的南关居民房内，听取了四团攻坚部署和参战部队的电话汇报，检查了攻击准备情况后，发出以四团攻敌东南炮楼为号的总攻命令。

22时，战斗打响。顿时，枪声大作，弹飞如雨，硝烟弥漫，火光闪闪，各路部队如猛虎下山，扑向日军据点和沂水城垣。四团一营三连先隐蔽向东南炮楼外壕匍匐架桥，被敌发觉，敌人猛烈射击，架桥组的石会全扛着云梯中弹倒下，其余战士马上抢起梯子跳进外壕，被敌火力封锁。

这时，班长张克有大喊一声："上去架桥，死也要死在这里。"紧接着竖起了云梯。爆破手李希增迅速踏上云梯，抱着炸药冲上前去。突然敌堡里传来一阵枪声，李希增抱着炸药翻滚到壕沟里。他不顾满身泥水，摸到那个炸药包，又飞身上岸，贴近了炮楼墙。

突然，空中闪出一团爆炸的火光，一股浓烟卷上夜空，"轰隆"一声，炮楼炸倒了，敌玉井小队长和一班敌兵都葬身在烂瓦碎石堆中。突击队员们通过炸毁的缺口，冲进小围子，穿过房屋，越过短墙，和敌人展开了激烈的巷战。敌报务员铃木，刚刚发出第一号八路攻城的电报，就被击倒在电台旁。

突击队消灭了东南炮楼上的敌人，乘胜追击，直奔西南炮楼。西南炮楼的敌人，呜噜着半生不熟的中国话："八路子弹少少的！给你们补充补充！"随着野兽般的嚎叫，炮楼里吐出一串串火舌。

突击队员们冒着敌人的弹雨奋勇向前，用强大火力掩护架桥组用木板和云梯架桥，连架3次，牺牲多人才把桥架好，又被敌人火力压制。班长彭长

鲁中军区部队发起沂水战役，指战员在隐蔽接敌

庚把褂子一脱，对徐广和说:“你离我五六步远，我牺牲了，你立即跟上。”说着把小褂一扔，抱起炸药包向前冲去。

敌人的机枪哗哗地扫射过来，彭长庚抱着炸药急速地往前爬行，徐广和紧跟其后用力向前赶。在这生死关头，彭长庚抱起炸药，翻身滚到沟里。敌人失去扫射目标后，一时停止射击。彭长庚趁机“嗖”地飞上外壕，这时敌炮楼里的机枪又咕咕响开了。他左闪右藏，机智地躲过敌人的子弹，直扑炮楼。一声惊天动地的爆炸，西南炮楼在浓烟中坍倒了，突击队员们迅速冲上了大炮台，将炸昏的残敌消灭。

16 日拂晓，四团副团长高文然进入被炸塌的东南炮楼处向北观察，发现东炮楼底层地面上，挖了一个很大的射击孔，敌人卧姿向八路军突入围内部队侧面射击，阻八路军前进。这时，高文然的警卫员刘玉章突然扛起炸药包，绕道向东炮楼跑去。高文然立即命一连用机枪掩护。“轰隆”一声巨响，炮楼被炸塌，炮楼中敌人全部丧生，刘玉章不幸中弹牺牲。

盘踞在东北角炮楼和中心炮楼的敌人，竟采用灭绝人性的手段，大量施放毒气，许多战士把事先准备好的湿布捂在嘴上，但仍抵不住使人窒息的毒气，致使 30 多名战士中毒晕倒，口吐黑水。

狡猾的敌人乘机反扑过来。班长魏继桃大喊一声：“毒气没有劲了！拼刺刀！”接着就带领中毒较轻的八班，端着雪亮的刺刀迎上前去。吴善德击毙一个敌兵，许法亮接连刺死两个敌兵，副班长陈为善带三个战士拦腰斩断敌人的冲锋队形，一阵手榴弹，敌人的尸体横七竖八地倒在地上，敌人溃退了，救出了中毒的战士。

16 日上午，四团二营营长刘振江在南门楼上观察小围内敌人动静，趁东北炮楼敌人去中心炮楼之际，组织四连巧妙地占领了东北角炮楼。约 20 分钟，敌一个小队返回东北炮楼时，突然被四连用机枪、手榴弹一阵猛打，敌大部被打死，只有三人向中心炮楼逃去。至此，敌人被迫退守中心炮楼和西北角炮楼及平房，守堡待援，双方对峙到黄昏。

太阳落山后，八路军发起总攻。攻城部队在火力掩护下，对城门、城墙、火力点实施连续爆破，云梯组迅速架起云梯，突击队爬墙强攻。激战半小时，第一团一营攻占了沂水城北门，二营攻占了东门，第十一团一营攻占了西门，然后，各部由东、北、西三面向中心攻击前进。经过激烈巷战，当晚将城内伪军、伪警察及伪县府人员大部肃清。伪军 200 余人退守钟鼓楼被八路军包围起来。

次日上午，八路军利用伪军家属和俘虏展开政治攻势，迫使其缴械投降。战至 16 日下午 2 时，被八路军压缩到城西南角小围子内的伪军全部被歼，伪县长牛仙元被九班战士活捉。

第二团和地方武装也横扫了沂水城周围的据点。第一团集结做好参加攻占日军据点的准备。第十一团打扫战场，并向蒙阴方向警戒，准备近距离打击来援之敌。16 日上午，莒县日伪军乘 8 辆汽车匆匆赶来增援，被阻击部队打得丢盔卸甲，遗尸 6 具，狼狈回窜。蒙阴日伪军一部来援，行至坦埠附近，被第二团伏击，大败而回。

16 日晚，第四团将日军中心大炮楼和西北炮楼分割后，决定半夜强攻西北炮楼，对中心炮楼佯攻，消耗疲惫敌人，午夜后强攻歼敌。四团二营组织投弹组、刺刀组和爆破组，由东北炮楼沿南围墙里侧，向西北炮楼搜索前进。西北炮楼里的敌人三五成群走下来，占领巷道、房屋，疯狂阻击，展开激烈巷战。战士们冒着枪林弹雨奋勇血战。

在西巷口，十班战士正端着刺刀追击敌人，南面又冲出10多个敌兵，在西屋顶上，架上机枪向十班扫射。战士们舍生忘死，继续搜索前进，接近了西北炮楼，扔进了手榴弹。随着爆炸声，炮楼里冲出来5个敌兵，端着刺刀猛扑过来。刚从医院归队的五班战士谭秀三挺枪迎击，刺死一个敌兵，刺刀还未来得及拔出，另一个敌兵扑到他的面前，一刀刺进他的肚子，紧接着连刺几刀，鲜血一直淌到脚跟。谭秀三拼着最后的气力，向敌兵腿上狠狠地刺了一刀。敌兵被击毙，谭秀三也倒在血地上。

副班长王敬胜和一敌兵拼杀，接连被石头和铁丝网绊倒，枪脱手老远，敌兵在他腿上连刺了两刀，赶上一步又对准了他的胸膛。这时，王敬胜抡起双臂，左右拨挡敌兵的刺刀，两只手被划得鲜血淋漓，胳膊被刮掉好几块肉。生死关头，他急中生智，迅速从腰里抽出一个手榴弹，未来得及拉弦，就向敌兵砸去，敌兵惊恐，撒腿就跑，王敬胜立即拾枪射击，击毙敌兵。

经战士们浴血奋战，近距离爆破，午夜前攻占了西北炮楼。午夜后，对敌中心炮楼进行连续爆破，实行强攻。敌人用迫击炮弹向炮楼四周投掷，阻八路军接近。八路军在步枪、机枪火力掩护下，进行第一次爆破，牺牲1人，负伤4人，未能奏效。

第二次由四连连长范均庚和排长梁兰清率爆破组进行爆破，范连长扛起一包70斤的炸药包，顺着一条胡同扑向中心炮楼，把炸药放在大炮楼外沿工事上，点燃了导火索，将中心炮楼西北角炸开一个洞，敌人用机枪、刺刀堵住洞口，并从洞中投出迫击炮弹，梁排长牺牲，范连长负重伤。

高文然副团长到东北炮楼抵近指挥，中心炮楼之敌又施放毒气。指战员立即用土办法解毒。待毒气消散后，用预备队接替中毒的战士，继续向中心炮楼攻击。两次爆破均未奏效，攻坚战达到白热化程度。

这时，鲁中军区参谋处长胡奇才来到四团指挥所，问高文然是否改用一团主攻。高文然说："首长放心，拂晓前一定解决战斗。"经查明，两次爆破未奏效的根本原因，是中心炮楼底层约一米高处用厚土堆成斜坡，炸药包贴不到墙上。于是派爆破英雄、副排长万保全和一名战士，把100斤的炸药包捆在带叉的长竿上进行第三次爆破。

在集中火力掩护下，万保全和战士飞快贴近中心炮楼，把炸药贴在炮楼墙上。万保全点燃导火索，一声巨响，山摇地动，滚滚浓烟直冲上空，中心炮楼彻底炸塌了，守敌被全部消灭。爆破英雄万保全壮烈牺牲。天将拂晓，战役全部结束。

中心炮楼被炸塌后，罗舜初、高克亭和胡奇才等首长随第四团进入围内，指挥打扫战场，并准备召集部队进行现场爆破表演，以便总结经验。不料躲在平房角内残存的4个日本兵，突然一声跳出来，端着刺刀迎面向首长们扑来。情况紧急，机警的警卫员和四团战士迅速越过首长冲过去将敌兵全部击毙，化险为夷。

沂水城被攻克后，正在"扫荡"鲁山地区的日军田坂旅团及伪军吴化文部3000余人，兵分三路，急速向沂水城扑来。18日，八路军在战略转移前，对日军遗尸作了妥善安排，挑选了17具较完整的尸体，用清水洗净，用白布包上，附上八路军的宣传品和日军反战同盟山东支部的信，用担架抬着送给莒县日军。其余尸体，装棺入殓，埋在沂水城南，放上花圈，写上碑文，以备日军查看。

进犯沂水城之敌，在八路军主力部队、地方武装和民兵的不断阻击下，有两路已被击退，一路千余人付出沉重代价后，于19日重占沂水城，见到日军坟墓，痛哭流涕。日军立足未稳，就遭到八路军主力部队猛烈袭击，地方武装和民兵把沂水城紧紧围困，敌人连遭打击，窘迫无路，不得不于20日在飞机掩护下，向莒县狼狈逃窜。从此，被日伪军盘踞6年之久的沂水城重新回到人民手中。

沂水攻坚战役，鲁中军区部队以牺牲45名、负伤270余人的代价，毙伤日军小队长及以下53人，俘日军20人。毙伤伪军200余人，俘伪县长牛仙元等800余人。缴获各种炮12门、轻重机枪12挺、枪支1021支、枪弹24378发、战马17匹、汽车2辆、自行车12辆、白银70余斤、粮食70万余斤、花生米240万斤、食油10万余斤、罐头647箱及其他一大宗物资。

沂水是山东八路军解放的第一个县城，沂水外围8处据点亦被荡平，沂水全境被解放，巩固了沂、鲁山区根据地，打通了鲁中与滨海军区的联系。延安《解放日报》在题为"山东捷报"的社论中高度评价了沂水战役胜利的重大意义。

四、三进山城打文登

文登，位于山东半岛东部，北依威海，南濒黄海，东部是天福山丘陵地带，西部是胶东屋脊昆嵛山脉，境内山陵起伏，沟壑纵横，是著名的革命老区，天福山抗日武装起义和《三进山城》的故事就发生在这里。

1937 年 12 月 24 日，在中共胶东特委领导下，在文登东北的天福山举行了抗日武装起义，打响了胶东抗战的第一枪，创建了“山东人民抗日救国军第三军”。这支部队不断发展壮大，先后改编为八路军山东纵队第五支队和第五旅，成为胶东抗日战场的主力军。

1940 年 2 月，日军侵占文登城，驻有伪军 5 个中队和一个警备大队，共 800 余人。又在“老城”东南文登乡村师范学校修筑了据点“新城”，城墙高两丈，外有铁丝网、壕沟，设有 5 个碉堡，日军一个中队 200 余人驻在“新城”。同时，日军在大水泊、汪疃、草庙子、二龙山、三里庙、七里汤、回龙山等村镇和交通要道还建有 14 处据点，不断对根据地进行“封锁”“扫荡”和“蚕食”。

八路军胶东军区东海军分区部队，在军分区司令员刘涌、副司令员于得水指挥下，开展了一系列反“扫荡”和反“蚕食”战斗，沉重地打击了敌人，度过了抗战最艰难的时期。从 1944 年春季开始，胶东战场转入局部攻势作战。2 月 14 日，在文登城内线引导下，东海军分区政治部敌工股特务队队长杨光率领队员 20 余人化装成“皇军”潜入城内，在北濠街伪四区区公所将伪区长孙党击毙，缴获长短枪 14 支，震慑了城内日伪军。

1944 年秋，胶东军区的主力部队和地方武装，为了策应鲁中、滨海地区军民的反“扫荡”斗争，发动了大规模的“秋季攻势”。8 月 24 日，胶东军区部队发起了攻打水道的战斗。担任主攻任务的是胶东军区十六团，另外由东海军分区直属三营配合。东海军分区的主要部队和牟海县独立营在牟平城以南阻击牟平敌人的增援；文登、文西、荣成、威海 4 个独立营负责围困文登城，阻敌西援。整个战斗由胶东军区参谋长贾若瑜指挥，东海军分区副司令员于得水参与指挥。

在东海军分区主力部队攻打牟平水道据点的同时，在“家”留守的东海军分区政治部主任张少虹主动请战，建议由负责阻援的文登、文西、荣成、威海4个独立营围困攻打文登城，形成东西两线对敌攻势，这一建议得到了军区的批准。其中，《三进山城》的作者赛时礼参加了攻打文登城的战斗。

赛时礼，1919年生于文登县邢家村，在村里上了四年小学，后因家境贫寒而辍学。1938年参加八路军，历任东海军分区独立五营一连排长、连长，因作战勇敢、屡立战功，先后被授予“昆嵛山战役银质奖章”和胶东军区“战斗模范”光荣称号。

文登杨家产村北山上有一条横贯东西的大道，地势险要，敌人在山顶据点修了炮楼，驻着伪军一个小队。一天，赛时礼带着20个精明强干的战士，化装成“皇军巡防队”，打着“膏药旗”，大摇大摆地朝据点走去。伪军小队长一看，急忙下令放吊桥，吹哨子集合队伍。伪军小队刚站好，赛时礼高喊：“举起手来，缴枪不杀！”战士们一齐把枪口对准集合起来的伪军。伪军小队全部被抓，八路军战士无一伤亡，烧掉炮楼后安全撤离。

1942年5月，赛时礼在率部攻打赵保原部的一个大碉堡时，左腿被机枪打断，从此成了跛子。伤愈后从主力部队转到地方部队，担任文登县独立营二连连长。为指挥战斗方便，组织上配给他一头小毛驴。从此，赛时礼率领部队与日伪军周旋战斗在文登、威海一带，打伏击、截汽车、拔据点、闹县城、闯威海卫，先后参加战斗上百次。在东海一带，“赛瘸子”“毛驴连长”成为妇孺皆知的传奇英雄。

攻打文登城的作战命令下达后，四个县的独立营，于8月17日下午到达指定地点。晚饭后，在文登独立营驻地泊石村，召开了有文登独立营营长刘剑秋、荣成独立营营长周文茂、威海独立营营长江海、文西独立营营长贾邦元等参加的战前会议，成立了张少虹为首的指挥所，并确定了作战计划。

作战计划确定后，各独立营分别集结在文登城周围，对文登城敌人实行围困、监视、堵截。城里的日伪军见八路军有攻城的架势，恐慌不安。伪军二中队长刘振海、八中队长张世忠等表示要寻机把部队拉出来，弃暗投明。

基于上述情况，攻城指挥所除军事上加强警戒，随时准备出击外，还派敌工股副股长郝香斋二进文登城，和城里的于云海一起对伪军进行瓦解和劝

东海军分区政治部主任张少虹（前排右一）、文登独立营营长刘剑秋（二排右一）等战前留影

降，同时不断向日伪军散发宣传品，加强夜间喊话，日伪军惶惶不可终日。8月23日晨，伪二区区长邵玉堂率部投诚。

8月24日夜，胶东军区十六团、东海独立团一营与二营，在地方武装的配合下，向东海境内最大的日伪军据点水道据点发起猛攻。至25日上午，歼灭日军54名，毙俘伪军180名。水道据点的攻克，让文登城内的日伪军更加惶惶不可终日。

25日晚上，内线赛有勇从日军那里获悉：日军60多人，伪军200多人，带着轻重机枪，26日晨要去威海。攻城指挥所得到这一消息后，命令集结在洪水澜一带的威海独立营，在杨家产至申格庄段公路上，选择有利地形伏击。同时，派文登独立营二连连长赛时礼率部参加伏击战。

第二天拂晓，伏击部队进入阵地，大家都翘首远望，等待着敌人钻入口袋阵。这时，远远地看到有几个拾粪的老百姓，肩背粪篓，手拿铁铲，从远处慢慢走来，走走停停，越走越近。赛时礼觉得不对：拾粪都是沿着跑马车的大路拾，这几个人怎么跑到地里去了？拾粪都是低着头看着路，这几个人却东张西望；更出奇的是，胶东农民从来不在头上裹手巾，这几个却头上包着白毛巾，一看就是日军的侦察队在东施效颦。

赛时礼将计就计，命令部队保持静默，放过日军侦察队。后面远远跟过来的是大队日军，日军后面是伪军。按照部署，文登独立营二连顶住伪军，由威海独立营营长江海率一、二连全力消灭日军。等日军靠近后，伏击部队突然开火，打得伪军四散逃命。但日军毕竟训练有素，遭到突袭后竟能迅速火力反击，并在短时间内组织起力量冲击伏击阵地。江海一看日军居然敢冲过来，立即命令："吹冲锋号，上！"一时间战场上刺刀翻飞，"咔咔"地响成一片。日军渐渐支持不住，纷纷逃出了战场。

敌人溃退到附近的高格庄据点，整顿之后，准备撤回文登城。赛时礼主动报告指挥部，准备在敌人回程的崖子头南山截击。指挥部同意并指示文登独立营一连，迅速运动到文登营一带增援二连作战；同时命令荣成独立营集结待命，准备阻击出城接应的日伪军。

赛时礼指挥二连，敌人先头部队过来时不要打枪，放他们过去，打跟在后头的大队。然而由于部队新兵较多，经验不足，当敌人先头部队经过时，一名新战士沉不住气开了火。敌人马上向二连阵地扑了过来。伏击变成强袭，敌人兵力远超二连。二连浑然不惧，依托有利地形，向敌人猛烈射击。

文登城里的日伪军听到城北战斗打响后，也派出部队，企图接应。刚开出城门，就听到漫山遍野的冲锋号声和枪声，此起彼伏，冷枪冷弹不断呼啸着从头上掠过，日伪军壮着胆子走到峰山口子就再也不敢往前走了。激战两个多小时，直到日落时分，敌人久攻二连阵地不下，只好原路退回高格庄。此战，二连打死打伤日伪军 20 余人，俘虏伪军 25 名，缴获 26 支捷克步枪和大批弹药。敌伪震动，连夜把文登城周围三里庙、七里汤、阎家庄、二龙山等据点的守敌，都撤入城内。

到 27 日中午，敌人更是像热锅上的蚂蚁。城内传言纷纷，说外面来了好几万八路，并且全是老八路，不是"土八路"，还有很多挺机关枪，把文登城围了个里三层外三层，看来这次八路是非打下文登城不可。其实，来的是刚参加完水道据点战斗的文西独立营和县大队，顶多 1000 来人。那"机枪"是民兵们跟文西独立营要来一些机枪弹匣，想办法固定在枪身上方，又让铁匠铺连夜把煤钩子、煤铲子打造成一批能套在枪管上的两脚架，然后就扛着假机枪游行，沿着大道，喊着口号，一路大摇大摆，大造声势，直奔文登城而去。过了柳林村，一扭头钻进山沟，悄悄绕了个圈又回到出发点，再来一圈，也就真像是“上万”人的大部队了。

文登城里的日军极度恐慌，连忙向驻威海的日军求援。8 月 30 日，威海日酋吉山率 200 多名日军，乘 8 辆卡车到了草庙子据点，走公路怕被地雷给炸了，就把卡车停在草庙子，经小路步行进入文登“新城”。八路军攻城指挥所估计吉山此来，有把文登的日伪军全部拉到威海的可能，于是决定：威海独立营在杨家产至申格庄这段公路上埋伏或进行沿路侧击；文登独立营占领城北崖子南山；张少虹率荣成独立营，从城西北赶到敌人的前头，切断敌人的退路，和文东独立营一起夹击敌人。

当荣成独立营赶到西北柳林村的时候，已是午饭过后，听到从城里跑出来的老百姓说：从上午开始，城里的二鬼子就胡乱打枪，还闯进老百姓家里抢东西，“新城”的日军都集结在大操场上。于是，张少虹命令荣成独立营马上派一个班，迅速占领后寺北山，用机枪猛扫集结在操场上的日军。枪声一响，集结在操场上的日军即刻乱成一团，一部分日军嚎叫着抢占后寺北山，掩护日伪大部队逃窜出了文登城。文登独立营紧追不放，歼敌多人，还解救出 30 多名被捉去的老百姓。

被日军盘踞 4 年又 7 个月的文登城解放了，这是胶东区人民武装秋季攻势中解放的第一座县城。随即，各独立营挥师北上，迫降汪疃、北店子、吐羊口、鹿道口等日伪据点。至此，文威公路南段和文烟公路的日伪军逃窜一空。9 月初，文登、文西两县全境解放。

战斗英雄赛时礼身经百战，先后负伤 6 次，导致左眼失明，右眼弱视，右手残废，半身瘫痪，从此成了特等伤残军人。但他身残志坚，以惊人的毅力从事文学创作，根据攻打文登、威海等战斗经历，创作了著名的《三进山城》《智闯威海卫》等作品，被誉为中国的保尔。

五、葛庄伏击战

1944 年 8 月下旬，为了阻止八路军秋季攻势的发展，并打击山东军区指挥机关及后方，日军集中第五十九师团、独立混成第五旅团、独立步兵第一旅团、伪军吴化文、荣子恒、济南治安军各一部及驻江苏北部的第六十五师团一部，共 1 万余人，在第五十九师团长佃川中康的指挥下，对滨海区进行“扫荡”。

为粉碎日军大“扫荡”，山东军区指示其他军区积极发动秋季攻势，牵制“扫荡”之敌。从 8 月中旬至 9 月下旬，胶东军区展开一个多月的攻势作战，歼灭日伪军 5000 余人，收复文登、荣城两座县城，攻克与逼退日伪据点 138 处，进一步打通了胶东 4 个军分区内部的联系及胶东与渤海、滨海区的联系。

渤海军区从 8 月中旬至 10 月下旬，发起攻势作战，歼灭日伪军 5000 余人，攻克利津、乐陵、临邑、南皮四座县城，进一步打通了渤海区内部各军分区的联系及渤海区与胶东、鲁中区的联系。

9 月 1 日，“扫荡”滨海后回撤的日军田板旅团长率藤崎大队及伪县警共 800 余人，由莒县沿莒（县）博（山）公路返博山、张店，当夜宿于柳树头村。

八路军鲁中军区一、二、四团和四军分区十二团两个营，鲁中军区特务营，在第三军分区司令员孙继先、副政委李耀文的指挥下，隐蔽设伏于沂博路上咽喉要地沂水城西北葛庄、陶沟地区，待机歼敌。

2 日晨，当日伪军以行军纵队进入杨家庄北岭伏击地区时，八路军一部指战员突然开火，最后展开激烈的白刃战，将前哨之敌百余名消灭。八路军另一部绕到敌人侧后进行袭击，使日伪军退守杨家，又以一个排的兵力占领草沟东南后山阵地。敌人发觉后，即分兵两路向后山一排兵力的阵地发起进攻，当进到一定距离后，八路军以手榴弹向敌反击，发起反冲锋，将敌击退。

下午 4 时，第三梯队赶到，将敌全部压在西草沟庄内。傍晚，将敌四面包围，发起总攻。经过激烈战斗，占领村庄1/2，毙伤敌100余名，生俘数十名，缴获武器弹药、马匹各一宗。

9月3日，双方展开激烈巷战。战至4日12时，敌人突围溃逃，追至沂河岸，将敌大部歼灭。残敌400余人向莒县奔逃，窜到三十里堡后，被八路军警戒部队击散，仅有200余人逃入莒县。

右路敌人为草野清大队450人，伪武定道县警300余人，伪吴化文一七九团之郝全仁部200余人，共计1000人，装备主要有山炮2门、八二小炮1门、重机枪2挺、轻机枪12挺，沿沂（水）博（山）路前进。

下午2时，前哨敌人进入葛庄伏击圈，由于民兵提前鸣枪，致使敌人迟缓不前。敌五中队企图强占葛庄东岭，第三梯队飞速先敌占领，立即展开梳篦式队形接近敌人，当日伪返至东岭线时，八路军战士勇猛地冲向敌人，展开白刃搏斗，把敌人压于岭下。经过激烈搏杀，刺死五中队长岗田健以下敌人50余名。

接着，日军第一中队，在两门山炮及轻重机枪的掩护下，发起第二次冲锋。坚守阵地的八路军第二梯队，立即投入反冲锋，连续击退敌人的5次冲锋，迫敌败退下去，形成百米距离的对峙态势。第一梯队分数路隐蔽前进。

黄昏时，八路军总攻开始，先以集束手榴弹杀伤敌人，接着冲入敌阵，展开白刃格斗。激战不久，将敌人刺垮。残敌西窜，被一梯队打回，向北逃

在葛庄伏击战中缴获的日军山炮

窜，又被第一梯队的侧击队击退，将敌人压缩到葛庄西小岭头上。当晚，实行车轮战法，给敌以杀伤。

战斗相持至次日下午 6 时，敌突围南逃。第一、二梯队由东西平行向沂河岸夹击，第三梯队追到河边，以轻重机枪扫射正渡河的敌人，敌狼狈万状，将大部重武器丢入河中。第二梯队绕过河南村，用手榴弹将敌截成两段。一段 50 余人沿莒沂路向莒县逃窜，被警戒部队在三十里堡截击，将敌电台截获，残敌逃入莒县城。

另一段 150 余人，走投无路退守无儿崮。9 月 5 日，敌机 11 架次为孤敌投掷了弹药、粮食。6 日，日军田坂旅团长率 1700 余名日伪军，在 12 架飞机掩护下，增援无儿崮，将被困之残敌解围。至此，战役结束。

这次战役，八路军以牺牲 49 名、伤 260 名的代价，击毙日军一中队长田野平、五中队长岗田健、炮兵队长佑伯司及以下日军 300 余人，生俘日军 31 名；毙伤击溃伪三方面军独立旅长陈三坎及以下伪军 1000 余人；生俘伪三方面军四十六师参谋长李真化及以下人员 367 名。缴获各种炮 4 门，轻重机枪 21 挺，掷弹筒 4 具，各种枪支 506 支，枪弹万余发，骡马 94 匹，电台 4 部及其他军用物资一宗。八路军以较少的牺牲取得了大量歼灭敌人的胜利，是山东抗战史上在运动战中歼灭日军的一次比较成功的战例。

六、莫正民反正

1944 年 11 月 14 日，山东军区集中滨海军区第四、第六、第十三团，鲁中军区第一团，山东军区特务团，独立第一旅等，共 1 万余人，在冬季攻势中发动了莒县战役。

莒县地处鲁中、滨海两区接合部，成为日军“扫荡”的战略基地和运兵要道。城内驻有日军一个中队百余人，伪军莫正民部保安大队 3500 余人。

在 1942 年夏季随日军对解放区“扫荡”中，莫部势力遭受沉重打击。莫正民为保存实力，秘密与滨海八路军联系。根据莫的要求，滨海军区敌工部派于洪举等人到莫部工作。通过与莫部官兵接触了解到，伪官兵对充当日军帮凶而得不到信任，还不断受到凌辱和猜忌而不满，大部分有正义感的官兵不愿留下“汉奸”的骂名。莫正民虽出身旧军人，投靠日军，但从一些重大问题的表现看，尚有民族气节，他奉行着对日军、国军、共军都不轻易得罪的态度，以为将来留条出路。

根据伪保安大队官兵的思想情况，滨海军区敌工部决定，做好下层官兵的工作，争取该部队官兵起义。1943年春，滨海敌工部派谷凤鸣及王尽美长子王乃征接替于洪举进入伪保安大队。

谷凤鸣进入莫部后，首先结识了莫的副官长王绍石。滨海军区司令员陈士榘接见了王绍石，并将原来缴获的一挺机枪还给他，从而更密切了与王的关系，王绍石让军区敌工部敌工人员高希镐在他的副官处当了便衣侦察。这样在王绍石的帮助下，谷凤鸣在下层据点中交了许多“朋友”，并逐步结识了一些上层军官，在他们的疏通下得以与莫正民相会。开始接触，莫的言谈仅是模棱两可，含含糊糊。针对这种情况，谷多次进行正面教育，双方接触多了，对局势有了一些统一的看法。为了保密，莫让谷挂上了“副官”名义，自由出入莫的大队部。

为了促使莫早日转变，走上反正道路，谷凤鸣根据上级指示，培养发展了几个莫部中层军官。通过与这些人的联系，接触范围逐渐扩大，滨海军区敌工部派出20多名敌工干部，先后在12个中队设立了半公开的联络站，其他中队也安插了敌工人员。就是与伪县政府、警察局、新民会、医院也建立了关系，使工作到处有帮手、有耳目，为伪保安大队反正奠定了基础。

1943年冬，针对莫正民犹豫不决的应付态度，为使其早下决心，滨海军区集中优势兵力，先后拔除了莒城外围的30多个据点。为了对莫正民的诚意进行考验，在拔除夏庄据点前，先与莫谈好，让他放弃莒之南部。当八路军活捉夏庄据点日军小队长后，大队副刘振亚不仅没撤走，反命令部队坚持待援，结果据点拔除，刘也成了八路军的俘虏。

夏庄战斗证明莫没有诚意，对八路军的多次警告也置之不理。为打击伪保安大队的嚣张气焰，鲁中部队迅速攻克井丘据点，沉重打击了莫的嫡系主力。莫正民带着王骧华、马永平、郑明连3个主力中队前去增援，半路被八路军阻击。王骧华被乱军打死，马永平、郑明连趁机退回了“大本营”小柳行。这次打击没有得到日军的支援，使他们从依靠日军的迷梦中清醒过来。

遭此打击后，伪军内部乱作一团。副大队长刘明双、孟敬之幸灾乐祸。大队副袁海瀛为保存实力，主动与八路军保持联系。莫正民则见人就大哭，以取得部下的同情。特务中队长郑明连说：“老蒋都不敢惹八路军，王介千竟敢惹，关系都是我们搞坏的。”莫正民曾与部下研究投靠吴化文，但没有一个赞成的。

1944 年后，八路军的节节胜利，使莫体验到日军的不可靠，而对国民党也不抱幻想，便主动与八路军敌工人员联系。谷风鸣、王乃征等抓住这一有利时机，帮助莫分析了部队的具体情况，莫做出了表示诚意的姿态，令造成井丘“误会”的责任者王介千写了悔过书，九中队长李永贤被撤了职。

八路军方面，由敌工人员安排王绍石到根据地，会见了在寿光起义的伪华北保安军独立二团团长、后被编入山东军区独立第一旅任旅长的王道，并将在夏庄俘虏的大队副刘振亚教育后放回，使莫看到八路军信得过，优待俘虏的政策是真的。

根据以上情况，滨海八路军敌工科长以军区秘书长的名义与莫会面，双方议定了起义方案，正式议定起义后委任莫为旅长。自此，莫悔过自新，戒掉了大烟，同时寻找一切机会向日军要粮、要武器弹药，为起义做准备。起义时间确定为 1944 年 11 月 14 日。

根据山东军区关于利用莫起义的有利条件，里应外合收复莒城的指示，各项准备工作在抓紧进行。山东军区指定滨海六团、山东军区特务团两个营、莒中独立营等为主攻部队；调动鲁中一团、四团、滨海十三团、莒北独立营和王道独立旅及警备团、教导团一部，列阵莒北，阻敌南援；在莒之南部由莒南、沭水县独立营、莒临县大队阻敌北援；日照警备队、军区教导团阻日照沈疃西援之敌。滨海区党委、专员公署、莒中县政府在战前成立了城市工作委员会，组织万名民工准备拆城、破路。

11 月 14 日下午 6 时，莫正民下达起义命令，各路人马分头行动。莫正民的勤务兵将日本教官金野抓住，副大队长刘明双、陈笏卿将伪县长丁晓峰、日警务段分所长成田和翻译官，及从沂水逃来的日本顾问一起捉住，同时将日经济顾问多本、汉奸于经武也捉了起来，去招贤运生米的日经济顾问荒井被十中队长岳贵君活捉。十二中队长率队带两挺机枪，在日军司令部外胡同，封锁了日军唯一的出路。

7时整，传来了起义信号，一声震天巨响，耸立4丈高的奎星阁被八路军工兵樊宝增用80斤重的炸药包炸毁，八路军攻城部队乘机进城，将日军包围在专修的日军司令部。

起义的部队在莫正民的率领下，排成4路纵队，臂上戴着白底黑“正”字记号，押着伪县长、日本教官、经济顾问、汉奸于经武出城。3500多人的起义队伍，扛着31挺机枪、35门手炮、3000多支枪到解放区中心地带，加入了八路军行列，编为山东军区独立第二旅，莫正民任旅长。

攻城部队与起义部队配合，迅速占领各重要地段。至23时30分，日军被逼龟缩在核心工事内，陷于重重包围。此时事先组织的民工将城墙、碉堡拆毁。外围部队将陵阳、杨家店子、刘家村、河口等16个据点收复。主攻部队奋勇攻击，将周围碉堡炸毁，把日军围困在最后两个碉堡内。虽连续攻

指战员在攀登莒县城外围据点

莒县保安司令莫正民率3500人反正，开赴根据地

击两日，但均未奏效。

17日，日军第五混成旅团纠集诸诚、高密日伪军600余人南援，在崖头、店子一带被滨海十三团和鲁中一团迎头痛击，日伪死伤惨重。天亮时，施放毒气掩护逃到枳沟。至18日下午，由日军旅团长内田率领，绕过打援部队阵地，于19日窜入莒城与日残部会合。此时，主攻部队撤至城外，形成大包围圈，迫敌于29日晚逃窜至诸城，至此莒城解放。

莒县战斗，除莫正民起义部队外，共毙、伤、俘日伪军241人，缴步枪3145支、机枪31挺、掷弹筒36具、战马10匹。八路军收复莒县全境，使滨海、鲁中两区连成一片。

七、击毙日军少将

1945年5月1日，驻鲁日军第四十三军为巩固其占领区，以便控制鲁东南沿海，防止盟国军队登陆后两面受敌，发动了对鲁中地区的“秀岭一号作战”。日军出动第五十九师团主力第五十三旅团和五十四旅团，在藤田茂师团长指挥下，疯狂地进行大“扫荡”，企图肃清活动于新泰、蒙阴、沂源、沂水、莒县、诸城一带山区的八路军。

鲁中军区司令员王建安、政治委员罗舜初，指挥第一、第二、第三、第四、第五军分区部队，与日军第五十九师团周旋于鲁中地区，不断以阻击、袭击、伏击、袭扰等战法打击敌人，致使日军推进缓慢。

5月5日，日军第五十三旅团少将旅团长吉川资，率领日军一个突击大队400人及伪军600余人，由博山出动，日夜兼程沿博（山）沂（水）公路向沂源方向进犯。狡猾的吉川资一反常态，沿途不袭村庄，行动诡秘，企图出其不意地偷袭八路军鲁中军区指挥部。

吉川资，日本山口县人，1912年毕业于日本陆军士官学校，历任日军第三十三师团兵器部长、第三十九师团第二三三联队长，曾率部参加过三次长沙会战、宜昌战役等作战，善于攻坚和突击。1945年1月，升任第五十九师团第五十三旅团少将旅团长，师团司令部驻泰安。这次“清剿”作战，第五十三旅团的作战地域在沂源地区。

吉川资的诡秘行动，引起了鲁中军区司令员王建安的高度警觉，命令鲁中军区第二团，由沂水西北的诸葛、东里店一带，返回鲁山根据地，监视并待机歼灭博（山）莱（芜）南犯之敌。由于情况紧急，部队接到命令后，日夜兼程向北疾进。队伍前进顺序是第三营在前，团部和第一、第二营在后。

5月6日夜，三营营长刘佐，营教导员张锡正，带领三营趁夜沿博沂公路向石桥、悦庄一带运动。7日凌晨，三营侦察兵在石桥以西三公里处发现敌人先头部队的行踪，刘营长立即指挥全营迅速转移到石桥东北的山上，抢占有利地形。

在山坡的树林里，刘佐营长和张锡正教导员召集紧急会议，决定利用石桥北山345高地有利地形，出敌不意，打一个伏击战。石桥以东及北部群山连绵，峰峦叠嶂，便于兵力隐蔽和伏击，火力可直接控制公路及河道。刘营长再三强调，不准过早暴露兵力，以防敌人提前展开兵力，使团主力处于战则不利、撤则仓促的被动局面。张教导员作了战前思想动员后，刘营长随即下达了作战命令，各连迅速进入阵地，按计划展开。

在晨光熹微中，七连进至345高地南坡，八、九连进到高地北坡，一个排担任警戒，防敌迂回。由十几名特等射手组成的突击班，配置在阵地前沿。一切部署就绪，部队以逸待劳，战士们摩拳擦掌，严阵以待。

沂源石桥伏击战

时隔不久，由远及近的马蹄声，打破了战前的沉寂。在朦胧的晨曦中，几十匹战马飞驰而来，趾高气扬的吉川旅团长率先头部队已进至石桥边。刘营长凭着多年的战斗经验，一望便知是日军的高级指挥官。他命令狙击手，集中火力首先射击带指挥刀的那个日军指挥官。特等射手率先开火，一声枪响，吉川旅团长应声栽落马下。看到旅团长被击中，大队副官冈田刚要上前搀扶，也被一枪撂倒。

刘营长大手猛地一挥："打！"一阵密集的枪弹，射向骑兵群。全营两挺重机枪，三挺轻机枪和数百支步枪，顷刻吐出长长的火舌，愤怒的子弹呼啸而出，集中射向敌人的骑兵。只见敌骑兵人仰马翻，纷纷跌落马下，被打惊的马匹横冲直撞。敌人惊慌失措，仓促应战。

这时，大泉区区中队长李秀江奉县人武部命令，率领队员前来助战。参战队员在阵地的四周居高临下，高呼："鬼子跑不了啦！打啊！"声震山谷，威势倍增，打得敌人蒙头转向，一片混乱。小钱大队长也在混乱中被打死。日伪军失去指挥，如惊弓之鸟，慌不择路，奔窜逃命。

在石桥的东南方向，是一处南北走向又窄又深的山涧，宽有十数米，窄处仅七八米，深达二十几米，两壁悬崖如削，逃窜至此的鬼子和伪军，多被区中队队员的手榴弹炸死，成百的日伪军葬身于山涧中。日军毕竟是经过严格训练的亡命之徒，经过一阵混乱后，一部分日军拼全力抢占附近的石桥村，仓促转入防御。伪军除死伤、投降者外，大都溃不成军，四散逃命。

当三营与敌打响时，团主力已进至石桥以南地区，遂令二营控制西南332高地，一营进至石桥以东错石村附近阻击敌人。逃向山沟的日军，凭借小山头和嶙峋怪石拼命顽抗。八路军指战员一个个怀抱步枪，从山坡上翻滚而下，顾不得被荆棘刺破的手脸，冲向敌群，连克四个山头，并同日军展开白刃战。日军死伤惨重，无心恋战，四散而逃。

这时，西起悦庄，东至大泉，沂源县县大队带领附近村庄的民兵赶来参战，有的端着鸟铳、“土炮”，有的挥着大刀、红缨枪，围歼残敌。李秀江率领的区中队一气缴了伪军30支步枪。三营战士群情振奋，更加勇猛地追歼顽敌。

逃进石桥村的敌人，获得喘息机会，即行拆民房、筑工事，妄图负隅顽抗。团部首长进行了现场观察之后，决定乘敌立足未稳，歼灭该敌。随即部署二营由石桥西南主攻，一营由石桥东侧助攻，三营转为预备队担任石桥北侧警戒。

战至黄昏，一、二营秘密接近石桥，突然发起攻击。二营很快突入村内，与敌短兵相接，展开刺刀战。战士们端着刺刀，沿着血迹斑斑的巷道，勇猛地刺向敌人。班长寇成英在与日军的对刺中，被砸掉了步枪，危急时刻，寇成英大吼一声，猛虎般扑到敌人面前，抱住敌人在地上翻滚，一位新参军的战士一个虎跳窜上来，照敌人连刺三刀，日军当场毙命。

日军残部突出合围，逃到公路以西一高地和薛家官庄，固守待援。这时，各路“扫荡”的日伪军纷纷赶来增援，第二团迅速撤离石桥，避开日军合击。

石桥伏击战，取得了毙伤日、伪军600余人的辉煌战果，其中包括一名少将旅团长、一名大队长、两名中队长、四名小队长，缴获战马62匹以及许多枪支弹药，成为沂蒙抗战史上的光辉战例。鲁中军区第二团受到山东军区通令嘉奖，寇成英被评为战斗英雄。

八、解放蒙阴

蒙阴城是日军在沂蒙山区的中心据点。为了拔除楔入泰山和沂蒙山区的这一颗钉子，鲁中军区决定用4个主力团和一部分地方武装发起蒙阴战役，用强攻战法收复蒙阴城。

1945年3月8日，鲁中军区部队对蒙阴城发起总攻。一团担任主攻，负责消灭城内日伪军；四团负责阻击由新泰来援的日军；九团和蒙阴独立营负责消灭蒙阴城周围据点的伪军；十一团配合一团攻打城东门和南门。

一团根据蒙阴城内的伪军情况，准备了两个攻城方案：一是利用城内的伪军关系，选两位有战斗经验，勇敢机智沉着的同志，潜入城里用炸药炸毁西门，部队由西门进攻，直接攻击日寇的据点。这个方案如成功，可减少攻城的伤亡；二是如果炸城门失利，就用强攻战法攻入城内消灭日伪军。一团的作战任务是：一营攻下西门，消灭城内日军；三营由东关攻进城内消灭全部伪军；二营作预备队，派小部兵力由北关佯攻。

3月8日，部队首长派曹世范、曹凤洲两人将30公斤的炸药密运进县城内，按预定计划于当晚10时40分在城西门起爆。但情况有变，攻城部队未能及时赶到，敌人封锁了爆炸口。城东攻城部队经激烈战斗，冲入东关，占领了敌人外围的八蜡庙碉堡，并从东、东北、东南3个方向朝县城内猛攻。这时乔贞言策反伪军宋学兰部全部起义。经一夜激战，全歼城四关的伪军，将敌人压缩在城内小围子里。

9日上午，新泰日军100余人，分两路向县城增援。一路日军乘两辆汽车沿新蒙公路开来，12时行至墩台附近，受到一团二营的阻击。战至次日晨，四团二营前来增援，三面冲入敌阵，将援敌全歼。另一路增援之敌60人，沿东都、汶南向东开来，9日上午在汶南以东遭阻击部队伏击，狼狈逃回。

9日18时，攻城部队发起总攻，至10日凌晨4时，歼灭日军3个小队104人，其中击毙日军中队长山博茎及小队长吉泽安道人等。活捉日军9人，俘伪县长唐耘三、伪队长石绍武等956人，毙伤伪军255人，缴获汽车

2辆，小炮11门，重机枪两挺，步枪981支，子弹1.3万发，同时解放县城周围店子、汶南等4个据点，使沦陷近6年之久的县城重回人民手中。

九、春夏攻势

从1945年春季开始，中国共产党领导的八路军和新四军，在敌后战场开始对日军发动了大规模的攻势作战和局部反攻。

山东军区在春季攻势中，首先发起讨伐伪暂编第十军荣子恒部战役。2月1日晚，鲁南军区主力三团和鲁中军分区九团，在地方武装配合下，集中兵力向泗水城发起攻击，一举攻进城内，占领了伪十军军部、伪县政府等。经过两夜一天的激战，城内守敌全部歼灭。击毙日军顾问长泽金鉴、指挥官石川等20余人。击毙伪军军长荣子恒、副军长陈镇藩、参谋长朱江等122人，俘虏一师师长李富玉、二师师长朱复宁、伪泗水县长李香亭等近2000人。缴获轻重机枪14挺、步枪1120支、短枪82支、掷弹筒20具、子弹2万余发、电台4部及粮食、布匹等大宗军用物品。

接着，又发动了讨伐伪军赵保原部战役。2月11日夜，胶东军区集中5个团主力，攻克赵保原部老巢万第等据点10余处，毙伤伪军2000余人，俘虏7370人，赵保原率残部窜入即墨。

在粉碎日伪军春季攻势"扫荡"后，山东军区又发动了夏季反攻。6月5日至27日，鲁中军区集中5个团兵力，发起讨伐盘踞在潍县一带的伪鲁东和平建国军厉文礼部战役，先后攻克夏坡、景芝等日伪据点60余处，歼敌7300余人，解放了安丘以南、临朐以东、景芝以西1700多平方公里的土地。

7月15日至30日，滨海军区集中4个团的主力和地方武装、民兵各一部，发起讨伐盘踞在诸城一带的伪山东国民自卫军第一集团军张步云部战役，先后攻克相州、石桥子、都吉台、双庙、双羊、朱马等据点，歼敌5000余人，解放了诸城、高密、胶县之间2500平方公里的地区，使胶东、滨海、沂蒙解放区连成一片。

冀鲁豫军区在春夏攻势作战中，先后发动南乐战役、东平战役和阳谷战役，共消灭日伪军7000余人，攻克据点240处，收复县城19座，解放人口250余万，使津浦线以西的泰西、运东、运西、湖西等几块抗日根据地连成一片。

十、杨子荣参加海军支队

刘公岛位于威海湾东部5公里的海面上，方圆4平方公里左右，为威海卫天然屏障，战略位置非常重要，曾为北洋水师海军基地。日军占领刘公岛后，在岛上设华北要港司令部，驻有日伪海军600余人。

1944年下半年，山东八路军开始了局部反攻，胶东军区连续发动了夏季和秋季攻势，攻克日伪据点124个，前锋直逼烟台、威海等城市。在刘公岛上的练兵们，决定发动一次大规模的起义。练兵营卫兵队少尉队长郑道济，秘密联络练兵营4个上士班长连城、毕昆山、李仁德、刘国璋，以及“东海”交通艇副艇长王文翰等准备起义。

1944年11月5日，这一天是星期日，岛内的官兵按规定可以出岛游玩。日伪军官们像往常一样相继乘船出岛。下午1时30分，郑道济按原计划将起义骨干及部分练兵集合于练兵营第二兵舍，正式宣布起义。

第一突击队在毕昆山和刘国璋的率领下直奔日军辅导部，先将值班日军砍毙，又将在栈桥上钓鱼的3个日军击毙，缴获了十几支日本手枪和两挺轻机枪。第二突击队在连城和崔大伟的率领下向要港司令部接近。他们佯装找人，说通门岗，径直奔向值班室，将值班的伪少尉军官击毙，占领了司令部。第三突击队在郑道济的率领下冲向西炮台派遣队，冲进炮阵地下面的窑洞里，说服守卫士兵加入了起义队伍。

为了对付从威海回来的日伪军官，郑道济等人进行了周密的布置，连城带人埋伏在栈桥附近，两挺轻机枪交叉瞄准栈桥。5时30分，从威海开回来的交通艇“日生利”号徐徐靠上栈桥，伪装带缆的崔大伟、许传礼、刘秉义等十几名起义练兵，腰里暗藏手枪，紧密注视着上岛的日伪军。

回岛的日军有7人，伪军官有基地司令员李玉昆等十几人，像往常一样，他们按照军阶的高低依次走上栈桥，每一个日伪军官身后都有一个起义的练兵跟随。当走在前面的日军快到栈桥末端时，连城突然开了一枪，发出了动手的信号，跟在日军和伪军官身后的练兵们纷纷举枪射击。顿时枪声大作，日军和伪军官一个个应声倒地，没有被打死的日伪军官企图逃跑，埋伏在栈桥下面的练兵们一拥而上，将其全部消灭。至此，刘公岛上的日军和伪军官大部被歼。共计日军 17 名，伪军官上校 1 名，中校 2 名，少校 1 名，尉官 10 余人。海军中将司令鲍一民听到枪声后慌忙藏在暗室里，侥幸逃脱。起义部队无一伤亡，取得了彻底胜利。

郑道济把部队进行了重新编队，共编成 8 个队，共 600 余人，分乘“同春”“日生利”“东海”等舰船以及 23 号内火艇，缓缓地驶离了刘公岛，11 月 6 日拂晓，起义部队在威海双岛港西海岸登陆。

起义部队登陆后，即被胶东半岛中共地方党组织获悉，他们很快报告了八路军东海军分区。不久，军分区也从威海地下党处获悉刘公岛汪伪海军起义的消息，决定争取这支抗日的队伍。为了预防不测，军分区派出文西独立营于 7 日拂晓前占据了通往牟平的必经之路双林前村附近的高地。

当起义部队到达了双林前村时，八路军立即派人与他们联系，说服他们参加了八路军。八路军东海军分区敌工股长辛冠吾接见了起义部队代表连城。辛冠吾说：“你们在刘公岛杀掉了鬼子和汉奸，出来抗日，干得好啊！我们非常敬佩你们这种英勇行动。我这次来是代表胶东军区首长和东海军分区首长欢迎你们参加八路军的，你们的意见怎么样？”

连城说：“我们把队伍拉出来就是为了抗日。”连城把事先拟定的三个条件逐条谈了出来。辛冠吾听了很高兴，对连城解释说：“你们参加八路军是光荣的反正，当然不是缴械投降，队伍肯定不拆散不改编，我们八路军说话是算数的，你们放心好了，不要有什么顾虑。双林前这个地方靠海太近，为了安全，应当迅速转移，向根据地开进。”

刘公岛海军起义的消息，很快传遍了胶东半岛，传遍了全国。《大众报》社印发了《号外》，延安新华社播发了“刘公岛伪海军六百人反正”的消息，美国旧金山电台也转发了这一消息。《新华日报》也作了长篇报道，在社会各界引起了强烈的反响。

11 月 10 日，起义部队到达了文西县院东村。东海军分区司令员刘涌、政治委员仲曦东宴请了起义的领导成员和骨干分子。11月22日，东海军分区在文西县召开了命名大会，把起义部队改编为“山东胶东军区海军支队”，郑道济为支队长，下辖4个中队，成为中国共产党领导下的第一支海军部队。

1945年8月，“海军支队”配合主力部队，参加了解放牟平、烟台、即墨等战斗。因部队在战斗中减员，补充了部分官兵，其中就有《林海雪原》的作者曲波和传奇英雄杨子荣。

特级侦察英雄杨子荣

杨子荣，原名杨宗贵，1917年出生于山东牟平嵎岬河村一个贫苦农民家庭。13岁时随父母闯关东，先后在鸭绿江上当船工，在鞍山、辽阳一带当矿工，因此对东北的三教九流、行帮黑话等都有所了解。1943年春，因反抗日本工头的压迫，被迫跑回山东老家。

1945年夏，杨子荣参加八路军，历任胶东军区海军支队第五中队炊事班炊事员、班长，参加了解放牟平、烟台等战斗。同年10月随部队开赴东北林海雪原，被编入牡丹江军区第二团第七连，随团政委曲波在牡丹江海林一带剿匪。只身闯入土匪盘踞的杏树底村，不费一枪一弹使土匪400余人投降，荣立特等功，被团里评为战斗英雄，升任侦察排长。曾带领5名战士化装成土匪打入夹皮沟匪穴，一举将“座山雕”张乐山等25个土匪全部活捉。在追剿郑三炮等匪首的战斗中，英勇牺牲，被东北军区司令部授予“特级侦察英雄”光荣称号。

第二十一章

全面反攻

1945年7月16日，美、英、苏三国首脑在柏林郊外的波茨坦森林举行会议。会后，中、美、英三国首脑联合发表《波茨坦公告》，敦促日本无条件投降。7月28日，日本政府拒绝接受《波茨坦公告》，发誓要在本土进行“陆上特攻作战”，直至战斗到最后一个人。美国总统杜鲁门获知这一消息后，立即启动了原子弹爆炸计划。

8月6日上午8时15分，两架B29飞机飞临广岛1万米的上空，投下了人类历史上第一颗原子弹“小男孩”。突然，在2000英尺左右的空中，闪出一道炫目的闪光，一个巨大无比的火球伴随着巨型蘑菇云腾空而起，整个广岛在一阵沉闷的轰鸣和颤抖中顷刻化为废墟，共有32万人口的广岛市，死亡14万人。9日上午11时30分，两架B29轰炸机又在日本长崎投下了第二颗原子弹“胖子”，几乎摧毁了该地区全部工业设施，死亡7万余人。

8月8日，苏联政府对日宣战。9日0时，苏联红军2万余门自行火炮一齐轰鸣，在3400架飞机、5500多辆坦克的掩护下，150万大军兵分三路，从东、西、北三个方向，在4000多公里的战线上，闪电般越过中苏、中蒙边境，向日本关东军发起全线进攻。关东军经营多年的永久性防御工事，在遮天蔽日的飞机轰炸和铁流滚滚的坦克碾压下顷刻瓦解，100万关东军迅速崩溃。

8月9日，毛泽东发表《对日寇的最后一战》，号令八路军、新四军及其他人民军队，应在一切可能条件下，对于一切不愿投降的侵略者及其走狗实行广泛的进攻，夺取抗日战争的最后胜利。10 日、11 日，朱德总司令连续发出七道命令，饬令解放区各抗日武装，向其附近城镇及交通要道之敌发出通牒，迫令日伪军投降。万里敌后战场上，共产党领导的抗日军民向日军展开了战略大反攻。

一、山东省政府成立

中共中央山东分局十分重视抗日民主政权建设，到 1945 年 8 月，山东抗日根据地已建成 5 个行政公署，22 个专员公署，127 个县级政府。为了适应大反攻形势的需要，迎接抗战最后的胜利，1945 年 8 月 12 日，即将出席全国解放区人民代表会议的 38 名山东代表，联名向省临时参议会和省战时行政委员会提出成立山东省政府的建议。

8 月 13 日，省临时参议会和省战时行政委员会第二十次联席会议在莒南大店召开，会议决定将山东省战时行政委员会改为山东省政府，推选黎玉为山东省政府主席，并一致通过将临时参议会改为山东省参议会，标志着中国共产党领导下的第一个省级政权诞生。

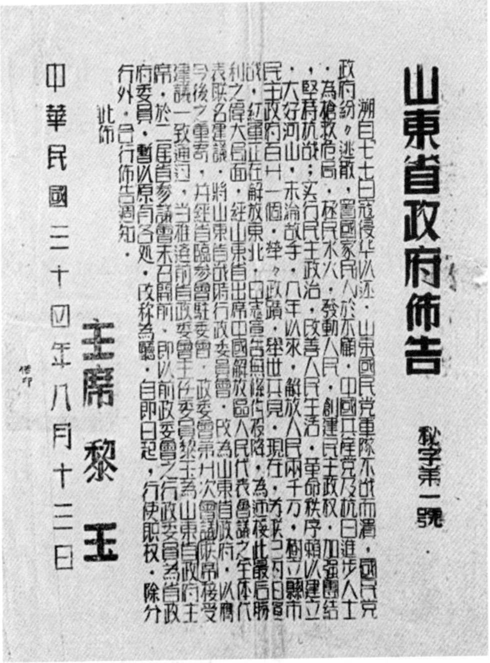
山東省政府佈告

秘字第一號

主席　黎　玉

中華民國三十四年八月十三日

1945 年 8 月 13 日，山东省政府发出第一号布告，宣布山东省政府成立

第二天，《大众日报》刊发了题为《山东省政府正式成立，黎玉任省主席》的新华社通稿。原有各处改称为厅，并委派了各重要城市的市长。委派赵笃生为济南市市长，林一山为青岛市市长，李乐平为徐州市市长，于化琪为海州市市长，孙端夫为烟台市市长，于

洲为威海卫市市长。同时，将各行政主任公署改称行政公署，并发布了《关于准备接受城市的紧急命令》。

8月22日，山东省政府委员会第一次会议在莒南县大店召开，会议决定成立省政府所属的7个厅局，推选刘居英任省政府秘书长兼公安总局局长，梁竹航任民政厅厅长，艾楚南任财政厅厅长，薛暮桥任实业厅厅长，杨希文代理教育厅厅长，黎玉兼任司法厅厅长，白备伍任卫生总局局长。

8月20日，针对国民党政府重回山东欲抢夺胜利果实的行动，山东省临时参议会驻会委员会发出《为反对国民党反动派勾敌投敌重来祸鲁告各界同胞书》宣言。宣言明确指出，共产党领导的山东省政府是全山东人民唯一的正统合法政府。明令各级民主政权，均在省政府统一领导之下，加紧动员一切人力物力，支援解放军各路前线，向各大城市及交通要道推进，以期迅速压迫日军投降缴械，收复一切失地，解放山东全境。

二、五路大军大反攻

8月11日，中共山东分局、山东军区召开有关领导及党外人士参加的高级干部联席会议，讨论大反攻的进军任务，部署整编部队、接管城市、动员参军、支援前线和维持后方治安等项工作。山东军区将各军区的主力与基干部队整编成8个师、12个警备旅和1个海军支队，组成野战兵团，共27万余兵力。各师、警备旅番号前冠以“山东解放军”，山东军区机关改称“山东解放军总部”。

同时在全省各地掀起参军热潮，仅津浦路以东各区，在短短时间内，就有4万名优秀青年踊跃入伍，使部队迅猛扩大。除野战兵团外，各军区都组织了第二梯队，充实了县区武装。13日，山东军区颁布《战时人民紧急动员纲要》，号召解放区人民组织起来，担负各种战时勤务，积极支援大反攻；山东省政府颁布《山东民兵工作条例》，规定了民兵在大反攻中的任务。党政军民紧急动员，迅速完成了大反攻的各项准备工作。10万民兵组成数十个临时脱产的“子弟兵团”，开赴前线配合部队作战，维持新区治安；10余万民工担负各种战时勤务。

8月11日，山东军区向日军驻山东最高指挥官、第四十三军司令官细川中康发出限期5日内投降的通牒；14日，各部队分别向各地伪军、伪政权发出通牒，限其24小时内率部出降，拒不投降者，坚决消灭之。但日伪军根据美军和蒋介石的命令，拒绝向八路军投降。山东军区遂兵分五路，向日伪军占领的城市和交通要道进军，以武力迫使其缴械投降。

第一路大军由鲁中军区部队组成，辖第三、第四师，警备第一、第二、第三旅，在司令员王建安、政治委员罗舜初指挥下，向胶济路西段、津浦路济南至兖州段之日伪军进攻，并与渤海第四路大军一起进逼济南。从8月19日至31日，先后收复临朐、莱芜、益都、博山、淄川、章丘、周村、新泰，毙伤俘伪军5000余人，控制了胶济路济南至张店、张店至潍县段，孤立了张店之敌，使鲁中、渤海两区直接联系起来；并攻克历城县王舍人庄，逼近济南。9月10日，攻克鲁中重镇临沂，守敌除毙伤600余人外，2000余人被俘。临沂城的解放，使鲁南、鲁中、滨海3个地区完全连成一片。随后，山东省政府、山东军区机关即迁驻临沂。

第二路大军由滨海军区部队组成，辖第一、第二师，警备第十、第十一旅，在司令员陈士榘、政治委员唐亮指挥下，分南北两线作战：南线八路军向陇海路东段日伪军发起进攻，于21日收复赣榆、青口，切断陇海路，进逼海州、连云港。北线八路军向胶济路东段进军，并配合胶东第三路大军进攻青岛。8月19日，攻克胶县，俘伪"国民自卫军"第一团张洪飞部2000余人。20日，莒县日伪军逃窜，诸城、日照孤立。9月6日，滨海第一师攻克诸城。日照守敌于9月8日弃城逃窜，整个滨海区全部光复。

第三路大军由胶东军区部队组成，辖第五、第六师，警备第四、第五旅及海军支队，在司令员许世友、政治委员林浩指挥下，向胶济路东段、青岛外围及沿海各城市日伪军进攻。8月17日，攻克重要军港威海卫，21日解放莱阳、黄县等地，24日解放了重要港口城市烟台市，26日攻克即墨城。至8月底，第三路大军共毙日伪军1700余人，俘日伪军4400余人，另有伪军1500余人投诚。9月7日晚许世友亲临前线指挥，发起平度之战，生俘伪军官兵5700余人，毙伤700余人。至9月底，先后收复牟平、福山、石岛、龙口、招远、蓬莱等城镇，东海、北海地区全部获得解放，并突破崂山防线，攻占流亭机场，逼近青岛。

第四路大军由渤海军区组成，辖第七师，警备第六、第七旅，在司令员杨国夫、政治委员景晓村指挥下，向津浦路济南至沧州段及胶济路西段之日伪军进攻。8月17日解放寿光，20日解放高苑等5个县城，23日解放临淄及辛店、淄河等车站，30日解放惠民，31日攻入邹平，全歼拒降伪军，生俘1200余人；同日，又解放了青城。至此，第四路大军共歼日伪军7800余人，切断了胶济路中段，从东北方向朝济南城郊挺进，与第一路大军形成钳击济南之势。9月10日，八路军部队在民兵的配合下，构成一个周长80公里的大包围圈，然后逐渐拉紧“网绳”，将残余伪军挤压到徒骇河畔。紧接着，八路军从四面八方同时发起攻击，伪军2000余人被生俘。9月17日晚，八路军全歼无棣守敌，俘敌5400余人，毙伤伪军400余人。9月26日，八路军攻陷商河，击毙伪军官兵300余人，生俘4500余人，至此，渤海区腹地全获解放。

第五路大军由鲁南军区部队组成，辖第八师，警备第八、第九旅，在司令员张光中、政治委员王麓水指挥下，向徐州东北外围及津浦路兖州至徐州段日伪军进攻。8月18日，攻克兖州以南的官庄车站，切断了津浦铁路，

在津浦铁路官桥车站，
日本侵略军举手投降

19 日解放泗水、曲阜县城；25 日解放台儿庄，直逼徐州；9 月 7 日展开峄县战役，全歼守城伪军，俘敌 1400 余人。

9 月 8 日夜，鲁南二分区派铁道游击队炸毁津浦铁路韩庄铁路桥，炸毁日军铁甲车和运兵车一列，阻日军山田部 3000 余人及伪军 300 人于沙沟、姬家庄。新四军七师十九旅与分区部队会合，派铁道游击队队长刘金山、政委郑惕敦促日军就地投降，同时一举全歼沙沟伪军。日军被困半月，被迫缴械投降。

三、营救潍县集中营

潍县，位于山东半岛中部，是中国最早主动对外开放的商埠之一，商贸发达，交通方便，吸引了众多外国人士聚集于此。1883 年，美国传教士狄乐播及夫人阿撒拉来到潍县，在潍县城东的虞河岸边，开办了男女中学、医院与教会，命名“乐道院”。1904 年，扩建为广文大学，下设理学院、医学院和神学院，成为中国较早的现代化大学和胶东一带规模最大的医院。

1941 年，太平洋战争爆发，英、美、加、澳等国纷纷对日宣战。日军宪兵队强行占领乐道院，将在中国沦陷区搜捕到的英、美、法、新西兰、加拿大、古巴、希腊、澳大利亚、荷兰、比利时等 21 国侨民及战俘集中关押于此，日本人称之为“敌国人民生活所”。日军还将乐道院周围的中国居民驱逐一空，把院内所有树木砍伐一空，在院内的六个角落垒起岗楼、碉堡，架起机枪，围墙上架设了一道道带电的铁丝网，一座幽静的教会中心，变成了阴森恐怖的集中营。

在 3 年多的时间里，先后有 2000 多名外国侨民被关押于此，其中有英国 400 米跑奥运冠军利迪尔、华北神学院创始人赫士博士、曾任蒋介石顾问的基格神父、齐鲁大学教务长德卫斯博士、美国第二任驻华大使恒安石、美国花旗银行董事长夫人沙德拉、青岛大英烟草公司经理韦伯、燕京大学理学院院长韦尔选，以及燕京大学文学系主任谢迪克博士、英语系主任桑美德女士、哲学系主任博晨博士、化学系主任窦维廉夫妇、音乐系主任范天祥先生等 30 多位知名教授，还有 327 名外籍儿童，成为当时亚洲规模最大的同盟国侨民集中营。

日军对被关押者的食物等生活用品供应极差，并严密封锁消息使外面难以得知，因此这些国际侨民生活非常困难。一些侨民冒险偷偷地将自己的衣服、金牙、手表、皮鞋等物品包裹好，在里面夹上写有想换食物和自己名字的纸条，趁日本看守不注意，将包裹扔出墙外。墙内侨民与墙外中国人虽互不相识，但这些包裹一旦被忠厚的山东人拿到，都会立即从墙外扔回比对方想换数量多得多的食品。

日军对欧美侨民相对温和，但对中国人却极其凶残。有一个中国临时工利用进入集中营搞维修的机会给外侨偷偷地带食品，被日本看守打得失聪。上虞村青年韩祥携带食品试图翻越围墙给营内侨民帮助时，不慎触电网死于墙头，日本看守故意使其尸体挂在电网上一整天，借以示众。

集中营的供给日益恶劣，体弱多病的难友无药救治，侨民自治管理委员会的负责人、齐鲁大学教务长德卫斯给他的学生、广文中学校长黄乐德写了一封信，希望得到他的帮助。日本人监控严密，唯一能自由出入集中营的中国人只有淘粪工张兴泰。耿直忠厚的张兴泰冒着生命危险将信转给了黄乐德。

潍县集中营的外国侨民在放风

黄乐德接到信后，立即将2000元伪币让他偷带进去救急，然后他领着儿子黄安慰，带上干粮到处募捐，辗转找到国民党昌乐县长张天佐和寿光县长张景月，共募集到善款30多万伪币，时值10余万美元。黄乐德将这批款项让儿子黄安慰与女儿黄瑞云，分三批秘密送往中立国瑞士驻青岛代办处艾格外交官手中，再以国际红十字会的名义购买药物与营养品，分批送往集中营，挽救了很多侨民的生命。

为争取美军总部的救援，以基格神父为首的几个年轻人秘密筹划出逃，并希望能得到当地抗日游击队的接应。他们请张兴泰将消息传给黄乐德，黄乐德找了曾在乐道院做教师的杨淑兰。杨淑兰的丈夫王绍文密访在昌邑一带游击的鲁苏战区游击第四纵队代理司令王豫民，王派特务队长杨子明率领侦察队前去接应，并商定好越狱时间和接应地点。

德卫斯和基格等人周密策划，通过观察掌握了岗楼上日军卫兵的活动规律。每天傍晚交接班时，趁天色尚未全黑，两班所有的卫兵共同巡视围墙一周，大约10分钟的时间，在此期间内，电网停电，以便卫兵清除网上的异物，这是一个绝佳的越狱时机。他们选定了三个机智勇敢的年轻人执行越狱计划，包括通晓中国语言的美国教师恒安石和英国退役海军上尉、时任大英烟草公司职员的狄兰。另外，委派英国电气专家、身高两米的托米充当人梯，帮助他们越狱。

1944年6月9日傍晚，乌云遮月。日本巡警们刚刚离开岗哨会合去检查电网，三人便敏捷地溜到墙根下，托米将带来的木凳放到地上，然后蹲在凳子上当人梯。恒安石和狄兰站在托米肩上迅速越墙而出，跑到附近一处墓地的松树林，与接应的游击队会合，共同返回第四纵队驻地平度县孙正村。

恒安石和狄兰越狱后分别给美英驻华使馆写了密信，报告集中营里的情况和危急处境，请求支援。第四纵队代理司令王豫民先后派参谋长李资廉和副官李凤年与王绍文同去重庆送信。三人历尽艰险，分路先后到达重庆，找到美英使馆，交上密信。不久，援华美军总部迅速调拨一批机枪弹药和食品药物，以及1亿法币和一台收发报机，并给恒安石一封回信，指示他们就地参加中国抗日游击队工作，配合救援集中营人员。不久，美军派一架B-24型飞机，将李凤年、王绍文和12箱物资用降落伞投到第四纵队驻地。

英美红十字会募集到大批食品包裹，也委托瑞士领事馆代为转送。他们将大批奶粉、猪肉罐头、奶酪、巧克力、糖、咖啡、果酱、鱼肉和葡萄干等包裹送进集中营，从而在一定程度上扭转了难民们饥寒交迫的处境，挽救了一些老弱病残的生命。

1945 年 8 月 15 日，日本天皇宣布无条件投降。8 月 17 日上午，美军援华总部派出的一架 B–24 飞机抵达集中营上空，降低了高度不断盘旋。难民们看清机上标志后，顿时沸腾起来，一齐跳跃呼喊。飞机上 7 名全副武装的美军战士纷纷跳伞，他们是肩负营救和联络任务的鸭子伞兵队。

鸭子伞兵队队员们集结后，立即整队向集中营冲去，向日本看守递交了美军驻华总司令魏德迈将军签署的文件，要求他们无条件地配合负责营内的安全保卫工作，日军被迫同意执行。侨民们发狂似的向大门口奔涌，跑在前面的青年们欢呼着抬起伞兵队员，回到集中营，人们互相拥抱着、欢呼着，有的甚至哭喊着。侨民自发组成的救世军铜管乐队吹奏起《欢乐之日今来临》《星条旗之歌》以及中美英苏国歌的混合选段，欢庆这胜利时刻的到来。

8 月 20 日，美军驻华总部委派伯德上校带领一支 20 人组成的鹰队，乘 C–47 型飞机降落在潍县二十里堡机场，代表美国在华驻军正式接管日军设在潍县的盟国侨民集中营。然后，分批用飞机接全部侨民安全撤离。

四、收复烟台

1945 年 8 月 14 日，中共胶东区委发出《关于目前形势与任务的紧急指示》，指出“在新形势下军民的基本任务，是紧急动员起来，立即向日伪军发动攻势，完全收复胶东一切沦陷国土……”随即，由胶东军区部队组成的山东军区第三路军，在前线指挥许世友、政治委员林浩率领下，分东、西、南、北四线同时向胶济路东段沿线、胶东半岛沿海城市日伪军展开全面进攻。

据守烟台的日本陆军柴山大队和部分舰艇，盘踞在烟台的伪军白书普保安队、警察大队，从周边县城纷纷逃来的福山县张立业部、牟平县苗占奎部与纪显邦部、蓬莱县郝铭传部，以及受日军豢养的土匪孙振先部、陈煜部等，有5000余人，收缩集结于烟台。柴山大队驻守市区，守卫东西卡子门、东西炮台、葡萄山、毓璜顶等地；白书普保安队守西沙旺；张立业部守上夼、宁海口和丈八口；苗占奎部守世回尧；郝铭传与孙振先部守东山；陈煜部守西沙旺、珠玑、芝罘岛等处。8月15日，侵占烟台的日伪军，拒绝向八路军投降，妄图固守烟台，负隅顽抗。

胶东军区决定解放烟台的主力部队由东海军分区负责，参战的主攻部队有东海军分区所辖的东海独立团、文西独立营、牟平独立营、牟海独立营，还有北海军分区所辖的福山独立营，烟台工委领导的烟台大队等，有2000余人。另有，增派到烟台市内地下工作者约1000人，烟台现辖各县参加战役的民兵约10000人。

烟台解放前线指挥部设在烟台市郊东南、丈八口东面的高山顶上。指挥部由东海军分区司令员刘涌、副司令员于得水，东海地委书记梁辑卿，东海军分区政治委员仲曦东、政治部主任张少虹，烟台工委书记滕景禄组成。指挥部确定攻打烟台的战斗部署是：分东、西、南三线向盘踞烟台外围的日伪军发起攻击，进攻的重点放在南线。东线由东海独立团一营担任主攻，南线由东海独立团三营担任主攻，西线由福山独立营和烟台大队担任主攻。

8月15日，战斗正式打响。东线部队，东海独立团一营和牟平独立营首先将东郊迟家据点摧毁，并逼近上夼村南。17日，截击由牟平县窜至东

八路军攻城部队前线指挥所

胶东军区部队在烟台市政府门前警戒

郊樗岚村纪显邦部一股伪军。18 日、19 日，发动两次攻击，攻克烟台醴泉啤酒公司附近碉堡。南线部队，东海独立团三营迅速攻克烟台南郊黄务据点，推进至近郊上夼村东，歼灭全部守敌。17 日，继续攻占丈八口、宁海口等重要出口，攻克烟台外围善疃碉堡，占领南山高地。西线部队，福山独立营和烟台大队进攻世回尧以西守军。18 日，攻克西郊宫家岛据点、西沙旺和西卡子门，直至烟台西车站附近。

8 月 20 日，三线部队继续向守城日伪军发起攻击。市区守敌虽修筑众多工事，但经过攻城部队连续打击已成惊弓之鸟，他们一面疯狂地在城内掠夺财物，屠杀无辜群众，一面将军用物资和掠夺来的财物准备外运，日军军舰亦在烟台海面游弋，以资接应，并不断猛烈炮击攻城部队占领的南山高地。至 22 日，攻城部队歼灭迟家、黄务、宫家岛和上夼南山等处残余日伪守敌，形成对烟台市区的严密包围。

8 月 23 日，市内地下党组织发动 1300 多名工人起义，占领和控制了发电厂、汽车站等要害部门，切断敌人的通信线路，在敌人阵地上埋设地雷，配合攻城部队的正面进攻。8 月 24 日，攻城部队向烟台市区发起总攻。上午，突击队连续用炸药炸毁敌人的碉堡，确保攻城部队迅速插向敌人的核心阵地毓璜顶。晚10时，攻城部队占领了整个市区，部分敌人从海上逃走，俘获300余人，有89名八路军指战员壮烈牺牲。

至此，攻城军民密切配合，经过浴血奋战，沦陷8年之久的烟台宣告解放，为山东部队跨海抢占东北奠定了基础。烟台攻城部队被山东军区授予“烟台兵团”光荣称号。

五、胶县战役

1945年8月16日，山东军区将部队整编为山东解放军野战兵团，共8个师，12个警备旅、2个独立旅，全军27万人，分为5路大军向敌人发起大反攻。滨海军区部队组成的第二路军北线作战部队，在第一师师长梁兴初的指挥下，首先发起了胶县战役。

胶县位于胶州湾北部，胶济铁路以南，毗邻青岛，是胶东区和滨海区两大战略区的结合部，战略地位比较重要。盘踞胶县最大的两支伪军队伍是伪山东特务第四旅张鸿飞部和伪“青岛特别市第四联队”相铭忱部。相铭忱部盘踞胶县与青岛之间的重镇王台，与盘踞胶县城的张鸿飞部遥相呼应。

此前，张鸿飞部驻张家屯、铺集一带，当解放军一师逼近时，张鸿飞曾经要求见解放军前线指挥部领导人，并表示愿意接受整编。但是一夜之间，他又变卦了，率部逃进胶城，负隅顽抗。梁兴初师长决定首先消灭这股敌人。

8月18日拂晓，在一师十三团、六八六团和滨海支队收复胶城的进军途中，伪军高柏廉在大队长李介芝的劝说下，率所部800余人起义，由尹家店据点开往杜村，接受八路军整编。迟耀东也带领伪胶州区自卫七团400余名官兵投诚反正。扫清了胶县外围十余伪据点之敌，做好了攻克胶城的准备。

根据前线指挥部的部署，一师六八六团担任主攻，由东门、南门一带攻城；十三团在西南角进攻并警戒王台相铭忱部的增援；滨海支队攻西门，监视火车站方向的日军；一师二团逼近高密城，随时准备支援胶城；铁路武工队负责警戒北大楼的日军据点并伺机攻占火车站。胶县独立营、南海武工队等地方武装积极配合主力部队作战。

8 月 19 日晚，各攻城部队全部逼近外城，隐蔽在青纱帐里，等待着攻城时刻的到来。23 时 30 分，攻城战斗打响，炮声、枪声、手榴弹的爆炸声顿时响成一片。攻打西门的部队在重机枪掩护下，迅速架起云梯向城头攀爬。战斗英雄王明念、董家顺、孙来有等相继登上城墙。接着，全队战士都冲上来，在街巷里同日伪军展开了肉搏战。

与此同时，一师主力部队十三团、六八六团也突破了敌人的防线，从东门和南门攻进了外城。战斗中，西南关不少群众冒着生命危险为八路军当向导；坊子街西头理发铺的徐师傅打开店铺的门，让攻城部队通过他家，越过捎门向前挺进。敌军节节败退，外城防线彻底崩溃。部队乘胜追击，迅速将内城围困起来。

翌日上午，攻打内城战斗开始。滨海支队在内城西门外“同济医院”楼顶上用九二式重机枪压住日伪军火力，但因城墙高大坚固，日伪军凭险顽抗，未能攻破。前线指挥部决定由六八六团二营夜间从城东南方突击攻城。

二营九连一排接受爆破任务后，全排指战员争先报名担任爆破手。下午 6 时 30 分，二营在东门发起攻击。爆破手们在机枪的掩护下，炸开城门，飞速突入城内，在内城边打边前进，15 分钟内打垮了敌人 4 次反冲锋。

八连在南门连续爆破成功后，战士刘子良沿着梯子敏捷地爬上了 2 丈 5 尺高的城墙，接着全连战士冲上城墙，部队迅速向城里进击，广大指战员从南门打到西门，哪里有伪军就往哪里冲，杀伤了大量伪军。张鸿飞部官兵有的扮作百姓，有的化装冒充八路军战士，慌不择路，争相向城东北方向逃跑。但他们那惊慌的神色、漏洞百出的装束，最终逃不过搜索部队的“火眼金睛”，在“缴枪不杀”的喊声中，只好放下枪乖乖做了俘虏。

8 月 20 日，梁兴初指挥第一师主力部队第二团和第十三团，在地方部队的配合下，乘胜挥师南下，发起王台战役。第二团负责攻打南门，并警戒青岛方面敌人的增援部队，第十三团担任主攻。十三团战斗英雄孙来有一马当先，冒着敌人的炮火从云梯上爬上去，先上左右两侧各扔了一束手榴弹，然后一纵身跃上城墙，与扑上来的敌人展开了白刃厮杀，接连消灭了 7 个敌人，为后续部队开辟了立足点。战友们一拥而上，冲进城来，但冲在前面的孙来有却壮烈牺牲了。

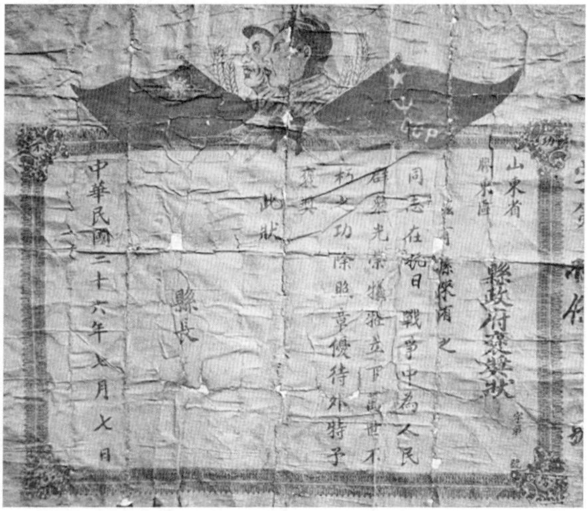

孙来有烈士褒奖状

激战两天，一举击溃盘踞王台的伪“青岛特别市第四联队”相铭忱部和日军的一个小队，消灭日伪军1000余人，相铭忱带着40多个残兵逃往青岛。

胶城王台战斗，生俘日军7人，毙俘日伪军3000余人，缴获长短枪1000余支、轻重机枪50余挺、汽车12辆、其他物资一宗。至此，胶县全境解放，解放大军直逼青岛城下，彻底打通了滨海区与胶东区的直接联系。

滨海军区十三团部队开进胶县县城

六、攻占即墨

即墨位于青岛北部，守敌一部分是日军，一部分是赵保原的残部和伪保安大队韩明兆部混编的山东省保安第三十四旅。顽敌依仗高大的城墙、深阔的护城河、易守难攻的优势和临近青岛救援迅速等条件，顽固死守，拒不投降。

由胶东军区组成的第三路军南线部队，以即墨城为中心，分为左、中、右三路大军，自海（阳）、莱（阳）经即墨向青岛方向挺进。三路大军进入即墨后，迅速控制了东至沿海的鳌山卫、西至蓝村火车站一线的战略要地。

8月16日，左路军攻克鳌山卫、窝洛子两个据点。21日晚，右路军向胶济铁路东段发起猛烈攻势，先后攻克蓝村、南泉车站。中路军沿途作战，歼灭了拒降的伪军赵保原大部后，控制了即墨城东南的棉花山一带，形成了对即墨城敌人的四面包围之势。

攻城前，即墨党政军领导带领县大队和民兵紧密配合主力部队作战前准备工作，并组成担架队、运输队，赶制了登城云梯、土担架等，沿途百姓送水送饭，气氛紧张而热烈。

26日晚8时，由五师十三团担任主攻，南海军分区部队为助攻，从城东、西侧同时攻城。8时15分，十三团八连突破城壕沟，破除铁丝网，炸开东城门，抢占通往城门的碉堡底层。敌人占据中、上层碉堡拼命顽抗，集中火力封锁我攻城部队。

攻城部队前赴后继，奋不顾身，攀越丈余高的城墙，从城东北角冲上去，打乱了敌人的防线。敌人经不住我军强大火力的猛攻，纷纷向城东南方向逃窜，八连顺利攻占了东城门。

担任爆破任务的三营攻城小组，在点响炸药包后，迅速冲上了城墙西北角。战士徐脉风第一个从城墙缺口爬上去，班长于秋菊带领3名战士紧跟着冲上去，在城墙上同敌人展开了白刃战。

与此同时，一营在强烈炮火掩护下，攻占了西城门，与守西城门的敌人展开了激战，直打得敌人纷纷逃窜，溃不成军。即墨城西南角城墙外是一个

胶东军区十三团突入即墨

深三四米，宽四五十米的护城河，因河水从上游不断冲击，导致城墙倒塌，当地群众称为“破城墙”。所以，当残敌逃到这里时，必须下水过河，方能逃命。一群吓破了胆挣扎逃命的残兵败将，仓皇爬出破城墙，不是跳入水中被溺死，就是束手当俘虏。

整个攻城战斗只用了 3 个多小时，于夜间 11 时半胜利结束。这次战斗，共消灭日伪军 3000 余人，缴获轻重机枪 20 余挺，汽车 10 辆，其他物资一宗。胶东半岛东部之敌基本肃清，与胶县我军形成钳形攻势，对青岛之敌构成严重威胁。

七、解放诸城

诸城位于黄海之北，胶济铁路以南，为潍（县）徐（州）、诸（城）高（密）、海（州）青（岛）等公路的交叉点，城墙高大坚固，是日军控制山东半岛的一大堡垒。自抗战以来，县城一直为伪军张步云部盘踞。

张步云名天霓，1904 年生于诸城大双庙村。17 岁即开始干土匪，绑票抢劫，为害乡里。周围的联庄会长合谋讨张，张潜逃奉系军阀张宗昌部，充任连长。张宗昌倒台后，又投奔韩复榘，任少校副官，1936 年升任第二路游击（剿匪）司令。韩复榘被枪决后，张率部驻防诸（城）、高（密）、平（度）一带，假抗日招牌，征粮逼捐，扩充队伍。1938 年秋投靠日军，被编为“山东自治联军”张宗援部。1939 年又投降伪“北平临时政府”，被委以“剿共军第四路纵队”司令。1940 年反正，被国民党山东省主席沈鸿烈委任为“山东省保安第二师”师长。1942 年春，又随吴化文投日，被编为“山东建国军第三方面军暂编第一军”，张任少将军长，辖 3 个师 1 个教导旅共 1 万余兵力，是滨海一带最大的一股伪军。

1945 年 7 月 8 日，山东军区召开团以上干部会议，决定发起讨伐张步云战役，并成立前敌委员会，万毅为总指挥，梁兴初和孙继先为副总指挥。作战部署是：鲁中军区第一和第十二团主攻张步云的老巢大双庙，滨海军区十三团主攻秦家河崖、丁家沙窝，滨海军区六团包围监视相州之敌，并保证主攻部队的侧翼安全。上述据点攻克后，集中兵力解放相州，然后渡过潍河，消灭埠头、昌城一带吕孝先的伪保安大队。

7 月 15 日下午，滨海军区部队冒着大雨前进，黄昏进入阵地。是夜，战斗打响。鲁中第一和第十二团乘敌不备，一举攻克双庙，毙伪师长王吉祥。滨海十三团首先向秦家河崖之敌发起突然袭击，全歼守敌。随后，乘胜向丁家沙窝之敌进攻。该据点有伪军 1 个团固守，炮楼上装有照明灯，不易接近，加之大雨，3 次爆破均未成功。团长江拥辉命令打掉照明灯。第 4 次爆破，围墙终于被炸开一个大洞，丁家沙窝据点被攻克。

十三团随即进军相州，协同六团作战。翌日黄昏，十三团配合六团南北夹击，六团二营发起强攻，三营配合，爆破组连续炸毁碉堡数个，最后，将敌中心碉堡炸毁，十三团部队冲入村内，与敌展开巷战。敌企图突围逃跑，攻击部队奋力追歼。五连战士孙来有向一股逃敌追去，一连打倒 3 个敌人，其余 11 人全部缴械投降。经近一昼夜激战，相州之敌除少数逃窜外，其余全部被歼。

这次战斗，歼灭张步云一师师部和三团、八团全部。毙伤伪师长王吉祥、团长杨德明以下官兵 400 余人，俘伪副师长王帮基、参谋长马桂章、团长孙俊峰以下官兵 1100 余人，缴获机枪 26 挺、长短枪 900 余支，逼退王家庄等 7 个伪军据点之敌。

潍河以西之伪军被歼后，河东之敌纷纷向诸城城里逃窜。滨海六团、十三团按原计划东渡潍河，消灭埠头、昌城之敌。当日黄昏，滨海六团向埠头之敌发起攻击，十三团与兄弟部队包围昌城，并准备阻击诸城增援之敌。

埠头是吕孝先的老家，防御工事非常坚固。滨海六团三营炸开围墙，突入村内，进攻北门的军队，因敌火力较猛，连续6次爆破未成，最后，将刺刀插入门缝，挂上炸药包，炸开大门，冲进村庄，敌四处溃逃。最后对逃至东南角几个大院内的敌人，展开政治攻势，伪军纷纷投降。吕孝先想借假投降之名，寻机逃跑，一班长金富贵带领全班从敌准备逃跑的墙洞里冲进院内，迫使吕孝先投降。

经过一昼夜激战，六团攻克埠头据点，十三团攻克昌城据点，打退诸城增援之敌，逼退芦河、道口、百尺河等据点之敌，俘伪诸城县保安队长兼七区自卫团长吕孝先、中校团副吕衍福、少校团副刚明章及其他官兵500余人，缴获机枪20挺、长短枪400余支、电台1部。

7月30日，讨张战役第一阶段胜利结束。日本宣布投降后，诸城日军撤往胶济铁路沿线的高密。伪张步云军部及其一、二、三师和教导旅残部、伪诸城警备旅等4000余人仍盘踞县城，拒不投降。

1945年8月15日，山东解放军第一师同滨海支队，奉命越过五莲山区，解除胶县、诸城境内的日伪军武装。8月21日，攻克胶县后，一师乘胜南下，9月2日进逼诸城。出城抢粮的伪军，行至城东铁沟店子，与“郯城模范连”相遇。交战仅几分钟，10余名伪军被俘，余者仓皇逃窜。

张步云闻听非常震惊，当即组织800余名“敢死队”，在强大火力掩护下，进行疯狂反扑。“郯城模范连”以有限兵力，连续打退敌人4次进攻，最后向敌发起反击，击溃进攻伪军，乘胜夺取伪军城东龙王庙子重要阵地，接着大军包围县城。

9月3日，山东解放军第一师师长梁兴初向张步云发出通牒，令其迅速缴械投降。张疯狂叫嚣：“就是杀老百姓吃，也要死守诸城。”梁兴初师长当即决定攻城，命令一团从城东和东北面攻击，二团从城西面攻击，三团在城南助攻，师指挥所设在城东南高地古城子一带。

9月4日傍晚，各团按原定作战计划进入阵地，敌人开始进行疯狂射击。晚10点，梁兴初师长命令炮兵“准确地摧毁东南角敌人的兵营，不要损坏民房”！炮兵在城东高地居高临下，一发发炮弹像长了眼睛一样，准确落入敌人兵营，炸得伪军四处逃窜。

5日凌晨，攻城部队从东西两路直逼城关。一团炸毁东关外碉堡，攻入东关，与敌展开巷战，20分钟后完全占领东关，兵临城下。是日晚，攻打西关的部队，爆破围墙成功，立即冒雨发起冲锋，西关、北关被完全控制。此时向张步云发出最后通牒，张步云仍拒绝投降。

6日晨，500余名伪军出西门进行反扑，二团与敌展开激烈巷战。一小时后，敌败逃，蜂拥入城。部队集中火力射击，大部伪军丧命。上午，各部队冒着狂风暴雨继续攻城，炮兵摧毁敌城东南炮楼，轰击张步云公馆。下午2时许，城内之敌突然停止射击，攻城部队立即做好反击敌人突围准备。

下午6时，攻城部队集中一切火力，开始强攻。二团经连续爆破，突破西北门。继之，东北门、南门也被攻开。全城守敌一片混乱，一部被歼，一部缴械投降，一部仍作垂死挣扎，其中1000余人在炮火的掩护下，从东南门突围，向攻城部队指挥所猛扑。

1945年9月，部队攻克诸城举行入城式

特务连、侦察连利用工事阻击，接连打退敌人两次进攻。敌伤亡惨重，向东北方向逃窜，特务连三四十名战士端着刺刀向敌人扑去。师首长命令一团、三团立即追击，截击敌人，二团消灭城内残余敌人。

晚8点15分，整个战斗结束，全城解放，张步云率残部逃往高密。是役，生俘伪第一集团军军部秘书长和伪第三师卫士旅第十二团团长以下官兵2107人，毙伤敌300余人；缴获迫击炮6门，手炮30门，各类枪支1736支，炮弹230余发，汽车5辆，电台3部，战马60余匹，兵工厂、云母厂各一座，其他军用物资一宗。

9月8日，攻城部队举行了庄严的入城仪式，被日军侵占近8年的诸城县城重新回到人民手中。

八、平度战役

1945年8月15日，日本帝国主义宣布无条件投降后，胶东八路军以破竹之势，连克半岛各地敌伪据点，残敌纷纷集中到平度城。至9月初，驻平度城的敌军，有伪绥靖第八集团军王铁相部、伪国民自卫军第十二师张松山部及掖城伪军一部近6000人，另有城东南隅中学驻日军600人。

原伪绥靖军第八集团军司令王铁相，此时投蒋，摇身一变为国民党第九军中将军长，企图阻止胶东军区部队的进攻。许世友闻听冷冷一笑："管他什么铁箱、纸箱，不投降就把他砸成个破箱！"

9月初，胶东军区司令员许世友亲率前线指挥部进驻城北七里河子，调集部队，组织动员，部署战役。参战部队分两个梯队，从东、西关对攻，以西关为主。以钳形攻势，先消灭城四关伪军，后集中兵力全歼城内敌人。五旅十三团、西海独立团、西海特务营、军区炮营组成西梯队，由聂凤智、李炳令指挥，主攻西关，并向两翼发展，消灭西关、南关之敌；以部分兵力封锁南关，阻击日军增援。南海独立团、北海独立团、平南独立营组成东梯队，由贾若瑜、廖海光指挥，主攻东关，并从城东北、东南进攻，歼灭东关之敌，监视、封锁驻中学的日军，阻敌出援。

9月7日凌晨3时半，攻打平度城战斗开始。经一夜激战，东、西关伪军大部击溃，歼其一部，残敌缩入城内。8日4时，进攻部队撤退休整，准备歼灭城内之敌。

驻城日军，见城关已破，四面被围，惧其被歼，于8日拂晓由南关夺路南逃。西海独立团，尾追十余里。为了保护人民生命财产，八路军向王铁相发出最后通牒，王竟开枪打死我通牒人员，并将靠近城墙、城门的民房焚

胶东军区第十三团向平度进军

胶东军区部队解放平度城

毁，企图顽抗到底。

9日晚8时，总攻开始，除十四团三营主攻南门，其余各部队均按原部署作战。城东、西、南三门，胶东军区部队各种炮火齐向城头猛轰。西门尤为激烈，分工主攻西门的十三团一营，在营长王景昆的带领下，英勇投入战斗。胶东军区兵工厂自制的土钢炮首发命中，西门城楼炸塌半边，歼敌一个排，敌两挺重机枪成了哑巴。十三团一营三连在炮火掩护下，派出爆破组炸毁敌人的鹿寨、铁丝网，随即炸开城门，于浓烟中奋勇而上，突入城内。

守敌见八路军攻入城内，即集中所有武器向城墙方向射击，王铁相亲自督战，组织兵力由东、北、南向攻城部队反扑。突入城内的三连战士，利用夺取的城墙碉堡，架起机枪猛烈扫射；利用敌人的掩体，打退敌人连续反扑，敌伤亡过半。而东、北两面近千名敌人又蜂拥而来，情况危急。

此时，十三团二营冲入城内，投入巷战；东门南海独立团主力也迅速调到西门，由突破口入城。随后攻打南门的部队也攻入城内，巷战激烈。敌人凭借地堡、矮墙，负隅顽抗。

经过激烈战斗，伪十二师司令部被克，张松山被擒。天将拂晓，十三团二营、三营向敌司令部、北大阁楼发起强攻，敌全部被歼，王铁相被活捉。

10 日 10 时，战斗结束，共毙伤敌人 700 余，俘敌 5000 余人，其中校级以上官佐 30 人，缴获敌步枪 4000 余支、重机枪 13 挺、轻机枪 80 余挺、迫击炮 6 门、小炮 16 门、子弹 12 万发、战马 150 匹，创造了胶东大反攻以来的模范战例。

九、攻克无棣

1945 年 8 月，日本宣布投降后，驻无棣日军向胶济铁路沿线集中。在无棣一带游击的国民党顽军山东省独立保安第六旅旅长张子良，乘机率部进驻无棣城。保安第六旅改用“冀察战区挺进第十纵队”番号，张子良任少将司令。

张子良，是无棣县大梁王村人。济南师范毕业后，先后在无棣、利津等地任教。“七七事变”爆发后，在家乡组织“无棣县抗敌自卫团”。1938 年 9 月，任鲁北行政区第五专员公署主任兼“山东省独立保安第六旅”旅长，辖两个团，共 2030 人。1939 年 1 月，冀鲁边军区派政治部主任符竹庭到保安六旅做统战工作。张子良接受共同抗日主张，签订“国共合作，共同抗日”协定。1941 年初，张子良根据蒋介石“溶共、限共、反共”的方针，把派驻保安六旅的八路军代表符竹庭赶走；并与日军偷偷签订了“互不侵犯”的协定，不断同八路军制造摩擦，企图把八路军从无棣地盘挤走。

张子良进驻无棣城之后，鲁北各县被八路军击溃的伪军和残匪相继来无棣，妄图依附顽六旅同八路军顽抗。张子良派兵加固城池，抢修工事。他把由青色古砖砌成、高大坚固的城墙加宽到 6 米，加高到 18 米；城墙外围挖有 25 米宽、5 米深的护城壕，壕内遍插竹签，灌满污水；城边还设置了鹿寨、梅花桩等障碍物；城墙的四角上筑有 20 米高的塔楼，塔楼四面都是黑洞洞的射击孔；城北北极庙和城东南的天齐庙均坐落在数丈高台之上。特别是东南方向的唐朝建筑海丰塔，高达30米，登上塔顶部，远可以瞭望无棣城外方圆几十里，近可以用火力控制六关及城东南附近的几个村庄；城内伪县政府和张子良“纵队司令部”附近筑起4个直径20米的大碉堡。张子良狂妄地称无棣城是攻不破的“金汤城池”。

大反攻开始后，渤海军区主力部队遵照毛主席、朱德司令员“猛烈地扩大解放区”这一重要指示，以排山倒海之势由东向西横扫顽敌，首先在寿光县痛击了国民党顽固派、山东保安第三师张景月部，消除了胶东、渤海、滨海三个战略区军民的一大祸患。随后，解放了阳信、惠民等县城。9月12日，渤海军区主力部队在司令员兼第七师师长杨国夫、政治委员景晓村的带领下，包围了无棣县城。

张子良派他的精锐一支队一大队张化南部，驻守城内四大碉堡附近及其他要害部位；第三大队罗景奕部驻东关；四、五支队程汇川、赵仲顺、牟松山各部驻南关、东南关，扼守海丰塔和天齐庙；三支队第三大队艾传圣部驻西关；第一大队张观亭部、第二大队姜学孔部以及警卫大队高炳辰部做机动部队；七支队吴赞训部驻北关；另派少量部队驻守石三里、小马家，作为伸向城外的触角；距城十多里的信阳城和大庄，也派少量部队驻守，以牵制八路军兵力。

八路军的攻城部署：军区特务团和沾化县大队半弧形地包围县城南面，军分区独立团和利津县大队包围县城北面，两支部队相互衔接，形成环形包围圈，军区指挥所设在史家庵村，北距战场3公里。

9月12日凌晨，渤海军区特务营奉命抵近无棣城东南天齐庙附近，按照杨国夫司令员的指示，正在准备切断埕口至阳信的公路，关上无棣南大门。忽然，侦察员报告，在距3华里的小马家村发现一股敌人。特务营三连连长宋家烈命令速把这一情况向上级报告。这时离天亮只有一个多小时，必须迅速包围消灭这股顽匪，切断小马家与天齐庙守敌的联络。战士们利用青纱帐作掩护，悄悄摸进小马家村口，活捉了敌人的哨兵。当三连冲进村内后，六旅官兵还在酣然入睡，在战士们明晃晃的刺刀下，一个个乖乖地做了俘虏。

当晚，攻城大军完全切断了无棣城与东、南、西三个方向的一切联系，回民支队也一举攻破石三里，逼近北关。至此，渤海军区部队对无棣城的合围已形成。张子良部6000余人成为瓮中之鳖。

14日9时，军区特务营首先对天齐庙守敌发动了进攻。无数门大炮一齐向天齐庙开火，刹那间，整个天齐庙淹没在一片火海硝烟之中。张子良部也疯狂地向八路军阵地倾泻炮弹，海丰塔守敌居高临下向攻城大军压制射击。300多名六旅敢死队员嚎叫着向军区特务营进行反扑。军区指战员利用残墙断壁英勇地反击敌人，敢死队嚎叫着像割断的高粱一样，摇摇晃晃地倒下去，尸体在阵地前铺了一层又一层。反扑的六旅官兵在攻城大军猛烈的打击下，终于像海水退潮般地溃退回去。

张子良为夺回天齐庙，又开始组织新的反扑。他命令部队一堆堆地集团式地往前拥，拉锯般地与八路军进行反复拼杀。200多名敢死队员在督战军官的威逼下，冲入八路军阵地。三连连长宋家烈一面下达战斗命令，一面抓起一支冲锋枪闯入敌群左右横扫。指战员邢义善和副指导员王久寿也率领共产党员们冲入敌群，全连战士一跃而起，端着刺刀同敌人展开了激烈的肉搏战。霎时，天齐庙内外，寒光闪闪，鲜血四溅，杀声震天。战斗一直持续到15日凌晨，反扑之敌全部被消灭。天齐庙终于被攻克，攻城部队夺得了前哨阵地。

15日上午，渤海军区特务营和直属团乘胜追击，分别对南关和古塔之敌发起攻击。爆破组的战士，在密集炮火的掩护下，一个接一个地冲上去，炸开了鹿寨和外壕。部队借着腾起的浓烟直扑南关街里，与敌人展开了巷战，逐屋逐院地消灭顽抗之敌。战士们越战越勇，把小包炸药和手榴弹扔进敌人借以顽抗的院子里和屋子内，在爆炸后的瞬间突然而入，多数顽抗者被击毙，幸免于死的六旅官兵潮水般地向城里溃逃。

这时，张子良见外围阵地全部失去，不由得惊恐万状，下令把南城门吊桥拉起，并用机枪迎头乱扫逃回的士兵，妄图迫其与八路军死拼。这些士兵进退维艰，别无生路，纷纷向八路军缴枪投降。此时，渤海军区直属团经过激战也攻下了古塔，其余各关也相继被攻城兄弟部队攻破。城关失守，6000余残敌拥挤在约1/4平方公里的水城里，惶惶不可终日。

15日夜，张子良和几个亲信马振儒、姜学孔等头目们策划，妄图由姜学孔率部从北关杀开血路逃走。但姜学孔等刚溜出北城门，就被八路军猛烈火力迎头打回。当六旅残部官兵们得知他们的司令曾悄悄突围溜走的勾当后，个个怒不可遏。16 日早晨，六旅头目程汇川、扬子兰等赶到张子良司令部，一见到张子良就一齐放声大哭大叫，并质问张子良，为何自行率部突围？为什么昧着良心将为他效劳多年的弟兄们抛弃？

张子良自知理亏，不得不咬着牙大声宣布："坚决抵抗，决不逃走，谁若离城半步，概以军法论处！"他强打精神，率领众头目到各阵地巡视，被海丰塔上的八路军瞭望哨发现，立即开火攻击。张子良和冯立纲掉头窜回司令部。

16 日黎明，张子良见到城内官兵慌乱状态不断加剧，便把他的参谋长马振儒找来问："能不能支持到天黑？现在怎么办？"马振儒说："此时如果共军的攻势稍一加强，就会有失城的危险。"并提出："突围一下看看。"张子良立即把警卫大队长高炳辰找来，令他保护自己由北关西侧突围。

张子良把他的小老婆及三小姐带在身边，并在自己腰里藏上一块金条和一个银元宝，率 300 多人由北门拼命突围。他们刚出北门半里许即遭到一军分区独立团迎头痛击。三连一排战士一齐开火，机枪射手李欣章端起机枪向六旅边冲边扫，大片突围六旅官兵中弹倒下，张子良被当场击毙。

17 日下午，军区指挥所进驻西关。晚 6 点，八路军向守城残敌发起总攻。由于张子良的司令部设在南门里，南门被选定为突破口。双方展开激

渤海军区部队攻克敌据点

烈的拉锯战。当八路军攻到敌军司令部时，冯立纲又带领警卫大队发动大规模反攻。直至其他三座城门均被突破，才占领了敌军司令部。17 日夜，攻城部队展开巷战，至 22 点 30 分肃清残敌，战斗胜利结束，无棣城被彻底解放。

在这次战役中，八路军全歼守敌第十纵队，击毙敌少将司令张子良以下 1000 余人，俘敌上校副司令冯立纲以下 5400 余人；缴获长短枪 4000 余支，迫击炮 125 门，轻、重机枪 66 挺，子弹 6 万余发，战马 132 匹，电台 2 部，兵工厂 1 座，自行车 150 辆，粮食 500 余吨。

十、临沂解放

临沂地处沂河西岸，北屏沂山，西邻蒙山，东傍沂河，南连苏北，是陇海路以北的军事重镇，也是滨海、鲁中、鲁南三大战略区联系的枢纽，战略地位十分重要。日军占领临沂后，修筑了坚固的城防工事。城墙高 15 米，厚 12 米，上面能跑汽车。城外有 3 米多深的护城河，宽两丈，长年灌满壕水，易守难攻。

1945 年 8 月 15 日，日本宣布无条件投降后，驻临沂城的日军于 8 月 16 日逃往枣庄。伪临沂保安大队长许兰笙，急速把伪沂州道皇协军王洪九一部，伪费县保安大队长邵子厚部接进城内，使城内总兵力达到 4000 人，组建了临沂城防指挥部，共同据守顽抗。王洪九还乘机撕下“沂州道皇协军”的旗号，摇身一变，投靠了国民党军队，胁迫临沂城内 4000 余名伪军拒绝向八路军投降，叫嚷“临沂城固若金汤。鬼子来的时候，用飞机大炮还打了 48 天。八路军没有飞机大炮，休想攻进临沂城”。

早在日军投降前的 7 月底，中共中央山东分局、山东军区，就开始了解放临沂城的准备工作，成立了中共临沂工作委员会。战斗之前，罗荣桓亲自作了部署，向指挥人员阐明了解放临沂的重要战略意义，组建了解放临沂前线指挥部，并决定调 3 个主力团和 1 个地方独立团参战。

临沂前线指挥部遵照山东军区司令员兼政委罗荣桓的指示，迅速制定了作战方案，各部队立即投入战前准备工作。鲁中军区主力第四团围歼临沂城北王洪九部据点，扫清八路军南进道路，滨海第二军分区部队围歼临沂城东各据点，鲁南第一军分区及山东军区教导团，阻击西面增援临沂城的王洪九部。之后，山东军区又命令3个军分区部队，在日军主力撤走后，不要等待上级指示，要乘机立即抢占临沂城。当沂蒙军分区司令员孙继先接到情报站“临沂日寇将要撤走”的报告后，立即命令正在进行白沙埠战斗的第十一团，带足炸药和器材，火速赶到临沂城下。

1945年8月17日，山东军区调集山东野战兵团第二师第四团、山东军区特务团、警备三旅第十一团和滨海区临沭独立团等地方部队组成临沂前线指挥部，对伪军盘踞的鲁南重要城镇临沂发起进攻。夜晚，第十一团以强大火力作掩护，向守城伪军发起攻击，当即占领四关。经5小时激战，以伤亡70余人的代价，炸开临沂城北门三道门中的两道。正当部队向最后一道城门推进时，接到城东郊的山东野战军第二师的命令，要第十一团停止攻击，撤出战斗，攻城任务由滨海军区第四团和第二军分区部队接管。

两天后，滨海军区第四团在山东野战军第二师师长罗华生率领下，从城南关向守敌发起攻击。四团利用与城墙一般高的美国教会医院楼房，在轻、重机枪掩护下架梯强攻，结果两次攻上城墙，均被城头伪军的密集火力反击

临沂战役中八路军飞越浮桥

下来，四团伤亡二三百人，攻击失利。

消息传到莒南县大店，山东军区司令员罗荣桓非常焦急。他决定集中3个主力团、1个地方独立团协同作战，发起总攻，并派山东军区参谋处长李作鹏到前线指挥。兵力配置是：滨海军区第四团在城东南方向，山东军区特务团在城东北方向，沂蒙军分区第十一团在城西和西北方向，临沭独立团在西南一线。组织民兵、民工5000人担任前线勤务和后方运输任务。

8月20日6时40分，山东军区攻城各部发起总攻，炮击敌人阵地10分钟后，实施爆破。但由于城高墙厚，里外均用沙袋护卫，连续四次爆破，仅炸翻城墙外壳数百米和墙上两个炮楼。攻城部队在猛烈炮火掩护下，发起强攻。一排排战士，一道道人流，越过城壕，扑向城墙。震耳欲聋的爆炸声、喊杀声，汇成一股股狂涛巨浪。但是，城头伪军利用高墙深沟、精良的武器和充足的弹药，拼死还击。

战斗开始不久，即进入白热化状态。城东线，特务团突击队第四连，在敌人集束手榴弹排击下，前仆后继，架梯登城。这个连队，是第一次反“围剿”时朱德总司令亲自带过的一个连队，也是罗荣桓担任红四军政委时领导过的一个连队。经历过二万五千里长征，参加过震惊中外的平型关大战和梁山歼灭战。这次强攻中，这个连队又发扬了光荣的革命传统，出现了许多动人的英雄事迹。指导员杨光，在率队冲锋前，从衣袋里掏出所有的东西作了交代，并且指定了代理人。架云梯时，他负了重伤，仍向冲锋的战士喊道：“冲呀，冲上去就是胜利！”三排副排长率领的架

攻城部队向临沂城发起强攻

云梯的小组也英勇顽强。城上的手榴弹一片片地飞到他们脚下，他和战士们都负了伤，但他硬是率领战友们把云梯架到了城墙上。战士傅延祥，为了不让梯子被敌人推下来，用肩膀将梯子死死顶住。几个伪军集中向他射击，但他毫不畏惧，像一座钢铁铸成的巨人，屹立在炸弹的火光中。救下来之后，卫生员发现他身上负伤 11 处，全身衣服被血浸透。

特务团后续部队一部，被敌人的强大火力压制在城墙下的一片开阔地里，伤亡大量增加。没有牺牲的同志，纷纷滚回护城壕，暂时躲避炽烈的炮火。时值盛夏，天气炎热，壕沟污水里浸泡着的战友的遗体，一具具漂浮在周围。他们长时间泡在水里，蹲不下，站不稳，又饥又累。阵地上的战友，只好将窝头扔进水里，让他们捞起充饥。这些战士一直坚持到天黑，才撤回阵地。

城东南角，滨海第四团的指战员，也与敌人展开了殊死的搏斗。架桥组的战士，一排排地倒了下去，又一排排地冲上来扶住云梯。有 5 名战士终于跃上城头。就在这关键的时刻，掩护冲锋的重机枪没能封锁住南门的城楼，敌人火力击断登城云梯，封锁住即将登城的第二梯队。城墙上的 5 名战士，孤军奋战，同敌人展开了激烈的搏斗。南门城楼的敌人端着步枪、轻机枪，成群地向东冲来，早已占领东南角碉堡的战士，投出一枚炸弹，炸倒了前面的几个敌人，但冲在前面的一名战士中弹倒下。东城的敌人也由北向南，向他们夹击。冲锋的战士们复退回碉堡，向外投掷炸弹。他们拼完所有的炸弹后，同敌人展开了肉搏，又有 1 人牺牲。没有倒下的战士，毅然翻身跳下十几米高的城墙，爬回我军阵地。

紧接着第二次攻击，也由于伪军死命顽抗，又加上城防坚固，特务团、第四团第三营、第十一团第三营虽然打得勇猛顽强，但都被反击到城壕内，攻城部队遭到重大伤亡。

8 月 22 日，前线指挥部召开会议，研究下一步作战计划。山东军区命令沂蒙军分区司令员孙继先参加战役指挥。会议决定，实施坑道爆破。但因壕水太深作业无法进行。于是部队开始休整，待机组织强攻。

在此期间，城内伪军也加强了防御，组织了大量由伪军头目的亲信组成的“督战队”“敢死队”。为抢修工事，居民的门板、木棒被全部抢走，靠近城墙的房子，成片地被揭去屋顶。六七百名居民在刺刀威逼下昼夜赶修工事。城里的电灯大部集中到城头，被曾经突破的缺口也安上了电网。伪军还把日军留下的一辆装甲车开到城南门，作为一个活动的防御堡垒。为防止八路军夜间攻击，每到夜间，方圆十几里的城墙上密密麻麻地点起火把，照得周围灯火通亮。

8 月 27 日，攻城部队发起第二次总攻。十一团第三营的“岱崮连”由城东主攻。凌晨 3 时，岱崮连的爆破手，一组组沿城东一短墙的洞口冲向城墙，将城墙炸出 1 丈多宽的斜坡。当第二组炸药炸响的同时，指战员乘梯冲向突破口。后续部队也呐喊着游过城壕。城上敌人一片大乱，一手持大刀、一手持驳壳枪的“督战队”驱赶着伪军堵塞突破口。闪烁的火光中，只见黑压压的伪军，倒下一批，又拥上一批，不少尸体滚下城头。敌人把后备队全部集中到突破口上，伪军越来越多。这次争夺，“岱崮连”没能得手。紧接着突上去的第七连，也被伪军反击下来。战斗进行 3 个小时，3 次强攻均未奏效，第二次总攻再次失利。

眼看着临沂未能攻下，罗荣桓心里非常着急。这年春天，他的病情日益严重，连续尿血，罗荣桓一直带病坚持工作。8 月 18 日，毛泽东来电询问罗荣桓病况，罗荣桓于 8 月 20 日复电表示：“在林彪未到前，我决不离开工作。”当他听到临沂的情况后，喊来警卫员：

“快去备马，到临沂去！”

警卫员出去转了一圈回来，吞吞吐吐地说：“报告首长，找不到马夫。”

“找不到马夫？你把马牵来！”罗荣桓有点生气了。

警卫员怯生生地说：“马也不知道放到哪里去了。”

罗荣桓生气地说：“乱弹琴！你们这是搞的什么名堂呀？快去把牲口找来！”

警卫员仍然站着不动。因为他刚才到林月琴处讲了罗荣桓叫他备马，要到临沂前线去的事。林月琴知道丈夫病情严重，根本就不能骑马，她急得没法，只得叫马夫把马牵走。现在她看到罗荣桓要批评警卫员，便走进来说：“这不关警卫员的事，是我叫马夫把马牵走的。”

罗荣桓听了后，压了压火，严厉地责问林月琴：“你为什么这样自作主张？”

罗荣桓与夫人林月琴在鲁南

林月琴委屈地说："这是医生的嘱咐。罗生特大夫说你近来病情很重，要你绝对卧床休息。"

罗荣桓着急地说："休息、休息，临沂攻不下，叫我怎么能安心休息？"

林月琴也急了起来："你的病这么严重，还要骑马到临沂去，你不要命了！"

"临沂打不开，就要增加滨海、鲁中、鲁南反攻的后顾之忧，这不是一件小事！"罗荣桓接着又带着责问的口气说："这么重要的时刻，你不让我到前方去，你是不是共产党员？！"

"我不是共产党员，难道是国民党员呀？"林月琴自从结婚以后，没见丈夫对自己发过脾气，更没有听过这样重的话，又委屈、又难过，忍不住顶了一句，眼里闪着泪花。她从未见过罗荣桓发这样大的火，想必自己是劝不住了。于是，只好含着眼泪走出去搬救兵。

正在院里玩耍的罗东进，头一回听到爸爸妈妈吵架，趴在窗户上偷看，见妈妈走出来，脸上还挂着泪珠，吓得"哇"的一声哭了。林月琴也顾不上他了，径直走到黎玉的住处，把罗荣桓想骑马到前方的事对黎玉说了。黎玉听后连忙赶来劝阻，罗荣桓只好打消了原来的主意。

8 月 26 日，毛泽东亲笔撰稿，致电山东分局："林彪、萧劲光二同志昨日飞抵太行转赴山东。分工：罗荣桓为书记及政委，林彪为司令员，萧劲光为副司令员。如罗因病必须休养时，林代理罗之职务，林、萧均为分局委员。其余不变动。"

罗荣桓刚把这份电报放下，李作鹏从临沂前线回到了大店，汇报临沂前线的战况。罗荣桓听后，首先强调，临沂是滨海、鲁中、鲁南三区的联结点，必须拔掉这颗钉子。接着，他批评了李作鹏的轻敌思想，指出这批伪军的反动头目，全是些作恶多端的汉奸、土匪和恶霸地主，和我们是死对头；尤其到了最后绝望的时刻，他们更会横下心来负隅顽抗。对这一点，必须要有足够的估计。

李作鹏又向罗荣桓汇报了他与滨海军区政治部主任刘兴元、特务团团长张仁初、鲁中第二分区司令员吴瑞林等共同研究的下一步作战方案，即一面在阵地前沿，对敌展开政治攻势，一面在城西北角实行秘密坑道作业，准备把坑道挖到城墙下进行爆破。罗荣桓同意他们的作战方案，并决定增派作战科副科长王德、参谋尹健一起去，要他们抓紧坑道作业，争取尽快打下临沂。他还强调，打开临沂后，要出安民告示，部队要注意执行党的城市政策，遵守三大纪律、八项注意。

鉴于多次强攻失利，罗荣桓增派滨海军区司令员陈士榘参加前线指挥。力量配置上，增调第四团的两个营、山东军区的炮兵营、工兵营，以发挥技术兵种的力量。李作鹏回到临沂前线后，于8月28日召开作战会议，重新确定了战斗部署。

各部队配合军事进攻，展开了强大的政治攻势，昼夜向敌人喊话，掀起了一场“舌战”。有的喊：“伪军弟兄们，不要为汉奸卖命了，你们都有妻儿老小，总得给自己留条后路吧！”有的喊：“你们已成了瓮中之鳖，鬼子都投降了，只有缴枪投降才是唯一的出路！”部队还运用广播、唱歌、写大字标语、向城上射传单等方式，开展政治攻势，起到了动摇敌军心的效果。有些伪军，趁夜逃下城墙，跑到八路军阵地投诚。

在开展政治攻势的同时，坑道作业也加紧秘密进行。挖掘坑道的任务由第十一团和滨海军区工兵营执行，为了避开城壕水流，最后选定护城河离城墙较近的城西北角，将坑道挖得很深。各部队随时作出攻城姿态，吸引敌人注意力。经过8个昼夜的奋战，一条几百米的坑道终于挖成。里面用棺材装上了6000斤黑色炸药，等待着第三次总攻的到来。

9月10日凌晨，惊天动地的一声巨响，城西北角的大碉堡已炸得无影无踪，城墙上闪出了一道30多米宽的大豁口。城四面立即响起了密集的枪炮声和八路军战士的奋勇冲杀声，担任主攻的第四团，奋勇冲上突破口，敌

攻城突击队战士待命出击

人聚集重兵死守突破口，第一次攻击，因遭伪军正面顽抗及左右两翼交叉火力的封锁，未能成功。

12时，第四团组织第二次攻击。战斗打响后，双方猛烈的火力交织成一片片火网，有一个连被阻在突破口下。四营二连六班副班长孔德昭、三排副排长等几名爆破员，像离弦的箭一样冲上突破口，敌人从西南和东南向他们侧击，南边房上的敌人封锁了正面。三排副排长倒了下去。孔德昭一气扔完了所有的手榴弹，紧跟在他后边的陈守才，把自己的手榴弹拧开盖，拉出弦，递给孔德昭继续投掷。他们坚持一个多钟头，炸死了成堆的敌人，但由于伪军火力十分猛烈，强攻部队再次退了下来。白天两次攻击失利后，攻城部队调整部署，主攻任务改由富有攻战经验的军分区部队十一团担任。

9月11日零点，最后的总攻开始了。城西北作为主攻方向，东面、南面佯攻配合。十一团的爆破手，冒着敌人密集的弹火，把五六十斤重的炸药包，一次次地送到突破口两边的城墙上，实行连续爆破，城墙断壁不断扩大，突击部队冲上了突破口的斜坡。

突破口的城墙上，敌人用沙包和铁丝网构成了新的防御阵地，城墙上所有工事的火力严密封锁了突破口。冲上去的一个排，在克服了敌人的毒气攻击后，又遭敌人铺天盖地的手榴弹和三面火力的杀伤。前面的战士倒了下去，后面的战士继续冲上去，冒着敌人的弹雨，把一排排手榴弹泻入敌群。一名战士把一个20多斤重的鹿寨炸弹，从枪眼塞进敌人的机枪阵地，一声巨响，敌人的机枪阵地被炸哑。我军乘着敌人的混乱，连拉带推地排开铁丝网，胜利地占领了突破口阵地。这时，排长蔡瑞五又倒在了城墙上。

敌人继续反扑，成群结队的伪军在“督战队”狼嚎般的喊叫中，轮番向突破口冲来。我军整连的战士巩固着突破口。战斗进行到酷烈阶段，他们把成筐的手榴弹放在前面，敌人一上来，就一串串地扔过去；敌人退下去，就提起重新装满手榴弹的筐子，去占领新的阵地。在打退敌人的8次反冲锋之后，战斗向城墙上的两翼扩展。

由于敌人密集的掩体和机枪火力的封锁，攻城部队每前进一步，都要付出重大的代价。战士们拖着沉重的鹿寨炸弹，奋不顾身地冲向每一个机枪掩体，把炸弹强行塞进枪眼，炸死敌人。从突破口到南门的250米中，进攻部队共攻克敌人25个大掩体和几十个小掩体。战斗进展激烈、迅速，根本来不及推移临时挡墙，而将敌尸垛起来作挡墙。拼杀6个小时后，敌人千名“敢死队”员被消灭了七八百，前锋逼近北城门楼。

防守北城门楼的伪军，看到“敢死队”大部被炸死，看到城外护城河沿岸密密麻麻的八路军正严阵以待，当攻城部队第三、第四梯队攻占城中心天主教堂时，他们便打死伪军官和“督战队员”举起白旗投降。第一、二梯队留一个班守卫城门楼，其余分路向城内之敌进攻。

军分区指挥部赶到天主教堂钟楼，指挥部队与伪军展开激烈巷战。城外待命的第四团、特务团等部队也迅速进入城内。至此，2万多解放大军齐聚城内，与伪军展开巷战。指战员冒着敌人的毒气，集中强大的火力，将顽敌分割成无数碎块，一片片地吃掉。敌人在强大火力攻击下，伤亡惨重，残部纷纷缴械投降。

经过8个小时的巷战，守敌4000人，除少数破城时逃窜外，大部被歼。俘虏日军金城恒硕、王洪九部参谋陈维章、临沂县长韩文龙、临沂保安大队长许兰笙，费县县长韩金声、费县保安大队长邵子厚以下2000余人。

八路军山东军区在莒南召开庆祝抗战胜利大会

山东抗日军民大反攻作战中打得时间最久、也最残酷的临沂攻坚战胜利结束了，被日伪占据7年零4个月的临沂城终于回到了人民的手中。战役胜利后，毛泽东主席、朱德总司令和中央军委来电嘉奖所有参战的部队和民兵，特许欢庆三天。

9月13日，攻城部队举行了盛大的入城仪式，鸣礼炮10响，召开了祝捷和誓师大会。两个军分区的首长、地方行政主任和县长、战斗英雄、劳动模范、支前模范、各界人民群众参加了大会，对英雄模范人物进行了表彰，工、农、青、妇等群众组织代表讲了话，公审枪决了10名罪大恶极的汉奸以平民愤，全城军民沉浸在胜利的欢乐之中。

临沂城的解放，使鲁南、鲁中、滨海三个地区完全连成一片。随后，山东省政府、山东军区机关即迁驻临沂，临沂成为山东战场大反攻的指挥中心。

山东军区五路大军协同作战，经月余大反攻，迅速将日伪军压缩在铁路沿线和山东腹地的孤立城市。到9月底，解放县城46座和烟台、威海两市及港口6处，攻占火车站35处；歼灭负隅顽抗的日伪军6万余人；胶济路、

中国军队在济南大明湖畔的省立图书馆举行受降仪式

津浦路、陇海路均被切断；济南、青岛等重要城市，均在大片解放区的包围之中，抗日战争取得了最后胜利。

八年全面抗战，山东军民对敌作战 2.6 万余次，消灭日伪军 53 万余人，创建了面积达 12.5 万平方公里、拥有 2400 万人口、20 万余中共党员、33 万余人正规部队、50 万余人民兵、150 万余人自卫团的山东抗日根据地，成为八路军在敌后抗战的重要战略基地和连接华中与华北的重要枢纽，为夺取抗日战争的全面胜利作出了巨大贡献。

主要参考书目

[1] 中共中央党史研究室:《中国共产党历史》，中共党史出版社 2002 年版。
[2] 中共山东省委党史研究室:《中国共产党山东历史》，山东人民出版社 2017 年版。
[3] 中共中央文献研究室:《毛泽东传》，中央文献出版社 2003 年版。
[4] 中共中央文献研究室:《周恩来传》，中央文献出版社 1989 年版。
[5] 中共中央文献研究室:《朱德传》，中央文献出版社 1993 年版。
[6]《彭德怀传》编写组:《彭德怀传》，当代中国出版社 2006 年版。
[7]《陈毅传》编写组:《陈毅传》，当代中国出版社 2006 年版。
[8]《徐向前传》编写组:《徐向前传》，当代中国出版社 2007 年版。
[9]《罗荣桓传》编写组:《罗荣桓传》，当代中国出版社 2006 年版。
[10] 黄瑶主编:《罗荣桓年谱》，人民出版社 2002 年版。
[11] 罗东进:《我的父亲罗荣桓》，辽宁人民出版社 2003 年版。
[12] 郑建英:《朱瑞传》，中央文献出版社 1994 年版。
[13] 罗东进、萧霜:《萧华画传》，中央文献出版社 2011 年 6 月第 1 版。
[14] 罗东进、陈晓星:《陈光画传》，中央文献出版社 2011 年 6 月第 1 版。
[15] 解海南、杨祖发、杨建华:《杨得志一生》，中共党史出版社 2011 年版。
[16] 许世友:《许世友上将回忆录》，解放军出版社 1986 年版。
[17] 许世友:《我在山东十六年》，山东人民出版社 1981 年版。
[18] 黎玉:《黎玉回忆录》，中共党史出版社 1992 年版。
[19] 谷牧:《谷牧回忆录》，中央文献出版社 2009 年版。
[20]《迟浩田传》写作组:《迟浩田传》，解放军出版社 2009 年版。
[21] 中共中央党史研究室第一研究部编著:《中华民族抗日战争史》，中共党史出版社 2005 年版。

[22] 军事科学院军事历史研究部:《中国抗日战争史》，解放军出版社 2005 年版。
[23]《中国抗日战争史》编写组:《中国抗日战争史》，人民出版社 2009 年版。
[24]《中国抗日战争史简明读本》编写组:《中国抗日战争史简明读本》，人民出版社 2015 年版。
[25] 中国第二历史档案馆:《抗日战争正面战场》，凤凰出版社 2005 年版。
[26] 中国第二历史档案馆:《抗日战争时期国民党军机密作战日记》，中国档案出版社 1995 年版。
[27] 全国政协文史和学习委员会:《亲历者说》，人民出版社 2015 年版。
[28] 全国政协文史资料委员会:《原国民党将领抗日战争亲历记》，中国文史出版社 1987 年版。
[29]《八路军第一一五师暨山东军区战史》编辑室编著:《八路军第一一五师暨山东军区战史》，黄河出版社 2005 年版。
[30] 八路军山东纵队史编审委员会编:《八路军山东纵队史》，山东人民出版社 1993 年版。
[31] 中共山东省委党史研究室编著:《山东抗日战争实录》，山东人民出版社 2015 年版。
[32] 中共山东省委党史研究室编著:《山东抗战口述史》，山东人民出版社 2015 年版。
[33] 中共山东省委党史资料征集委员会:《山东抗日根据地》，中共党史资料出版社 1989 年版。
[34] 山东省档案馆编:《毛泽东与山东》，中央文献出版社 2003 年版。
[35] 山东省档案局编:《图说山东抗战》，山东人民出版社 2015 年版。
[36] 山东省政协文史资料委员会编:《山东抗战编年纪事》，山东人民出版社 2015 年版。
[37] 山东省政协文史资料委员会编:《山东抗日殉国将士》，中国文史出版社 1995 年版。
[38] 山东省政协文史资料委员会编:《山东文史集粹》，中国文史出版社 1998 年版。
[39] 山东省地方史志编纂委员会:《山东省志》，山东人民出版社 1996 年版。
[40] 山东省地方史志办公室编:《山东抗战将士记忆》，山东人民出版社 2015 年版。
[41] 山东省地方史志办公室编:《山东抗战将士传略》，山东人民出版社 2015 年版。
[42] 山东省地方史志办公室编:《山东抗日根据地图志》，山东人民出版社 2015 年版。
[43] 北京八路军山东抗日根据地研究会:《山东抗日民主政权》，中共党史出版社 2015 年版。
[44] 北京八路军山东抗日根据地研究会:《鲁中抗日根据地回忆史料》，中共党史出版社 2015 年版。
[45] 北京八路军山东抗日根据地研究会:《滨海抗日根据地回忆史料》，中共党史出版社 2015 年版。

[46] 北京八路军山东抗日根据地研究会:《鲁南抗日根据地回忆史料》,中共党史出版社2015年版。
[47] 北京八路军山东抗日根据地研究会:《胶东抗日根据地文献》,中共党史出版社2015年版。
[48] 北京八路军山东抗日根据地研究会:《渤海抗日根据地回忆史料》,中共党史出版社2015年版。
[49] [日] 日本防卫厅防卫研究所战史室:《中国事变陆军作战史》,中华书局1979年版。
[50] [日] 日本防卫厅防卫研究所战史室:《华北治安战》,朝云新闻社1984年版。
[51] [日] 朝日新闻社:《支那事变写真全辑》,朝日新闻社1938年版。
[52] [日] 冈村宁次:《冈村宁次回忆录》,中华书局1981年版。
[53] [日] 服部卓四郎:《大东亚战争全史》,商务印书馆1984年版。
[54] 李宗仁、唐德刚:《李宗仁回忆录》,广西师范大学出版社2005年版。
[55] 郑洞国:《我的戎马生涯——郑洞国回忆录》,团结出版社1992年版。
[56] 安作璋主编:《山东通史》,山东人民出版社1994年版。
[57] 岳思平:《八路军战史》,解放军出版社2011年版。
[58] 朱铭、王宗廉主编:《山东重要历史事件》丛书,山东人民出版社2004年版。
[59] 王志民主编:《山东重要历史人物》丛书,山东人民出版社2009年版。
[60] 全国政协文史和学习委员会编:《一代枭雄韩复榘》,中国文史出版社2017年版。
[61] 临沂市地方史志办公室编:《沂蒙革命根据地志》,中华书局2014年版。
[62] 政协济宁市委员会:《济宁抗战纪事》,中国文史出版社2015年版。
[63] 滨州市委党史研究室编:《渤海烽火》,中国文史出版社2005年版。
[64] 济南市史志编纂委员会编:《济南市志》,中华书局1997年版。
[65] 烟台市地方史志编纂委员会编:《烟台市志》,科学普及出版社1987年版。
[66] 东营市地方史志编纂委员会编:《东营市志》,齐鲁书社2000年版。
[67] 威海市地方史志编纂委员会编:《威海市志》,山东人民出版社1986年版。
[68] 泰安市泰山区地方史志编纂委员会编:《泰安市志》,齐鲁书社1996年版。
[69] 滕县地方史志编纂委员会编:《滕县志》,中华书局1990年版。
[70] 台儿庄区委宣传部编:《台儿庄大战》,中国文联出版社2012年版。
[71] 沂水县政协文史资料委员会编:《沂水古今大事纪略》,中国古籍文物出版社2013年版。
[72] 沂源县史志编纂委员会编:《沂源县志》,齐鲁书社1996年版。
[73] 申春生:《山东抗日根据地史》,山东大学出版社1993年版。

[74] 丁龙嘉:《重整齐鲁河山：山东人民抗日战争纪实》，山东人民出版社 2005 年版。
[75] 李忠:《刘少奇在山东》，中共党史出版社 2005 年版。
[76] 刘兆东:《陈毅在山东》，中共党史出版社 2005 年版。
[77] 李维民:《罗荣桓在山东》，中共党史出版社 2005 年版。
[78] 刘志刚、刘丽平:《徐向前在山东》，中共党史出版社 2005 年版。
[79] 耿光连:《黎玉》，中共党史出版社 2005 年版。
[80] 李宗元、郑建英:《郭洪涛　朱瑞》，中共党史出版社 2005 年版。
[81] 陈金亮等:《陈明　李竹如》，中共党史出版社 2005 年版。
[82] 石锡波:《红旗插上徂徕山》，中共党史出版社 2005 年版。
[83] 田同军、王金连:《抗日烽火遍齐鲁》，中共党史出版社 2005 年版。
[84] 胡文章、赵锦铎:《八路军山东纵队》，中共党史出版社 2005 年版。
[85] 李拴虎、李明:《战斗在齐鲁大地的八路军一一五师》，中共党史出版社 2005 年版。
[86] 郑德厚:《抗大一分校》，中共党史出版社 2005 年版。
[87] 张宜华等:《浴血奋战冀鲁边》，中共党史出版社 2005 年版。
[88] 杨恩玉:《日军对山东的侵略》，中共党史出版社 2005 年版。
[89] 王凤梅、张业赏:《山东抗日根据地的反扫荡》，中共党史出版社 2005 年版。
[90] 王樾夫:《抗战时期的八路军兵工厂》，中共党史出版社 2005 年版。
[91] 韩文友、李永军:《地雷战》，中共党史出版社 2005 年版。
[92] 知侠:《沂蒙山的故事》，山东人民出版社 1962 年版。
[93] 李延国、李庆华:《根据地》，泰山出版社 2015 年版。
[94] 靳星五:《烽火挚友》，山东人民出版社 1995 年版。
[95] 张克勤、刘学艺编著:《胶东子弟兵》，黄河出版社 2010 年版。
[96] 许建中:《昆嵛英雄于得水》，解放军出版社 2012 年版。
[97] 曲青山、高永中主编:《抗日战争回忆录》，中共党史出版社 2015 年版。
[98] 李金陵:《山东革命老区口述史》，济南出版社 2014 年版。
[99] 谢维衡:《草民的抗战》，中国文史出版社 2015 年版。
[100] 孙继业、孙志华:《共赴国难》，东方出版社 2015 年版。

后　记

为纪念中国人民抗日战争胜利75周年和迎接中国共产党成立100周年，《齐鲁烽火——山东抗战全纪录》一书终于要付梓出版了，谨以此献给为中华民族解放事业英勇献身的民族英雄。

本书是在作者主持的山东省社会科学规划课题《山东抗战研究》的基础上整理而成，题材悉数采自史料，坚持尊重历史，以史料说话，用史实发言。为方便阅读，不再一一出注，参考资料附后；尽量用形象的语言展现山东抗战的历史画卷，争取做到图文并茂，雅俗共赏。希望本书的出版，能够对抗战研究有所裨益，有利于弘扬沂蒙精神，有利于激发读者的爱国热情。

该课题在研究过程中，得到原中共中央政治局委员、中央军委副主席、国防部部长迟浩田，全国人大常委会原副委员长何鲁丽，全国人大常委会原副委员长周铁农，全国政协副主席郑建邦，中共山东省委书记刘家义，第二炮兵原副政委罗东进将军，中共山东省委宣传部原部长关志鸥等领导的指导和支持，中国人民抗日战争纪念馆、山东省委党史研究院、山东省档案馆、山东军史馆、山东抗日根据地纪念馆、北京八路军山东抗日根据地研究会以及孟蒙、黎小弟等抗战老战士与抗战将领后代提供了部分史料和图片，中共山东省委宣传部、中国文史出版社给予了大力支持，在此一并表示感谢。

由于资料所限，难免有不足之处，希望各位专家及广大读者提出宝贵意见，以备修订。

作　者

2020年春于泉城